DER KORAN

Diese Ausgabe wird veranstaltet vom
VERLAG JULIUS KITTLS NACHFOLGER,
Leipzig—M.-Ostrau
als Lizenzausgabe der
BRANDUS'SCHEN VERLAGSBUCHHANDLUNG
in Berlin

EL KORAN
das heißt
DIE LESUNG

Die Offenbarungen des
Mohammed ibn Abdallah
des Propheten Gottes

Zu Schrift gebracht durch
Abdelkaaba Abdallah Abu-Bekr
übertragen durch
Lazarus Goldschmidt

✻

im Jahre der Flucht 1334 oder 1916
der Fleischwerdung

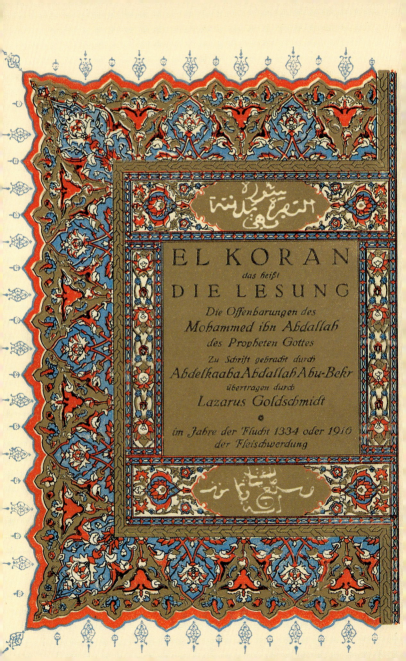

SURA[1]
zur Eröffnung des Buches
Mekkanisch[2] aus 7 Versen bestehend

Im Namen Gottes, des Allerbarmers, des Allbarmherzigen.

1. Preis Gott, dem Herrn der Weltbewohner[3]. 2. Dem Allerbarmer, dem Allbarmherzigen. 3. Dem Herrscher am Tag des Weltgerichts. 4. Dir wollen wir dienen, dich um Hilfe anrufen. 5. Führe uns den rechten Weg. 6. Den Weg derer, denen du huldvoll bist. 7. Über die nicht gezürnt wird, die nicht irregehen[4].

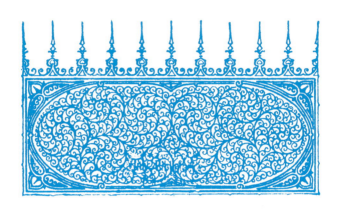

2. SURA VON DER KUH'
MEDINISCH, AUS 286 VERSEN BESTEHEND

Im Namen Gottes, des Allerbarmers, des Allbarmherzigen.

1. ALM². Dieses Buch, kein Zweifel darin, ist eine Rechtleitung für die Gottesfürchtigen. 2. Die an das Unwahrnehmbare³ glauben, das Gebet verrichten und von dem, womit wir sie versorgt, Almosen spenden. 3. Die da glauben an das, was dir geoffenbart worden, an das, was vor dir geoffenbart worden, und auf das Jenseits vertrauen. 4. Diese sind auf der Rechtleitung seitens ihres Herrn, diese, sie sind die Glückhabenden. 5. Wahrlich, für die, die ungläubig sind, ist es einerlei, ob du sie ermahnst oder nicht ermahnest, sie werden nicht glauben. 6. Verschlossen hat Gott ihre Herzen und ihre Ohren, eine Decke über ihre Augen; schwere Pein wird ihnen. 7. Unter den Menschen sind manche, die sprechen: wir glauben an Gott und an den Jüngsten Tag, — doch sie sind keine Gläubige. 8. Sie wollen Gott täuschen und die, die glauben, doch täuschen sie nur sich selbst und verstehen es nicht. 9. Krankheit ist in ihren Herzen und Gott mehrt ihnen die Krankheit; qualvolle Strafe wird ihnen, dieweil sie verleugnet haben. 10. Sagt man zu ihnen: richtet kein Unheil auf Erden an, so antworten sie: nur Friedenstifter sind wir. 11. Aber sind sie etwa nicht Unheilstifter? Doch sie verstehen es nicht. 12. Sagt man zu ihnen: glaubt, wie auch andre Menschen glauben, so antworten sie: sollen wir etwa glauben, wie die Toren glauben? Sind denn nicht sie die Toren? Doch sie wissen es nicht. 13. Treffen sie mit denen zusammen, die glauben, so sagen sie: wir glauben, sind sie aber allein mit ihren Satanen[a], so sprechen sie: wahrlich, mit euch (halten wir), nur Spötter (jener) sind wir. 14. Gott aber spottet ihrer und bestärkt sie in ihrer Widerspenstigkeit, in der sie verblendet sind. 15. Sie sind diejenigen, die Irrtum für Rechtleitung erkauften; aber nicht gewinnbringend ist ihr Handel, sie sind nicht die Gerechtleiteten. 16. Sie gleichen einem, der ein Feuer entzündet: hat es seine Umgebung beleuchtet, so läßt Gott sein Licht schwinden und läßt sie in Finsternis; man sieht nichts. 17. Taub, stumm, blind (sind sie), sie kehren nicht um. 18. Oder wie eine Regenwolke vom Himmel, darin Finsternis ist und Donner und Blitz; sie stecken dann vor Donnerkrachen ihre Finger in die Ohren, aus Angst vor dem Tod. Gott aber ist zugreifend bei den Ungläubigen. 19. Beinahe, der Blitz hätte ihr Augenlicht hinweggerafft. Sooft er ihnen Licht spendet, sie wandeln darin, ist es um sie finster, sie bleiben stehen. Wenn Gott es wollte, ganz gewiß würde er ihnen Gehör und Gesicht nehmen, denn siehe, Gott ist über alle Dinge mächtig. O ihr Menschen, dienet eurem Herrn, der euch erschaffen und die, die vor euch waren; daß ihr doch gottesfürchtig seid. 20. Der euch erschaffen hat als Teppich die Erde und als Zelt den Himmel, der vom Himmel Wasser herabsendet und damit Früchte hervorbringt, für euch zur Versorgung. So gesellt Gott keine Götzen zu, und ihr wißt es. 21. Hegt ihr Zweifel an dem, was wir unsrem Diener geoffenbart, so bringet doch eine Sura gleich dieser herbei und rufet eure Zeugen außer Gott an, wenn ihr wahrhaftig seid. 22. Wenn ihr es aber nicht tut, und ganz gewiß tut ihr dies nicht, so fürchtet das Feuer, das Menschen und Steine verzehret, für die Ungläubigen bereitet. 23. Verkünde denjenigen, die glauben und gute Werke üben, daß ihnen Gärten (bereitet) sind, darunterhin Ströme fließen, und sooft sie aus ihnen versorgt werden, eine Versorgung aus ihren Früchten, sagen sie: Es sind dieselben, mit denen wir bereits versorgt waren. Damit bekunden sie ihre Ähnlichkeit. Da sind ihnen auch unbefleckte Frauen; ewig verweilen sie in diesen.

24. Wahrlich, Gott ist nicht beschämt, wenn er ein Gleichnis anwendet, von Stechmücken und noch Geringerem. Was die betrifft, die glauben, sie wissen, daß nur die Wahrheit von ihrem Herrn kommt, und was die betrifft, die ungläubig sind, so sagen sie: was will da Gott mit diesem Gleichnis? Viele sollen dadurch irregeleitet werden, viele sollen dadurch gerechtleitet werden; aber irregeleitet werden dadurch nur die Gottlosen. 25. Die den Vertrag Gottes lösen, nachdem ein Bündnis erfolgt ist, trennen, was Gott zu verbinden gebot, und Unheil stiften auf Erden; diese sind die dem Verderben Geweihten. 26. Wie wollt ihr Gott verleugnen, wo ihr doch Tote waret und er euch belebt hat? Dereinst wird er euch töten, dereinst wird er euch beleben, dereinst werdet ihr zu ihm zurückkehren. 27. Er ist es, der euch alles auf Erden erschaffen, dann spannte er den Himmel und machte aus ihm sieben Himmel; er ist aller Dinge kundig. 28. Dann sprach dein Herr zu den Engeln: Ich will auf Erden einen Stellvertreter einsetzen. Sie entgegneten: Willst du da einen einsetzen, der da Unheil stiften und Blut vergießen wird, während wir doch dein Lob preisen und dich heiligen? Er erwiderte: Ich weiß, was ihr nicht wisset. 29. Er lehrte Adam die Namen aller (Tiere⁶) und führte sie den Engeln vor, indem er sprach: Nennet mir doch die Namen dieser da, wenn ihr recht habt. 30. Sie erwiderten: Preis dir, wir haben kein andres Wissen als das, was du uns gelehrt; wahrlich, du allein bist der Allwis-

sende, der Allweise. 31. Er sprach: O Adam, nenne du sie bei ihren Namen. Nachdem dieser ihre Namen genannt, sprach er: Sagte ich euch denn nicht, daß ich das Geheimnis der Himmel kenne und der Erde? Ich weiß auch, was ihr kundtut und was ihr verschweiget. 32. Dann sprachen wir zu den Engeln: Fallet vor Adam nieder. Und sie fielen nieder, ausgenommen Iblis°; er weigerte sich und tat hochmütig, denn er war der Ungläubigen einer. 33. Wir sprachen dann: O Adam, bewohne du und dein Weib den Garten und esset davon in Fülle, soviel ihr wollt, aber nähert euch nicht diesem Baum, ihr seid sonst der Frevler. 34. Satan aber vertrieb sie aus diesem und brachte sie aus dem (Ort), in dem sie waren. Wir sprachen dann: Hinaus, des einen Feind sei der andre. Auf der Erde sei euch Unterkunft und Unterhalt eine Zeit lang. 35. Und Adam lernte von seinem Herrn Worte, auf die er sich ihm wieder zuwandte, denn wahrlich, er ist der Allverzeihende, der Allbarmherzige. 36. Wir sprachen: Hinaus aus diesem allesamt. Es soll euch von mir eine Rechtleitung zuteil werden, und wer meiner Rechtleitung folgt, — keine Furcht über sie, sie sollen nicht betrübt sein. 37. Diejenigen aber, die ungläubig sind und unsre Verse⁷ lügenhaft nennen, diese sollen Genossen des Fegefeuers sein, ewig darin verweilen. 38. O Kinder Israels, gedenket der Huld, die ich euch erwiesen; haltet mein Bündnis, so will ich das Bündnis mit euch halten; nur mich fürchtet und glaubet an das, was ich geoffenbart, zur Bestätigung dessen, was schon bei euch ist. Seid nicht der Leugnenden ersten und erkauft nicht für meine Verse einen geringeren Preis; nur mich fürchtet. 39. *Kleidet nicht die Wahrheit in Falschheit; ihr verheimlicht die Wahrheit, und ihr wißt es.* 40. *Verrichtet das Gebet, entrichtet den Armenbeitrag und beugt euch nieder mit den Sichniederbeugenden*⁸. 41. *Wie fordert ihr die Menschen zur Gerechtigkeit auf, und ihr doch eure eignen Seelen vergesset? Ihr leset die Schrift, — ob ihr sie nicht begreifet?* 42. *Rufet um Hilfe an in Geduld, beim Gebet; dies ist wahrlich schwer, jedoch nicht den Demütigen.* 43. *Die ihrem Herrn zu begegnen glauben, fürwahr, sie sind die zu ihm Zurückkehrenden.* 44. *O Kinder Israels, gedenket der Huld, die ich euch erwiesen, daß ich euch unter den Weltbewohnern vorgezogen.* 45. *Fürchtet den Tag, an dem nicht eine Seele für die andre Genugtuung leisten kann, keine Fürsprache von ihr entgegengenommen und kein Lösegeld von ihr angenommen wird; nichts, was ihnen hilft.* 46. *Dann retteten wir euch vor den Leuten Pharaos, die euch mit böser Qual drückten, eure Söhne schlachteten und eure Töchter leben ließen. Hierin war euch eine schwere Prüfung von eurem Herrn.* 47. *Dann spalteten wir für euch das Meer und retteten euch; die Leute Pharaos aber ließen wir ertrinken, und ihr habt es gesehen.* 48. *Dann verhandelten wir vierzig Nächte mit Moses; ihr aber wandtet euch später dem Kalb zu, ihr wart Frevler.* 49. *Dann ver-*

ziehen wir euch später, auf daß ihr dankbar seid.
50. Dann verliehen wir Moses die Schrift und die
Erlösung⁹, auf daß ihr gerechtleitet werdet. 51. Dann
sprach Moses zu seinem Volk: O mein Volk, ihr habt
wahrlich gegen eure Seelen gefrevelt, indem ihr euch
dem Kalb zugewandt. Kehret zu eurem Schöpfer zurück und tötet euch selber¹⁰. Dies zu eurem Besten
bei eurem Schöpfer; er wird euch vergeben, denn wahrlich, er ist der Allvergebende, der Allbarmherzige.
52. Dann erwidertet ihr: O Moses, wir glauben dir
nicht eher, als bis wir Gott angesichtlich gesehen.
Ein Donnergekrach ergriff euch, und ihr habt es gesehen. 53. Dann weckten wir euch aus eurem Tod, auf
daß ihr dankbar seid. 54. Wir beschatteten euch mit
den Wolken und sandten euch Manna und Wachteln:
genießet des Guten, womit wir euch versorgt. Nicht
gegen uns frevelten sie, aber gegen ihre eigenen Seelen
waren sie frevelhaft. 55. Dann sprachen wir: Tretet
ein in diese Stadt und genießet, soviel ihr begehret;
tretet andächtig durch das Tor und sagt: Versöhnung.
Wir vergeben euch eure Sünden und werden die Liebfrommen vermehren. 56. Aber die, die gefrevelt, vertauschten das Wort gegen ein andres, das ihnen nicht
genannt wurde. Da sandten wir über die, die gefrevelt, ein Strafgericht vom Himmel hernieder, dieweil sie gottlos waren. 57. Dann betete Moses um
Trank für sein Volk, und wir sprachen: Schlage mit
deinem Stab auf den Felsen. Darauf sprudelten aus
diesem zwölf Quellen hervor, und alle Leute kannten

ihren Trinkplatz. (Wir sprachen:) Esset und trinket von der Versorgung Gottes, richtet aber nicht freventlich Unheil auf Erden an. 58. Dann sprachet ihr: Wir harren nicht bei einer einzigen Speise aus; rufe deinen Herrn für uns an, daß er uns hervorbringe von dem, was die Erde sprießet, als Gemüse, Gurken, Knoblauch, Linsen und Zwiebeln. Er erwiderte: Wollt ihr für das Nahe das Bessre hergeben? Zieht nach Ägypten hinab, wahrlich, da ist euch, was ihr verlanget. Mangel und Armut schlugen auf sie ein und der Zorn Gottes traf sie. Dies, weil sie an die Verse Gottes nicht glaubten und ohne Gerechtigkeit die Propheten töteten; dies, weil sie widerspenstig waren und sich auflehnten. 59. Wahrlich, diejenigen, die glauben, die jüdisch, christlich oder sabäisch sind, die an Gott glauben und an den jüngsten Tag und Gutes üben, ihnen ist ihr Lohn bei ihrem Herrn; keine Furcht über sie, sie sollen nicht betrübt sein. 60. Dann schlossen wir mit euch das Bündnis und erhoben den Berg[11] über euch: Nehmet, was wir euch gegeben, in Festigkeit, und gedenket dessen, was darin, auf daß ihr gottesfürchtig seid. 61. Später, nachdem dies geschehen, wart ihr abwendig, und wenn nicht die Gnade Gottes über euch und seine Barmherzigkeit, ganz gewiß, ihr wäret die dem Untergang Geweihten. Sicherlich wißt ihr von denjenigen, unter euch die den Sabbat[12] entweihten, wie wir zu ihnen sprachen: werdet ausgestoßene Affen. 62. So machten wir sie zur Abschreckung für die Mitwelt und die

Nachfolge, zur Ermahnung für die Gottesfürchtigen.
63. Dann sprach Moses zu seinem Volk: Siehe, der Herr befiehlt euch, daß ihr eine Kuh opfert. Sie entgegneten: Haltest du uns zum Spott? Er erwiderte Bewahre mich Gott, zu den Törichten zu gehören. Sie sprachen: Rufe für uns deinen Herrn an, er möge uns verständigen, wie diese sei. Er erwiderte: Siehe, er sagt, diese Kuh sei weder alt noch jung, mittleren Alters, zwischen beiden. So tut nun, was er geboten. 64. Sie sprachen: Rufe für uns deinen Herrn an, er möge uns verständigen, wie ihre Farbe sei: Er erwiderte: Siehe, er sagt, die Kuh sei rot, tiefrot sei ihre Farbe, ihre Beschauer ergötzend. 65. Sie sprachen: Rufe für uns deinen Herrn an, er möge uns verständigen, wie diese sei, denn siehe, unsre Kühe sind einander ähnlich, und wenn Gott es wünscht, wir möchten richtig geleitet sein. 66. Er erwiderte: Siehe, er sagt, es sei eine Kuh, die nicht entwürdigt ist durch Pflügen des Bodens und Bewässerung des Ackers, eine tadellose, kein Fehl an ihr. Sie sprachen: Nun kommst du mit der Wahrheit. Sie schlachteten sie; fast aber hätten sie es unterlassen. 67. Habt ihr einen Menschen erschlagen und streitet darüber, so ist es Gott, der enthüllt, was ihr verheimlicht. 68. Und so sprachen wir: Schlaget (die Leiche) mit einem Teil (der Kuh), und Gott wird den Toten beleben. Er zeigt euch seine Wunderzeichen, auf daß ihr verständig seid. 69. Bald darauf verhärtete sich euer Herz und war wie ein Stein, oder

noch viel härter, denn unter den Steinen ist wohl mancher, aus dem Bäche entspringen, und mancher, der sich spaltet und Wasser hervorbringt, und mancher auch, der aus Gottesfurcht niederstürzt. Aber Gott ist nicht übersehend dessen, was ihr tut. 70. Wünscht ihr, daß sie euch glauben? Bereits vernahm ein Teil von ihnen das Wort Gottes, später aber verdrehten sie, was sie erfaßt hatten, und sie wissen es. 71. Treffen sie mit denen zusammen, die glauben, so sagen sie: Wir glauben, sind sie aber allein untereinander, so sprechen sie: Wollt ihr etwa mit ihnen reden über das, was Gott euch eröffnet, damit sie darüber mit euch vor eurem Herrn streiten, — begreift ihr es nicht?! 72. Ob sie denn nicht wissen, daß Gott bekannt ist, was sie verheimlichen und was sie verhüllen? 73. Unter ihnen sind Unkundige, die die Schrift nicht kennen, nur Märchen, an die sie selber nicht glauben. Wehe denen, die die Schrift mit ihren Händen schreiben und dann sagen: dies ist von Gott, — nur um damit einen geringeren Gewinn zu erzielen. Wehe ihnen ob dem, was ihre Hände schreiben, wehe ihnen ob dem, was sie gewinnen. 74. Sie sagen: Das Fegefeuer wird unsrer nur bemessene Tage habhaft sein. Sprich: Habt ihr einen Vertrag mit Gott, Gott wird den Vertrag nicht brechen, oder behauptet ihr von Gott, was ihr nicht wißt? 75. Ja, wer Schlechtes begeht und in der Sünde verstrickt ist, — diese sind Genossen des Fegefeuers, ewig weilen sie darin. 76. Diejenigen aber, die glauben und gute Werke üben, diese sind Genossen des Paradieses, ewig weilen sie darin. 77. Dann schlossen wir ein Bündnis mit den Kindern Israels: Verehrt keinen außer Gott, seid lieb zu den Eltern, wie auch zu Verwandten, zu Waisen und zu Armen; redet Gutes zu euren Mitmenschen, verrichtet das Gebet und entrichtet den Armenbeitrag. Darauf aber wichet ihr zurück, wenige unter euch ausgenommen, und waret abwendig. 78. Dann schlossen wir mit euch ein Bündnis: Vergießet unter euch kein Blut und verjagt einander nicht aus den Häusern. Darauf bestätigtet ihr dies, ihr habt es bezeugt. 79. Später aber erschluget ihr einander und verjagtet einen Teil aus ihren Häusern. In Unrecht und Feindschaft gegen sie standet ihr einander bei. Kommen sie zu euch als Gefangene, ihr kauft sie los, wo euch doch ihre Verjagung verboten ist. Wollt ihr denn einen Teil der Schrift glauben und einen Teil lügenhaft heißen? Der Lohn dessen, der unter euch dies tut, ist nur Schmach im Leben hienieden, und am Tag der Auferstehung wird er zu schwerer Pein verstoßen werden. Und Gott ist nicht übersehend dessen, was ihr tut. 80. Diese sind es, die das Leben hienieden für das Jenseits erkaufen; nicht gemildert werden soll ihnen die Strafe, keine Hilfe soll ihnen sein. 81. Bereits hatten wir Moses die Schrift verliehen und darauf die Gesandten folgen lassen, dann ließen wir Jesus, dem Sohn Marias, deutliche Wunder werden und stärkten ihn mit dem heiligen Geist. Aber sooft ein Gesandter zu euch kam mit dem, was euch nicht gefiel, wart ihr hoffärtig; einen Teil habt ihr lügenhaft geheißen, einen Teil getötet. 82. Sie sagen: Unsre Herzen sind unbeschnitten. Nein, Gott verfluchte sie ob ihrem Unglauben; nur wenig, was sie glauben. 83. Und als ein Buch von Gott zu ihnen gelangte, zur Bestätigung dessen, was sie schon hatten, — sie flehten vorher um Beistand gegen die, die ungläubig sind, als sie aber erreichte, was sie erkannten, sie glaubten doch nicht daran. Der Fluch Gottes über die Ungläubigen. 84. Schlimmes ist es, wofür sie verkauft haben ihre Seelen, denn sie leugnen, was Gott geoffenbart, aus Neid, daß Gott in seiner Gnade es geoffenbart hat einem i h m erwünschten[13] unter seinen Dienern. Zorn auf Zorn ziehen sie sich zu, schmähliche Strafe den Ungläubigen. 85. Sagt man zu ihnen: glaubet an das, was Gott geoffenbart, so antworten sie: wir glauben nur an das, was uns geoffenbart ist. Sie verleugnen das, was hinterher folgte, und doch ist dies die Wahrheit, zur Bestätigung dessen, was sie schon haben. Sprich: Weshalb erschlaget ihr die Propheten Gottes, wenn ihr Gläubige seid? 86. Und nachdem Moses zu euch mit deutlichen Wundern gekommen war, wandtet ihr euch später dem Kalb zu. Frevler seid ihr. 87. Dann schlossen wir mit euch ein Bündnis und erhoben über euch den Berg: Nehmet hin, was wir euch gegeben, in Festigkeit, und höret. Und sie erwiderten: Wir hören, widersetzen uns aber. In ihrem Unglauben wurden sie in ihrem Herzen mit dem Kalb getränkt[14].

Sprich: Wie schlimm ist, was euer Glauben euch damit befiehlt; — wenn ihr Gläubige seid. 88. Sprich: Habt ihr bei Gott den Aufenthalt im Jenseits ganz allein, vor andren Menschen, so wünscht doch den Tod herbei, — wenn ihr recht habt. 89. Aber nie wünschen sie ihn herbei, ob dem, was ihre Hände vorgewirkt. Und Gott ist wissend inbetreff der Frevler. 90. Gerade sie findest du als des Lebens begierige Menschen, und mehr als die Götzendiener wünscht jeder von ihnen, wäre er doch tausend Jahre langlebig! Aber er würde der Strafe nicht entgehen, wenn er auch noch so lange lebte, denn Gott ist schauend dessen, was sie tun. 91. Sprich: Wer ist ein Feind Gabriels¹⁵? Denn wahrlich, er sandte mit dem Willen Gottes die Offenbarung in dein Herz, eine Bestätigung dessen, was schon vorhanden¹⁶, Rechtleitung und Verheißung für die Gläubigen. 92. Wer ist ein Feind Gottes, seiner Engel und seiner Gesandten, Gabriels und Michaels. Wahrlich, Gott ist ein Feind der Ungläubigen. 93. Bereits offenbarten wir dir deutliche Verse, und nur die Gottlosen leugnen sie. 94. Und hat etwa, sooft sie ein Bündnis schlossen, nur ein Teil von ihnen es verworfen? Nein, die meisten ihrer glauben nicht. 95. Und als ein Gesandter von Gott zu ihnen kam, zur Bestätigung dessen, was sie schon hatten, warf ein Teil von denen, die die Schrift empfingen, das Buch Gottes hinter ihren Rücken, als wüßten sie es nicht. 96. Sie folgten dem, was die Satane über das Reich Salomos[17] *planten. Nicht Salomo* war ungläubig, aber die Satane waren ungläubig. Sie lehrten die Menschen Zauberei und das, was den Engeln Harut und Marut[18] in Babel geoffenbart wurde. Sie lehrten aber niemand eher, als bis sie gesagt hatten, sie wünschen die Verführung; so sei nicht ungläubig. Von ihnen lernten sie, was zwischen Mann und Weib zwieträchtigt, aber sie schaden niemand, es sei denn mit Willen Gottes. Sie lernten, was ihnen schadet und nicht nützet, und doch wußten sie bereits, wer solches erkauft, ihm ist kein Anteil im Jenseits. Wie schlimm ist, wofür sie ihre Seelen verkauft haben, — wollten sie es doch verstehen! 97. Wären sie doch gläubig und gottesfürchtig, besser wäre sicherlich ihr Lohn bei Gott, — wollten sie es doch verstehen! 98. O ihr, die ihr glaubt, sagt nicht „schau uns an", sondern „blick uns an"[19]. Und gehorchet, denn qualvolle Strafe ist den Ungläubigen. 99. Es wollen nicht diejenigen unter den Schriftleuten[20], die ungläubig sind, auch nicht die Götzendiener[21], daß euch von eurem Herrn des Guten gesandt werde; Gott aber läßt seine Barmherzigkeit dem zuteil werden, der ihm beliebt. Und Gott ist gnadenreich und allgewaltig. 100. Wir verwerfen keinen der Verse, vergessen keinen, ohne für diesen einen bessren oder ähnlichen zu setzen[22]. Oder weißt du nicht, daß Gott über alle Dinge mächtig ist? 101. Weißt du nicht, daß Gott es ist, dem die Herrschaft über Himmel und Erde eigen ist, daß euch außer Gott kein Beistand ist und kein Helfer? 102. Wollt ihr von eurem Gesandten das verlangen, *was einst von Moses verlangt wurde? Wer Unglauben für Glauben eintauscht, bereits ist er vom geraden Weg abgeirrt.* 103. *Viele von den Schriftleuten wünschen, könnten sie euch doch wieder ungläubig machen, nachdem ihr des Glaubens geworden seid; der Neid ihrer Seele, nachdem ihnen die Wahrheit klar geworden. Verzeihet aber und vergebet, bis Gott seinen Befehl ergehen läßt, denn siehe, Gott ist über alle Dinge mächtig.* 104. *Verrichtet das Gebet und entrichtet den Armenbeitrag, denn was ihr an Gutem euren Seelen voraussendet, ihr findet es bei Gott wieder, denn wahrlich, Gott ist schauend inbetreff dessen, was ihr tut.* 105. *Sie sagen, niemand komme ins Paradies, wenn er nicht Jude ist oder Christ. Dies ist nur ihre Hoffnung. Sprich: Bringet euren Beweis herbei, wenn ihr recht habt.* 106. *Ja, wer unterwürfig sein Gesicht Gott zuwendet und liebfromm ist, ihm ist eine Belohnung bei seinem Herrn zuteil. Keine Furcht über sie, sie sollen nicht betrübt sein.* 107. *Die Juden sagen, die Christenschaft beruhe auf nichts, die Christen sagen, die Judenschaft beruhe auf nichts; beide lesen die Schrift; ähnlich sprechen diejenigen, die sie nicht kennen, ihren Worten gleich. Gott aber wird am Tag der Auferstehung unter ihnen entscheiden über das, worüber sie streiten.* 108. *Wer ist frevelhafter als der, der es verhindert, daß in den Bethäusern Gottes sein Name genannt wird, und sie zu zerstören sich bestrebt? Diese können sie nur in Furcht betreten. Schmach über sie hienieden, schwere*

Pein ist ihnen jenseits. 109. Und Gottes ist Ost und West, und wo immer ihr euch wendet, da ist auch das Gesicht Gottes, denn wahrlich, Gott ist allumfassend und allwissend. 110. Sie sagen, Gott habe einen Sohn erzeugt. Erhaben ist er darüber. Nein. Sein ist, was auf den Himmeln ist und was auf Erden, alles ist ihm gehorchend. 111. Er ist Schöpfer der Himmel und der Erde; hat er etwas beschlossen, so spricht er nur: es werde, und es wird. 112. Es sprechen diejenigen, die nicht wissen: Wenn nicht Gott mit uns spricht oder du uns ein Wunderzeichen zeigest. Ähnlich sprachen diejenigen, die vor ihnen waren, ihren Worten gleich; ihre Herzen gleichen einander. Aber bereits haben wir einem vertrauenden Volk Wunderzeichen erwiesen. 113. Siehe, wir senden dich in Wahrheit als Verkünder und Ermahner, du aber sollst für die Genossen des Feuerpfuhls nicht verantwortlich sein. 114. Doch werden nicht Juden und nicht Christen mit dir zufrieden sein, bis du ihrem Bekenntnis folgest. Sprich: Wahrlich, die Rechtleitung Gottes ist die richtige Leitung. Aber ganz gewiß, folgst du ihrem Begehren, nachdem die Erkenntnis dir geworden, es soll dir von Gott aus nicht Beistand und nicht Helfer sein. 115. Diejenigen, denen wir die Schrift verliehen, die sie in ihrer richtigen Bedeutung lesen, glauben auch an sie, und diejenigen, die sie verleugnen, sind die dem Untergang Geweihten. 116. O Kinder Israels, gedenket der Huld, die ich euch erwiesen, als ich euch unter den Weltbewoh-

nern vorgezogen. 117. Und fürchtet den Tag, an dem nicht eine Seele für die andre Genugtuung leisten kann, kein Lösegeld von ihr angenommen und keine Fürbitte nützen wird; keine Hilfe ist ihnen. 118. Dann prüfte sein Herr den Abraham durch sein Geheiß, und er vollbrachte es. Er sprach: Siehe, ich mache dich zum Vorbild für die Menschen. Und als dieser inbetreff seiner Nachkommen fragte, erwiderte er: Mein Bündnis erreicht die Frevler nicht. 119. Dann errichteten wir das Haus[23] *als Versammlungsstätte für die Menschen und als Zuflucht: Nehmet hin den Ort Abrahams als Gebetstätte. Wir schlossen dann ein Bündnis mit Abraham und Ismael, mein Haus rein zu halten für die Umkreisenden, für die Verweilenden und für die sich anbetend Niederwerfenden*[24]*. 120. Dann sprach Abraham: O Herr, mache diese Ansiedlung zur Friedensstätte und versorge mit Früchten ihre Bewohner, diejenigen unter ihnen, die an Gott glauben und an den Jüngsten Tag. Und er erwiderte: Auch den, der ungläubig ist, will ich mit wenigem ernähren und ihn darauf in die Qual des Fegefeuers stoßen; wie böse ist die Hinfahrt! 121. Dann führte Abraham die Grundlage dieses Hauses auf, und Ismael, (betend:) Herr unser, nimm es von uns an, denn du bist der Allhörende, der Allwissende. 122. Herr unser, mache uns zu dir ergebenen Bekennern*[25]*, und unsre Nachkommen zu einem Volk von dir ergebenen Bekennern. Zeige uns unsre gottesdienstlichen Bräuche und wende dich* uns zu, denn wahrlich, du bist der Allverzeihende, der Allbarmherzige. 123. Und laß, Herr unser, unter ihnen einen Gesandten aus ihnen auferstehen, der ihnen deine Verse vorlese, sie in der Schrift und der Weisheit unterrichte und sie heilige, denn wahrlich, du bist der Allmächtige, der Allweise. 124. Wer anders kann das Bekenntnis Abrahams verwerfen, als der, dessen Seele betört ist. Wir erkoren ihn hienieden, und siehe, auch im Jenseits ist er der Gerechten einer. 125. Dann sprach sein Herr zu ihm: Sei mir ergeben. Er erwiderte: Ergeben bin ich dem Herrn der Weltbewohner. 126. Und Abraham verpflichtete dazu auch seine Söhne, desgleichen Jakob: O meine Söhne, wahrlich, Gott hat euch diese Religion auserwählt, so sterbet nicht anders als ergebene Gottbekenner. 127. Wart ihr Zeugen, als der Tod an Jakob herantrat, wie er dann zu seinen Söhnen sprach: Wem wollt ihr nach mir dienen? Sie erwiderten: Deinem Gott wollen wir dienen, dem Gott deiner Väter Abraham, Ismael und Isaak, dem einzigen Gott; ihm wollen wir ergebene Bekenner sein. 128. Dieses Volk ist dahin, ihm geschah, was es verdient hat, auch euch wird geschehen, was ihr verdienet, und nicht werdet ihr gefragt werden, was sie getan. 129. Sie sagen: Seid Juden oder Christen, ihr seid dann gerechtleitet. Sprich: Nein, zum Bekenntnis Abrahams, des Rechtgläubigen, der nicht war der Götzendiener einer. 130. Sprecht: Wir glauben an Gott und an das, was *uns geoffenbart worden ist, was Abraham, Ismael, Isaak, Jakob und den Stammesvätern geoffenbart worden ist, was Moses und Jesus überliefert worden ist, und was den Propheten von ihrem Herrn überliefert worden ist; wir unterscheiden unter niemand von ihnen, und nur ihm sind wir ergebene Bekenner. 131. Glauben sie dasselbe, was auch ihr glaubt, sie sind gerechtleitet, wenden sie sich aber ab, sie sind in der Ketzerei. Aber Gott wird dich vor ihnen schützen; und er ist der Allhörende, der Allwissende. 132. Es ist die Religion[26] Gottes, und was ist als die Religion Gottes besser? Ihm sind wir Diener. 132. Sprich: Wollt ihr mit uns über Gott streiten? Er ist unser Herr und euer Herr, uns unsre Werke und euch eure Werke; nur ihm sind wir hingegeben. 134. Wollt ihr behaupten, Abraham, Ismael, Isaak, Jakob und die Stammesväter wären Juden gewesen oder Christen? Sprich: Seid ihr wissender oder Gott? Aber wer ist frevelhafter als der, der das ihm von Gott gewordene Zeugnis verheimlicht. Gott ist nicht übersehend dessen, was ihr tut. 135. Dieses Volk ist dahin, ihm geschah, was es verdient hat; auch euch wird geschehen, was i h r verdienet, und nicht werdet i h r gefragt werden, was s i e getan.*

136. Es werden die Toren unter den Menschen fragen: Was wendet sie von ihrer Gebetrichtung[27] ab, nach der sie sich bisher wandten? Sprich: Gottes ist Ost und West, er leitet auf den rechten Weg, wen er will. 137. Und so machten wir euch zu einem Mittel-

volk²⁸, auf daß ihr Zeugen seid gegen die Menschen, und Zeuge gegen euch wird der Gesandte sein. *138.* Die Gebetrichtung aber, nach der du dich bisher wandtest, änderten wir nur deshalb, damit wir den auskennen, der dem Gesandten folgt, von dem, der sich um die Ferse wendet. Dies war sicherlich schwer, jedoch nicht denen, die Gott leitet. Und Gott wird euren Glauben nicht zerstören, denn siehe, Gott ist gegen die Menschen allgütig und allbarmherzig. *139.* Wir sahen dich dein Gesicht gegen den Himmel richten, nun wollen wir es dir nach einer Richtung wenden, dir genehm: wende dein Gesicht nach der Richtung der heiligen Anbetungsstätte; und wo ihr euch auch befindet, euer Gesicht wendet nach dieser Richtung. Siehe, diejenigen, die die Schrift empfingen, wissen auch, daß dies die Wahrheit ist von ihrem Herrn. Und Gott ist nicht übersehend dessen, was sie tun. *140.* Aber denen, die die Schrift empfingen, könntest du mit noch so vielen Versen kommen, sie folgen deiner Gebetrichtung doch nicht. Sei aber auch du nicht Anhänger ihrer Gebetrichtung, denn auch unter ihnen sind die einen nicht Anhänger der Gebetrichtung der andren. Folgst du aber ihrem Willen, nachdem dir die Erkenntnis geworden, fürwahr, du bist der Frevler einer. *141.* Diejenigen, denen wir die Schrift verliehen, kennen ihn, wie sie ihre Kinder kennen²⁹, und siehe, doch hat ein Teil von ihnen die Wahrheit verheimlicht, und sie wissen es. *142.* Die Wahrheit *ist von deinem Herrn, so sei nicht der Zweifler einer. 143. Jeder hat eine Richtung, dahin er sich wendet, ihr aber wählet das Beste. Wo ihr euch auch befindet, Gott wird euch allesamt zurückbringen, denn siehe, Gott ist über alle Dinge mächtig. 144. Und woher du auch kommst, das Gesicht wende nach der Richtung der heiligen Anbetungsstätte, denn siehe, die Wahrheit ist von deinem Herrn, und Gott ist nicht übersehend dessen, was ihr tut. 145. Und woher du auch kommst, dein Gesicht wende nach der Richtung der heiligen Anbetungsstätte, und wo ihr euch auch befindet, das Gesicht wendet nach dieser Richtung, auf daß die Leute keinen Angriffspunkt gegen euch haben, es sei denn diejenigen unter ihnen, die freveln. Fürchtet sie aber nicht, nur mich fürchtet, auf daß meine Huld über euch sei; vielleicht, daß ihr gerechtleitet werdet. 146. So sandten wir euch einen Gesandten aus eurer Mitte, daß er euch unsre Verse vorlese, euch heilige, euch in der Schrift und der Weisheit unterrichte und euch lehre, was ihr nicht wisset. 147. Gedenket meiner, ich gedenke eurer; seid mir dankbar und seid nicht ungläubig. 148. O ihr, die ihr glaubt, flehet um Hilfe und verharret in Geduld und Beten, denn siehe, Gott ist mit den Geduldigen. 149. Und saget nicht von denen, die für den Pfad Gottes den Tod erlitten, sie seien tot, nein, sie sind lebend, aber ihr versteht es nicht. 150. Wir werden euch sicher prüfen durch Furcht, durch Hunger und durch Schaden an Besitz, Leib und Früch-*

ten, aber verkünde Heil den Geduldigen. 151. Die, wenn Unglück sie trifft, sprechen: Gottes sind wir, zu ihm Zurückkehrende. 152. Diese erlangen Segen von ihrem Herrn und Barmherzigkeit; diese, sie sind die Gerechtleiteten. 153. Siehe, auch Safa und Marva[30] sind der Heiligtümer Gottes, und wenn jemand zum Tempel wallt oder ihn besucht, er begeht keine Sünde, wenn er sie umkreist. Wer willig Gutes übet, — siehe, Gott ist dankbar und allwissend. 154. Wahrlich, diejenigen, die verheimlichen, was wir an deutlichen Versen und an Rechtleitung geoffenbart, nachdem wir es den Menschen in der Schrift verdeutlicht, die wird Gott verfluchen, und sie verfluchen werden die Fluchenden. 155. Aber denen, die Buße tun, sich bessern und bekennen, wende ich mich zu, denn ich bin der Allvergebende, der Allbarmherzige. 156. Siehe, die ungläubig sind und als Ungläubige sterben, diese trifft der Fluch Gottes, der Engel und der Menschen allesamt. 157. Ewig haftet er ihnen an, nicht erleichtert wird ihnen die Strafe, sie werden nicht beachtet. 158. Euer Gott aber ist ein einziger Gott, es gibt keinen Gott außer ihm, dem Allerbarmer. 159. Siehe, in der Schöpfung von Himmel und Erde, im Wechsel von Nacht und Tag, im Schiff, das mit den Menschen Nützlichem das Meer durchquert, in dem, was Gott vom Himmel an Wasser herabsendet und damit die Erde aus ihrem Tod belebt und auf dieser allerlei Getier verbreitet, sowie im Wandel von Wind und Wolken, *die zwischen Himmel und Erde bedienstet sind, hierin sind Wunderzeichen für Leute, die begreifen. 160. Doch gibt es unter den Menschen, die Götzen außer Gott angenommen und an ihnen mit göttlicher Liebe hangen. Diejenigen aber, die glauben, deren Liebe zu Gott ist mächtiger. Wollten doch diejenigen, die freveln, einsehen, wenn sie die Strafe sehen, daß alle Macht Gottes ist, und daß Gott streng ist in der Strafe. 161. Dann werden sich trennen, die verführt worden sind, von denen, die verführt haben, und ihre Strafe sehen; zerschnitten sind ihre Bande. 162. Die verführt haben, werden sagen: Gäbe es doch für uns eine Rückkehr, wir würden uns von ihnen trennen, wie sie sich von uns getrennt. So wird ihnen Gott ihre Werke zeigen; Wehklagen über sie, kein Entkommen für sie aus dem Fegefeuer. 163. O ihr Menschen, genießet von dem, was auf Erden erlaubt und gut ist, und folgt nicht den Schritten Satans, denn wahrlich, er ist euch nur ein offensichtlicher Feind. 164. Er befiehlt euch nur Bosheit und Schändlichkeit, daß ihr über Gott redet, was ihr nicht wisset. 165. Sagt man zu ihnen: folget dem, was Gott geoffenbart, sie erwidern: nein, wir folgen dem, was unsre Väter uns beigebracht. Aber waren denn ihre Väter nicht solche, die nichts wußten und nicht gerechtleitet waren? 166. Diejenigen, die ungläubig sind, gleichen den (Tieren), die, wenn man sie anruft, nur Anruf und Schrei hören; taub, stumm, blind (sind sie), sie begreifen es nicht. 167. O ihr, die ihr glaubt, genießet des Guten, mit dem wir euch versorgt, und danket Gott; daß ihr nur ihm dienet. 168. Nur Verendetes, Blut, Schweinefleisch, und das, wobei außer Gott angerufen*[31] *worden, sei euch verboten. Wer jedoch gegen seinen Willen gezwungen wird, aber nicht Übertreter ist, keine Sünde haftet ihm an, denn siehe, Gott ist allverzeihend und allbarmherzig. 169. Wahrlich, diejenigen, die verheimlichen, was Gott in der Schrift geoffenbart, und dafür einen geringen Preis erkaufen, diese werden in ihrem Innern nur Feuerqual verzehren. Nicht anreden wird Gott sie am Tag der Auferstehung und nicht reinigen; qualvolle Strafe ist ihnen. 170. Diejenigen, die Irrtum für Rechtleitung erkaufen, Strafe für Vergebung, welches Unglück werden sie im Fegefeuer ertragen! 171. Dies, weil Gott das Buch in Wahrheit geoffenbart, diese aber über das Buch stritten, zur unendlichen Spaltung. 172. Nicht das ist Frömmigkeit, daß ihr (beim Gebet) euer Gesicht nach Osten wendet oder Westen, Frömmigkeit übt vielmehr, wer an Gott glaubt, an den Jüngsten Tag, an die Engel, an das Buch und an die Propheten, seinen Besitz mit Liebe hingibt an Anverwandte, Waisen, Arme, Wandrer, Bittende und für Gefangene, das Gebet verrichtet, den Armenbeitrag entrichtet, Verträge hält, die er geschlossen, und geduldig ist in Drangsal, Unglück und Zeit der Not. Diese sind es, die rechtschaffen sind, diese sind es, die gottesfürchtig sind. 173. O ihr, die ihr* glaubt, euch ist die Vergeltung für den Mord vorgeschrieben: ein Freier für einen Freien, ein Sklave für einen Sklaven, ein Weib für ein Weib. Wird es aber einem von dessen Bruder verziehen, so ist es nach Recht zu verfolgen und eine gutwillige Entrichtung[32] werde ihm auferlegt. 174. Dies ist eine Erleichterung von eurem Herrn und eine Barmherzigkeit; wer aber hinterher rechtswidrig handelt, dem sei qualvolle Strafe. 175. Ihr habt in der Vergeltung Leben, o Menschen von Verstand; auf daß ihr gottesfürchtig seid. 176. Euch ist vorgeschrieben: wenn jemand von euch dem Tod nahe ist und Gut hinterläßt, so ist ein Legat für Eltern und Verwandte nach Recht eine Pflicht für Gottesfürchtige. 177. Wenn jemand es ändert, nachdem er es gehört, — Sünde trifft diejenigen, die es abändern, denn siehe, Gott ist allhörend und allwissend. 178. Wenn man aber einen Fehler oder ein Unrecht des Testators befürchtet und es untereinander gutmachen will, so ist keine Sünde daran; wahrlich, Gott ist allverzeihend und allbarmherzig. 179. O ihr, die ihr glaubt, euch ist eine Fastenzeit vorgeschrieben, wie sie auch denen vor euch vorgeschrieben war, auf daß ihr gottesfürchtig seid. 180. Eine Anzahl bestimmter Tage, und wenn jemand von euch krank ist oder auf der Reise, diese Anzahl an andren Tagen; die es vermögen, die Speisung eines Armen zur Ablösung. Wer aber freiwillig Gutes tut, es ist zu seinem Besten. Fastet ihr, so ist es besser für euch, — *wenn* ihr es doch verstehen wolltet! 181. Im Monat Ramadan[33], in dem offenbart worden ist der Koran, die Rechtleitung für die Menschen, die deutliche Lehre von der Führung und der Erlösung; wer von euch in diesem Monat anwesend ist, faste dann, und wer krank ist oder auf der Reise, diese Anzahl an andren Tagen. Gott wünscht euch das Leichte und nicht das Schwere, auf daß ihr diese Anzahl haltet und Gott dafür preiset, daß er euch rechtleitet; daß ihr dankbar seid. 182. Befragen dich meine Diener über mich, — ich bin nahe und höre auf das Flehen der Flehenden, wenn sie zu mir stehen; daß sie mir gehorchen und an mich glauben; auf daß sie recht handeln. 183. Freigegeben sei euch in der Fastenzeit die Nacht zum Verkehr mit euren Weibern; sie sind euch ein Gewand, ihr seid ihnen ein Gewand. Gott weiß, daß ihr euch selbst täuscht, aber er vergibt es euch und verzeiht; so beschlafet sie und begehret, was Gott euch vorgeschrieben. Auch esset und trinket bis zum Tagesanbruch, bis ihr einen weißen Faden von einem schwarzen Faden unterscheidet, sodann setzet das Fasten bis zur Nacht fort; und beschlafet sie nicht, sondern verweilet in der Anbetungsstätte. Das sind die von Gott (gesetzten) Grenzen, kommt ihnen nicht nahe. So verdeutlicht Gott den Menschen seine Verse; auf daß sie gottesfürchtig seien. 184. Und verzehret nicht untereinander euer Vermögen in Nutzlosigkeit, damit die Vögte zu bestechen, um *einen Teil des Vermögens andrer Leute in Sünde zu verzehren; und ihr wißt es!* 185. *Sie werden dich über den Neumond befragen. Sprich: Er dient zur Zeitbestimmung für die Menschen und die Wallfahrt. Und nicht das ist Frömmigkeit, daß ihr eure Häuser von der Hinterseite*[34] *betretet, Frömmigkeit übt vielmehr, wer gottesfürchtig ist. Betretet eure Häuser durch die Türen, aber fürchtet Gott; auf daß ihr Glück habet.* 186. *Bekämpfet für den Pfad Gottes diejenigen, die euch bekämpfen, aber seid nicht ausschreitend, denn Gott liebt nicht die Ausschreitenden.* 187. *Tötet sie, wo ihr sie auch findet, verjaget sie, von wo sie euch verjagt haben, denn Verführung ist schlimmer als Töten. Bekämpfet sie an der heiligen Anbetungsstätte nicht eher, als bis sie euch da bekämpfen. Bekämpfen sie euch, so tötet sie; dies ist der Entgelt der Ungläubigen.* 188. *Wenn sie aber aufhören, — siehe, Gott ist allverzeihend und allbarmherzig.* 189. *Bekämpfet sie, bis keine Verführung mehr besteht und die Religion Gottes einsetzt; hören sie auf, so bestehe Feindschaft nur gegen die Frevler.* 190. *Für den heiligen Monat im heiligen Monat*[35], *und Vergeltung für die heiligen Satzungen. Befehdet euch jemand, so befehdet ihr ihn, in der Weise, wie er euch befehdet. Fürchtet Gott und wisset, daß Gott mit den Gottesfürchtigen ist.* 191. *Spendet für den Pfad Gottes, und reichet nicht die Hand zu eurer Vernichtung. Übt Gutes, denn Gott liebt die Liebfrommen.* 102. *Vollziehet*

die Wallfahrt und die Besuche bei Gott, und seid
ihr verhindert, so spendet ein geringes Opfer; scheret
nicht den Kopf, bis das Opfer die Opferstätte erreicht
hat. Wenn aber jemand von euch krank ist oder ein
Kopfübel ihm anhaftet, so finde er Ablösung durch
Fasten, Almosengaben oder fromme Übungen. Und
wenn ihr in Sicherheit weilt und jemand seinen Besuch bis zur Wallfahrt aufschiebt, so spende er ein
geringes Opfer, und wer unvermögend ist, verweile
drei Tage in Fasten während der Wallfahrt und
sieben, nachdem ihr zurückgekehrt seid, zehn also
zusammen. Dies gilt auch für den, dessen Angehörige nicht in der heiligen Anbetungsstätte erschienen. Und fürchtet Gott und wisset, daß Gott
streng ist in der Bestrafung. 193. Die Wallfahrt
erfolge in den bewußten Monaten, und wer in diesen
Monaten die Wallfahrt volllzieht, darf keiner Frau
beiwohnen, keinen Frevel begehen und keinen Streit
auf der Wallfahrt führen. Und was ihr an Gutem
tut, Gott weiß es. Versehet euch mit Vorrat. Der
beste Vorrat aber ist die Gottesfurcht. Seid daher
gottesfürchtig, o Leute von Verstand. 194. Kein
Verbrechen ist es von euch, wenn ihr Überfluß von
eurem Herrn erstrebet. Und wenn ihr vom Arafat[36]
herabkommt, gedenket Gottes an der heiligen Dienst-
stätte, und denket daran, daß er euch rechtleitet, wo
ihr doch einstens die Irrenden waret. 195. Sodann
eilet von da weiter, wie die andren Menschen eilen,
und bittet Gott um Vergebung, denn siehe, Gott ist

allvergebend und allbarmherzig. 196. *Habt ihr eure gottesdienstlichen Bräuche beendet, so gedenket Gottes, wie ihr eurer Väter gedenkt, oder eines noch stärkeren Gedenkens. Manche unter den Menschen sagen: Herr unser, gib uns hienieden! Diese haben keinen Anteil im Jenseits.* 197. *Andre unter ihnen sagen: Herr unser, gib uns des Guten hienieden, des Guten jenseits, und schütze uns vor der Strafe des Fegefeuers.* 198. *Diese erhalten ihren Anteil, wie sie ihn verdient, denn Gott ist schnell des Berechnens.* 199. *Gedenket Gottes an den festgesetzten Tagen. Wer sich in zwei Tagen beeilt, dem haftet keine Sünde an, desgleichen haftet dem keine Sünde an, der länger zögert, wenn er nur gottesfürchtig ist. Fürchtet Gott und wisset, daß ihr euch zu ihm versammeln werdet.* 200. *Unter den Menschen ist einer, dessen Rede über das Leben dich erstaunen macht*[37]; *er ruft Gott als Zeugen an für das, was in seinem Herzen, aber er ist nur ein streitsüchtiger Zänker.* 201. *Sobald er sich wegwendet, strebt er, Unheil auf Erden anzurichten, und vernichtet Boden und Züchtung. Und Gott liebt nicht das Unheil.* 202. *Sagt man zu ihm: fürchte Gott, so erfaßt ihn der Sünde Macht. Die Hölle ist sein Genüge, wie elend ist sein Lager!* 203. *Ein andrer aber ist unter den Menschen, der sich verkauft aus Verlangen nach dem Wohlgefallen Gottes; und Gott ist huldvoll gegen seine Diener.* 204. *O ihr, die ihr glaubt, tretet nun vollständig in die Gottergebung*[38] *und folget nicht den Schritten Satans, denn er ist euer offenbarer Feind.* 205. *Wenn ihr strauchelt, nachdem euch die deutlichen Wunder geworden, — wisset, daß Gott wahrlich allmächtig ist und allweise.* 206. *Erwarten sie vielleicht, daß Gott im Schatten der Wolken zu ihnen kommt und die Engel? Aber Befehl ist ergangen, und zu Gott kehrt jede Sache zurück.* 207. *Frage doch die Kinder Israels, wieviel der deutlichen Wunder wir ihnen werden ließen. Wer die Huld Gottes vertauscht, nachdem sie ihm geworden, — wahrlich, Gott ist streng in der Bestrafung.* 208. *Glänzend ist das Leben derjenigen, die ungläubig sind, hienieden, sie spotten derer, die glauben, aber am Tag der Auferstehung werden die, die gottesfürchtig sind, jenen überlegen sein. Und Gott versorgt den, den er wünscht, ohne zu rechnen.* 209. *Einen einheitlichen Glauben hatten die Menschen, und Gott entsandte die Propheten, Heil verkündend und ermahnend, und offenbarte durch sie die Schrift in Wahrheit, um unter den Menschen zu entscheiden, worüber sie strittig waren; aber aus Streitsucht stritten diejenigen, denen sie gegeben wurde, untereinander, nachdem ihnen deutliche Wunder geworden. Aber nach seinem Willen leitet Gott diejenigen, die glauben, darin, worüber sie um die Wahrheit streiten. Und Gott leitet, wen er will, auf den rechten Weg.* 210. *Oder vermeinet ihr in das Paradies zu treten, und euch traf nicht das gleiche, was diejenigen, die vor euch waren?*

Not und Leid erfaßten sie, und sie brachen zusammen, bis der Gesandte und mit ihm diejenigen, die glaubten, sprachen: Wann endlich die Hilfe Gottes?! Ist denn, fürwahr, die Hilfe Gottes nicht nahe? 211. Sie werden dich fragen, was sie an Almosen geben sollen. Sprich: Was ihr an Gut gebt Eltern, Anverwandten, Waisen, Armen und Wandrern, und was ihr sonst des Guten tut, wahrlich, Gott ist dessen wissend. 212. Euch ist der Krieg vorgeschrieben, aber er ist euch zuwider. 213. Möglich, daß etwas euch zuwider ist, und es euch zum Besten dient, möglich, daß etwas euch lieb ist, und es euch zum Bösen dient. Gott weiß es, ihr aber wißt es nicht. 214. Sie werden dich inbetreff des Kriegs im heiligen Monat befragen. Sprich: Der Krieg in diesem ist schlimm, aber sich vom Pfad Gottes abwenden, ihn und die heilige Anbetungsstätte verleugnen und sein Volk aus dieser vertreiben ist vor Gott noch schlimmer. Die Verführung ist schlimmer als das Töten, und sie werden euch zu bekämpfen nicht aufhören, bis sie euch von eurer Religion abgebracht haben, wenn sie es können. Und wer von euch von seiner Religion abfällt und als Ungläubiger stirbt, dessen Taten sind verwirkt hienieden und jenseits. Diese sind Genossen des Fegefeuers, ewig weilen sie darin. 215. Wahrlich, die glauben und die ausziehen und für den Pfad Gottes streiten, diese mögen auf die Barmherzigkeit Gottes hoffen. Und Gott ist allverzeihend und allbarmherzig. 216. Sie werden dich inbetreff des

Weins und inbetreff des Glückspiels befragen. Sprich: In diesen ist schwere Sünde und auch Nutzen für die Menschen, jedoch gewichtiger ist ihre Sündhaftigkeit als ihre Nützlichkeit. Und sie werden dich befragen, was sie an Almosen geben sollen. 217. Sprich: Den Überfluß. Dies hat Gott euch der Verse verdeutlicht, auf daß ihr nachsinnet. 218. Hienieden und jenseits. Und sie werden dich inbetreff der Waisen befragen. Sprich: Ihnen Gutes erweisen, das ist das Beste. 219. Vermischt ihr euch mit ihnen[39], *— sie sind eure Brüder. Gott kennt sich aus zwischen Unheilstifter und Friedenstifter, und wenn Gott will, er vernichtet euch, denn siehe, Gott ist allmächtig und allweise. 220. Heiratet keine Götzendienerin, bis sie gläubig geworden; ganz gewiß ist eine gläubige Sklavin besser als eine Götzendienerin, und sollte euch diese gefallen. Verheiratet keine an einen Götzendiener, bis er gläubig geworden; ganz gewiß ist ein gläubiger Sklave besser als ein Götzendiener, und sollte euch dieser gefallen. 221. Diese fordern zum Fegefeuer auf, Gott aber fordert zum Paradies auf und zur Vergebung nach seinem Willen. Er verdeutlicht den Menschen seine Verse, auf daß sie seiner gedenken. 222. Sie werden dich inbetreff der Menstruation befragen. Sprich: Dies ist eine Unreinlichkeit, darum haltet euch fern von euren Frauen während ihrer Menstruation und nähert euch ihnen nicht, bis sie rein sind. Sobald sie rein sind, geht zu ihnen, wie Gott euch be-*

fohlen. *Wahrlich, Gott liebt die Bußfertigen, er liebt die Sichreinhaltenden.* 223. *Eure Frauen sind eure Ackerfelder, geht zu euren Ackerfeldern, wie euch beliebt, vorher aber seid eurer Seelen bedacht. Fürchtet Gott und wisset, daß ihr vor ihm zusammentreffen werdet. Und verkünde Heil den Gläubigen.* 224. *Machet Gott nicht zum Gegenstand eurer Schwüre; daß ihr fromm, gottesfürchtig und friedenstiftend unter den Menschen seid. Und Gott ist allhörend und allwissend.* 225. *Gott wird euch wegen einer losen Rede in euren Schwüren nicht strafen, aber strafen wird er euch für das, was euer Herz begehrt. Und Gott ist verzeihend und sanftmütig.* 226. *Diejenigen, die sich ihrer Frauen entsagen, sollen vier Monate abwarten, und wenn sie davon abkommen, wahrlich, Gott ist allverzeihend und allbarmherzig.* 227. *Und haben sie sich für die Ehescheidung entschieden, — wahrlich, Gott ist allhörend und allwissend.* 228. *Und die Geschiedenen sollen drei Menstruationen*[40] *warten, auch ist es ihnen nicht zu verschweigen erlaubt, was Gott in ihrem Leib erschaffen, wenn sie an Gott glauben und an den Jüngsten Tag. Für die Männer aber ist es geziemender, daß sie sie wieder nehmen, falls diese es wünschen, und mit ihnen umgehen, wie ihnen nach Recht obliegt. Der Männer Rang ist jedoch über ihnen. Und Gott ist allmächtig und allweise.* 229. *Die Scheidung kann zweimal erfolgen, sodann nach Recht behalten oder mit Gut ent-*

lassen. Es ist euch nicht erlaubt, etwas zu behalten von dem, was ihr ihnen gegeben, außer man befürchtet, die Bestimmungen Gottes würden nicht erfüllt werden. Befürchtet ihr aber, die Bestimmungen Gottes würden nicht erfüllt werden, so ist es von ihr kein Vergehen, wenn sie sich selber loskauft. Dies sind die Bestimmungen Gottes, übertretet sie nicht; und wer die Bestimmungen Gottes übertritt, — diese sind Frevler. 230. Trennt er sich (wiederum) von ihr, so ist sie ihm nicht eher erlaubt, als bis sie einen anderen Mann geheiratet, und sobald dieser sich von ihr getrennt, ist es kein Vergehen von ihnen, wenn sie sich wiederum vereinigen, sofern sie glauben, die Vorschriften Gottes zu erfüllen. Dies sind die Satzungen Gottes, die er verdeutlicht hat dem Volk, das begreift. 231. Wenn ihr euch von euren Frauen getrennt und die Frist verstrichen ist, so müßt ihr sie nach Fug behalten oder nach Fug entlassen, aber nicht rechtswidrig durch Gewalt zurückhalten. Wer dies tut, befrevelt seine Seele. Macht die Verse Gottes nicht zum Gespött und gedenket der Huld Gottes gegen euch und was er euch an Schrift und Weisheit geoffenbart, euch damit zu ermahnen. Fürchtet Gott und wisset, daß Gott aller Dinge wissend ist. 232. Wenn ihr euch von euren Frauen getrennt habt und die Frist verstrichen ist, so hindert sie nicht, wenn sie einen andren Mann heiraten wollen, falls sie miteinander einig sind nach Recht. Dies, damit dadurch ermahnt werden die-

jenigen unter euch, die an Gott glauben und an den Jüngsten Tag, und dies sei euch zur Lauterkeit und zur Reinheit. Und Gott weiß, ihr aber wißt nicht. 233. Die Mutter säuge ihre Kinder zwei volle Jahre, falls er wünscht, daß die Säugung durchgeführt werde, und dem Vater liegt ihre Ernährung und ihre Kleidung ob nach Fug. Niemand aber darf über seine Mittel belastet werden; weder darf die Mutter inbetreff ihres Kindes gezwungen werden, noch der Vater inbetreff seines Kindes; und auch für den Erben gilt das gleiche. Wünschen sie aber die Entwöhnung, nach gemeinsamer Übereinstimmung und Beratung, so ist dies kein Vergehen von ihnen. Auch wenn ihr für eure Kinder eine Amme nehmen wollt, ist dies kein Vergehen von euch, sofern ihr, was ihr zu geben habt, nach Recht bezahlt. Fürchtet Gott und wisset, daß Gott sehend ist dessen, was ihr tut. 234. Und wenn welche unter euch ableben und Frauen hinterlassen, so sollen diese vier Monate und zehn (Tage) warten, und sobald diese Frist vorüber ist, ist es von ihnen kein Vergehen, wenn sie über sich verfügen nach Recht. Und Gott ist kundig dessen, was ihr tut. 235. Auch ist es von euch kein Vergehen, wenn ihr währenddessen einer Frau einen Heiratsantrag macht oder diese (Absicht) für euch behaltet. Gott weiß, daß ihr euch später ihrer erinnern werdet; jedoch verlobet euch nicht heimlich, wenn aber, so redet nur gebührliche Worte. 236. Schließet die Heiratsverbindung nicht eher, als bis die Vorschrift über die Frist erfüllt ist. Wisset, daß Gott weiß, was in eurem Innern; habt acht vor ihm, und wisset, daß Gott verzeihend ist und sanftmütig. 237. Es ist von euch kein Vergehen, wenn ihr euch von euren Frauen trennt, und ihr sie noch nicht berührt habt oder eine Gabe ausgesetzt, aber ihr müßt sie unterhalten, der Vermögende nach seinem Stand und der Arme nach seinem Stand; Unterhalt nach Gebühr ist eine Pflicht für die Liebfrommen. 238. Trennt ihr euch aber von ihnen, bevor ihr sie berührt habt, nachdem ihr ihnen eine Gabe ausgesetzt, so sollen sie die Hälfte erhalten von dem, was ihr ihnen ausgesetzt, es sei denn, sie verzichten darauf, oder der verzichtet, der den Heiratsvertrag in Händen hat. Wenn ihr aber verzichtet, ihr nähert euch der Gottesfurcht. Vernachlässiget nicht die Milde untereinander, denn wahrlich, Gott ist sehend dessen, was ihr tut. 239. Beobachtet das Gebet, das mittlere[41] Gebet, und seid demütig vor Gott. 240. Wenn ihr in Angst seid, zu Fuß oder reitend. Befindet ihr euch in Sicherheit, so gedenket Gottes, daß er euch lehrte, was ihr nicht wußtet. 241. Wenn welche unter euch ableben und Frauen hinterlassen, so ist ihren Frauen ein Legat auszusetzen, Unterhalt auf ein Jahr, ohne sie fortzuschicken. Gehen sie fort, so ist es von euch kein Vergehen, wenn sie über sich rechtens verfügen. Und Gott ist allmächtig und allweise. 242. Auch der Unterhalt der Geschiedenen ist eine Pflicht für die Gottesfürchtigen. 243. Dies *verdeutlichte euch Gott seiner Verse, auf daß ihr es begreifet.* 244. *Hast du nicht auf die gesehen, die aus ihren Wohnstätten flüchteten*[42], *es waren ihrer Tausende, den Tod fürchtend; aber Gott sprach zu ihnen: sterbet, und darauf belebte er sie. Wahrlich, Gott ist sehr gnadenreich gegen die Menschen, aber die meisten Menschen danken ihm nicht.* 245. *Kämpfet für den Pfad Gottes und wisset, daß Gott allhörend ist und allwissend.* 246. *Wer ist es, der Gott ein gut verzinstes Darlehn leiht, das er ihm vielfach verdoppeln wird? Gott schließt die Hand, auch streckt er sie aus, und zu ihm werdet ihr zurückkehren.* 247. *Hast du nicht gesehen auf die Versammlung aus den Kindern Israels nach Moses? Sie sprachen zu ihrem Propheten: Entsende uns einen König, wir wollen für den Pfad Gottes kämpfen. Er entgegnete: Kann es vielleicht geschehen, daß euch der Krieg vorgeschrieben wird und ihr nicht kämpfet? Sie erwiderten: Wie sollten wir für den Pfad Gottes nicht kämpfen, sind wir doch aus unsren Wohnstätten verjagt worden samt unsren Kindern?! Als ihnen aber der Krieg vorgeschrieben wurde, wandten sie sich um, bis auf wenige von ihnen. Gott aber ist wissend inbetreff der Frevler.* 248. *Ihr Prophet sprach zu ihnen: Siehe, bereits entsandte euch Gott den Talut*[43] *zum König. Sie entgegneten: Wieso soll er die Herrschaft über uns erhalten, wo wir doch für die Herrschaft würdiger sind als er, und er besitzt keine Fülle an Vermögen*[44]*?! Er erwiderte:*

Siehe, Gott wählte ihn über euch und stattete ihn aus mit Größe an Wissen und Körper. Gott verleiht die Herrschaft, wem er will, und Gott ist allumfassend und allwissend. 249. Ihr Prophet sprach zu ihnen: Siehe, ein Zeichen seiner Herrschaft ist, daß zu euch kommen wird die Bundeslade, darin die Majestät eures Herrn ist und Reliquien, die die Angehörigen Moses' und die Angehörigen Ahrons hinterlassen haben; Engel werden sie tragen. Siehe, hierin ist euch sicherlich ein Zeichen, wenn ihr Gläubige seid. 250. Als Talut dann mit seinen Kriegern auszog, sprach er: Siehe, Gott wird euch durch einen Fluß prüfen: wer aus diesem trinkt, ist nicht der meinigen, und wer nicht aus diesem kostet, wahrlich, er ist der meinigen, es sei denn eine Handvoll aus flacher Hand. Und sie tranken aus diesem, nur wenige ausgenommen[45]. Als er und mit ihm diejenigen, die glaubten, ihn überschritten, sprachen sie: Wir haben heute keine Kraft gegen Goljat und seine Krieger. Die aber mit Gott zusammenzutreffen glaubten, sprachen: Wie oft schon hat mit dem Willen Gottes eine kleine Schar eine große besiegt, und Gott ist mit den Geduldigen. 251. Und als sie gegen Goljat und seine Krieger hervortraten, sprachen sie: Herr unser, gieße Geduld über uns, festige unsre Füße und hilf uns gegen das Volk der Ungläubigen! 252. Darauf schlugen sie sie mit dem Willen Gottes in die Flucht, und David tötete den Goljat. Und Gott verlieh ihm Herrschaft und Weisheit und lehrte ihn, was er wünschte. Und wenn Gott nicht die Menschen die einen durch die andren gehindert hätte, ganz gewiß wäre die Erde zugrunde gegangen. Aber Gott ist gnadenreich gegen die Weltbewohner. 253. Dies sind die Verse Gottes, die wir dir vorlesen in Wahrheit, und wahrlich, du bist der Gesandten einer.

254. Unter den Gesandten bevorzugten wir die einen mehr als die andren, unter ihnen manche, mit denen Gott redete, andre aber erhob er eine Stufe höher. So verliehen wir Jesus, dem Sohn Marias, Wunderkraft und stärkten ihn mit dem heiligen Geist. Wollte es Gott, seine Nachfolger würden einander nicht bekämpft haben, nachdem ihnen deutliche Wunder geworden waren. Aber sie streiten; mancher unter ihnen, der glaubt, und mancher unter ihnen, der nicht glaubt. Wollte es Gott, sie würden einander nicht bekämpft haben, aber Gott tut, was er will. 255. O ihr, die ihr glaubt, spendet Almosen von dem, womit wir euch versorgt, bevor der Tag kommt, an dem es kein Verhandeln gibt, keine Freundschaft und keine Fürbitte. Und die Ungläubigen, sie sind Frevler. 256. Gott, außer ihm gibt es keinen Gott, ist der Lebendige, der Ewige, den kein Schlaf erfaßt und kein Schlummer; sein ist, was auf Himmeln ist und was auf Erden. Wer kann vor ihm fürbitten, es sei denn, es ist sein Wille. Er weiß, was gegenwärtig ist und was folgt, und man begreift von seinem Wissen nur das, was er wünscht.

Himmel und Erde umfaßt sein Thron und ihre Überwachung belastet ihn nicht; er ist der Erhabene, der Allgewaltige. 257. Keine Nötigung in der Religion, ist doch das Rechtgehen vom Irregehen so deutlich (zu unterscheiden). Wer Tagut[46] *verleugnet und an Gott glaubt, hält an einer festen Handhabe, an der kein Bruch ist. Und Gott ist allhörend und allwissend. 258. Gott ist der Beistand derer, die glauben; er führt sie aus der Finsternis an das Licht. 259. Aber derjenigen, die ungläubig sind, Beistand ist Tagut; er führt sie aus dem Licht in die Finsternis. Diese sind Genossen des Fegefeuers, ewig weilen sie darin. 260. Hast du nicht auf jenen*[47] *gesehen, der mit Abraham über seinen Herrn stritt, Gott habe ihm die Herrschaft verliehen. Abraham sprach dann: Mein Herr ist es, der belebt und tötet. Jener erwiderte: Auch ich belebe und töte. Abraham entgegnete: Aber siehe, Gott bringt die Sonne aus dem Osten, hole du sie aus dem Westen. Da wurde jener, der ungläubig war, verwirrt. Und Gott rechtleitet nicht das Volk der Frevler. 261. Oder auf den, der, als er*[48] *an der Stadt vorüberging, die bis auf ihre Grundlagen verwüstet war, sprach: Wie will Gott diese nach ihrem Absterben belegen? Gott ließ ihn sterben, und hundert Jahre später erweckte er ihn und sprach zu ihm: Wie lange verweiltest du? Er erwiderte: Ich verweilte einen Tag oder den Teil eines Tages. Er entgegnete: Nein, du verweiltest hundert Jahre, und schau auf deine Speise und deinen*

Trank, *doch sind sie nicht verdorben, und schau auf deinen Esel, — auf daß wir dich zum Wunderzeichen für die Menschen machen; und schau auf die Gebeine, wie wir sie auferwecken und dann mit Fleisch bekleiden. Als dies ihm klar wurde, sprach er: Ich weiß nun, daß Gott über alle Dinge mächtig ist. 262. Dann sprach Abraham: O Herr, zeige mir, wie du die Toten belebest. Er entgegnete: Glaubst du etwa nicht? Jener erwiderte: Gewiß, aber mein Herz zu beruhigen. Da sprach er: So nimm vier Vögel, zerschneide sie dir und lege dann auf jeden Berg ein Stück von ihnen; sodann rufe sie, und sie kommen zu dir gelaufen. Und wisse, daß Gott wahrlich allmächtig ist und allweise. 263. Es gleichen diejenigen, die ihr Vermögen für den Pfad Gottes hingeben, einem Samenkorn, das sieben Ähren hervorbringt, hundert Körner in jeder Ähre. Gott verdoppelt, wem er will. Und Gott ist allumfassend und allwissend. 264. Diejenigen, die ihr Vermögen für den Pfad Gottes hingeben und für ihre Spenden keine Vorhaltungen machen und keine Vorwürfe, ihnen ist ihr Lohn bei ihrem Herrn. Keine Furcht über sie, sie sollen nicht betrübt sein. 265. Gebührliche Worte und Sanftheit sind besser als Almosen verbunden mit Vorwürfen. Und Gott ist besitzend und sanftmütig. 266. O ihr, die ihr glaubt, entwertet eure Almosengaben nicht durch Vorhaltungen und Vorwürfe, gleich demjenigen, der Almosen gibt, wenn Menschen es sehen, aber nicht an Gott glaubt und an den jüngsten Tag. Er gleicht einem mit Sand bedeckten Kieselstein; wenn er auch von einem Gußregen befallen wird, er bleibt doch hart. Sie vermögen über nichts, wovon sie gewinnen könnten. Und Gott rechtleitet nicht das Volk der Ungläubigen. 267. Es gleichen aber diejenigen, die ihr Vermögen hingeben, das Wohlgefallen Gottes erstrebend und zur Stärkung ihrer Seele, einem Garten auf einem Hügel; wenn er von einem Gußregen befallen wird, er bringt seine Frucht zwiefach. Und auch wenn der Gußregen ihn nicht befällt, so doch der Tau. Und Gott ist sehend dessen, was ihr tut. 268. Ist einer unter euch, der nicht wünscht einen Garten voll Palmen und Weinstöcke zu haben, darunterhin Ströme fließen, in dem allerhand Früchte sind, verbunden mit hohem Alter und zahlreichen Nachkommen, — wenn ihn aber ein Feuer tragender Wind überfällt und verzehrt? Dies verdeutlichte euch Gott der Verse, auf daß ihr nachsinnet. 269. O ihr, die ihr glaubt, gebet Almosen vom Gut, das ihr erworben, und von dem, das wir euch aus der Erde hervorgebracht, und wählet nicht das Schlechte, wovon ihr Almosen gebt. 270. Was ihr nicht annehmen würdet, es sei denn, ihr beachtet es nicht. Und wisset, daß Gott besitzend ist und gepriesen. 271. Satan droht euch mit Armut und befiehlt euch Schändliches, Gott aber verheißt euch seine Vergebung und Gnade. Und Gott ist allumfassend und allwissend. 272. Er verleiht Weisheit, wem er will, und wer Weisheit erhalten, hat viel Gut erhalten. Aber nur Leute vernünftigen Herzens denken daran.* 273. *Und was ihr an Almosen spendet oder an Gelübden getan, wahrlich, Gott weiß es. Und kein Helfer den Frevlern. Spendet ihr Almosen öffentlich, so ist auch dies recht, wenn ihr es aber verheimlicht und den Armen gebt, um so besser für euch, und es wird euch eure bösen Taten sühnen. Und Gott ist dessen kundig, was ihr tut.* 274. *Ihre Rechtleitung liegt dir nicht ob, Gott aber rechtleitet, wen er will. Und was ihr an Gutem spendet, es ist für eure Seelen, aber spendet nur aus Verlangen nach dem Antlitz Gottes. Und was ihr an Gutem spendet, es wird euch voll vergolten, ihr werdet nicht benachteiligt werden. Die Armen, die durch den Pfad Gottes abgehalten werden*⁴⁹, *sollen nicht in die Lage gesetzt werden, über das Land umherzuziehen. Die Törichten halten sie für besitzend, ihrer Bescheidenheit wegen; du erkennst sie aber an ihrer Sonderheit: sie bitten die Leute nicht zudringlich. Und was ihr an Gutem spendet, wahrlich, Gott ist dessen wissend.* 275. *Diejenigen, die ihr Vermögen hingeben, nachts und tags, heimlich und öffentlich, ihnen ist ihr Lohn bei ihrem Herrn; keine Furcht über sie, sie sollen nicht betrübt sein.* 276. *Diejenigen aber, die Wucher zehren, werden nur so auferstehen, wie die von Satan Besessenen. Dies deshalb, weil sie sagten, Handel und Wucher gleichen einander; aber Gott erlaubte den Handel und untersagte den Wucher. Wenn* *einer ihn aufgibt, eine Ermahnung von seinem Herrn, so ist vorüber, was geschehn, und seine Angelegenheit kommt vor Gott; wer aber rückfällig ist, — diese sind Genossen des Fegefeuers, ewig weilen sie darin. 277. Gott vernichtet den Wucher, das Almosen aber läßt er gedeihen. Und Gott liebt nicht all die sündhaften Ungläubigen. Wahrlich, diejenigen, die glauben, gute Werke üben, das Gebet verrichten und den Armenbeitrag entrichten, ihnen ist ihr Lohn bei ihrem Herrn. Keine Furcht über sie, sie sollen nicht betrübt sein. 278. O ihr, die ihr glaubt, fürchtet Gott und gebet auf, was vom Wucher zurückgeblieben, wenn ihr Gläubige seid. 279. Tut ihr dies nicht, so ist euch der Krieg verkündet von Gott und seinem Gesandten; tut ihr aber Buße, so bleibt euch das Kapital eures Vermögens. Handelt nicht ungerecht, und ihr werdet nicht ungerecht behandelt. 280. Ist (der Schuldner) in Schwierigkeit, so geschehe ihm Aufschub, bis zum Wohlstand; wenn ihr es ihm aber erlasset, um so besser für euch. Wolltet ihr es doch verstehen. 281. Fürchtet den Tag, an dem ihr zu Gott zurückkehren werdet; dann wird jeder Seele vergolten, was sie verdient hat; sie werden nicht ungerecht behandelt werden. 282. O ihr, die ihr glaubt, wenn ihr eine Schuld auf eine befristete Zeit aufnehmt, so schreibt dies nieder. Ein Schreiber schreibe es zwischen euch nach Richtigkeit. Der Schreiber unterlasse aber nicht so zu schreiben, wie Gott ihn gelehrt. Er schreibe, wie ihm diktiert, der die Verpflichtung übernimmt; aber er fürchte Gott, seinen Herrn, und unterschlage nichts davon. Ist aber, der die Verpflichtung übernimmt, blöde, schwach oder zu diktieren nicht imstande, so diktiere sein Beistand nach Gerechtigkeit. Auch lasset es von zwei Zeugen bekunden, von zwei Männern unter euch, und sind keine zwei Männer anwesend, von einem Mann und zwei Frauen, die ihr als Zeugen wählt; irrt sich die eine ihrer, so erinnert sie die andre. Die Zeugen aber dürfen sich nicht weigern, wenn sie gerufen werden. Verschmähet nicht, es niederzuschreiben, mag es gering oder bedeutend sein bis zum Termin. So ist es gerecht vor Gott; es bestätigt das Zeugnis und veranlaßt, daß ihr nicht im Zweifel seid. Nur wenn unter euch ein Handel auf der Stelle abgeschlossen wird, ist es von euch kein Vergehen, wenn ihr es nicht niederschreibt. Stellt aber Zeugen, wenn ihr verhandelt. Der Schreiber aber und der Zeuge dürfen nicht gezwungen werden. Tut ihr dies, wahrlich, es ist eine Missetat von euch. Fürchtet Gott, und Gott wird euch belehren. Und Gott ist aller Dinge wissend. 283. Und wenn ihr auf Reisen seid und keinen Schreiber findet, so diene euch ein Pfand als Sicherheit; wenn aber der eine dem andren vertraut, so bezahle der, dem vertraut worden, das Vertrauen und fürchte Gott, seinen Herrn. Verheimlicht kein Zeugnis; wer es verheimlicht, wahrlich, sündhaft ist sein Herz. Und Gott ist dessen wissend, was ihr tut. 284. Gottes ist, was auf den Himmeln ist und was auf Erden. Ob ihr das, was in eurem Innern, kundtut oder es verbergzt, Gott wird darüber mit euch rechnen. Verzeihen wird er, wem er will, und bestrafen, wen er will. Und Gott ist über alle Dinge mächtig. 285. Es glaubt der Gesandte an das, was ihm von seinem Herrn geoffenbart worden ist, und die Gläubigen allesamt glauben an Gott, seine Engel, sein Buch und seine Gesandten. Wir unterscheiden keinen seiner Gesandten. Sie sprechen: Wir hören und wir gehorchen. Deine Vergebung, Herr unser, zu dir unsre Zuflucht. 286. Gott legt einem nur so viel auf, als sein Vermögen reicht. Jedem, was er verdient hat, ihm, was er begangen. Herr unser, strafe uns nicht, wenn wir uns vergessen haben oder gefehlt. Herr unser, belaste uns nicht mit der Bürde, wie du sie aufgebürdet hast denen, die vor uns waren. Herr unser, bürde uns nicht auf, wofür wir keine Leistungskraft haben. Und verzeih uns und vergib uns und erbarme dich unser. Du bist unser Beschützer, und hilf uns gegen das Volk der Ungläubigen.*

3. SURA VON DER FAMILIE AMRAMS[1]

MEDINISCH, AUS 200 VERSEN BESTEHEND

Im Namen Gottes, des Allerbarmers, des Allbarmherzigen.

1. ALM. Gott, es gibt keinen Gott außer ihm, ist der Lebendige, der Ewige. 2. Er offenbarte dir das

Buch in Wahrheit zur Bestätigung dessen, was schon vorhanden. Bereits vorher offenbarte er die Thora und das Evangelium, als Rechtleitung für die Menschen, und nun offenbarte er dir die Erlösung. 3. Wahrlich, die, die Verse Gottes leugnen, — schwere Pein ist ihnen. Und Gott ist allmächtig und rachhaftig. 4. Wahrlich, Gott ist nichts auf Erden verborgen und nichts auf dem Himmel. Er ist es, der euch im Mutterleib gebildet, wie er wollte. Es gibt keinen Gott außer ihm, dem Allmächtigen, dem Allweisen. 5. Er ist es, der dir das Buch geoffenbart, unter dessen Versen manche deutlich klar sind, sie sind die Grundlage des Buches, andre aber unklar. Diejenigen, in deren Herzen Verderbtheit ist, folgen den Unklaren unter ihnen, Verführung verfolgend und Deutung erstrebend, aber niemand außer Gott kennt ihre Deutung. Die in der Erkenntnis Festen aber sagen: Wir glauben daran, alles ist von unsrem Herrn. Jedoch nur Leute verständigen Herzens denken so. 6. Herr unser, verdirb unsre Herzen nicht, nachdem du uns doch gerechtleitet, und spende uns Gnade deinerseits, denn wahrlich, du bist der Allspendende. 7. Herr unser, du bist Sammler der Menschen am Tag, an dem kein Zweifel ist, denn wahrlich, Gott widerruft nicht seine Verheißung. 8. Siehe, die, die ungläubig sind, werden nicht Vermögen und nicht Kinder vor Gott irgendwie schützen; diese sind Brennstoff für das Fegefeuer. 9. Nach Art der Leute Pharaos und derer, die vor ihnen waren, leugnen sie unsre Verse, aber Gott faßt sie ob ihren Sünden, und Gott ist streng in der Bestrafung. 10. Sprich zu denen, die ungläubig sind: Ihr werdet dereinst überwältigt werden und in der Hölle zusammengeschart; wie böse wird das Lager sein! 11. Bereits ist euch ein Wunder geworden, als die beiden Scharen zusammentrafen², die eine Schar kämpfte für den Pfad Gottes, die andre aber war ungläubig; diese erschienen mit dem wahrnehmbaren Auge doppelt soviel wie jene, aber Gott stärkt durch seine Hilfe, wen er will. Siehe, hierin ist sicherlich eine Ermahnung für Menschen von Einsicht. 12. Den Menschen ist ein Trieb des Verlangens eigen nach Frauen und Kindern, Anhäufung von Schätzen an Gold und Silber, ausgezeichneten Pferden, Viehherden und Ackerfeldern. Dies aber ist nur Nießbrauchgut für das Leben hienieden, bei Gott aber ist die schöne Rückkehr. 13. Sprich: Kann ich euch denn Bessres verkünden als dies: denen, die gottesfürchtig sind, sind bei ihrem Herrn Gärten bereitet, darunterhin Ströme fließen, worin sie ewig weilen; auch unbefleckte Frauen und das Wohlgefallen Gottes. Und Gott ist schauend auf seine Diener. 14. Die da sprechen: Herr unser, wahrlich, wir glauben; vergib uns unsre Sünden und bewahre uns vor der Pein des Fegefeuers. 15. Die Geduldigen, die Aufrichtigen, die Demütigen, die Mildtätigen und die am Morgengrauen um Vergebung Bittenden. 16. Gott bekundet, daß es keinen Gott außer *ihm gibt, und auch die Engel und die Leute der Erkenntnis sind sicher der Wahrheit: es gibt keinen Gott außer ihm, dem Allmächtigen, dem Allweisen. 17. Wahrlich, die Religion vor Gott ist der Islam*³. *Diejenigen, die die Schrift empfingen, gerieten in Streit, erst nachdem ihnen die Erkenntnis gekommen, aus Streitsucht untereinander. Wer die Verse Gottes leugnet, — siehe, Gott ist schnell des Berechnens. 18. Wenn sie mit dir streiten, so sprich: Ich wende gottergeben mein Gesicht zu Gott, und wer mir folgt. 19. Und sprich zu denen, die die Schrift empfingen, und zu den Unkundigen*⁴: *Wollt ihr Gott ergeben sein? Werden sie gottergeben, — schon sind sie gerechtleitet, wenden sie sich aber zurück, so liegt dir nur die Warnung ob. Und Gott ist auf seine Diener schauend. 20. Wahrlich, denjenigen, die die Verse Gottes leugnen, die Propheten ohne Recht töten, und Männer, die sie zur Gerechtigkeit auffordern, hinmorden, verkünde qualvolle Strafe. 21. Diese sind, deren Werke nichtig sind hienieden und jenseits; kein Helfer ist ihnen. 22. Sahest du nicht auf die, die einen Teil aus der Schrift empfingen, sie wurden auf die Schrift Gottes verwiesen, daß sie unter ihnen entscheide, dann aber drehte sich ein Teil von ihnen um, sie blieben abgewandt. 23. Dies, weil sie sagen: Das Fegefeuer wird uns nur eine Anzahl von Tagen umfangen. Sie betören sich in ihrem Glauben, den sie sich erdichtet. 24. Was aber, wenn wir sie versammeln am Tag, an dem kein*

Zweifel ist, an dem jeder Sache vergolten wird, was sie verdient hat? Und sie werden nicht benachteiligt werden. 25. Sprich: O Gott, Besitzer der Herrschaft, du verleihst Herrschaft, wem du willst, und entreißest die Herrschaft, wem du willst, mächtigst, wen du willst, und demütigst, wen du willst; alles Gute in deiner Hand. Wahrlich, du bist über alle Dinge mächtig. 26. Du lassest die Nacht eintreten auf den Tag, und auf die Nacht den Tag anbrechen; du lassest Lebendes aus Totem entstehen, und Totes aus Lebendem werden; versorgst, ohne zu rechnen, wen du willst. 27. Es sollen die Gläubigen keine Ungläubigen zu Helfern nehmen, die Gläubigen umgehend. Wer solches tut, er hat von Gott in nichts (zu erhoffen), es sei denn, ihr habt vor ihnen Furcht; aber dann wird Gott selber euch warnen, und zu Gott ist die Zuflucht. Sprich: Ob ihr verbergt, was in eurer Brust ist, ob ihr es kundtut, Gott weiß es. Er weiß, was auf den Himmeln ist und was auf Erden, und Gott ist über alle Dinge mächtig. 28. An dem Tag wird jede Seele gesammelt finden, was sie des Guten getan, und von dem, was sie Schlechtes getan, wird sie wünschen, daß doch zwischen ihr und diesem ein ferner Zeitraum bestehe. Gott selber wird euch warnen, denn Gott ist gütig gegen seine Diener. 29. Sprich: Liebt ihr Gott, so folget mir; auch Gott wird euch lieben und euch eure Sünden vergeben, denn Gott ist allvergebend und allbarmherzig. Sprich: Gehorchet Gott und dem Gesandten; wenn ihr euch abwendet, —

wahrlich, Gott liebt nicht die Ungläubigen. 30. Siehe, Gott erkor Adam, Noah, die Familie Abrahams und die Familie Amrams vor den andren Weltbewohnern, ein Geschlecht aus dem andren. Und Gott ist allhörend und allwissend. 31. Dann sprach die Frau Amrams: O Herr, ich gelobe dir, was in meinem Leib, es sei dir geweiht; nimm es von mir an, denn wahrlich, du bist der Allhörende, der Allwissende. Und als sie niederkam, sprach sie: O Herr, siehe ich bin mit einem weiblichen Wesen niedergekommen, Gott wußte ja, womit sie niedergekommen, und ein Mann ist nicht wie ein Weib⁵. Ich gab ihr den Namen Maria, und siehe, ich empfehle sie und ihre Nachkommenschaft deinem Schutz vor dem gesteinigten⁶ Satan. 32. Da nahm ihr Herr sie gnädig an und ließ sie zu einer herrlichen Pflanze emporwachsen. Und Zacharias zog sie groß. Als aber Zacharias, sooft er in ihre Kammer eintrat, bei ihr Speise fand, fragte er sie: O Maria, woher hast du dies? Sie erwiderte: Es ist von Gott, denn siehe, Gott versorgt, wen er will, ohne zu rechnen. 33. Da flehte Zacharias zu seinem Herrn und sprach: O Herr, gib mir deinerseits ein gutes Kind, denn du bist hörend auf das Gebet. Da riefen ihm die Engel zu, während er in der Kammer stand und betete: 34. Siehe, Gott verkündet dir den Johannes, zur Bestätigung des von Gott kommenden Wortes, ehrwürdig und keusch, und ein Prophet, der Rechtschaffenen einer. 35. Da sprach er: O Herr, wie soll mir ein Sohn werden, wo das Alter mich bereits erreicht hat, und meine Frau unfruchtbar ist?! Er erwiderte: So ist es; Gott verfährt, wie ihm beliebt. 36. Dieser sprach: O Herr, laß mir ein Zeichen werden. Er erwiderte: Es sei dir ein Zeichen: drei Tage wirst du mit den Menschen nur durch Gesten sprechen. Gedenke stets deines Herrn und preise ihn abends und morgens. 37. Dann sprachen die Engel weiter: O Maria, siehe, der Herr erkor dich und heiligte dich und bevorzugte dich unter den Weibern der Weltbewohner. 38. O Maria, demütige dich deinem Herrn, bete ihn an und beuge dich vor ihm mit den Sichbeugenden[7]. 39. Dies ist von den geheimen Kunden, das wir dir offenbaren. Du warst nicht unter ihnen, als sie Lose warfen, wer von ihnen Maria großziehe, und du warst nicht unter ihnen, als sie miteinander stritten. 40. Alsdann sprachen die Engel: O Maria, siehe, der Herr verkündet dir das Wort von ihm, sein Name ist: der Messias Jesus, Sohn Marias, angesehen hienieden und jenseits, der Nahestehenden einer. 41. Er wird in der Wiege schon zu den Menschen reden und im Mannesalter, der Rechtschaffenen einer. 42. Da sprach sie: O Herr, wie soll mir ein Kind werden, wo ein Mann mich noch nicht berührt hat?! Er erwiderte: So ist es; Gott bildet, wie ihm beliebt. Wenn er eine Sache beschlossen, so sagt er nur: es werde, und es wird. 43. Er wird ihn die Schrift lehren und die Weisheit und die Thora und das Evangelium, und *als Gesandten schicken zu den Kindern Israels: Ich komme zu euch mit einem Wunderzeichen von eurem Herrn: ich forme euch aus Ton das Gebild eines Vogels und hauche hinein, und mit dem Willen Gottes wird es ein (wirklicher) Vogel werden. Auch will ich mit dem Willen Gottes die Blinden und die Aussätzigen heilen und die Toten beleben. Ich will euch verkünden, was ihr esset und in euren Häusern aufspeichert. Wahrlich, hierin ist euch ein Wunderzeichen, wenn ihr Gläubige seid. 44. Zur Bestätigung dessen, was schon aus der Thora (bekannt) ist, und euch zu erlauben einen Teil von dem, was euch verboten war. Ich komme zu euch mit einem Zeichen von eurem Herrn; fürchtet Gott und horchet auf mich. Wahrlich, Gott ist mein Herr und euer Herr, so verehret ihn. Dies ist der rechte Weg. 45. Und als Jesus ihren Unglauben wahrnahm, sprach er: Wer sind meine Helfer für Gott? Da erwiderten die Apostel: Wir sind Helfer für Gott. Wir glauben an Gott; bezeuge, daß wir ergebene Gottbekenner sind. 46. Herr unser, wir glauben an das, was du geoffenbart, und folgen dem Gesandten; trage uns ein mit den Zeugenden. 47. Jene listeten[8], aber Gott überlistete sie, denn Gott übertrifft die Listenden. 48. Gott sprach dann: O Jesus, siehe, ich lasse dich sterben; erhebe dich zu mir und reinige dich von denen, die ungläubig sind. Und ich setze am Tag der Auferstehung diejenigen, die dir gefolgt, über diejenigen, die ungläubig waren. Alsdann erfolgt eure Rückkehr zu mir, und ich entscheide unter euch über das, worüber ihr streitet. 49. Was die betrifft, die ungläubig waren, so strafe ich sie mit schwerer Pein hienieden und jenseits; kein Helfer ist ihnen. 50. Was aber die betrifft, die gläubig waren und gute Werke geübt, so wird ihnen ihr Lohn zuteil. Und Gott liebt nicht die Frevler. 51. Dies lesen wir dir der Verse vor und der weisen Ermahnung. 52. Siehe, Jesus gleicht vor Gott dem Adam, den er aus Staub erschuf, er sprach zu ihm: werde, und er ward⁹. 53. Die Wahrheit ist von deinem Herrn, sei daher nicht der Zweifler einer. 54. Wenn man mit dir darüber streitet, nachdem dir Erkenntnis geworden, so sprich: Kommt her, wir wollen rufen unsre Söhne und eure Söhne, unsre Weiber und eure Weiber, unsre Leute und eure Leute, und dann demütig flehen und den Fluch Gottes über die Lügner heraufbeschwören. 55. Wahrlich, dies ist eine wahre Erzählung; unter den Göttern gibt es keinen außer Gott, und siehe, Gott, nur er, ist der Allmächtige, der Allweise. 56. Wenden sie sich aber ab, — siehe, Gott ist kundig inbetreff der Unheilstifter. 57. Sprich: O Schriftleute, kommt her zu einer billigen Verständigung zwischen uns und euch, daß wir nur Gott verehren und ihm keinen Genossen zuteilen, und daß niemand von uns einen andren Herrn außer Gott annehme. Wenden sie sich ab, so sprecht: Bezeuget, daß wir ergebene Gottbekenner sind. 58. O Schriftleute, streitet nicht über Abraham; die Thora und das Evangelium sind erst nach ihm geoffenbart worden. Begreift ihr dies nicht?* 59. *Wenn ihr schon über das streitet, worin ihr Kenntnis habt, weshalb aber streitet ihr über das, worin ihr keine Kenntnis habt?! Und Gott weiß es, ihr aber wißt nichts.* 60. *Abraham war nicht Jude und nicht Christ, er war vielmehr rechtgläubig und gottergeben; er war nicht der Götzendiener einer.* 61. *Wahrlich, Menschen, die Abraham näher sind, sind diejenigen, die ihm folgen, und dieser Prophet, und die glauben. Und Gott ist der Beistand der Gläubigen.* 62. *Es wünscht mancher der Schriftleute euch irre zu leiten, aber nur sich selbst leiten sie irre und verstehen es nicht.* 63. *O Schriftleute, weshalb leugnet ihr die Verse Gottes, müßt ihr sie ja bezeugen.* 64. *O Schriftleute, weshalb kleidet ihr die Wahrheit in Nichtigkeit, verhüllt die Wahrheit, wo ihr sie doch kennt?* 65. *Manche unter den Schriftleuten sagen: Glaubet bei Tagesbeginn an das, was denen, die glauben, geoffenbart worden, und leugnet es später; ob sie vielleicht umkehren.* 66. *Aber glaubt nur dem, der eurer Religion folgt. Sprich: Wahrlich, die (wahre) Religion ist nur die Rechtleitung Gottes, wenn sie auch irgend einem gleich euch verliehen wird. Oder streiten sie mit euch vor eurem Herrn? Sprich: Wahrlich, die Gnade ist in der Hand Gottes, er spendet sie, wem er will. Und Gott ist allumfassend und allkundig.* 67. *Er teilt zu seine Barmherzigkeit, wem er will, denn Gott ist der Gnadenreiche, der Allgewaltige.* 68. *Unter den Schriftleuten gibt es manchen, der, wenn du ihm ein Talent anvertrauest, er es dir zurückgibt, manchen aber, der, wenn du ihm einen Denar anvertrauest, ihn dir nicht zurückgibt, wenn du ihn nicht fortgesetzt drängst.* 69. *Dies deshalb, weil sie sagen: Wir haben gegen Nichtjuden*[10] *keine Verpflichtung. Sie reden über Gott Lügenhaftes, und sie wissen es.* 70. *Nein, wer seiner Verpflichtung genügt und gottesfürchtig ist, — siehe, Gott liebt die Gottesfürchtigen.* 71. *Wahrlich, diejenigen, die für das Bündnis Gottes und ihre Schwüre einen geringen Ersatz erkaufen, die haben keinen Anteil im Jenseits. Nicht anreden wird sie Gott und auf sie nicht hinschauen am Tag der Auferstehung und sie nicht reinigen. Qualvolle Strafe ist ihnen.* 72. *Und siehe, unter ihnen ist ein gewisser Teil, die ihr Gerede in die Schrift verdrehen, daß ihr glauben könntet, es sei aus der Schrift, es ist aber nicht aus der Schrift. Sie sagen, es sei von Gott, es ist aber nicht von Gott. So reden sie über Gott Lügenhaftes, und sie wissen es.* 73. *Es steht einem Fleischwesen nicht an, daß Gott ihm Schrift, Weisheit und Prophetie verleihet, und er dann zu den Menschen sagt: seid meine Verehrer außer Gott. Aber wie folgt: seid gottesgelehrt*[11]*, daß ihr die Schrift verstehet, und auf daß ihr euch in sie vertiefet.* 74. *Er befiehlt euch nicht, Engel und Propheten als Herren anzunehmen. Sollte er euch Unglauben befehlen, nachdem ihr ergebene Gottbekenner* geworden? 75. Als Gott den Prophetenbund schloß: Nun habe ich euch die Schrift und Weisheit verliehen, später wird ein Gesandter zu euch kommen, zur Bestätigung dessen, was ihr bereits habt; glaubt fest an ihn und steht ihm bei. Er sprach: Seid ihr entschlossen und wollt ihr daraufhin meinen Vertrag annehmen? Sie erwiderten: Wir sind entschlossen. Alsdann sprach er: So bezeugt es, und ich bin mit euch der Zeugenden einer. 76. Wer sich nach diesem abwendet, — diese sind Missetäter. 77. Wollen sie eine andre als die Religion Gottes? Dieser ergeben ist, wer auf den Himmeln ist und wer auf Erden, willig oder widerwillig, und zu ihm kehren sie zurück. 78. Sprich: Wir glauben an Gott und an das, was er uns geoffenbart, was er Abraham, Ismael, Isaak, Jakob und den Stammesvätern geoffenbart, und was Moses, Jesus und den Propheten von ihrem Herrn überliefert ward. Wir unterscheiden zwischen keinem von ihnen, und nur ihm sind wir ergebene Bekenner. 79. Und wer eine andre Religion als den Islam anstrebt, wird von ihm nicht aufgenommen; er ist im Jenseits der Verlorenen einer. 80. Wie soll Gott ein Volk rechtleiten, das ungläubig ist, nachdem es des Glaubens war, bezeugt hat, der Gesandte sei wahrhaft, und deutliche Wunder ihm geworden? Und Gott rechtleitet kein frevelhaftes Volk. 81. Für diese ist es ein Entgelt, daß sie trifft der Fluch Gottes, der Engel und der Menschen allesamt. 82. Ewig haftet er ihnen an, die Pein wird ihnen nicht erleichtert, sie werden nicht beachtet[12]. *83.* Ausgenommen, die hernach Buße tun und rechtschaffen sind, denn siehe, Gott ist vergebend und allbarmherzig. *84.* Wahrlich, die ungläubig wurden, nachdem sie des Glaubens waren, und später an Unglauben zugenommen, deren Buße wird nicht angenommen. Diese sind Irrende. *85.* Wahrlich, die ungläubig waren und als Ungläubige gestorben, — von keinem solchen wird der Erde Fülle Goldes angenommen, wollte er sich damit loskaufen. Diesen ist qualvolle Strafe, kein Helfer ist ihnen.

86. Ihr werdet kein Wohlwollen erlangen, bis ihr Almosen gespendet von dem, was ihr liebt. Und jedes, was ihr an Almosen spendet, wahrlich, Gott ist dessen wissend. *87.* Alle Speisen, ausgenommen das, was Israel[13] sich selber verboten hatte, waren den Kindern Israels erlaubt, bevor die Thora geoffenbaret wurde. Sprich: So bringt doch die Thora herbei und leset sie vor, wenn ihr recht habt. *88.* Wer dann noch Gott Lügen andichtet, — diese sind Frevler. *89.* Sprich: Gott ist wahrhaftig; so folget doch dem Bekenntnis Abrahams, er war rechtgläubig und nicht der Götzendiener einer. *90.* Siehe, das erste Bethaus, für die Menschen errichtet, ist das zu Bekka[14]; Segen und Rechtleitung für die Weltbewohner. *91.* In diesem sind deutliche Wunderzeichen; die Stätte Abrahams, und gesichert ist, wer sie betritt. Gottes halber liegt es den Menschen ob, nach diesem Haus zu wallen, wem dieser Weg nur möglich ist. *92.*

Wer aber ungläubig ist, — wahrlich, Gott ist reich auch ohne (Verehrung der) Weltbewohner. 93. Sprich: O Schriftleute, weshalb leugnet ihr die Verse Gottes, und Gott ist ja Zeuge dessen, was ihr tut? 94. Sprich: O Schriftleute, weshalb haltet ihr den, der glaubt, vom Pfad Gottes zurück, wollt Verdrehung, wo ihr doch selber Bezeuger seid?! Aber Gott ist nicht übersehend dessen, was ihr tut. 95. O ihr, die ihr glaubt, gehorchet ihr einem Teil derer, die die Schrift empfingen, sie machen euch wieder zu Ungläubigen, nachdem ihr des Glaubens geworden. 96. Wie könnt ihr ungläubig sein, sind euch doch die Verse Gottes vorgelesen worden und ist ja sein Gesandter unter euch?! Wer sich an Gott festhält, er ist bereits auf den rechten Weg geleitet. 97. O ihr, die ihr glaubt, fürchtet Gott in wahrer Gottesfurcht und sterbet nicht anders als ergebene Gottbekenner. 98. Haltet euch fest am Seil Gottes allesamt, und lasset nicht los. Gedenket der Huld Gottes gegen euch; einst wart ihr Feinde, aber er fügte eure Herzen zusammen, und durch seine Huld habt ihr euch als Brüder vereinigt. 99. Ihr wart am Grabenrand des Fegefeuers, er aber bewahrte euch vor ihm. So verdeutlicht euch Gott seine Verse, daß ihr euch doch rechtleiten lasset. 100. Auf daß aus euch ein Volk werde, das zum Guten auffordert, Fug gebietet und Böses verhindert. Diese sind die Glückhabenden. 101. Seid nicht wie die, die sich voneinander getrennt und miteinander streiten, nachdem ihnen deutliche

Wunder geworden. Diese, — *ihnen ist schwere Pein.* 102. *An jenem Tag werden die Gesichter (der einen) weiß und die Gesichter (der andren) schwarz sein. Was die betrifft, deren Gesichter schwarz sind: Ihr seid wohl ungläubig geworden, nachdem ihr des Glaubens wart? Kostet nun die Pein, weil ihr geleugnet.* 103. *Und was die betrifft, deren Gesichter weiß sind, so gelangen sie in die Gnade Gottes, ewig verweilen sie darin.* 104. *Dies sind die Verse Gottes, die wir dir in Wahrheit vorlesen. Und Gott will keine Ungerechtigkeit für die Weltbewohner.* 105. *Gottes ist, was auf den Himmeln ist und was auf Erden, und zu Gott wird alles zurückkehren.* 106. *Ihr seid das beste Volk, das aus der Menschheit hervorging; ihr gebietet Fug, verhindert Böses und glaubt an Gott. Wollten doch die Schriftleute glauben, wahrlich, dies wäre besser für sie. Unter ihnen gibt es Gläubige, aber die meisten ihrer sind Gottlose.* 107. *Sie werden euch nur bis auf eine Belästigung schädigen, und sollten sie euch bekämpfen, sie kehren euch den Rücken; keine Hilfe ist ihnen dann.* 108. *Schande trifft sie, wo sie sich auch befinden, es sei denn im Bund mit Gott und im Bund mit Menschen. Den Zorn Gottes ziehen sie auf sich und das Elend schlägt auf sie ein. Dies, weil sie die Verse Gottes leugneten und ohne Recht die Propheten töteten, dies, weil sie widerspenstig waren und rechtswidrig handelten.* 109. *Sie sind aber nicht gleich. Und unter den Schrift-*

leuten gibt es eine rechtschaffene Gemeinde, die zur Nachtstunde die Verse Gottes lesen und ihn anbeten. 110. Die an Gott glauben und an den Jüngsten Tag, Fug gebieten, Böses verhindern und im Guten eifrig sind. Diese sind die Rechtschaffenen. 111. Und was ihr des Guten tut, ihr werdet es nicht verleugnen, denn Gott ist kundig inbetreff der Gottesfürchtigen. 112. Wahrlich, denen, die ungläubig sind, werden nicht Vermögen und nicht Kinder vor Gott irgendwie nützen; diese sind Genossen des Fegefeuers, ewig weilen sie darin. 113. Es gleicht, was sie im Leben hienieden hingegeben, einem Wind, darin Frost, der die Ackerfrucht des Volkes, das gegen sich selbst frevelt, befällt und es vernichtet; nicht Gott ist gegen sie ungerecht, aber sie selber sind ungerecht gegen sich. 114. O ihr, die ihr glaubt, nehmet zu Vertrauten nicht solche, die nicht zu euch gehören; sie lassen nicht ab, euch Verderben (zu bringen), wünschen, was euch unglücklich macht. Ihr Haß zeigte sich bereits aus ihrem Mund, aber noch mehr ist, was ihre Busen bergen. Bereits haben wir euch die Verse verdeutlicht, — wolltet ihr es doch begreifen. 115. Schauet her, ihr liebt sie, sie aber lieben euch nicht. Ihr glaubt an die ganze Schrift, und auch sie, wenn sie mit euch zusammentreffen, sagen: wir glauben, sobald sie aber allein sind, beißen sie aus Zorn gegen euch die Fingerspitzen. Sprich: Sterbet an eurem Zorn; wahrlich, Gott ist kundig des Inhalts der Busen. 116. Begegnet euch Gutes, so tut es ihnen wehe, und trifft euch Böses, so freuen sie sich darüber. Wenn ihr aber geduldig seid und gottesfürchtig, nicht schaden wird euch dann ihre Hinterlist in irgend einer Weise, denn siehe, Gott ist umfassend dessen, was sie tun. 117. Als du dich morgens von deinen Leuten aufmachtest[15] und den Gläubigen Lagerstätten für den Kampf errichtetest. Und Gott ist allhörend und allkundig. 118. Damals verzagten zwei Heerscharen unter euch und wurden kleinmütig, jedoch Gott war beider Beistand; und auf Gott vertrauen sollen die Gläubigen. 119. Schon half euch Gott bei Bedr[16], und ihr wart gering; so fürchtet Gott, — daß ihr doch dankbar seid. 120. Damals sprachest du zu den Gläubigen: Genügt es euch nicht, daß euer Herr euch beisteht mit dreitausend herabgesandter[17] Engel? 121. Ja, wenn ihr geduldig seid und gottesfürchtig, und jener jählings über euch kommt, euer Herr steht euch bei mit fünftausend gezeichneter Engel. 122. Gott ließ es nur als frohe Botschaft für euch geschehen, auf daß sich dadurch euer Herz beruhige. Und Hilfe ist von Gott allein, dem Allgewaltigen, dem Allweisen. Ob er durchschneide das Ende derjenigen, die ungläubig sind, oder sie niederstrecke und sie hoffnungslos zurückkehren. 123. Nicht dich geht die Sache an, ob er ihnen verzeiht oder sie bestraft. Aber wahrlich, Frevler sind sie. 124. Gottes ist, was auf den Himmeln ist und was auf Erden. Er vergibt, wem er will, und er bestraft, wen er will. Und Gott ist vergebungsreich und allbarmherzig. 125. O ihr, die ihr glaubt, verzehret keinen Wucher, verdoppelte Verdoppelung; und fürchtet Gott, auf daß ihr glücklich seid. 126. Auch fürchtet das Fegefeuer, den Ungläubigen bereitet, und gehorchet Gott und dem Gesandten, auf daß ihr begnadet werdet. 127. Seid eifrig nach der Vergebung eures Herrn und nach dem Paradies, Himmel und Erde seine Ausdehnung, für die Gottesfürchtigen bereitet. 128. Die Almosen spenden in Freud und Leid, die zurückhaltend sind im Zorn und ihren Mitmenschen verzeihend, denn Gott liebt die Liebfrommen. 129. Und auch diejenigen, die, nachdem sie Schändlichkeit begangen oder ihre Seelen befrevelt, an Gott denken und um Vergebung ihrer Sünden bitten, denn wer außer Gott könnte Sünden vergeben, und nicht hartnäckig verharren bei dem, was sie getan, und es wissen. 130. Der Lohn dieser ist Vergebung seitens ihres Herrn, und Gärten, darunterhin Ströme fließen, in denen sie ewig verweilen; und wie schön ist der Lohn der Wirkenden! 131. Bereits vor euch erging ein Strafgericht; so wandert doch über die Erde und schauet, wie war der Enderfolg der Verleugner. 132. Dies da ist eine klare Darlegung für die Menschen und eine Rechtleitung, eine Ermahnung für die Gottesfürchtigen. 133. Seid nicht niedergeschlagen und nicht betrübt; ihr werdet die Überlegenen sein, wenn ihr Gläubige seid. 134. Trifft euch eine Verwun-

dung, — auch das (feindliche) Volk trifft eine ebensolche Verwundung. So lassen wir die Glückstage zwischen den Menschen schwanken, damit Gott herauskenne, die glauben, und aus euch Bezeuger herausgreife. Und Gott liebt nicht die Frevler. 135. Damit Gott die prüfe, die glauben, die Ungläubigen aber gänzlich vernichte. 136. Vermeinet ihr in das Paradies zu treten, und Gott noch nicht kennt diejenigen unter euch, die für ihn stritten, und die geduldig waren? 137. Ihr wünschtet bereits den Tod, bevor ihr ihm begegnet seid; nun habt ihr ihn gesehen und werdet noch auf ihn schauen. 138. Mohammed ist nur ein Gesandter, und schon vor ihm traten Gesandte auf. Stürbe er oder würde er erschlagen, kehret ihr dann in eure Fußtapfen zurück? Wer in seine Fußtapfen umkehrt, er schädigt Gott mit nichten; aber ganz gewiß wird Gott die Dankbaren belohnen. 139. Es trifft niemand, daß er stirbt, wenn nicht mit dem Willen Gottes, gemäß dem Buch der Bestimmung. Wünscht jemand seinen Lohn (vom Gut) hienieden, wir geben ihn ihm von diesem, wünscht jemand seinen Lohn vom (Gut des) Jenseits, wir geben ihn ihm von diesem; wir werden die Dankbaren belohnen. 140. Wie mancher ist unter den Propheten, gegen den viele Myriaden kämpften, aber sie zagten nicht bei dem, was sie auch auf dem Pfad Gottes traf; sie waren nicht schwach und unterwarfen sich nicht. Und Gott liebt die Geduldigen. 141. Und ihre Rede war nur, daß sie spra-

chen: Herr unser, vergib uns unsre Sünden und unsre Uebertretungen in unsren Sachen; festige unsre Füße und hilf uns gegen das Volk der Ungläubigen. Gott gab ihnen ihren Lohn hienieden und den schönsten Lohn im Jenseits, denn Gott liebt die Liebfrommen. 142. O ihr, die ihr glaubt, wenn ihr auf die hört, die ungläubig sind, sie führen euch in eure Fußtapfen zurück, und verlustig kehrt ihr um. 143. Aber nein, Gott ist euer Beschützer, er ist der beste Helfer. 144. Schreck setzen wir in die Herzen derjenigen, die ungläubig sind, weil sie Gott das zugesellen, wozu ihnen Befugnis nicht erteilt worden. Das Fegefeuer ist ihre Zuflucht, wie böse ist der Frevler Aufenthalt. 145. Bereits hatte euch Gott seine Verheißung bewahrheitet, als ihr sie mit seinem Willen besiegtet[18]*, dann aber wurdet ihr wankelmütig, strittet über den Befehl und wart ungehorsam, nachdem er euch gezeigt hatte, was ihr wünschtet. 146. Manche unter euch wünschten das Diesseits, manche unter euch wünschten das Jenseits; dann jagte er euch vor ihnen in die Flucht, um euch zu prüfen. Aber bereits verzieh er euch, denn Gott ist gnadenhaft gegen die Gläubigen. 147. Dann stieget ihr hinauf und wandtet euch nach niemand um, und der Gesandte rief hinter euch her. Er vergalt euch Kummer über Kummer, auf daß ihr nicht betrübt seiet über das, was euch entging, und nicht über das, was euch zustieß. Und Gott ist kundig dessen, was ihr tut. 148. Darauf sandte er euch nach dem Kummer einen*

Schutz hernieder, einen tiefen Schlaf, der einen Teil von euch befiel; ein Teil hatte sich selbst beunruhigt, indem es von Gott wähnte, was nicht die Wahrheit ist, einen Glauben aus heidnischer Zeit. Sie sprachen: Wird uns etwas von diesen Dingen? Sprich: Fürwahr, alle Dinge sind bei Gott. Sie verbergen für sich, was sie dir nicht offenbaren; sie sagen: Wäre uns etwas von diesen Dingen, wir würden hier nicht geschlagen worden sein. Sprich: Wäret ihr auch in euren Häusern, ganz gewiß würden diejenigen, über die der Tod geschrieben, nach ihren Ruhestätten hinausgetreten sein. Damit Gott prüfe, was in eurer Brust ist, und untersuche, was in eurem Herzen. Und Gott ist kundig des Inhalts der Busen. 149. Fürwahr, diejenigen unter euch, die am Tag, an dem die beiden Scharen zusammentrafen, umkehrten, nur Satan verführte sie, wegen eines Teils, den sie gewonnen[19]*, aber bereits verzieh es ihnen Gott, denn wahrlich, Gott ist vergebungsreich und sanftmütig. 150. O ihr, die ihr glaubt, gleicht nicht denen, die ungläubig sind, die da von ihren Brüdern, wenn sie über die Erde wanderten oder Krieger waren, sagten: Blieben sie doch bei uns, sie wären nicht tot, sie wären nicht erschlagen. Aber dies bewirkte Gott nur zum Wehe in ihren Herzen. Gott belebet und tötet, und Gott ist schauend dessen, was ihr tut. 151. Und wenn ihr auch für den Pfad Gottes erschlagen werdet oder sterbet, — ganz gewiß ist die Verzeihung Gottes und die Gnade besser* *als das, was ihr sammelt. 152. Wenn ihr nämlich sterbet oder erschlagen werdet, zu Gott werdet ihr versammelt. 153. Inbetreff der von Gott (verheißenen) Gnade warst du ihnen zu milde; wärest du aber streng und rauh, ganz gewiß würde sich ihr Herz von deiner Umgebung getrennt haben. So vergib ihnen und bitte für sie um Verzeihung und frage sie in dieser Angelegenheit um Rat. Hast du dich entschieden, dann vertraue auf Gott, denn wahrlich, Gott liebt die Vertrauenden. 154. Hilft euch Gott, ihr habt keinen Ueberwinder, verläßt er euch, wer ist es, der euch dann beisteht. Daher sollen nur auf Gott die Gläubigen vertrauen. 155. Es ist nicht des Propheten[20] zu betrügen. Wer betrügt, erscheint am Tag der Auferstehung mit dem, womit er betrogen: dann wird jeder Seele vergolten, was sie verdient hat; sie sollen nicht beeinträchtigt werden. 156. Sollte der, der dem Wohlgefallen Gottes folgte, dem gleichen, der mit dem Unwillen Gottes kommt? Sein Aufenthalt die Hölle, wie böse die Hinfahrt. 157. Sie sind bei Gott in Rangstufen; und Gott ist schauend dessen, was sie tun. 158. Bereits begnadete Gott die Gläubigen, als er ihnen einen Gesandten aus ihrer eigenen Mitte sandte, daß er ihnen seine Verse vorlese, sie reinige und sie lehre die Schrift und die Weisheit, während sie bis dahin in offenbarer Verirrung waren. 159. Als euch das Unglück zustieß, aber bereits wart ihr zweimal im Vorteil, saget ihr da nicht: woher dies? Sprich: Es ist von euch selbst, denn fürwahr, Gott ist aller Dinge mächtig.* 160. *Was euch zustieß am Tag, an dem beide Heerscharen zusammentrafen, so geschah es mit dem Willen Gottes, damit er erkenne die Gläubigen und die erkenne, die heuchelten. Man sprach zu ihnen: Kommt her, kämpft für den Pfad Gottes oder verteidigt ihn. Sie aber erwiderten: Verstünden wir uns auf den Kampf, gewiß würden wir euch folgen. Sie waren dann dem Unglauben näher als dem Glauben.* 161. *Sie sprachen mit ihrem Mund, was nicht in ihrem Herzen war; aber Gott wußte, was sie verheimlichten.* 162. *Diejenigen, die daheim blieben und von ihren Brüdern sprachen: Würden sie auf uns gehört haben, sie wären nicht getötet worden. Sprich: So stoßet doch den Tod von euch selbst fort, wenn ihr aufrichtig seid.* 163. *Und glaubet nicht, die für den Pfad Gottes getötet worden sind, seien tot; nein, sie sind lebend, bei ihrem Herrn werden sie versorgt.* 164. *Sie freuen sich dessen, was Gott ihnen seines Überflusses schenkte, sind freudig über die, die sie noch nicht erreicht haben der ihnen folgenden. Keine Furcht über sie, sie sollen nicht betrübt sein.* 165. *Sie ergötzen sich der Gnade Gottes und seines Überflusses, und daß Gott nicht vernachlässigt die Belohnung der Gläubigen.* 166. *Die Gott gehorchen und seinem Gesandten, nachdem Verwundung sie traf, die unter ihnen, die Gutes tun und gottesfürchtig sind, ihnen ist eine herrliche Belohnung.* 167. *Zu denen die Leute einst sprachen:*

Seht doch, bereits versammeln sich die Leute gegen euch, fürchtet sie! Aber das vermehrte nur ihr Vertrauen und sie erwiderten: Unser Heil ist Gott, und wie schön ist er als Anführer. 168. So kehrten sie zurück mit der Huld Gottes und seiner Gnade, ohne daß ihnen etwas zustieß. Sie strebten nach dem Wohlgefallen Gottes, und Gott ist Besitzer unendlicher Gnade. 169. Nur Satan will euch vor seinen Freunden erschrecken. Fürchtet sie aber nicht, und nur mich fürchtet, wenn ihr gläubig seid. 170. Betrübe dich nicht über die, die dem Unglauben nacheilen, denn siehe, sie schädigen Gott um nichts. Gott wünscht, ihnen keinen Anteil am Jenseits zukommen zu lassen; schwere Pein ist ihnen. 171. Wahrlich, die Unglauben für den wahren Glauben erkaufen, sie schädigen Gott um nichts; qualvolle Strafe ist ihnen. 172. Es mögen aber diejenigen, die ungläubig sind, nicht denken, wir gewähren ihnen Aufschub zum Glück ihrer Seelen, wir gewähren ihnen Aufschub nur darum, damit sie Sünden häufen; schändende Pein ist ihnen. 173. Gott wird die Gläubigen im Zustand, in dem ihr euch befindet, nicht (länger) zurücklassen, als bis er die Schlacke vom Guten ausgeschieden hat. 174. Auch offenbart euch Gott sein Geheimnis nicht, jedoch wählt er aus seinen Gesandten, den er will. So glaubt nun an Gott und seinen Gesandten, und wenn ihr gläubig seid und gottesfürchtig, herrlicher Lohn soll euch sein. 175. Es mögen diejenigen, die geizig sind, nicht denken, was Gott ihnen von seinem Ueberfluß gab, sei ihnen zum Besten; nein, es ist ihnen zum Uebel. 176. Das, woran sie geizten, wird ihnen als Halsfessel umgehängt am Tag der Auferstehung. Und Gottes ist die Erbschaft der Himmel und der Erde, und Gott ist kundig dessen, was ihr tut. 177. Bereits hörte Gott die Rede derjenigen, die sagten: Wahrlich, Gott ist arm, wir aber sind reich. Wir werden aufschreiben, was sie sagten, wie auch ihr Morden der Propheten ohne Gerechtigkeit, und sprechen: Kostet nun die Pein des Brandes. 178. Dies ob dem, was eure Hände vorgewirkt, und weil Gott nicht im Unrecht ist gegen seine Diener. 179. Die da sagen: Siehe, Gott schloß mit uns ein Bündnis, daß wir keinem Gesandten vertrauen, bis er uns mit einem Brandopfer kommt, das das Feuer verzehrt. 180. Sprich: Bereits sind zu euch Gesandte vor mir gekommen mit deutlichen Beweisen und mit dem, was ihr fordert; weshalb nun habt ihr sie getötet, wenn ihr aufrichtig seid? 181. Zeihen sie dich der Lügenhaftigkeit, so ziehen sie der Lügenhaftigkeit bereits die Gesandten vor dir, die zu ihnen mit deutlichen Beweisen kamen, mit den Schriften und dem erleuchtenden Buch. 182. Den Tod kostend ist jede Seele, und euer Lohn soll euch vergolten werden am Tag der Auferstehung. Wer dann dem Fegefeuer fernbleibt und in das Paradies eintritt, er hat es erlangt. Nichts weiter ist das Leben hienieden als ein trügerisches Gerät. 183. Sicherlich werdet ihr an eurer Habe und an eurer Seele versucht werden, sicherlich werdet ihr von denen, die vor euch die Schrift empfingen, und von denen, die Gott einen Genossen zugesellen[21]*, viele Beschimpfungen anhören, — wenn ihr aber geduldig seid und gottesfürchtig, denn wahrlich, dies geschieht durch das Verhängnis der Dinge. 184. Dann schloß Gott ein Bündnis mit denen, die die Schrift empfingen: Daß ihr sie ja den Menschen verdeutlicht und sie nicht verheimlicht. Da warfen sie sie hinter ihren Rücken und erkauften dafür einen geringen Preis; wie schlecht ist, was sie erkauft haben! 185. Man glaube nicht von denen, die sich freuen dessen, was sie getan, und gelobt zu werden wünschen für das, was sie nicht begehen, — so glaube nicht ihres Entkommens der Pein; qualvolle Strafe ist ihnen. 186. Gottes ist die Herrschaft über Himmel und Erde; Gott ist aller Dinge mächtig. 187. Siehe, in der Schöpfung von Himmeln und Erde, im Wechsel von Nacht und Tag sind deutliche Beweise für Menschen von Verstand. 188. Die an Gott denken stehend, sitzend und auf der Seite (liegend). Wenn sie nachsinnen über die Schöpfung von Himmeln und Erde: Herr unser, nicht unnötig hast du dies erschaffen; Preis dir! Bewahre uns vor der Qual des Fegefeuers. 189. Herr unser, stürzest du einen ins Fegefeuer, du hast ihn bereits in Schmach gehüllt; und kein Helfer den Frevlern. 190. Herr unser, wahrlich, wir hörten einen Verkünder den Glauben verkünden: Daß ihr* *doch an euren Herrn glaubet! Und wir glaubten. 191. Herr unser, so vergib uns unsre Vergehen, wisch unsre Sünden fort und laß uns sterben mit den Rechtschaffenen. 192. Herr unser, gib uns, was du uns durch deine Gesandten verheißen, und hülle uns nicht in Schande am Tag der Auferstehung, denn wahrlich, du brichst nicht das Versprechen. 193. Und ihr Herr erhörte sie: Ich lasse die Tat der Wirkenden unter euch nicht verloren gehen, ob eines Mannes oder eines Weibes, weder der einen noch der andren. 194. Diejenigen, die geflohen und aus ihren Häusern vertrieben wurden, die für meinen Pfad gelitten, die gekämpft und getötet wurden, ganz gewiß wische ich ihre Sünden fort, ganz gewiß führe ich sie in Gärten, darunterhin Ströme fließen. 195. Eine Belohnung von Gott; und Gott, bei ihm ist die schönste Belohnung. 196. Es soll dich nicht betören der Glückwechsel derjenigen im Land, die ungläubig sind. Ein geringer Besitz. Später ist die Hölle ihr Aufenthalt, wie böse das Lager! 197. Aber diejenigen, die ihren Herrn fürchten, ihnen sind Gärten, darunterhin Ströme fließen; ewig weilen sie darin. Eine Gastgabe von Gott, und was bei Gott, es ist das Schönste für die Rechtschaffenen. 198. Und siehe, auch die unter den Schriftleuten, die an Gott glauben und an das, was euch geoffenbart worden, und an das, was ihnen geoffenbart worden, die Gott unterwürfig sind und nicht für die Verse Gottes einen geringen Preis erkaufen. 199. Diesen ist ihr Lohn bei ihrem Herrn, denn wahrlich, Gott ist schnell des Berechnens. 200. O ihr, die ihr glaubt, seid geduldig, wetteifert im Ausharren, seid standhaft und fürchtet Gott, auf daß ihr Glück habet.*

4. SURA VON DEN WEIBERN
MEDINISCH, AUS 175 VERSEN BESTEHEND

Im Namen Gottes, des Allerbarmers, des Allbarmherzigen.

1. O ihr Leute, fürchtet euren Herrn, der euch aus einem einzigen Lebewesen erschaffen; aus diesem erschuf er sein Weib, und aus beiden ließ er viele Männer und Weiber sich verbreiten. Fürchtet Gott, zu dem ihr bittet, und (ehret) die Verwandtschaft, denn wahrlich, Gott ist euer Wächter. 2. Gebet den Waisen ihr Eigentum, aber nicht Schlechtes statt Gutes vertauschen, und zehrt nicht ihr Vermögen auf zu eurem Vermögen; wahrlich, dies ist ein schweres Verbrechen. 3. Und fürchtet ihr, unrecht an den Waisen zu handeln[1]. So heiratet von den Weibern, soviel euch beliebt, zwei, drei oder vier; fürchtet ihr aber, nicht gerecht zu handeln, dann eine, oder (Sklavinnen) die unter eurer Hand stehen; dies nähert, daß ihr nicht frevelt. Und gebt den Weibern ihre Morgengabe als Hochzeitsgeschenk, und wenn sie selber euch etwas davon erlassen, so verzehret es, verdaulich und bekömmlich. 4. Den Unverständigen aber gebt nicht das Vermögen, das

*Gott euch zum Unterhalt anvertraut hat, sondern
verpfleget sie davon und kleidet sie, auch redet mit
ihnen gebührliche Worte. 5. Prüfet die Waisen,
bis sie Heiratsfähigkeit erlangt haben, und wenn ihr
an ihnen Verständigkeit wahrnehmet, so übergebt
ihnen ihr Vermögen; sie sollen es aber nicht ver-
schwenderisch und eilfertig verzehren. 6. Wenn sie
großjährig geworden. Wer reich ist, enthalte sich
dessen, wer aber arm ist, zehre davon gebührlich.
7. Wenn ihr ihnen ihr Vermögen übergebt, nehmet
Zeugen. Gott aber genügt als Rechenschafter.
8. Den Männern der Anteil von dem, was Eltern
und Verwandte hinterlassen haben, und den Weibern
der Anteil von dem, was Eltern und Verwandte
hinterlassen haben. Davon, ob wenig oder viel,
(jedem) der bestimmte Anteil. 9. Wenn aber bei
der Verteilung Verwandte, Waisen und Arme anwesend sind, so unterhaltet sie davon, und redet zu
ihnen gebührliche Worte. 10. Die besorgt sind, sie
könnten hilflose Kinder zurücklassen, und um sie
fürchten, diese mögen nur Gott fürchten, nur geziemende Worte sprechen. 11. Wahrlich, die das
Vermögen der Waisen in Ungerechtigkeit verzehren,
sie nehmen nur Feuer in ihren Bauch auf; in der
Hölle werden sie braten. 12. Gott hat euch hinsichtlich eurer Kinder bestimmt: Ein Mann erhalte einen
ebensolchen Anteil wie zwei Weiber. Sind nur Weiber da, mehr als zwei, so gehöre es ihnen, während
ein Drittel zurückbleibe. Ist nur eines da, so erhalte*

sie die Hälfte. Von den Eltern erhalte jeder ein Sechstel, falls ein Kind da ist, und wenn kein Kind da ist und sein Vater ihn beerbt, so erhalte die Mutter ein Drittel. Hat er Brüder, so erhalte seine Mutter ein Sechstel. Nachdem davon die Legate verteilt sind oder Schulden. Eure Eltern und eure Kinder, ihr wißt nicht, wer von ihnen euch mehr Nutzen gewährt. Diese Vorschrift ist von Gott, und wahrlich, Gott ist allwissend und allweise. 13. Ihr sollt die Hälfte von dem erhalten, was eure Weiber zurücklassen, falls sie kein Kind hinterlassen; wenn sie aber ein Kind hinterlassen, dann ein Viertel von dem, was sie hinterlassen. Nachdem davon die Legate verteilt sind oder Schulden. 14. Sie sollen ein Viertel von dem erhalten, was ihr zurücklasset, falls ihr kein Kind hinterlasset; wenn ihr aber ein Kind hinterlasset, dann ein Achtel von dem, was ihr zurücklasset. Nachdem davon die Legate verteilt sind oder Schulden. 15. Wenn ein Mann einen entfernten Verwandten erben läßt, ebenso eine Frau, und einen Bruder oder eine Schwester hat, so erhalte jeder von ihnen ein Sechstel; sind aber deren mehr vorhanden, so sind sie alle Teilhaber eines Drittels. Nachdem davon die Legate verteilt sind oder Schulden. 16. Ohne zu verletzen, eine Bestimmung von Gott. Und Gott ist allwissend und sanftmütig. 17. Dies sind die Satzungen Gottes, und wer Gott gehorcht und seinem Gesandten, den führt er in die Gärten, darunterhin Ströme fließen, in denen er ewig weilt. Und dies ist ein herrliches Glück. 18. Wer sich aber auflehnt gegen Gott und seinen Gesandten, seine Satzungen überschreitet, den wird er ins Fegefeuer stoßen, darin er ewig weilt, schändende Pein ist ihm. 19. Wenn welche von euren Weibern Unzucht begehen, so lasset vier von euch Zeugen gegen sie² sein, und wenn diese es bezeugen, so haltet sie in den Häusern zurück, bis der Tod sie hinrafft oder Gott ihnen einen Ausweg zukommen läßt. 20. Wenn (Männer) unter euch solches³ begehen, so bestrafet sie beide, und wenn sie Buße tun und sich bessern, so lasset ab von ihnen, denn wahrlich, Gott ist allverzeihend und allbarmherzig. 21. Nur bei Gott ist Vergebung für diejenigen, die Böses getan aus Torheit und darauf in Kürze Buße tun. Diesen verzeiht Gott, und Gott ist allwissend und allweise. 22. Keine Verzeihung jedoch denen, die Böses tun, bis der Tod ihnen nahe ist, dann aber sagen: traun, nun bereue ich. Auch nicht denen, die als Ungläubige sterben; dies 'n haben wir qualvolle Strafe bereitet. 23. O ihr, die ihr glaubt, es ist euch nicht erlaubt, Weiber widerwillig zu erben. Hindert sie nicht an der Wiederverheiratung, um ihnen einen Teil zu entreißen von dem, was ihr ihnen gegeben, es sei denn, sie hätten offenbare Schändlichkeit begangen. Verkehret mit ihnen gebührlich. Seid ihr ihnen abgeneigt, so ist es möglich, ihr seid einer Sache abgeneigt, und Gott darin großes Glück geschaffen. 24. Wenn ihr vertauschen wollt ein Weib gegen ein anderes Weib und der einen bereits ein Talent gegeben habt, so dürft ihr von ihnen nichts zurücknehmen. Könntet ihr es wirklich zurücknehmen? Eine Schandtat, eine offenbare Sünde. 25. Und wie könntet ihr es zurücknehmen, wo ihr bereits zueinander gekommen seid und sie von euch ein starkes Band erhalten haben? 26. Ihr sollt der Frauen keine heiraten, die schon euer Vater geheiratet, es sei denn, es sei bereits geschehen, denn wahrlich, es ist eine Schändlichkeit, eine Gemeinheit, eine üble Weise. 27. Verboten sind euch ferner eure Mütter, eure Töchter und eure Schwestern. Tanten väterlicherseits und Tanten mütterlicherseits, Töchter eines Bruders und Töchter einer Schwester, eure Ammen, die euch gesäugt, eure Milchschwestern, die Mütter eurer Weiber, eure Stieftöchter, die in eurem Schutz, von Weibern, denen ihr schon beigewohnt. Habt ihr ihnen noch nicht beigewohnt, so ist dies kein Vergehen von euch. Ferner die Frauen eurer Söhne, die eurem eignen Rückgrat entstammen, auch nicht zwei Schwestern zusammen, es sei denn, es sei bereits erfolgt, denn wahrlich, Gott ist allvergebend und allbarmherzig.

28. Auch keine Verheirateten unter den Weibern, es sei denn (Sklavinnen), die unter eurer Hand stehen. Eine Vorschrift Gottes für euch. Erlaubt sind euch, außer diesen, die ihr wollt, eurem Vermögen gemäß; verheiratete, keine hurende. Und woran ihr euch durch sie erfreut, dafür setzt ihnen zur Belohnung eine Gabe aus. Jedoch ist es von euch kein Vergehen, was ihr nach der Gabe wählet, denn wahrlich, Gott ist allwissend und allweise. 29. Ist jemand von euch mit seinem Vermögen nicht imstande, gläubige Ehefrauen zu heiraten, so (nehme) er von (Sklavinnen), die unter eurer Hand stehen, von gläubigen Dienerinnen. Und Gott kennt euren Glauben. Ihr seid einer wie der andere, so heiratet sie mit der Erlaubnis ihres Besitzers, und gebt ihnen ihre Belohnung nach Gebühr. Züchtige Frauen und keine hurende, keine, die Liebhaber halten. 30. Wenn sie verheiratet sind und Unzucht begehen, so sei ihnen die Hälfte der Strafe einer freien Ehefrau. Dies für den, der unter euch eine Versündigung fürchtet, enthaltet ihr euch aber, um so besser für euch. Und Gott ist allverzeihend und allbarmherzig. 31. Gott will es euch klarmachen, euch rechtleiten nach Art derer, die vor euch waren, und euch verzeihen. Und Gott ist allwissend und allweise. 32. Gott will, daß er sich euch zuwende, diejenigen aber, die den Begierden folgen, wollen, daß ihr eine weite Abschweifung machet. Gott wünscht, daß es euch leicht werde, denn der Mensch ist schwach erschaffen. 33. O ihr, die ihr glaubt, verschwendet nicht untereinander euer Vermögen in Nutzlosigkeit[4], es sei denn, ein Handel erfolge zu eurer Zufriedenheit. Tötet euch nicht selber, denn wahrlich, Gott ist euch barmherzig. 34. Wer dies in Frevelhaftigkeit und Un-

gerechtigkeit tut, den braten wir einst im Fegefeuer; und leicht ist dies für Gott. 35. Wenn ihr euch fernhaltet von schweren Sünden, die verwehrt sind, wollen wir euch eure Missetaten vergeben und euch einen ehrenvollen Eintritt gewähren. 36. Begehret nicht das, womit Gott den einen oder den anderen unter euch ausgezeichnet. Den Männern ihr Anteil von dem, was sie erworben, und den Weibern ihr Anteil von dem, was sie erworben. Und bittet Gott seiner Gnade, denn wahrlich, Gott ist aller Dinge wissend. 37. Wir haben einem jeden Angehörige gegeben, (als Erben dessen,) was Eltern und Verwandte hinterlassen; aber auch denen, die ein Eid verbindet[5], gebt ihren Teil. Wahrlich, Gott ist über alle Dinge Bezeuger. 38. Die Männer sind höherstehend als die Weiber, weil Gott jene vor diesen ausgezeichnet, und weil sie ihr Vermögen aufwenden. Die Ehrbaren sind gehorsam, ein Geheimnis bewahrend, weil Gott sie bewahrt; diejenigen aber, deren Widerspenstigkeit ihr fürchtet, vermahnet, verlasset ihr Lager und schlaget sie. Gehorchen sie euch dann, so suchet gegen sie keinen Weg. Wahrlich, Gott ist erhaben und allmächtig. 39. Befürchtet ihr eine Spaltung zwischen ihnen, so entsendet einen Schiedsrichter aus seiner Familie und einen Schiedsrichter aus ihrer Familie; wollen sie dann Frieden halten, Gott wird ihn zwischen ihnen befestigen, denn wahrlich, Gott ist allwissend und allkundig. 40. Dienet Gott und gesellt ihm nichts bei. Zu den Eltern seid lieb, sowie zu Verwandten, Waisen, Armen, dem Nachbar, der nahe ist, und dem Nachbar, der ferne ist, dem Genossen an der Seite, dem Wandrer und zu denen, die unter eurer Hand stehen. Wahrlich, Gott liebt nicht den, der stolz ist und Prahler. 41. Diejenigen, die geizen und die Menschen zum Geiz auffordern, verheimlichen, was Gott ihnen von seinem Ueberfluß gegeben, — bereitet haben wir den Ungläubigen schändende Pein. 42. Und diejenigen, die ihr Vermögen spenden den Leuten zur Schau, aber nicht an Gott glauben und an den Jüngsten Tag. Wer Satan zum Sippen hat, — er hat einen bösen Sippen. 43. Und was täte es ihnen, wenn sie an Gott glaubten und an den Jüngsten Tag, und von dem spendeten, womit Gott sie versorgt? Und Gott ist ihrer wissend. 44. Wahrlich, Gott übervorteilt nicht um das Gewicht eines Stäubchens; war es Gutes, er verdoppelt es und fügt seinerseits großen Lohn hinzu. 45. Wie aber, wenn wir aus allen Völkern Zeugen herbeibringen, auch dich als Zeugen gegen sie auftreten lassen? An jenem Tag werden diejenigen, die ungläubig sind und sich gegen den Gesandten auflehnen, wünschen, daß doch die Erde über sie geebnet werde. Und nicht verheimlichen werden sie vor Gott irgend eine Kunde. 46. O ihr, die ihr glaubt, nahet nicht dem Gebet, wenn ihr trunken seid, bis ihr wisset, was ihr sprechet, auch nicht samenergußbehaftet, es sei denn unterwegs, bis ihr euch gewaschen habt. Und wenn ihr krank seid, oder auf Reisen, oder jemand von euch aus dem Abort kommt, oder ihr Weiber näher berührt habt, und kein Wasser findet, so nehmet feinen Sand und reibet euch damit Gesicht und Hände. Wahrlich, Gott ist vergebend und verzeihend. 47. Siehst du nicht jene, die einen Teil der Schrift empfingen? Sie erkaufen Irrtum und wünschen, daß auch ihr vom Pfad abirret. Aber Gott kennt eure Feinde, und es genügt in Gott einen Beistand zu haben, es genügt in Gott einen Helfer zu haben. 48. Manche von denen, die Juden sind, verdrehen Worte von ihrer richtigen Stelle und sagen: wir hören und verhorchen[6], *oder: höre, ohne zu verstehen, und scheu*[6] *uns. Verdrehung auf ihrer Zunge und Spott über die Religion. 49. Wollten sie doch sagen: wir hören und gehorchen, oder höre und schau uns. Besser wäre dies für sie gewiß und richtiger. Aber verflucht hat sie Gott ob ihres Unglaubens; sie werden nicht glauben, nur wenige. 50. O ihr, die ihr die Schrift empfangen, glaubet an das, was wir geoffenbaret, zur Bestätigung dessen, was ihr schon habt, bevor wir die Gesichter zerstören und sie rückwärts drehen, oder euch verfluchen, wie wir die Sabbatschänder verflucht*[7]. *Und was Gott befiehlt, es ist getan. 51. Wahrlich, Gott vergibt nicht, wenn ihm etwas beigesellt wird, außerdem aber vergibt er, wem er will. Wer Gott etwas beigesellt, er hat große Sünde ersonnen. 52. Siehst du nicht jene, die sich selber rein machen? Aber nein, Gott macht rein,* wen er will. Sie werden nicht um eine Dattelfaser übervorteilt werden. 53. Schau, wie sie Lüge über Gott ersinnen, genug damit der offenbaren Sünde. 54. Siehst du nicht jene, die einen Teil der Schrift empfingen? Sie glauben an Gjibt⁸ und Tagut, doch sagen sie von denen, die ungläubig sind, diese seien des Wegs besser geleitet als diejenigen, die glauben. 55. Sie sind diejenigen, die Gott verflucht hat, und wen Gott verflucht, für den findest du keinen Helfer. 56. Sollte ihnen ein Anteil am (Himmel)reich sein, sie gäben dann andren Menschen nicht (soviel, wie) die Rille im Dattelkern. 57. Beneiden sie denn nicht die Menschen um das, was Gott ihnen von seinem Ueberfluß gegeben? Und bereits gaben wir der Familie Abrahams die Schrift und Weisheit, und wir verliehen ihnen mächtige Herrschaft. 58. Unter ihnen mancher, der daran glaubt, und mancher, der sich davon abwendet; doch genügend Feuerglut in der Hölle. 59. Wahrlich, diejenigen, die unsre Verse verleugnen, werden wir im Fegefeuer braten lassen; sooft ihre Haut gar wird, umwechseln wir sie auf eine andre Haut, auf daß sie die Pein kosten. Wahrlich, Gott ist allmächtig und allweise. 60. Diejenigen aber, die glauben und gute Werke üben, werden wir in Gärten führen, darunterhin Ströme fließen, in denen sie ewig weilen und stets. Da sind ihnen unbefleckte Frauen, und wir führen sie in dunkle Schatten. 61. Wahrlich, Gott befiehlt euch, daß ihr Anvertrautes seinem Herrn zurückgebet, daß ihr, wenn ihr unter den Menschen richtet, nach Gerechtigkeit richtet. Siehe, wie schön ist, wozu Gott euch ermahnt. Wahrlich, Gott ist allhörend und allschauend. 62. O ihr, die ihr glaubt, gehorchet Gott, gehorchet den Gesandten und den Befehlshabern unter euch. Streitet ihr über etwas, so bringet es vor Gott und den Gesandten, wenn ihr an Gott glaubt und an den Jüngsten Tag. Dies ist besser und schön zur Entscheidung. 63. Siehst du jene nicht, die vorgeben zu glauben, was dir geoffenbart worden und was vor dir geoffenbart worden? Sie wollen um Recht streiten vor Tagut, und doch ist ihnen befohlen, ihn zu verleugnen. Satan will sie in weite Irreleitung verführen. 64. Und sagt man zu ihnen: Kommt her zu dem, was Gott geoffenbart, und zum Gesandten, — du siehst dann die Heuchler sich von dir abwenden. 65. Was aber, wenn ein Unglück sie trifft ob dem, was ihre Hände vorgewirkt? Dann kommen sie zu dir und schwören bei Gott: Wir wollen nichts als Gutes und Treffliches. 66. Diese sind es, von denen Gott weiß, was in ihren Herzen. Wende dich von ihnen, aber ermahne sie und rede ihnen eindringliche Worte in die Seelen. 67. Wir entsandten einen Gesandten nur deshalb, damit mit dem Willen Gottes ihm gehorcht werde. Möchten sie doch, wenn sie sich versündigt, zu dir kommen und Gott um Verzeihung anflehen, und möchte auch der Gesandte für sie um Verzeihung flehen, ganz gewiß, sie fänden Gott all-

verzeihend und allbarmherzig. 68. *Aber, bei deinem Herrn, sie glauben nicht, bis sie dich gewählt zum Schiedsrichter dessen, was unter ihnen verwickelt ist, und dann in ihrem Innern keinen Unwillen empfinden über das, was du entscheidest, und sich in Ergebung fügen.* 69. *Hätten wir ihnen vorgeschrieben: tötet euch selber, oder: wandert aus euren Wohnstätten aus, nur wenige von ihnen würden es getan haben. Täten sie aber, wessen sie ermahnt werden, es wäre für sie besser und zu stärkrer Standhaftigkeit.* 70. *Dann gäben wir ihnen ganz gewiß auch unsrerseits herrlichen Lohn und leiteten sie auf den rechten Weg.* 71. *Und wer Gott gehorcht und dem Gesandten, — sie gehören zu denen, denen Gott huldvoll ist der Propheten, der Gerechten, der Bezeugenden und der Frommen; diese haben herrliche Genossen.* 72. *Dies ist die Gnade Gottes, es genügt, daß Gott dessen wissend ist.* 73. *O ihr, die ihr glaubt, habt Vorsicht und zieht (in den Krieg) geschlossen oder scharenweise.* 74. *Mancher unter euch bleibt zurück, und wenn euch ein Unglück trifft, dann spricht er: Gott war mir gnädig, daß ich nicht mit ihnen anwesend war.* 75. *Wenn euch aber eine Gnade von Gott trifft, so spricht er sicherlich, obgleich zwischen euch und ihm keine Freundschaft war: O wäre ich doch bei ihnen gewesen, ein großes Glück würde ich davongetragen haben.* 76. *Aber für den Pfad Gottes kämpfen sollen nur diejenigen, die das Leben hienieden für das zukünftige ver-*

kaufen. Und wer für den Pfad Gottes kämpft und getötet wird oder siegt, herrlichen Lohn geben wir ihm dereinst. 77. Was habt ihr, daß ihr nicht kämpfet für den Pfad Gottes, für die Schwachen der Männer, für die Frauen und für die Kinder, die da sprechen: Herr unser, führe uns aus dieser Stadt, deren Bewohner Sünder, und gib uns deinerseits einen Beistand, und gib uns deinerseits einen Helfer. 78. Die glauben, sie kämpfen für den Pfad Gottes, die aber ungläubig sind, sie kämpfen für den Pfad des Tagut. So kämpfet gegen die Freunde Satans, denn wahrlich, die List Satans ist schwach. 79. Siehst du nicht jene, denen gesagt wurde: Lasset eure Hände; verrichtet nur das Gebet und entrichtet den Armenbeitrag. Als ihnen aber der Kampf vorgeschrieben wurde, da fürchtete ein Teil von ihnen die Menschen, wie man Gott nur fürchtet, oder mit noch stärkrer Furcht, und sprach: Herr unser, weshalb hast du uns den Kampf vorgeschrieben, hättest du uns doch bis zum nahen Lebensziel gefristet?! Sprich: Der Besitz hienieden ist gering, besser ist das Jenseits für den, der gottesfürchtig ist; ihr sollt nicht um eine Dattelfaser übervorteilt werden. 80. Wo ihr auch seid, der Tod erreicht euch doch und wäret ihr auf hocherbautem Turm. Trifft sie Gutes, so sagen sie: das ist von Gott, trifft sie Böses, so sagen sie: das ist von dir. Sprich: Alles ist von Gott. Was ist mit diesem Volk, kaum begreifen sie einen Vorgang? 81. Was dich des Guten traf, es ist von

Gott, was dich des Bösen traf, es ist von dir selber. Wir entsandten dich den Menschen zum Gesandten; es genügt, daß Gott Zeuge dessen ist. 82. Wer dem Gesandten gehorcht, er gehorchte Gott, wer sich abwendet, — wir sandten dich nicht als Wächter über sie. 83. Sie sagen: Gehorsam. Sobald sie aber von dir gegangen, ersinnt ein Teil von ihnen andres als du gesagt. Gott aber wird aufzeichnen, was sie ersinnen; du aber wende dich von ihnen und vertrau auf Gott. Es genügt, in Gott einen Vertrauensfreund zu haben. 84. Denken sie nicht nach über den Koran? Wäre er von Gott nicht, ganz gewiß würden sie in ihm viele Widersprüche finden. 85. Wenn ein Gerücht zu ihnen kommt, ob der Sicherheit oder der Furcht, sie machen es bekannt. Brächten sie es doch lieber zum Gesandten und den Befehlshabern unter ihnen, gewiß würden es die wissen, die es unter ihnen ergründen können. Wäre nicht die Huld Gottes über euch und sein Erbarmen, ganz gewiß würdet ihr bis auf wenige Satan gefolgt sein. 86. So kämpfe für den Pfad Gottes; du beschwerst nur dich selbst, aber sporne auch die Gläubigen an, vielleicht will Gott niederhalten die Macht derjenigen, die ungläubig sind. Und Gott ist stärker an Macht und stärker an Strafgewalt. 87. Wer eine Vermittlung von Gutem vollbringt, ihm soll ein Teil davon sein, und wer eine Vermittlung von Bösem vollbringt, ihm soll ein Anteil davon sein. Und Gott ist über alle Dinge Pfleger. 88. Wenn ihr mit einem Gruß *bedacht werdet, so grüßt mit einem noch schönern oder erwidert ihn. Wahrlich, Gott ist aller Dinge berechnend.* 89. *Gott, es gibt keinen Gott außer ihm, wird euch ganz gewiß sammeln am Tag der Auferstehung, an dem kein Zweifel ist, und wer ist an Rede wahrhaftiger als Gott?* 90. *Was ist euch, daß ihr der Heuchler wegen in Parteien seid? Und Gott verstieß sie ob dem, was sie begangen. Wollt ihr rechtleiten, wem Gott irregehen ließ? Wen Gott irregehen läßt, für den findest du keinen Pfad.* 91. *Sie wünschen, daß ihr ungläubig werdet, wie sie ungläubig sind, so daß ihr ihnen gleich werdet. Nehmet von ihnen keine Freunde, bis sie für den Pfad Gottes ausgewandert sind. Wenden sie sich aber ab, so ergreifet sie und tötet sie, wo ihr sie auch findet; und nehmet von ihnen nicht Beistand und nicht Helfer.* 92. *Ausgenommen diejenigen, die sich zu einem Volk halten, zwischen dem und euch ein Bündnis besteht, oder sie zu euch mit beklommener Brust kommen, daß sie euch bekämpfen sollten oder ihr eignes Volk. Wollte es Gott, ganz gewiß würde er ihnen Macht über euch gegeben haben, und sicher hätten sie euch bekämpft. Wenn sie euch lassen, euch nicht bekämpfen und euch Frieden bieten, so hat Gott euch keine Veranlassung gegen sie gegeben.* 93. *Andre werdet ihr finden, die mit euch vertraut zu sein wünschen und mit ihrem Volk. Sooft sie sich zu einem Aufstand zusammentun, sie sollen darin zusammenbrechen. Wenn sie euch aber nicht lassen, Frieden bieten und ihre Hände zurückhalten, so ergreifet sie und tötet sie, wo ihr sie auch findet; über diese haben wir euch deutliche Macht gegeben. 94. Kein Gläubiger soll einen Gläubigen töten, es sei denn unvorsätzlich. Wer einen Gläubigen unvorsätzlich getötet, dem ist die Befreiung eines gläubigen Sklaven (auferlegt) und eine an seine Angehörigen zu zahlende Geldbuße, es sei denn, sie erlassen es ihm. War (der Getötete) von einem euch feindlichen Volk, er aber gläubig, sodann nur die Befreiung eines gläubigen Sklaven; war er aber von einem Volk, zwischen dem und euch ein Bündnis besteht, sodann eine an seine Angehörigen zu zahlende Geldbuße, auch die Befreiung eines gläubigen Sklaven. Wem dies aber nicht möglich ist, dem (sei auferlegt) ein Fasten von zwei Monaten hintereinander. Eine Buße von Gott; und Gott ist allwissend und allweise. 95. Wer aber einen Gläubigen vorsätzlich tötet, dessen Vergeltung ist die Hölle, darin er ewig bleibt; Gott zürnt ihm, verflucht ihn und hat für ihn schwere Pein bereitet. 96. O ihr, die ihr glaubt, wenn ihr für den Pfad Gottes auszieht, seid vorsichtig; sagt nicht zu einem, der euch Frieden bietet: du bist kein Gläubiger, indem ihr einen Gewinn des Lebens hienieden erstrebt; nur bei Gott ist reiche Beute. So waret ihr vorher, aber Gott war gütig gegen euch. Darum seid vorsichtig, denn wahrlich, Gott ist kundig dessen, was ihr tut. 97. Es gleichen nicht die Daheimbleibenden unter den Gläubigen, Gebrechenhafte ausgenommen, den für den Pfad Gottes mit Vermögen und Leben Kämpfenden. Gott bevorzugte die mit Vermögen und Leben Kämpfenden um eine Stufe über die Daheimbleibenden. Allen hat Gott Schönes verheißen, aber die Kämpfenden bevorzugte er vor den Daheimbleibenden mit herrlichem Lohn. 98. Um eine Stufe höher als jene, und Vergebung und Barmherzigkeit; und Gott ist allvergebend und allbarmherzig. 99. Wahrlich, die die Engel hinrafften in ihrer Gottlosigkeit, zu diesen sprachen sie: Was waret ihr? Sie erwiderten: Wir waren Schwache auf Erden. Jene aber sprachen: Ist die Erde Gottes nicht weit genug, daß ihr auswandern konntet? Der Aufenthalt dieser ist die Hölle, böse ist die Hinfahrt. 100. Ausgenommen die Schwachen unter den Männern, die Frauen und die Kinder, die zu einer List nicht imstande sind und auf einen Weg nicht geleitet werden; diesen verzeiht Gott vielleicht, denn Gott ist allvergebend und allverzeihend. 101. Wer für den Pfad Gottes flüchtet, er wird auf Erden genug Zuflucht und Fülle finden. Und wer sein Heim verläßt, zu Gott und seinem Gesandten auswandernd, und der Tod ihn erreicht, bereits ist seine Belohnung bei Gott. Und Gott ist verzeihend und barmherzig. 102. Wenn ihr über das Land ziehet, so ist es von euch kein Vergehen, wenn ihr das Gebet kürzet, sofern ihr fürchtet, die, die ungläubig sind, könnten euch angreifen. Wahrlich, die Ungläubigen sind euch offene Feinde.* 103. *Wenn du unter ihnen bist und mit ihnen das Gebet verrichtest, so soll ein Teil von ihnen bei dir stehen und die Waffen ergreifen; wenn (die einen) niederfallen, sollen (die andren) hinter euren Rücken sein. Dann komme ein andrer Teil, der noch nicht gebetet, und bete mit dir, (jene) aber sollen zur Vorsicht ihre Waffen ergreifen. Die ungläubig sind, wünschen, daß ihr eure Waffen vernachlässiget und euer Gerät, um über euch mit einem Mal herzufallen. Und es ist kein Vergehen von euch, wenn ihr, falls ihr durch Regen leidet oder krank seid, eure Waffen ableget, aber habet Vorsicht. Wahrlich, Gott hat für die Ungläubigen schändende Strafe bereitet.* 104. *Habt ihr euer Gebet beendet, dann gedenket Gottes, stehend, sitzend oder auf der Seite (liegend). Wenn ihr aber sicher seid, verrichtet das Gebet (richtig), denn wahrlich, das Gebet ist für die Gläubigen eine Vorschrift für beständige Zeit.* 105. *Seid nicht lässig, das (feindliche) Volk anzugreifen, auch wenn ihr dabei leidet, denn auch sie leiden, wie ihr leidet; ihr aber habt von Gott zu erhoffen, was sie nicht zu erhoffen haben. Und Gott ist allwissend und allweise.* 106. *Siehe, wir offenbarten dir das Buch in Wahrheit, auf daß du unter den Menschen richtest, wie Gott dir gezeigt. Sei nicht Verfechter der Treulosen, sondern bitte Gott um Vergebung. Wahrlich, Gott ist allverzeihend und allbarmherzig.* 107. *Verteidige nicht diejenigen, die sich selbst betrügen, denn wahrlich, Gott liebt den nicht, der sündhafter Betrüger ist.* 108. *Sie können sich vor Menschen verborgen halten, nicht aber können sie sich vor Gott verborgen halten. Er ist bei ihnen, wenn sie nachts Rede führen, die ihm nicht gefällt. Gott ist umfassend dessen, was sie tun.* 109. *Sehet, ihr verteidigt diese im Leben hienieden, wer aber wird sie vor Gott verteidigen am Tag der Auferstehung? Wer wird ihnen Anwalt sein?* 110. *Wer Böses begangen, seine Seele befrevelt, wenn er darauf Gott um Verzeihung anfleht, er findet Gott verzeihend und barmherzig.* 111. *Wer eine Sünde begeht, er begeht sie nur gegen seine eigne Seele. Und Gott ist allwissend und allweise.* 112. *Und wer ein Unrecht begeht oder eine Sünde und sie auf einen Unschuldigen wirft, er hat Verleumdung und offenbare Sünde auf sich geladen.* 113. *Wäre nicht die Gnade Gottes über dir und sein Erbarmen, ganz gewiß würde ein Teil von ihnen erstrebt haben, dich irre zu leiten. Jedoch nur sich selbst leiten sie irre, dir aber werden sie um nichts schaden. Gott hat dir die Schrift und Weisheit geoffenbart und dich gelehrt, was du nicht wußtest; und groß ist die Gnade Gottes über dir.* 114. *Nicht Gutes ist in den meisten ihrer heimlichen Reden, es sei denn, jemand ermahnt zu Almosen, Gerechtigkeit oder Wohltun unter den Menschen. Und wer dies tut, das Wohlgefallen Gottes erstrebend, herrlichen Lohn geben wir ihm dereinst.* 115. *Wer sich aber mit dem Gesandten entzweit,* nachdem ihm die Rechtleitung klar geworden, und einen andren Weg folgt als den der Gläubigen, dem lassen wir, was er erstrebt; wir lassen ihn im Fegefeuer braten, schlimm ist die Hinfahrt. 116. Wahrlich, Gott verzeiht nicht, wenn ihm etwas zugesellt wird; außer diesem verzeiht er, wem er will. Wer Gott etwas zugesellt, bereits ist er in einer weiten Irreleitung. 117. Sie rufen außer ihm nur weibliche Wesen an, sie rufen nur den widerspenstigen Satan an. 118. Gott verfluchte ihn, er aber sprach: Ja, ich will von deinen Dienern einen bestimmten Teil nehmen und sie irreleiten und (Böses) wünschen lassen; ich werde sie dem Vieh die Ohren abschneiden heißen, die Schöpfung Gottes zu verstümmeln⁹ auffordern. Und wer Satan außer Gott zum Beistand nimmt, er ist bereits dem offenbaren Verderben verfallen. 119. Er verheißt ihnen und macht sie wünschen; doch verheißt Satan ihnen nichts als Täuschung. 120. Der Aufenthalt dieser ist die Hölle; kein Entkommen aus dieser werden sie finden. 121. Diejenigen aber, die glauben und gute Werke üben, werden wir einst in Gärten führen, darunterhin Ströme fließen, in denen sie ewig weilen und stets. Die Verheißung Gottes in Wahrheit, und wer ist wahrhaftiger als Gott in seinem Ausspruch. 122. Nichts ist es mit euren Wünschen, nichts mit den Wünschen der Schriftleute. Wer Böses tut, dem wird es vergolten; er findet außer Gott keinen Beistand für sich und keinen Helfer. 123. Wer aber der *guten Werke übt, von Männern oder Frauen, und gläubig ist, — diese werden in den Garten kommen, sie werden nicht um (soviel, wie) die Rille eines Dattelkerns übervorteilt werden.* 124. *Wer hat eine schönere Religion als der, der ergeben sein Gesicht Gott zuwendet, liebfromm ist und dem Bekenntnis Abrahams, des Rechtgläubigen, folgt? Und Gott nahm Abraham zum Freund.* 125. *Gottes ist, was auf den Himmeln ist und was auf Erden, und Gott ist alle Dinge umfassend.* 126. *Sie werden deine Meinung verlangen über die Weiber. Sprich: Gott verkündet euch über sie, was euch vorgelesen wurde in der Schrift über die weiblichen Waisen, denen ihr nicht gebt, was ihnen vorgeschrieben, und die ihr nicht heiraten wollt, und hinsichtlich der Schwachen unter den Knaben, und daß ihr euch der Waisen annehmet in Gerechtigkeit. Und was ihr an Gutem tut, wahrlich, Gott ist dessen wissend.* 127. *Wenn eine Frau von ihrem Ehemann Zwistigkeit befürchtet oder Abneigung, so ist es von ihnen kein Vergehen, wenn sie untereinander Frieden herstellen. Der Friede ist besser. Und die Menschen neigen zum Geiz. Wenn ihr aber gut seid und gottesfürchtig, — wahrlich, Gott ist kundig dessen, was ihr tut.* 128. *Ihr könnt euren Weibern nicht gleich zugetan sein, wenn ihr es auch begehrtet, immerhin aber zeiget nicht die ganze Zuneigung; lasset sie wie im Zweifel. Und wenn ihr Frieden haltet und gottesfürchtig seid, — wahrlich, Gott ist allverzeihend und allbarmherzig. 129. Wenn sie sich voneinander trennen, so wird ihnen Gott das Ganze seiner Fülle gewähren. Und Gott ist allumfassend und allweise. 130. Gottes ist, was auf den Himmeln ist und was auf Erden. Bereits verpflichteten wir diejenigen, die vor euch die Schrift empfingen, und auch euch, Gott zu fürchten; wenn ihr aber ungläubig seid, — wahrlich, Gottes ist, was auf den Himmeln ist und was auf Erden, und Gott ist unbedürftig und des Lobes wert. 131. Gottes ist, was auf den Himmeln ist und was auf Erden, und es genügt, in Gott einen Vertrauensfreund zu haben. 132. Wenn er nur will, er läßt euch verschwinden, ihr Menschen, und bringt andre hervor; Gott ist dessen mächtig. 133. Wer den Lohn hienieden wünscht, — bei Gott ist der Lohn hienieden und jenseits; und Gott ist hörend und schauend. 134. O ihr, die ihr glaubt, seid standhaft bei der Wahrheit als Zeugen Gottes, sei es auch gegen euch selbst, gegen Eltern oder gegen Anverwandte. Mag einer reich sein oder arm, Gott ist beiden nahe. Und folget nicht der Lust, daß ihr gerecht seid. Wenn ihr euch aber drehet oder gegentretet, — wahrlich, Gott ist kundig dessen, was ihr tut. 135. O ihr, die ihr glaubt, glaubet an Gott, an seinen Gesandten, an die Schrift, die er seinem Gesandten geoffenbart, und an die Schrift, die er zuvor geoffenbart. Wer aber Gott verleugnet und seine Engel und seine Schriften und seine Gesandten und den Jüngsten Tag, bereits ist er in einer weiten Irreleitung. 136. Wahrlich, die glaubten und darauf leugneten, dann wiederum glaubten und darauf leugneten, dann an Unglauben zunahmen, nie wird Gott ihnen verzeihen, auf den rechten Weg wird er sie nicht leiten. 137. Verkünde den Heuchlern, ihnen sei qualvolle Strafe (bereitet). 138. Diejenigen, die die Ungläubigen zu Freunden nehmen, die Gläubigen übergehend — suchen sie bei ihnen Macht, wo doch wahrlich alle Macht Gottes ist?! 139. Bereits offenbarte er euch in der Schrift: wann sie auch die Verse Gottes hören, sie leugnen sie, sie verspotten sie. Setzet euch nicht zu ihnen, bis sie andre Reden führen, ihr wäret sonst ihresgleichen. Wahrlich, Gott sammelt die Heuchler und die Ungläubigen allesamt in der Hölle. 140. Diejenigen, die euch auflauern, — wenn euch von Gott ein Sieg wird, sprechen sie: Sind wir denn nicht mit euch? Wenn aber den Ungläubigen Vorteil wird, sprechen sie (zu diesen): Haben wir euch nicht überlegen werden lassen und vor den Gläubigen geschützt? Gott aber wird am Tag der Auferstehung zwischen euch richten. Und nie wird Gott den Ungläubigen eine Gelegenheit wider die Gläubigen geben. 141. Wahrlich, die Heuchler wollen Gott täuschen, aber er täuscht sie. Wenn sie das Gebet verrichten, stehen sie träge und schauen nach den Leuten, und nur wenig denken sie Gottes. 142. Sie schwanken hin und her zwischen beiden, nicht zu diesen und nicht zu jenen. Und wen Gott irre-*

gehen läßt, für den findest du keinen Pfad. 143. O ihr, die ihr glaubt, nehmet nicht die Ungläubigen zu Freunden, die Gläubigen übergehend. Wollt ihr denn Gott offenbare Gewalt gegen euch geben? 144. Wahrlich, die Heuchler (kommen) in den tiefsten Grund des Fegefeuers, nie findest du ihnen einen Helfer. 145. Nur diejenigen, die Buße tun und sich bessern, an Gott festhalten und aufrichtigen Glaubens gegen Gott sind, nur diese gehören zu den Gläubigen. Und herrlichen Lohn wird Gott dereinst den Gläubigen geben. 146. Gott wird an euch keine Strafe üben, wenn ihr dankbar seid und gläubig. Und Gott ist anerkennend und allwissend.

147. Gott liebt es nicht, wenn öffentlich böse Rede geführt wird, es sei denn, jemand sei Unrecht geschehen. Und Gott ist allhörend und allwissend. 148. Wenn ihr Gutes verlautbart oder es verheimlicht, oder Böses verzeiht, — wahrlich, Gott ist allverzeihend und allmächtig. 149. Wahrlich, die Gott verleugnen, und seinen Gesandten und zwischen Gott und seinem Gesandten scheiden möchten und sprechen: das eine glauben wir und verleugnen das andre, die einen Weg zwischendurch nehmen wollen. 150. Diese sind in Wahrheit Ungläubige; und schändende Strafe haben wir den Ungläubigen bereitet. 151. Diejenigen aber, die an Gott glauben und an seine Gesandten, und zwischen keinem von ihnen unterscheiden, diesen werden wir dereinst ihren Lohn geben, und Gott ist allverzeihend und allbarmherzig. 152. Die Schriftleute werden von dir verlangen, daß du ihnen ein Buch vom Himmel herabbringest. Mehr als dies verlangten sie bereits von Moses, indem sie sprachen: Laß uns Gott deutlich schauen. Da erfaßte sie aber ein Donnergekrach in ihrer Sündhaftigkeit. Alsdann verfertigten sie sich das Kalb, nachdem ihnen deutliche Wunder geworden waren; doch verziehen wir ihnen dies und verliehen Moses offenbare Gewalt. 153. Wir erhoben über sie den Berg, beim Bündnis mit ihnen, und sprachen zu ihnen: Betretet anbetend das Tor. Weiter sprachen wir zu ihnen: Entweihet den Sabbat nicht. Und wir empfingen von ihnen einen festen Vertrag. 154. Ob ihres Brechens des Vertrages, ob ihres Leugnens der Verse Gottes, ob ihres Tötens der Propheten ohne Recht, ob ihres Sagens: unsre Herzen sind unbeschnitten, — ja, versiegelt hat sie Gott in ihrem Unglauben, denn nur wenige glauben. 155. Ob ihres Leugnens und ob ihres schwere Verleumdungen Redens über Maria. 156. Und ob ihres Sagens: wahrlich, wir haben den Messias, Jesus, den Sohn Marias, den Gesandten Gottes, getötet. Jedoch nicht getötet haben sie ihn und nicht gekreuzigt, nur ähnlich schien[10] er ihnen. Aber wahrlich, die darüber streiten, sind darin in einem Zweifel; sie haben hiervon keine Kenntnis und folgen nur einer vorgefaßten Meinung. Wirklich aber haben sie ihn nicht getötet, vielmehr hat Gott ihn zu sich erhoben, denn Gott ist stark und allweise. 157. Und von den Schriftleuten keiner, der vor seinem Tod an ihn nicht glauben wird, am Tag der Auferstehung aber wird er wider sie Bezeuger sein. 158. Ob ihrer Sündhaftigkeit haben wir denen, die Juden sind, Gutes verboten, das ihnen erlaubt war, und weil sie vom Pfad Gottes weit abwichen. 159. Und weil sie Wucher nehmen, was ihnen doch verboten ist, und weil sie das Vermögen andrer Menschen in Frevel verzehren; bereitet haben wir den Ungläubigen unter ihnen qualvolle Strafe. 160. Aber den in der Erkenntnis Standhaften unter ihnen, den Gläubigen, die glauben an das, was dir geoffenbart worden, und was von dir geoffenbart worden, die das Gebet verrichten und den Armenbeitrag entrichten, die an Gott glauben und an den Jüngsten Tag, diesen werden wir herrlichen Lohn geben. 161. Wahrlich, wir offenbarten uns dir, wie wir uns Noah offenbarten und den Propheten nach ihm, wie wir uns Abraham, Ismael, Isaak, Jakob, den Stammesvätern, Jesus, Ijob, Jonas, Ahron und Salomo offenbarten; und wir inspirierten David die Psalmen. 162. Von manchen Gesandten erzählten wir dir bereits früher, von andren erzählten wir dir aber nichts. Mit Moses sprach Gott mündlich. 163. Gesandte waren Heilverkünder und auch Warner, auf daß die Menschen nach den Gesandten keinen Entschuldigungsgrund vor Gott haben. Und Gott ist allgewaltig und all-

weise. 164. Aber Gott wird bezeugen, was er dir geoffenbart, daß er es in seiner Weisheit geoffenbart, auch die Engel werden es bezeugen; und Gott genügt als Bezeuger. 165. Wahrlich, die ungläubig sind und vom Pfad Gottes sich abwenden, bereits sind sie in einer weiten Irrung. 166. Wahrlich, die ungläubig sind und freveln, nie wird Gott ihnen verzeihen, nicht rechtleiten wird er sie die Straße. 167. Nur die Straße zur Hölle, darin sie ewig weilen und stets; und dies ist Gott ein Leichtes. 168. O ihr Menschen, bereits kam zu euch der Gesandte mit der Wahrheit von seinem Herrn; so glaubet doch, zu eurem Guten; leugnet ihr aber, — wahrlich, Gottes ist, was auf den Himmeln ist und was auf Erden, und Gott ist allwissend und allweise. 169. O Schriftleute, überschreitet nicht eure Religion und saget von Gott nichts als die Wahrheit. Wahrlich, der Messias, Jesus, der Sohn Marias, ist der Gesandte Gottes und sein Wort, das er getan hat in Maria, und ein Geist von ihm. So glaubet an Gott und an seine Gesandten, und saget nicht: Dreiheit. Lasset dies, euch zum Guten. Wahrlich, Gott ist ein Einheitsgott; erhaben ist er, einen Sohn zu besitzen. Sein ist, was auf den Himmeln ist und was auf Erden, und es genügt, in Gott einen Vertrauensfreund zu haben. 170. Nie weigert sich der Messias, ein Knecht Gottes zu sein, auch nicht die Engel, die nahegestellten. 171. Wer sich seiner Knechtschaft weigert und sich hochmütig widersetzt, —

sammeln wird er sie vor sich allesamt. 172. Was die betrifft, die gläubig waren und gute Werke geübt, so wird er ihnen ihre Belohnung gewähren und sie aus seiner Gnadenfülle vermehren, und was die betrifft, die sich weigerten und hochmütig widersetzten, so wird er sie mit qualvoller Pein bestrafen. 173. Und sie finden außer Gott keinen Beistand für sich und keinen Helfer. 174. O ihr Menschen, bereits ist euch ein deutlicher Beweis von eurem Herrn geworden, und wir offenbarten euch klares Licht. Was die betrifft, die an Gott glauben und an ihm festhalten, so wird er sie in seine Barmherzigkeit und Gnade einführen und sie den rechten Weg zu sich leiten. 175. Sie werden weiter deine Meinung verlangen. Sprich: Gott verkündet euch über entfernte Verwandte: wenn ein Mann stirbt und kein Kind hinterläßt, aber eine Schwester hat, so erhalte sie die Hälfte von dem, was er hinterlassen; er aber beerbe sie, wenn sie kein Kind hinterläßt. Sind zwei Schwestern vorhanden, so erhalten sie je ein Drittel von dem, was er hinterlassen; wenn aber auch Brüder, Männer und Weiber, so erhalte ein männlicher (Erbe) einen gleichen Anteil wie zwei weibliche. Gott verdeutlichte es euch, damit ihr nicht irregeht. Und Gott ist aller Dinge wissend.

5. SURA VOM TISCH
MEDINISCH, AUS 120 VERSEN BESTEHEND

Im Namen Gottes, des Allerbarmers, des Allbarmherzigen.

1. O ihr, die ihr glaubt, haltet eure Verträge. Freigegeben sind euch die großen Zuchttiere, ausgenommen das genannte; nicht erlaubt ist euch die Jagd, während ihr auf der Wallfahrt seid. Wahrlich, Gott entscheidet, was er will. 2. O ihr, die ihr glaubt, entweihet nicht die heiligen Bräuche Gottes, nicht den heiligen Monat, nicht die Opfertiere und (ihre) Halskette[1] und nicht (verhöhnet) die zum heiligen Haus Pilgernden, nach der Gnade von ihrem Herrn und seinem Wohlgefallen. 3. Habt ihr die Wallfahrt vollbracht, dürft ihr jagen. Es soll euch nicht verleiten der Haß der Leute, die euch von der heiligen Anbetungsstätte verdrängen, daß ihr ausschreitet. Unterstützet einander zur Frömmigkeit und Gottesfurcht, aber unterstützet einander nicht zur Sünde und Feindschaft. Und fürchtet Gott, denn Gott ist streng in der Bestrafung. 4. Verboten ist euch Verendetes, Blut, Schweinefleisch und das, wobei außer Gott angerufen[2] worden, das Erdrosselte, das Erschlagene, das Gestürzte, das Niedergestoßene und das, was ein Raubtier gefressen, ausgenommen das, was ihr abgeschlachtet und was auf einem Opferstein geschlachtet wurde. Ihr sollt nicht mit Pfeilen losen; dies gilt euch als Frevel am

Tag, an dem die verzweifeln werden, die eure Religion verleugnet. Fürchtet sie nicht, aber mich fürchtet. 5. Heute vollendete ich euch eure Religion³, vollführte über euch meine Gnade und schenkte euch den Islam zur Religion. Wer aber durch Hunger getrieben wird, ohne eine Sünde begehen zu wollen, wahrlich, Gott ist allverzeihend und allbarmherzig. 6. Sie werden dich fragen, was ihnen erlaubt sei. Sprich: Erlaubt ist euch das Bekömmliche und was ihr von abgerichteten Jagdtieren wißt, die ihr gezähmt, wie Gott euch gelehrt. Esset von dem, was wir euch festhalten und gedenket dabei des Namens Gottes. Und fürchtet Gott, denn wahrlich, Gott ist schnell des Berechnens. 7. Heute ist euch das Bekömmliche erlaubt; auch die Speise derer, die Schrift empfingen, ist euch erlaubt, und eure Speise ist ihnen erlaubt. Ferner auch Ehefrauen von den Gläubigen und Frauen von denen, die vor euch die Schrift empfingen, wenn ihr ihnen ihre Morgengabe gebt; züchtig seiend und nicht hurend und nicht als Geliebte haltend. Und wer den Glauben verleugnet, nichtig ist bereits sein Tun, er ist im Jenseits der Verlorenen einer. 8. O ihr, die ihr glaubt, wenn ihr euch zum Gebet hinstellt, waschet euch das Gesicht und die Hände bis zum Ellbogen und reibet euch den Kopf und die Füße bis zu den Knöcheln. 9. Wenn ihr flußbehaftet seid, reiniget euch, und wenn ihr krank seid, oder auf Reisen, oder jemand von euch aus dem Abort kommt, oder ihr Frauen näher be-

rührt habt und kein Wasser findet, so nehmet feinen Sand und reibet euch damit Gesicht und Hände. Gott will euch keine Belästigung aufbürden, vielmehr will er euch reinigen und seine Huld über euch vollbringen, auf daß ihr dankbar seid. 10. Gedenket der Huld Gottes über euch und seines Bundes, mit dem er euch verbündet, als ihr sagtet: wir hören und gehorchen. Und fürchtet Gott, denn wahrlich, Gott ist des Inhalts der Busen allwissend. 11. O ihr, die ihr glaubt, seid standhaft gegen Gott als Zeugen der Gerechtigkeit. Es verführe euch nicht der Haß von Leuten, nicht gerecht zu sein. Seid gerecht, dies ist der Gottesfurcht näher. Und fürchtet Gott, denn wahrlich, Gott ist wissend dessen, was ihr tut. 12. Denen, die glauben und gute Werke üben, hat Gott Verzeihung und herrlichen Lohn verheißen. 13. Die aber, die ungläubig waren und unsre Verse leugneten, sie sind Genossen des Feuerpfuhls. 14. O ihr, die ihr glaubt, gedenket der Huld Gottes über euch; als Leute ihre Hände gegen euch ausstrecken wollten, da hielt er ihre Hände von euch zurück. Und fürchtet Gott, und nur auf Gott sollen die Gläubigen vertrauen. 15. Einst schloß Gott einen Bund mit den Kindern Israels, und wir entsandten aus ihnen zwölf Fürsten. Und Gott sprach: ich bin mit euch; wenn ihr das Gebet verrichtet, den Armenbeitrag entrichtet, an meine Gesandten glaubet und ihnen helfet und Gott ein schönes Darlehen leihet, so will ich ganz gewiß eure Missetaten von euch

nehmen und euch in Gärten führen, darunterhin
Ströme fließen. Wenn aber jemand von euch nach
diesem ungläubig wird, er ist bereits vom rechten
Weg abgeirrt. 16. Weil sie aber ihren Bund brachen,
verfluchten wir sie und machten ihre Herzen verstockt. Sie verrückten (Schrift)worte von ihren
Stellen und vergaßen einen Teil von dem, woran sie
ermahnt worden. Du aber höre nicht auf, die Treu-
losigkeit unter ihnen aufzudecken, bis auf wenige
unter ihnen. Verzeihe ihnen und vergib, denn wahrlich, Gott liebt die Liebfrommen. 17. Auch mit
manchen von denen, die sagen, sie seien Christen,
schlossen wir einen Bund, sie aber vergaßen einen
Teil von dem, woran sie ermahnt worden. Darum
erregten wir Feindschaft unter ihnen und Haß bis
zum Tag der Auferstehung. Dann wird Gott ihnen
verkünden, was sie getan. 18. O Schriftleute, bereits
ist unser Gesandter zu euch gekommen, der euch
vieles verdeutlicht, was ihr der Schrift verberget,
vieles aber übergeht. Schon ist euch Licht von Gott
gekommen und ein deutliches Buch, womit Gott den,
der nach seinem Wohlgefallen strebt, auf die Pfade
des Heils leitet. Er wird sie nach seinem Willen
aus der Finsternis zum Licht bringen und auf den
geraden Weg führen. 19. Die sind bereits ungläubig, die da sagen: Gott ist der Messias, der
Sohn Marias. Sprich: Wer vermöchte etwas gegen
Gott, wollte er den Messias, den Sohn Marias, vernichten, seine Mutter, und was auf Erden allesamt?

20. *Gottes ist die Herrschaft über Himmel und Erde, und was zwischen ihnen. Er schafft, was er will, und Gott ist über alle Dinge mächtig.* **21.** *Da sagen die Juden und die Christen: Wir sind Kinder Gottes und seine Lieblinge. Sprich: Warum denn straft er euch ob eurer Sünden? Nein, ihr seid Fleischwesen unter andren, die er schuf. Er verzeiht, wem er will, und er straft, wen er will, denn Gottes ist die Herrschaft über Himmel und Erde, und was zwischen ihnen, und zu ihm ist die Rückkehr.* **22.** *O Schriftleute, bereits ist unser Gesandter zu euch gekommen, der euch die Unterbrechungszeit der Gesandten verdeutlicht, auf daß ihr nicht saget: zu uns kam kein Heilverkünder, kein Ermahner. Nun ist zu euch ein Heilverkünder und Ermahner gekommen. Und Gott ist über alle Dinge mächtig.* **23.** *Dann sprach Moses zu seinem Volk: O mein Volk, gedenket der Huld Gottes über euch, indem er unter euch Propheten eingesetzt und Könige, und euch gegeben, was er keinem der Weltbewohner gegeben.* **24.** *O mein Volk, beziehet das geheiligte Land, das Gott euch verschrieben, und kehret nicht rückwärts um, ihr stürzet sonst verloren zusammen.* **25.** *Sie sprachen: O Moses, siehe, ein gewaltiges Volk ist darin, wir möchten es nicht beziehen, bis sie vertrieben sind aus diesem; sobald sie aus diesem vertrieben sind, wahrlich, wir wollen es beziehen.* **26.** *Da sprachen zwei Männer von denen, die (Gott) fürchteten, Gott begabte sie mit seiner Huld: Ziehet* nur gegen sie in das Stadttor, und wenn ihr es betreten habt, wahrlich, ihr seid Sieger. Und auf Gott vertrauet, wenn ihr Gläubige seid. 27. Sie erwiderten: O Moses, traun, nie betreten wir es, solange jene darin sind. Gehe du und dein Herr und kämpfet; wir aber sind hier verbleibend. 28. Er sprach: O Herr, siehe, ich vermag nur über mich und meinen Bruder, so scheide doch zwischen uns und dem frevelhaften Volk. 29. Da sprach er: Wahrlich, verwehrt bleibe es ihnen vierzig Jahre, umherirren sollen sie auf Erden. Und du betrübe dich nicht über das frevelhafte Volk. 30. Lies ihnen vor die Kunde von den Söhnen Adams in Wahrheit. Als jeder von ihnen ein Opfer darbrachte, da ward es von dem einen angenommen, aber nicht angenommen ward es vom andren. Da sprach dieser: Ich will dich erschlagen. Jener erwiderte: Nur von den Gottesfürchtigen nimmt Gott es an. 31. Wenn du auch deine Hand gegen mich ausstreckest, mich zu erschlagen, ich bin nicht meine Hand ausstreckend, dich zu erschlagen, denn ich fürchte Gott, den Herrn der Weltbewohner. 32. Ich will, daß du dir zuziehest meine Sünden und deine Sünden und seiest der Genossen des Fegefeuers einer, denn dies ist die Vergeltung der Frevler. 33. Sein Trieb aber bestrickte ihn zur Tötung seines Bruders, und er erschlug ihn. Und so war er der Verlorenen einer. 34. Und Gott entsandte einen Raben, der in der Erde wühlte, um ihm zu zeigen, wie er verbergen *sollte die Schande seines Bruders. Da sprach er: Wehe mir, bin ich unfähig, gleich diesem Raben zu sein, die Schande meines Bruders zu verbergen? Und so war er der Reuigen einer. 35. Aus diesem Anlaß schrieben wir den Kindern Israels vor: Wenn*[4] *jemand einen Menschen erschlägt, ohne einen andren Menschen (zu rächen) oder daß Unheil auf Erden ist, so sei es, als habe er alle Menschen erschlagen, und wenn jemand einem das Leben erhält, so sei es, als habe er allen Menschen das Leben erhalten. 36. Bereits sind unsre Gesandten zu ihnen gekommen mit deutlichen Wundern, und doch sind noch hinterher viele von ihnen Ausschweifende auf Erden. 37. Nur das ist die Vergeltung derer, die Gott bekämpfen und seinen Gesandten und Verderben auf Erden anstreben, daß sie erschlagen werden oder gekreuzigt, oder ihnen Hände und Füße wechselseitig abgeschlagen werden*[5]*, oder sie aus dem Land verbannt werden. Dies ihnen zur Schmach hienieden und schwere Pein ist ihnen im Jenseits. 38. Die ausgenommen, die bereuen, bevor ihr euch ihrer bemächtigt. Und wisset, daß Gott allverzeihend ist und allbarmherzig. 39. O ihr, die ihr glaubt, fürchtet Gott, strebet nach Zugehörigkeit zu ihm und streitet für seinen Pfad, auf daß ihr Glück habet. 40. Wahrlich, die ungläubig sind, wenn sie auch alles hätten, was auf Erden, und nochmal soviel dazu, um sich damit am Tag der Auferstehung von der Strafe loszukaufen, es würde von ihnen nicht* *angenommen werden; und qualvolle Strafe ist ihnen. 41.* Sie werden aus dem Fegefeuer entrinnen wollen, aber aus diesem nicht herauskommen; und dauernde Pein ist ihnen. *42.* Dem Dieb und der Diebin, schlaget ihnen die Hände ab, als Vergeltung für das, was sie begangen; eine abschreckende Strafe von Gott aus. Und Gott ist allmächtig und allweise. *43.* Wer aber nach seiner Missetat bereut und Gutes tut, wahrlich, Gott wendet sich ihm zu, denn Gott ist allverzeihend und allbarmherzig. *44.* Weißt du denn nicht, daß Gottes ist die Herrschaft über Himmel und Erde? Er bestraft, wen er will, und Gott ist über alle Dinge mächtig. *45.* O du Gesandter, es sollen dich nicht betrüben, die dem Unglauben zueilen, von denen, die mit ihrem Mund sprechen: wir glauben, deren Herzen aber nicht glauben, und von denen, die Juden sind, auf Lügen Horchende, auf andre Leute hörend, die nicht zu dir kommen. Sie verdrehen die Worte von ihrer rechten Stelle und sagen: Empfanget ihr dies, so haltet es, und empfanget ihr es nicht, so seid vorsichtig. Wenn Gott jemandes Verführung wünscht, du wirst für ihn von Gott nichts vermögen. Diejenigen, denen Gott ihre Herzen nicht reinigen will, ihnen ist Schmach hienieden, ihnen ist schwere Pein im Jenseits. *46.* Horcher auf Lügen, Fresser von Verbotenem; kommen sie zu dir, du entscheidest zwischen ihnen oder du wendest dich von ihnen. Wenn du dich von ihnen wendest, so werden sie dir um *nichts schaden, wenn du aber entscheidest, so entscheide zwischen ihnen nach Gerechtigkeit, denn wahrlich, Gott liebt die Gerechtsinnigen. 47. Wieso aber sollten sie dich zum Richter machen, wo sie doch die Thora haben, worin der Entscheid Gottes ist? Dann wenden sie sich hinterher ab, denn diese sind keine Gläubigen. 48. Siehe, wir haben die Thora offenbart, darin eine Rechtleitung ist und ein Licht; nach dieser richteten die Propheten, die gottergeben waren, den Juden, ebenso die Rabbinen und die Schriftgelehrten, gemäß dem, was ihnen vom Buch Gottes anvertraut wurde, und sie waren Zeugen dessen. So fürchtet nicht die Menschen, sondern mich fürchtet, und erkaufet nicht für meine Verse einen geringen Preis. Und wer nicht richtet danach, was Gott geoffenbart, — diese sind Ungläubige. 49. Wir haben ihnen darin vorgeschrieben: Leben um Leben, Auge um Auge, Nase um Nase, Ohr um Ohr, Zahn um Zahn, für Wunden Vergeltung, und wenn jemand es erläßt, so ist dies seine Sühne. Und wer nicht richtet danach, was Gott geoffenbart, — diese sind Frevler. 50. Wir ließen Jesus, den Sohn Marias, auf ihren Spuren folgen, zur Bestätigung dessen, was von der Thora schon vorhanden war. Wir gaben ihm das Evangelium, darin eine Rechtleitung ist und ein Licht und eine Bestätigung dessen, was von der Thora vorhanden war; eine Rechtleitung und eine Ermahnung für die Gottesfürchtigen. 51. Die Leute des Evangeliums* sollen richten danach, was Gott darin geoffenbart. Und wer nicht richtet danach, was Gott geoffenbart, — diese sind Missetäter. 52. Dir aber haben wir das Buch geoffenbart in Wahrheit, zur Bestätigung dessen, was schon in der Schrift vorhanden ist, und darüber Wächter zu sein. Entscheide zwischen ihnen nach dem, was Gott geoffenbart, und folge nicht ihren Wünschen, daß du von der Wahrheit abgehest. Jedem von euch gaben wir Gesetz und Bahn. 53. Wollte es Gott, ganz gewiß würde er euch ein einziges Volk gemacht haben, aber er will euch prüfen durch das, was er euch gegeben. So wetteifert um das Gute, denn zu Gott ist eure Rückkehr allesamt, sodann wird er euch verkünden über das, worüber ihr gestritten. 54. Daß du ihnen aber entscheidest nach dem, was Gott geoffenbart, und nicht folgest ihren Wünschen. Sei vorsichtig vor ihnen, daß sie dich nicht abbringen von einem Teil dessen, was dir Gott geoffenbart. Wenden sie sich ab, so wisse, daß Gott sie ganz gewiß für einen Teil ihrer Sünden treffen will. Wahrlich, viele der Menschen sind Missetäter. 55. Wünschen sie etwa einen Rechtsspruch aus der Heidenzeit[6]? Und wer ist geeigneter als Gott eines Rechtsspruchs für ein vertrauendes Volk. 56. O ihr, die ihr glaubt, nehmet nicht Juden oder Christen zu Freunden, denn Freunde sind sie nur gegeneinander. Und wer von euch sie als Freunde nimmt, wahrlich, er gehört zu ihnen. Traun, Gott rechtleitet nicht das Volk der

Frevler. 57. Und du wirst die sehen, in deren Herzen Schwäche ist, zu jenen eilen und sprechen: *Wir fürchten, wir werden von unsrem Geschick betroffen.* Vielleicht kommt Gott mit einem Sieg oder einem Befehl von ihm, und es kommt ihnen Reue über das, was sie in ihrem Innern verheimlicht. 58. Und die, die glauben, werden sagen: *Sind es die, die bei Gott geschworen, sich um ihren Eid zu bemühen, nur mit euch zu halten? Nichtig sind ihre Werke, sie sind Verlorene.* 59. O ihr, die ihr glaubt, wenn jemand von euch von seiner Religion abfällt, — Gott wird ein andres Volk bringen, das er liebt und das ihn liebt, unterwürfig gegen die Gläubigen und machtvoll gegen die Ungläubigen, die für den Pfad Gottes eifern und den Vorwurf der Tadler nicht fürchten. Das ist die Gnade Gottes, die er gibt, wem er will. Und Gott ist allumfassend und allweise. 60. Nur Gott ist euer Beistand und sein Gesandter und die da glauben, die das Gebet verrichten, den Armenbeitrag entrichten und sich (vor Gott) verbeugend sind. 61. Und wer Gott zum Freund nimmt und seinen Gesandten und die da glauben, wahrlich, er ist ein Verbündeter Gottes; sie sind die Überwinder. 62. O ihr, die ihr glaubt, nehmet nicht die zu Freunden, die eure Religion zum Gespött machen und zum Hohn, von denen, die vor euch die Schrift empfingen, und von den Ungläubigen. Und fürchtet Gott, wenn ihr Gläubige seid. 63. Und wenn ihr zum Gebet zusammenrufet, sie machen es zum Ge-

spott und zum Hohn. Dies, weil sie Leute sind, die
nicht begreifen. 64. Sprich: O ihr Schriftleute, ihr
verwerft uns wohl nur deshalb, weil wir an Gott
glauben und an das, was uns geoffenbart worden und
was früher geoffenbart worden, und weil die meisten
von euch Missetäter sind? 65. Sprich: Vielleicht
soll ich euch Schlimmeres als dies als Belohnung von
Gott ankündigen? Den Gott verflucht, über den er
zürnt, die er von ihnen zu Affen und Schweinen
machte, der dem Tagut dient, diese sind auf einem
schlimmen Platz, abgeirrt sind sie vom rechten Weg.
66. Wenn sie zu euch kommen, sprechen sie: Wir
glauben. Jedoch mit Unglauben treten sie ein und
damit gehen sie fort. Gott aber weiß, was sie verheimlichen. 67. Du wirst sehen, wie viele von ihnen
um Sünde und Feindschaft wetteifern und Verbotenes
essen. Wie schlecht ist doch, was sie tun! 68. Wenn
die Rabbinen und die Schriftgelehrten ihnen ihre
sündhaften Reden und Verbotenes zu essen nicht
verwehrt hätten; wie schlecht ist doch, was sie
machen. 69. Und die Juden sagen, die Hand Gottes
sei gefesselt. Gefesselt aber sind ihre Hände; verflucht seien sie ob dem, was sie sagen. Nein, seine
Hände sind ausgebreitet und er spendet, wie er will.
Aber sicher wird das, was dir von deinem Herrn
geoffenbart worden, bei vielen von ihnen Ungehorsam
und Unglauben vermehren. Und wir haben unter sie
Feindschaft geworfen und Haß bis zum Tag der
Auferstehung. Sooft sie ein Feuer für den Krieg

anzündeten, Gott löschte es aus. Sie erstreben Unheil auf Erden, und Gott liebt die Unheilstifter nicht. 70. Wenn aber die Schriftleute glauben wollen und gottesfürchtig sein, sicher verzeihen wir ihnen ihre Missetaten und führen sie in Wonnegärten; und wenn sie die Thora halten und das Evangelium und was ihnen geoffenbart worden von ihrem Herrn, ganz gewiß genießen sie von dem, was über ihnen ist und was unter ihren Füßen. Unter ihnen sind rechtliche Leute, schlecht aber ist, was die meisten von ihnen tun. 71. O du Gesandter, verkünde, was dir von deinem Herrn geoffenbart worden, tust du dies aber nicht, so hast du seine Botschaft nicht verkündet. Gott aber wird dich vor den Menschen schützen. Wahrlich, Gott rechtleitet nicht das Volk der Ungläubigen. 72. Sprich: O ihr Schriftleute, ihr befindet euch auf einem Nichts, bis ihr die Thora haltet und das Evangelium und was euch von eurem Herrn geoffenbart worden. Aber sicher wird das, was dir von deinem Herrn geoffenbart worden, bei vielen von ihnen Ungehorsam und Unglauben vermehren. Doch betrübe dich nicht über das ungläubige Volk. 73. Wahrlich, die da glauben, die Juden sind oder Sabäer oder Christen, wer nur an Gott glaubt und an den Jüngsten Tag und Gutes übt, keine Furcht über sie, sie sollen nicht betrübt sein. 74. Mit den Kindern Israels schlossen wir bereits einen Bund und schickten ihnen Gesandte. Sooft aber Gesandte zu ihnen kamen mit dem, was ihre Seelen nicht begehrten, manche bezichtigten sie der Lüge und manche töteten sie. 75. *Sie wähnten, es würde keine Strafe geben, denn blind waren sie und taub. Später wandte Gott sich ihnen zu, doch waren wieder viele von ihnen blind und taub. Und Gott ist schauend dessen, was sie tun.* 76. *Ungläubig sind ganz gewiß, die da sagen: Wahrlich, Gott ist der Messias, der Sohn Marias. Aber der Messias sprach: O Kinder Israels, verehret nur Gott, meinen Herrn und euren Herrn. Wahrlich, wer Gott jemand zugesellt, dem hat Gott bereits das Paradies verwehrt; sein Aufenthalt ist das Fegefeuer. Und keine Helfer den Frevlern.* 77. *Ungläubig sind ganz gewiß, die da sagen: Wahrlich, Gott ist der Dritte von Dreien. Aber es gibt keinen Gott als einen einzigen Gott. Und stehen sie nicht ab von dem, was sie sagen, ganz gewiß wird die, die unter ihnen ungläubig sind, qualvolle Pein erfassen.* 78. *Sollten sie nicht zu Gott umkehren und ihn um Verzeihung anrufen? Und Gott ist allverzeihend und allbarmherzig.* 79. *Der Messias, der Sohn Marias, ist nichts andres als ein Gesandter, und bereits vor ihm waren Gesandte. Seine Mutter war eine Wahrhaftige, beide aßen Speisen. Schau, wie wir ihnen die Verse verdeutlicht haben, dann schau, wie sie sich abwenden.* 80. *Sprich: Wollt ihr außer Gott verehren, das euch nicht Schaden und nicht Nutzen zu gewähren vermag? Und Gott ist der Allhörende, der Allwissende.* 81. *Sprich: O ihr Schriftleute, überschreitet nicht das Recht in eurer Religion außerhalb der Wahrheit, und folgt nicht den Wünschen der Leute, die bereits vorher abgeirrt sind und viele irregeleitet haben. Abgeirrt sind sie vom geraden Weg. 82. Verflucht wurden die, die von den Kindern Israels ungläubig sind, auf der Zunge Davids und Jesu, des Sohns Marias. Dies, weil sie widerspenstig waren und ausschreitend. Sie verwehrten einander nicht das Schlechte, das sie begingen. Wie böse ist doch, was sie getan! 83. Du wirst sehen, daß viele von ihnen die zu Freunden nehmen, die ungläubig sind. Wie schlecht ist doch, was ihre Seelen ihnen vorgewirkt haben! Wenn Gott unwillig über sie ist, in Pein bleiben sie ewig. 84. Hätten sie an Gott geglaubt und an den Propheten und an das, was ihm geoffenbart worden, sie würden sie nicht zu Freunden genommen haben. Aber viele von ihnen sind Missetäter. 85. Ganz gewiß wirst du finden, daß die stärkste Feindschaft gegen die, die glauben, unter allen Menschen die Juden und die Götzendiener hegen, und ganz gewiß wirst du finden, daß die Liebe zu denen, die glauben, am nahesten bei denen ist, die sagen, sie seien Christen. Dies deshalb, weil unter ihnen Priester sind und Mönche, und weil sie nicht hochmütig sind.*

86. Und wenn sie gehört, was dem Gesandten geoffenbart worden, du wirst ihre Augen von Tränen überfließen sehen ob dem, was sie von der Wahrheit erkannt. Sie sprechen dann: Herr unser, wir glau-

ben, so schreibe uns zu den Bezeugenden. 87. Und was sollte uns (veranlassen), nicht zu glauben an Gott und an das, was uns der Wahrheit gekommen, und zu wünschen, daß unser Herr uns mit der Menge der Rechtschaffenen hereinführen möge? 88. Und Gott belohnte sie, weil sie dies gesagt, mit Gärten, darunterhin Ströme fließen, in denen sie ewig weilen. Dies ist die Vergeltung der Liebfrommen. Die aber, die ungläubig waren und unsre Verse leugneten, diese sind Genossen des Feuerpfuhls. 89. O ihr, die ihr glaubt, verbietet nicht die Annehmlichkeit, die Gott euch erlaubt hat, aber übertretet auch nichts, denn wahrlich, Gott liebt nicht die Uebertreter. 90. Genießet von dem, womit Gott euch versorgt hat, was erlaubt ist und bekömmlich, und fürchtet Gott, an den ihr glaubt. 91. Gott wird euch wegen einer losen Rede in euren Schwüren nicht strafen, aber strafen wird er euch ob dem, wozu ihr euch durch Schwüre verpflichtet habt. Eine Sühne sei die Speisung zehn Armer von dem, was eure Familienangehörigen gewöhnlich speisen, oder ihre Bekleidung, oder die Befreiung eines Sklaven. Wer dies nicht vermag, dem (sei auferlegt) ein Fasten von drei Tagen. Dies zur Sühne für eure (falschen) Schwüre, wenn ihr sie bereits geschworen; aber haltet eure Schwüre. Dies hat Gott euch seiner Verse verdeutlicht, auf daß ihr dankbar seid. 92. O ihr, die ihr glaubt, wahrlich, Wein, Spiel, Bildsäulen und Lospfeile[1] sind Greuel, ein Werk Satans; so meidet sie, *auf daß ihr Glück habet.* 93. *Satan will durch Wein und Spiel nur Feindschaft und Haß unter euch erregen, euch von der Erinnerung an Gott und vom Gebet ablenken. Wollt ihr euch enthalten? Gehorchet Gott, gehorchet dem Gesandten und seid vorsichtig. Wendet ihr euch ab, — wisset aber, daß unsrem Gesandten nur die deutliche Warnung obliegt.* 94. *Kein Vergehen ist für die, die glauben und gute Werke üben, was sie davon ehemals genossen, wenn sie, nachdem sie nicht gottesfürchtig waren, geglaubt und gute Werke geübt, nunmehr gottesfürchtig sind und glauben, gottesfürchtig sind und liebfromm. Und Gott liebt die Liebfrommen.* 95. *O ihr, die ihr glaubt, Gott wird euch durch etwas von der Jagd prüfen*[8], *das eure Hände erreichen werden und eure Lanzen, damit Gott erkenne, wer ihn im Geheimen fürchtet. Wer aber nach diesem überschreitet, dem ist qualvolle Strafe.* 96. *O ihr, die ihr glaubt, tötet kein Jagdtier, wenn ihr (wallfahrt) heilig seid. Wenn aber jemand von euch eines vorsätzlich erlegt, so leiste (er) Ersatz, entsprechend dem, was er erlegt hat, vom Hausvieh, worüber zwei Männer von Gerechtigkeit entscheiden sollen, als ein zur Kaaba*[9] *hingelangendes Opfer; oder eine Sühne sei die Speisung Armer, oder eine Ausgleichung durch Fasten, damit er das Unheil seiner Handlung koste. Gott vergibt, was bereits geschehen, wer es aber wieder tut, an dem wird Gott es rächen, denn Gott ist allmächtig und rachhaftig.* 97. *Erlaubt ist euch die Jagd des Meers, und die Speise hiervon sei zur Zehrung für euch und für den Reisetrupp. Verboten ist euch nur die Jagd des Festlands, solange ihr (wallfahrt)heilig seid. Und fürchtet Gott, zu dem ihr einst versammelt werdet. 98. Gott machte die Kaaba, das heilige Haus, zum Asyl für die Menschen, auch den heiligen Monat*[10] *und das Opfer samt der Halskette*[1]*. Dies, damit ihr wisset, daß Gott weiß, was auf Himmeln ist und was auf Erden, und daß Gott jedes Dinges wissend ist. Wisset, daß Gott streng ist in der Bestrafung, aber daß Gott auch allverzeihend ist und allbarmherzig. 99. Dem Gesandten liegt die Warnung ob, und Gott weiß, was ihr kundtut und was ihr verheimlicht. 100. Sprich: Das Böse und das Gute gleichen einander nicht, und sollte dir auch die Menge des Bösen gefallen. So fürchtet Gott, o Leute vernünftigen Herzens, auf daß ihr Glück habet. 101. O ihr, die ihr glaubt, fraget nicht nach Dingen, die euch nur wehe tun, wenn sie euch klargemacht werden; fraget ihr aber nach diesen zur Zeit, wo der Koran geoffenbart ist, sie werden euch klar gemacht; Gott verzeiht euch, denn Gott ist allverzeihend und sanftmütig. Bereits fragten vor euch Leute danach, darauf aber waren sie hierin Ungläubige. 102. Nicht äußerte Gott von Bachira*[11] *noch von Saiba auch nicht von Vassila und nicht von Chami; aber die ungläubig sind, dichten Gott Lügen an. Und die meisten ihrer begreifen nicht. 103. Und wenn ihnen gesagt wird:*

kommt her zu dem, was Gott geoffenbart, und zu seinem Gesandten, so erwidern sie: uns genügt das, wobei wir unsre Väter fanden. Was aber, wenn ihre Väter nichts wußten und nicht gerechtleitet waren? 104. *O ihr, die ihr glaubt, auf euch (die Obhut) eurer Seelen, daß euch nicht schädige, wer irregeht, wenn ihr gerechtleitet seid. Zu Gott ist eure Rückkehr allesamt, und er wird euch verkünden, womit ihr euch befaßt habt.* 105. *O ihr, die ihr glaubt, eine Zeugenschaft erfolge unter euch, wenn an jemand von euch der Tod herantritt, zur Zeit der letztwilligen Verfügung, durch zwei Leute von Gerechtigkeit aus eurer Mitte; auch durch andre, die nicht zu euch gehören, wenn ihr im Land umherzieht und ein Todesunfall euch trifft. Sperret sie beide nach dem Gebet ein, wenn ihr ihnen mißtraut, und sie sollen bei Gott schwören: Wir werden dafür keinen Gewinn erkaufen, und gälte es auch einem Nächsten, und wir werden das Zeugnis Gottes nicht verheimlichen, denn wahrlich, wir würden dann der Sünder sein.* 106. *Wenn aber von diesen beiden kund wird, daß sie einer Sünde fähig sind, so sollen an ihre Stelle zwei andre treten, deren Verwandtschaft bekannt ist, und bei Gott schwören: Traun, unsre Zeugenschaft ist wahrhafter als die Zeugenschaft jener; wir werden nicht rechtswidrig handeln, wir würden dann der Frevler sein.* 107. *So ist es naheliegender, daß jene mit ihrem Zeugnis in ihrer Gegenwart hervortreten, oder sie fürchten, nach ihrem Eid könnte ein Gegeneid geleistet werden. Und fürchtet Gott und höret auf ihn, denn Gott rechtleitet nicht die Menge der Missetäter. 108. An jenem Tag wird Gott die Gesandten versammeln und zu ihnen sprechen: Was wurde euch geantwortet? Sie erwidern: Uns ist keine Kenntnis dessen, du aber bist Wisser der Geheimnisse. 109. Dann spricht Gott: O Jesus, Sohn Marias, gedenke meiner Huld über dir und deiner Mutter, wie ich dich mit dem heiligen Geist gestärkt, daß du in der Wiege zu den Menschen redetest und im Mannesalter. 110. Wie ich dich die Schrift lehrte und die Weisheit und die Thora und das Evangelium. Wie du nach meinem Willen aus Ton das Gebild eines Vogels fertigtest*[12] *und hineinhauchtest, worauf es mit meinem Willen ein (wirklicher) Vogel ward. Wie du mit meinem Willen einen Blindgeborenen heiltest und einen Aussätzigen. Wie du mit meinem Willen Tote auferstehen ließest. Wie ich die Kinder Israels von dir abwehrte, als du zu ihnen mit deutlichen Wundern kamest und die Ungläubigen unter ihnen sagten, dies sei nichts als offenbare Zauberei. 111. Wie ich die Apostel inspirierte, an mich zu glauben und an meinen Gesandten, und sie dann sprachen: wir glauben; bezeuge von uns, daß wir ergebene Gottbekenner sind. 112. Dann sprachen die Apostel: O Jesus, Sohn Marias, vermag dein Herr uns einen Tisch vom Himmel herabzusenden? Er erwiderte: Fürchtet Gott, wenn ihr Gläubige seid. 113. Sie sprachen:*

Wir wollen von diesem essen, daß sich unsre Herzen beruhigen, damit wir wissen, daß du uns die Wahrheit gesagt, und damit wir Zeugen dessen seien. 114. Da sprach Jesus, der Sohn Marias: O Gott, Herr unser, sende uns einen Tisch vom Himmel hernieder, daß uns ein Fest sei, dem ersten unter uns und dem letzten, und ein Zeichen von dir. Und versorge uns, denn du bist der Beste der Versorger. 115. Und Gott sprach: Siehe, ich will ihn euch niedersenden; wer aber von euch hernach leugnet, wahrlich, ich strafe ihn eine Strafe, mit der ich keinen der Weltbewohner strafe. 116. Gott sprach: O Jesus, Sohn Marias, hast du den Menschen gesagt: nehmet mich und meine Mutter als zwei Götter neben Gott? Er erwiderte: Preis dir, es steht mir zu sagen nicht zu, was mir nicht Wahrheit ist. Hätte ich dies gesagt, du wüßtest es bereits. Du weißt, was in meiner Seele, ich aber weiß nicht, was in deiner Seele; wahrlich, du bist Wisser der Geheimnisse. 117. Nichts sagte ich ihnen als das, was du mich beauftragtest: dienet Gott, meinem Herrn und eurem Herrn. Und ich war Zeuge über sie, solange ich unter ihnen war, nun du mich hingenommen, bist du Wächter über sie; und du bist aller Dinge Zeuge. 118. Bestrafst du sie, so sind sie deine Knechte, verzeihst du ihnen, so bist du der Allmächtige, der Allweise. 119. Und Gott sprach: Dies ist der Tag, an dem nützen soll den Gerechten ihre Gerechtigkeit; ihnen sind Gärten, darunterhin

Ströme fließen, in denen sie ewig weilen und stets. Wohlgefallen hat Gott an ihnen, und Wohlgefallen haben sie an ihm; dies ist ein herrliches Glück. 120. Gottes ist die Herrschaft über Himmel und Erde und was in ihnen, und er ist über alle Dinge mächtig.

6. SURA VOM HAUSVIEH
MEKKANISCH, AUS 165 VERSEN BESTEHEND

Im Namen Gottes, des Allerbarmers, des Allbarmherzigen.

1. Preis Gott, der die Himmel und die Erde gebildet, Finsternis und Licht gemacht; aber die ungläubig sind, setzten ihrem Herrn andres gleich. 2. Er ist es, der euch aus Erde gebildet und euch sodann ein Ziel gesetzt, ein bei ihm vorgezeichnetes Ziel, — ihr aber zweifelt noch! 3. Er ist Gott auf Himmeln und auf Erden, er kennt eure Verborgenheit und eure Kundtuung, er weiß, was ihr begehet. 4. Noch ist ihnen kein Zeichen geworden von den Zeichen ihres Herrn, ohne daß sie sich davon abgewandt. 5. Nun hießen sie die Wahrheit eine Lüge, als sie ihnen geworden, aber Kunde wird ihnen kommen über das, worüber sie spotten. 6. Sehen sie denn nicht, wieviel wir vernichtet haben der Geschlechter vor ihnen? Wir hatten sie auf Erden gefestigt, wie wir euch nicht festigen; aber wir ließen den Himmel über sie einen Regenguß niedersenden und Ströme unter ihnen

fließen, und so vernichteten wir sie ob ihrer Sünden und ließen nach ihnen ein andres Geschlecht entstehen. 7. Und wenn wir dir auch ein Buch aus Papier herniedergesandt und sie es mit ihren Händen befühlt hätten, ganz bestimmt würden die, die ungläubig sind, gesagt haben, es sei nichts als offenbare Zauberei. 8. Und sie sprachen: Wenn ihm nicht ein Engel herabgesandt wird. Aber hätten wir einen Engel herabgesandt, die Sache wäre entschieden, sie würden darauf nicht gefristet haben. 9. Und hätten wir einen Engel erscheinen lassen, ganz gewiß ließen wir ihn in Mannesgestalt erscheinen und bekleideten ihn, wie sie sich kleiden. 10. Bereits verspotteten sie die Gesandten vor dir, aber die unter ihnen, die spotteten, umfing das, worüber sie gespottet. 11. Sprich: Wandert doch über die Erde und schauet, wie war der Enderfolg der Verleugner. 12. Sprich: Wessen ist, was auf Himmeln und Erden? Sprich: Gottes. Er schrieb sich selber Barmherzigkeit vor, und versammeln wird er euch ganz gewiß am Tag der Auferstehung, an dem kein Zweifel ist. Die sich selber vernichten, sie glauben nicht. 13. Ihm, was nachts und tags ereilt, er ist der Allhörende, der Allwissende. 14. Sprich: Soll ich einen andren als Gott zum Beistand nehmen? Er ist Schöpfer der Himmel und der Erde, er ernährt und ißt nicht selber. Sprich: Wahrlich, mir ist befohlen, daß ich der erste sei, der gottergeben ist: daß du nicht seiest der Götzendiener einer. 15. Sprich: Wahrlich, ich würde, wenn ich mich gegen meinen Herrn auflehnte, die Strafe des großen Tags fürchten. 16. Wer an diesem Tag davor bewahrt wird, dessen erbarmte er sich bereits[10]; dies ist ein offenbares Glück. 17. Wenn Gott dich Unglück treffen läßt, so gibt es dafür keinen Abwender außer ihm, und wenn er dich Gutes treffen läßt, so ist er über alle Dinge mächtig. 18. Er ist der Machtherr über seine Diener, er ist der Allweise, der Allkundige. 19. Sprich: Welches der Dinge ist das gewichtigste Zeugnis? Sprich: Gott ist Zeuge zwischen mir und euch. Und dieser Koran ward mir geoffenbart, damit ich durch ihn euch warne und den er erreicht. Wollt ihr denn wirklich bezeugen, daß es neben Gott noch andre Götter gebe? Sprich: Ich bezeuge es nicht. Sprich: Nur ein einziger Gott ist er, und ich bin frei von dem, was ihr ihm zugesellt. 20. Diejenigen, denen wir die Schrift gegeben, kennen ihn, wie sie ihre Kinder kennen. Die sich selber vernichten, sie glauben nicht. 21. Wer ist frevelhafter als der, der über Gott Lüge ersinnt oder seine Verse als lügenhaft bezeichnet? Wahrlich, die Frevler werden kein Glück haben. 22. An jenem Tag werden wir sie alle versammeln und zu denen, die Gott Wesen zugesellten, sprechen: Wo sind nun eure Götzen, die ihr wähntet? 23. Dann wird aus ihrer Verführung nichts weiter bleiben, als daß sie sagen werden: Bei Gott, unsrem Herrn, wir waren keine Götzendiener. 24. Schau, wie sie sich selbst be-

lügen; verirrt hat sich von ihnen, was sie sich ersonnen. 25. *Unter ihnen manche, die auf dich hören wollen, aber wir legten Decken über ihre Herzen, daß sie es nicht einsehen, und Schwerhörigkeit in ihre Ohren. Und wenn sie auch alle Verse sehen, sie glauben doch nicht an diese, bis sie sogar zu dir kommen und dich bekämpfen. Die, die ungläubig sind, werden sagen, dies seien nichts als altväterliche Fabeln.* 26. *Sie halten (andre) davon zurück und bleiben dem selber fern. Aber wenn sie auch nur sich selbst vernichten, sie verstehen es doch nicht.* 27. *Wenn du nur sehen würdest, wie sie vor das Fegefeuer gestellt werden und dann sprechen: O wenn wir doch zurückgebracht würden! Wir würden die Verse unsres Herrn nicht als lügenhaft bezeichnen, wir würden der Gläubigen sein.* 28. *Nein, es erscheint ihnen nur, was sie früher verheimlichten; würden sie zurückgebracht werden, ganz gewiß würden sie zurückkehren zu dem, dem sie fernbleiben sollten, denn sie sind ja Lügner.* 29. *Und sie sagen: Es gibt nur unser Leben hienieden, wir sind keine Auferstehenden.* 30. *Wenn du nur sehen würdest, wie sie vor ihren Herrn gestellt werden, der sprechen wird: Ist dies nicht in Wahrheit? Sie werden erwidern: Gewiß, bei unsrem Herrn. Er wird dann sprechen: Kostet nun die Pein, weil ihr geleugnet.* 31. *Verloren sind bereits diejenigen, die die Begegnung mit Gott als lügenhaft bezeichnen, bis die Stunde sie plötzlich erreicht. Sie sprechen dann: O wehe uns ob dem, was wir vernachlässigt haben. Und sie werden ihre Sündenlast auf ihren Rücken tragen. Ist es nicht schlimm, womit sie beladen sind? 32. Nichts ist das Leben hienieden als Spiel und Getändel; besser ist die Wohnung im Jenseits für diejenigen, die gottesfürchtig sind. Begreift ihr dies nicht? 33. Wir wissen wohl, dich betrübt, was sie sagen; aber nicht dich bezeichnen sie als lügenhaft, die Frevler verleugnen vielmehr die Verse Gottes. 34. Bereits wurden Gesandte vor dir lügenhaft gescholten, aber sie waren geduldig, wenn sie auch als lügenhaft gescholten und beleidigt wurden, bis unsre Hilfe ihnen kam. Es gibt keinen Wandler der Worte Gottes, und Kunde kam dir bereits von den Gesandten. 35. Und wenn dir schwer wird ihr Widerstand, daß du streben könntest nach einem Loch in der Erde oder einer Leiter zum Himmel, um ihnen ein Zeichen zu holen, — aber wollte es Gott, er würde sie ganz gewiß zur Rechtleitung versammelt haben. Du aber sei nicht der Törichten einer. 36. Erhören wird er nur diejenigen, die gehorchen. Die Toten aber wird Gott erwecken, und zurückgebracht werden sie dann zu ihm. 37. Und sie sagen: Wenn ihm nicht ein Zeichen von seinem Herrn herabgesandt wird. Sprich: Wahrlich, Gott ist auch mächtig, ein Zeichen herabzusenden; aber die meisten ihrer wissen es nicht. 38. Es gibt kein Tier auf Erden, keinen Vogel, der mit seinen Flügeln dahinfliegt, der nicht eures-*

gleichen an Art wäre[1]. *Wir ließen in der Schrift nichts fort. Dann werden sie zu ihrem Herrn versammelt werden. 39. Aber diejenigen, die unsre Verse als lügenhaft bezeichnen, sind taub und stumm, in Finsternis. Den Gott will, führt er irre, und den er will, bringt er auf den rechten Weg. 40. Sprich: Was meint ihr, wenn nun die Strafe Gottes über euch kommt oder die Stunde*[2] *euch erreicht, werdet ihr dann jemand außer Gott anrufen, — wenn ihr wahrhaftig seid? 41. Nein, ihn ruft ihr an, und er wendet ab, weswegen ihr anruft, wenn er will. Ihr aber werdet vergessen, was ihr ihm zugesellt habt. 42. Schon vor dir sandten wir an Völker und straften sie mit Not und Drangsal, auf daß sie sich demütigen. 43. Hätten sie sich doch, als ihnen unsre Strafe kam, gedemütigt! Aber verstockt waren ihre Herzen, Satan machte ihnen wohlgefällig, was sie getan. 44. Und als sie vergessen hatten, woran sie ermahnt worden waren, öffneten wir ihnen die Pforten aller Dinge, bis sie sich erfreuten dessen, was sie empfingen; sodann erfaßten wir sie plötzlich, und sie waren verzagt. 45. Ausgerottet wurde der Rest des Volks, das gefrevelt, und Preis Gott, dem Herrn der Weltbewohner. 46. Sprich: Was meint ihr, wenn euch Gott Gehör nähme und Gesicht und eure Herzen versiegelte, — wer außer Gott wäre ein Gott, der es euch wiedergeben könnte? Schau, wie mannigfach wir die Zeichen wenden, darauf aber kehren sie sich ab. 47. Sprich: Was meint ihr, wenn* nun die Strafe Gottes über euch kommt, plötzlich oder bekannt, wer anders geht unter als das Volk der Frevler? 48. Wir senden die Gesandten nur als Heilverkünder und als Ermahner; wer glaubt und rechtschaffen ist — keine Furcht über sie, sie sollen nicht betrübt sein. 49. Die aber, die unsre Verse als lügenhaft bezeichnen, wird die Strafe treffen, weil sie ruchlos waren. 50. Sprich: Ich sage euch nicht, die Schätze Gottes seien bei mir, noch kenne ich das Verborgene, noch sage ich euch, ich sei ein Engel. Ich folge nur dem, was mir offenbart wird. Sprich: Gleichen denn ein Blinder und ein Schauender einander? Wollt ihr nicht nachdenken? 51. Ermahne hiermit diejenigen, die sich davor fürchten, daß sie vor ihren Herrn versammelt werden: Kein Beistand ist ihnen außer ihm und kein Fürbitter; daß sie doch gottesfürchtig seien. 52. Treibe nicht die fort, die ihren Herrn anrufen am Morgen und am Abend, nach seinem Antlitz wünschend. Dir liegt nichts von ihrer Rechenschaft ob, ihnen liegt nichts von deiner Rechenschaft ob. Treibst du sie fort, so bist du der Frevler einer. 53. Und so prüfen wir die einen durch die andren, daß sie sagen: Sind diese, denen Gott gnädig ist, aus unsrer Mitte? Kennt Gott die Dankbaren nicht? 54. Und wenn zu dir die kommen, die an unsre Verse glauben, so sprich: Friede sei mit euch. Euer Herr hat sich selber Barmherzigkeit vorgeschrieben: Wenn jemand von euch Böses getan aus Unwissenheit und sich *darauf bekehrt und bessert, so ist er allverzeihend und allbarmherzig. 55. Und so haben wir die Verse dargelegt, daß klar werde der Weg der Sünder. 56. Sprich: Mir ist es untersagt, die zu verehren, die ihr außer Gott anrufet. Sprich: Ich folge nicht euren Gelüsten; ich würde dann irregehen, ich würde nicht von den Gerechtleiteten sein. 57. Sprich: Ich (berufe mich) auf die klaren Beweise meines Herrn, ihr aber nennet sie lügenhaft. Nicht in meiner (Macht) ist es, was ihr beschleunigen wollt. Der Richtspruch ist nur bei Gott; er wird die Wahrheit entscheiden, und er ist der beste Entscheider. 58. Sprich: Wäre es in meiner (Macht), was ihr beschleunigen wollt, ganz gewiß wäre die Angelegenheit zwischen mir und euch entschieden. Und Gott kennt die Frevler. 59. Bei ihm sind die Schlüssel des Geheimnisses, nur er kennt sie. Er weiß, was auf dem Festland ist und was im Meer. Kein Blättchen fällt, ohne daß er es wüßte, kein Körnlein in der Erde Finsternis, kein Grünes und kein Dürres, das nicht im deutlichen Buch wäre. 60. Er ist es, der euch in der Nacht hinnimmt, er weiß, was ihr am Tag verübt. Erwecken wird er euch, wenn beendet ist die bestimmte Frist. Dann erfolgt eure Rückkehr zu ihm, dann wird er euch verkünden, womit ihr euch befaßtet. 61. Er ist der Machtherr über seine Diener. Er sendet Wächter über euch, bis der Tod an eurer einen herantritt; unsre Boten nehmen ihn hin, und sie säumen nicht. 62. Zurück-*

gebracht sind sie dann zu Gott, ihrem Herrn in Wahrheit. Ist nicht sein der Rechtsspruch? Und er ist der schnellste Rechner. 63. Sprich: Wer errettet euch aus den Finsternissen auf dem Festland und im Meer, wenn ihr ihn unterwürfig im Geheimen anrufet: wenn du uns aus diesem errettest, ganz gewiß werden wir von den Dankbaren sein? 64. Sprich: Gott ist es, der euch hiervon errettet und aus jeder Not. Dann gesellt ihr ihm Götter bei! 65. Sprich: Er ist imstande, über euch ein Strafgericht zu entsenden von oben her oder von unter euren Füßen, oder euch durch Spaltungen zu verwirren, oder die einen durch die andren Übles kosten zu lassen. Schau, wie mannigfach wir die Zeichen wenden, auf daß sie doch einsehen. 66. Aber als lügenhaft bezeichnete es dein Volk, und es ist die Wahrheit. Sprich: Ich bin nicht mehr Vogt über euch. Jeder Kunde ihre festgesetzte Zeit, einst werdet ihr es erfahren. 67. Wenn du die siehst, die über unsre Verse töricht reden, so wende dich von ihnen ab, bis sie über andres als dieses reden. Und sollte Satan dich dies vergessen lassen, du sitze nach der Ermahnung nicht mit dem Volk der Frevler. 68. Denen, die gottesfürchtig sind, liegt keine Rechenschaft über jene ob, aber Ermahnung, vielleicht, daß sie gottesfürchtig werden. 69. Verlasse die, die ihre Religion zum Spiel machen und Getändel, die betört hat das Leben hienieden; ermahne dadurch, daß, wenn eine Seele ob dem, was sie begangen, dem Ver-

derben preisgegeben ist, sie außer Gott keinen Beistand hat und keinen Fürbitter; und wenn sie auch jedes Lösegeld bringt, es wird von ihr doch nicht angenommen. Diese sind es, die dem Verderben preisgegeben sind ob dem, was sie begangen. Ein Getränk siedenden Wassers ist ihnen und qualvolle Pein, dieweil sie ungläubig waren. 70. Sprich: Sollen wir denn was andres als Gott anrufen, das uns nicht nützt und nicht schadet, und in unsre Fußtapfen zurückkehren, nachdem Gott uns gerechtleitet, wie der, den die Satane verführt, der nun auf Erden umherirrt? Auch ihm sind Genossen, die ihn zur Rechtleitung anrufen: Komm zu uns. Sprich: Wahrlich, die Rechtleitung Gottes ist die Rechtleitung. Uns ist geboten, ganz ergeben zu sein dem Herrn der Weltbewohner. 71. Das Gebet zu verrichten und ihn zu fürchten. Er ist es, zu dem ihr einst versammelt werdet. 72. Er ist es, der die Himmel geschaffen und die Erde in Wahrheit. Und am Tag, da er spricht: es werde, wird es. 73. Sein Wort ist die Wahrheit. Sein ist die Herrschaft am Tag, an dem in die Posaune wird geblasen werden. Er ist Wisser des Verborgenen und des Sichtbaren; er, der Allweise, der Allkundige. 74. Dann sprach Abraham zu seinem Vater Azer[3]: Nimmst du Bilder an zu Göttern? Wahrlich, ich sehe dich und dein Volk in offenbarer Irrung. 75. Und so zeigten wir Abraham das Reich der Himmel und der Erde, auf daß er sei der Ver-

trauenden einer. 76. *Als die Nacht ihn hüllte und er einen Stern erblickte, da sprach er: Das ist mein Herr. Als dieser aber unterging, sprach er: Ich liebe die Untergehenden nicht.* 77. *Als er dann den aufgehenden Mond sah, sprach er: Das ist mein Herr. Doch als dieser unterging, sprach er: Rechtleitet mich mein Herr nicht, ganz gewiß werde ich sein der irrenden Menge einer.* 78. *Und als er die aufgehende Sonne sah, sprach er: Das ist mein Herr, das ist größer. Als sie aber unterging, sprach er: O mein Volk, ich bin frei von dem, was ihr Gott zugesellt.* 79. *Wahrlich, ich wandte mein Gesicht zu dem, der die Himmel geschaffen und die Erde; rechtgläubig, ich bin nicht der Götzendiener einer.* 80. *Und sein Volk bestritt ihn, er aber sprach: Wollt ihr mit mir über Gott streiten, da er mich bereits gerechtleitet? Ich fürchte nicht das, was ihr ihm beigesellt, es sei denn, mein Herr wünscht es. Allumfassend ist mein Herr in der Kenntnis aller Dinge. Wollt ihr es nicht bedenken?* 81. *Und wie sollte ich das fürchten, was ihr ihm beigesellt, wo ihr nicht fürchtet, Gott etwas beizugesellen, wozu er euch keine Macht zukommen ließ. Wer von beiden Teilen hat mehr Recht, sicher zu sein, wenn ihr es wisset?* 82. *Diejenigen, die glauben und ihren Glauben nicht in Frevel hüllen, ihnen ist Sicherheit, sie sind gerechtleitet.* 83. *Dies ist unser Rechtsbeweis, den wir Abraham seinem Volk gegenüber gaben. Wir erhöhen um Stufen, wen wir wollen. Wahrlich, dein Herr ist allweise und allwissend. 84. Wir schenkten ihm den Isaak und den Jakob, die wir beide rechtleiteten. Vorher hatten wir Noah gerechtleitet, und von seiner Nachkommenschaft David und Salomo und Ijob und Joseph und Moses und Ahron. So belohnen wir die Liebfrommen. 85. Auch Zacharias und Johannes und Jesus und Elias, sie alle waren der Rechtschaffenen. 86. Und Ismael und Elisa und Jonas und Lot, sie alle bevorzugten wir vor allen andren Weltbewohnern. 87. Und von ihren Vorfahren, ihrer Nachkommenschaft und ihren Brüdern; wir erwählten sie und leiteten sie auf den rechten Weg. 88. Das ist die Rechtleitung Gottes, womit er leitet, wen er seiner Diener wünscht. Und hätten sie ihm Wesen beigesellt, sicherlich nichtig wäre, was sie gewirkt. 89. Sie sind es, denen wir die Schrift gegeben und die Weisheit und die Prophetie; aber sollten diese sie verleugnen, so haben wir bereits damit ein Volk betraut, das hierin nicht ungläubig sein wird. 90. Diese sind es, die Gott gerechtleitet und ihrer Rechtleitung folgen. Sprich: Ich verlange von euch dafür keine Belohnung; dies ist nichts als eine Ermahnung für die Weltbewohner. 91. Sie schätzen Gott nicht seiner richtigen Macht, wenn sie sagen, nie habe Gott einem Fleischwesen etwas geoffenbart. Sprich: Wer offenbarte das Buch, mit dem Moses kam, ein Licht und eine Rechtleitung für die Menschen, das ihr zu Papier bringt und manches bekannt gebt und manches verheimlicht, wodurch euch gelehrt worden ist, was ihr nicht wußtet und nicht eure Väter? Sprich: Gott. Dann laß sie in ihrem törichten Gerede geifern. 92. Dieses Buch, das wir geoffenbart, das gesegnete, ist eine Bestätigung dessen, was bereits vorhanden, daß du ermahnest die Mutterstadt*[4] *und was sie umgibt. Und die an das Jenseits glauben, die werden an dieses glauben, und auf ihr Gebet werden sie sorgsam achten. 93. Und wer ist frevelhafter als der, der über Gott Lüge erdichtet? Oder sagt: Mir ward geoffenbart, und nichts ist ihm geoffenbart worden. Oder sagt: Ich werde dergleichen offenbaren, was Gott geoffenbart. Sähest du doch die Frevler in der Todesverwirrung, wenn die Engel ihre Hände ausstrecken: lasset aus eure Seelen. Heute werdet ihr mit Strafe der Schmach belohnt, dieweil ihr über Gott Unwahres geredet und gegen seine Verse hoffärtig waret. 94. Nun seid ihr zu uns bar gekommen, wie wir euch zuerst geschaffen, und ließet hinter eurem Rücken das zurück, womit wir euch begünstigt. Auch sehen wir bei euch nicht eure Fürsprecher, von denen ihr wähntet, sie seien unter euch Genossen Gottes. Getrennt ist nun zwischen euch, geschwunden ist von euch, was ihr wähntet. 95. Wahrlich, Gott ist der Hervorbringer des Samenkorns und des Dattelkerns, er läßt Lebendes aus Totem entstehen und bringt Totes aus Lebendem hervor. Das ist euch Gott, wieso laßt ihr euch täuschen? 96. Er ist Hervorbringer der Morgenröte, machte die Nacht zur Ruhe, und Sonne und Mond zur Zeitrechnung. Dies ist die Bestimmung des Allgewaltigen, des Allwissenden. 97. Er ist es, der euch die Sterne geschaffen, auf daß ihr durch sie geleitet werdet in Finsternissen des Festlands und des Meers. Und dargelegt haben wir die Verse für Leute, die begreifen. 98. Er ist es, der euch aus einer einzigen Seele entstehen ließ, und Aufenthalt und Weilort. Und dargelegt haben wir die Verse für Leute, die einsehen. 99. Er ist es, der vom Himmel Wasser sandte, mit dem wir das Wachstum aller Dinge hervorgebracht, mit dem wir das Grüne hervorgebracht, aus dem wir das gehäufte Korn hervorgehen lassen, und aus der Palme Blüten dichte Datteltrauben, und Gärten mit Weintrauben, Oliven und Granatäpfeln, einander ähnlich und unähnlich. Schauet ihre Frucht an, wenn sie treibt, und ihre Reife. Wahrlich, hierin sind Zeichen für Leute, die glauben. 100. Und doch gesellten sie Gott Genossen bei, die Geister, und er schuf sie. Und Söhne und Töchter dichteten sie ihm an, ohne Wissen. Preis ihm! Erhaben ist er über das, was sie ihm beilegen. 101. Er ist Schöpfer der Himmel und der Erde. Wie sollte er einen Sohn haben, und hat er doch keine Ehegenossin. Er schuf alle Dinge, und er ist aller Dinge wissend. 102. Das ist euch Gott, euer Herr; es gibt keinen Gott außer ihm, dem Schöpfer aller Dinge. So verehret ihn, denn er ist aller Dinge Vogt. 103. Die Blicke erreichen ihn nicht, doch erreicht er die Blicke; er ist der Allgütige, der Allkundige.* 104. *Bereits ist euch Sichtigkeit von eurem Herrn gekommen; wer sieht, es ist für seine Seele, wer blind ist, er ist es für sie. Ich aber bin nicht Wächter über euch.* 105. *Und so wenden wir die Zeichen mannigfach, daß sie sagen: Du hast erforscht; wir werden es verdeutlichen Leuten, die verstehen.* 106. *Folge dem, was dir von deinem Herrn geoffenbart ist. Es gibt keinen Gott außer ihm, und wende dich ab von den Götzendienern.* 107. *Wollte es Gott, sie wären keine Götzendiener. Wir machten dich nicht über sie zum Wächter, du bist nicht Vogt über sie.* 108. *Und schmähet nicht die, die sie außer Gott anrufen, sie würden dann feindlich Gott schmähen ohne Wissen. So ließen wir jedem Volk sein Tun wohlgefällig sein. Dann erfolgt ihre Rückkehr zu ihrem Herrn, und er wird ihnen verkünden, womit sie sich befaßt.* 109. *Sie schwuren bei Gott ihre feierlichen Eide: sollte ihnen ein Zeichen werden, sie würden ganz gewiß daran glauben. Sprich: Nur bei Gott sind die Zeichen; sie würden euch nichts kundtun, und wenn sie euch kommen sollten, ihr würdet doch nicht glauben.* 110. *Wir wollen ihnen Herzen und Augen verdrehen, wie sie auch das erstemal daran nicht glaubten, und sie in ihrer Widerspenstigkeit lassen, in der sie verblendet sind.*

111. *Und wenn wir ihnen Engel senden, die Toten mit ihnen reden und wir alle Dinge vor sie*

scharen würden, sie würden doch nicht glauben, es sei denn, Gott will dies; aber die meisten ihrer sind unwissend. 112. Und so gaben wir jedem Propheten einen Feind, Satane der Menschen und der Geister, die einander Redeprunk und Täuschung eingeben. Aber wollte es dein Herr, sie täten es nicht. So verlasse sie, und was sie ersonnen. 113. Daß sich ihnen zuneigen die Herzen derer, die an das Jenseits nicht glauben, und daß sie sich daran vergnügen und gewinnen, was sie gewinnen wollen. 114. Sollte ich einen andren Richter als Gott verlangen, und er ist es, der euch das deutliche Buch gesandt? Und die, denen wir die Schrift gegeben, wissen, daß es von deinem Herrn herabgesandt ist in Wahrheit. So sei nicht der Zweifler einer. 115. Und vollendet ist das Wort deines Herrn in Wahrhaftigkeit und Gerechtigkeit. Es gibt keinen Aendrer seines Wortes; und er ist der Allhörende, der Allwissende. 116. Gehorchtest du den meisten auf Erden, sie würden dich irreleiten, ab vom Pfad Gottes; sie folgen nur einem Wahn, sie lügen nur. 117. Wahrlich, dein Herr, er kennt den, der von seinem Pfad abirrt, er kennt die Gerechtleiteten. 118. Und esset nur von dem, worüber der Name Gottes genannt wurde, wenn ihr seiner Verse Gläubige seid. 119. Und weshalb solltet ihr nicht essen von dem, worüber der Name Gottes genannt wurde? Er hat euch bereits dargelegt, was euch verboten ist, es sei denn, ihr werdet dazu gezwungen. Und wenn auch sicherlich viele durch ihre Gelüste irregehen ohne Wissen, aber wahrlich, dein Herr, er kennt die Uebertreter. 120. Meidet das Aeußere der Sünde und ihr Inneres, denn wahrlich, die Sünde begehen, werden einst belohnt, wie sie verdienen. 121. Und esset nicht von dem, worüber der Name Gottes nicht genannt wurde, dies ist Gottlosigkeit. Wahrlich, die Satane werden ihren Freunden eingeben, euch zu bestreiten, und wenn ihr ihnen gehorchet, traun, ihr seid Götzendiener. 122. Ist denn jemand, der tot war und wir ihn lebendig gemacht und ihm ein Licht gegeben, um damit unter den Menschen zu wandeln, gleich dem, der im Finstern ist und nicht heraus kann? So wohlgefällt den Ungläubigen, was sie tun. 123. Und so setzten wir in jede Stadt Erzsünder, daß sie darin Trug üben; aber sie trügen nur sich und verstehen es nicht. 124. Und wenn ihnen ein Vers kommt, sagen sie: Wir glauben nicht eher, bis wir dasselbe erhalten, was die Gesandten Gottes erhalten haben. Gott aber weiß, wohin er seine Botschaft sende. Treffen wird, die sündigen, Erniedrigung bei Gott und schwere Pein, dieweil sie getrogen haben. 125. Und wen Gott rechtleiten will, dem erweitert er die Brust für die Gottergebenheit[5], wen er aber irregehen lassen will, dessen Brust macht er eng und bang, als sollte er zum Himmel klimmen. So legt Gott das Greuel auf die, die nicht glauben. 126. Dies ist der Weg deines Herrn, der rechte. Bereits legten wir die Verse dar für Leute, die ein-

gedenk sind. 127. Ihnen ist eine Wohnung des Friedens bei ihrem Herrn, er ist ihr Beistand ob dem, was sie getan. 128. Und an jenem Tag wird er sie versammeln allesamt: O ihr Zunft der Geister, ihr habt euch zuviel mit den Menschen abgegeben. Und ihre Freunde unter den Menschen werden sprechen: Herr unser, wir haben voneinander genossen und unser Ziel erreicht, was du uns gesetzt. Er wird erwidern: Das Fegefeuer sei euer Aufenthalt, ewig bleibt darin, wenn Gott nicht anders will. Wahrlich, dein Herr ist allweise und allwissend. 129. Und so werden wir einen Teil der Frevler um den andren wenden, je nach dem, was sie begangen. 130. O ihr Zunft der Geister und der Menschen, kamen nicht Gesandte aus eurer Mitte zu euch, die euch von den Zeichen erzählten und euch der Begegnung dieses eures Tags ermahnten? Sie werden erwidern: Wir zeugen gegen uns selbst. Betört hat sie das Leben hienieden, nun zeugen sie gegen sich selbst, daß sie Ungläubige waren. 131. Dies, weil dein Herr keine Stadt in ihrem Frevel zerstört, während ihre Bewohner sorglose sind. 132. Für alle verschiedene Stufen gemäß dem, was sie getan. Und dein Herr ist nicht übersehend dessen, was sie tun. 133. Und dein Herr ist reich, voll Barmherzigkeit. Wenn er nur wollte, er könnte euch verschwinden lassen und nach euch an eure Stelle folgen lassen, wen ihm beliebt, wie er auch euch aus der Nachkommenschaft eines andren Volkes entstehen ließ. 134. Wahrlich, was euch angedroht ist, kommt auch, ihr werdet nicht verhindernd sein. 135. Sprich: O mein Volk, handelt ihr nach eurer Möglichkeit, und auch ich werde handeln; einst werdet ihr wissen. 136. Wem eine Belohnung an der Wohnstätte ist. Aber wahrlich, die Frevler werden kein Glück haben. 137. Und sie setzten für Gott einen Anteil aus von dem, was er an Feldfrucht und Hausvieh geschaffen, und sprachen: dies für Gott, ihrer Meinung nach, und dies für unsre Götzen. Aber was für ihre Götzen ist, gelangt nicht zu Gott, und was für Gott ist, gelangt zu ihren Götzen. Wie übel ist, was sie entscheiden! 138. Ebenso ließen ihre Götzen viele von den Götzendienern das Töten ihrer Kinder wohlgefallen[6]*, um sie zu vernichten und ihre Religion zu verwirren. Aber wollte es Gott, sie täten es nicht; darum lasse sie und was sie erdichtet. 139. Und sie sagen: Diese Haustiere und Feldfrüchte sind verboten, niemand darf von ihnen essen, außer wir wollen es, — ihrer Meinung nach. Und Haustiere, deren Rücken geheiligt*[7] *sind, und Haustiere, über die sie den Namen Gottes nicht erwähnen*[8]*. Erdichtung über ihn; vergelten wird er ihnen, was sie erdichtet. 140. Und sie sagen: Was in den Leibern dieser Haustiere ist, ist uns Männern frei und unsren Weibern verboten; doch wenn es tot (geboren) wird, so sind beide Teilnehmer daran. Vergelten wird er ihnen ihr Gerede, denn wahrlich, er ist allweise und allwissend. 141. Schon verloren* *sind diejenigen, die töricht ihre Kinder töten ohne Wissen, und das verbieten, womit Gott sie versorgt. Erdichtung über Gott; bereits sind sie abgeirrt und sind nicht der Gerechtleiteten. 142. Er ist es, der Gärten entstehen ließ, angelegte und nicht angelegte, Palmen und Getreide, von mannigfacher Speiseart, Oliven und Granatäpfel, einander ähnlich und unähnlich. Esset von ihren Früchten, wenn sie fruchten, und gebet das Zukommende⁹ am Tag der Ernte. Und verschwendet nicht, denn wahrlich, er liebt die Verschwendenden nicht. 143. Und vom Hausvieh ist (manches) Lasttier und (manches) Schlachttier. Esset von dem, womit Gott euch versorgt, und folgt nicht den Schritten Satans, denn er ist euch offenbarer Feind. 144. Acht Gepaarte: von den Schafen beide und von den Ziegen beide. Sprich: Hat er beider Männchen verboten oder beider Weibchen, oder was der Leib der Weibchen umschließt? Verkündet es mir mit Wissenschaft, wenn ihr wahrhaftig seid. 145. Und von den Kamelen beide und von den Rindern beide. Sprich: Hat er beider Männchen verboten oder beider Weibchen, oder was der Leib der Weibchen umschließt? Wart ihr Bezeuger, als Gott euch dieses geboten? Wer ist frevelhafter als der, der über Gott Lüge erdichtet, um Menschen ohne Wissenschaft zu verführen? Wahrlich, Gott rechtleitet nicht das Volk der Frevler. 146. Sprich: Ich finde in dem, was mir geoffenbart worden, nichts, was dem Essenden zu essen verboten wäre, es sei denn Verendetes oder vergossenes Blut oder Schweinefleisch; das ist ein Greuel. Ferner das Lästerhafte, wobei ein andrer als Gott angerufen worden. Wer aber gezwungen wird, nicht aus Gier noch Übertretung, wahrlich, dein Herr ist allverzeihend und allbarmherzig. 147. Und denen, die Juden sind, verboten wir alles, was (ungespaltene) Hufen hat, und von den Rindern und vom Kleinvieh verboten wir ihnen ihr Fett, ausgenommen das, was an ihren Rücken sitzt oder im Eingeweide oder am Knochen haftet. Damit haben wir sie für ihre Widerspenstigkeit gestraft, und wahrlich, wir sind gewiß gerecht. 148. Und schelten sie dich lügenhaft, so sprich: Euer Herr ist von unendlicher Barmherzigkeit, doch soll seine Strenge dem Volk der Sünder nicht abgewehrt werden. 149. Es werden die sagen, die Gott (Götzen) beigesellen: Wollte es Gott, so wären wir keine Götzendiener, noch unsre Väter, auch hätten wir nichts verboten. So leugneten auch die, die vor ihnen waren, bis sie unsre Strenge kosteten. Sprich: Ist bei euch des Wissens, so bringt es uns herbei; aber ihr folgt nur dem Wahn, ihr lügt nur. 150. Sprich: Gottes ist der entscheidende Beweis; wollte er es, ganz gewiß rechtleitete er euch allesamt. 151. Sprich: Herbei mit euren Bezeugern, die bezeugen, Gott habe dies verboten. Und sollten sie bezeugen, du bezeuge nicht mit ihnen, und folge nicht den Listen derer, die unsre Verse lügenhaft schelten, die an das Jenseits nicht glauben, die* ihrem Herrn andre gleichstellen. 152. Sprich: Kommt her, ich will vorlesen, was euer Herr euch verboten: Daß ihr ihm nichts zugesellet, eure Eltern aber gut behandelt und eure Kinder nicht tötet aus Armut. Wir versorgen euch und auch sie. Und nahet nicht der Unzucht, ob sie offen oder verborgen ist. Auch tötet keinen Menschen, was euch Gott verboten, es sei denn nach Recht. Dies hat er euch geboten, — ob ihr es begreifet? 153. Und nähert euch nicht der Habe der Waisen, es sei denn, um sie zu verbessern, bis sie ihre Vollkraft erreichen. Gebet Maß und Gewicht nach Gerechtigkeit. Wir belasten niemand über sein Vermögen. Wenn ihr (Recht) sprechet, seid gerecht, und wenn es auch einen Verwandten betrifft. Und dem Bündnis Gottes genüget. Dies hat er euch geboten, — ob ihr eingedenk seid? 154. Dies ist mein Weg, der rechte, und folget ihm. Aber folget nicht den Pfaden, die euch von seinem Pfad trennen. Dies hat er euch geboten, — ob ihr gottesfürchtig sein wollet? 155. Wir gaben Moses die Schrift, eine Vollendung für den, der recht handelt, eine Erörterung für alle Dinge, Rechtleitung und Barmherzigkeit, daß sie an das Zusammentreffen mit ihrem Herrn glauben. 156. Und nun offenbarten wir dieses Buch, das gesegnete; folget ihm und seid gottesfürchtig, auf daß ihr Erbarmen findet. 157. Daß ihr nicht saget: Nur zwei Volksscharen[10] vor uns ward die Schrift geoffenbart, wir aber sind ihrer Forschung unkundig.

158. Oder ihr sprechet: Wäre uns die Schrift geoffenbart worden, sicherlich hätten wir uns besser leiten lassen als jene. Nun ist euch die deutliche Lehre von eurem Herrn gekommen, eine Rechtleitung und Barmherzigkeit. Doch wer ist frevelhafter als der, der die Verse Gottes lügenhaft nennt und von ihnen abweicht? Vergelten werden wir denen, die sich von unsren Versen abgewandt, mit übler Strafe, dieweil sie sich abgewandt. 159. Worauf warten sie, wenn nicht, daß Engel zu ihnen kommen, oder dein Herr kommt, oder ein Teil der Zeichen deines Herrn eintrifft? Am Tag, an dem ein Teil der Zeichen deines Herrn eintrifft, wird ihr Glaube keiner Seele nützen, die nicht vorher geglaubt oder in ihrem Glauben Gutes gewirkt. Sprich: Wartet nur, denn auch wir warten. 160. Wahrlich, die in ihrer Religion geteilt und Sektierer sind, mit ihnen hast du nichts zu tun, nur vor Gott ist ihre Angelegenheit dann wird er ihnen verkünden, was sie getan. 161. Wer mit Gutem kommt, dem soll zehnfaches sein, und wer mit Bösem kommt, dem soll nur mit gleichem vergolten werden. Sie werden nicht übervorteilt werden. 162. Sprich: Wahrlich, mich leitete mein Herr den geraden Weg, im steten Glauben, zum Bekenntnis des rechtgläubigen Abraham, der nicht war der Götzendiener einer. 163. Sprich: Wahrlich, mein Gebet und mein Gottesdienst, mein Leben und mein Sterben sind Gottes, des Herrn der Weltbewohner, der keinen Genossen hat. So ward es mir geboten, und ich bin der erste der Gottergebenen. 164. Sprich: Sollte ich einen Herrn verlangen außer Gott, während er doch aller Dinge Herr ist? Jede Seele vollbringe nur das, was ihr obliegt, und keine belastete soll mit der Last einer andren belastet werden. Dann wird eure Rückkehr zu Gott erfolgen, und verkünden wird er euch betreffs dessen, worüber ihr gestritten. 165. Er ist es, der euch zu Stellvertretern auf Erden eingesetzt und unter euch die einen über die andren stufenweise erhoben, um euch zu prüfen durch das, was er euch gegeben. Wahrlich, dein Herr ist schnell der Bestrafung, aber er ist auch allvergebend und allbarmherzig.

7. SURA VOM SCHEIDEWALL[1]
MEKKANISCH, AUS 205 VERSEN BESTEHEND

Im Namen Gottes, des Allerbarmers, des Allbarmherzigen.

1. ALMZ. Dir ist ein Buch geoffenbart worden, und in deiner Brust sei darüber keine Bangigkeit, mit diesem zu warnen, und eine Ermahnung für die Gläubigen. 2. Folget dem, was euch von eurem Herrn geoffenbart ist, und folget keinen Freunden außer ihm. Nur wenige, die ihr euch ermahnen lasset. 3. Wie viele der Städte zerstörten wir, und unsre Strafe erreichte sie nachts oder als Ruhende. 4. Was war ihr Ruf, als unsre Strafe sie erreichte? — nur daß sie sprachen: Wahrlich, wir waren Frevler.

5. *Ganz gewiß werden wir Rechenschaft fordern von denen, zu denen gesandt worden ist, und ganz gewiß werden wir Rechenschaft fordern von den Abgesandten. 6. Ganz gewiß werden wir ihnen alles vorhalten in Kenntnis, wir waren nicht abwesend. 7. Das Gewicht wird an jenem Tag die Wahrheit sein, und dessen Wage schwer ist, — diese sind die Glückhabenden. 8. Und dessen Wage leicht ist, — diese sind es, die sich selber zugrunde richteten, weil sie an unsren Versen gefrevelt. 9. Wir haben euch auf Erden gefestigt und euch auf dieser Unterhalt angewiesen, aber nur wenige, die ihr dankbar seid. 10. Wir haben euch geschaffen, dann gebildet und darauf zu den Engeln gesprochen: Fallet vor Adam nieder. Und sie fielen nieder, ausgenommen Iblis, der nicht war von den Niederfallenden. 11. Er sprach: Was hindert dich, daß du nicht niederfallest, so ich dir befohlen? Jener erwiderte: Ich bin besser als er; mich hast du aus Feuer geschaffen, ihn aber hast du aus Erde geschaffen. 12. Er sprach: Fort von hier; es soll nicht geschehen, daß du in diesem[2] hochmütig bist. Hinaus, denn wahrlich, du bist der Niedrigen einer. 13. Jener bat: Warte mir bis zum Tag, an dem auferweckt wird. 14. Er erwiderte: Siehe, du sollst derer sein, denen gewartet wird. 15. Jener sprach: Weil du mich in die Irre jagest, will ich ihnen nachstellen auf deinem rechten Weg. 16. Ich will ihnen kommen von vorn und von hinten, von ihrer rechten und von ihrer linken*

(Seite); du wirst nicht finden, daß die meisten ihrer dankbar sind. 17. Er sprach: Hinaus aus diesem, verachtet und verstoßen (sei)! Folgt dir einer von ihnen, ganz gewiß fülle ich die Hölle mit euch allesamt. 18. Und du, o Adam, bewohne du und dein Weib das Paradies, und genießet da, wo ihr auch wollt. Nähert euch aber nicht diesem Baum, ihr würdet der Gottlosen sein. 19. Und Satan flüsterte ihnen zu, er wolle ihnen entdecken, was ihnen verborgen war von ihrer Scham, und sprach: Euer Herr verwehrte euch diesen Baum nur deshalb, damit ihr nicht Engel würdet oder der Ewigen. 20. Und er schwor ihnen: Wahrlich, ich bin euer treuer Berater. 21. So betörte er sie in Täuschung. Und als sie vom Baum kosteten, merkten sie ihre Scham, und sie begannen um sich Blätter des Paradieses zusammenzufügen. Da rief ihnen ihr Herr zu: Habe ich euch nicht diesen Baum verwehrt und zu euch nicht gesagt, Satan sei euer offenbarer Feind? 22. Sie erwiderten: Herr unser, wir haben unsre Seelen befrevelt, und wenn du uns nicht verzeihst und dich unsrer erbarmst, ganz gewiß sind wir der Verlorenen. 23. Er sprach: Fort mit euch. Einer sei des andren Feind, und auf Erden sei euch Aufenthalt und Unterhalt bis auf (ferne) Zeit. 24. Er sprach: Auf dieser sollt ihr leben, auf dieser sollt ihr sterben und aus dieser sollt ihr fortgebracht werden. 25. O ihr Kinder Adams, wir sandten euch bereits Kleider hernieder, eure Scham zu verbergen, Prunkgewänder;

aber auch das Kleid der Frömmigkeit, und dieses ist besser; dieses ist der Zeichen Gottes eines, — daß ihr doch eingedenk seid. 26. O ihr Kinder Adams, daß euch doch Satan nicht verführe, wie er eure Vorfahren aus dem Paradies vertrieben, ihnen ihre Kleider entrissen, um ihnen ihre Scham zu zeigen. Wahrlich, er sieht euch, er und seine Schar, während ihr sie nicht sehet. Wir aber machten die Satane zu Freunden derer, die nicht glauben. 27. Und wenn sie eine Schandtat begangen, sagen sie: Wir fanden unsre Vorfahren dabei und Gott hat es uns befohlen. Sprich: Wahrlich, Gott befiehlt keine Schandtaten. Wollt ihr denn von Gott sagen, was ihr nicht wisset? 28. Sprich: Mein Herr hat nur Gerechtigkeit befohlen. Wendet euer Gesicht gegen jede Anbetungsstätte und rufet ihn an, ihm die Religion rein haltend. Wie er euch zuerst geschaffen, werdet ihr zurückkehren. Einen Teil rechtleitete er, einen Teil aber ließ er gebührend im Irrtum, die, Gott übergehend, die Satane zu Freunden angenommen, und wähnen, sie seien gerechtleiet. 29. O Kinder Adams, nehmet euren Schmuck³ vor jeder Anbetungsstätte, und esset⁴ und trinket, aber seid nicht ausschweifend, denn wahrlich, Gott liebt die Ausschweifenden nicht. 30. Sprich: Wer verbot den Schmuck Gottes, den er für seine Knechte hervorgebracht, und das Angenehme des Lebensunterhalts? Sprich: Dies ist für die, die hienieden glauben, sonders an den Tag der Auferstehung. So legen wir die Verse dar Leuten, die verstehen. 31. Sprich: Nur die Schandtaten hat mein Herr verboten, was sichtbar ist von diesen und was verborgen, und die Sünde und die Streitsucht ohne Recht, und Gott etwas beizugesellen, wozu keine Ermächtigung gewährt worden, und über Gott etwas zu sagen, was ihr nicht wisset. 32. Jedem Volk ist eine Frist gesetzt, und wenn seine Frist herankommt, so kann es diese nicht um eine Stunde hinausschieben, auch nicht beschleunigen. 33. O Kinder Adams, wenn Gesandte aus eurer Mitte zu euch kommen und euch meine Verse vortragen: wer gottesfürchtig ist und Gutes übt, — keine Furcht über sie, sie sollen nicht betrübt sein. 34. Und die unsre Verse lügenhaft nannten und sich von ihnen hochmütig abwandten, diese sind Genossen des Fegefeuers, ewig weilen sie darin. 35. Und wer ist frevelhafter als der, der über Gott Lüge ersinnt oder seine Verse lügenhaft nennt? Diese erreicht ihr Anteil gemäß dem Buch, bis unsre Gesandten[5] zu ihnen kommen und sie hinnehmen. Sie sagen: Wo sind die, die ihr außer Gott angerufen? Diese erwidern: Sie sind von uns geschwunden. So werden sie über sich selbst zeugen, daß sie Ungläubige waren. 36. Er spricht: Tretet ein zu den Völkern von Geistern und Menschen, die vor euch waren, in das Fegefeuer. Sooft ein Volk eintritt, verflucht es seine Schwester[6], bis sie nacheinander hinein sind allesamt. Da sprechen die letzteren von den ersteren: Herr unser, diese da verführten uns; gib ihnen die Pein des Fegefeuers zwiefach! Er antwortet: *Allen zwiefach, aber ihr wißt es nicht.* 37. *Und die ersteren sprechen zu den letzteren: So habt ihr keinen Vorzug vor uns; kostet nun die Pein, wie ihr sie verdient.* 38. *Wahrlich, die unsre Verse lügenhaft nennen und sich hochmütig von ihnen abwenden, denen öffnen sich die Pforten des Himmels nicht, sie kommen nicht eher ins Paradies, als bis das Kamel durch das Nadelöhr geht. So vergelten wir es den Sündern.* 39. *Sie haben von der Hölle ihre Lagerstätte und die Decken über ihnen. So vergelten wir es den Frevlern.* 40. *Die aber glauben und gute Werke üben, — wir belasten niemand über sein Vermögen — diese sind Genossen des Paradieses, darin sie ewig weilen.* 41. *Wir entfernen, was in ihren Busen ist an Mißgunst. Ströme fließen unter ihnen, und sie sprechen: Preis Gott, der uns zu diesem geleitet! Nimmer wären wir gerechtleitet worden, hätte Gott uns nicht gerechtleitet. Die Gesandten unsres Herrn waren zu uns mit der Wahrheit gekommen. Und zugerufen wird ihnen: Dies ist das Paradies, das ihr erben sollt ob dem, was ihr getan.* 42. *Und die Genossen des Paradieses rufen den Genossen des Fegefeuers zu: Gefunden haben wir nun, was unser Herr uns verheißen, als Wahrheit; habt ihr als Wahrheit gefunden, was euer Herr euch verheißen? Sie erwidern: Ja. Und ein Ausrufer unter ihnen ruft: Der Fluch Gottes über die Frevler!* 43. *Die vom Pfad Gottes ablenken und nach Krümme streben, die inbetreff des Jenseits ungläubig sind. 44. Und zwischen beiden ein Vorhang, und auf dem Scheidewall Männer, die jedem an seinem Merkmal erkennen. Sie rufen den Genossen des Paradieses zu: Friede über euch. Sie selber kommen nicht hinein, und wünschen es doch. 45. Und wenn ihre Blicke sich zu den Genossen des Fegefeuers wenden, sprechen sie: Herr unser, laß uns nicht sein mit dem Volk der Frevler. 46. Und die Genossen des Scheidewalls rufen Männern zu, die sie an ihren Merkmalen erkennen: Nicht genützt hat euch euer Zusammenhäufen, und daß ihr hochmütig waret. 47. Sind es jene, von denen ihr geschworen, Gott habe sie nicht mit seiner Barmherzigkeit bedacht? Tretet ein in das Paradies, keine Furcht über euch, ihr sollt nicht betrübt sein. 48. Und die Genossen des Fegefeuers rufen den Genossen des Paradieses zu: Laßt über uns vom Wasser fließen oder von dem, womit Gott euch versorgt hat. Diese erwidern: Wahrlich, beides hat Gott für die Ungläubigen verboten. 49. Die ihre Religion zum Spiel machten und zur Tändelei, die das Leben hienieden betörte. An diesem Tag vergessen wir sie, wie auch sie das Eintreffen dieses ihres Tages vergessen hatten, und weil sie unsre Verse leugneten. 50. Nun kamen wir ihnen mit einem Buch, das wir in Kenntnis darlegten, Rechtleitung und Barmherzigkeit für Leute, die glauben. 51. Warten sie denn nur auf seine Erfüllung? Am*

Tag, an dem seine Erfüllung eintrifft, werden die, die es früher vergessen hatten, sagen: Die Gesandten unsres Herrn waren dann mit der Wahrheit gekommen. Sind uns vielleicht Fürbitter, die für uns fürbitten, oder werden wir zurückgebracht, auf daß wir andres tun, als wir getan? Bereits haben sie sich selber zugrunde gerichtet, geschwunden ist von ihnen, was sie ersonnen. 52. Wahrlich, euer Herr ist Gott, der in sechs Tagen Himmel und Erde schuf und sich dann auf seinen Thron setzte. Er läßt die Nacht das Tageslicht verhüllen, das jener schnell folgt. Sonne und Mond und Sterne sind seinem Befehl dienstbar. Ist nicht sein die Schöpfung und die Gebieterschaft? Hochgepriesen ist Gott, der Herr der Weltbewohner. 53. Rufet euren Herrn an, unterwürfig und verborgen. Wahrlich, er liebt die Übertreter nicht. 54. Stiftet kein Unheil auf Erden, nachdem sie hergerichtet ist, und rufet ihn ehrfürchtig und inbrünstig an. Wahrlich, die Barmherzigkeit Gottes ist den Liebfrommen nahe. 55. Er ist es, der die Winde sendet als Verkünder vor seiner Barmherzigkeit, bis sie die schwere Wolke tragen, die wir auf das tote Land treiben und durch die wir Wasser entsenden, wodurch wir allerlei Früchte hervorbringen. So werden wir auch die Toten hervorbringen, — daß ihr eingedenk seid. 56. Das gute Land bringt seine Pflanzen mit dem Willen seines Herrn hervor, das aber schlecht ist, bringt nur kümmerlich hervor. So wenden wir unsre Zeichen mannigfach für Leute, die dankbar sind. 57. Bereits sandten wir Noah zu seinem Volk, und er sprach: O mein Volk, verehret nur Gott, denn ihr habt keinen Gott außer ihm. Wahrlich, ich fürchte für euch die Strafe des großen Tags. 58. Es erwiderten die Ratsherren seines Volks: Traun, wir sehen dich in offenbarer Irre. 59. Er sprach: O mein Volk, kein Irrtum ist an mir, aber ich bin ein Gesandter des Herrn der Weltbewohner. 60. Ich verkünde euch die Botschaft meines Herrn und rate euch gut, denn ich weiß von Gott, was ihr nicht wisset. 61. Wundert es euch, daß euch eine Mahnung von eurem Herrn kommt durch einen Mann aus eurer Mitte, euch zu warnen? Daß ihr gottesfürchtig seiet, vielleicht, daß ihr Erbarmen findet. 62. Sie schalten ihn lügenhaft. Da retteten wir ihn und die mit ihm in der Arche, und ließen die ertrinken, die unsre Zeichen lügenhaft nannten. Wahrlich, es waren blinde Leute. 63. Und zu den Aditen ihr Bruder Hud[7], der sprach: O mein Volk, verehret Gott, ihr habt keinen Gott außer ihm; wollt ihr nicht gottesfürchtig sein? 64. Es erwiderten die Ratsherren, die ungläubig waren unter seinem Volk: Traun, wir sehen dich in Torheit, und wahrlich, wir halten dich für einen Lügner. 65. Er sprach: O mein Volk, keine Torheit ist an mir, aber ich bin ein Gesandter des Herrn der Weltbewohner. 66. Ich verkünde euch die Botschaft meines Herrn und bin euch ein treuer Berater. 67. Wundert es euch, daß euch eine Mahnung von eurem Herrn kommt durch einen Mann aus eurer Mitte, euch zu warnen? Bedenket, daß er euch zu Nachfolgern gemacht nach dem Volk Noahs und euch Größe zugelegt an Gestalt[8]*. Gedenket der Wohltaten Gottes, auf daß ihr Glück habet. 68. Jene erwiderten: Kommst du zu uns, daß wir Gott allein verehren und lassen sollen, was unsre Väter verehrten? Bring uns doch, was du uns androhst, wenn du bist der Wahrhaftigen einer. 69. Er sprach: Niedergefallen ist nun auf euch Greuel und Zorn von eurem Herrn. Wollt ihr mit mir über die Namen streiten, die ihr (den Götzen) beigelegt, ihr und eure Väter, wozu Gott euch keine Ermächtigung gegeben? Wartet, und ich bin mit euch der Wartenden einer. 70. Und wir retteten ihn und die mit ihm in unsrer Barmherzigkeit, aber rotteten aus den Rest derer, die unsre Zeichen lügenhaft nannten und keine Gläubige waren. 71. Und zu den Thamuditen*[9] *ihr Bruder Salich*[10]*, der sprach: O mein Volk, verehret Gott, ihr habt keinen Gott außer ihm. Nun ist euch ein deutlicher Beweis von eurem Herrn gekommen, diese Kamelin Gottes*[11] *ist euch ein Zeichen. Lasset sie, daß sie auf der Erde Gottes fresse, und berührt sie nicht in Bösem, qualvolle Strafe würde euch erfassen. 72. Bedenket, daß er euch zu Nachfolgern gemacht nach den Aditen und euch eine Stätte auf Erden gegeben. Von den Ebenen nehmet ihr Burgen und in den Bergen höhlet ihr Wohnungen. Gedenket der Wohltaten Gottes und handelt nicht übel, unheil-*

stiftend auf Erden. 73. Es sprachen die Ratsherren, die hochmütig waren unter seinem Volk, zu denen, die geringer waren, zu denen, die unter ihnen glaubten: Wißt ihr, daß Salich ein Abgesandter ist von seinem Herrn? Diese erwiderten: Wahrlich, wir sind Gläubige dessen, womit er gesandt ist. 74. Da sprachen die, die hochmütig waren: Wir sind Leugnende dessen, woran ihr glaubt. 75. Und sie lähmten die Kamelin, trotzten so dem Befehl ihres Herrn, und sprachen: O Salich, bringe über uns, was du uns angedroht, wenn du bist der Gesandten einer. 76. Da erfaßte sie eine Erschütterung, und morgens lagen sie in ihrer Wohnung brüstlings hingestreckt. 77. Er aber wandte sich von ihnen und sprach: O mein Volk, ich verkündete euch die Botschaft meines Herrn und riet euch gut, doch ihr liebt nicht die treuen Berater. 78. Und Lot sprach zu seinem Volk: Wollt ihr eine Schandtat begehen, worin euch niemand voranging unter den Weltbewohnern? 79. Ihr geht in Begierde zu den Männern, die Weiber übergehend. Ja, ihr seid ein ausschweifendes Volk. 80. Aber nichts andres war die Antwort seines Volks, als daß sie sprachen: Jaget sie aus eurer Stadt, denn wahrlich, sie sind Menschen, die sich rein halten. 81. Und wir retteten ihn und seine Familie, ausgenommen sein Weib, sie war von den Zurückbleibenden. 82. Und wir ließen über sie einen Regen niederfallen. Schau, wie war der Enderfolg der Sünder! 83. Und zu den Midja-

niten ihr Bruder Schoaib[12], der sprach: O mein Volk, verehret Gott, ihr habt keinen Gott außer ihm. Nun ist euch ein deutlicher Beweis von eurem Herrn gekommen. Gebt volles Maß und Gewicht und schmälert den Menschen nicht ihr Eigentum. Stiftet kein Unheil auf Erden, nachdem sie hergerichtet ist. Dies ist besser für euch, wenn ihr Gläubige seid. 84. Und lagert nicht drohend an jedem Weg, indem ihr den vom Pfad Gottes verdrängt, der an ihn glaubt, und Krümme erstrebet. Bedenket, wie ihr nur wenige waret und er euch vermehrt hat. Und schauet, wie war der Enderfolg der Unheilstifter. 85. Und wenn ein Teil von euch an das glaubt, womit ich gesandt bin, und ein Teil nicht glaubt, so wartet denn, bis richten wird Gott zwischen uns, und er ist der beste Richter.

86. Es erwiderten die Ratsherren, die hochmütig waren unter seinem Volk: Verjagen werden wir dich, o Schoaib, und die mit dir glauben, aus unsrer Stadt, oder ihr kehret zu unsrem Bekenntnis zurück. Er sprach: Auch wenn wir sträubend sind? 87. Schon hätten wir über Gott Lüge ersonnen, kehrten wir zu eurem Bekenntnis zurück, nachdem Gott uns aus diesem gerettet. Uns kommt es nicht zu, daß wir zu diesem zurückkehren, es sei denn, Gott, unser Herr, wünscht dies. Alle Dinge umfaßt unser Herr in Weisheit, auf Gott vertrauen wir. Herr unser, richte zwischen uns und unsrem Volk in Wahrheit, und du bist der beste Richter. 88. Es sprachen die Ratsherren, die

unter seinem Volk ungläubig waren: Folgt ihr Schoaib, wahrlich, ihr seid dann Verlorene. 89. *Da erfaßte sie eine Erschütterung, und morgens lagen sie in ihrer Wohnung brüstlings hingestreckt.* 90. *Die Schoaib lügenhaft schalten, es war, als wohnten sie nicht darin; die Schoaib lügenhaft schalten, sie waren die Verlorenen.* 91. *Er aber wandte sich von ihnen und sprach: O mein Volk, ich verkündete euch die Botschaft meines Herrn und riet euch gut; wie sollte ich mich über ein ungläubiges Volk betrüben.* 92. *Nie sandten wir Propheten in eine Stadt, ohne ihre Bewohner mit Not und Drangsal zu strafen, auf daß sie sich unterwerfen.* 93. *Darauf setzten wir an Stelle des Bösen Gutes, bis sie genug hatten und sprachen: Auch unsre Vorfahren traf Drangsal und Freude. Dann erfaßten wir sie plötzlich, und sie ahnten es nicht.* 94. *Wenn doch die Bewohner dieser Städte glaubten und gottesfürchtig wären, ganz gewiß würden wir über sie die Segnungen des Himmels und der Erde eröffnet haben. Doch sie leugneten, und wir straften sie ob dem, was sie begangen.* 95. *Sind denn die Bewohner dieser Städte davor sicher, daß ihnen nicht unsre Strafe kommt nachts, während sie schlafen?* 96. *Sind denn die Bewohner dieser Städte davor sicher, daß ihnen nicht unsre Strafe kommt tags, während sie spielen?* 97. *Sind sie denn sicher vor dem Anschlag Gottes? Nur verlorene Menschen sind vor dem Anschlag Gottes sicher.* 98. *Ist es nicht hingeleitet denen, die die Erde nach ihren frühern Bewohnern geerbt, daß wir, wollten wir es, sie treffen könnten ob ihren Sünden? Aber wir versiegeln ihre Herzen, und sie hören nichts. 99. Diese Städte, wir erzählen dir von ihren Nachrichten: Ihre Gesandten kamen zu ihnen mit klaren Beweisen, aber sie wollten nicht glauben, was sie vorher lügenhaft nannten. So versiegelte Gott die Herzen der Ungläubigen. 100. Bei den meisten von ihnen fanden wir nichts des Bündnisses, aber wir fanden die meisten von ihnen Missetäter. 101. Dann sandten wir nachher Moses mit unsren Zeichen zu Pharao und seinen Ratsherren, und sie frevelten an ihnen. Aber schau, wie war der Enderfolg der Unheilstifter. 102. Moses sprach: O Pharao, ich bin Gesandter vom Herrn der Weltbewohner. 103. Es ist geziemend, daß ich von Gott nur die Wahrheit rede. Nun komme ich zu euch mit klaren Beweisen von eurem Herrn; so entlasse denn die Kinder Israels mit mir. Dieser erwiderte: Kommst du mit einem Zeichen, heran damit, wenn du der Wahrhaftigen einer bist. 104. Da warf er seinen Stab hin, und er ward eine deutliche Schlange. 105. Dann zog er seine Hand hervor, und sie erschien den Zuschauern weiß*[13]. *106. Es sprachen die Ratsherren vom Volk Pharaos: Wahrlich, dieser ist ein kundiger Zauberer. 107. Er wünscht euch aus eurem Land zu vertreiben; was wollt ihr nun befehlen? 108. Sie erwiderten: Halte ihn zurück und seinen Bruder, und sende Versammler in die Städte aus. 109. Sie sollen zu dir jeden kundigen Zauberer bringen. 110. Da kamen die Zauberer zu Pharao, und sie sprachen: Wahrlich, uns ist sicherlich eine Belohnung, wenn wir Sieger sind? 111. Er erwiderte: Ja, ihr sollt dann von den Nächsten sein. 112. Sie sprachen: O Moses, entweder du wirfst (deinen Stab) hin oder wir sind die Hinwerfenden. 113. Er erwiderte: Werft ihr hin. Und als sie hinwarfen, bezauberten sie die Augen der Leute und erschreckten sie und brachten gewaltige Zauberei hervor. 114. Und wir gaben Moses ein: Wirf deinen Stab hin. Da verschlang dieser, was sie vorgetäuscht hatten. 115. So kam die Wahrheit hervor, und zunichte war, was sie vollbracht. 116. Allda wurden jene besiegt und beschämt kehrten sie um. 117. Die Zauberer fielen anbetend nieder. 118. Sie sprachen: Wir glauben an den Herrn der Weltbewohner. 119. Den Herrn Moses und Ahrons. 120. Pharao sprach: Ihr glaubt an ihn, bevor ich es euch erlaube? Wahrlich, das ist ganz gewiß eine List, die ihr gegen die Städte listet, ihre Bewohner aus ihnen zu vertreiben. Aber später sollt ihr es erfahren! 121. Ich werde euch Hände und Füße wechselseitig abschlagen, sodann euch kreuzigen allesamt. 122. Sie sprachen: Wahrlich, wir sind zu unsrem Herrn zurückkehrend. 123. Du rächst dich an uns nur darum, weil wir an die Zeichen unsres Herrn glauben, nachdem sie uns gekommen. Herr unser, ergieße über uns Geduld und laß uns sterben als Gott-*

ergebene. 124. Da sprachen die Ratsherren vom Volk Pharaos: Willst du Moses und sein Volk ziehen lassen, daß sie im Land Unheil stiften und dich verlassen und deine Götter? Er erwiderte: Wir werden ihre Söhne töten und ihre Weiber leben lassen. Wahrlich, wir sind dann Gewalthaber über sie. 125. Es sprach Moses zu seinem Volk: Rufet Gott um Hilfe an und seid geduldig, denn wahrlich, die Erde ist Gottes, er läßt sie erben, wen er von seinen Knechten will. Der Enderfolg ist den Gottesfürchtigen. 126. Sie sprachen: Bedrückt wurden wir, ehe du zu uns gekommen, und (nun erst), nachdem du zu uns gekommen. Er erwiderte: Vielleicht wird euer Herr euren Feind vertilgen und euch zu Nachfolgern im Land machen und sehen, wie ihr tuet. 127. Nun straften wir die Leute Pharaos durch Hungerjahre und Fruchtmangel, auf daß sie eingedenk seien. 128. Wenn ihnen Gutes kam, sprachen sie: dies ist unser, wenn aber Böses sie traf, nannten sie es verhängt von Moses und denen, die mit ihm waren. War denn ihr Verhängnis nicht nur bei Gott? Aber die meisten ihrer wissen es nicht. 129. Und sie sprachen: Was du uns auch für Zeichen bringest, uns damit zu bezaubern, wir sind doch nicht Gläubige deiner. 130. Und wir sandten über sie Sintflut, Heuschrecken, Läuse, Frösche und Blut, unterschiedliche Zeichen. Aber sie waren hochmütig und ein sündhaftes Volk. 131. Und als über sie ein Strafgericht kam, sprachen *sie: O Moses, rufe für uns deinen Herrn an, da er mit dir einen Bund geschlossen. Wendest du von uns das Strafgericht ab, ganz gewiß glauben wir an dich und entlassen mit dir die Kinder Israels. Und als wir von ihnen das Strafgericht abwandten bis zu einer Frist, die sie einhalten sollten, da brachen sie ihr Versprechen. 132. Da rächten wir uns an ihnen und ertränkten sie im Meer, dieweil sie unsre Zeichen lügenhaft nannten und ihrer unbeachtend waren. 133. Und das Volk, das mißhandelt wurde, ließen wir erben den Osten des Landes und den Westen, das wir gesegnet. Und erfüllt wurde das herrliche Wort deines Herrn an den Kindern Israels, weil sie geduldig waren. Und wir zerstörten, was Pharao und sein Volk errichtet und was sie erbaut hatten. 134. Die Kinder Israels aber führten wir über das Meer, und sie kamen zu einem Volk, das Bildwerken ergeben war. Da sprachen sie: O Moses, mache uns einen Gott, wie diese Götter haben. Er erwiderte: Wahrlich, ihr seid ein törichtes Volk. 135. Fürwahr, zu zertrümmern ist, was diese da haben, Eitles ist, was sie tun. 136. Er sprach: Soll ich euch einen Gott suchen außer Gott? Und er bevorzugte euch unter den Weltbewohnern. 137. Dann retteten wir euch vor den Leuten Pharaos, die euch mit böser Qual bedrückten, eure Söhne töteten und eure Töchter leben ließen. Hierin war euch eine schwere Prüfung von eurem Herrn. 138. Wir bestimmten Moses dreißig Nächte und ergänzten sie* um zehn, so daß der Zeitraum seines Herrn in vierzig Nächten vollendet war. Und Moses sprach zu seinem Bruder Ahron: Vertritt mich bei meinem Volk und mache es gut, und folge nicht dem Pfad der Unheilstifter. 139. Als nun Moses zur von uns bestimmten Zeit kam und sein Herr mit ihm redete, sprach er: Zeige dich mir, daß ich dich schauen kann. Er erwiderte: Nie siehst du mich. Aber schau zum Berg hin, und wenn er fest auf seinem Platz steht, wirst du mich sehen. Als sich dann sein Herr auf dem Berg offenbarte, machte er ihn zu Staub, und Moses stürzte ohnmächtig nieder. 140. Und als er sich erholte, sprach er: Preis dir, reuig wende ich mich zu dir, und ich bin der erste der Gläubigen. 141. Er sprach: O Moses, ich erkor dich unter den Menschen zu meiner Botschaft und meiner Rede. Nimm denn, was ich dir gebe, und sei der Dankbaren einer. 142. Und wir schrieben ihm auf die Tafeln von allen Dingen, Ermahnung und Darlegung über jede Sache: Nimm sie mit Kraft, und heiß dein Volk sie bestens halten. Zeigen werde ich euch später den Aufenthalt der Missetäter. 143. Wegwenden werde ich von meinen Zeichen diejenigen, die hochmütig sind auf Erden und ohne Recht. Wenn sie auch jedes Zeichen sehen, sie glauben doch nicht daran. Und wenn sie auch den Pfad der Richtigkeit sehen, sie nehmen ihn nicht zum Pfad; doch sehen sie den Pfad des Irrtums, sie nehmen ihn zum Pfad. 144. Dies darum, weil *sie unsre Verse lügenhaft nennen und ihrer unbeachtend sind. 145. Und diejenigen, die unsre Verse lügenhaft nennen und das Eintreffen des Jenseits, nichtig sind ihre Werke. Sollte ihnen anders vergolten werden, als sie getan? 146. Und nachher machte das Volk Moses aus seinem Schmuck ein leibhaftiges Kalb, dem Blöken eigen war. Sahen sie denn nicht, daß es zu ihnen nicht redete und sie auf den Pfad nicht rechtleitete? 147. Aber sie nahmen es und waren Frevler. 148. Und als sie tief bereuten und sahen, daß sie irre gingen, sprachen sie: Wenn unser Herr sich nicht unsrer erbarmt und uns verzeiht, ganz gewiß sind wir der Untergehenden. 149. Und als Moses zornig und betrübt zu seinem Volk zurückkehrte, sprach er: Wie schlimm ist es, was ihr während meiner Vertretung hinter mir getan! Habt ihr so den Befehl eures Herrn beschleunigt? Da warf er die Tafeln hin und faßte seinen Bruder beim Kopf und zerrte ihn an sich. Dieser sprach: Sohn meiner Mutter, wahrlich, das Volk überwältigte mich, fast hätten sie mich getötet. Mach an mir die Feinde nicht schadenfroh und setze mich nicht zum Volk der Frevler. 150. Er sprach: Herr, verzeih mir und meinem Bruder und führe uns in deine Barmherzigkeit, denn du bist der barmherzigste der Erbarmer. 151. Wahrlich, die das Kalb annahmen, erreichen wird sie Zorn von ihrem Herrn und Schmach im Leben hienieden. Und so vergelten wir es den Lügen Ersinnenden. 152. Die aber Böses taten und darauf sich bekehrten und glaubten, wahrlich, dein Herr ist nach diesem verzeihend und allbarmherzig. 153. Und als der Zorn Moses sich besänftigt hatte, nahm er die Tafeln auf, und ihre Aufschrift war Leitung und Barmherzigkeit für die, die ihren Herrn fürchten. 154. Und Moses wählte siebzig Männer aus seinem Volk für unsren Zeitraum, und als eine Erschütterung sie erfaßte, sprach er: Herr, wolltest du es, du hättest sie längst vertilgt und mich. Willst du uns nun vertilgen ob dem, was die Toren unter uns getan? Dies ist nur eine Prüfung von dir, womit du irren läßt, wen du willst, und rechtleitest, wen du willst. Du bist unser Beistand, so verzeih uns und erbarme dich unser. Und du bist der beste der Verzeihenden. 155. Und schreibe uns an für das Leben hienieden Gutes und für das Jenseits, denn zu dir werden wir geleitet. Er sprach: Meine Strafe treffen lasse ich, wen ich will, und alle Dinge umfaßt meine Barmherzigkeit. Und anschreiben werde ich es denen, die gottesfürchtig sind und Almosen geben, und denen, die an unsre Zeichen glauben. 156. Denen, die dem Gesandten folgen, dem Propheten aus dem Volk[14], den sie bei sich in der Thora beschrieben finden und im Evangelium. Er wird ihnen Fug gebieten und sie vom Schlechten zurückhalten, die guten (Speisen) erlauben und das Unreine verbieten. Nehmen wird er von ihnen ihre Bürde und das Joch, das auf ihnen war. Denen die an ihn glauben, ihm helfen, ihm beistehen und dem Licht folgen, das mit ihm herabgesandt ist. Diese sind die Glückhabenden. 157. Sprich: O ihr Menschen, traun, ich bin der Gesandte Gottes an euch allesamt. 158. Dessen, dem die Herrschaft der Himmel ist und der Erde. Es gibt keinen Gott außer ihm, er belebt und tötet. So glaubet an Gott und an seinen Gesandten, den Propheten aus dem Volk, der an Gott glaubt und seine Worte, und folget ihm, auf daß ihr gerechtleitet werdet. 159. Und vom Volk Moses gibt es eine Gemeinde, die in Wahrheit rechtleitet[15] und danach recht handelt. 160. Wir teilten sie in zwölf Stammgemeinden. Und wir gaben Moses ein, als sein Volk ihn um Trank bat: Schlage mit deinem Stab auf den Felsen. Darauf fluteten aus diesem zwölf Quellen hervor, und alle Leute kannten ihren Trinkplatz. Und wir beschatteten sie mit den Wolken und sandten ihnen das Manna und die Wachteln: genießet des Guten, womit wir euch versorgt. Nicht gegen uns frevelten sie, aber gegen ihre eignen Seelen waren sie frevelhaft. 161. Dann ward ihnen gesagt: Wohnet in dieser Stadt und genießet von dieser, soviel ihr begehret, nur sagt „Versöhnung" und geht andächtig durch das Tor. Wir vergeben euch eure Sünden und werden die Liebfrommen vermehren. 162. Aber diejenigen unter ihnen, die frevelten, vertauschten das Wort gegen ein andres, das ihnen nicht genannt wurde. Da sandten wir über sie ein Strafgericht vom Himmel hernieder, dieweil sie gefrevelt.* 163. *Frage sie nach der Stadt, die am Meer lag, (deren Bewohner) den Sabbat übertraten, als ihnen an ihrem Sabbat Fische angeschwommen kamen, während sie an einem Tag, an dem sie nicht Sabbat hielten, nicht kamen. So prüften wir sie, weil sie gottlos waren.* 164. *Dann sprach eine Gemeinde von ihnen: Weshalb ermahnt ihr ein Volk, wenn Gott ihr Vertilger ist oder ihr Strafer mit schwerer Strafe? Sie antworteten: Zur Entschuldigung bei eurem Herrn, und vielleicht, daß sie gottesfürchtig werden.* 165. *Als sie vergaßen, wessen sie ermahnt wurden, retteten wir die, die ihnen das Böse gewehrt, und die, die gefrevelt, faßten wir mit böser Strafe, dieweil sie gottlos waren.* 166. *Und als sie trotzig waren inbetreff dessen, was ihnen verwehrt wurde, sprachen wir zu ihnen: Werdet ausgestoßene Affen. Dann tat dein Herr kund, er werde über sie jemand entsenden, der sie bis zum Tag der Auferstehung mit böser Strafe bedrängen wird. Wahrlich, dein Herr ist schnell in der Bestrafung, aber er ist auch allverzeihend und allbarmherzig.* 167. *Und wir verteilten sie auf Erden in Volksstämme, unter ihnen rechtschaffene, und unter ihnen solche, die es nicht sind. Wir prüften sie mit Gutem und mit Bösem, auf daß sie umkehren möchten.* 168. *Nach ihnen folgte ein Nachwuchs; sie erbten die Schrift, greifen aber nach dem Gut des Zeitlichen und sagen: Es wird uns verziehen werden. Und kommt ihnen ein zeitliches Gut glei-*

cherweise, wiederum greifen sie danach. Ist nicht mit ihnen ein Bund der Schrift geschlossen worden, über Gott nichts andres zu reden als die Wahrheit? Und sie forschten, was darin steht. Aber besser ist der Aufenthalt im Jenseits für die, die gottesfürchtig sind. Begreift ihr dies nicht? 169. Diejenigen, die festhalten an der Schrift und das Gebet verrichten, — wahrlich, wir lassen nicht verlorengehen den Lohn der Rechtschaffenen. 170. Dann schwangen wir den Berg über sie, als wäre er ein Schattendach, und sie wähnten, er sei auf sie stürzend: Nehmet hin, was wir euch gegeben, in Festigkeit, und gedenket dessen, was darin, auf daß ihr gottesfürchtig seid. 171. Dann nahm dein Herr von den Söhnen Adams, aus ihren Rücken, ihre Nachkommenschaft und machte sie zu Zeugen über sie selbst: Bin ich nicht euer Herr? Sie sprachen: Ja, wir bezeugen es. Damit ihr nicht am Tag der Auferstehung saget: Traun, wir waren dessen übersehend. 172. Oder ihr saget: Götzendiener nur waren unsre Vorfahren von jeher, und wir sind Nachkommen nach ihnen. Willst du uns vernichten ob dem, was Nichtige getan? 173. So legen wir die Verse dar, auf daß sie umkehren möchten. 174. Berichte ihnen die Kunde von dem, dem wir unsre Zeichen gaben, der aber an ihnen vorüberging; Satan verführte ihn[16]; und er war der Irregehenden einer. 175. Wollten wir es, ganz gewiß würden wir ihn dadurch erhoben haben, aber er neigte der Erde zu und folgte seiner Lust. Sein Gleichnis ist das des Hundes: greifst du ihn an, er streckt die Zunge heraus, läßt du ihn, er streckt die Zunge heraus. Das ist das Gleichnis der Leute, die unsre Verse lügenhaft nennen. Erzähle die Geschichte nur, vielleicht, daß sie nachsinnen. 176. Ein schlimmes Beispiel sind die Leute, die unsre Verse lügenhaft nennen und gegen sich selber freveln. 177. Wen Gott leitet, der ist gerechtleitet, wen er aber irregehen läßt, — diese sind die Verlorenen. 178. Bereits haben wir für die Hölle geschaffen viele der Geister und der Menschen; ihnen sind Herzen mit denen sie nicht verstehen, ihnen sind Augen, mit denen sie nicht sehen, ihnen sind Ohren, mit denen sie nicht hören. Diese sind wie das Vieh, ja, sie sind noch verirrter. Diese, sie sind die Übersehenden. 179. Gottes sind die schönsten Namen, so rufet ihn bei diesen an, und lasset die, die seine Namen mißbrauchen. Vergolten wird ihnen werden, was sie getan. 180. Unter denen, die wir geschaffen, ist ein Volk, das in Wahrheit rechtleitet und danach gerecht handelt. 181. Die aber, die unsre Verse lügenhaft nennen, werden wir stufenweise strafen von wo aus sie es nicht wissen. 182. Ich friste ihnen, aber wahrlich, mein Anschlag ist fest. 183. Wollen sie denn nicht überlegen, daß ihr Genosse nicht von Geistern (besessen) ist? Er ist nur ein öffentlicher Warner. 184. Wollen sie denn nicht schauen auf das Reich der Himmel und der Erde und was Gott an Dingen geschaffen, und daß es vielleicht sein kann, ihre Lebensfrist nähere sich? An was andres wollen sie nach diesem glauben? 185. Läßt Gott einen irregehen, er hat keinen Leiter; er läßt sie in ihrer Widerspenstigkeit verblendet sein. 186. Sie werden dich über diese Stunde[17] befragen, wann ihre Festsetzung sei. Sprich: Nur bei meinem Herrn ist Kenntnis derselben; kein andrer als er wird ihren Zeitpunkt enthüllen. Schwer ist sie für Himmel und Erde, nur plötzlich wird sie euch kommen. 187. Sie werden dich befragen, als wärest du darüber kundig. Sprich: Nur bei Gott ist Kenntnis derselben; aber die meisten der Menschen wissen es nicht. 188. Sprich: Nicht vermag ich Nutzen noch Schaden für mich selbst, nur was Gott wünscht. Würde ich das Geheimnis gekannt haben, ganz gewiß würde ich des Guten viel verlangt und das Böse mich nicht berührt haben. Doch ich bin Warner nur und Heilverkünder für Leute, die glauben. 189. Er ist es, der euch aus einem einzigen Wesen gebildet, von dem er sein Weib geschaffen, daß er zu ihr komme. Und als er ihr beiwohnte, trug sie eine leichte Last und sie ging damit; doch als sie schwerer wurde, riefen sie Gott an, ihren Herrn: Wenn du uns ein Braves gibst, wir wollen der Dankbaren sein. 190. Und als er ihnen ein Braves gab, gesellten sie ihm Götzen bei für das, was er ihnen schenkte. Gott aber ist erhaben ob dem, was sie ihm beigesellen. 191. Gesellen sie ihm bei, die nichts erschaffen, aber selbst erschaffen sind? Sie vermögen ihnen keine Hilfe zu gewähren, auch sich selber helfen sie nicht. 192. Ruft ihr sie zur Rechtleitung an, sie folgen euch nicht; gleich ist es für euch, ob ihr sie anruft oder schweigend seid. 193. Wahrlich, die ihr außer Gott anrufet, sind Knechte euresgleichen. So rufet sie doch an, daß sie euch erhören, wenn ihr wahrhaftig seid. 194. Haben sie Füße, mit denen sie gehen, oder Hände, mit denen sie greifen, oder Augen, mit denen sie sehen, oder Ohren, mit denen sie hören? Sprich: Rufet eure Götzen an, sodann bearglistet mich, und fristet mir nicht. 195. Wahrlich, mein Beistand ist Gott, der das Buch geoffenbart; er schützt die Frommen. 196. Die ihr aber außer ihm anrufet, sie vermögen nicht eure Hilfe, auch sich selber helfen sie nicht. 197. Ruft ihr sie um Rechtleitung an, sie hören nicht; du siehst sie zu dir blicken, doch sehen sie nicht. 198. Habe Nachsicht, heische Billigkeit und wende dich weg von den Toren. 199. Und wenn dich von Satan Zwietracht reizt, so nimm Zuflucht bei Gott, denn wahrlich, er ist allhörend und allwissend. 200. Fürwahr, die Gottesfürchtigen werden, wenn der Umtrieb Satans sie berührt, eingedenk sein; sie sind dann aufschauend. 201. Ihre Brüder aber ziehen sie[18] tief in die Irre, daß sie nicht abstehen können. 202. Wenn du ihnen nicht mit einem Zeichen kommst, so sagen sie: Ob du ihn[19] nur nicht zusammengetragen hast? Sprich: Ich folge dem nur, was mir von meinem Herrn eingegeben ist. Dieses ist Sichtigkeit von eurem Herrn, Rechtleitung und Barmherzigkeit für Leute, die glauben. 203. *Und wenn der Koran verlesen wird, horchet auf und seid stille, auf daß ihr Erbarmen findet.* 204. *Gedenke deines Herrn in deiner Seele, demütig und ehrfürchtig, ohne Lautwerden eines Wortes, am Morgen und am Abend; und sei nicht der Nachlässigen einer.* 205. *Wahrlich, auch die bei deinem Herrn weilen, sind nicht zu hochmütig, ihm dienstbar zu sein; sie lobpreisen ihn und fallen vor ihm nieder.*

8. SURA VON DER BEUTE
MEDINISCH. AUS 76 VERSEN BESTEHEND

Im Namen Gottes, des Allerbarmers, des Allbarmherzigen.

1. *Sie werden dich befragen inbetreff der Beute*[1]. *Sprich: Gottes ist die Beute und seines Gesandten. So fürchtet Gott und erledigt dies friedlich unter euch. Gehorchet Gott und seinem Gesandten, wenn ihr Gläubige seid.* 2. *Die nur sind Gläubige, deren Herzen erzittern, wenn Gottes gedacht wird, die an Glauben zunehmen, wenn ihnen seine Verse vorgelesen werden, die auf ihren Herrn vertrauen.* 3. *Die das Gebet verrichten und Almosen geben von dem, womit wir sie versorgt.* 4. *Diese sind die Gläubigen in Wahrheit; ihnen ist ein Rang bei ihrem Herrn, Verzeihung und würdige Versorgung.* 5. *Als dein Herr dich aus deinem Haus führte zur Wahrheit,*

siehe, da war ein Teil der Gläubigen abgeneigt.
6. Sie stritten mit dir über die Wahrheit, nachdem sie klar gemacht war, als wären sie in den Tod getrieben und sähen sie ihn[2]*. 7. Dann verhieß euch Gott, eine der beiden Scharen werde euch (unterliegend) sein, und ihr wünschtet, die waffenlose möge euch (unterliegend) sein*[3]*. Da wünschte Gott, die Wahrheit in seinen Worten zu bewähren und die Ungläubigen auf den Rest zu vernichten. 8. Die Wahrheit zu bewähren und das Nichtige zu vernichten, und wenn es den Sündern auch zuwider ist. 9. Dann batet ihr euren Herrn um Hilfe, und er erhörte euch: Wahrlich, ich stehe euch bei mit tausend aufeinander folgenden Engeln. 10. Dies tat Gott nur als frohe Botschaft, daß dadurch eure Herzen sich beruhigen. Hilfe ist nur bei Gott, und wahrlich, Gott ist allgewaltig und allweise. 11. Dann hüllte er euch in einen tiefen Schlaf, eine Sicherheit von ihm, und sandte euch vom Himmel Wasser*[4]*, euch damit zu reinigen und von euch die Unreinheit Satans zu nehmen, um eure Herzen zu stärken und (euch) damit die Füße zu festigen. 12. Dann gab dein Herr den Engeln ein: Ich bin mit euch; so stärket die, die glauben. Schrecken will ich setzen in die Herzen derjenigen, die ungläubig sind; so schlaget ihnen über die Nacken, schlaget ihnen alle Fingerspitzen ab. 13. Dies, weil sie Gott trotzten und seinem Gesandten. Und wer Gott trotzt und seinem Gesandten, — wahrlich, Gott ist gewaltig in*

der Bestrafung. 14. Dies euch, so kostet es; und den Ungläubigen ist Pein des Fegefeuers. 15. O ihr, die ihr glaubt, wenn ihr denen, die ungläubig sind, als Kriegsheer begegnet, so kehrt ihm nicht den Rücken zu. 16. Wer ihm dieses Tags den Rücken zukehrt, nicht zum Kampf ausbeugend oder sich zu seiner Schar zurückziehend, der zieht sich Zorn von seinem Gott zu. Die Hölle ist sein Aufenthalt, schlimm ist die Hinfahrt. 17. Nicht ihr erschlugt sie, aber Gott erschlug sie; nicht du schleudertest als du geschleudert⁵, aber Gott schleuderte; um die Gläubigen zu prüfen von ihm aus mit einer schönen Prüfung, denn wahrlich, Gott ist allhörend und allwissend. 18. Dies euch, weil Gott Entkräfter ist des Anschlags der Frevler. 19. Wollt ihr Entscheidung, die Entscheidung ist euch bereits gekommen, steht ihr davon ab, es ist besser für euch, und kehrt ihr wieder, auch wir kehren wieder. Und nichts nützen wird euch eure Schar, wäre sie noch so groß, denn Gott ist mit den Gläubigen. 20. O ihr, die ihr glaubt, gehorchet Gott und seinem Gesandten; wendet euch von ihm nicht ab, und ihr höret. 21. Seid nicht wie die, die sprechen: wir hören, und doch nicht hören. 22. Wahrlich, schlimmer als die Tiere sind bei Gott die Tauben und Stummen, die nicht begreifen. 23. Wüßte Gott von ihnen etwas Gutes, ganz gewiß würde er sie hörend gemacht haben; aber machte er sie auch hörend, sie würden sich doch abgewandt haben, sie waren weigernd.

24. O ihr, die ihr glaubt, höret auf Gott und den Gesandten, wenn er euch ruft zu dem, was euch belebt, und wisset, daß Gott zwischen dem Menschen und seinem Herzen steht, und daß er es ist, zu dem ihr versammelt werdet. 25. Und fürchtet den Aufstand, denn er trifft nicht ausschließlich diejenigen, die unter euch freveln. Und wisset, daß Gott gewaltig ist in der Bestrafung. 26. Denket daran, wie ihr noch wenige waret, Schwache auf Erden, und fürchtetet, hinwegraffen könnten euch die Menschen; er aber nahm euch auf und stärkte euch mit seiner Hilfe und versorgte euch mit Gutem, auf daß ihr dankbar seid. 27. O ihr, die ihr glaubt, betrüget Gott nicht und den Gesandten, eure Treue brechend, und ihr wißt es. 28. Und wisset, daß euer Besitz und eure Kinder nur eine Versuchung sind, und daß bei Gott herrlicher Lohn ist. 29. O ihr, die ihr glaubt, wenn ihr Gott fürchtet, so wird er euch Erlösung gewähren, von euch eure Sünde nehmen und euch verzeihen, denn Gott ist Eigner großer Gnade. 30. Dann listeten gegen dich diejenigen, die ungläubig sind, dich zu fangen oder zu töten oder zu vertreiben. Sie listeten, aber auch Gott listete; und Gott ist der beste Lister. 31. Und wenn ihnen unsre Verse vorgetragen werden, sprechen sie: Wir haben es bereits gehört; wollten wir es, wir könnten gleiches sagen, denn sie sind nichts als altväterliche Fabeln. 32. Dann sprachen sie: O Gott, ist dies Wahrheit von dir, so laß über uns Steine vom Himmel niederregnen oder komme uns mit qualvoller Strafe. 33. Doch Gott wollte sie nicht strafen, da du unter ihnen warest, und Gott wollte nicht ihr Strafer sein, weil sie um Verzeihung baten. 34. Warum aber sollte Gott sie nicht strafen, wo sie doch (andre) verdrängen von der heiligen Anbetungsstätte und nicht ihre Beschützer sind, denn die Gottesfürchtigen nur sind ihre Beschützer. Doch die meisten ihrer wissen es nicht. 35. Und ihr Gebet vor dem Haus ist nichts als Gezisch und Händeklatschen[6]. *So kostet nun die Pein, weil ihr ungläubig waret. 36. Wahrlich, die ungläubig sind, geben ihren Besitz hin, um vom Pfad Gottes zu verdrängen. Mögen sie ihn hingeben, dann aber Weh über sie, dann sind sie überwältigt. 37. Und die ungläubig sind, werden zur Hölle versammelt werden. 38. Auf daß Gott sondre das Schlechte vom Guten; er legt dann des Schlechten eines zum andren, schichtet alles zusammen und wirft es in die Hölle. Diese sind die Verlustigen. 39. Sprich zu denen, die ungläubig sind: Stehen sie ab, er wird ihnen verzeihen, was bereits geschehen, wenn sie aber rückfallen, — bereits ist das Verfahren an den Früheren vollzogen. 40. Und so bekämpfet sie, bis keine Verführung mehr ist und die Religion ganz Gottes. Stehen sie ab, wahrlich, Gott ist dessen schauend, was sie tun. 41. Kehren sie aber um, so wisset, daß Gott euer Beschützer ist. O wie schön ist der Beschützer, wie schön ist der Helfer!*

42. Und wisset, was ihr an Dingen erbeutet, ein Fünftel Gott und seinem Gesandten, sowie seiner Verwandtschaft, den Waisen, den Armen und den Wandrern, wenn ihr an Gott glaubt und an das, was wir unsrem Diener geoffenbart am Tag der Erlösung, am Tag, da beide Heere zusammentrafen. Und Gott ist über alle Dinge mächtig. 43. Ihr wart dann auf dieser Seite des Tals, sie auf jener Seite des Tals, und die Karawane unter euch. Hättet ihr verhandelt, sicherlich würdet ihr über den Entschluß gestritten haben, aber Gott entschied die Angelegenheit, sie war vollbracht. 44. Daß mit Bestimmtheit umkomme, wer umkam, und mit Bestimmtheit leben bleibe, wer leben blieb. Und wahrlich, Gott ist allhörend und allwissend. 45. Dann zeigte Gott sie dir im Schlaf wenig; hätte er sie dir zahlreich gezeigt, sicherlich wäret ihr kleinmütig und über die Angelegenheit zerfallen, aber Gott bewahrte (euch davor), denn wahrlich, er kennt den Inhalt der Busen. 46. Dann ließ er sie euch, als ihr sie trafet, mit euren Augen wenig sehen, auch machte er euch wenig in ihren Augen und damit entschied Gott die Angelegenheit, sie war vollbracht. Und zu Gott werden die Angelegenheiten heimgebracht. 47. O ihr, die ihr glaubt, wenn ihr einer Schar begegnet, bleibt standhaft und denket viel an Gott, auf daß ihr Glück habet. 48. Gehorchet Gott und seinem Gesandten und streitet nicht, ihr könntet kleinmütig werden und euch der Mut schwinden. Harret geduldig,

denn wahrlich, Gott ist mit den Geduldigen. 49. Seid nicht wie jene, die aus ihren Wohnstätten übermütig zogen, den Leuten zur Schau, um vom Pfad Gottes zu verdrängen[7]*. Gott aber ist umfassend, was sie tun. 50. Dann machte ihnen Satan ihre Werke wohlgefällig und sprach: Heute ist der Menschen keiner euer Bezwinger, denn ich bin euch Nachbar. Als aber die beiden Heere einander ansichtig wurden, wandte er sich auf seine Fersen um und sprach: Ich sage mich von euch los, denn ich sehe, was ihr nicht sehet; ich fürchte Gott, denn Gott ist gewaltig in der Bestrafung. 51. Dann sprachen die Heuchler und die, in deren Herzen Krankheit ist: Getäuscht hat diese da ihre Religion. Wer aber auf Gott vertraut, — wahrlich, Gott ist allgewaltig und allweise. 52. Sähest du doch, wie die Engel diejenigen, die ungläubig sind, hinraffen; sie schlagen sie auf Gesicht und Rücken: kostet nun die Pein des Brandes. 53. Dies für das, was eure Hände vorgewirkt, und weil Gott nicht ungerecht ist gegen (seine) Diener. 54. Nach Art der Leute Pharaos und derer, die vor ihnen waren, leugneten sie die Zeichen Gottes. Aber Gott strafte sie wegen ihrer Sünden, denn wahrlich, Gott ist stark und gewaltig in der Bestrafung. 55. Dies, weil Gott nicht Änderer ist der Gnade, die er einem Volk gewährt, bis sie selber ändern, was in ihrer Seele, und weil Gott allhörend ist und allwissend. 56. Nach Art der Leute Pharaos und derer, die vor ihnen waren,* *nannten sie lügenhaft die Zeichen ihres Herrn. Wir vertilgten sie wegen ihrer Sünden und ertränkten die Leute Pharaos, denn sie alle waren Frevler. 57. Wahrlich, die schlimmsten Tiere sind vor Gott diejenigen, die ungläubig sind, die nicht glauben. 58. Mit denen du einen Bund schließest, die aber jedesmal den Bund brechen, die gottesfürchtig nicht sind. 59. Wenn du dich ihrer im Krieg bemächtigest, zersprenge mit ihnen ihre Nachfolge, auf daß sie eingedenk seien. 60. Fürchtest du von einem Volk Verrat, so wirf ihnen in gleicher Weise hin*[8], *wahrlich, Gott liebt die Verräter nicht. 61. Und denke nicht, die ungläubig sind, würden voraus sein; wahrlich, sie werden nichts verhindern. 62. Rüstet gegen sie, soweit ihr vermöget an Kraft und an Reitermacht, daß ihr damit den Feind Gottes erschrecket und euren Feind; und andre außer diesen, die ihr nicht kennt, kennt Gott. Und was ihr auch für den Pfad Gottes aufwendet, es wird euch voll ersetzt, und ihr werdet nicht übervorteilt werden. 63. Und wenn sie zum Frieden neigen, so neige auch du dazu. Und vertraue auf Gott, denn wahrlich, er ist der Allhörende, der Allwissende. 64. Und wollen sie dich hintergehen, so ist Gott wahrlich deine Genugtuung; er, der dich mit seiner Hilfe gestärkt und mit den Gläubigen, deren Herzen er zusammengefügt. Hättest du auch, alles was auf Erden, aufgewandt, nie würdest du ihre Herzen zusammengefügt haben, aber Gott fügte sie zusammen, denn er ist allgewaltig und allweise.* 65. *O Prophet, Gott ist deine Genugtuung, und wer dir folgt von den Gläubigen.* 66. *O Prophet, sporne die Gläubigen zum Kampf an. Wenn nur zwanzig von euch standhaft Geduldige sind, sie besiegen zweihundert, und sind es hundert von euch, sie besiegen tausend von denen, die ungläubig sind, weil sie ein Volk sind, das nicht versteht.* 67. *Jetzt erleichterte Gott es euch, denn er weiß, daß Schwäche euch innewohnt. Und sind hundert von euch standhaft Geduldige, sie besiegen zweihundert, und sind es tausend von euch, sie besiegen zweitausend mit dem Willen Gottes. Und Gott ist mit den standhaft Geduldigen.* 68. *Keinem Propheten steht es zu, Gefangene zu haben, bis er niedergerungen hat auf Erden. Ihr wünschet Gut*[9] *hienieden, Gott aber wünscht das Jenseits. Und Gott ist allgewaltig und allweise.* 69. *Wenn nicht eine Schrift von Gott voraufginge, ganz gewiß würde euch ob dem, was ihr genommen*[9]*, große Strafe getroffen haben.* 70. *So genießet nun von dem, was ihr erbeutet, wie erlaubt und gut. Und fürchtet Gott; wahrlich, Gott ist allverzeihend und allbarmherzig.* 71. *O Prophet, sprich zu den in eurer Hand Gefangenen: Wenn Gott Gutes in euren Herzen weiß, er wird euch Bessres geben als das, was euch ist genommen; er wird euch verzeihen, denn Gott ist allverzeihend und allbarmherzig.* 72. *Wenn sie dich aber hintergehen wollen, so haben sie bereits vorher Gott hinter-*

gangen. Er gab sie darum in (deine) Macht, denn Gott ist allwissend und allweise. 73. *Wahrlich, die gläubig sind und für den Pfad Gottes ausgewandert und mit Vermögen und Person gestritten, die aufgenommen und geholfen, diese sind einander Schutzverwandte. Die aber gläubig sind, jedoch nicht ausgewandert, keinerlei Schutzverwandtschaft habt ihr mit ihnen, bis sie auswandern. Doch bitten sie euch um Hilfe für die Religion, so obliegt euch Hilfeleistung, außer gegen ein Volk, zwischen dem und euch ein Bündnis besteht. Und Gott ist sehend dessen, was ihr tut.* 74. *Die ungläubig sind, einander sind sie Schutzverwandte. Tut ihr es nicht, Zwietracht ist dann auf Erden und großes Unheil.* 75. *Die gläubig sind und für den Pfad Gottes ausgewandert und gestritten, die aufgenommen und geholfen, diese sind die Gläubigen in Wahrheit; ihnen ist Verzeihung und würdige Versorgung.* 76. *Und die erst später gläubig geworden und mit euch ausgewandert und gestritten, diese auch sind der eurigen. Die Blutsverwandten aber sind einander die (nächsten) Schutzverwandten, gemäß der Schrift Gottes. Wahrlich, Gott ist aller Dinge wissend.*

9. SURA VON DER BUSSE
MEDINISCH, AUS 180 VERSEN BESTEHEND

1. Befreiung von Gott und seinem Gesandten an die der Götzendiener, mit denen ihr einen Vertrag geschlossen. 2. Pilgert vier Monate[1] *im Land umher, doch wisset, daß ihr nicht die Schwächer Gottes sein werdet, und daß Gott der Beschämer der Ungläubigen sein wird. 3. Eine Verkündung von Gott und seinem Gesandten an die Menschen am Tag der großen Wallfahrt, daß Gott sich lossagt von den Götzendienern und sein Gesandter. Bekehrt ihr euch, es ist besser für euch, doch wendet ihr euch ab, so wisset, ihr seid nicht Schwächer Gottes. Verkünde denen, die ungläubig sind, qualvolle Strafe. 4. Ausgenommen die von den Götzendienern, mit denen ihr einen Vertrag geschlossen, die euch in keiner Weise behelligen und niemand gegen euch beistehen. Haltet ihnen den Vertrag auf seine Dauer, wahrlich, Gott liebt die Gottesfürchtigen. 5. Sind die heiligen Monate vorüber, dann tötet die Götzendiener, wo ihr sie auch findet, fanget sie ein, belagert sie und stellet ihnen nach aus jedem Hinterhalt. Wenn sie sich aber bekehren, das Gebet verrichten und den Armenbeitrag entrichten, so lasset ihnen ihren Weg. Wahrlich, Gott ist allverzeihend und allbarmherzig. 6. Und wenn dich ein einzelner von den Götzendienern um Schutz bittet, so schütze ihn, daß er das Wort Gottes höre; dann laß ihn einen sicheren Ort erreichen. Dies, weil sie Leute sind, die nicht verstehen. 7. Wie sollten die Götzendiener ein Bündnis mit Gott haben und mit seinen Gesandten? Die ausgenommen, mit denen ihr bei der heiligen Anbetungsstätte ein Bündnis geschlossen. Und soweit sie euch aufrichtig sind, seid auch ihr ihnen auf-*

richtig; wahrlich, Gott liebt die Gottesfürchtigen. 8. *Wie (sollten sie auch)? Wenn sie gegen euch auftreten können, beachten sie nicht Blutsverwandtschaft und nicht Bundestreue. Gefällig sind sie euch mit ihrem Mund, doch weigern sich ihre Herzen. Die meisten ihrer sind gottlos.* 9. *Sie erkauften für die Verse Gottes einen geringen Preis und wandten sich ab von seinem Pfad. Wahrlich, schlimm ist, was sie tun.* 10. *Nicht Blutsverwandtschaft beachten sie bei einem Gläubigen und nicht Bundestreue. Diese, sie sind Bundesbrecher.* 11. *Wenn sie sich aber bekehren, das Gebet verrichten und den Armenbeitrag entrichten, so sind sie eure Brüder in der Religion. So legen wir die Verse dar Leuten, die verstehen.* 12. *Und wenn sie ihre Eide brechen, nachdem sie ein Bündnis geschlossen, und über eure Religion spotten, so bekämpfet die Vorstände des Unglaubens. Wahrlich, ihnen sind die Eide nichts; vielleicht, daß sie abstehen.* 13. *Wollt ihr nicht Leute bekämpfen, die ihre Eide brachen, die Vertreibung des Gesandten erstrebten und zuerst euch anfielen? Fürchtet ihr sie? Gott ist es, den ihr eher fürchten solltet, wenn ihr Gläubige seid.* 14. *Bekämpfet sie, Gott wird sie durch eure Hände strafen und zu Schanden machen; er wird euch gegen sie helfen und die Busen des gläubigen Volkes heilen.* 15. *Er wird den Zorn aus ihren Herzen verbannen. Gott wendet sich dem zu, der ihm beliebt, und Gott ist allwissend und allweise.* 16. *Glaubt ihr denn verlassen zu sein, oder Gott kenne die nicht, die unter euch gestritten und außer Gott, seinem Gesandten und den Gläubigen keinen innigen Freund genommen? Und Gott ist kundig dessen, was ihr tut. 17. Es kommt den Götzendienern nicht zu, daß sie die Anbetungsstätten Gottes besuchen, als Zeugen des Unglaubens gegen sich selber. Diese sind es, deren Werke nichtig sind, ewig weilen sie im Fegefeuer. 18. Der nur besuche die Anbetungsstätten Gottes, der an Gott glaubt und an den Jüngsten Tag, das Gebet verrichtet, den Armenbeitrag entrichtet und nur Gott fürchtet. Diese mögen wohl der Gerechtleiteten sein. 19. Wollt ihr Tränkung der Wallfahrer und Besuch[2] der heiligen Anbetungsstätte (der Tat dessen) gleichstellen, der an Gott glaubt und an den Jüngsten Tag und für den Pfad Gottes streitet? Sie sind bei Gott nicht gleich, und Gott leitet nicht das frevelhafte Volk. 20. Die gläubig sind und für den Pfad Gottes ausgewandert und mit Vermögen und Person gestritten, sind um Stufen höher bei Gott. Diese, sie sind die Seligen. 21. Ihr Herr verkündet ihnen Barmherzigkeit von ihm aus und Wohlgefallen; ihnen sind Gärten, darinnen dauernde Glückseligkeit. 22. Ewig verbleiben sie in diesen und stets. Wahrlich, bei Gott ist herrlicher Lohn. 23. O ihr, die ihr glaubt, nehmet nicht eure Väter noch eure Brüder zu Freunden, wenn sie den Unglauben dem Glauben vorziehen; wer von euch sie zu Freunden nimmt, Frevler sind sie. 24. Sprich: Wenn eure*

Väter, eure Kinder, eure Brüder, eure Frauen, eure Verwandten, das Vermögen, das ihr erworben, der Handel, dessen Verfall ihr fürchtet, und die Wohnungen, die euch erfreuen, euch lieber sind als Gott und sein Gesandter und als das Streiten für seinen Pfad, so wartet denn, bis Gott mit seinem Befehl kommt. Und Gott rechtleitet nicht das gottlose Volk. 25. Bereits hatte euch Gott auf vielen Schlachtfeldern geholfen, aber am Tag von Honein³, als ihr stolz wart eurer großen Menge, schützte euch diese in keiner Weise. Enge ward euch die Erde, wie breit sie auch war; dann wandtet ihr euch rückwärts. 26. Dann sandte Gott seine Majestät über seinen Gesandten und über die Gläubigen, und (Engel)scharen, die ihr nicht sahet, und strafte die, die ungläubig waren. Dies ist der Entgelt der Ungläubigen. 27. Doch nachher wendet sich Gott dem zu, den er wünscht, denn Gott ist allverzeihend und allbarmherzig. 28. O ihr, die ihr glaubt, nur Schmutz sind die Götzendiener, sie sollen nach diesem ihrem Jahr der heiligen Anbetungsstätte nicht nahen; und fürchtet ihr Armut⁴, so wird Gott euch später von seinem Überfluß zur Genüge geben, wenn er will. Wahrlich, Gott ist allwissend und allweise. 29. Bekämpfet die an Gott nicht glauben und an den Jüngsten Tag, die nicht heilig halten, was Gott geheiligt und sein Gesandter, und nicht anerkennen die Religion der Wahrheit, von denen, die die Schrift empfingen, bis sie Tribut aus der Hand zahlen und gering sind. *30.* Die Juden sagen, Ezra sei ein Sohn Gottes⁵, die Christen sagen, der Messias sei ein Sohn Gottes. Das ist ihre Rede mit ihren Mündern, ähnlich der Rede derer, die vordem ungläubig waren. Gott bekämpft sie, von wo aus sie auch lügen. *31.* Sie nahmen ihre Gelehrten und ihre Mönche zu Herren an neben Gott, und den Messias, den Sohn Marias, und doch ist ihnen nichts andres befohlen, als einen einzigen Gott zu verehren. Es gibt keinen Gott außer ihm; erhaben ist er ob dem, was sie ihm beigesellen. *32.* Sie wollen das Licht Gottes mit ihren Mündern auslöschen, aber Gott will nichts andres, als sein Licht vollkommen machen, und sollte es zuwider sein den Ungläubigen. *33.* Er ist es, der den Gesandten mit der Rechtleitung gesandt und mit der wahren Religion, sie überwinden zu lassen die Religionen alle, und sollte es zuwider sein den Götzendienern. *34.* O ihr, die ihr glaubt, wahrlich, viele von den Gelehrten und den Mönchen verzehren das Vermögen der Leute in Nutzlosigkeit und wenden sich ab vom Pfad Gottes. Und denen, die Gold und Silber aufspeichern und es nicht für den Pfad Gottes aufwenden, verkünde qualvolle Strafe. *35.* An jenem Tage werden sie im Feuer der Hölle geglüht und damit gebrandmarkt ihre Stirnen, ihre Seiten und ihre Rücken: dies, was ihr für euch aufgespeichert; nun kostet, was ihr aufgespeichert! *36.* Siehe, die Zahl der Monate ist bei Gott zwölf, im Buch Gottes; seit dem

Tag, an dem er die Himmel geschaffen und die Erde; vier von diesen sind heilig. Dies ist der feste Kultus, und versündigt euch nicht an diesen. Aber bekämpfet die Götzendiener durchaus[6], wie sie euch durchaus bekämpfen, und wisset, daß Gott mit den Gottesfürchtigen ist. 37. Die Verlegung[7] aber ist ein Zuwachs des Unglaubens, worin irrgehen, die ungläubig sind. Frei geben sie ihn in dem einen Jahr und heiligen ihn im andren, um auszugleichen die Zahl dessen, was Gott geheiligt; und so geben sie frei, was Gott geheiligt. Wohlgefällig ist ihnen das Böse ihres Tuns; aber Gott rechtleitet nicht das Volk der Ungläubigen. 38. O ihr, die ihr glaubt, was ist euch, daß, wenn euch gesagt wird, daß ihr für den Pfad Gottes ausziehet, ihr euch zur Erde hängen lasset? Ist euch das Leben hienieden lieber als das Jenseits? Der Genuß des Lebens hienieden ist gegen den des Jenseits nur gering. 39. Wenn ihr nicht ausziehet, so wird er euch mit qualvoller Pein strafen und an eure Stelle ein andres Volk setzen. Ihr aber werdet ihm um nichts schaden, denn Gott ist über alle Dinge mächtig. 40. Helft ihr ihm nicht, so half ihm Gott bereits, als die, die ungläubig sind, ihn vertrieben und er der zweite unter zweien[8] war. Als sie beide in der Höhle waren, sprach er zu seinem Genossen: Betrübe dich nicht, denn wahrlich, Gott ist mit uns. Und Gott sandte über ihn seine Majestät und stärkte ihn mit (Engel)scharen, die ihr nicht sahet. Niedrig setzte er den Ent-

scheid derer, die ungläubig sind, und der Entscheid Gottes ist der höchste. Und Gott ist allgewaltig und allweise. 41. Ziehet aus, leicht und schwer (gewaffnet) und streitet mit eurem Vermögen und eurer Person für den Pfad Gottes. Dies ist zu eurem Besten, wenn ihr es doch verstehen möchtet! 42. Wäre der Vorteil nahe und die Reise bequem, sicherlich wären sie dir gefolgt, aber weit schien ihnen die Entfernung; und doch werden sie bei Gott schwören: Wären wir imstande, ganz gewiß würden wir mit euch ausgezogen sein. Sie richten sich selber zugrunde, denn Gott weiß, daß sie nur Lügner sind. 43. Verzeih es dir Gott! Weshalb auch hörtest du auf sie, bevor dir klar war, daß diese die Wahrheit redeten, und du die Lügner kanntest. 44. Nicht bitten werden dich um Urlaub, die an Gott glauben und an den Jüngsten Tag, nicht mit ihrem Vermögen und ihrer Person zu streiten. Und Gott ist wissend inbetreff der Gottesfürchtigen. 45. Und die an Gott nicht glauben und an den Jüngsten Tag, werden dich darum bitten. Ihre Herzen sind zweifelmütig, und in ihrem Zweifel schwanken sie. 46. Und wünschten sie auch den Ausmarsch, sicherlich würden sie sich mit Rüstung gerüstet haben. Aber zuwider war Gott ihr Ausziehen und er hinderte sie; und so ward ihnen gesagt: Bleibet zurück mit den Zurückbleibenden. 47. Wären sie mit euch ausgezogen, sie hätten euch doch nur Verderben zugefügt und in eurer Mitte Aufruhr erregt, sie würden zum Aufstand angestiftet und unter euch Hörer gehabt haben. Und Gott ist wissend inbetreff der Frevler. 48. Bereits vorher erstrebten sie einen Aufstand und verwirrten dir die Geschäfte, bis die Wahrheit kam und der Befehl Gottes siegte; und sie waren widerwillig. 49. Mancher unter ihnen sagt: Entlasse mich und bringe mich nicht in Versuchung. Sind sie denn nicht bereits in Versuchung gefallen? Aber wahrlich, die Hölle ist die Umfasserin der Ungläubigen. 50. Trifft dich Gutes, so ärgert sie dies, trifft dich ein Unglück, so sagen sie: Wir haben unsre Sache schon vorher gesichert. Sie wenden sich ab und freuen sich. 51. Sprich: Nichts wird uns treffen als das, was Gott uns geschrieben. Er ist unser Beschützer, und auf Gott sollen die Gläubigen vertrauen. 52. Sprich: Was erwartet ihr an uns, wenn nicht eine der beiden Herrlichkeiten[9]? Wir aber erwarten an euch, daß Gott euch treffe mit einer Strafe von ihm aus oder durch unsre Hände. So wartet nur, auch wir sind mit euch der Wartenden. 53. Sprich: Spendet nur, ob willig oder widerwillig, es wird von euch doch nicht angenommen, denn wahrlich, ihr seid ein gottlos Volk. 54. Nichts andres hindert, daß von ihnen ihre Spenden angenommen werden, als daß sie Gott verleugnen und seinen Gesandten, daß sie das Gebet verrichten träge nur, und daß sie Spenden geben nur gezwungen. 55. Staunen mache dich nicht ihr Vermögen, auch nicht ihre Kinder, denn strafen nur will sie Gott *damit im Leben hienieden, daß schwinden sollen ihre Seelen während sie Ungläubige sind. 56. Und sie schwören bei Gott, ganz gewiß der eurigen zu sein, doch sind sie der eurigen nicht; zwiespältige Leute nur sind sie. 57. Fänden sie eine Zuflucht oder eine Höhle oder einen Schlupfwinkel, ganz gewiß würden sie sich da hinein wenden, ausreißen. 58. Mancher von ihnen verleumdet dich wegen der Almosen-(verteilung), erhalten sie davon, sind sie befriedigt, erhalten sie davon nichts, dann sind sie unwillig. 59. Wären sie doch mit dem zufrieden, was ihnen Gott gibt und sein Gesandter, und sagten: Unser Genüge ist Gott; geben wird uns Gott von seinem Überfluß und sein Gesandter. Wahrlich, an Gott (wenden wir uns) bittend. 60. Almosen sind nur für die Armen, für die Bedürftigen, für die sich mit ihnen Befassenden, für die, deren Herzen sich angeschlossen, für die Gefangenen(befreiung), für die Schuldner, für den Pfad Gottes und für die Wandrer; eine Vorschrift Gottes, und Gott ist allwissend und allweise. 61. Unter ihnen manche, die den Propheten schmähen und sagen: Er hört auf alles. Sprich: Er hört auf das Gute für euch; er glaubt an Gott, er glaubt den Gläubigen. 62. Und Barmherzigkeit für die, die unter euch glauben; die aber den Gesandten Gottes schmähen, ihnen ist qualvolle Strafe. 63. Sie schwören euch bei Gott, um euch gefällig zu sein, Gott aber und sein Gesandter sind berechtigter, daß sie ihm gefällig seien, wenn sie Gläubige sind.*

64. *Wissen sie denn nicht, daß dem, der Gott trotzt und seinem Gesandten, das Feuer der Hölle ist, in der er ewig verbleibt? Das ist eine große Schmach. 65. Die Heuchler fürchten, es könnte gegen sie eine Sura offenbart werden, die ihnen verkündet, was in ihrem Herzen. Sprich: Spottet nur, wahrlich, Gott ist hervorbringend, was ihr fürchtet. 66. Fragst du sie, sie sagen bestimmt: Wir plauderten nur und scherzten. Sprich: Habt ihr nicht über Gott gespottet, über seine Verse und über seinen Gesandten? 67. Entschuldiget euch nicht, ihr wart ungläubig, nachdem ihr des Glaubens waret. Vergeben wir auch manchen von euch, die andren bestrafen wir, denn sie sind Sünder. 68. Heuchler und Heuchlerinnen, die einen und die andren, sie gebieten Verwerfliches, verhindern Billigkeit und verschließen ihre Hände. Sie vergaßen Gott und er vergaß sie. Wahrlich, die Heuchler, das sind die Gottlosen. 69. Verheißen hat Gott den Heuchlern und den Heuchlerinnen, sowie den Ungläubigen das Feuer der Hölle, in der sie ewig verbleiben. Das ist ihr Genüge, denn verflucht hat sie Gott, und dauernde Pein ist ihnen. 70. Gleich denen, die vor euch waren, die stärker waren als ihr an Kraft und reicher an Vermögen und Kindern, und sich ihres Loses erfreuten. Ihr erfreutet euch eures Loses, wie die, die vor euch waren, sich ihres Loses erfreuten, und plaudertet, wie auch sie plauderten. Nichtig sind die Werke dieser hienieden und jenseits, diese sind die Ver-*

lorenen. 71. *Kam ihnen nicht die Kunde von denen, die vor ihnen waren, dem Volke Noahs, den Aditen, den Thamuditen, dem Volk Abrahams, den Genossen Midjans und den umgestürzten (Städten), zu denen ihre Gesandten mit deutlichen Wundern kamen? Gott war nicht ungerecht gegen sie, aber sie selber waren ungerecht gegen sich.* 72. *Die Gläubigen aber und die Gläubiginnen sind Freunde untereinander, sie gebieten Billigkeit, verhindern Verwerfliches, verrichten das Gebet, entrichten den Armenbeitrag und gehorchen Gott und seinem Gesandten. Dieser wird Gott sich erbarmen; wahrlich, Gott ist allgewaltig und allweise.* 73. *Verheißen hat Gott den Gläubigen und den Gläubiginnen Gärten, darunterhin Ströme fließen, in denen sie ewig verweilen, und herrliche Wohnungen in den Gärten Edens, und mehr noch das Wohlgefallen Gottes. Das ist die höchste Glückseligkeit.* 74. *O Prophet, bekämpfe die Ungläubigen und die Heuchler und sei streng gegen sie. Ihr Aufenthalt ist die Hölle, schlimm ist die Hinreise.* 75. *Sie schwören bei Gott, nichts geredet zu haben, doch haben sie Worte des Unglaubens geredet, waren ungläubig, nachdem sie ergebene Gottbekenner geworden, und erstrebten, was sie nicht erreichen sollten. Doch nichts verwarfen sie, als daß Gott sie von seinem Überfluß bereichert hätte und sein Gesandter. Bekehren sie sich, es ist besser für sie, wenden sie sich aber ab, so straft sie Gott mit qualvoller Strafe hienieden und jenseits. Kein Beistand ist ihnen auf Erden und kein Helfer. 76. Mancher von ihnen paktierte mit Gott: wenn er uns von seinem Überfluß gibt, ganz gewiß wollen wir Almosen geben und der Rechtschaffenen sein. 77. Und als er ihnen von seinem Überfluß gab, da geizten sie damit; sie wandten sich ab und waren sich Weigernde. 78. Da ließ er Heuchelei in ihre Herzen folgen bis zum Tag, an dem sie mit ihm zusammentreffen werden, weil sie Gott nicht gehalten, was sie ihm zugesagt, und weil sie gelogen. 79. Wissen sie denn nicht, daß Gott ihre Heimlichkeit kennt und ihr Geheimgespräch, und daß Gott Wisser ist der Geheimnisse? 80. Die da verleumden die freiwilligen Almosenspender unter den Gläubigen und die, die nur ihr mühsam Erworbenes geben können, und ihrer spotten, — Gott spottet ihrer, und qualvolle Strafe ist ihnen. 81. Bitte für sie um Verzeihung oder bitte für sie nicht; auch wenn du siebzigmal für sie um Verzeihung bittest, Gott verzeiht ihnen doch nicht. Dies, weil sie Gott verleugnet und seinen Gesandten. Und Gott rechtleitet nicht das gottlose Volk. 82. Es freuen sich die Zurückbleibenden ihrer Stätte hinter dem Gesandten Gottes, sie weigern sich, mit ihrem Vermögen und ihrer Person für den Pfad Gottes zu streiten, und sagen: Ziehet[10] nicht aus bei der Glut. Sprich: Von stärkrer Glut ist das Feuer der Hölle. Wollten sie es doch verstehen! 83. Mögen sie ein wenig lachen, aber weinen werden sie viel als Entgelt für das, was sie begangen.* 84. *Und wenn Gott dich zu einem Teil von ihnen zurückbringt und sie dich um Erlaubnis zum Ausmarsch bitten, so sprich: Nie sollt ihr mit mir jemals ausziehen, nie sollt ihr mit mir einen Feind bekämpfen. Wahrlich, euch gefiel es erstmals daheim zu bleiben, so bleibet nun mit den Zurückbleibenden.* 85. *Und bete nie für einen von ihnen, der gestorben, und stehe nicht an seinem Grab. Sie haben wahrlich Gott verleugnet und seinen Gesandten, sie starben und waren gottlos.* 86. *Staunen mache dich nicht ihr Vermögen, auch nicht ihre Kinder, denn nur strafen will Gott sie damit hienieden, daß schwinden sollen ihre Seelen während sie Ungläubige sind.* 87. *Und wenn offenbart wird eine Sura: daß ihr an Gott glaubet und mit seinem Gesandten streitet, so bitten dich die Begüterten unter ihnen um Urlaub und sprechen: Laß uns, wir wollen mit den Daheimbleibenden sein.* 88. *Sie wollen lieber mit den Zurückbleibenden sein. Ihre Herzen sind versiegelt und sie begreifen nicht.* 89. *Der Gesandte aber und mit ihm die, die glauben, streiten mit ihrem Vermögen und ihrer Person. Diese sind es, denen das Gute ist, diese sind die Glückhabenden.* 90. *Gott hat ihnen Gärten hergerichtet, darunterhin Ströme fließen, in denen sie ewig weilen. Dies ist die höchste Glückseligkeit.* 91. *Und es kamen Sichentschuldigende von den Arabern, daß ihnen Urlaub gegeben werde, und zurückblieben, die Gott verleugneten und seinen Gesandten.*

Aber treffen wird die, die unter ihnen ungläubig waren, qualvolle Strafe. 92. Von den Schwachen, den Kranken und denen, die nichts aufzuwenden haben, ist es kein Verbrechen, sofern sie Gott aufrichtig sind und seinem Gesandten. Keine Ursache an die Liebfrommen, und Gott ist allverzeihend und allbarmherzig. 93. Auch von denen nicht, die zu dir kamen, daß du sie bemittelst[11], und du zu ihnen sprachest: ich finde nichts, euch zu bemitteln, und sie umkehrten, während ihre Augen von Tränen flossen aus Kummer, daß sie nichts aufzuwenden hatten. 94. Ursache ist an die nur, die dich um Urlaub bitten, aber vermögend sind, und lieber bei den Zurückbleibenden sein wollen. Versiegelt hat Gott ihre Herzen, und sie wissen es nicht.

95. Sie werden sich bei euch entschuldigen, wenn ihr zu ihnen zurückgekehrt seid. Sprich: Entschuldiget euch nicht, wir glauben euch doch nicht; bereits hat Gott uns Auskunft über euch verkündet. Gott wird euer Tun beobachten und sein Gesandter; dann werdet ihr zurückgebracht werden zum Kenner des Verborgenen und des Offenkundigen, und er wird euch verkünden, was ihr getan. 96. Sie werden euch bei Gott beschwören, wenn ihr zu ihnen zurückgekehrt seid, von ihnen zu lassen. So lasset von ihnen, denn wahrlich, sie sind ein Greuel. Ihr Aufenthalt ist die Hölle, ein Entgelt für das, was sie begangen. 97. Sie werden euch beschwören, ihnen hold zu sein. Doch solltet ihr ihnen auch hold sein, aber wahrlich,

Gott ist einem gottlosen Volk nicht hold. 98. Die Araber sind die stärksten an Unglauben und Heuchelei, und begreiflich, daß sie die Bestimmungen nicht kennen, die Gott seinem Gesandten geoffenbart. Und Gott ist allwissend und allweise. 99. Mancher von den Arabern hält das, was er beisteuern soll, für eine drückende Schuld und wartet auf euren Glückswandel. Doch über sie des Unglücks Wandel. Und Gott ist allhörend und allwissend. 100. Und von den Arabern mancher, der auch an Gott glaubt und an den Jüngsten Tag, und was er beisteuern soll, für eine Annäherung an Gott hält und Segnungen des Gesandten. Ist dies nicht eine Annäherung für sie? Einführen wird sie Gott in seine Barmherzigkeit; wahrlich, Gott ist allverzeihend und allbarmherzig. 101. Und die ersten Vorgänger der Ausgewanderten[12] und der Helfer[13], und die ihnen in Guttat gefolgt, an ihnen hat Gott Wohlgefallen und sie haben Wohlgefallen an ihm. Hergerichtet hat er ihnen Gärten, darunterhin Ströme fließen, in denen sie ewig weilen und stets. Das ist die höchste Glückseligkeit. 102. Und unter den Arabern rings um euch sind Heuchler, und unter den Bewohnern von Medina[14], verstockt in der Heuchelei. Du kennst sie nicht, wir aber kennen sie. Wir werden sie zweimal strafen, dann erst sollen sie schwerer Pein zugeführt werden. 103. Andre bekannten ihre Sünden, sie mischten so eine gute Tat mit einer andren schlechten. Vielleicht wendet sich Gott ihnen zu, denn wahrlich, Gott ist allverzeihend und allbarmherzig. 104. Nimm von ihrem Vermögen Almosen, damit du sie reinigest und läuterst, und bete für sie; wahrlich, deine Gebete sind ihnen ein Hort. Und Gott ist allhörend und allwissend. 105. Wissen sie denn nicht, daß Gott die Bekehrung seiner Diener anerkennt und Almosen entgegennimmt, und daß Gott der Allvergebende ist, der Allbarmherzige? 106. Und sprich: Wirket, und Gott wird euer Werk sehen und sein Gesandter und die Gläubigen. Zurückgebracht werdet ihr der einst zum Kenner des Verborgenen und des Offenkundigen, und er wird euch verkünden, was ihr getan. 107. Und andre, die auf einen Entscheid Gottes gefaßt sind, ob er sie strafen wird oder sich ihnen zuwenden. Und Gott ist allwissend und allweise. 108. Und die eine Anbetungsstätte errichtet[15] zum Nachteil und zum Unglauben, zur Spaltung unter den Gläubigen und zum Hinterhalt für den, der schon zuvor Gott bekämpft hat und seinen Gesandten. Und sie schwören: wir wollen nichts als das Gute; Gott aber wird bezeugen, daß sie nur Lügner sind. 109. Nie sollst du darin stehen. Bevorzugter ist eine Anbetungsstätte, vom ersten Tag an auf Gottesfurcht gegründet, daß du darin stehest; darin sind Männer, die sich zu reinigen lieben, und Gott liebt die Sichreinigenden. 110. Ist, wer seinen Bau auf Gottesfurcht und Wohlgefallen gegründet, besser, oder wer seinen Bau am Rand eines schwachen unterspülten

Untergrunds gegründet, mit dem er in das Feuer der Hölle stürzt? Und Gott rechtleitet nicht das frevelhafte Volk. 111. Nicht aufhören wird ihr Bau, den sie gebaut, Zweifel in ihren Herzen (zu erregen), bis zerbrochen sind ihre Herzen. Und Gott ist allwissend und allweise. 112. Wahrlich, erkauft hat Gott von den Gläubigen Person und Vermögen dafür, daß ihnen der Garten (zuteil) ist, wenn sie für den Pfad Gottes kämpfen, ob sie töten oder getötet werden. Nach der Verheißung, die er auf sich fest nahm, in der Thora, im Evangelium und im Koran. Und wer erfüllt seinen Vertrag besser als Gott? So freut euch des Handels, den ihr gehandelt, denn dies ist die höchste Glückseligkeit. 113. Die Sichbekehrenden, die Gottverehrenden, die Preisenden, die Wallfahrenden, die Sichbeugenden[16], die Niederfallenden, die Billigkeit Gebietenden, die Verwerfliches Verhindernden und die die Bestimmung Gottes Beobachtenden; und verkünde Heil den Gläubigen. 114. Nicht steht es dem Propheten zu und denen, die glauben, daß sie um Verzeihung bitten für die Götzendiener, und wären sie auch Anverwandte, nachdem ihnen klar geworden, daß diese Genossen des Feuerpfuhls sind. 115. Und auch die Fürbitte Abrahams für seinen Vater geschah nur wegen eines Versprechens, das er ihm versprochen; als ihm jedoch klar geworden, daß er ein Feind Gottes war, sagte er sich von ihm los. Wahrlich, Abraham war zärtlich und sanftmütig. 116. Und Gott läßt ein

Volk nicht irregehen, nachdem er es gerechtleitet, bis er ihm klar gemacht, was es zu fürchten habe. Wahrlich, Gott ist aller Dinge wissend. 117. Wahrlich, Gottes ist die Herrschaft über Himmel und Erde, er belebt und tötet, und außer Gott ist euch nicht Beistand und nicht Helfer. 118. Zugewandt hat Gott sich dem Propheten, den Ausgewanderten und den Helfern, die ihm in der Stunde der Not gefolgt, nachdem fast gewankt hätten die Herzen eines Teils von ihnen; er wandte sich ihnen aber zu, denn wahrlich, er ist ihnen gütig und barmherzig. 119. Und auch den dreien, die zurückgeblieben[17] *waren, bis ihnen eng ward die Erde, wie weit sie auch ist, beengt waren ihre Seelen, und sie sahen ein, daß es keine Zuflucht vor Gott gibt als zu ihm. Da wandte er sich ihnen zu, auf daß sie sich bekehrten. Wahrlich, Gott ist der Allvergebende, der Allbarmherzige. 120. O ihr, die ihr glaubt, fürchtet Gott und haltet euch zu den Wahrhaftigen. 121. Nicht kam es den Bewohnern Medinas zu, auch nicht ihrer Umgebung von den Arabern, hinter dem Gesandten Gottes zurückzubleiben, noch ihre Person seiner Person vorzuziehen, damit sie nicht auf dem Pfad Gottes Durst treffe und nicht Mühe und nicht Hunger, weil sie keinen Tritt treten wollten, der die Ungläubigen erzürnt, und weil sie vom Feind kein Leid erleiden wollten, wenn ihnen nicht dafür ein verdienstliches Werk angeschrieben würde. Wahrlich, Gott läßt nicht verlorengehen den Lohn der*

Liebfrommen. 122. Und auch keine Spende spenden sie, ob klein oder groß, kein Tal durchziehen sie, wenn ihnen nicht angeschrieben wird, daß Gott ihnen aufs schönste vergelten wird, was sie getan. 123. Es brauchen die Gläubigen nicht allesamt auszuziehen, wenn von ihnen aus jeder Abteilung nur ein Teil auszieht, damit sie in der Religion forschen und ihre Leute ermahnen, wenn sie zu ihnen zurückgekehrt, auf daß sie vorsichtig seien. 124. O ihr, die ihr glaubt, bekämpfet die euch Benachbarten von den Ungläubigen und lasset sie bei euch Strenge finden, und wisset, daß Gott mit den Gottesfürchtigen ist. 125. Wenn eine Sura offenbart wird, sprechen manche von ihnen: Wen von euch bestärkte diese im Glauben? Was die betrifft, die glauben, so bestärkte sie sie im Glauben, und sie freuen sich dessen. 126. Und was die betrifft, in deren Herzen Krankheit ist, so bestärkte sie sie mit Sünden zu ihren Sünden. Sie sterben und sind Ungläubige. 127. Sehen sie denn nicht, daß sie jedes Jahr einmal oder zweimal geprüft werden? Doch bekehren sie sich nicht und lassen sich nicht ermahnen. 128. Und wenn eine Sura offenbart wird, blickt einer den andren an: sieht euch jemand? Dann wenden sie sich um. Umgewandt hat Gott ihre Herzen, denn sie sind Leute, die nicht einsehen. 129. Gekommen ist euch nun ein Gesandter aus eurer Mitte, gedrückt ob dem, was ihr verschuldet, nach euch begehrend, gegen die Gläubigen gütig und barmherzig. 130. Wenden sie *sich ab, so sprich: Mein Genüge ist Gott. Es gibt keinen Gott außer ihm; auf ihn vertraue ich, und er ist der Herr des herrlichen Throns.*

10. SURA VON JONAS
FRIEDE ÜBER IHN
MEKKANISCH, AUS 109 VERSEN BESTEHEND

Im Namen Gottes, des Allerbarmers, des Allbarmherzigen.

1. *ALR. Dies sind die Verse des weisen Buches.* 2. *Ist es den Leuten so wunderlich, daß wir einem Menschen aus ihrer Mitte eingegeben: warne die Menschen und verkünde Heil denen, die glauben, daß ihnen der Verdienst der Aufrichtigkeit bei ihrem Herrn ist? Die Ungläubigen aber sagen: Wahrlich, dieser ist nur ein offenbarer Zauberer.* 3. *Wahrlich, euer Herr ist Gott, der die Himmel und die Erde in sechs Tagen geschaffen, sodann den Thron bestiegen, um die Angelegenheiten zu ordnen. Kein Fürsprecher, wenn nicht nach seinem Willen. Das ist Gott, euer Herr, so verehret ihn. Wollt ihr nicht eingedenk sein?* 4. *Zu ihm ist eure Rückkehr allesamt, eine Verheißung Gottes in Wahrheit. Wahrlich, er bringt das Geschöpf hervor und läßt es zurückkehren, um die, die gläubig waren und gute Werke geübt, nach Gerechtigkeit zu belohnen. Die aber ungläubig waren, ihnen ist ein Trank aus siedendem Wasser und qualvolle Strafe, dieweil sie*

ungläubig waren. 5. *Er ist es, der die Sonne als Leuchte geschaffen und den Mond als Licht; er bestimmte ihre Einkehrorte, damit ihr die Zahl der Jahre kennet und die Berechnung. Gott schuf dies nur in Wahrheit; er legt die Zeichen dar Leuten, die verstehen.* 6. *Wahrlich, im Wechsel von Tag und Nacht und in dem, was Gott an den Himmeln und auf der Erde geschaffen, sind Wunderzeichen für Leute, die gottesfürchtig sind.* 7. *Wahrlich, die auf unsre Begegnung nicht hoffen, das Leben hienieden bevorzugen und sich damit beruhigen, und die unsre Verse vernachlässigend sind.* 8. *Deren Aufenthalt ist das Fegefeuer, ob dem, was sie begangen.* 9. *Wahrlich, die gläubig waren und gute Werke geübt, wird ihr Herr ob ihres Glaubens rechtleiten in Lustgärten, darunterhin Ströme fließen.* 10. *Ihre Anrufung in diesen: Lob dir, o Gott! Ihr Gruß in diesen: Friede!* 11. *Der Schluß ihrer Anrufung: Preis Gott, dem Herrn der Weltbewohner.* 12. *Würde Gott den Menschen das Böse beschleunigen, wie sie das Gute herbeiwünschen, ganz gewiß wäre ihr Lebensziel entschieden. Und so lassen wir die, die auf unsre Begegnung nicht hoffen, in ihrer Widerspenstigkeit verblendet.* 13. *Trifft den Menschen ein Unglück, er ruft uns an, auf der Seite liegend, sitzend oder stehend; doch haben wir ihn von seinem Unglück befreit, er geht weiter, als hätte er uns nie angerufen wegen des Unglücks, das ihn betraf. So ist den Übeltätern wohlgefällig, was sie tun.*

14. Bereits vernichteten wir Menschengeschlechter vor euch, wenn sie gefrevelt. Ihre Gesandten kamen zu ihnen mit deutlichen Wundern, doch wollten sie nicht glauben. So vergelten wir den sündhaften Leuten. *15.* Dann machten wir euch zu Nachfolgern auf Erden nach ihnen, um zu sehen, wie ihr euch betragen werdet. *16.* Und wenn ihnen unsre deutlichen Verse vorgetragen werden, sagen jene, die auf unsre Begegnung nicht hoffen: Bringe einen andren Koran als diesen oder ändre ihn. Sprich: Es steht mir nicht zu, ihn meinerseits zu ändern; ich folge nur dem, was mir eingegeben wird, und fürchte, bin ich meinem Herrn ungehorsam, die Strafe des großen Tags. *17.* Sprich: Wollte es Gott, ich würde ihn euch nicht vorgetragen und euch damit nicht belehrt haben. Bereits weilte ich zuvor ein Lebensalter[1] unter euch. Begreift ihr es nicht? *18.* Und wer ist frevelhafter als der, der über Gott Lüge ersinnt oder seine Verse lügenhaft nennt? Wahrlich, er wird den Sündern kein Glück gewähren. *19.* Sie verehren außer Gott (Wesen), die ihnen nicht schaden noch nützen, und sagen: Diese sind unsre Fürbitter bei Gott. Sprich: Wollt ihr Gott verkünden, was er in den Himmeln und auf Erden nicht kennen sollte? Preis ihm, erhaben ist er ob dem, was sie ihm beigesellen. *20.* Nur eine einzige Gemeinschaft waren die Menschen, und sie wurden uneinig. Und wäre nicht zuvor ein Entscheid von deinem Herrn ergangen, ganz gewiß wäre *unter ihnen entschieden worden, worüber sie uneinig sind.* 21. *Sie sagen: Wenn ihm nicht ein Wunderzeichen von seinem Herrn niedergesandt wird. Sprich: Nur Gottes ist das Verborgene. So wartet nur, auch ich bin mit euch der Wartenden einer.* 22. *Wir ließen die Leute Barmherzigkeit kosten, nachdem Leid sie betroffen hatte; dann aber trieben sie List gegen unsre Verse. Sprich: Gott ist schneller an List. Wahrlich, unsre Gesandten schreiben nieder, was ihr listet.* 23. *Er ist es, der euch reisen läßt auf dem Festland und auf dem Meer, so daß, wenn ihr in einem Schiff seid, das mit ihnen mit gutem Wind dahinschwimmt, in dem sie vergnügt sind, ein Sturmwind es erfaßt, und die Wogen sie von jeder Seite erreichen, daß sie von diesen umfaßt zu werden glauben. Sie rufen dann Gott an, ihm aufrichtig den Glauben bekennend: Wenn du uns aus diesem errettest, wir wollen ganz gewiß der Dankbaren sein.* 24. *Und hat er sie errettet, so erstreben sie Ungerechtigkeit auf Erden. O ihr Menschen, nur gegen euch selber ist euer Streben nach Genuß des Lebens hienieden. Eure Rückkehr erfolgt später zu uns, und wir werden euch verkünden, was ihr getan.* 25. *Das Leben hienieden gleicht nur dem Wasser, das wir vom Himmel niedersenden, mit dem sich mischen die Gewächse der Erde, die Menschen und Tiere essen, bis die Erde ihre Pracht angelegt und sich geschmückt, und ihre Bewohner glauben, sie seien Machthaber auf dieser. Da kommt unser*

Befehl, nachts oder tags, und wir machen sie wie abgemäht, als stünde sie nicht gestern üppig da. So legen wir unsre Verse dar Leuten, die nachsinnen. 26. Und Gott ruft zur Wohnstätte des Friedens und leitet, wen er will, auf den geraden Weg. 27. Denen, die schön handelten, das Beste überreich. Nicht Schwärze soll ihre Gesichter bedecken und nicht Schande. Diese sind Genossen des Paradieses, darin sie ewig weilen. 28. Denen aber, die Schlechtes begangen, ein Entgelt des Schlechten mit ebensolchem. Schmach wird sie bedecken, kein Schützer ist ihnen vor Gott, und ihre Gesichter, als wären sie in Stücke finstrer Nacht gehüllt. Diese sind Genossen des Fegefeuers, darin sie ewig weilen. 29. Und an jenem Tag versammeln wir sie allesamt und sprechen dann zu den Götzendienern: An euren Platz, ihr und eure Götzen! Sodann trennen wir sie voneinander. Dann sprechen ihre Götzen: Nicht uns habt ihr verehrt. 30. Und Gott genügt als Zeuge zwischen uns und euch, wir sind Unbeachtende eurer Verehrung. 31. Dort erfährt jede Seele, was sie vorgewirkt. Zurückgegeben werden sie Gott, ihrem wahren Herrn, und entschwinden wird ihnen, was sie ersonnen. 32. Sprich: Wer versorgt euch mit Nahrung vom Himmel aus und von der Erde? Wer beherrscht Gehör und Gesicht? Wer bringt das Lebende aus dem Toten hervor und das Tote aus dem Lebenden? Und wer leitet die Angelegenheiten? Sie werden sagen: Gott. So sprich: Und ihn fürch-

tet ihr nicht? 33. *Das ist euch Gott, euer wahrer Herr. Und was bleibt nach der Wahrheit, wenn nicht Irrung? Wie könnt ihr nur schwanken?* 34. *So bewahrheitete sich das Wort deines Herrn über die, die freveln, daß sie nicht glauben werden.* 35. *Sprich: Ist einer unter euren Götzen, der ein Geschöpf hervorbringen und es dann zurückkehren lassen kann? Sprich: Gott aber bringt ein Geschöpf hervor und läßt es zurückkehren. Wie könnt ihr euch abwenden?* 36. *Sprich: Ist einer unter euren Götzen, der zur Wahrheit leitet? Sprich: Gott aber leitet zur Wahrheit. Ist es nun richtiger, dem zu folgen, der zur Wahrheit leitet, oder dem, der nicht leitet, nur wenn er geleitet wird? Was ist euch, daß ihr so urteilt?* 37. *Aber die meisten ihrer folgen einem Wahn nur. Traun, der Wahn hat nichts von der Wahrheit. Wahrlich, Gott ist wissend dessen, was sie tun.* 38. *Und von keinem andren ist dieser Koran verfaßt als von Gott. Er ist eine Beglaubigung dessen, was vorhanden, und eine Erörterung der Schrift; kein Zweifel darin, vom Herrn der Weltbewohner.* 39. *Sagen sie: er hat ihn erdichtet, so sprich: So bringet doch eine Sura gleich dieser herbei und rufet außer Gott an, wen ihr nur könnet, wenn ihr wahrhaftig seid.* 40. *Nein, sie nennen lügenhaft, dessen Kenntnis sie nicht erfassen, und wenn seine Deutung ihnen gekommen. So leugneten die auch, die vor ihnen waren. Schau, wie war der Enderfolg der Frevler.* 41. *Unter ihnen mancher, der an ihn glaubt, und unter ihnen mancher, der an ihn nicht glaubt, dein Herr aber kennt die Unheilstifter. 42. Und zeihen sie dich der Lüge, so sprich: Mir mein Werk und euch euer Werk; ihr seid frei von dem, was ich tu, und ich bin frei von dem, was ihr tut. 43. Mancher unter ihnen, der auf dich hört. Aber kannst du Taube hörend machen, und wenn sie nicht begreifen? 44. Und unter ihnen mancher, der auf dich sieht. Aber kannst du Blinde leiten, und wenn sie nicht schauen? 45. Wahrlich, Gott ist gegen die Menschen in keiner Weise ungerecht, aber die Menschen selber sind ungerecht gegen sich. 46. An jenem Tag wird er sie versammeln, als hätten sie nur eine Stunde des Tags (hienieden) geweilt, und erkennen werden sie einander. Verlustig werden dann die sein, die eine Begegnung mit Gott geleugnet und nicht gerechtleitet waren. 47. Ob wir dich sehen lassen einen Teil von dem, was wir ihnen angedroht, oder wir dich (vorher) hinscheiden lassen, zu uns ist ihre Rückkehr. Dann ist Gott Bezeuger über das, was sie getan. 48. Für jedes Volk ein Gesandter, und wenn ihnen ihr Gesandter kam, ward es unter ihnen in Gerechtigkeit entschieden, und benachteiligt wurden sie nicht. 49. Sie sagen: Wann diese Androhung, wenn ihr wahrhaftig seid? 50. Sprich: Ich vermag für mich nicht Schaden und nicht Nutzen, nur soweit Gott es will. Jedem Volk sein Endziel, und wenn ihr Endziel herannaht, sie wer-*

den es nicht zurückhalten um eine Stunde und nicht beschleunigen. 51. *Sprich: Schauet her, wenn euch die Strafe kommt, nachts oder tags, was haben die Sünder davon herbeizuwünschen?* 52. *Träfe sie nun ein, würdet ihr daran glauben? Dann, und ihr habt sie bereits herbeigewünscht.* 53. *Dann wird zu denen, die gefrevelt, gesprochen: Kostet nun die Pein der Ewigkeit! Soll euch etwa andres vergolten werden, als ihr verdient habt?* 54. *Sie werden dich um Kunde bitten, ob dies wahr sei. Sprich: Ja, bei meinem Herrn, es ist ganz gewiß wahr, und ihr werdet es nicht hindern.* 55. *Und hätte jede Seele, die gefrevelt, (alles), was auf Erden, ganz gewiß würde sie sich damit loskaufen wollen. Und Reue werden sie bekunden, wenn sie die Strafe sehen. Aber entschieden wird es unter ihnen in Gerechtigkeit und sie sollen nicht benachteiligt werden.* 56. *Ist denn wahrlich nicht alles Gottes, was auf den Himmeln und auf Erden? Ist denn wahrlich die Verheißung Gottes nicht Wahrheit? Aber die meisten ihrer wissen es nicht.* 57. *Er belebt und er tötet, und zu ihm werdet ihr zurückgebracht.* 58. *O ihr Menschen, bereits ist euch Ermahnung gekommen von eurem Herrn, Heilung für das, was in den Busen, Rechtleitung und Barmherzigkeit für die Gläubigen.* 59. *Sprich: An der Gnade Gottes und an seiner Barmherzigkeit, daran mögen sie sich freuen; besser ist dies als das, was sie häufen.* 60. *Sprich: Schauet her, was Gott euch an Nahrung gesandt, ihr aber habt daraus Verbotenes und Erlaubtes gemacht. Sprich: Hat Gott es euch erlaubt, oder wollt ihr es von Gott ersinnen?* 61. *Was aber wird am Tag der Auferstehung der Wahn derer sein, die über Gott Lüge ersinnen? Wahrlich, Gott ist gewiß gnadenvoll gegen die Menschen, aber die meisten ihrer sind nicht dankbar.* 62. *Du kannst in keiner Lage sein, nichts aus dem Koran vorlesen, noch irgend eins der Werke begehen, ohne daß wir über euch Zeugen sind, wenn ihr euch darin ergeht. Und nichts auf Erden entgeht deinem Herrn und nichts im Himmel, sei es auch das Gewicht eines Stäubchens, auch nicht Kleineres als dies und nicht Größeres, wäre es nicht im deutlichen Buch.* 63. *Ist es etwa nicht so, daß über die Freunde Gottes keine Furcht kommt und sie nicht betrübt sein werden?* 64. *Die glauben und gottesfürchtig sind.* 65. *Ihnen frohe Botschaft im Leben hienieden und jenseits. Keine Wandlung in den Worten Gottes. Dies ist die höchste Glückseligkeit.* 66. *Nicht betrüben soll dich ihre Rede. Wahrlich, alle Macht ist Gottes, er ist der Allhörende, der Allwissende.* 67. *Ist denn wahrlich nicht Gottes, wer auf den Himmeln ist und wer auf Erden? Wie können nun die, die andre außer Gott anrufen, Götzen folgen? Sie folgen einem Wahn nur, und reden nichts als Lügen.* 68. *Er ist es, der euch die Nacht gemacht, daß ihr während dieser ruhet, und den Tag zum Sehen. Wahrlich, hierin sind sicherlich Zeichen für Leute, die hören.* 69. *Sie sagen, Gott* habe einen Sohn gezeugt. Erhaben ist er darüber. Er ist unbedürftig; sein ist, was auf Himmeln ist und was auf Erden. Der Beweise keine habt ihr hierfür; wollt ihr von Gott behaupten, was ihr nicht wisset? 70. Sprich: Wahrlich, die über Gott Lüge ersinnen, werden kein Glück haben. 71. Genuß hienieden, später aber erfolgt ihre Rückkehr zu uns, später werden wir sie die schwere Pein kosten lassen, dieweil sie ungläubig waren. 72. Trage ihnen vor die Kunde von Noah, wie er zu seinem Volke sprach: O mein Volk: ist mein Standort euch lästig und meine Ermahnung inbetreff der Zeichen Gottes, so vertraue ich auf Gott. So sammelt doch eure Anschläge und eure Götzen, eure Anschläge sind dann nicht im Dunkeln, sodann verkündet sie mir und wartet nicht. 73. Wendet ihr euch ab, — ich verlange von euch keine Belohnung; meine Belohnung ist nur auf Gott, und mir ist es geboten, daß ich sei der ergebenen Gottbekenner einer. 74. Sie ziehen ihn der Lüge. Wir retteten ihn aber, und die mit ihm waren in der Arche; wir machten sie zu Nachfolgern und ließen die ertrinken, die unsre Zeichen lügenhaft nannten. Schau, wie war der Enderfolg der Gewarnten! 75. Nach ihm entsandten wir dann Gesandte zu ihren Völkern, die ihnen mit deutlichen Wundern kamen; sie glaubten aber nicht an das, was sie vorher lügenhaft nannten. So versiegelten wir die Herzen der Übertretenden. 76. Nach ihnen entsandten wir dann Moses und Ahron zu Pharao *und seinen Ratsherren mit unsren Zeichen. Sie zeigten sich aber hochmütig und waren ein sündhaftes Volk. 77. Und als ihnen die Wahrheit von uns kam, sprachen sie: Wahrlich, dies ist nur offenbare Zauberei. 78. Moses sprach: Dies sagt ihr von der Wahrheit, nachdem sie euch gekommen? Ist dies Zauberei? Nicht Glück haben werden die Zauberer. 79. Sie sprachen: Bist du zu uns gekommen, um uns von dem abzubringen, wobei wir unsre Väter vorgefunden, damit euch beiden die Herrschaft im Land werde? Wir wollen nicht die Gläubigen eurer sein. 80. Und Pharao sprach: Bringet mir jeden kundigen Zauberer herbei. Und als die Zauberer kamen, sprach Moses zu ihnen: Werfet hin, was ihr nur hinwerft. 81. Und als sie hingeworfen hatten[2], sprach Moses: Die Zauberei, mit der ihr nun gekommen, wahrlich, Gott wird sie zunichte machen. Traun, Gott läßt das Werk der Unheilstifter nicht gedeihen. 82. Und Gott bestätigt die Wahrheit in seinen Worten, und wenn es auch den Sündern zuwider ist. 83. Und niemand glaubte Moses, bis auf einen Stamm seines Volkes, aus Furcht vor Pharao und seinen Ratsherren, sie könnten sie bestrafen, denn wahrlich, Pharao war hoch im Land, und er war der Übeltäter einer. 84. Und Moses sprach: O mein Volk, wenn ihr an Gott glaubt, so vertrauet auf ihn, sofern ihr ergebene Gottbekenner seid. 85. Sie erwiderten: Auf Gott vertrauen wir. Herr unser, mache uns nicht zur Versuchung für das Volk der*

Frevler. 86. Und laß uns in deiner Barmherzigkeit dem Volk der Ungläubigen entkommen. 87. Und wir offenbarten Moses und seinem Bruder: Errichtet in Ägypten Häuser für euer Volk, bestimmet diese zu Bethäusern und verrichtet das Gebet. Und verkündet Heil den Gläubigen. 88. Und Moses sprach: Herr unser, du hast Pharao und seinen Ratsherren Pracht verliehen und Reichtümer im Leben hienieden, auf daß sie, Herr unser, von deinem Pfad abirren. Herr unser, zerstöre ihre Reichtümer und verhärte ihre Herzen, daß sie nicht glauben, bis sie die qualvolle Strafe gesehen. 89. Er sprach: Erhört ist eure Anrufung. Haltet euch recht und geht nicht den Weg derer, die nicht verstehen. 90. Und wir ließen die Kinder Israels das Meer überschreiten, und Pharao und seine Streiter folgten ihnen streitsüchtig und feindlich, bis das Ertrinken ihn erreichte. Dann sprach er: Ich glaube nun, daß es keinen Gott gibt außer dem, an den die Kinder Israels glauben; ich bin nun der ergebenen Gottbekenner einer. 91. Jetzt, wo du bisher widerspenstig warest und der Unheilstifter einer? 92. Heute wollen wir deinen Leib retten, damit du deiner Nachfolge ein Zeichen seiest. Denn wahrlich, viele der Menschen sind über unsre Zeichen hinwegsehend. 93. Und wir errichteten den Kindern Israels eine Wohnung der Wahrhaftigkeit und versorgten sie mit Gutem; sie waren nicht eher uneinig, als bis ihnen die Erkenntnis kam. Wahrlich, am Tag der Auferstehung wird dein Herr zwischen ihnen entscheiden inbetreff dessen, worüber sie uneinig sind. 94. Bist du im Zweifel über etwas, was wir dir geoffenbart, so frage jene, die vor dir die Schrift gelesen. Nun ist dir die Wahrheit von deinem Herrn gekommen, so sei denn nicht der Zweifler einer. 95. Und sei auch nicht derer, die die Verse Gottes lügenhaft nennen, du bist sonst der Verlustigen einer. 96. Wahrlich, diejenigen, über die das Wort deines Herrn sich bewährt hat, werden nicht glauben. 97. Und käme ihnen auch alles an Wunderzeichen, bis sie die qualvolle Strafe sehen. 98. Wäre dem nicht so, eine Stadt würde geglaubt und ihr Glaube ihr genutzt haben. Bis auf das Volk des Jonas³; als sie gläubig wurden, entfernten wir von ihnen die Strafe der Schmach im Leben hienieden und ließen sie eine Zeit lang genießen. 99. Wollte es dein Herr, sicherlich würden alle, die auf Erden, geglaubt haben allesamt. Willst du nun die Menschen zwingen, bis sie Gläubige geworden? 100. Keiner Seele ist es gegeben, gläubig zu sein, wenn nicht mit dem Willen Gottes. Und die Strafe setzen wird er über diejenigen, die nicht begreifen. 101. Sprich: Betrachtet doch, was da auf den Himmeln ist und auf Erden! Aber es genügen Wunderzeichen nicht und Warnungen Leuten, die nicht glauben. 102. Erwarten sie denn andres als das Gleiche, wie die Tage derer, die vor ihnen waren? Sprich: So wartet nun, ich bin mit euch der Wartenden einer. 103. Dann werden wir unsre Gesandten retten und *die da glauben. Dies ist Schuldigkeit für uns, die Gläubigen zu retten. 104. Sprich: O ihr Menschen, seid ihr im Zweifel über meine Religion, — ich verehre nicht, die ihr außer Gott verehret; ich verehre vielmehr Gott nur, der euch hinnehmen wird. Und mir ist es geboten, daß ich sei der Gläubigen einer. 105. Ferner: Wende dein Gesicht der Religion zu rechtgläubig, und sei nicht der Götzendiener einer. 106. Und rufe außer Gott nichts an, was dir nicht nützen kann und nicht schaden. Denn tust du dies, wahrlich, du bist dann der Frevler einer. 107. Und wenn Gott dich ein Unglück fühlen läßt, so gibt es keinen Befreier davon außer ihm, und wenn er dir Gutes zudenkt, so gibt es keinen Hindrer seiner Gnade. Er trifft damit, wen er will von seinen Dienern. Und er ist der Allverzeihende, der Allbarmherzige. 108. Sprich: O ihr Menschen, euch ist nun die Wahrheit von eurem Herrn gekommen. Wer sich rechtleiten läßt, wahrlich, er ist nur zu seinem Seelenheil gerechtleitet, und wer irret, wahrlich, er irrt nur sich (zum Schaden); ich aber bin nicht Vogt über euch. 109. Und du folge dem, was dir geoffenbart worden, und harre geduldig, bis richten wird Gott, denn er ist der beste Richter.*

11. SURA VON HUD[1]
MEKKANISCH, AUS 123 VERSEN BESTEHEND

Im Namen Gottes, des Allerbarmers, des Allbarmherzigen.

1. ALR. Ein Buch, dessen Verse geformt waren, sodann dargelegt von seiten des Allweisen, des Allkundigen. 2. Daß ihr nur Gott allein verehret; wahrlich, ich bin euch Warner von ihm aus und Heilverkünder. 3. Und auf daß ihr euren Herrn um Verzeihung anflehet und dann zu ihm zurückkehret. Er wird euch reichen Besitz zuteilen bis zum festgesetzten Lebensziel, jedem gnadenwürdigen seine Gnadenfülle gewähren. Wenn ihr euch aber abwendet, ich fürchte für euch die Strafe des großen Tags. 4. Zu Gott ist eure Rückkehr, und er ist über alle Dinge mächtig. 5. Falten sie denn nicht ihre Busen, um vor ihm zu verbergen? Als ob er nicht, wenn 6. Sie sich in ihre Gewänder hüllen, kannte, was sie verheimlichen und was sie kundtun. 7. Wahrlich, er ist des Inhalts der Busen wissend.

8. Es gibt der Geschöpfe keines auf Erden, dessen Versorgung nicht auf Gott wäre; er kennt seinen Weilort und seinen Aufenthalt, denn alles ist im deutlichen Buch. 9. Er ist es, der in sechs Tagen die Himmel geschaffen und die Erde, dessen Thron auf dem Wasser stand, um euch zu prüfen, wer von euch der Werke gute verrichten werde. 10. Sagst du: ihr werdet wahrlich nach dem Tod auferweckt, — die-

jenigen, die ungläubig sind, erwidern: dies ist nichts als offenbare Zauberei. 11. Und wenn wir ihnen die Strafe auf einen bestimmten Zeitpunkt aufschieben, sie sprechen: was hält ihn zurück? Aber wird sie ihnen nicht kommen am Tag, an dem sie von ihnen nicht abwendbar ist? Und umfangen wird sie das, worüber sie gespottet. 12. Wenn wir einen Menschen unsre Barmherzigkeit kosten lassen und sie ihm darauf entziehen, wahrlich, er ist verzagend, er ist ungläubig. 13. Wenn wir ihn aber der Gnade kosten lassen, nachdem ein Unglück ihn befallen, er spricht dann: geschwunden ist das Unheil von mir; wahrlich, er ist vergnügt, er ist prahlerisch. 14. Denjenigen nur, die geduldig ausharren und gute Werke üben, nur ihnen wird Verzeihung und großer Lohn. 15. Vielleicht aber, daß du einen Teil von dem, was dir geoffenbart worden, unterdrückest, daß deine Brust beengt ist, sie könnten sagen: wenn ihm nicht ein Schatz herabgesandt wird oder ein Engel mit ihm kommt. Wahrlich, du bist Warner nur, und Gott allein ist Vogt über alle Dinge. 16. Oder sie sagen: er hat ihn[2] *erdichtet. Sprich: So bringet doch zehn solcher erdichteter Suren herbei und rufet außer Gott an, wen ihr nur könnet, wenn ihr wahrhaftig seid. 17. Und wenn sie euch nicht hören, so wisset, daß er nur mit dem Allwissen Gottes geoffenbart ist, und daß es keinen Gott gibt außer ihm. Seid ihr nun ganz gottergeben? 18. Wer das Leben hienieden wünscht und seine Pracht, — wir wollen ihnen ihre Werke in diesem belohnen, sie sollen da nicht geschmälert werden. 19. Diese sind es, denen im Jenseits nichts ist als Höllenfeuer; nichtig ist, was sie hienieden vollbracht, Eitles, was sie getan. 20. Ist wohl jemand, dem ebenso die klaren Beweise von seinem Herrn geworden, dem ein Zeuge³ folgt und dem voranging das Buch Moses, zum Vorbild und zur Barmherzigkeit? Diese glauben an ihn, wer aber aus der Rotte ihn verleugnet, dem ist das Fegefeuer bereitet. So sei darüber nicht im Zweifel; traun, es ist die Wahrheit von deinem Herrn. Aber die meisten der Menschen glauben nicht. 21. Wer ist frevelhafter als der, der über Gott Lüge erdichtet? Diese werden ihrem Herrn vorgeführt, und die Zeugen sprechen: Diese sind es, die über ihren Herrn logen. Sollte nun nicht der Fluch Gottes über die Frevler? 22. Diejenigen, die vom Pfad Gottes abweichen und Krümme wünschen, die inbetreff des Jenseits Ungläubige sind, diese werden auf Erden nichts ausrichten, und kein Beistand ist ihnen außer Gott. Verdoppelt wird ihnen die Pein. Sie waren des Hörens nicht mächtig und schauen taten sie nicht. 23. Sie selber sind es, die ihre Seelen verderbt, geschwunden ist von ihnen, was sie sich erdichtet. 24. Kein Zweifel, im Jenseits sind sie die Verlustigen. 25. Wahrlich, die glauben, gute Werke üben und ihrem Herrn unterwürfig sind, diese sind Genossen des Paradieses, darin sie ewig weilen. 26. Es gleichen beide Teile einander wie Tauber und*

Blinder einem Hörenden und Sehenden. Gleichen sie einander? Denkt ihr nicht daran? 27. Bereits sandten wir Noah zu seinem Volk: Ich bin euch ein öffentlicher Warner. 28. Daß ihr nur Gott allein verehret, sonst fürchte ich für euch die Strafe des schmerzhaften Tags. 29. Es antworteten aber die Ratsherren seines Volks, die ungläubig waren: Wir sehen in dir nur ein Fleischwesen wie wir, und niemand sehen wir dir folgen, bis auf unsre Gemeinen, nur einsichtslos, auch sehen wir an euch nicht des Vorzugs über uns. Nein, wir halten euch für Lügner. 30. Er erwiderte: O mein Volk, schauet her, wenn mir deutliche Beweise von meinem Herrn geworden und seine Barmherzigkeit mir von ihm gegeben, die euch aber verborgen bleibt, sollten wir sie euch aufnötigen, und euch ist sie zuwider? 31. O mein Volk, ich verlange von euch keinen Lohn dafür, denn nur auf Gott ist meine Belohnung. Und nie werde ich Verstoßender derer, die glauben[4], denn wahrlich, sie treffen dereinst mit ihrem Herrn zusammen. Aber ich sehe euch an, ihr seid ein töricht Volk. 32. O mein Volk, wer hilft mir gegen Gott, wenn ich sie verstoße; denket ihr nicht daran? 33. Ich sage euch nicht, bei mir seien die Schätze Gottes, noch kenne ich die Geheimnisse, auch behaupte ich nicht ein Engel zu sein. Und ich sage auch nicht zu denen, die eure Augen verachten: nie wird Gott ihnen Gutes gewähren. Gott allein weiß, was in ihrer Seele; ich wäre sonst der **Frevler** *einer. 34. Jene entgegneten: O Noah, bereits hast du mit uns gestritten, und mehrest nun den Streit mit uns. Laß doch über uns kommen, was du uns angedroht, wenn du bist der Wahrhaftigen einer. 35. Er erwiderte: Wahrlich, nur wenn es ihm gefällt, wird Gott es über euch kommen lassen; ihr aber werdet es nicht hemmen. 36. Nicht würde euch mein guter Rat nützen, wollte ich euch gut raten, wenn Gott euch irreführen will. Er ist euer Herr, zu ihm werdet ihr zurückgebracht. 37. Sagen sie, er habe ihn erdichtet*[2]*, so sprich: Habe ich ihn erdichtet, so komme meine Freveltat über mich, frei aber bin ich dessen, was ihr frevelt. 38. Und Noah ward geoffenbart: Niemand sonst von deinem Volk wird glauben, als wer bereits glaubt, betrübe dich aber nicht über das, was sie tun. 39. Baue dir eine Arche vor unsren Augen, nach unsrer Offenbarung, und sprich nicht mit mir über diese, die freveln, denn wahrlich, sie sind Ertrunkene. 40. Da baute er die Arche, und sooft eine Schar von seinem Volk an ihm vorüberging, lachten sie über ihn. Da sprach er: Wenn ihr auch über uns lachet; wahrlich, wir werden über euch lachen, wie ihr jetzt über uns lachet; später werdet ihr es wissen. 41. Wem die Strafe kommt, den wird sie zu Schanden machen, und dauernde Pein bei ihm weilen. 42. Bis unser Befehl erging, und der Feuerherd*[5] *sprühte. Wir sprachen: Bringe darin von allen Arten je ein Paar, auch dein Hausgesinde, den ausgenommen, über den* *der Spruch bereits erging*⁶, *und jeden, der da glaubt. Aber es glaubten mit ihm wenige nur.* 43. *Er sprach: Steiget ein im Namen Gottes, mag sie ihren Lauf nehmen, mag sie ihren Standort behalten; wahrlich, mein Herr ist allverzeihend und allbarmherzig.* 44. *Und sie schwamm mit ihnen über Wogen wie die Berge. Da rief Noah seinem Sohn zu, der an ferner Stelle weilte: O mein Sohn, steig ein mit uns und halte dich nicht zu den Ungläubigen.* 45. *Dieser erwiderte: Ich werde mich auf einen Berg flüchten, der mich vor dem Wasser schützen wird. Jener entgegnete: Kein Beschützer vor dem Befehl Gottes ist heute, es sei denn, er erbarmet sich seiner. Da stürzte eine Woge zwischen sie, und er war von den Ertrunkenen.* 46. *Dann ward gesprochen: O Erde, verschlucke die Wasser, o Himmel, halte inne. Da versiegte das Wasser; der Befehl Gottes war vollbracht, und sitzen blieb sie auf dem Gjudi*⁷. *Es ward gesprochen: Vorbei mit dem Volk der Frevler.* 47. *Und Noah rief zu seinem Herrn und sprach: Herr, siehe, gehörte doch auch mein Sohn zu meiner Familie; wahrlich, deine Verheißung ist Wahrheit, und du bist der gerechteste der Richter.* 48. *Er sprach: O Noah, wahrlich, er gehörte nicht zu deiner Familie, denn siehe, sein Tun war nicht des Guten. Frage mich daher nicht um das, wovon dir keine Kenntnis ist; ich ermahne dich, sei nicht der Törichten einer.* 49. *Jener sprach: Herr, ich nehme meine Zuflucht zu dir, daß ich dich nicht frage um* *das, wovon mir keine Kenntnis ist; und wenn du mir nicht verzeihest und dich meiner erbarmst, ich bin der Verlustigen einer. 50. Es ward gesprochen: O Noah, steige herab mit Friedensgruß von uns, und Segen über dich und über Geschlechter von denen, die mit dir sind; und manche Geschlechter werden wir genießen lassen, dann aber wird sie von uns aus qualvolle Strafe treffen. 51. Dies ist der geheimen Kunden eine, die wir dir offenbaren; du wußtest es bisher nicht, noch dein Volk. So verharre geduldig, denn wahrlich, der Enderfolg ist den Gottesfürchtigen. 52. Und zu den Aditen (kam) ihr Bruder Hud und er sprach: O mein Volk, verehret Gott allein, denn ihr habt keinen Gott außer ihm; ihr seid Erdichter nur. 53. O mein Volk, ich verlange von euch keinen Lohn, denn meine Belohnung ist nur auf den, der mich erschaffen; begreift ihr dies nicht? 54. O mein Volk, bittet euren Herrn um Verzeihung und kehret zu ihm zurück; er wird über euch den Himmel Regen niedersenden lassen. 55. Er wird euch Kraft mehren zu eurer Kraft. Und wendet euch nicht ab sündhaft. 56. Sie erwiderten: O Hud, du bist uns nicht mit deutlichen Wundern gekommen; wir verlassen unsre Götter nicht ob deiner Rede, auch sind wir nicht Gläubige deiner. 57. Wir sagen nichts andres, als daß einer unsrer Götter dich mit einem Uebel geschlagen. Er sprach: Ich rufe Gott als Zeugen an und bezeuget auch ihr, daß ich rein bin von dem, was ihr Gott zugesellt. 58. Außer ihm. Verschwöret euch gegen mich allesamt, zögert nicht. 59. Ich vertraue auf Gott nur, meinen Herrn und euren Herrn. Kein Tier, daß er nicht an seiner Mähne hält. Wahrlich, mein Herr ist auf dem geraden Weg. 60. Wendet ihr euch ab, — ich habe euch bereits angekündigt, womit ich zu euch gesandt bin. Mein Herr wird ein andres Volk an eurer Stelle nehmen, und ihr werdet ihm um nichts schaden. Wahrlich, mein Herr ist über alle Dinge Wächter. 61. Und als unser Befehl eintraf, retteten wir in unsrer Barmherzigkeit Hud und die mit ihm gläubig waren; und wir retteten sie vor schwerer Strafe. 62. Diese Aditen verleugneten die Zeichen ihres Herrn, lehnten sich auf gegen seine Gesandten und folgten der Aufforderung eines jeden widerspenstigen Gewalttäters. 63. Fluch verfolgte sie hienieden, und auch am Tag der Auferstehung. Haben wahrlich die Aditen nicht ihren Herrn verleugnet? Etwa nicht: Fort mit den Aditen, dem Volk Huds!? 64. Und zu den Thamuditen ihr Bruder Salich. Er sprach: O mein Volk, verehret Gott nur, ihr habt keinen Gott außer ihm. Er schuf euch aus der Erde und siedelte euch auf dieser an. Bittet euren Herrn um Verzeihung und kehret zu ihm zurück; wahrlich, mein Herr ist nahe und erhörend. 65. Sie erwiderten: O Salich, du warst bisher unter uns, auf den wir gehofft, und nun verwehrest du uns zu verehren, was unsre Väter verehrt. Wahrlich, wir sind im Zweifel über das, wozu du uns aufforderst, unsicher.*

66. *Er sprach: O mein Volk, schaut her, wenn ich klare Beweise von meinem Herrn habe und mir von ihm Barmherzigkeit gekommen, wer könnte mich nun vor Gott schützen, wäre ich ihm ungehorsam? Ihr fügt mir nichts andres zu als Untergang. 67. O mein Volk, diese Kamelin Gottes sei euch ein Zeichen. So lasset sie, daß sie auf der Erde Gottes fresse, und füget ihr nichts Böses zu, schnelle Strafe würde euch erfassen. 68. Aber sie lähmten sie. Da sprach er: Drei Tage noch werdet ihr in euren Wohnungen genießen. Dies ist eine Versprechung ohne Falsch. 69. Und als unser Befehl eintraf, retteten wir in unsrer Barmherzigkeit Salich und die mit ihm gläubig waren von der Schmach jenes Tags. Wahrlich, dein Herr ist der Starke, der Allgewaltige. 70. Die aber gefrevelt, faßte der Schlag, und morgens lagen sie in ihren Wohnungen brüstlings hingestreckt. 71. Als hätten sie nie in diesen gewohnt. Haben wahrlich die Thamuditen nicht ihren Herrn verleugnet? Etwa nicht: Fort mit den Thamuditen!? 72. Einst kamen unsre Gesandten zu Abraham mit einer frohen Botschaft und sprachen: Friede! Er erwiderte: Friede! Dann zögerte er nicht und kam mit einem gebratenen Kalb. 73. Und als er sah, daß ihre Hände nicht danach langten, mißtraute er ihnen und empfand vor ihnen Furcht. Da sprachen sie: Fürchte dich nicht; wir sind zum Volk Lots gesandt. 74. Und sein Weib danebenstehend lachte, als*[8] *wir ihr den Isaak verkündeten, und nach Isaak*

den Jakob. 75. Sie sprach: O weh, ich sollte gebären, bin ich doch ein altes Weib und dieser mein Mann ein Greis?! Wahrlich, dies ist eine wunderliche Sache. 76. Jene erwiderten: Wunderst du dich über den Ratschluß Gottes? Die Barmherzigkeit Gottes und sein Segen über euch, Bewohner des Hauses. Wahrlich, er ist gelobt und gepriesen. 77. Und nachdem der Schreck von Abraham gewichen und die frohe Botschaft ihm gekommen war, stritt er mit uns für das Volk Lots. Wahrlich, Abraham war sanftmütig, mitleidig und gottergeben. 78. O Abraham, unterlasse es, denn bereits erging ein Befehl deines Herrn, und eine unabwendbare Strafe trifft sie. 79. Und als unsre Gesandten zu Lot kamen, war ihm ihretwegen wehe, und er war um sie schwach an Macht. Da sprach er: Das ist ein schwerer Tag. 80. Und sein Volk kam zu ihm und stürmte gegen ihn, denn schon zuvor taten sie Böses nur. Er sprach: O mein Volk, hier sind meine Töchter, unverfänglicher sind sie für euch. Fürchtet Gott und bereitet mir keine Schande in meinen Gästen. Ist kein rechtschaffener Mann unter euch? 81. Sie erwiderten: Bereits weißt du, daß wir kein Recht auf deine Töchter wünschen; dir ist sicherlich bekannt, was wir wollen. 82. Er sprach: Hätte ich doch Kraft gegen euch oder könnte ich zu einer starken Stütze gelangen! 83. Da sprachen sie: O Lot, wir sind Gesandte deines Herrn; nie werden sie zu dir gelangen. Gehe fort mit deinen Angehörigen in einem

Teil der Nacht, und niemand von euch wende sich. um. Nur dein Weib wird treffen, was diese trifft. Wahrlich, diesen Morgen ihre Verheißung. Ist der Morgen nicht nahe? 84. Und als unser Befehl erging, machten wir das Obere zum Unteren und ließen über sie Steine von den Höllensteinen niederregnen, stürzend und von deinem Herrn gezeichnet. Und diese hier⁹ ist von den Frevlern nicht fern. 85. Und zu den Midjaniten ihr Bruder Schoaib. Er sprach: O mein Volk, verehret Gott nur, ihr habt keinen Gott außer ihm. Und verringert nicht Maß und Gewicht. Wahrlich, ich sehe euch in Glück, aber ich fürchte für euch die Strafe des allumfassenden Tags. 86. O mein Volk, gebt volles Maß und Gewicht nach Richtigkeit und betrüget die Menschen nicht um ihr Eigentum, und seid nicht freventlich Unheilstifter auf Erden. 87. Das Bleibende von Gott ist für euch besser, wenn ihr Gläubige seid. 88. Ich aber bin nicht Wächter über euch. 89. Sie erwiderten: O Schoaib, verlangt es dein Gebet von dir, daß wir verlassen sollen, was unsre Väter verehrt, oder wir nicht mit unsrem Vermögen tun, was wir wollen? Wahrlich, bist du allein der Besonnene und der Rechtschaffene? 90. Er sprach: O mein Volk, schaut her, wenn ich klare Beweise habe von meinem Herrn, er mich mit Gutem von ihm aus hat versorgt, und ich euch nicht nachgeben will in dem, wovon ich euch zurückhalte, wie sollte ich da nichts andres wünschen als Heilstiftung, *soweit ich vermag? Mein Erfolg ist in Gott nur; auf ihn vertraue ich und an ihn wende ich mich.* 91. *O mein Volk, möge euch mein Streit nicht eintragen, daß euch dasselbe trifft, was das Volk Noahs, oder das Volk Huds, oder das Volk Salichs; nicht weit*[10] *von euch war das Volk Lots.* 92. *Und bittet euren Herrn um Verzeihung und kehret zu ihm zurück; wahrlich, mein Herr ist barmherzig und liebevoll.* 93. *Sie erwiderten: O Schoaib, wir verstehen nicht viel von dem, was du sprichst; wir sehen dich nur als Schwachen unter uns, und wenn nicht deine Familie, sicherlich hätten wir dich gesteinigt. Du bist über uns nicht mächtig.* 94. *Er sprach: O mein Volk, ist euch meine Familie bedeutsamer als Gott? Achtlos wollt ihr ihn hinter euch stellen? Wahrlich, mein Herr ist umfassend dessen, was ihr tut.* 95. *O mein Volk, handelt ihr nach eurem Gutdünken, auch ich bin handelnd; später werdet ihr wissen.* 96. *Wen die Strafe treffen wird, die ihn mit Schmach bedeckt, und wer Lügner ist. Passet auf, auch ich bin Aufpasser mit euch.* 97. *Und als unser Befehl eintraf, retteten wir in unsrer Barmherzigkeit Schoaib und die mit ihm gläubig waren. Die aber gefrevelt, faßte der Schlag, und morgens lagen sie in ihren Wohnungen brüstlings hingestreckt.* 98. *Als hätten sie nie in diesen gewohnt. Waren die Midjaniten nicht fort, wie die Thamuditen fort waren?* 99. *Dann sandten wir Moses mit unsren Zeichen und offenbaren Beweisen zu Pharao und seinen Ratsherren. Diese waren dem Befehl Pharaos gefolgt, aber der Befehl Pharaos war nicht rechtens. 100. Vorangehen wird er am Tag der Auferstehung seinem Volk und es in das Fegefeuer hinabführen. Wie böse ist der Abstieg, den sie hinabgeführt werden! 101. Fluch verfolgte sie hienieden, und auch am Tag der Auferstehung. Wie böse ist die Gabe, die ihnen gegeben wird! 102. Dies ist von den Kunden über die Städte, das wir dir erzählt; unter ihnen noch stehende und niedergemähte. 103. Wir waren nicht ungerecht gegen sie, aber sie selber waren gegen sich ungerecht. Und in nichts genützt haben ihnen ihre Götter, die sie außer Gott anriefen, als der Befehl deines Herrn erging; nichts als Vernichtung fügten sie ihnen zu. 104. Dies war die Strafe deines Herrn, als er die Städte strafte, und sie waren frevelhaft. Wahrlich, seine Strafe ist qualvoll und stark. 105. Wahrlich, dies ist sicherlich ein Zeichen für den, der die Strafe des Jenseits fürchtet. Das ist der Tag des Versammelns der Menschen zu ihm, das ist der Tag der Bezeugung. 106. Und wir verschieben ihn nur bis zu einer berechneten Frist. 107. Am Tag, der da kommt, wird keine Seele reden, es sei denn mit seinem Willen; unter ihnen Unselige und Selige. 108. Was die betrifft, die unselig sind, (sie kommen) ins Fegefeuer, darinnen ihnen Schluchzen und Seufzen. 109. Ewig weilen sie darin, solange Himmel und Erde währen, es sei denn, anders will es dein Herr. Wahr-*

*lich, dein Herr ist Bewirker dessen, was ihm gefällt.
110. Und was die betrifft, die selig sind, (sie kommen)
ins Paradies, darin sie ewig weilen, solange Himmel
und Erde währen, es sei denn, anders will es dein
Herr; eine Gabe ununterbrochen. 111. So sei nicht
im Zweifel über das, was sie verehren. Diese verehren nur, was ihre Väter zuvor verehrt. Wir aber
werden ihnen gewißlich ihren Teil voll gewähren
ohne Schmälerung. 112. Bereits haben wir Moses
die Schrift verliehen, und sie waren über diese uneinig; und wäre nicht vorher ein Spruch deines Herrn
ergangen, ganz gewiß wäre die Sache unter ihnen
entschieden. Aber sie sind darüber im Zweifel, unsicher. 113. Und siehe, ihnen allen wird Gott ihre
Werke voll vergelten, denn wahrlich, er ist kundig
dessen, was sie tun. 114. Halte dich recht, wie dir
befohlen ist, und mit dir, wer sich bekehrt hat.
Und seid nicht widerspenstig, denn wahrlich, er ist
schauend dessen, was ihr tut. 115. Neiget nicht zu
denen, die freveln, das Fegefeuer könnte euch umfangen. Ihr habt außer Gott keinen Beistand, ihr
würdet dann keine Hilfe haben. 116. Verrichte das
Gebet an der Tagesgrenze und dem Nachtbeginn.
Wahrlich, die guten Werke verbannen die bösen.
Dies ist eine Ermahnung für die Nachdenkenden.
117. Und harre geduldig, denn wahrlich, nicht verlorengehen läßt Gott den Lohn der Liebfrommen.
118. Und waren auch unter den Geschlechtern vor
euch Tugendhafte, die dem Verderben auf Erden*

steuern wollten, aber nur wenige, unter denen, die wir von ihnen retteten. Aber die gefrevelt, folgten nur dem, worin sie schwelgten, und sie waren Sünder. 119. Und dein Herr würde die Städte nicht in Ungerechtigkeit zerstört haben, wären ihre Bewohner rechtschaffen. 120. Wollte es dein Herr, sicherlich würde er die Menschen zu einer einzigen Religionsgemeinschaft gemacht haben, doch sie sollen nicht aufhören, streitig zu sein, die ausgenommen, denen dein Herr barmherzig ist, denn dazu erschuf er sie. Und in Erfüllung ging der Spruch deines Herrn: Füllen will ich die Hölle mit Geistern und Menschen zusammen. 121. Und was wir dir alles an Kunden von den Gesandten erzählt, wir kräftigen damit dein Herz. In diesem ist dir Wahrheit gekommen, Ermahnung und Erinnerung für die Gläubigen. 122. Und sprich zu denen, die nicht glauben: Handelt ihr nach eurem Gutdünken, auch wir sind Handelnde; wartet ihr, auch wir sind Wartende. 123. Gottes ist das Geheimnis der Himmel und der Erde, zu ihm kehrt jede Sache zurück. So verehret ihn nur und vertrauet auf ihn, denn dein Herr ist nicht übersehend, was ihr tut.

12. SURA VON JOSEPH
FRIEDE ÜBER IHN
MEKKANISCH, AUS 111 VERSEN BESTEHEND

Im Namen Gottes, des Allerbarmers, des Allbarmherzigen.

1. *ALR. Dies sind die Verse des deutlichen Buches.*
2. *Wir offenbarten den Koran arabisch, auf daß ihr ihn verstehet.*
3. *Wir erzählen dir die schönste der Erzählungen, indem wir dir diesen Koran offenbaren, wenn du auch zuvor warest der Unbeachtenden einer.*
4. *Wie Joseph zu seinem Vater sprach: O mein Vater, siehe, ich sah (im Traum) elf Sterne und Sonne und Mond, ich sah sie vor mir sich anbetend verbeugen.*
5. *Er erwiderte: O mein Sohn, erzähle dein Gesicht nicht deinen Brüdern, sie könnten gegen dich einen Anschlag ersinnen, denn wahrlich, Satan ist den Menschen ein offenkundiger Feind.*
6. *Und so wird dein Herr dich auserwählen, dich die Deutung der Ereignisse lehren und seine Huld über dich vollenden und über die Familie Jakobs, wie er sie zuvor über deine Vorfahren Abraham und Isaak vollendet hat. Wahrlich, dein Herr ist allwissend und allweise.*
7. *An Joseph und seinen Brüdern sind Zeichen für die Nachforschenden.*
8. *Wie sie sprachen: Joseph und sein Bruder sind unsrem Vater lieber als wir, und wir sind eine Schar. Traun, unser Vater ist in offenbarem Irrtum.*
9. *Tötet den Joseph oder schaffet ihn in ein*

fernes Land, frei wird euch sodann das Gesicht eures Vaters, und ihr seid nachher glückliche Leute. 10. Da sprach ein Sprecher unter ihnen: Tötet den Joseph nicht; werfet ihn in die Tiefe des Brunnens, und aufnehmen wird ihn jemand der Reisenden, wenn ihr es tun wollt. 11. Sie sprachen: O Vater, was hast du nur, daß du uns inbetreff Josephs nicht trauest? Und wir sind ihm wohlmeinend. 12. Schicke ihn morgen mit uns, daß er sich vergnüge und spiele. Wir werden ihm gewißlich Behüter sein. 13. Er erwiderte: Betrüben wird es mich ganz gewiß, wenn ihr mit ihm gehet; ich fürchte, ihn frißt der Wolf, während ihr seiner unbeachtend seid. 14. Sie sprachen: Frißt ihn der Wolf, — wir sind eine Schar; wahrlich, wir müßten dann die Verlustigen sein. 15. Und als sie mit ihm gingen und einig waren, ihn in die Tiefe des Brunnens zu werfen, offenbarten wir ihm: Einst wirst du ihnen diese Handlung vorhalten, und sie ahnen es nicht. 16. Und abends kamen sie zu ihrem Vater weinend. 17. Sie sprachen: O Vater, wir gingen einander voreilend und ließen Joseph bei unsren Sachen zurück, da fraß ihn der Wolf; du glaubst uns nicht, wenn wir auch wahrhaftig sind. 18. Und sie kamen mit falschem Blut auf seinem Hemd. Da sprach er: Nein, ihr habt selber die Sache erdichtet. Große Geduld und Gott um Hilfe anrufen, ob dem, was ihr mir berichtet. 19. Da kam eine Reisegesellschaft und sandte ihren Wassersucher aus, und als dieser seinen Eimer herabließ, sprach er: O Glück, ein Knabe! Und sie bargen ihn als Ware. Gott aber war wissend dessen, was sie taten. 20. Und sie verkauften ihn um einen niedrigen Preis, für einige Drachmen, denn sie waren mit ihm anspruchslos. 21. Und der ihn gekauft, einer aus Ägypten, sprach zu seinem Weib: Mache seinen Aufenthalt angenehm, vielleicht nützt er uns, oder wir nehmen ihn zum Sohn. So bereiteten wir Joseph eine Stätte im Land, daß wir ihn die Deutung der Ereignisse lehrten. Und Gott ist Sieger in seinem Ratschluß, doch die meisten der Menschen wissen es nicht. 22. Und als er seine Vollkraft erreichte, verliehen wir ihm Weisheit und Wissen. Also belohnen wir die Liebfrommen. 23. Und die, in deren Haus er war, hegte Begehren nach ihm; da verschloß sie die Türen und sprach: Komm her! Er erwiderte: Behüte Gott; er ist mein Herr und verschönte meinen Aufenthalt, er läßt die Frevler nicht Glück haben. 42. Aber schon verlangte sie nach ihm und auch er nach ihr, hätte er nicht eine deutliche Warnung[1] seines Herrn gesehen. Dies, um von ihm Böses und Schändliches abzuwenden, denn wahrlich, er war unsrer treuen Diener einer. 25. Da liefen beide voreinander zur Tür, und sie zerriß sein Hemd von hinten; und als sie ihren Herrn vor der Tür fanden, sprach sie: Was andres sei der Lohn dessen, der deiner Familie Uebles zufügen wollte, als Einkerkerung oder qualvolle Strafe? 26. Er sprach: Sie hegte Begehren nach mir. Da zeugte ein Zeugender aus ihrer Familie: Ist sein Hemd zerrissen von vorne, so spricht sie wahr, und er ist der Lügner einer. 27. Und ist sein Hemd zerrissen von hinten, so lügt sie, und er ist der Wahrhaftigen einer. 28. Und als er sah, daß sein Hemd von hinten zerrissen war, sprach er: Das ist eure Weiberlist; traun, eure Weiberlist ist groß! 29. Joseph, übergehe dies, aber du, Weib, suche Vergebung für deine Schuld, wahrlich, du bist der Sündhaften eine. 30. Und die Frauen in der Stadt sprachen: Die Frau des Gewaltigen hat Begehren nach ihrem Diener, er hat ihr Herz mit Liebe erfüllt. Wir sehen sie in offenbarer Irrung. 31. Als sie nun ihren Spott hörte, da sandte sie nach ihnen und bereitete ihnen ein Gastmahl, und einer jeden von ihnen reichte sie ein Messer. Dann rief sie: Komm zu ihnen heraus. Und als sie ihn sahen, bewunderten sie ihn und schnitten sich die Hände[2], indem sie sprachen: Gott bewahre, das ist kein Fleischwesen, das ist ein erhabener Engel. 32. Da sprach sie: Das ist er, um den ihr mich getadelt. Ich hatte Verlangen nach ihm, er aber sträubte sich. Doch tut er nicht, was ich ihm befehle, ganz gewiß wird er eingekerkert, und sein soll er der Erniedrigten einer. 33. Er sprach: O Herr, lieber ist mir der Kerker als das, wozu sie mich auffordern. Doch wendest du ihre List von mir nicht ab, ich könnte jugendhaft zu ihnen werden, und sein der Törichten einer. 34. Und sein Herr erhörte ihn und wandte ihre List von ihm ab. Wahrlich, er ist der Allhörende, der Allwissende. 35. Dann schien es ihnen recht, nachdem sie schon der Zeichen gesehen, ihn eine Zeit lang in den Kerker zu tun. 36. Und in den Kerker kamen mit ihm noch zwei Jünglinge. Da sprach der eine: Ich sah mich (im Traum) Wein pressen. Und der andre sprach: Ich sah mich (im Traum) auf meinem Haupt Brot tragen, von dem die Vögel fraßen. Verkünde uns die Deutung dessen, denn wir sehen, du bist der Liebfrommen einer. 37. Er erwiderte: Nicht kommen wird euch die Speise, mit der ihr versorgt werdet, bevor ich euch verkündet habe die Deutung, ehe sie eintrifft. Dies ist von dem, was mich mein Herr gelehrt. Ich verließ die Religion eines Volks, die nicht an Gott glauben und inbetreff des Jenseits Ungläubige sind. 38. Und folgte der Religion meiner Väter Abraham, Isaak und Jakob. Uns kommt es nicht zu, Gott irgend ein Wesen beizugesellen. Dies ist eine Gnade Gottes an uns und allen Menschen, doch die meisten der Menschen sind undankbar. 39. O meine Kerkergenossen, sind voneinander getrennte Herren besser oder Gott, der Einzige, der Allbezwinger? 40. Außer ihm verehrt ihr nichts als Namen, die ihr selber genamset, ihr und eure Vorfahren. Gott sandte dazu keine Ermächtigung, denn das Urteil ist Gottes nur, der geboten, daß ihr ihn allein verehret. Das ist die wahre Religion, doch die meisten der Menschen verstehen nichts. 41. O ihr Kerkergenossen, was *den einen von euch betrifft, er wird seinem Herrn Wein einschenken, und was den andren betrifft, er wird gekreuzigt werden, und fressen werden die Vögel von seinem Haupt. Entschieden ist die Sache, um deren Deutung ihr mich gefragt. 42. Und er sprach zu dem, von dem er meinte, er von beiden würde entkommen: Gedenke mein bei deinem Herrn. Doch vergessen ließ ihn Satan die Erinnerung seines Herrn, und so weilte er im Kerker einige Jahre. 43. Da sprach der König: Ich sah (im Traum) sieben fette Kühe, und es fraßen sie sieben magere; ferner sieben grüne Ähren und andre dürre. O ihr Ratsherren, deutet mir mein Traumgesicht, wenn ihr Träume deuten könnet. 44. Sie erwiderten: Es ist Traumeswirre, und wir sind nicht Kundige der Traumdeutung. 45. Da sprach jener, der von beiden entkommen war, indem er sich nach einem Zeitlauf erinnerte: Ich will euch die Deutung dessen verkünden, sendet mich. 46. Joseph, du wahrhaftiger, deute mir über sieben fette Kühe, es fraßen sie sieben magere, und über sieben grüne Ähren und andre dürre, auf daß ich zurückkehre zu meinen Leuten, damit sie es wissen. 47. Er erwiderte: Ihr werdet sieben Jahre hindurch säen, und was ihr erntet, lasset in den Ähren, bis auf weniges, daß ihr esset. 48. Dann werden nach diesen sieben schwere kommen, die das verzehren werden, was ihr ihnen vorbereitet, bis auf weniges, das ihr verwahrt. 49. Dann wird nach diesen ein Jahr kommen, in dem es den Men-*

schen regnen wird, und in dem sie keltern werden. 50. Da sprach der König: Holt ihn mir her. Und als der Bote zu ihm kam, sprach er: Kehre zu deinem Herrn zurück und frage ihn: was war den Frauen, die sich ihre Hände schnitten? Wahrlich, mein Herr ist ihrer List kundig. 51. Dieser sprach: Was war euer Vorhaben, als ihr Begehren nach Joseph hegtet? Sie erwiderten: Gott behüte, wir wissen nichts Böses über ihn. Da sprach die Frau des Gewaltigen: Jetzt wird die Wahrheit offenbar: ich hatte Begehren nach ihm, und er ist der Wahrhaftigen einer. 52. So weiß er[3] nun, daß ich ihn nicht im Geheimen betrüge, und daß Gott die List der Betrüger nicht leitet.

53. Auch will ich meine Seele nicht rein machen; traun, die Seele ist Aufreizerin zum Bösen, sofern mein Herr sich nicht erbarmt. Wahrlich, mein Herr ist allverzeihend und allbarmherzig. 54. Da sprach der König: Holt ihn mir her, ich will ihn für mich haben. Und als er mit ihm geredet, sprach er: Du bist von heut an Angestellter bei mir und Vertrauter. 55. Er erwiderte: Setze mich nun über die Vorratskammern des Landes; ich bin ein kundiger Hüter. 56. Also bereiteten wir Joseph eine Stätte im Land, darin zu wohnen, wo er wollte. Wir treffen mit unsrer Barmherzigkeit, wen wir wollen, und verlorengehen lassen wir nicht den Lohn der Liebfrommen. 57. Aber ganz gewiß ist der Lohn im Jenseits für die besser, die gläubig sind und gottesfürchtig. 58. Und es kamen

die Brüder Josephs und traten zu ihm ein; da erkannte er sie, sie aber kannten ihn nicht. 59. Und als er sie mit ihrem Bedarf ausgerüstet, sprach er: Bringet mir euren Bruder von eurem Vater. Seht ihr nicht, daß ich volles Maß gebe und der beste bin der Gastgeber? 60. Bringt ihr ihn mir aber nicht, so sollt ihr bei mir kein Maß mehr haben und euch mir nicht nähern. 61. Sie erwiderten: Wir wollen seinen Vater um ihn bitten; wir werden dies gewißlich tun. 62. Und er sprach zu seinen Dienern: Legt ihr Geld in ihre Bündel; ob sie es merken, wenn sie zu ihren Angehörigen zurückgekehrt sind, ob sie wiederkommen? 63. Und als sie zu ihrem Vater zurückgekehrt waren, sprachen sie: O Vater, uns wird das Maß verweigert. So sende doch unsren Bruder mit uns, uns wird gemessen; wir werden ihm gewißlich Behüter sein. 64. Er erwiderte: Soll ich euch ihn betreffend mehr vertrauen, als ich euch zuvor inbetreff seines Bruders vertraut? Aber Gott ist der beste Behüter, er ist der allbarmherzigste Erbarmer. 65. Und als sie ihr Gepäck geöffnet, fanden sie ihr Geld ihnen zurückgegeben. Da sprachen sie: O Vater, was sollen wir mehr wünschen, dies unser Geld ist uns zurückgegeben. Wir wollen unsre Angehörigen mit Brot versorgen und unsren Bruder behüten. Dann uns noch eine Kamellast messen lassen, denn dieses ist ein geringes Maß. 66. Er erwiderte: Nimmer sende ich ihn mit euch, bis ihr mir eine Versicherung vor Gott gegeben, ihn mir sicher zurückzubringen, es sei denn, ihr selber werdet zurückgehalten. Und als sie ihm ihre Versicherung gaben, sprach er: Gott ist Bürge dessen, was wir gesprochen. 67. Dann sprach er: O meine Söhne, ziehet nicht ein durch ein einziges Tor, ziehet ein durch verschiedene Tore. Doch kann ich euch vor Gott in nichts schützen, denn die Entscheidung ist nur bei Gott. Auf ihn vertrau ich, auf ihn vertrauen sollen die Vertrauenden. 68. Und als sie einzogen, von wo aus ihr Vater ihnen geboten, schützte es sie in nichts vor Gott, nur daß ein Wunsch in der Seele Jakobs erfüllt war. Er war mit Kenntnis begabt, die wir ihn gelehrt, aber die meisten der Menschen wissen nichts. 69. Und als sie zu Joseph eingetreten waren, nahm er seinen Bruder zu sich und sprach: Siehe, ich bin dein Bruder; betrübe dich nicht ob dem, was sie getan. 70. Und als er sie mit ihrem Bedarf ausgerüstet, legte er den Becher in das Bündel seines Bruders. Dann rief ein Ausrufer: He, Reisende, ihr seid ja Diebe! 71. Da sprachen sie, indem sie sich zu jenem umwandten: Was ist es, das ihr vermisset? 72. Jene erwiderten: Wir vermissen einen Trinkbecher des Königs. Wer ihn bringt, dem ist eine Kamellast; ich bin dessen Bürge. 73. Sie sprachen: Bei Gott, ihr wißt bereits, daß wir nicht gekommen sind, um Unheil im Land zu stiften, auch sind wir keine Diebe. 74. Jene entgegneten: Was sei der Lohn, wenn ihr Lügner seid? 75. Sie erwiderten: Der Lohn sei: in wessen

Bündel er gefunden wird, der sei selber Lohn dafür[4]*. So lohnen wir den Frevlern. 76. Und er begann mit ihren Säcken vor dem Sack seines Bruders, dann zog er ihn aus dem Sack seines Bruders hervor. So listeten wir für Joseph, denn nicht festnehmen durfte er seinen Bruder nach dem Gesetz des Königs, hätte Gott es nicht gewollt*[5]*. Wir erhöhen um Stufen, wen wir wollen, und über jeden Wissenbegabten ist ein Allwissender. 77. Sie sprachen: Hat er gestohlen, so hat vor ihm schon sein Bruder gestohlen. Joseph aber verschwieg es für sich und sagte ihnen nichts. Er sprach: Ihr seid in übler Lage; Gott aber weiß am besten, was ihr redet. 78. Sie sprachen: O du Mächtiger, siehe, er hat einen Vater, einen alten Greis. So nimm doch einen von uns statt seiner, denn wir sehen in dir der Liebfrommen einen. 79. Er erwiderte: Behüte Gott, daß wir einen andren nehmen als den, bei dem wir unser Gerät gefunden, wir würden dann ungerecht sein. 80. Und als sie an ihm verzweifelten, berieten sie sich heimlich, und ihr Ältester sprach: Wißt ihr nicht, daß euer Vater von euch Versicherung vor Gott genommen, und was ihr zuvor an Joseph gefehlt? Ich weiche nicht aus dem Land, bis mein Vater es mir erlaubt oder Gott es mir entscheidet, und er ist der beste Entscheider. 81. Kehrt zu eurem Vater zurück und sagt: O Vater, siehe, dein Sohn hat gestohlen. Wir bezeugen nichts als das, was wir wissen, sind aber nicht Hüter des Heimlichen. 82. Frage die Stadt, in der wir waren,* *und die Karawane, mit der wir zogen, wir reden die Wahrheit. 83. Er sprach: Nein, ihr habt selber die Sache erdichtet. Große Geduld; vielleicht gibt sie mir Gott alle wieder. Wahrlich, er ist der Allwissende, der Allweise. 84. Dann wandte er sich von ihnen ab und sprach: O Schmerz um Joseph! Weiß ward*[6] *sein Auge vor Kummer, und er war tiefbetrübt. 85. Sie sprachen: Bei Gott, du willst wohl aufhören, an Joseph zu denken, erst wenn du dich aufgezehrt oder der Zugrundegerichteten bist? 86. Er erwiderte: Ich klage meinen Jammer und meinen Kummer nur Gott, und ich weiß von Gott, was ihr nicht wisset. 87. O meine Söhne, gehet und forschet nach Joseph und seinem Bruder; verzweifelt nicht an dem Geist Gottes, denn wahrlich, an dem Geist Gottes verzweifelt nur das Volk der Ungläubigen. 88. Und als sie zu ihm eingetreten waren, sprachen sie: O du Mächtiger, uns und unsre Angehörigen traf die Not; wir kommen mit wenigem Geld, so fülle uns das Maß und sei uns wohltätig. Wahrlich, Gott belohnt die Wohltätigen. 89. Er sprach: Wißt ihr, was ihr an Joseph getan und an seinem Bruder, als ihr töricht waret? 90. Sie sprachen: Bist du vielleicht selber Joseph? Er erwiderte: Ich bin Joseph, und dieser ist mein Bruder. Gütig war Gott gegen uns. Wer gottesfürchtig ist und geduldig, wahrlich, Gott läßt den Lohn der Liebfrommen nicht verlorengehen. 91. Sie sprachen: Bei Gott, dich hat nun Gott vor uns bevorzugt, wir* **aber** waren Sünder. 92. Er erwiderte: Kein Vorwurf treffe euch heute; verzeihen wird euch Gott, denn er ist der allbarmherzigste Erbarmer. 93. Gehet nun mit diesem meinem Hemd und legt es über das Gesicht meines Vaters, so wird er sehend werden; dann kommt zu mir mit allen euren Angehörigen. 94. Und als die Karawane sich trennte, sprach ihr Vater: Ich empfinde den Geruch Josephs, wenn ihr mich auch für närrisch haltet. 95. Sie sprachen: Bei Gott, du bist in deinem alten Wahn. 96. Als aber der Glückverkünder kam, warf er (das Hemd) auf sein Gesicht, und er ward wieder sehend. 97. Da sprach er: Sagte ich euch nicht, ich weiß von Gott, was ihr nicht wisset? 98. Sie sprachen: O Vater, bitte für uns um Verzeihung unsrer Vergehen; wahrlich, wir waren Sünder. 99. Er erwiderte: Erbitten werde ich von meinem Herrn eure Verzeihung, denn er ist wahrlich der Allverzeihende, der Allbarmherzige. 100. Und als sie zu Joseph eintraten, nahm er seine Eltern bei sich auf und sprach: Ziehet in Ägypten ein, so Gott will, in Sicherheit. 101. Und er hob seine Eltern auf einen Thron, doch sie fielen vor ihm unterwürfig hin. Da sprach er: O mein Vater, dies ist die Deutung meines Traumgesichts von ehemals; nun hat mein Herr es wahr gemacht. Er war gut zu mir, als er mich aus dem Kerker führte, und euch brachte er her aus der Wüste, nachdem Satan zwischen mir und meinen Brüdern Zwietracht gestiftet hatte.

Wahrlich, mein Herr ist gütig, wem er will. Er ist der Allwissende, der Allweise. 102. Herr meiner, du hast mir nun Herrschaft verliehen und mich Deutung der Ereignisse gelehrt. Schöpfer der Himmel und der Erde, du bist mein Beistand hienieden und im Jenseits; laß mich verscheiden als ergebenen Gottbekenner und vereine mich mit den Frommen. 103. Dies ist von den geheimen Kunden, die wir dir geoffenbart. Und du warst nicht bei ihnen, als sie einig waren über ihr Vorhaben, als sie listeten. Doch die meisten der Menschen werden, wenn du es auch begehrtest, keine Gläubigen sein. 104. Und du forderst von ihnen dafür keinen Lohn, denn dies ist nur eine Ermahnung für die Weltbewohner. 105. Wie viele sind es der Zeichen an den Himmeln und auf Erden, aber vorüber gehen sie an ihnen, sie wenden sich von ihnen ab. 106. Und die meisten ihrer glauben nicht an Gott, ohne auch Götzendiener zu sein. 107. Sind sie denn sicher, daß ihnen nicht ein Gerichtstag von der Strafe Gottes kommt, oder daß ihnen nicht die Stunde kommt unversehens, und sie ahnen es nicht? 108. Sprich: Dies ist mein Pfad; ich rufe euch zu Gott auf sichtliche Weise, ich und wer mir folgt. Preis sei Gott, und ich bin nicht der Götzendiener einer. 109. Und auch vor dir sandten wir nur Männer aus Stadtleuten, denen wir offenbarten. Wollen sie nicht umherreisen auf Erden und schauen, wie war der Enderfolg derer vor ihnen? Aber ganz gewiß ist der Aufenthalt im Jenseits für die besser, die gottesfürchtig sind. Begreift ihr es nicht? 110. *Wenn da die Gesandten verzweifelten und wähnten, sie seien bereits als lügenhaft abgetan, kam ihnen unsre Hilfe; wir retteten, wen wir wollten, und nicht abgewandt ward unsre Strafe vom sündhaften Volk.* 111. *Ein warnendes Beispiel ist in ihren Erzählungen für die Einsichtsvollen. Es ist keine erdichtete Rede, aber eine Bestätigung dessen, was schon vorhanden, eine Darlegung aller Dinge, Rechtleitung und Barmherzigkeit für Leute, die glauben.*

13. SURA VOM DONNER
MEKKANISCH, AUS 43 VERSEN BESTEHEND

Im Namen Gottes, des Allerbarmers, des Allbarmherzigen.

1. *ALMR. Dies sind die Verse des Buches, und was dir von deinem Herrn geoffenbart ist, es ist die Wahrheit, doch die meisten Menschen glauben nicht.* 2. *Gott ist es, der die Himmel erhöht hat ohne Stützen, die ihr sehen könntet. Dann setzte er sich auf den Thron und machte Sonne und Mond dienstbar; jedes strebt zu einem vorgezeichneten Ziel. Er ordnet die Dinge und verdeutlicht die Zeichen, auf daß ihr der Begegnung mit eurem Herrn sicher seiet.* 3. *Er ist es, der die Erde gedehnt, auf dieser Berge und Flüsse geschaffen, und von allen Früchten auf ihr zwei Paare gemacht. Er läßt die*

Nacht den Tag bedecken. Wahrlich, hierin sind deutliche Zeichen für nachdenkende Leute. 4. Auf der Erde sind benachbarte Landstriche, Weingärten, Getreide und Palmen, aus einer Wurzel und aus mehreren Wurzeln. Mit einem Wasser werden sie getränkt, doch zeichneten wir die einen vor den andren zur Nahrung aus. Wahrlich, hierin sind Zeichen für Leute, die begreifen. 5. Und wenn du dich wunderst, wunderbar ist ihre Rede: sollten wir denn, nachdem wir Staub geworden, zu neuer Schöpfung werden? 6. Diese sind es, die ihren Herrn verleugnen, diese, Nackenfesseln auf ihre Nacken, diese sind Genossen des Fegefeuers, darinnen sie ewig weilen. 7. Sie werden von dir das Böse vor dem Guten beschleunigt herbeiwünschen, und doch sind bereits vor ihnen Beispiele erfolgt. Wahrlich, vergebungsvoll ist dein Herr den Menschen bei ihrem Frevel, doch dein Herr ist wahrlich auch streng in der Bestrafung. 8. Die ungläubig sind, sagen: Wenn ihm nicht ein Wunderzeichen von seinem Herrn herabgesandt wird. Du bist ein Warner nur, und jedem Volk ist ein Führer. 9. Gott weiß, was jedes Weib trägt, was im Mutterschoß geringer wird und was zunimmt; und jedes Dinges Maß ist bei ihm. 10. Er ist Kenner des Verborgenen und des Sichtbaren, der Große, der Erhabene. 11. Gleich ist es, ob jemand von euch die Rede verheimlicht oder sie laut führt, ob sich in Nacht verbergend oder bei Tag hervortretend. 12. Ihm sind Begleitengel, vor sich und hinter sich, die ihn auf Geheiß Gottes behüten. Wahrlich, Gott ändert nichts an den Menschen, bis sie selber geändert, was an ihnen ist. Und wenn Gott den Menschen Böses zufügen will, es gibt dagegen keine Abwehr, ihnen ist außer ihm kein Beschützer. 13. Er ist es, der euch zeigt den Blitz, zur Furcht und zur Hoffnung, und aufsteigen läßt die schweren Wolken. 14. Der Donner preist sein Lob, und die Engel in Furcht vor ihm. Er entsendet die Donnerschläge und trifft damit, wen er will. Sie streiten über Gott, und er ist an Macht gewaltig. 15. Ihm gebührt die Anrufung in Wahrheit, und die sie außer ihm anrufen, geben ihnen nicht das geringste Gehör; nur wie ein die Hände zum Wasser Ausstreckender, daß es in seinen Mund gelange, doch es gelangt nicht zu ihm. Und die Anrufung der Ungläubigen in Irrung nur. 16. Und Gott beten an, die in den Himmeln sind und auf Erden, willig und gezwungen, ihre Schatten auch, morgens und abends. 17. Sprich: Wer ist Herr der Himmel und der Erde? Sprich: Gott. Sprich: Nehmet ihr Schutzfreunde außer ihm, die für sich selber keinen Nutzen vermögen und keinen Schaden? Sprich: Sollten Blinder und Sehender einander gleichen? Oder sollten Finsternis und Licht gleichgestellt werden? Oder gesellen sie Gott Genossen bei, die seiner Schöpfung gleich schaffen, und ähnlich ist die Schöpfung? Sprich: Gott ist der Schöpfer aller Dinge, er ist der Einzige, der Allbezwinger.

18. Er sandte vom Himmel Wasser, da flossen Bäche in ihrem bestimmten Maß, und die Wasserflut trug aufsteigenden Schaum. Auch von dem, was man im Feuer schmilzt, Schmuck zu gewinnen oder Geräte, gleicher Schaum. So schmiedet Gott Wahrheit und Nichtigkeit; allein der Schaum, er schwindet schäumend, was aber den Menschen nützet, es bleibt auf Erden zurück. So prägt Gott die Gleichnisse. Die auf ihren Herrn gehört, ihnen das Schönste; die aber auf ihn nicht gehört, wäre ihnen alles, was auf Erden und noch einmal soviel dazu, gern würden sie sich damit loskaufen. Diese, ihnen ist das Schlimme der Abrechnung; ihr Aufenthalt ist die Hölle, wie böse das Lager! 19. Ist denn, der da weiß, daß die Wahrheit nur dir von deinem Herrn geoffenbart ist, gleich dem, der blind ist? Nur Leute von Verstand denken daran. 20. Die den Vertrag Gottes halten und das Bündnis nicht brechen. 21. Die verbinden, was Gott zu verbinden geboten, ihren Herrn scheuen und das Schlimme der Abrechnung fürchten. 22. Die geduldig harren, das Gesicht ihres Herrn erstrebend, das Gebet verrichten, Almosen geben von dem, womit wir sie versorgt, heimlich und öffentlich, und mit dem Guten das Böse verdrängen, diese da, ihnen ist die Belohnung des Aufenthalts. 23. In den Gärten Edens, in die sie treten werden, und wer fromm war von ihren Vätern, Weibern und Kindern. Und die Engel werden ihnen aus jedem Tor entgegentreten:

24. Friede über euch, dieweil ihr ausgeharret. Wie schön ist die Belohnung des Aufenthalts! 25. Die aber den Vertrag Gottes brechen, nachdem er geschlossen worden, trennen, was Gott zu verbinden geboten, und Unheil stiften auf Erden, diese da, ihnen ist Fluch, ihnen ist das Schlimme des Aufenthalts. 26. Gott erweitert die Versorgung, wem er will, und mißt sie auch (kärglich) zu. Sie freuen sich des Lebens hienieden, und doch ist das Leben hienieden gegen das Jenseits ein Nießbrauch nur. 27. Die ungläubig sind, sagen: Wenn ihm nicht ein Wunderzeichen von seinem Herrn herabgesandt wird. Sprich: Wahrlich, Gott läßt irren, wen er will, und leitet zu sich, wer bereut. 28. Die da glauben und deren Herzen sich beruhigen bei der Erinnerung Gottes. Wie sollten die Herzen sich nicht beruhigen bei der Erinnerung Gottes? Die da glauben und gute Werke üben, — Heil ihnen und schöne Rückkehr. 29. So haben wir dich zu einem Volk gesandt, dem bereits Völker vorangegangen, auf daß du ihnen vorlesest, was wir dir geoffenbart. Sie aber glauben nicht an den Allerbarmer. Sprich: Es ist mein Herr, es gibt keinen Gott außer ihm, auf ihn vertraue ich, zu ihm meine Rückkehr. 30. Und wäre es auch ein Koran, durch den in Bewegung gesetzt würden die Berge, sich spalten würde die Erde, und redend gemacht würden die Toten. Nein, Gottes sind die Angelegenheiten alle. Wollen denn, die da glauben, nicht zu zweifeln unterlassen, daß Gott, wollte er

es nur, rechtleiten könnte die Menschen allesamt? 31. *Und nicht aufhören wird Unheil die zu treffen, die ungläubig sind, ob dem, was sie getan, oder sich niederzulassen nahe ihrem Haus, bis gekommen ist die Androhung Gottes. Wahrlich, Gott versäumt nicht die Verheißung.* 32. *Gespottet über Gesandte wurde vor dir schon, doch Frist gab ich denen, die ungläubig waren. Dann aber erfaßte ich sie, und wie war die Strafe!* 33. *Wer ist über jeder Seele stehend wegen dessen, was sie begangen? Doch gesellen sie Gott Götzen bei. Sprich: So nennet sie. Oder könnt ihr ihm verkünden, was er nicht wüßte auf Erden, oder ein klares Wort? Nein, wohlgefällig ist denen, die ungläubig sind, ihr Anschlag, und abgewichen sind sie vom Pfad. Und wen Gott irregehen läßt, dem ist kein Leiter.* 34. *Pein ist ihnen im Leben hieniden, und noch schlimmer ist die Strafe im Jenseits; kein Schirmer ist ihnen vor Gott.* 35. *Das Bild des Gartens, der den Gottesfürchtigen verheißen ist: darunterhin fließen Ströme, seine Frucht dauernd und sein Schatten. Das ist der Lohn derer, die gottesfürchtig sind; der Lohn der Ungläubigen aber ist das Fegefeuer.* 36. *Denen wir die Schrift gegeben, sie freuen sich mit dem, was dir geoffenbart worden; doch sind unter den Scharen manche, die einen Teil dessen leugnen. Sprich: Mir ist geboten, daß ich Gott nur verehre und ihm nichts beigeselle; ihn rufe ich an, zu ihm ist meine Rückkehr.* 37. *Und so sandten wir die Weisheit arabisch.*

Und folgst du ihren Listen, nachdem dir Erkenntnis geworden, dir ist von Gott nicht Schützer und nicht Schirmer. 38. Vor dir schon sandten wir Gesandte und gaben ihnen Frauen und Kinder[1]*. Und nicht steht es einem Gesandten zu, daß er Wunderzeichen bringe, es sei denn mit dem Willen Gottes. Jedem Zeitalter ein eigenes Buch. 39. Gott verwischt, was er will, und bestätigt. Und bei ihm ist der Ursprung des Buches. 40. Ob wir dich sehen lassen einen Teil dessen, was wir ihnen androhen, oder wir dich (vorher) hinscheiden lassen; dir liegt nur die Ankündigung ob, uns die Abrechnung. 41. Und sehen sie nicht, wie wir über die Erde kommen und sie von ihren Enden her zehren? Gott entscheidet, und es ist kein Hemmer seiner Entscheidung; und er ist schnell des Berechnens. 42. Schon die vor ihnen listeten, doch Gottes ist die List allesamt. Er weiß, was jede Seele begeht, und wissen werden die Ungläubigen, wessen ist der Lohn des Aufenthalts. 43. Und es sagen die ungläubig sind: Du bist kein Abgesandter. Sprich: Gott genügt als Zeuge zwischen mir und euch, und jeder auch, bei dem ist **Kenntnis des Buches**.*

14. SURA VON ABRAHAM
FRIEDE ÜBER IHN
MEKKANISCH, AUS 52 VERSEN BESTEHEND

Im Namen Gottes, des Allerbarmers, des Allbarmherzigen.

1. ALR. Das Buch, das wir dir geoffenbart, auf daß du die Menschen mit dem Willen ihres Herrn aus der Finsternis an das Licht führest, zum Weg des Allmächtigen, des Hochgepriesenen. 2. Gottes, dessen ist, was in den Himmeln ist und was auf Erden. Und wehe den Ungläubigen ob der starken Pein. 3. Die das Leben hienieden dem Jenseits vorziehen und sich vom Pfad Gottes abwenden, Krümme erstrebend; diese sind in weiter Irrung. 4. Und keinen der Gesandten sandten wir als mit der Sprache seines Volks, auf daß er ihnen deutlich sei. Und Gott läßt irregehen, wen er will, und rechtleitet, wen er will; er ist der Allmächtige, der Allweise. 5. Einst sandten wir Moses mit unsren Zeichen: Führe dein Volk aus der Finsternis an das Licht und ermahne sie an die Tage Gottes. Wahrlich, hierin sind Zeichen für jeden dankbar Geduldigen. 6. Dann sprach Moses zu seinem Volk: Gedenket der Huld Gottes gegen euch, als er euch vor den Leuten Pharaos rettete, die euch mit böser Qual bedrückten, eure Söhne schlachteten und eure Töchter leben ließen. Hierin war euch eine schwere Prüfung von eurem Herrn. 7. Dann verkündete euer

Herr: Seid ihr dankbar, mehren werde ich euch gewißlich, doch seid ihr ungläubig, traun, schwer ist sicherlich meine Strafe. 8. Und Moses sprach: Und solltet ihr auch ungläubig sein, ihr und wer auf Erden allesamt, wahrlich, Gott ist reich und hochgepriesen. 9. Kam euch nicht Kunde von denen, die vor euch waren, vom Volk Noahs, den Aditen und den Thamuditen[1]*? 10. Und von denen, die nach ihnen waren, die niemand kennt außer Gott? Zu ihnen kamen ihre Gesandten mit deutlichen Wundern, doch sie stießen ihnen die Hände vor den Mund und sprachen: Wir leugnen das, womit ihr gesandt seid, denn wir sind im Zweifel über das, wozu ihr uns auffordert, unsicher. 11. Ihre Gesandten sprachen: Über Gott ein Zweifel? Er ist Schöpfer der Himmel und der Erde, er ruft euch, um euch eurer Sünden viele zu vergeben, und euch Aufschub zu gewähren bis zu einer bestimmten Frist. 12. Jene erwiderten: Ihr seid Fleischwesen nur gleich uns und wollt uns verdrängen von dem, was unsre Väter verehrt; so bringt uns offenbaren Beweis. 13. Ihre Gesandten sprachen zu ihnen: Ja, Fleischwesen nur sind wir gleich euch, doch Gott begnadet, wen er von seinen Dienern will; uns kommt es nicht zu, euch offenbaren Beweis zu bringen. 14. Es sei denn mit dem Willen Gottes; und auf Gott vertrauen sollen die Gläubigen. 15. Und nichts veranlaßt uns, nicht auf Gott zu vertrauen, hat er uns doch bereits unsre Wege geleitet. Gedulden wollen wir uns bei dem, was ihr uns beleidet, denn auf Gott* *vertrauen mögen die Vertrauenden.* 16. Und die ungläubig waren, sprachen zu ihren Gesandten: Verjagen wollen wir euch aus unsrem Land, oder ihr kehret zu unsrem Kult zurück. Da offenbarte ihnen ihr Herr: Vertilgen wollen wir die Frevler. 17. Und euch wollen wir nach ihnen das Land bewohnen lassen. Dies dem, der meine Stätte fürchtet und meine Verheißung. 18. Da riefen sie um Beistand an, und machtlos war jeder widerspenstige Gewalttäter. 19. Hinter ihm die Hölle, getränkt wird er mit unflätigem Wasser. 20. Er nippt daran und mag es nicht verschlucken. Der Tod kommt ihm von jeder Seite, doch ist er nicht tot; und hinter ihm harte Pein. 21. Ein Gleichnis derer, die ihren Herrn verleugnen: ihre Werke sind wie Asche, in die der Wind fährt an einem stürmischen Tag; nichts haben sie von dem, was sie gewirkt. Das ist die weite Irrung. 22. Siehst du nicht, daß Gott Himmel und Erde schuf in Wahrheit? Wenn er nur will, er läßt euch schwinden und bringt eine neue Schöpfung. 23. Und dies ist für Gott nichts Bedeutendes. 24. Sie traten vor Gott allesamt, und es sprachen die Schwachen zu denen, die hochmütig waren: Wir waren euer Gefolge, ob ihr von uns abwehret etwas von der Strafe Gottes? 25. Diese erwiderten: Hätte doch Gott uns geleitet, wir hätten euch geleitet. Gleich ist es für uns, ob wir ungeduldig sind oder geduldig, uns ist kein Entkommen. 26. Und Satan sprach, als die Sache entschieden war: Wahrlich,

Gott verhieß euch eine Verheißung der Wahrheit, ich aber verhieß euch und hielt es euch nicht. Ich hatte keine Macht über euch. 27. Ich rief euch, und ihr hörtet auf mich. So beschuldigt nicht mich, beschuldigt euch selber. Ich bin euer Helfer nicht, noch seid ihr meine Helfer. Ich glaubte selber nicht daran, als ihr mich zuvor Gott beigesellt habt. Wahrlich, die Frevler, ihnen ist qualvolle Strafe. 28. Und eingeführt werden diejenigen, die gläubig waren und gute Werke geübt, in Gärten, darunterhin Ströme fließen, darin sie ewig weilen, mit dem Willen ihres Herrn, und ihr Gruß darin ist Friede. 29. Siehst du nicht, wie Gott ein Gleichnis geprägt? Ein gutes Wort ist wie ein guter Baum, fest seine Wurzel und bis zum Himmel sein Gezweige. 30. Er bringt seine Frucht jederzeit mit dem Willen seines Herrn. Und Gott prägt den Menschen die Gleichnisse, auf daß sie eingedenk seien. 31. Und das Gleichnis eines schlechten Wortes ist ein schlechter Baum, der niedergerissen wird oberhalb der Erde und keine Festigkeit hat. 32. Gott festigt die, die gläubig sind, mit dem festen Wort im Leben hienieden und im Jenseits. Aber irregehen läßt Gott die Frevler, und Gott tut, was er will. 33. Siehst du nicht auf jene, die die Huld Gottes gegen Unglauben vertauschten und ihr Volk zur Wohnung des Untergangs führten? 34. Zur Hölle, in der sie braten; wie schlimm ist die Stätte! 35. Und sie gesellten Gott Götzen bei, um von seinem Pfad ab-

irren zu machen. Sprich: Genießet nur, aber wahrlich, zum Fegefeuer ist eure Reise. 36. Sprich zu meinen Dienern, die gläubig sind, daß sie das Gebet verrichten und Almosen geben von dem, womit wir sie versorgt, heimlich und öffentlich, bevor der Tag kommt, an dem nicht Handel ist und nicht Freundschaft. 37. Gott ist es, der die Himmel erschaffen und die Erde, vom Himmel niedersendet Wasser, damit er Früchte hervorbringt, für euch zur Versorgung. Und dienstbar machte er euch das Schiff, daß es auf seinen Befehl das Meer durchquere, und dienstbar machte er euch die Flüsse. Auch machte er euch die Sonne dienstbar und den Mond, die unermüdlichen. Und den Tag machte er euch dienstbar und die Nacht. Er gab euch von allem, worum ihr ihn gebeten; und zähltet ihr die Wohltaten Gottes, nicht berechnen könntet ihr sie. Wahrlich, der Mensch ist frevelhaft und undankbar. 38. Dann sprach Abraham: O Herr, mache diese Ansiedelung zur Friedensstätte, und laß es fern sein, daß ich und meine Kinder Götzen dienen. 39. O Herr, viele haben sie irregeleitet von den Menschen. Wer mir folgt, er ist der meinen, und wer mir trotzt, wahrlich, du bist allverzeihend und allbarmherzig. 40. Herr unser, ich ließ von meinen Nachkommen in einer saatlosen Wüste wohnen, neben dem heiligen Haus[2]; Herr unser, daß sie das Gebet verrichten. So mache die Herzen der Menschen sich ihnen zuneigen, und versorge sie mit Früchten, auf daß sie dankbar seien. 41. *Herr unser, du kennst, was wir verbergen und was wir kundtun; nichts ist Gott verborgen auf Erden, nichts im Himmel. Preis Gott, der mir in meinem Alter Ismael gegeben und Isaak. Wahrlich, mein Herr ist Hörer des Gebets.* 42. *O Herr, mache mich zum Verrichter des Gebets und die von meinen Nachkommen, und erhöre, Herr unser, mein Gebet. Herr unser, vergib mir und meinen Eltern und den Gläubigen am Tag, an dem die Abrechnung aufgestellt wird.* 43. *Doch denke nicht von Gott, er sei übersehend dessen, was die Frevler tun. Aufschub nur gibt er ihnen bis zum Tag, an dem starr blicken werden die Augen.* 44. *Hintaumelnde, ihre Köpfe erhebend, nicht zurückkehren wird zu ihnen ihr Blick, hohl ihre Herzen. So warne die Menschen vor dem Tag, an dem ihnen die Pein kommen wird.* 45. *Und die gefrevelt, werden sprechen: Herr unser, gib uns Aufschub bis zu einer nahen Frist.* 46. *Hören wollen wir deinen Ruf, dem Gesandten folgen. Aber habt ihr nicht früher geschworen, euch sei kein Untergang?* 47. *Ihr habt in den Wohnungen derer gewohnt, die gegen sich gefrevelt, klar gemacht worden ist euch, was wir mit ihnen getan, und Beispiele stellten wir euch hin. Und sie listeten ihre List, doch bei Gott ist ihre List, und wäre ihre List auch derart, daß durch sie schwinden sollten die Berge.* 48. *Und denke nicht von Gott, er halte nicht sein Versprechen an seine Gesandten. Wahrlich, Gott ist allmächtig und rachhaftig.* 49. *Am Tag, an dem verwandelt wird die Erde in eine andre Erde und die Himmel. Und treten werden sie vor Gott, den Einzigen, den Allbezwinger.* 50. *Und sehen wirst du dann die Sünder in Fesseln gejocht.* 51. *Ihre Gewänder aus Teer, und Feuer deckt ihr Gesicht. Daß Gott jeder Seele vergelte, was sie begangen. Wahrlich, Gott ist schnell des Berechnens.* 52. *Dies ist eine Ankündigung an die Menschen, auf daß sie gewarnt seien, und damit sie wissen, daß er nur der einzige Gott ist, und auf daß eingedenk seien Leute von Verstand.*

15. SURA VON EL=CHIDJR[1]
MEKKANISCH, AUS 99 VERSEN BESTEHEND

Im Namen Gottes, des Allerbarmers, des Allbarmherzigen.

1. *ALR. Dies sind die Verse des Buches, des deutlichen Korans.*

2. *Die ungläubig sind, wünschen manchmal: wären sie doch ergebene Gottbekenner!* 3. *Laß sie essen und genießen und in Hoffnung tändeln, einst werden sie es wissen.* 4. *Noch nie zerstörten wir eine Stadt, der nicht ein kundbares Schreiben war.* 5. *Kein Volk übereilt sein Ziel, noch schiebt es dieses hinaus.* 6. *Sie sprachen: O du, dem die Mahnung geoffenbart worden, traun, du bist ein Besessener.* 7. *Kämst du nicht mit den Engeln uns, wärest du der Wahrhaftigen einer?* 8. *Wir senden die Engel bei Notwendigkeit nur,*

dann aber sind sie nicht, auf die gewartet wird. 9. Wir senden die Ermahnung, wir sind deren Behüter auch. 10. Vor dir schon sandten wir an frühere Stämme. 11. Und nie kam ein Gesandter zu ihnen, über den sie nicht höhnten. 12. Solches führen wir in die Herzen der Sünder. 13. Sie glauben nicht daran, und doch ist bereits das Verfahren an den Früheren vollstreckt. 14. Und öffneten wir über ihnen ein Tor des Himmels, daß sie tagsüber hinaufstiegen. 15. Ganz gewiß würden sie sagen: Nur trunken sind unsre Augen, ja, ein bezaubert Volk sind wir. 16. Sternburgen setzten wir ihnen bereits an den Himmel, schmückten sie für die Beschauer. 17. Und behüteten sie vor jedem gesteinigten Satan[2]. 18. Doch, wer Erlauschtes stiehlt, den verfolgt leuchtendes Flammenfeuer. 19. Und die Erde dehnten wir und setzten auf diese Bergesfesten, und hervorsprießen ließen wir auf dieser von allen Dingen wohlgemessen. 20. Nahrungsmittel schufen wir euch auf dieser, auch denen, deren Versorger ihr nicht seid. 21. Keines der Dinge, deren Vorratskammern nicht bei uns wären, und nur nach vorbestimmtem Maß senden wir es nieder. 22. Wir schicken die befruchtenden Winde aus, auch senden wir Wasser vom Himmel nieder, womit wir euch tränken; ihr aber seid nicht des Vorrats Verwahrer. 23. Wahrlich, nur wir beleben und töten, wir auch sind die Erben. 24. Wir kennen von euch die Vorgehenden, wir kennen auch die

Zurückbleibenden. 25. Und wahrlich, dein Herr, er wird sie versammeln; er ist allweise und allwissend. 26. Den Menschen bilden wir aus trockenem Lehm, aus Schlamm geformt. 27. Die Geister aber bildeten wir zuvor aus dem Feuer der Gluthitze³. 28. Dann sprach dein Herr zu den Engeln: Fürwahr, ich bilde ein Fleischwesen aus Lehm, aus Schlamm geformt. 29. Und wenn ich es gefertigt und darin von meinem Geist eingehaucht, so fallet vor ihm anbetend nieder. 30. Da fielen nieder die Engel allesamt. 31. Nur nicht Iblis; er weigerte sich, mit den Niederfallenden zu sein. 32. Er sprach: O Iblis, was ist dir, daß du nicht mit den Niederfallenden bist? 33. Dieser erwiderte: Niederfallen will ich nicht vor einem Fleischwesen, das du aus Lehm gebildet, aus Schlamm geformt. 34. Er sprach: Hinaus von hier, gesteinigt sollst du sein. 35. Und wahrlich, der Fluch auf dir bis zum Tag des Gerichtes. 36. Dieser sprach: O Herr, so warte mir bis zum Tag, an dem auferweckt wird. 37. Er sprach: So sei derer, denen gewartet wird. 38. Bis zum Tag der bestimmten Zeit. 39. Dieser sprach: Herr, weil du mich irre gejagt, will ich sie auf Erden verlocken, verführen will ich sie allesamt. 40. Nur nicht deine aufrichtigen Diener unter ihnen. 41. Er sprach: Das ist der Weg, der gerade, zu mir. 42. Wahrlich, keine Gewalt sei dir über meine Diener, nur wer dir folgt von den Verführten. 43. Traun, die Hölle ist ihre Verheißung, ihnen allesamt. 44. Sie hat sieben Tore, jedem Tor ein Teil von ihnen zugewiesen. 45. *Traun, die Gottesfürchtigen in Gärten und an Quellen:* 46. *In diese kehret ein in Frieden, geborgen.* 47. *Entrissen haben wir, was in ihren Busen war an Groll; Brüder, auf Ruhekissen einander gegenüber.* 48. *Nicht überkommt sie da Ermüdung, nie werden sie aus diesen vertrieben.* 49. *Verkünde meinen Dienern, daß ich der Allverzeihende bin, der Allbarmherzige.* 50. *Und daß meine Strafe die qualvolle Strafe ist.* 51. *Verkünde ihnen auch von den Gästen Abrahams.* 52. *Als sie zu ihm eintraten, sprachen sie: Friede. Er sprach: Wahrlich, wir sind vor euch erschreckt.* 53. *Sie erwiderten: Erschrick nicht, wir verkünden dir einen weisen Knaben.* 54. *Er sprach: Wie verkündet ihr mir dies, wo mich doch erfaßt hat das Alter, woraufhin verkündet ihr es mir?* 55. *Sie erwiderten: Wir verkünden es dir in Wahrheit, und sei nicht der Verzagenden einer.* 56. *Er sprach: Wer verzagt an seines Herrn Barmherzigkeit, wenn nicht die Verirrten?* 57. *Dann sprach er: Was ist euer Geschäft, ihr Abgesandten?* 58. *Sie erwiderten: Wir sind gesandt zum sündhaften Volk.* 59. *Die Angehörigen Lots nur, wahrlich, sie retten wir allesamt.* 60. *Sein Weib ausgenommen; ihr bestimmten wir, sie sei der Zurückbleibenden eine.* 61. *Und als die Abgesandten zu den Angehörigen Lots kamen,* 62. *Sprach er: Wahrlich, ihr seid Leute mir unbekannt.* 63. *Sie erwiderten: Ja, wir kommen zu dir mit dem, woran jene zweifeln. 64. Wir bringen dir die Wahrheit; traun, wir sind wahrhaftig. 65. Gehe fort mit deinen Angehörigen in einem Teil der Nacht und ziehe hinter ihnen her. Niemand von euch wende sich um; eilet nur, wohin euch geboten wird. 66. Wir erteilten ihm diesen Befehl, weil der Rest jener ausgerottet sein sollte am Morgen. 67. Und es kamen die Leute der Stadt lusttrunken. 68. Da sprach er: Wahrlich: diese sind meine Gäste, so fügt mir keine Schmach zu. 69. Fürchtet Gott und bereitet mir keine Schande. 70. Sie sprachen: Haben wir dir nicht Leute (aufzunehmen) verboten? 71. Er sprach: Hier sind meine Töchter, wollt ihr durchaus Handelnde sein. 72. Bei deinem Leben, verblendet waren sie in ihrer Trunkenheit. 73. Und bei Sonnenaufgang faßte sie der Schlag. 74. Und wir machten das Obere zum Unteren und ließen über sie Steine von den Höllensteinen niederregnen. 75. Wahrlich, hierin sind Zeichen für die Einsichtigen. 76. Und dies wahrlich in unerschütterlicher Weise. 77. Wahrlich, hierin sind Zeichen für die Gläubigen. 78. Auch die Genossen des Gebüsches[4] waren Frevler. 79. Wir rächten uns an ihnen; wahrlich, sie beide sind ein deutliches Vorbild. 80. Und auch die Genossen von Chidjr nannten unsre Abgesandten lügenhaft. 81. Wir brachten ihnen unsre Zeichen, doch wandten sie sich von diesen ab. 82. Sie höhlten Häuser aus den Bergen, sich sichernd. 83. Und am Morgen faßte sie der Schlag. 84. Und nicht schützte sie,* was sie gemacht. 85. *Wir schufen die Himmel und die Erde, und was zwischen ihnen, in Wahrheit nur. Wahrlich, die Stunde kommt, und du vergib in milder Vergebung.* 86. *Wahrlich, dein Herr ist der Schöpfer, der Allwissende.* 87. *Bereits gaben wir dir die sieben von den wiederholten*[5] *und den erhabenen Koran.* 88. *Weite deine Augen nicht nach dem, das wir manche unter ihnen genießen lassen; betrübe dich nicht über sie, sondern senke deinen Arm zu den Gläubigen.* 89. *Und sprich: Ich bin der öffentliche Warner nur.* 90. *Wie wir über die Aufteiler*[6] *gesandt.* 91. *Die aus dem Koran Stücke machen.* 92. *Bei deinem Herrn, befragen werden wir sie allesamt.* 93. *Über das, was sie getan.* 94. *So tue kund, was wir dir befehlen, und wende dich von den Götzendienern.* 95. *Wir genügen dir gegen die Spötter.* 96. *Die zu Gott einen andren Gott setzen. Einst werden sie es wissen.* 97. *Wir wissen bereits, daß beengt ist deine Brust ob dem, was sie reden.* 98. *Du aber preise das Lob deines Herrn und sei der Anbeter einer.* 99. *Und verehre deinen Herrn, bis dir kommen wird die Gewißheit.*

16. SURA VON DEN BIENEN
MEKKANISCH, AUS 128 VERSEN BESTEHEND

Im Namen Gottes, des Allerbarmers, des Allbarmherzigen.
1. *Der Befehl Gottes kommt, beschleunigt ihn nicht. Preis ihm, erhaben ist er ob dem, was sie ihm bei-*

gesellen. 2. Er sendet nieder nach seinem Befehl die Engel mit dem Geist auf seiner Diener wen er will, daß sie ermahnen: Es gibt keinen Gott außer mir, so fürchtet mich. 3. Er schuf die Himmel und die Erde in Wahrheit. Erhaben ist er ob dem, was sie ihm beigesellen. 4. Er bildete den Menschen aus einem Samentropfen, nun aber ist er ein offener Widersacher. 5. Und die Haustiere schuf er euch, an denen Wärmendes ist und Nützliches, und von denen ihr esset. 6. Und eine Zierde habt ihr an ihnen, wenn ihr sie abends eintreibt und wenn ihr sie austreibt morgens. 7. Und eure Lasten tragen sie nach Gegenden, dahin ihr nur in Erschöpfung des Leibes gelanget. Wahrlich, euer Herr ist allgütig und allbarmherzig. 8. Und Pferde und Maultiere und Esel, daß ihr sie reitet und zur Pracht; und er schafft euch, was ihr nicht kennet. 9. Gottes ist des Weges Ziel, und wenn von ihm abweicht einer; wollte er es, er rechtleitete euch allesamt. 10. Er ist es, der vom Himmel Wasser niedersendet, davon euch zum Trank, davon dem Gebüsch auch, unter dem ihr weidet. 11. Er läßt euch damit das Getreide hervorsprossen und Oliven und Palmen und Trauben und Früchte allerlei. Wahrlich, hierin ist ein Zeichen für Leute, die nachsinnen. 12. Nacht und Tag machte er euch dienstbar und Sonne und Mond, und dienstbar auch sind die Gestirne auf sein Geheiß. Wahrlich, hierin sind Zeichen für Leute, die begreifen. 13. Und was er auch mannigfacher

Art auf Erden geschaffen, wahrlich, hierin sind Zeichen für Leute, die begreifen. 14. *Und er ist es, der dienstbar gemacht das Meer, daß ihr daraus frisches Fleisch esset und aus ihm Schmuck hervorziehet, den ihr anleget. Auch siehst du die Schiffe es durchqueren, damit ihr von seinem Überfluß erlanget; auf daß ihr dankbar seid.* 15. *Und Bergfesten setzte er auf die Erde, daß sie nicht mit euch wanke, und Flüsse und Wege, auf daß ihr gerechtleitet seid.* 16. *Und Wegzeichen; durch die Gestirne werden sie geleitet.* 17. *Wer dies geschaffen, sollte dem gleichen, der nichts geschaffen? Bedenkt ihr dies nicht?* 18. *Zähltet ihr die Wohltat Gottes, ihr könntet sie nicht berechnen. Wahrlich, Gott ist allverzeihend und allbarmherzig.* 19. *Und Gott weiß, was ihr verheimlicht und was ihr kundtut.* 20. *Die sie aber außer Gott anrufen, sie schaffen nichts, sie sind geschaffen.* 21. *Tote, keine lebende, und sie verstehen nicht,* 22. *Wenn sie auferweckt werden.* 23. *Euer Gott ist ein einziger Gott. Die aber, die an das Jenseits nicht glauben, deren Herz ist lügnerisch, hoffärtig sind sie.* 24. *Kein Zweifel, Gott weiß, was sie verheimlichen und was sie kundtun.* 25. *Wahrlich, er liebt nicht die Hoffärtigen.* 26. *Fragt man sie: Was ist es, das euer Herr geoffenbart? Sie erwidern: Fabeln aus Urzeiten.* 27. *Daß sie am Tag der Auferstehung ihre Lasten tragen vollständig, und von den Lasten derer, die sie ohne Wissen irregeführt. Ist es nicht böse, was* *sie belastet?* 28. Gelistet haben bereits, die vor ihnen waren, Gott aber faßte ihren Bau von seinen Grundlagen aus, da stürzte das Dach auf sie von oben her, und die Strafe kam ihnen, woher sie nicht dachten. 29. Dann wird er sie am Tag der Auferstehung zuschanden machen und sprechen: Wo sind nun die mir Beigesellten, über die ihr uneinig waret? Und die empfangen haben die Erkenntnis, werden sprechen: Wahrlich, Schande ist heute und das Schlimmste über die Ungläubigen. 30. Die die Engel hinraffen, ihre Seelen befrevelt, sie werden Frieden bieten: Wir taten nicht des Bösen. Ja, Gott ist kundig dessen, was ihr getan. 31. So tretet nun in die Pforten der Hölle, ewig weilet darin. Ja, schlimm ist der Aufenthalt der Hoffärtigen! 32. Aber fragt man die, die gottesfürchtig sind: Was ist es, das euer Herr geoffenbart? Sie erwidern: Gutes. Denen, die schön gehandelt, Schönes hienieden, und eine noch bessere Wohnstätte im Jenseits. Ja, schön ist die Wohnstätte der Gottesfürchtigen. 33. Die Gärten Edens, in die sie eintreten werden, darunterhin Ströme fließen; darinnen ist ihnen, was sie wünschen. So belohnt Gott die Gottesfürchtigen. 34. Zu den Guten, die die Engel hinnehmen, werden sie sagen: Friede über euch; tretet ein in den Garten ob dem, was ihr getan. 35. Erwarten jene denn andres, als daß zu ihnen kommen die Engel, oder daß ihnen der Befehl deines Herrn kommt? So machten es auch, die vor ihnen waren. Und* **nicht**

Gott ist gegen sie ungerecht, aber sie selber sind ungerecht gegen sich. 36. Da traf sie das Böse, das sie getan, und es umfing sie, was sie gespottet. 37. Und es sagen die Götzendiener: Wollte es Gott, wir würden nichts außer ihm verehrt haben, nicht wir und nicht unsre Väter, und wir würden nichts außer ihm geweiht haben. So machten es auch, die vor ihnen waren. Aber liegt dem Gesandten andres ob, als die deutliche Warnung? 38. Bereits entsandten wir jedem Volk einen Gesandten: Verehret Gott und meidet Tagut[1]*. Manche unter ihnen rechtleitete Gott, über andre aber war die Irrung verhängt*[2]*. Reiset umher auf Erden und schauet, wie war der Enderfolg der Verleugner. 39. Und wenn du auch ihre Rechtleitung begehrest, wahrlich, Gott rechtleitet nicht, wen er irregehen läßt, und kein Helfer ist ihnen. 40. Und sie schwuren bei Gott ihre feierlichen Eide, Gott erwecke nicht, wer gestorben. Ja, die Verheißung hierüber ist Wahrheit, aber die meisten der Menschen wissen es nicht. 41. Daß er ihnen verdeutlichen wird, worüber sie uneinig waren, damit wissen sollen, die ungläubig sind, daß sie Lügner waren. 42. Unsre Rede zu einem Ding, wenn wir es wollen, daß wir nur sagen: werde, und es wird. 43. Und die um Gott ausgewandert, nachdem ihnen Unrecht geschehen, eine herrliche Stätte geben wir ihnen hienieden, und größer ist ihr Lohn im Jenseits. Wüßten sie es doch. 44. Die geduldig ausharren und auf ihren Herrn vertrauen.*

45. *Männer nur sandten wir auch vor dir, denen wir offenbarten. Fraget doch die Leute von Ruf³, wenn ihr es nicht wisset. 46. Mit deutlichen Wundern und Schriften. Und dir offenbarten wir die Ermahnung, damit du den Menschen erklärest, was ihnen geoffenbart ist, auf daß sie nachsinnen. 47. Sind denn, die Böses sinnen, davor sicher, daß Gott die Erde mit ihnen versenkt, oder ihnen die Strafe kommt, woher sie nicht dachten? 48. Oder er sie auf ihren Wanderungen erfaßt, — und sie werden es nicht hemmen. 49. Oder er sie Stück für Stück ergreift. Wahrlich, euer Herr ist allgütig und allbarmherzig. 50. Und sehen sie nicht auf das, was Gott an Dingen geschaffen, wie ihre Schatten sich rechts und links wenden, Gott anbetend und sich erniedrigend? 51. Und Gott betet an, was in den Himmeln ist und was auf Erden an Lebewesen, auch die Engel, und sind nicht stolz. 52. Sie fürchten ihren Herrn über ihnen, sie vollbringen, was sie geheißen werden. 53. Und Gott sprach: Nehmet nicht zwei Götter an; es ist nur ein einziger Gott, ich, und mich scheuet. 54. Sein ist, was in den Himmeln ist und auf Erden, und sein ist der Glaube immerdar. Wollt ihr außer Gott etwas fürchten? 55. Und was euch an Wohltat ist, es ist von Gott, und wenn das Unglück euch berührt, ihr fleht zu ihm. 56. Dann, wenn er das Unglück von euch nimmt, gesellt ein Teil von euch ihrem Herrn Götzen bei. 57. Daß sie verleugnen, was wir ihnen gegeben. So genießet nur,*

später werdet ihr es wissen. 58. *Sie setzen dem, was sie nicht kennen, Anteil vor von dem, womit wir sie versorgt. Bei Gott, befragen wird man euch über das, was ihr ersonnen.* 59. *Sie dichten Gott Töchter*[4] *an, — Preis ihm, — ihnen aber, was sie begehren*[5]. 60. *Wird ihrer einem eine Tochter verkündet, schwarz beschattet ist sein Gesicht, er ist grollend.* 61. *Er verbirgt sich vor den Leuten ob des Schlimmen, das ihm verkündet worden: ob er sie zur Demütigung behalte oder im Sand verscharre. Ist nicht schlimm, was sie entscheiden?* 62. *Die an das Jenseits nicht glauben, ihnen ist das Schlimmste Gleichnis, Gott aber ist das Höchste Gleichnis; und er ist der Allgewaltige, der Allweise.* 63. *Bestrafte Gott die Menschen nach ihrem Frevel, kein Lebewesen bliebe auf (Erden) übrig, aber Aufschub gibt er ihnen auf bestimmte Frist. Und ist ihre Frist gekommen, sie verzögern sie nicht um eine Stunde und beschleunigen sie auch nicht.* 64. *Sie dichten Gott an, was ihnen selber zuwider ist, und ihre Zungen reden Lüge, ihnen werde das Schönste sein. Kein Zweifel, ihnen wird das Fegefeuer, (dahin) werden sie voraneilen.* 65. *Bei Gott, vor dir schon sandten wir zu den Völkern, doch Satan machte ihnen ihre Werke wohlgefällig. Er ist ihr Beistand heute, aber qualvolle Strafe ist ihnen.* 66. *Wir offenbarten dir das Buch nur deshalb, damit du ihnen das erklärest, worüber sie uneinig sind, und zur Rechtleitung und Barmherzigkeit für Leute, die glauben.* 67. *Gott sendet Wasser vom Himmel nieder und belebt damit die Erde nach ihrem Tod. Wahrlich, hierin ist ein Zeichen für Leute, die hören.* 68. *Und wahrlich, an den Haustieren auch habt ihr ein Beispiel. Wir lassen euch trinken von dem, was zwischen Unrat und Blut in ihren Leibern, lautere Milch, kehlefließend den Trinkenden.* 69. *Und von der Palmen Frucht und den Trauben erhaltet ihr Rauschgetränk und schöne Nahrung. Wahrlich, hierin ist ein Zeichen, für Leute, die begreifen.* 70. *Und der Biene gab dein Herr ein: Bau dir in den Bergen Häuser, in den Bäumen, und in dem, was (die Menschen) errichten.* 71. *Dann iß von allen Früchten und ziehe unterwürfig die Wege deines Herrn. Aus ihren Leibern kommt ein Saft von mannigfacher Farbe, in dem Heilung ist für die Menschen. Wahrlich, hierin ist ein Zeichen für Leute, die nachsinnen.* 72. *Gott erschuf euch, einst wird er euch hinnehmen. Mancher aber von euch wird zur Tiefe der Lebensdauer gebracht, so daß er nichts mehr weiß, nachdem er gewußt. Wahrlich, Gott ist allwissend und allmächtig.* 73. *Gott bevorzugte die einen vor den andren inbetreff des Unterhalts; die bevorzugt sind aber, sie geben von ihrem Unterhalt nichts denen, über die sie verfügen, so daß sie ihnen gleich wären. Wollen sie die Huld Gottes verleugnen?* 74. *Und Gott machte euch Frauen aus euch selber, und von euren Frauen machte er euch Söhne und Enkel, und er versorgte euch mit* **Gutem.**

Wollen sie nun an das Eitle glauben und die Huld Gottes verleugnen? 75. Und sie verehren außer Gott, was ihnen nicht gewähren kann Versorgung, von den Himmeln etwas oder von der Erde; sie vermögen nichts. 76. So präget von Gott keine Gleichnisse, denn wahrlich, Gott weiß, ihr aber wißt nichts. 77. Gott prägte ein Gleichnis von einem leibeigenen Sklaven, der über nichts vermag, und einem, den wir versorgt mit schönster Versorgung, und er davon spendet heimlich und öffentlich. Gleichen sie einander? Preis Gott, nein. Aber die meisten ihrer wissen es nicht. 78. Und Gott prägte ein Gleichnis von zwei Männern, von denen einer stumm ist, der über nichts vermag und nur eine Last ist seinem Beschützer, wohin er ihn auch schickt, er bringt nichts Gutes. Ist er mit dem zu vergleichen, der Gerechtigkeit gebietet und auf dem rechten Weg ist? 79. Gottes ist das Geheimnis der Himmel und der Erde. Und das Geschäft der Auferstehungsstunde ist nur wie ein Blink des Auges oder noch kürzer. Wahrlich, Gott ist über alle Dinge mächtig. 80. Gott brachte euch aus eurer Mütter Leibern hervor, und ihr wußtet nichts. Und er gab euch Gehör, Gesicht und Herz, auf daß ihr dankbar seid. 81. Schauen sie nicht auf die Vögel, die im Luftraum des Himmels bedienstet sind? Nichts als nur Gott hält sie. Wahrlich, hierin sind Zeichen für Leute, die glauben. 82. Und Gott machte euch aus euren Zelten Wohnung, und aus den Häuten der Haustiere machte er euch Zelte, die ihr leicht handhabt am Tag eures Aufbruchs und am Tag eurer Niederlassung, und aus ihrer Wolle, ihren Vließen und ihren Haaren Hausbehör und Gerätschaft auf eine Zeit lang. 83. Und Gott machte euch Beschattung aus dem, was er geschaffen, und Schutzstätten machte er euch aus den Bergen; er machte euch Gewänder, die euch schützen gegen die Hitze, und Gewänder, die euch schützen vor Schaden. So vollendete er seine Huld an euch, auf daß ihr ihm ergeben seid. 84. Wenden sie sich ab, — dir liegt nur ob die deutliche Warnung. 85. Sie erkennen die Huld Gottes, dann aber leugnen sie diese; und die meisten ihrer sind ungläubig. 86. An jenem Tag werden wir aus jedem Volk einen Zeugen auferwecken; dann sollen nicht gehört werden, die ungläubig waren, sie sollen nicht begünstigt werden. 87. Wenn nun, die gefrevelt, die Pein sehen, die ihnen nicht erleichtert wird und nicht gefristet. 88. Wenn nun, die Götzen angebetet, ihre Götzen sehen, sprechen sie: Herr unser, das sind unsre Götzen, die wir außer dir angerufen. Diese aber werfen ihnen zu das Wort: Ihr seid Lügner. 89. Dann richten sie Unterwürfigkeit an Gott, und entschwunden ist ihnen, was sie erdichtet. 90. Und die ungläubig waren und vom Pfad Gottes verdrängt haben, ihnen mehren wir Pein auf Pein, dieweil sie Unheil gestiftet. 91. An jenem Tag werden wir gegen jedes Volk einen Zeugen aus ihnen selber auferwecken, und dich bringen wir als Zeugen gegen diese. Und wir offenbaren dir das Buch zur Deutung aller Dinge und zur Rechtleitung, zur Barmherzigkeit und zur frohen Botschaft für die ergebenen Gottbekenner. 92. Wahrlich, Gott gebietet Gerechtigkeit, Rechtschaffenheit, Freigebigkeit gegen Verwandte, und er verbietet Schändlichkeit, Schlechtigkeit und Ungerechtigkeit. Er ermahnt euch, auf daß ihr eingedenk seid. 93. Haltet den Bund Gottes, wenn ihr ihn geschlossen, und brechet nicht die Eide, nachdem ihr sie bekräftigt, und so Gott zum Bürgen gegen euch gemacht. Wahrlich, Gott weiß, was ihr tut. 94. Seid nicht wie jenes Weib[6], das sein Gespinst im Flausche auflöste, nachdem es stark war, indem ihr eure Eide untereinander zur Trügerei gebrauchet, daß ein Stamm stärker sei als der andre. Versuchen nur will euch Gott damit, und ganz gewiß wird er euch am Tag der Auferstehung klarmachen, worüber ihr gestritten. 95. Wollte es Gott, ganz gewiß würde er euch ein einziges Volk gemacht haben; aber er läßt irregehen, wen er will, und rechtleitet, wen er will. Und gewißlich werdet ihr befragt werden, was ihr getan. 96. Und gebraucht eure Eide nicht zur Trügerei unter euch, daß der Fuß strauchle, nachdem er fest gestanden, und ihr das Uebel kostet, weil ihr verdrängt habt vom Pfad Gottes, und euch schwere Strafe ist. 97. Erkaufet nicht für den Bund Gottes einen geringen Preis; was bei Gott nur, ist für euch besser,

— *wenn ihr es wüßtet. 98. Was bei euch, es entschwindet, und was bei Gott, es ist bleibend. Und ihren Lohn erstatten werden wir denen, die geduldig waren, ob dem Schönsten, was sie getan. 99. Wer Gutes getan, ob Mann oder Weib, und gläubig ist, den beleben wir zu wonnigem Leben; und wir erstatten ihnen ihren Lohn ob dem Schönsten, was sie getan. 100. Wenn du den Koran liest, so bitte Gott um Zuflucht vor dem gesteinigten*[7] *Satan. 101. Ihm ist keine Gewalt über die, die glauben und auf ihren Herrn vertrauen. 102. Ueber die nur ist seine Gewalt, die ihn zum Freund nehmen und die mit ihm Götzendienst treiben. 103. Und wenn wir einen Vers an Stelle eines andren Verses setzen, und Gott weiß am besten, was er geoffenbart, so sprechen sie: Nur erdichtet hast du es. Nein, die meisten ihrer wissen nichts. 104. Sprich: Deines Herrn Geist der Heiligkeit hat ihn geoffenbart in Wahrheit, zu festigen, die glauben, und zur Rechtleitung und frohen Botschaft für die ergebenen Gottbekenner. 105. Wir wissen bereits, daß sie sagen: Ein Fleischwesen nur belehrte ihn*[8]. *Doch die Sprache dessen, dem sie zuneigen, ist eine fremde, diese Sprache aber die deutliche arabische. 106. Wahrlich, die an die Verse Gottes nicht glauben, wird Gott nicht rechtleiten, qualvolle Strafe ist ihnen. 107. Lügen nur erdichten sie, die an die Verse Gottes nicht glauben. Sie sind die Lügner. 108. Wer Gott verleugnet, nachdem er des Glaubens war, jedoch nicht,* **wer ge-**

zwungen wird, während sein Herz im Glauben fest bleibt, sondern wer sich trotzig zum Unglauben bekennt, — Gottes Zorn über sie, schwere Pein ist ihnen. 109. Dies, weil sie das Leben hienieden dem Jenseits vorgezogen, und weil Gott nicht rechtleitet das Volk der Ungläubigen. 110. Diese sind es, denen Gott die Herzen versiegelt hat und ihr Gehör und ihr Gesicht. Diese sind die Achtlosen; kein Zweifel, sie sind im Jenseits der Verlustigen. 111. Wahrlich, dein Herr ist denen, die ausgewandert, nachdem sie geprüft wurden, dann gestritten und geduldig ausgeharrt, fürwahr, dein Herr ist nach solchem allverzeihend und allbarmherzig. 112. An jenem Tag kommt jede Seele und kämpft für sich, und vergolten wird jeder Seele, was sie getan. Sie werden nicht übervorteilt werden. 113. Und Gott prägte ein Gleichnis: von einer Stadt, die sorglos war und gesichert, da ihre Versorgung aus allen Orten reichlich kam. Aber sie verleugnete die Wohltaten Gottes, und Gott ließ sie die Not des Hungers und der Furcht kosten ob dem, was sie getan. 114. Und gekommen war ihnen ein Gesandter aus ihrer Mitte, doch sie ziehen ihn der Lüge. Da erfaßte sie die Strafe, denn sie waren Frevler. 115. So genießet nun des Erlaubten und Guten, womit Gott euch versorgt hat, und danket für die Huld Gottes, daß ihr nur ihm dienet. 116. Verboten ist euch nur Verendetes, Blut, Schweinefleisch und das, wobei außer Gott angerufen[9] worden. Wer aber gezwungen *wird, ohne Lust und nicht übertretend, wahrlich, Gott ist allverzeihend und allbarmherzig. 117. Und redet nicht die Lüge, die eure Zungen aussprechen: Dies ist erlaubt, und dies ist verboten. Daß ihr über Gott Lüge erdichtet. Wahrlich, die über Gott Lüge erdichten, werden nicht Glück haben. 118. Ein geringer Genuß, und ihnen ist qualvolle Strafe. 119. Und denen, die Juden sind, verboten wir, was wir dir zuvor mitgeteilt*[10]. *Und nicht wir waren ungerecht gegen sie, aber sie selber waren ungerecht gegen sich. 120. Wahrlich, dein Herr ist denen, die in Unwissenheit Böses getan, sodann sich bekehrten und besserten, fürwahr, dein Herr ist nach solchem allverzeihend und allbarmherzig. 121. Wahrlich, Abraham war ein Geschlecht*[11], *Gott gehorchend und rechtgläubig, und er war nicht der Götzendiener einer. 122. Dankbar für seine Wohltaten, daß er ihn auserwählte und ihn auf den geraden Weg führte. 123. Wir gaben ihm Schönes hienieden, und im Jenseits ist er der Rechtschaffenen einer. 124. Dann offenbarten wir dir, daß du dem Glauben Abrahams folgest, der rechtgläubig war und nicht der Götzendiener einer. 125. Der Sabbat ward für die nur eingesetzt, die darüber stritten*[12]. *Wahrlich, am Tag der Auferstehung wird dein Herr entscheiden über das, worüber sie gestritten. 126. Rufe zum Pfad deines Herrn herbei mit Weisheit und schöner Ermahnung, und bekämpfe sie nur mit dem, was besser ist. Wahrlich, dein Herr kennt am besten, wer von seinem Pfad abgeirrt, und er kennt am besten auch die Gerechtleiteten. 127. Wenn ihr euch rächt, so rächet euch ebenso, wie man sich an euch rächt; wenn ihr aber geduldig seid, besser ist dies für die Geduldigen. 128. Und du verharre geduldig, und deine Geduld sei nur in Gott. Betrübe dich nicht über sie und sei nicht in Gram ob dem, was sie listen. Wahrlich, Gott ist mit denen, die gottesfürchtig sind und liebfromm.*

17. SURA VON DER NACHTREISE
MEKKANISCH, AUS 111 VERSEN BESTEHEND

Im Namen Gottes, des Allerbarmers, des Allbarmherzigen.

1. Preis ihm, der bei Nacht mit seinem Diener reiste von der heiligen Anbetungsstätte zu der entfernten Anbetungsstätte[1], deren Umgebung wir gesegnet, um ihm manche unsrer Wunderzeichen zu zeigen. Wahrlich, er ist allhörend und allschauend. 2. Wir gaben Moses die Schrift und machten sie zur Rechtleitung für die Kinder Israels: Daß ihr nicht nehmet einen Beistand außer mir. 3. Nachkommen derer, die wir mit Noah trugen; wahrlich, er war ein dankbarer Diener. 4. Und wir entschieden über die Kinder Israels in der Schrift: Ihr sollt Unheil stiften auf Erden zweimal, ihr sollt euch hoch oben erheben[2]. 5. Und als von beiden die erste

Verheißung kam, entsandten wir über euch unsre Diener, Leute von gewaltiger Macht; sie durchsuchten das Innere der Wohnstätten, und erfüllt war die Verheißung. 6. Dann gaben wir euch wieder die Herrschaft über sie, stärkten euch an Besitz und Kindern, und machten euch größer an Volkszahl. 7. Tut ihr Gutes, ihr tut es für eure Seelen, tut ihr Böses, es gilt ihnen. Als nun des andren Verheißung kam, da verschlechterten sich eure Gesichter; und sie drangen in die Anbetungsstätte ein, wie sie das erste Mal in diese drangen, in Zerstörung vernichtend, was sie eroberten. 8. Vielleicht, daß euer Herr sich eurer erbarmt; wenn ihr aber zurückkehrt, so kehren auch wir zurück, und wir machen die Hölle den Ungläubigen zum Gefängnis. 9. Wahrlich, dieser Koran rechtleitet zu dem, was recht ist, und verkündet Heil den Gläubigen. 10. Die gute Werke üben, daß ihnen großer Lohn ist. 11. Und daß wir denen, die an das Jenseits nicht glauben, qualvolle Strafe bereitet haben. 12. Es fleht der Mensch um das Böse, wenn er um das Gute fleht, denn der Mensch ist voreilig. 13. Wir machten Nacht und Tag als zwei Zeichen. Wir verwischen das Zeichen der Nacht und machen das Zeichen des Tags sichtbar, daß ihr Fülle von eurem Herrn erstrebet, und daß ihr die Zahl der Jahre kennet und die Zeitrechnung. Und allen Dingen gaben wir ihre deutliche Bestimmung. 14. Jedem Menschen haben wir seinen Vogel[3] *an den Nacken geheftet, und am Tag der Auferstehung legen wir ihm ein Buch vor, das er aufgeschlagen findet: 15. Lies dein Buch; heute genügt deine eigne Seele als Rechnerin. 16. Wer sich rechtleiten läßt, er ist nur für seine eigne Seele gerechtleitet, und wer abirrt, er irrt nur dieser (zum Schaden); keine belastete trägt die Last einer andren, und nie waren wir strafend, bevor wir einen Gesandten entsendet. 17. Und wenn wir eine Stadt zu zerstören wünschten, befahlen wir es ihren Besitzenden, und sie frevelten darin; da bewahrheitete sich über sie der Spruch, und wir schlugen sie in Trümmer. 18. Wie viele der Menschengeschlechter vernichteten wir nach Noah! Und dein Herr genügt als Kenner und Schauer der Sünden seiner Diener. 19. Wer die schnell vergängliche (Welt) wünscht, wir beschleunigen ihm in dieser, was wir wollen und wem wir mögen. Dann aber bestimmten wir für ihn die Hölle, in der er brät, beschimpft und verstoßen. 20. Wer aber das Jenseits wünscht, in Mühe danach strebt und Gläubiger ist, — diesen wird ihr Streben gelohnt. 21. Allen, diesen und jenen, wollen wir von der Gabe deines Herrn gewähren, und nie soll die Gabe deines Herrn behindert sein. 22. Schau, wie wir die einen vor den andren bevorzugt haben, im Jenseits aber sind größer die Grade, größer die Bevorzugung. 23. Setze neben Gott nicht einen andren Gott, du sitzest dann beschimpft und verlassen. 24. Und bestimmt hat dein Herr, daß ihr ihm nur dienet, und daß ihr an den Eltern gut handelt, wenn sie bei dir ein hohes Alter erreichen, eines von ihnen oder beide. Sage nicht „Pfui" zu ihnen und schilt sie nicht, sondern sprich zu ihnen ehrerbietige Worte. 25. Senke ihnen den Arm der Unterwürfigkeit aus Liebe und sprich: O Herr, sei ihnen barmherzig, wie sie mich kleinesher erzogen. 26. Euer Herr kennt am besten, was in euren Seelen, ob ihr rechtschaffen seid. 27. Und er ist den Bußfertigen verzeihend. 28. Und gib dem Verwandten das ihm Gebührende, so auch dem Armen und dem Wandrer, und vergeude nicht in Verschwendung. 29. Wahrlich, die Verschwender sind Brüder der Satane, und Satan war seinem Herrn undankbar. 30. Wenn du dich aber von ihnen abwendest, selber Barmherzigkeit von deinem Herrn erstrebend, die du erhoffest, so rede zu ihnen ein freundliches Wort. 31. Laß deine Hand nicht am Nacken gefesselt sein, und weite sie auch nicht in voller Ausdehnung, daß du nicht dasitzest beschämt und elend. 32. Wahrlich, dein Herr weitet die Versorgung, wem er will, und kargt sie auch, denn er ist seiner Diener kundig und schauend. 33. Und tötet eure Kinder nicht aus Furcht vor Verarmung; wir versorgen sie und auch euch. Wahrlich, ihre Tötung ist eine große Sünde. 34. Und nahet nicht der Unzucht, denn sie ist eine Schändlichkeit und ein übler Weg. 35. Und tötet keine Seele, was Gott verboten, es sei denn aus Gerechtigkeit. Wird jemand freventlich getötet, so haben wir seinen Verwandten Ge-*

*walt*⁴ *gegeben. Doch darf er bei der Tötung (die Grenze)*⁵ *nicht überschreiten, denn er ist geschützt. 36. Und nähert euch nicht dem Gut des Verwaisten, es sei denn zu seinem Besten, bis er Volljährigkeit erlangt hat. Und haltet den Vertrag, denn wahrlich, nach dem Vertrag wird gefragt. 37. Und gebet volles Maß, wenn ihr messet, und wieget mit richtiger Wage; dies ist besser und eine schönre Art. 38. Und folge nicht dem, wovon dir keine Kenntnis ist. Wahrlich, Gehör, Gesicht und Herz, sie alle, von ihnen soll Rechenschaft verlangt werden. 39. Und wandle nicht übermütig auf Erden, denn nicht spalten wirst du die Erde, auch nicht zu den Bergen an Höhe gelangen. 40. All dies ist übel, deinem Herrn zuwider. 41. Dies ist von dem, was dir dein Herr der Weisheit geoffenbart. Und setze neben Gott keinen andren Gott, daß du geworfen werdest in die Hölle, beschimpft und verstoßen. 42. Hat euer Herr euch mit Söhnen bevorzugt und für sich Töchter aus den Engeln genommen? Wahrlich, ihr redet ein starkes Wort. 43. Mannigfach gestalteten wir es in diesem Koran, auf daß sie eingedenk seien, doch mehrte es nur ihre Verstocktheit. 44. Sprich: Wären neben ihm Götter, wie sie sagen, sie würden dann gewißlich eine Ursache gegen den Herrn des Throns erstrebt haben. 45. Preis ihm, erhaben ist er ob dem, was sie von ihm sagen, hoch erhaben. 46. Ihn preisen die Himmel, die sieben, und die Erde und was darinnen. Es gibt der Dinge keines,* *das nicht sein Lob preist, doch ihr versteht ihren Lobpreis nicht. Wahrlich, er ist sanftmütig und verzeihend. 47. Wenn du den Koran vorliest, ziehen wir zwischen dir und denen, die an das Jenseits nicht glauben, einen dichten Vorhang. 48. Und über ihre Herzen legen wir eine Decke, daß sie ihn nicht verstehen, und in ihre Ohren Taubheit. 49. Und wenn du im Koran deinen Herrn nennst, ihn allein, so wenden sie sich verstockt nach ihren Rücken. 50. Wir wissen es am besten, worauf sie hören, wenn sie dir zuhören. Und wenn sie sich heimlich besprechen, da sagen die Frevler: Ihr folgt nur einem verhexten Menschen. 51. Schau, wie sie über dich die Vergleichnisse prägen. Aber sie gehen irre und vermögen nicht zum Pfad. 52. Sie sprechen: Sollten wir, nachdem wir Knochen und Staub geworden, zu einem neuen Gebilde auferweckt werden? 53. Sprich: Wäret ihr auch Stein oder Eisen oder ein Gebilde in euren Busen noch schwerer. Und sie werden sprechen: Wer wird uns wiederbringen? Sprich: Der euch erstmals erschaffen hat. Und sie werden dir die Köpfe schütteln und zu dir sprechen: Wann dies? Sprich: Möglich, daß es bald geschieht. 54. An jenem Tag wird er euch rufen und ihr werdet mit seinem Lobpreis antworten. Ihr werdet glauben, ihr hättet nur eine geringe Zeit verweilt. 55. Sage meinen Dienern, sie möchten nur das Beste reden. Traun, Satan zwietrachtet unter ihnen, denn Satan ist wahrlich dem Menschen ein offenbarer Feind.* 56. *Euer Herr kennt euch am besten; wenn er will, er ist euch barmherzig, wenn er will, er bestraft euch. Und wir haben dich nicht zum Vogt über sie gesandt.* 57. *Dein Herr weiß wohl, was in den Himmeln ist und was auf Erden. Unter den Propheten bevorzugten wir den einen vor dem andren, und David gaben wir die Psalmen.* 58. *Sprich: So rufet doch die an, die ihr euch außer ihm ausgedacht, sie werden das Unglück von euch nicht zurückhalten können, auch nicht ändern.* 59. *Jene, die sie anrufen, erstreben selber Verbindung mit ihrem Herrn, wer ihm näher sei; sie erhoffen sein Erbarmen und fürchten seine Strafe. Wahrlich, die Strafe deines Herrn ist gefürchtet.* 60. *Und keine Stadt, die wir nicht vor dem Tag der Auferstehung vernichten, oder sie mit schwerer Pein strafen. Dies ist im Buch geschrieben.* 61. *Nichts hält uns ab, (Gesandte) mit Wunderzeichen zu senden, als daß die früheren sie lügenhaft nannten. Wir gaben den Thamuditen die Kamelin*[6] *offensichtlich, doch sie frevelten an ihr. Und so senden wir Wunderzeichen zum Schrecken nur.* 62. *Dann sprachen wir zu dir: Siehe, dein Herr umfaßt die Menschen. Und wir schufen das Gesicht*[7]*, das wir dich sehen ließen, nur zur Versuchung für die Menschen; und so auch den verfluchten Baum*[8] *im Koran. Wir schrecken sie, aber dies mehrt nur ihre große Widerspenstigkeit.* 63. *Dann sprachen wir zu den Engeln: Fallet vor Adam nieder. Da fielen sie nieder, aus-*

genommen Iblis, denn er sprach: Soll ich niederfallen vor dem, den du aus Lehm geschaffen? 64. Und er sprach: Was denkst du von diesem, den du über mich ehrest? Wenn du mir bis zum Tag der Auferstehung fristest, ganz gewiß will ich seine Nachkommen ausrotten, bis auf wenige. 65. Er erwiderte: Geh hin, und wer von ihnen dir folgt, wahrlich, die Hölle sei euer Lohn, ein üppiger Lohn. 66. Verführe nun mit deiner Stimme, wen von ihnen du vermagst, und ziehe über sie mit deiner Reiterei und mit deinem Fußvolk. Laß sie Anteil haben an Vermögen und Kindern und versprich ihnen manches. Aber nichts verspricht ihnen Satan als Täuschung. 67. Wahrlich, über meine Diener sollst du keine Gewalt haben, und dein Herr genügt als Schutzvogt. 68. Euer Herr ist es, der euch das Schiff auf dem Meer treibt, auf daß ihr von seiner Fülle erlanget. Wahrlich, er ist euch barmherzig. 69. Erfaßt euch ein Unglück auf dem Meer, so schwinden, die ihr angerufen, nur er nicht, und wenn er auch aufs Festland rettet, wendet ihr euch ab; ja der Mensch ist undankbar. 70. Seid ihr davor sicher, daß er mit euch sinken läßt den Grund des Festlands oder über euch sendet einen Wirbelsturm? Dann findet ihr keinen Schutzvogt für euch. 71. Oder seid ihr davor sicher, daß er euch ein zweites Mal auf dieses zurückkehren läßt und über euch einen Sturmwind sendet und euch ertrinken läßt, weil ihr geleugnet? Dann findet ihr niemand, der euch darin Helfer ist gegen uns. 72. Wir haben die Kinder Adams liebevoll behandelt, auf Meer und Festland hingeholfen, mit allem Guten versorgt und auszeichnend vorgezogen vor vielen, die wir geschaffen. 73. An jenem Tag werden wir alle Menschen samt ihren Führern rufen, und die das Buch in ihre Rechte empfingen, diese werden ihr Buch vorlesen; und sie werden auch nicht um ein Fädchen übervorteilt werden. 74. Und wer hienieden blind war, wird auch im Jenseits blind sein und vom Pfad abirren. 75. Sie waren nahe daran, dich abzuleiten von dem, was wir dir geoffenbart, daß du über uns andres erdichtest; sicherlich hätten sie dich dann zum Freund genommen. 76. Und hätten wir dich nicht gefestigt, fast hättest du dich zu ihnen ein wenig geneigt. 77. Dann hätten wir dich kosten lassen das Gleiche vom Leben und das Gleiche vom Tod, dann fändest du für dich keinen Helfer gegen uns. 78. Sie waren nahe daran, dich aus dem Land zu drängen, dich aus diesem zu vertreiben; dann aber würden sie nach dir nur geringe Zeit verblieben sein. 79. Nach der Art, wie wir unsrer Gesandten vor dir gesandt, und du wirst in unsrer Art keine Änderung finden. 80. Verrichte das Gebet beim Niedergang der Sonne bis zum Anbruch der Nacht, und den Koran[9] (lies) bis Tagesanbruch. Wahrlich, das Koran(lesen) bei Tagesanbruch wird bezeugt. 81. Und von der Nacht einen Teil wache, dir zur freiwilligen Guttat; vielleicht, daß dein Herr dich zu einem ehrenvollen Stand erweckt. 82. Und sprich: O Herr, laß mich eingehen den Eingang der Gerechtigkeit und laß mich ausgehen den Ausgang der Gerechtigkeit; und verleihe mir von dir aus helfende Gewalt. 83. Und sprich: Gekommen ist die Wahrheit, geschwunden ist die Nichtigkeit. Wahrlich, die Nichtigkeit ist vergehend. 84. Wir offenbarten vom Koran, was Heilung ist und Barmherzigkeit für die Gläubigen, den Frevlern aber nur Verderben mehrt. 85. Und wenn wir dem Menschen gnaden, wendet er sich ab und weicht seitwärts, wenn aber ein Übel ihn berührt, ist er verzweifelt. 86. Sprich: Jeder handle nach seiner Weise, und euer Herr weiß am besten, wer den bessren Weg geht. 87. Und sie werden dich über den Geist befragen. Sprich: Der Geist (kommt) auf Befehl meines Herrn. Und euch ist von der Kenntnis nur wenig gekommen. 88. Wollten wir es, wir nähmen dir hinweg, was wir dir geoffenbart; du fändest dann für dich keinen Schutzvogt gegen uns. 89. Als die Barmherzigkeit deines Herrn, denn wahrlich, seine Gnade gegen dich ist groß. 90. Sprich: Vereinigten sich auch Menschen und Geister, diesem Koran Gleiches zu bringen, sie brächten ihm Gleiches nicht, und wären auch die einen der andren Helfer. 91. Mannigfach gestalteten wir den Menschen in diesem Koran viele Gleichnisse; doch die meisten der Menschen wollen nichts als Unglauben. 92. Sie sagen: Wir glauben dir nicht eher, bis du uns einen Quell aus der Erde sprudeln lassest. 93. Oder dir ein Garten wird aus Palmen und Trauben und in seiner Mitte Ströme sprudelnd fließen. 94. Oder du über uns den Himmel in Stücken stürzen lassest, wie du uns angedroht[10], oder Gott und die Engel als Bürgen bringest. 95. Oder dir ein Haus wird aus Gold, oder du zum Himmel hinaufsteigest. Und nie glauben wir an deinen Aufstieg[11], bis du uns ein Buch herniederbringest, das wir lesen können. Sprich: Preis meinem Herrn, bin ich denn anders als ein Fleischwesen, ein Gesandter? 96. Und nichts hält die Menschen davon ab, zu glauben, wenn ihnen die Rechtleitung kommt, als daß sie sagen: Sandte Gott ein Fleischwesen als Gesandten? 97. Sprich: Wären auf Erden friedlich einherwandelnde Engel, ganz gewiß würden wir ihnen als Gesandten einen Engel vom Himmel gesandt haben. 98. Sprich: Gott genügt als Zeuge zwischen mir und euch; wahrlich, er ist seiner Diener kundig und schauend. 99. Wen Gott rechtleitet, ist gerechtleitet, die er aber irregehen läßt, für die findest du keinen Beistand außer ihm. Am Tag der Auferstehung versammeln wir sie auf ihren Angesichtern (liegend), blind, stumm und taub. Ihr Aufenthalt ist die Hölle, und sooft (ihr Feuer) ausgeht, mehren wir ihnen den Brand. 100. Dies ihr Entgelt, weil sie unsre Verse geleugnet und gesprochen: Sollten wir, nachdem wir Knochen geworden und Staub, zu einem neuen Gebilde auferweckt werden? 101. Sehen sie denn nicht ein, daß Gott, der die

Himmel geschaffen und die Erde, mächtig ist, auch ihresgleichen zu schaffen? Und er setzte ihnen eine Frist, an der kein Zweifel ist. Doch die Frevler wollen nichts als Unglauben. 102. Sprich: Verfügtet ihr auch über die Schätze der Barmherzigkeit meines Herrn, ihr würdet dann noch kargen aus Furcht vor dem Almosenspenden; denn der Mensch ist geizig. 103. Wir gaben Moses einst neun offenbare Wunderzeichen. Frage nur die Kinder Israels. Als er zu ihnen kam, sprach Pharao zu ihm: Ich halte dich, o Moses, für verhext. 104. Er sprach: Du weißt bereits, daß offenbar niemand als der Herr der Himmel und der Erde dies gesandt. Und ich halte dich, o Pharao, für verloren. 105. Und er wollte sie aus dem Land drängen, doch wir ertränkten ihn und die mit ihm waren, allesamt. 106. Und nachher sprachen wir zu den Kindern Israels: Bewohnet das Land, und wenn einst die Verheißung des Jenseits kommt, wir lassen euch haufenweise kommen. In Wahrheit offenbarten wir es und in Wahrheit kam es hernieder. Und dich sandten wir als Heilverkünder nur und Warner. 107. Und den Koran zerteilten wir, damit du ihn den Menschen in Pausen vorlesest, und wir offenbarten ihn in Offenbarung. 108. Sprich: Glaubt an ihn oder glaubt nicht; wahrlich, denen die Kenntnis schon zuvor geworden, fallen, wenn er ihnen vorgetragen wird, anbetend auf ihr Gesicht und sprechen: Preis unsrem Herrn! Erfüllt ist die Verheißung unsres

Herrn. 109. *Und weinend fallen sie auf ihr Gesicht und nehmen zu an Demut.* 110. *Sprich: Ruft Gott oder ruft Allerbarmer; wie ihr ihn auch anrufet, sein sind die schönsten Namen. Sei nicht laut bei deinem Gebet, auch flüstre nicht, suche zwischen diesem einen Weg.* 111. *Und sprich: Preis Gott, der nicht einen Sohn gezeugt, keinen Genossen hat an der Herrschaft, keinen Gehilfen auch aus Schwachheit. Und verkünde seine Größe.*

18. SURA VON DER HÖHLE
MEKKANISCH, AUS 110 VERSEN BESTEHEND

Im Namen Gottes, des Allerbarmers, des Allbarmherzigen.

1. Preis Gott, der seinem Diener das Buch geoffenbart und an ihm nichts Krummes gemacht. 2. Nur Gerades, gewaltige Strafe von seiner Seite anzudrohen und Heil zu verkünden den Gläubigen, die gute Werke üben. Wahrlich, ihnen ist schöner Lohn, bei dem sie stets bleiben. 3. Und die zu warnen, die da sagen, Gott habe einen Sohn gezeugt. 4. Sie haben davon keine Kenntnis, auch nicht ihre Väter. Schwer ist das Wort, das aus ihrem Mund kommt, Lüge nur reden sie. 5. Daß du dich vielleicht totgrämst über ihr Gebahren, bekümmert, wenn sie dieser Rede nicht glauben. 6. Wahrlich, was auf Erden, wir machten es ihr zum Schmuck, (die Menschen) zu prüfen, wer von ihnen besser ist an

Werken. 7. Und wahrlich, was auf ihr ist, wir machen es zu trocknem Staub. 8. Meinst du wohl, die Genossen der Höhle[1] *und des Rakim*[2] *gehören zu unsren merkwürdigsten Wunderzeichen? 9. Dann flüchteten die Jünglinge in die Höhle und sprachen: Herr unser, gib uns deinerseits Barmherzigkeit und führe uns in unsrer Sache nach Richtigkeit. 10. Da schlugen wir sie in der Höhle auf die Ohren*[3] *eine Anzahl Jahre. 11. Dann erweckten wir sie, um zu wissen, welche der Scharen richtiger den Zeitraum berechne, den sie verweilt. 12. Wir erzählen dir ihre Kunde nach der Wahrheit. Sie waren Jünglinge, die an ihren Herrn glaubten, und wir mehrten ihre Rechtleitung. 13. Und wir stärkten ihre Herzen, als sie standen und sprachen: Unser Herr ist der Herr des Himmels und der Erde. Nie rufen wir einen Gott außer ihm an, wir würden dann eine große Lüge sprechen. 14. Dieses unser Volk nahm Götter außer ihm an, wenn sie doch klare Beweise darüber brächten. Und wer ist als der frevelhafter, der über Gott Lüge erdichtet? 15. Trennet euch von ihnen und betet*[4] *niemand an außer Gott, und flüchtet zur Höhle. Euer Herr wird euch seine Barmherzigkeit angedeihen lassen und euch in eurer Sache gnädig sein. 16. Sähest du doch, wie die Sonne sich, wenn sie aufging, von ihrer Höhle rechts wandte, und wenn sie unterging, von ihnen links neigte, während sie in der Höhlenmitte waren. Dies ist von den Wunderzeichen Gottes. Wen Gott rechtleitet, ist* gerechtleitet, und wen er irregehen läßt, für den findest du keinen aufrichtigen Beistand. 17. Du hättest sie für wachend gehalten, und sie schliefen; und wir ließen sie sich auf die rechte Seite wenden und auf die linke. Und ihr Hund mit ausgestreckten Pfoten an der Schwelle. Erblicktest du sie, du würdest dich zur Flucht gewandt haben, voll Schrecken wärest du vor ihnen. 18. So weckten wir sie dann, damit sie einander fragen. Ein Sprecher unter ihnen sprach: Wie lange habt ihr geweilt? Sie erwiderten: Einen Tag verweilten wir oder den Teil eines Tags. (Andre) sprachen: Euer Herr weiß am besten, wie lange ihr geweilt. Nun aber sendet einen von euch mit dieser eurer Münze zur Stadt; er sehe, wer die reinste Speise hat, und bringe euch davon Unterhalt. Er stelle es aber klug an, daß niemand euch gewahre. 19. Denn wenn sie euch entdecken, steinigen sie euch oder bringen euch zu ihrem Bekenntnis zurück, und ihr würdet dann nie glücklich sein. 20. Und so ließen wir sie entdecken, damit man wisse, daß die Verheißung Gottes Wahrheit ist, und daß die Stunde (kommt), an der kein Zweifel ist. Dann stritten sie miteinander über diese Sache und sprachen: Bauet ein Gebäude über ihnen. Ihr Herr weiß am besten, was mit ihnen ist. Und die in dieser Sache siegten, sprachen: Wir errichten über ihnen ein Bethaus. 21. Sie werden sagen: Drei, ihr vierter ihr Hund. Andre sagen: Fünf, ihr sechster ihr Hund. Das Verborgene ratend. Andre *sagen:* Sieben, ihr achter ihr Hund. *Sprich:* Mein Herr kennt wohl ihre Zahl, nur wenige kennen sie. 22. Streite mit ihnen nur in klarer Auseinandersetzung, und befrage darüber von ihnen keinen. 23. Und sage nie von einer Sache: Ich tue dies morgen, sondern: So Gott will. Und gedenke deines Herrn, wenn du es vergißt, und sprich: Vielleicht leitet mich mein Herr, daß ich mich hierin der Richtigkeit nahe. 24. Und sie weilten in ihrer Höhle dreihundert Jahre und neun dazu. 25. *Sprich:* Gott weiß wohl, wie lange sie weilten, denn sein ist das Geheimnis der Himmel und der Erde. Schau auf ihn und höre, sie haben außer ihm keinen Beistand, und zugesellt bei seinem Entscheid ist keiner. 26. Lies vor, was dir vom Buch deines Herrn geoffenbart worden, seine Worte nicht vertauschend; du findest keine Zuflucht außer ihm. 27. Gedulde dich mit denen, die morgens und abends ihren **Herrn** anrufen, nach seinem Angesicht begehrend. Wende nicht dein Auge von ihnen, nach der Pracht des Lebens hienieden zu begehren. Und gehorche dem nicht, dessen Herz wir die Erinnerung an uns vergessen machten, der seiner Begierde nur folgt, und seine Sache ist überschritten. 28. *Sprich:* Die Wahrheit ist von deinem Herrn; wer will, sei gläubig, wer will, sei ungläubig. Wir aber bereiteten für die Frevler ein Feuer, dessen Rauch sie umfangen wird. Und wenn sie um Regen bitten, werden sie mit einem Wasser wie Gußerz beregnet, das die

Gesichter röstet. Wie schlimm ist der Trank, wie böse das Lager! 29. *Wahrlich, die gläubig sind und gute Werke üben, — wir lassen nicht verlorengehen den Lohn dessen, der gut war an Tat.* 30. *Diesen sind die Gärten Edens, darunterhin Ströme fließen; darinnen mit Armspangen aus Gold geschmückt, mit grünen Gewändern aus feiner Seide und Brokat bekleidet, auf Ruhebetten hingestreckt. Wie wonnig ist der Lohn, wie schön das Lager!* 31. *Präge ihnen ein Gleichnis von zwei Männern: Deren einem schufen wir zwei Weingärten, umgaben sie mit Palmen und schufen zwischen ihnen ein Saatfeld. Beide Gärten brachten ihre Früchte und ließen nichts ausfallen.* 32. *Wir ließen in ihrer Mitte einen Strom fließen, und ihnen war Ertrag. Da sprach er zu seinem Genossen, mit dem er sich unterhielt: Ich bin reicher als du an Besitz und mächtiger an Leuten.* 33. *Und er ging in seinen Garten und war frevelhaft gegen sich, in dem er sprach: Ich glaube nicht, daß dieser je eingehen wird.* 34. *Auch glaube ich nicht, daß die jüngste Stunde bevorstehend ist; wenn ich aber zu meinem Herrn zurückgebracht werde, ganz gewiß finde ich eine als dieser bessre Rückkehr.* 35. *Da sprach sein Genosse zu ihm, während er sich mit ihm unterhielt: Verleugnest du den, der dich aus Staub erschaffen, dann aus einem Tropfen, und dich dann zum Mann bildete?* 36. *Aber er, Gott, ist mein Herr, und ich geselle meinem Herrn nichts bei.* 37. *Hättest du doch, als du in deinen Garten tratest*, *gesagt: Wie Gott will! Es gibt keine Macht außer bei Gott. Wenn du mich auch ansiehst für geringer als du an Besitz und Kind. 38. Vielleicht aber gibt mein Herr mir, was besser ist als dein Garten, oder er sendet über ihn ein Unheil vom Himmel nieder, und morgens ist er dürrer Staub. 39. Oder es versiegt sein Wasser morgen und nie wirst du es erlangen. 40. Und umfangen wurde sein Ertrag, und morgens rang er die Hände ob dem, was er für ihn ausgegeben, denn verwüstet lag er auf seinen Spalieren. Da sprach er: Oh, hätte ich doch meinem Herrn nichts beigesellt! 41. Und ihm blieb keine Schar, die ihm helfen könnte, außer Gott, und er war nicht verteidigt. 42. Dort ist die Hilfe, bei Gott, dem wahren; er ist der beste zur Belohnung, der beste zur Vergeltung. 43. Präge ihnen auch ein Gleichnis vom Leben hienieden, das dem Wasser gleicht, das wir vom Himmel niedersenden. Mit ihm mischte sich das Gewächs der Erde, doch morgens war es Spreu, die Winde verwehen. Und Gott ist über alle Dinge mächtig. 44. Vermögen und Kinder sind ein Schmuck des Lebens hienieden, das Bleibende aber, die guten Werke, besser gilt es bei deinem Herrn zur Belohnung, besser zur Hoffnung. 45. An jenem Tag werden wir die Berge wandern machen, die Erde wirst du offen hervortreten sehen; wir werden sie sammeln und nicht ihrer einen übergehen. 46. Und sie werden vor dem Herrn in einer Reihe aufgestellt werden: Nun seid ihr zu uns ge-*

kommen, wie wir euch erstmals erschufen. Ja, ihr glaubtet wohl, wir würden euch die Verheißung nicht vollbringen? 47. *Vorgelegt wird das Buch, und du wirst die Sünder sehen zitternd vor dem, was darin. Sie werden sprechen: Oh, wehe uns, was soll dieses Buch? Es übergeht nicht Kleines und nicht Großes, ohne es aufzuzählen. Sie finden dann gegenwärtig, was sie getan, und übervorteilen wird dein Herr keinen.* 48. *Dann sprachen wir zu den Engeln: Fallet vor Adam nieder. Und sie fielen nieder, nur nicht Iblis; er war der Geister einer, und war ungehorsam gegen das Gebot seines Herrn. Wollt ihr ihn und seine Nachfolge zu Beschützern nehmen außer mir, während sie euch Feinde sind? Wie schlimm ist der Eintausch für die Frevler!* 49. *Ich nahm sie nicht als Zeuge bei der Schöpfung der Himmel und der Erde, auch nicht bei der Schöpfung ihrer selbst. Ich nahm die Verführer nicht zu Stützen.* 50. *An jenem Tag wird er sprechen: Rufet herbei, die ihr mir beigesellt, die ihr euch ausgedacht. Und sie rufen sie an, doch sie antworten ihnen nicht; da machen wir zwischen ihnen eine Höllentiefe.* 51. *Und es sehen die Sünder das Fegefeuer und merken, daß sie hineingeworfen werden, und sie finden kein Entkommen aus diesem.* 52. *Wir haben nun in diesem Koran manche Gleichnisse für die Menschen mannigfach angewandt, doch der Mensch ist in den meisten Dingen streitsüchtig.* 53. *Und nichts hindert die Menschen, zu glauben, wo ihnen die Rechtleitung gekommen, und ihren Herrn um Verzeihung zu bitten, nur daß über sie das Verfahren der Früheren kommt oder ihnen die Strafe vor Augen gestellt wird. 54. Wir senden unsre Gesandten als Heilverkünder nur und Warner, aber die da ungläubig sind, bekämpfen sie mit Eitlem, damit die Wahrheit zu stürzen. Und sie nehmen meine Verse und das, womit sie gewarnt worden, zum Gespött. 55. Wer ist frevelhafter als der, der an die Verse seines Herrn ermahnt worden, aber sich von ihnen abwendet und vergißt, was seine Hände vorgewirkt? Wahrlich, Decken haben wir über ihre Herzen gelegt, daß sie es nicht verstehen, und Taubheit in ihre Ohren. 56. Wenn du sie auch zur Rechtleitung rufest, auch dann werden sie sich nie rechtleiten lassen. 57. Dein Herr aber ist der Vergebungsreiche, Inhaber der Barmherzigkeit, wollte er sie bestrafen ob dem, was sie begangen, ganz gewiß würde er ihnen die Strafe beschleunigt haben. Doch eine Androhung ist ihnen, sie werden keine Zuflucht finden außer ihm. 58. Diese Städte zerstörten wir, als sie gefrevelt, doch ihrer Zerstörung setzten wir eine Androhung vor. 59. Dann sprach Moses zu seinem Diener: Ich höre nicht auf, bis ich gelangt bin zur Vereinigung der beiden Gewässer[5], und sollte ich ein Menschenalter gehen. 60. Als sie zur Vereinigung gelangten, zwischen beiden, vergaßen sie ihren Fisch[6], der zappelnd seinen Weg ins Meer nahm. 61. Und als sie weitergingen, sprach er zu seinem Diener: Hole unser Morgenmahl, denn wir sind nun müde von dieser unsrer Reise. 62. Dieser erwiderte: Sieh doch, als wir am Felsen rasteten, da vergaß ich den Fisch. Nur Satan machte mich ihn vergessen, daß ich an ihn nicht dachte, und er nahm wunderbarerweise seinen Weg ins Meer. 63. Jener sprach: Das ist (der Ort), den wir suchen. Und sie kehrten um auf ihren Spuren schrittweise. 64. Da fanden sie einen Diener von unsren Dienern, dem wir Barmherzigkeit von uns verliehen und den wir von unsrer Seite Weisheit gelehrt. 65. Moses sprach zu ihm: Darf ich dir folgen, auf daß du mich lehrst von dem, was du gelehrt worden bist an Rechtwandel? 66. Dieser erwiderte: Du wirst bei mir nicht geduldig ausharren können. 67. Und wie solltest du geduldig ausharren bei dem, dessen Verständnis du nicht erfassest? 68. Jener entgegnete: Du sollst mich, so Gott will, geduldig finden, und ich will dir in keiner Sache ungehorsam sein. 69. Dieser sprach: Wenn du mir folgen willst, — aber frage mich über nichts, bis ich selber dir Auskunft darüber gebe. 70. Da gingen sie beide, bis sie ein Schiff bestiegen, das er durchlöcherte. Jener fragte: Du durchlöchertest es, um seine Mannschaft zu ertränken? Du hast nun eine seltsame Sache vollbracht. 71. Dieser erwiderte: Sagte ich dir nicht, du würdest bei mir nicht geduldig ausharren können? 72. Jener sprach: Fasse mich nicht darum, weil ich vergaß, und lege mir in meiner Sache nicht Schweres auf.* 73. *Da gingen sie beide, bis sie einen Jüngling trafen, und er erschlug ihn. Jener fragte: Du erschlugest einen unschuldigen Menschen, ohne einen Menschen (zu rächen)? Du hast nun eine unerhörte Sache vollbracht.*

74. *Dieser erwiderte: Sagte ich dir nicht, du würdest bei mir nicht geduldig ausharren können?* 75. *Jener sprach: Wenn ich dich nach diesem wiederum etwas frage, dulde meine Gemeinschaft nicht. Du hast nun von mir aus Entschuldigung.* 76. *Da gingen sie beide, bis sie zu den Bewohnern einer Stadt kamen, und baten die Bewohner um Speisung; diese aber weigerten sich, sie zu bewirten. Darauf fanden sie in dieser eine Mauer, die einzustürzen drohte, und er stützte sie. Jener sprach: Wenn du doch wolltest, du könntest dafür eine Belohnung erhalten.* 77. *Dieser sprach: Dies ist die Trennung zwischen mir und dir. Doch will ich dir die Deutung dessen sagen, wobei du dich zu gedulden nicht vermochtest.* 78. *Was das Schiff betrifft, so gehörte es armen Leuten, die auf dem Meer tätig waren, und ich wollte es schadhaft machen, weil hinter ihnen ein Herrscher her war, der jedes Schiff gewaltsam nahm.* 79. *Und was den Jüngling betrifft, so waren seine Eltern Gläubige, und wir fürchteten, er könnte sie zu Widerspenstigkeit und Unglauben verleiten.* 80. *Wir wünschten daher, daß ihr Herr ihnen einen andren gebe, besser als*

dieser an Lauterkeit und näher an Liebe. 81. Und was die Mauer betrifft, so gehört sie zwei Waisenknaben in der Stadt und darunter liegt ein Schatz für sie; ihr Vater war ein rechtschaffener Mann, und dein Herr will, daß sie ihre Volljährigkeit erlangen und dann ihren Schatz heben. Es war eine Barmherzigkeit deines Herrn, und ich tat es nicht aus eignem Belieben. Dies ist die Deutung dessen, wobei du dich nicht zu gedulden vermochtest. 82. Und sie werden dich über den Zwiegehörnten[7] fragen. Sprich: Ich will euch Nachricht über ihn berichten. 83. Wir mächtigten ihn auf Erden und gaben ihm Mittel über alle Dinge; und er ging seines Wegs. 84. Bis er zum Untergang der Sonne gelangte; er fand sie in eine schlammige Quelle untergehen, und daselbst fand er ein Volk. 85. Wir sprachen: O Zwiegehörnter, du magst sie strafen, du magst ihnen Gutes erweisen. 86. Er erwiderte: Wer frevelt, den werde ich bestrafen, dann wird er zu seinem Herrn zurückgebracht, und er straft ihn mit einer schweren Strafe. 87. Und wer gläubig ist und Gutes tut, dem ist der schönste Lohn, wir werden ihm von unsren Befehlen Angenehmes gebieten. 88. Dann ging er weiter seines Wegs. 89. Bis er zum Aufgang der Sonne gelangte, und er fand sie über einem Volk aufgehen, dem wir keinen Schutz gegen sie gegeben. 90. So[8] war es; und wir umfassen Kenntnis über das, was bei ihm war. 91. Dann ging er weiter seines Wegs. 92. Bis er zwischen zwei Berge gelangte, und hinter ihnen fand er ein Volk, das kaum eine Rede verstand. 93. Sie sprachen: O Zwiegehörnter, siehe, Jagjugj und Magjugj[9] *sind Unheilstifter auf Erden; sollen wir dir nun Tribut zahlen, auf daß du zwischen uns und ihnen eine Schranke errichtest? 94. Er erwiderte: Worin mein Herr mich eingesetzt, ist besser. Doch unterstützet mich mit Kraft, so errichte ich zwischen euch und ihnen einen Wall. 95. Holt mir Eisenstücke. Und als er zwischen den beiden Bergabhängen ausgefüllt, sprach er: Blaset nun. Und als er es feuerglühend gemacht, sprach er: Holt mir Gußerz, daß ich es darüber gieße. 96. Und nun vermochten sie es nicht zu übersteigen, auch konnten sie es nicht durchbohren. 97. Er sprach: Dies ist eine Barmherzigkeit von meinem Herrn. 98. Wenn aber die Verheißung meines Herrn kommt, macht er es zu Staub, und die Verheißung meines Herrn ist Wahrheit. 99. An diesem Tag lassen wir einen über den andren wogen; geblasen wird in die Trompete, und wir versammeln sie zu einer Schar. 100. An diesem Tag werden wir den Ungläubigen die Hölle vorsetzen. 101. Diejenigen, deren Augen unter Decken waren vor meiner Ermahnung, die des Hörens nicht mächtig waren. 102. Was dachten die denn, die ungläubig waren, daß sie meine Diener außer mir zu Beschützern genommen? Wahrlich, den Ungläubigen haben wir das Fegefeuer zur Gaststätte bereitet. 103. Sprich: Sollen wir euch nennen, die am verlustigsten sind an Werken? 104. Die-*

jenigen, deren Mühe im Leben hienieden irreging, und glaubten, sie hätten es schön gemacht. 105. Diese sind es, die die Verse ihres Herrn geleugnet und seine Begegnung. Nichtig sind darum ihre Werke, kein Gewicht[10] setzen wir ihnen am Tag der Auferstehung. 106. Dies ist ihr Entgelt, das Fegefeuer, dieweil sie ungläubig waren und meine Verse zum Spott hielten und meine Gesandten. 107. Wahrlich, die gläubig waren und gute Werke geübt, ihnen sind die Paradiesgärten eine Gaststätte. 108. Ewig weilen sie darin, sie wünschen keine Veränderung aus diesen. 109. Sprich: Wäre das Meer Tinte für die Worte meines Herrn, ganz gewiß würde das Meer versiegen, ehe die Worte meines Herrn ausgingen, und nähmen wir noch ein ebensolches zu Hilfe. 110. Sprich: Ein Fleischwesen nur bin ich gleich euch; mir aber ist offenbart worden, daß euer Gott ein nur einziger Gott ist. Wer nun auf die Begegnung seines Herrn hofft, übe gute Werke und geselle ihm bei der Verehrung seines Herrn niemand bei.

19. SURA VON MARIA
MEKKANISCH, AUS 98 VERSEN BESTEHEND

Im Namen Gottes, des Allerbarmers, des Allbarmherzigen.

1. KHIAZ. Erinnerung der Barmherzigkeit deines Herrn an seinem Diener Zacharias. 2. Als er einst seinen Herrn mit heimlichem Ruf anrief. 3. Sprach

er: O Herr, siehe, schwach ist nun mein Gebein, mein Haupt leuchtet vor Grauhaarigkeit. 4. Und noch nie war ich unglücklich, o Herr, beim Gebet zu dir. 5. Nun aber fürchte ich meine Angehörigen nach mir, denn mein Weib ist unfruchtbar. So gib mir von dir aus einen Vertreter. 6. Der mich beerbe und die Familie Jakobs beerbe, und mache ihn, o Herr, dir wohlgefällig. 7. O Zacharias, siehe, wir verkünden dir einen Knaben Namens Johannes. 8. Wir haben keinen seines Namens zuvor geschaffen. 9. Jener sprach: O Herr, wie soll mir ein Knabe werden, wo doch unfruchtbar ist mein Weib, und ich bereits des Alters Schwäche erlangt habe? 10. Er erwiderte: So sprach dein Herr: dies ist für mich ein Leichtes; habe ich zuvor auch dich geschaffen, und du warst ein Nichts. 11. Jener sprach: O Herr, gib mir ein Zeichen. Er erwiderte: Dein Zeichen sei, daß du wohlseiend drei Nächte mit den Menschen nicht redest. 12. Da trat er aus dem Heiligtum vor sein Volk und deutete ihnen: Preiset morgens und abends. 13. O Johannes, empfange die Schrift mit Kraft! Und in der Kindheit gaben wir ihm Weisheit. 14. Und Barmherzigkeit von uns aus und Reinheit. Und er war gottesfürchtig und liebevoll gegen seine Eltern und kein widerspenstiger Trotzer. 15. Friede über ihn am Tag, da er geboren ward, am Tag, da er stirbt, und am Tag, da er zum Leben auferweckt wird. 16. Gedenke im Buch auch Marias, als sie sich von ihrer Familie entfernte nach einem östlichen Ort. 17. Und vor ihnen einen Schleier nahm. Da sandten wir zu ihr unsren Geist, und er erschien ihr als richtiges Fleischwesen. 18. Sie sprach: Ich flüchte mich vor dir zum Allerbarmer, wenn du gottesfürchtig bist. 19. Er erwiderte: Ich bin nur ein Gesandter deines Herrn, daß ich dir einen reinen Knaben gebe. 20. Sie sprach: Wie soll mir ein Knabe werden, da mich doch kein Fleischwesen berührt hat, und ich auch keine Hure bin? 21. Er erwiderte: So sprach dein Herr: dies ist für mich ein Leichtes. Wir machen ihn zum Wunderzeichen für die Menschen und zur Barmherzigkeit von uns. Und die Sache ist entschieden. 22. Und sie empfing ihn und entfernte sich mit ihm in einen fernen Ort. 23. Da kamen ihr die Wehen am Stamm einer Palme, und sie sprach: Oh, wäre ich doch vor diesem gestorben, wäre ich doch als Vergessene vergessen. 24. Da rief es ihr von unten her zu: Betrübe dich nicht, bereits hat dein Herr unter dir ein Bächlein gemacht. 25. Schüttle nun den Stamm der Palme gegen dich, und sie läßt über dich frische Datteln fallen. 26. So iß und trink und erheitere das Auge. Und wenn du der Fleischwesen eines siehst, 27. so sprich: Ich habe dem Allerbarmer ein Fasten gelobt und rede heute mit niemand. 28. Als sie dann ihn tragend zu ihrem Volk kam, sprachen sie: O Maria, du hast nun eine sonderbare Sache getan. 29. O Schwester Ahrons[1], dein Vater war kein schlechter

Mensch, auch deine Mutter keine Hure. 30. Sie aber deutete auf ihn. Jene sprachen: Wie sollen wir mit einem reden, der noch ist ein Kind der Wiege? 31. Da sprach er: Ich bin ein Diener Gottes; er gab mir die Schrift und machte mich zum Propheten. 32. Er machte mich zum Gesegneten, wo ich auch sein mag, und er gebot mir das Gebet und Almosen, solange ich lebe. 33. Und liebevoll zu sein zu meiner Mutter, und er machte mich nicht zu einem elenden Trotzer. 34. Und Friede über mir am Tag, da ich geboren wurde, am Tag, da ich sterben werde, und am Tag, da ich zum Leben auferweckt werde. 35. Das ist Jesus, der Sohn Marias, das Wort der Wahrheit, über den sie zweifeln. 36. Es kommt Gott nicht zu, einen Sohn zu zeugen. Preis ihm! Hat er etwas beschlossen, so spricht er nur: es werde, und es wird. 37. Wahrlich, Gott ist mein Herr und euer Herr, so verehret ihn; das ist der gerade Weg. 38. Die Zünfte aber stritten untereinander, und wehe denen, die ungläubig sind, vor der Versammlung des großen Tags. 39. Laß sie hören und schauen auf den Tag, an dem sie zu uns kommen. Aber heute sind die Frevler in offenbarer Irre. 40. Warne sie vor dem Tag der Seufzer, wenn die Sache entschieden ist, denn sie sind in Sorglosigkeit und glauben nicht. 41. Wahrlich, da erben wir die Erde, und was auf ihr, und zu uns werden sie zurückgebracht. 42. Gedenke im Buch auch Abrahams, denn er war ein Wahrhaftiger und Prophet. 43. Er sprach einst zu seinem Vater: O mein Vater, warum verehrst du das, was nicht hört und nicht sieht und dir nichts nützt? 44. O mein Vater, mir ist eine Erkenntnis gekommen, die dir nicht gekommen; so folge mir nun, ich führe dich einen geraden Weg. 45. O mein Vater, verehre Satan nicht, wahrlich, Satan war dem Allerbarmer widerspenstig. 46. O mein Vater, ich fürchte, die Strafe des Allerbarmers erfaßt dich, und du wirst Satan ein Freund. 47. Er sprach: Bist du ein Weigerer meiner Götter? O Abraham, wenn du es nicht unterläßt, ganz gewiß steinige ich dich; verlasse mich nun eine Zeit lang. 48. Jener erwiderte: Friede mit dir, ich will meinen Herrn für dich um Verzeihung bitten, denn wahrlich, er ist mir gnädig. 49. Ich will mich von euch fernhalten und dem, was ihr außer Gott anruft. Und ich rufe meinen Herrn an; vielleicht bin ich beim Anruf meines Herrn nicht erfolglos. 50. Und als er sich von ihnen getrennt hatte und von dem, was sie außer Gott verehrten, gaben wir ihm den Isaak und den Jakob, und machten beide zu Propheten. 51. Und wir gaben ihnen unsre Barmherzigkeit und schufen ihnen die erhabene Zunge der Wahrheit. 52. Gedenke im Buch auch Moses, denn er war ein Aufrichtiger und ein Gesandter und Prophet. 53. Wir riefen ihn an von der rechten Seite des Bergs und näherten ihn uns zu einem Geheimgespräch. 54. Und wir gaben ihm in unsrer Barmherzigkeit seinen

Bruder Ahron zum Propheten[2]. 55. *Gedenke im Buch auch Ismaels, denn er war wahrhaftig im Versprechen, und er war Gesandter und Prophet. 56. Er befahl seinen Angehörigen das Gebet und Almosen, und er war bei seinem Herrn beliebt. 57. Gedenke im Buch auch des Idris*[3], *denn er war ein Wahrhaftiger und Prophet. 58. Und wir erhoben ihn in einen hohen Ort. 59. Diese sind es, denen Gott huldreich war von den Propheten, von der Nachkommenschaft Adams und von denen, die wir mit Noah trugen, und von der Nachkommenschaft Abrahams und Ismaels und von denen, die wir gerechtleitet und auserwählt. Wenn ihnen die Verse des Allerbarmers vorgetragen wurden, fielen sie anbetend nieder und weinend. 60. Nach ihnen aber folgte eine Nachfolge, die das Gebet vernachlässigten und den Begierden folgten; dereinst werden sie Verderben finden. 61. Nur wer sich bekehrt, gläubig ist und Gutes tut, diese werden in den Garten eintreten, sie werden in nichts übervorteilt werden. 62. In die Gärten Edens, die der Allerbarmer seinen Dienern im Geheimen verheißen, und seine Verheißung ist eintreffend. 63. Sie hören da keine lose Rede, sondern nur Friede, und ihnen ist da ihr Unterhalt morgens und abends. 64. Dies ist der Garten, den wir die von unsren Dienern erben lassen, die gottesfürchtig sind. 65. Wir aber steigen hernieder nur auf Befehl deines Herrn. Sein ist, was vor uns, was nach uns und was zwischen diesen, und dein Herr ist nicht vergeßlich. 66. Er ist der Herr der Himmel und der Erde und dessen, was zwischen beiden. So verehre ihn und verharre geduldig in seiner Verehrung. Kennst du einen seines Namens? 67. Und es spricht der Mensch: Sollte ich, wenn ich gestorben bin, lebend hervorgebracht werden? 68. Bedenkt denn der Mensch nicht, daß wir ihn zuvor geschaffen, und er war ein Nichts? 69. Aber bei deinem Herrn, ganz gewiß versammeln wir sie und die Satane, alsdann bringen wir sie kniend zum Rand der Hölle. 70. Sodann greifen wir aus jeder Sekte die heraus, die gegen den Allerbarmer am trotzigsten waren. 71. Wir kennen dann diejenigen, die am würdigsten sind, Feuerqualen zu erleiden. 72. Und keiner ist unter euch, der da nicht hinabfährt. Es ist eine bei deinem Herrn vollendete Bestimmung. 73. Dann retten wir diejenigen, die gottesfürchtig waren, die Frevler aber lassen wir darin knieliegend zurück. 74. Wenn ihnen unsre deutlichen Verse vorgelesen werden, sprechen diejenigen, die ungläubig sind, zu denen, die gläubig sind: Welche der beiden Parteien ist bessren Standes und schönren Anhangs? 75. Wie viele aber der Menschengeschlechter vor ihnen haben wir schon vernichtet, herrlicher an Besitz und Ansehen. 76. Sprich: Wer in der Irre ist, dem weitet der Allerbarmer das Maß. 77. Bis sie sehen, was ihnen angedroht, sei es die Strafe (hienieden) oder (dort) die jüngste Stunde. Wissen werden sie dann, wer schlechter war des Standes, schwächer an Streitmacht.* 78. *Und mehren wird Gott an Rechtleitung denen, die sich rechtleiten lassen.* 79. *Und das Bleibende, die guten Werke, besser gilt es bei deinem Herrn zur Belohnung, besser als Abwehr.* 80. *Sahest du den, der unsre Verse leugnete und sprach: Ganz gewiß werde ich Vermögen bekommen und Kinder?* 81. *Hat er in das Geheimnis geschaut oder mit dem Allerbarmer einen Vertrag geschlossen?* 82. *Keineswegs; aufschreiben werden wir, was er redet, dehnen werden wir ihm das Maß der Strafe.* 83. *Wir lassen ihn erben, was er geredet, und allein soll er zu uns kommen.* 84. *Sie nahmen Götter außer Gott, daß sie ihnen Macht seien.* 85. *Aber nein, sie werden ihre Verehrung leugnen und ihnen Gegner sein.* 86. *Siehst du nicht, wie wir die Satane zu den Ungläubigen sandten, um sie aufzureizen?* 87. *Darum habe mit ihnen keine Eile, wir setzen ihnen nur eine Frist.* 88. *An jenem Tag versammeln wir die Gottesfürchtigen zum Allerbarmer wie beim Fürstenempfang.* 89. *Und zur Hölle treiben wir die Sünder, wie eine durstige Herde.* 90. *Sie werden keine Fürsprache erlangen, außer wer mit dem Allerbarmer ein Bündnis geschlossen.* 91. *Sie sagen: Der Allerbarmer habe einen Sohn gezeugt. Ihr habt etwas Schweres gesagt.* 92. *Spalten fast könnten sich davon die Himmel, bersten die Erde und die Berge trümmernd zusammenstürzen.* 93. *Daß sie dem Allerbarmer einen Sohn andichten, und nicht gebührt es sich für den Allerbarmer, einen Sohn gezeugt zu haben. 94. Niemand in den Himmeln und auf Erden, der nicht zum Allerbarmer als Diener kommt. Berechnet hat er sie bereits, nach der Zahl gezählt. 95. Und einzeln kommen sie alle am Tag der Auferstehung zu ihm. 96. Wahrlich, die gläubig waren und gute Werke geübt, ihnen wird der Allerbarmer Liebe gewähren. 97. Und leicht machten wir ihn deiner Zunge, damit du mit ihm den Gottesfürchtigen Heil verkündest, die streitsüchtige Menge aber warnest. 98. Und wie viele vernichteten wir der Menschengeschlechter vor ihnen! Merkst du etwas von ihnen, von einem nur, oder hörst du von ihnen einen Laut?*

20. SURA T. H.[1]
MEKKANISCH, AUS 135 VERSEN BESTEHEND

Im Namen Gottes, des Allerbarmers, des Allbarmherzigen.

1. TH. Wir offenbarten dir nicht den Koran, um dich zu quälen[2]. 2. Nur eine Ermahnung für die (Gottes)fürchtigen. 3. Eine Offenbarung von dem, der die Erde geschaffen und die höchsten Himmel. 4. Der Allerbarmer sitzt zu Thron. 5. Sein ist, was in den Himmeln und auf Erden, was zwischen ihnen und unter der feuchten Erde. 6. Magst du laut sein mit der Rede, aber wahrlich, er kennt das Geheimnis und enthüllt es. 7. Gott, es gibt keinen

Gott außer ihm, sein sind die schönsten Namen. 8. Kam dir die Kunde von Moses? 9. Als er einst ein Feuer³ sah, sprach er zu seinen Leuten: Bleibet zurück, ich sehe ein Feuer. 10. Vielleicht bringe ich euch von diesem einen Feuerbrand, oder ich finde durch das Feuer Rechtleitung. 11. Und als er herankam, ward gerufen: O Moses. 12. Siehe, ich bin dein Herr; ziehe deine Schuhe aus, denn du bist in dem heiligen Tal Tova. 13. Ich habe dich auserwählt, so höre auf das, was dir geoffenbart wird. 14. Siehe, ich bin Gott, es gibt keinen Gott außer mir; so verehre mich und verrichte das Gebet zu meiner Erinnerung. 15. Wahrlich, die Stunde ist kommend, bald enthülle ich sie. 16. Daß jede Seele belohnt werde für das, was sie gestrebt. 17. Es bringe dich davon nicht ab, der daran nicht glaubt und seiner Begierde folgt, daß du untergehest. 18. Was ist dies in deiner Rechten, o Moses? 19. Dieser erwiderte: Es ist mein Stab, auf den ich mich stütze und mit dem ich Laub abschlage für meine Herde, und von dem ich noch andre Dienste habe. 20. Er sprach: Wirf ihn hin, o Moses! 21. Da warf er ihn hin, und er ward eine laufende Schlange. 22. Er sprach: Ergreife sie und fürchte dich nicht, wir bringen sie in ihre frühere Beschaffenheit zurück. 23. Stecke deine Hand unter deinen Arm, und sie wird weiß hervorkommen, ohne Übel⁴. Ein zweites Zeichen. 24. Daß wir dich unsrer Zeichen größten sehen lassen. 25. Gehe nun zu Pharao, denn er ist widerspenstig. 26. *Er sprach: O Herr, weite meine Brust.* 27. *Und erleichtere mir mein Geschäft.* 28. *Und löse den Knoten von meiner Zunge.* 29. *Daß sie meine Rede verstehen.* 30. *Und gib mir einen Gehilfen aus meiner Familie.* 31. *Meinen Bruder Ahron.* 32. *Mit diesem festige meine Stärke.* 33. *Und geselle ihn mir bei meinem Geschäft.* 34. *Daß wir dich oft preisen und deiner häufig gedenken.* 35. *Denn du bist auf uns schauend.* 36. *Er sprach: Gewährt sei dir dein Wunsch, o Moses.* 37. *Wir waren dir bereits ein andres Mal gnädig.* 38. *Als wir deiner Mutter eingaben, was ihr eingegeben ward:* 39. *Lege ihn in eine Kiste und wirf ihn ins Meer; das Meer wird ihn ans Ufer spülen, und aufnehmen wird ihn ein Feind von mir, ein Feind von ihm. Ich habe dir meine Liebe zugewandt.* 40. *Daß du unter meinen Augen heranwächst.* 41. *Dann kam deine Schwester heran und sprach: Soll ich euch zu jemand führen, der ihn nähren wird? So gaben wir dich deiner Mutter wieder, auf daß ihr Auge sich erfrische und sie nicht betrübt sei. Dann erschlugst du einen Menschen, und wir retteten dich aus der Not. Und wir prüften dich durch Versuchung.* 42. *Du weiltest dann Jahre unter dem Volk Midjans, und durch Fügung kommst du nun her, o Moses.* 43. *Und ich habe dich für mich auserwählt.* 44. *Gehe du nun und dein Bruder mit meinen Zeichen, und sei nicht schlaff in meiner Ermahnung.* 45. *Gehet nun zu Pharao, denn er ist widerspenstig. 46. Und redet zu ihm milde Worte, vielleicht läßt er sich ermahnen oder fürchtet. 47. Sie sprachen: Herr unser, wir fürchten, er vergreift sich an uns oder er ist widerspenstig. 48. Er erwiderte: Fürchtet nichts, denn ich bin mit euch; ich höre und ich sehe. 49. So gehet hin zu ihm und sprechet: Wir sind Gesandte deines Herrn. Sende mit uns die Kinder Israels und peinige sie nicht. Wir kommen nun zu dir mit einem Zeichen von deinem Herrn, und Heil dem, der der Rechtleitung folgt. 50. Uns ist auch offenbart worden, die Strafe werde über den (kommen), der verleugnet und sich abwendet. 51. Dieser sprach: Wer ist euer Herr, o Moses? 52. Er erwiderte: Unser Herr ist es, der jedem Ding seine Gestalt gibt und es leitet. 53. Dieser sprach: Wie ergeht es den früheren Menschengeschlechtern? 54. Er erwiderte: Die Kenntnis dessen ist bei meinem Herrn in einem Buch; nicht irrt mein Herr und nicht vergißt er. 55. Der euch die Erde geschaffen als Lager und euch auf dieser Pfade gebahnt; er sendet vom Himmel Wasser hernieder, damit wir mannigfache Arten von Pflanzen hervorbringen. 56. Esset davon und weidet euer Vieh. Wahrlich, hierin sind Zeichen für Leute von Vernunft. 57. Aus dieser erschufen wir euch, in diese lassen wir euch zurückkehren und aus dieser bringen wir euch ein andermal hervor. 58. So ließen wir ihn all unsre Zeichen sehen, doch verleugnete er und weigerte sich. 59. Dieser sprach: Kommst du zu uns, um uns mit deinem Zauber aus unsrem Land zu vertreiben, o Moses? 60. Aber wir werden dir mit gleichem Zauber kommen. Setze nun zwischen uns und dir eine Zusammenkunft fest, die wir nicht versäumen, und ebenso du nicht. 61. Er erwiderte: Die Zusammenkunft erfolge an einem Festtag, damit die Menschen sich am hellen Tag versammeln. 62. Da wandte sich Pharao und sammelte seinen Anschlag, dann kam er. 63. Da sprach Moses zu ihnen: Weh euch, ersinnet nicht Lüge über Gott. 64. Er vernichtet euch sonst durch Strafe, denn verloren ist, wer Lüge ersonnen. 65. Da verhandelten sie über ihre Sache untereinander und führten das Gespräch geheim. 66. Sie sprachen: Diese beiden sind sicherlich Zauberer, die durch ihre Zauberei euch aus eurem Land vertreiben und eure vorzüglichsten Führer fortführen wollen. 67. So sammelt euren Anschlag und kommt dann in Reihe; Glück hat heute, wer siegt. 68. Sie sprachen: O Moses, willst du (deinen Stab) werfen, oder sollen wir die ersten sein, die werfen? 69. Er erwiderte: Werft nun. Da schien es ihm durch ihre Zauberei, als ob ihre Stricke und ihre Stäbe umherliefen. 70. Und Moses empfand Furcht in seiner Seele. 71. Wir sprachen: Fürchte nicht, du wirst der Sieger sein. 72. Wirf hin, was in deiner Rechten, es wird verschlingen, was sie gemacht. Nur Zauberlist machten sie, und nicht Glück haben wird der Zauberer, wo er auch kommt. 73. Darauf fielen die Zauberer anbetend nieder und sprachen: Wir glauben an den Herrn Ahrons und Moses.* 74. *Da sprach (Pharao): Ihr glaubt ihm, bevor ich es euch erlaubt? Er ist wohl euer Meister, der euch die Zauberei gelehrt? Aber ganz gewiß schlage ich euch Hände und Füße wechselseitig*[5] *ab und kreuzige euch an Palmenstümpfen. Ihr sollt dann wissen, wer mächtiger ist an Strafe und dauernder.* 75. *Sie erwiderten: Nie schätzen wir dich höher als das, was uns an deutlichen Beweisen kam, als den, der uns geschaffen. Gebiete, was du gebietest, du gebietest nur für das Leben hienieden. Wir glauben nur an unsren Herrn, auf daß er uns unsre Sünden vergebe und die Zauberei, zu der du uns gezwungen. Und Gott, besser ist er und dauernder.* 76. *Wahrlich, wer zu seinem Herrn als Sünder kommt, ihm ist die Hölle; er stirbt in dieser nicht und lebt nicht.* 77. *Wer aber zu ihm als Gläubiger kommt, der gute Werke geübt, diese, für sie sind die höchsten Stufen.* 78. *Die Gärten Edens, darunterhin Ströme fließen, in denen sie ewig weilen. Das ist der Lohn dessen, der rein war.* 79. *Darauf offenbarten wir Moses: Ziehe nachts aus mit meinen Dienern und schlage ihnen einen Weg durch das Meer im Trocknen.* 80. *Fürchte keine Verfolgung und sei unbesorgt.* 81. *Darauf verfolgte sie Pharao mit seinem Heer, aber die Flut bedeckte sie, was sie bedeckte. Verführt hat Pharao sein Volk und nicht gerechtleitet.* 82. *O Kinder Israels, wir befreiten euch nun von eurem Feind, beschieden euch an des Bergs rechte Seite und sandten euch das Manna nieder und die Wachteln:* 83. *Esset nun vom Guten, womit wir euch versorgt, und seid dabei nicht widerspenstig, daß mein Zorn auf euch falle. Auf wen mein Zorn fällt, er ist dahin.* 84. *Aber vergebungsreich bin ich gegen den, der bereut, der gläubig ist und Gutes tut und sich rechtleiten läßt.* 85. *Was aber treibt dich so eilig von deinem Volk, o Moses?* 86. *Dieser erwiderte: Sie gehen auf meiner Spur, und ich eilte zu dir, o Herr, daß ich dir wohlgefällig sei.* 87. *Er sprach: Wir brachten hinter dir dein Volk in Versuchung, und Samirij*[6] *verführte sie.* 88. *Da kehrte Moses zu seinem Volk zurück, zornig und betrübt.* 89. *Er sprach: O mein Volk, verhieß euch euer Herr nicht eine schöne Verheißung? War euch die Zeit zu lang? Oder wollt ihr, daß ein Zorn eures Herrn auf euch falle, indem ihr meine Bestimmung nicht gehalten?* 90. *Sie sprachen: Nicht eigenmächtig brachen wir deine Bestimmung, vielmehr wurde uns die Last inbetreff der Schmucksachen des Volks auferlegt. Wir warfen sie hin, und so warf sie Samirij hinein und brachte ihnen ein leibhaftiges Kalb hervor, das blökte. Sie sagten dann: Das ist euer Gott und der Gott Moses, den er vergaß.* 91. *Sehen sie denn nicht, daß es ihnen kein Wort antwortet, und daß es ihnen nicht Schaden noch Nutzen zu bringen vermag?* 92. *Und bereits vorher sprach Ahron zu ihnen: O mein Volk, nur geprüft werdet ihr damit. Aber euer Herr ist wahrlich der Allerbarmer, so folget mir und gehorchet meinem Befehl.* 93. *Sie erwiderten: Nie hören wir auf, ihm ergeben zu sein, bis Moses zu uns zurückkehrt.* 94. *Er sprach: O Ahron, was hielt dich ab, als du sie irregehen sahest, mir zu folgen? Warst du meinem Befehl ungehorsam?* 95. *Dieser erwiderte: O Sohn meiner Mutter, zerre nicht an meinem Bart und nicht an meinem Haupt. Ich fürchte, du könntest sagen: Spaltung hast du unter den Kindern Israels gestiftet und meine Rede nicht beachtet.* 96. *Er sprach: Und was ist dein Treiben, o Samirij? Dieser erwiderte: Ich sah, was jene nicht sahen; da nahm ich eine Handvoll (Staub) von der Spur des Gesandten und warf sie hinein. Meine Seele ließ mich dies schön finden.* 97. *Er sprach: So geh nun; dein (Los) im Leben sei, daß du sagst: nicht anrühren*[1]*, und wahrlich, dir ist auch eine Androhung, der du nicht entgehst. Und schau auf deinen Gott, vor dem du ergeben standest, wir verbrennen ihn und als Staub streuen wir ihn in die Flut.* 98. *Euer Gott nur ist ein Gott, außer dem es keinen Gott gibt; nur er, der alle Dinge in Kenntnis umfaßt.* 90. *So erzählten wir dir von den Kunden, was einst geschehen, und wir ließen dir von unsrer Seite Ermahnung kommen.* 100. *Wer sich davon abwendet, er wird am Tag der Auferstehung eine Last tragen.* 101. *Ewig damit, und schlimm ist ihnen die Last am Tag der Auferstehung.* 102. *An jenem Tag wird in die Trompete geblasen, und* *wir versammeln dann die Sünder blind. 103. Sie flüstern zueinander: Ihr weiltet nur zehn (Tage im Grab). 104. Wir wissen besser, was sie sagen wollen. Dann spricht ihr Vornehmster: Ihr weiltet nur einen Tag. 105. Sie werden dich nach den Bergen fragen. Sprich: Mein Herr wird sie zu Staub zermalmen. 106. Und sie als glatte Ebene zurücklassen, auf der du nicht Schiefheit und nicht Krümmung siehst. 107. An jenem Tag folgen sie dem Rufer, für den es keine Krümme gibt; unterwürfig sind die Stimmen dem Allerbarmer, und du hörst nur ein Getön. 108. An jenem Tag nützt keine Fürsprache, es sei denn, daß der Allerbarmer es einem erlaubt und die Rede ihm wohlgefällig ist. 109. Er weiß, was vor ihnen ist und was nach ihnen, ihre Kenntnis umfaßt es nicht. 110. Niedergeschlagen sind die Gesichter vor dem Lebendigen, dem Ewigen; verloren ist, wer Ungerechtigkeit trägt. 111. Wer gute Werke geübt und gläubig war, fürchte keine Ungerechtigkeit und keine Vorenthaltung. 112. Und so haben wir den Koran arabisch geoffenbart, und in ihm mannigfache Drohungen angewandt, auf daß sie gottesfürchtig seien, oder ihnen eine Ermahnung werde. 113. Hocherhaben ist Gott, der König, der Wahrhaftige. Und du beeile dich nicht mit dem Koran, bis dir die Offenbarung ganz zuteil geworden. Und sprich: O Herr, laß mich zunehmen an Kenntnis. 114. Bereits schlossen wir zuvor einen Vertrag mit Adam, doch er vergaß ihn, und wir fanden an ihm keinen festen Bestand.* 115. *Wir sprachen dann zu den Engeln: Fallet vor Adam nieder! Da fielen sie nieder, nur nicht Iblis, er weigerte sich. Wir sprachen: O Adam, wahrlich, dieser ist dir Feind und deinem Weib; daß er euch nicht aus dem Garten treibe, und es dir übel ergehe.* 116. *Wahrlich, du hast da, daß du nicht hungerst in diesem noch nackt bist.* 117. *Und daß du nicht durstest in diesem noch von der Sonne leidest.* 118. *Satan aber flüsterte ihm zu und sprach: O Adam, soll ich dich führen zu einem Baum der Ewigkeit und der Herrschaft, der nicht verwittert?* 119. *Und sie aßen von diesem, und sichtbar wurde ihnen ihre Blöße. Da begannen sie von den Blättern des Gartens um sich zu nähen. Also war Adam seinem Herrn ungehorsam und ging irre.* 120. *Darauf nahm ihn sein Herr wieder an, er wandte sich ihm zu und rechtleitete ihn.* 121. *Er sprach: Hinaus von hier allesamt; des einen Feind sei der andre. Doch wird euch von mir Rechtleitung kommen.* 122. *Wer meiner Rechtleitung folgt, er geht nicht irre, ihm wird es nicht schlecht ergehen.* 123. *Wer sich aber von meiner Mahnung abwendet, wahrlich, ihm ist ein elender Lebenslauf.* 124. *Und blind sammeln wir ihn am Tag der Auferstehung.* 125. *Dieser spricht dann: O Herr, warum sammeltest du mich blind, da ich doch sehend war?* 126. *Er antwortet: Dies, weil dir unsre Zeichen gekommen und du sie vergaßest, so sei heute du vergessen.* 127. *So be-*

lohnen wir den, der ausschreitend war und an die Verse seines Herrn nicht glaubte. Und die Strafe des Jenseits ist schwerer und dauernder. 128. Ist es ihnen nicht eine Leitung, wie viele wir vernichtet haben der Menschengeschlechter vor ihnen, in deren Wohnungen sie wandeln? Wahrlich, hierin sind Zeichen für kluge Leute. 129. Und wäre nicht ein Spruch deines Herrn ergangen, die Strafe wäre ganz gewiß eingetroffen, doch eine Frist ist festgesetzt. 130. So sei geduldig bei dem, was sie sagen, und preise deines Herrn Lob vor Aufgang der Sonne und vor ihrem Niedergang, auch in den Stunden der Nacht preise und an den Tagesgrenzen, auf daß du wohlgefallest. 131. Und weite deine Augen nicht nach dem, was wir manche unter ihnen genießen lassen, Glanz des Lebens hienieden, womit wir sie prüfen. Aber die Versorgung deines Herrn ist besser und dauernder. 132. Fordre deine Angehörigen zum Gebet auf, und auch du verharre dabei. Keine Versorgung verlangen wir von dir, wir versorgen dich. Und der Enderfolg ist die Gottesfurcht. 133. Sie sagen: Wenn er uns doch ein Zeichen von seinem Herrn brächte. Kam ihnen nicht ein klarer Beweis in dem, was in den früheren Schriften? 134. Hätten wir sie vorher durch eine Strafe vernichtet, sie würden ganz gewiß gesagt haben: Herr unser, hättest du uns doch einen Gesandten geschickt, wir wären deinen Zeichen gefolgt, bevor wir erniedrigt worden sind und beschämt. 135. Sprich: Jeder war-

tet, so wartet auch ihr. Dereinst werdet ihr wissen, wer die Genossen des geraden Wegs sind, wer gerechtleitet ist.

21. SURA VON DEN PROPHETEN
MEKKANISCH, AUS 112 VERSEN BESTEHEND

Im Namen Gottes, des Allerbarmers, des Allbarmherzigen.

1. Es naht den Menschen ihre Rechenschaft, doch sie sind in Nachlässigkeit abgewandt. 2. Keine neue Mahnung ihres Herrn kommt zu ihnen, die sie nicht spöttelnd anhörten. 3. Sorglos sind ihre Herzen; und die freveln, führen ein heimliches Gespräch: Ist dieser nicht ein Fleischwesen nur euresgleichen? Wollt ihr der Zauberei nachgehen, während ihr doch sehet? 4. Er sprach: Mein Herr kennt das Gerede im Himmel und auf der Erde, er ist der Allhörende, der Allwissende. 5. Ja, sie sagen: Traumgewirre; ja, er hat ihn[1] ersonnen; ja, er ist ein Dichter. Bringe er uns doch ein Zeichen, wie die Früheren auch, die gesandt worden. 6. Vor ihnen auch glaubte keine der Städte, die wir zerstört, und sie sollten glauben? 7. Männer nur sandten wir auch vor dir, denen wir offenbarten; fraget doch die Leute von Ruf[2], wenn ihr es nicht wisset. 8. Wir machten sie nicht Körper, die keine Speise essen, auch waren sie nicht ewiglich. 9. Dann aber hielten wir ihnen die Verheißung und retteten sie und wen wir wollten; die Übeltäter aber vernichteten wir. 10. Bereits offenbarten wir euch ein Buch, darin euch eine Ermahnung ist; begreift ihr nicht? 11. Wie manche Stadt zerstörten wir, die frevelhaft war, und ließen nach dieser ein andres Volk entstehen. 12. Als sie unsre Strafgewalt wahrnahmen, da flohen sie aus dieser. 13. Flieht doch nicht, kehret zu dem zurück, wobei ihr glücklich wart, und zu euren Wohnungen, auf daß ihr befragt werden könnet. 14. Sie sprachen: O weh uns, wir sind Frevler! 15. Und dies ihr Rufen hörte nicht auf, bis wir sie gemacht haben, (wie) abgemäht und erloschen. 16. Und nicht zum Spaß schufen wir Himmel und Erde, und was zwischen ihnen. 17. Wollten wir uns einen Zeitvertreib schaffen, ganz gewiß hätten wir ihn bei uns geschaffen, wenn wir es tun wollten. 18. Nein, wir schleudern die Wahrheit gegen die Nichtigkeit, daß sie sie vernichte, und sie ist entschwunden. Euch aber wehe ob dem, was ihr redet. 19. Sein ist, was in den Himmeln ist und auf Erden, und nicht zu stolz sind, die bei ihm, für seinen Dienst, und sie ermüden nicht. 20. Sie lobpreisen bei Nacht und bei Tag, sie rasten nicht. 21. Nehmen sie nicht Götter an von der Erde, die auferwecken sollen? 22. Gäbe es auf ihnen[3] Götter außer Gott, ganz gewiß würden sie zugrunde[4] gegangen sein. Preis Gott, dem Herrn des Throns, (fern) von ihm, was sie reden. 23. Nicht er wird gefragt, was er tut, sie nur werden gefragt. 24. Nahmen sie Götter an außer ihm? Sprich: Her mit eurem Beweis. Dies ist die Ermahnung derer, die mit mir sind, die Ermahnung derer, die vor mir waren. Ja, die meisten ihrer kennen die Wahrheit nicht, sie wenden sich ab. 25. Und vor dir schon sandten wir keinen Gesandten, dem wir nicht geoffenbart: es gibt keinen Gott außer mir, so verehret mich. 26. Sie sagen: Der Allerbarmer hat einen Sohn gezeugt. Preis ihm. Nein, nur vornehme Diener (sind sie)⁵. 27. Sie kommen ihm nicht mit einem Wort zuvor, sie handeln nach seinem Befehl. 28. Er weiß, was vor ihnen ist und was nach ihnen. Sie können nicht fürsprechen. 29. Nur für den, der ihm wohlgefällt, und sie sind vor Furcht zitternd. 30. Und sagt jemand von ihnen: ich bin ein Gott außer ihm, wir vergelten es ihm mit der Hölle. So vergelten wir den Frevlern. 31. Sehen die nicht, die ungläubig sind, daß die Himmel und die Erde zusammengefügt waren und wir sie getrennt und aus dem Wasser alle Lebewesen geschaffen? Wollen sie nicht glauben? 32. Und Bergfesten machten wir auf der Erde, damit sie nicht mit ihnen wanke, und Straßen und Wege schufen wir auf ihr, auf daß sie gerechtleitet seien. 33. Und zu einem schützenden Dach machten wir den Himmel. Und doch sind sie von ihren Zeichen abweichend. 34. Er ist es, der die Nacht geschaffen und den Tag, und die Sonne und den Mond, die alle sich am Himmels-

körper bewegen. 35. Und keinem Fleischwesen vor dir gaben wir Unsterblichkeit; du stirbst, und sie sollten die Unsterblichen sein? 36. Den Tod kostend ist jede Seele. Und wir prüfen euch durch Versuchung mit Bösem und mit Gutem, und zu uns werdet ihr zurückgebracht. 37. Und wenn dich sehen, die ungläubig sind, sie werden dich zum Spott nur nehmen: Ist dieser es, der eurer Götter (verächtlich) gedenkt? Und ungläubig sind sie in der Ermahnung des Allerbarmers. 38. Aus Eile ist der Mensch geschaffen; aber einst werde ich euch meine Zeichen zeigen, und ihr werdet von mir keine Beeilung verlangen. 39. Sie sprechen: Wann endlich diese Verheißung, wenn ihr wahrhaftig seid? 40. Wüßten doch, die ungläubig sind, daß die Zeit naht, wo sie das Höllenfeuer von ihren Gesichtern nicht abwehren werden, und nicht von ihren Rücken, und keine Hilfe ist ihnen. 41. Nein, plötzlich kommt sie ihnen und überrascht sie, sie vermögen sie nicht zurückzuhalten, und werden nicht gefristet. 42. Verspottet wurden Gesandte vor dir schon, da traf die unter ihnen, die gehöhnt, das, worüber sie gespottet. 43. Sprich: Wer will euch bei Nacht und bei Tag vor dem Allerbarmer bewahren? Nein, von der Ermahnung ihres Herrn wenden sie sich ab. 44. Sind ihnen Götter außer uns, die sie schützen? Sie vermögen keine Hilfe für sich selber, sie werden von uns nicht bewahrt. 45. Nein, wir ließen sie genießen und ihre Väter, so lange ihre Lebensdauer währte.

Sehen sie denn nicht, daß wir über die Erde kommen und sie von ihren Enden her einengen? Sind sie dann die Sieger? 46. Sprich: Ich warne euch nur mit der Offenbarung. Doch die Tauben hören den Ruf nicht, wenn sie gewarnt werden. 47. Wenn aber ein Hauch der Strafe deines Herrn sie berührt, sie sprechen dann sicher: O weh uns, wir sind Frevler. 48. Und wir stellen die Wage auf, die gerechte, für den Tag der Auferstehung, und keine Seele wird um etwas übervorteilt werden; und wäre es auch das Gewicht eines Senfkorns, wir bringen es heran. Und wir genügen als Rechenschafter. 49. Bereits gaben wir Moses und Ahron die Erlösung⁶, eine Erleuchtung und eine Ermahnung für die Gottesfürchtigen. 50. Die ihren Herrn fürchten im Verborgnen, und vor der Stunde bangen. 51. Diese Ermahnung, die gesegnete, sandten wir hernieder, und ihr wollt sie verleugnen? 52. Und bereits vorher gaben wir Abraham seinen Rechtwandel, und wir waren seiner kundig. 53. Dann sprach er zu seinem Vater und seinem Volk: Was sollen diese Bildwerke, deren Verehrer ihr seid? 54. Sie erwiderten: Wir fanden unsre Väter als Anbeter dieser. 55. Er sprach: Ihr waret, ihr und eure Väter, in offenbarer Irrung. 56. Sie fragten: Kommst du uns mit der Wahrheit oder bist du der Spötter einer? 57. Er erwiderte: Ja, euer Herr ist der Herr der Himmel und der Erde, der sie geschaffen, und ich bin euch hierüber der Zeugen einer. 58. Bei Gott, belisten will ich eure Götzen, sobald ihr euch zurückziehend abgewandt. 59. Da zerschlug er sie in Stücke, mit Ausnahme ihres größten, damit sie sich an diesen wenden. 60. Sie sprachen: Wer tat dies an unsren Göttern? Wahrlich, er ist der Frevler einer. 61. Da sprachen (andre): Wir hörten von ihnen sprechen einen Jüngling, der Abraham genannt wird. 62. Sie sprachen: So bringet ihn vor die Augen der Leute, damit sie es bezeugen. 63. Sie sprachen: Hast du dies an unsren Göttern getan, o Abraham? 64. Er erwiderte: Nein, dieser ihr größter tat dies. So fragt sie doch, wenn sie reden können. 65. Da gingen sie in sich und sprachen: Wahrlich, ihr seid die Frevler. 66. Darauf aber stellten sie sich wieder auf die Köpfe: Du weißt ja, daß diese nicht reden können. 67. Er sprach: Wollt ihr außer Gott anbeten, was euch in nichts nützt noch schadet? Pfui euch und dem, was ihr außer Gott anbetet. Begreift ihr es nicht? 68. Sie sprachen: Verbrennet ihn und helft euren Göttern, wenn ihr Handelnde seid. 69. Da sprachen wir: O Feuer, sei kalt und zum Heil für Abraham. 70. Sie erstrebten einen Anschlag gegen ihn, aber wir machten sie zu den Verlustigen. 71. Und wir retteten ihn und Lot in das Land, in dem wir Segen gestiftet für die Weltbewohner. 72. Und wir gaben ihm Isaak und Jakob als Geschenk, und sie alle machten wir zu Rechtschaffenen. 73. Und wir machten sie zu Vorbildern, daß sie (andre) nach unsrem Gebot rechtleiten, und gaben ihnen ein:

Gutes tun, das Gebet verrichten und Almosen geben; und sie waren uns Diener. 74. Auch Lot gaben wir Weisheit und Kenntnis und retteten ihn aus der Stadt, die Schlechtigkeiten beging; ja, sie waren üble Leute und Missetäter. 75. Und wir führten ihn ein in unsre Barmherzigkeit, denn er war der Rechtschaffenen einer. 76. Noah auch rief zuvor an, da erhörten wir ihn, und retteten ihn und seine Angehörigen aus großer Not. 77. Wir schützten ihn vor dem Volk, das unsre Zeichen lügenhaft nannte; ja, sie waren üble Leute, und wir ertränkten sie allesamt. 78. Auch David und Salomo, als sie rechtsprachen über das Ackerfeld, auf dem die Schafherde eines (fremden) Stamms nachts weidete. Wir waren ihres Rechtsspruchs Zeugen. 79. Wir zeichneten Salomo durch Einsicht aus, allen aber gaben wir Weisheit und Kenntnis. Und dienstbar machten wir David die Berge, mit ihm zu lobpreisen, und die Vögel auch; wir taten dies. 80. Wir lehrten ihn die Fertigung von (Kriegs)gewändern für euch, um euch vor Schaden zu schützen; wollt ihr nicht dankbar sein? 81. Und (dienstbar machten wir) Salomo einen Sturmwind, auf seinen Befehl zum Land eilend, in dem wir Segen gestiftet. Und wir sind jedes Dinges wissend. 82. Und auch von den Satanen manche, die für ihn tauchten und Werke außerdem verrichteten. Wir aber waren ihre Überwacher. 83. Auch Ijob, als er zu seinem Herrn rief: Siehe, das Unglück hat mich berührt, und du bist der allbarmherzigste Erbarmer. 84. Da erhörten wir ihn und entfernten, was an ihm von Unglück war. Wir gaben ihm seine Familie wieder und noch einmal soviel dazu; Barmherzigkeit von uns und Ermahnung für die Diener. 85. Auch Ismael und Idris[7] *und der Verpfleger*[8]*, sie alle waren von den Geduldigen. 86. Wir führten sie ein in unsre Barmherzigkeit, denn sie waren von den Rechtschaffenen. 87. Und der Fischmann*[9]*, als er unwillig floh und wähnte, wir vermöchten nichts über ihn. Er rief aus den Finsternissen: Es gibt keinen Gott außer dir, Preis dir! Ja, ich war der Frevler einer. 88. Da erhörten wir ihn und retteten ihn aus dem Kummer. So retten wir die Gläubigen. 89. Auch Zacharias, als er zu seinem Herrn rief: O Herr, laß mich nicht kinderlos, wenn du auch bist der beste Beerber. 90. Da erhörten wir ihn und gaben ihm Johannes, denn wir machten sein Weib fruchtbar. Wahrlich, sie waren schnell im Guttun, riefen uns an in Liebe und Furcht, und waren uns unterwürfig. 91. Und jene auch, die ihre Jungfräulichkeit gewahrt; wir hauchten in sie von unsrem Geist und machten sie und ihren Sohn zum Wunderzeichen für die Weltbewohner. 92. Wahrlich, diese eure Religion ist die einzige Religion; ich bin euer Herr, so verehret mich. 93. Jene aber spalteten ihr Bekenntnis untereinander. Alle sind zu uns zurückkehrend. 94. Wer gute Werke übt und Gläubiger ist, kein Undank seinem Streben, wir sind Schreiber* *dessen. 95. Bann aber über der Stadt, die wir vernichtet; wahrlich, sie kehren nicht wieder. 96. Bisbesiegt sind Jagjugj*[10] *und Magjugj, und man von allen Höhen herbeieilt. 97. Es naht die wahre Verheißung, und starr sind dann die Blicke derer, die ungläubig waren: O weh uns, wir waren in Sorglosigkeit vor dieser; ja, wir waren Frevler! 98. Wahrlich, ihr, und was ihr außer Gott angebetet, seid Brennstoff für die Hölle, in sie werdet ihr hinabsteigen. 99. Wären diese Götter, sie stiegen da nicht hinab. Und alles darin ist ewig. 100. Ihnen ist das Geheul, und nichts (sonst) werden sie darin hören. 101. Wahrlich, denen von uns aus das Herrliche zugeteilt ist, diese sind von ihr weit entfernt. 102. Sie hören ihr Geräusch nicht, und ewig sind sie in dem, was ihre Seelen begehren. 103. Nicht betrüben wird sie die größte Bangigkeit, und die Engel werden sie empfangen: Dies ist euer Tag, der euch verheißen wurde. 104. An jenem Tag rollen wir den Himmel zusammen, wie gerollt wird die Schriftrolle. Wie wir das Geschöpf zuerst hervorgebracht, lassen wir es wiederkehren; eine Verheißung von uns übernommen, wahrlich, wir sind ausführend. 105. Und nach der Ermahnung schon schrieben wir in den Psalmen*[11]*: Die Erde erben werden meine Diener, die rechtschaffenen. 106. Wahrlich, in diesem ist eine Ankündigung für ein gottverehrendes Volk. 107. Und dich sandten wir aus Barmherzigkeit nur für die Weltbewohner.*

108. Sprich: geoffenbart ward mir, daß euer Gott nur ein einziger Gott ist. Wollt ihr ergebene Gottbekenner sein? 109. Und wenden sie sich ab, so sprich: Ich verkünde euch gleichmäßig, doch weiß ich nicht, ob nahe ist oder fern, was euch angedroht wurde. 110. Er kennt das Öffentliche der Rede, und er weiß, was ihr verschweiget. 111. Ich weiß auch nicht, vielleicht ist dies nur eine Prüfung für euch und eine Nutznießung für eine Zeit lang. 112. Er sprach: O Herr, richte du nach der Wahrheit. Unser Herr ist der Allerbarmer, der um Hilfe Angerufene gegen das, was ihr redet.

22. SURA VON DER WALLFAHRT
MEKKANISCH, AUS 78 VERSEN BESTEHEND

Im Namen Gottes, des Allerbarmers, des Allbarmherzigen.

1. O ihr Leute, fürchtet euren Herrn; wahrlich, das Erdbeben der Stunde[1] ist eine große Sache. 2. An jenem Tag, da ihr es sehen werdet, wird jede Säugende den Säugling vergessen, und abwerfen wird jede Schwangere ihre Leibesfrucht; du wirst die Menschen berauscht sehen, ohne daß sie trunken sind. Ja, die Strafe Gottes ist gewaltig. 3. Und von den Menschen mancher, der über Gott streitet ohne Kenntnis und jedem widerspenstigen Satan folgt. 4. Über den geschrieben ist, wer ihm folgt, den leite er irre und führe ihn zur Strafe des Höllenfeuers. 5. O ihr Leute, seid ihr im Zweifel über die Auferweckung, — wahrlich, wir schufen euch aus Staub, dann aus einem Samentropfen, dann aus einer Blutmasse, dann aus einem Fleischklumpen, ausgebildet und nicht ausgebildet, um es euch zu verdeutlichen. Wir lassen im Mutterleib verbleiben, was wir wollen, bis zu einer bestimmten Frist, alsdann lassen wir euch als Kindchen hervorkommen und eure Vollkraft erreichen. Unter euch mancher, der (jung) stirbt, und mancher, der zum tiefsten Lebensalter gelangt, so daß er nichts mehr weiß, nachdem er Kenntnis hatte. Und du siehst die Erde dürre, und wenn wir über sie das Wasser niedersenden, regt sie sich und schwillt an und läßt allerlei schöne Arten hervorsprießen. 6. Dies, daß Gott die Wahrheit ist und daß er die Toten belebt und daß er über alle Dinge mächtig ist. 7. Und daß kommen wird die Stunde, an der kein Zweifel ist, und daß Gott auferwecken wird, die in den Gräbern. 8. Und von den Menschen mancher, der über Gott streitet ohne Kenntnis, ohne Rechtleitung und ohne erleuchtendes Buch. 9. Nach der Seite abbiegend, um vom Pfad Gottes zu verführen. Schande ihm hienieden, und am Tag der Auferstehung lassen wir ihn die Qual des Brandes kosten. 10. Dies ob dem, was deine Hand vorgewirkt, und weil Gott nicht ungerecht ist gegen die Menschen. 11. Und unter den Menschen mancher, der Gott verehrt auf der

Grenze[2]: *trifft ihn Gutes, verbleibt er dabei, trifft ihn eine Prüfung, wendet er das Gesicht. Verlustig ist er hienieden und jenseits; dies ist das offenbare Verderben. 12. Sie rufen außer Gott an, was ihnen nicht schaden kann noch nützen. Dies ist eine weite Irrung. 13. Sie rufen an, was ihnen eher schadet als nützt; wie schlecht ist der Beschützer, wie schlimm der Gefährte! 14. Wahrlich, die gläubig sind und gute Werke üben, führt Gott in Gärten, darunterhin Ströme fließen. Fürwahr, Gott tut, was er wünscht. 15. Wer da glaubt, Gott werde ihm*[3] *nicht helfen hienieden und jenseits, spanne ein Seil bis zum Himmel und durchschneide*[4] *es; er schaue dann, ob sein Anschlag ungeschehen macht, was ihn erzürnt. 16. So sandten wir es als deutliches Wunderzeichen; denn Gott rechtleitet, wen er will. 17. Wahrlich, die gläubig sind und die Juden, Sabäer, Christen, Magier oder Götzendiener sind, entscheiden wird Gott zwischen ihnen am Tag der Auferstehung. Fürwahr, Gott ist über alle Dinge Bezeuger. 18. Siehst du nicht, daß Gott es ist, den anbetet, was in den Himmeln ist und was auf Erden, die Sonne, der Mond, die Sterne, die Berge, die Bäume, die Tiere und der Menschen viele? Viele aber, denen die Strafe gebührt. 19. Und wen Gott erniedrigt, dem ist keine Ehrung; wahrlich, Gott tut, was er will. 20. Da sind zwei Gegner, die über ihren Herrn streiten. Die aber ungläubig sind, zugeteilt sind ihnen Kleider aus Feuer, siedendes*

Wasser wird über ihre Köpfe gegossen. 21. *Schmelzen wird dadurch, was in ihren Leibern, und ihre Haut; eiserne Keulen sind ihnen.* 22. *Sooft sie aus Schmerz daraus entfliehen wollen, sie werden darin zurückgebracht. Kostet nun die Qual des Brandes!* 23. *Wahrlich, die gläubig sind und gute Werke üben, führt Gott in Gärten, darunterhin Ströme fließen; geschmückt werden sie da mit goldnen Armspangen und Perlen, ihr Gewand ist Seide.* 24. *Sie wandeln nach dem besten der Worte, sie wandeln den Weg des Hochgepriesenen.* 25. *Wahrlich, die ungläubig sind und vom Pfad Gottes verdrängen und von der heiligen Anbetungsstätte, die wir für die Menschen gleichmäßig errichtet, für den Heimischen und für den Fremden, —* 26. *Und der da frevelhaft Gottlosigkeit begehen will, den lassen wir qualvolle Strafe kosten.* 27. *Die Stätte des Hauses*[5] *wiesen wir Abraham einst zum Wohnsitz an: Geselle mir nichts bei und reinige mein Haus für die Umkreisenden*[6]*, für die Stehenden und für die sich anbetend Niederwerfenden.* 28. *Erlasse unter den Menschen einen Aufruf zur Wallfahrt, daß sie zu dir zu Fuß kommen und auf schlankem Kamel; aus jedem tiefen Tal mögen sie kommen.* 29. *Daß sie Zeugnis ablegen von ihren Vorteilen und des Namens Gottes gedenken an den bekannten Tagen ob dem, was er ihnen an Vieh zur Versorgung gegeben. So esset davon, auch speiset den Dürftigen, den Armen.* 30. *Dann mögen sie ihren Schmutz ablegen,* *ihre Gelübde abtragen und das altwürdige Haus umkreisen. 31. So. Und wer die heiligen Satzungen Gottes ehrt, gut ist dies für ihn bei seinem Herrn. Erlaubt ist euch alles Vieh, das ausgenommen, was euch vorgelesen⁷ worden. Meidet auch den Greuel der Götzen und haltet euch fern von Lügenrede. 32. Rechtgläubig gegen Gott, ohne ihm etwas beizugesellen. Und wer Gott etwas beigesellt, gleicht dem, was vom Himmel niederfällt, das ein Vogel erhascht oder der Wind in einen fernen Ort fortweht. 33. So. Und wer die Opferbräuche Gottes ehrt, es ist von der Gottesfurcht der Herzen. 34. Ihr habt daran⁸ Nutzung bis zur bestimmten Frist, dann zur Opferstätte im altwürdigen Haus. 35. Jedem Volk gaben wir einen Kult, daß sie des Namens Gottes gedenken ob dem, was er ihnen an Vieh zur Versorgung gegeben. Euer Gott ist ein einziger Gott, ihm seid ergeben. Und verkünde Heil den Demütigen. 36. Deren Herzen erzittern, wenn Gott genannt wird, die geduldig sind bei dem, was sie trifft, die das Gebet verrichten und Almosen geben von dem, womit wir sie versorgt. 37. Und die Opferkamele bestimmten wir euch für die heiligen Bräuche Gottes, an denen euch Nutzung sei. Nennet über sie, wenn sie gereiht stehen, den Namen Gottes, und sobald sie auf die Seite gestürzt⁹, esset von ihnen und speiset auch den Bescheidenen und den verschämten Armen. So machten wir sie euch dienstbar, auf daß ihr dankbar seid.*

38. Nicht ihr Fleisch gelangt zu Gott noch ihr Blut, allein eure Gottesfurcht gelangt zu ihm. So machten wir sie euch dienstbar, damit ihr Gott verherrlicht dafür, daß er euch gerechtleitet. Und verkünde Heil den Liebfrommen. 39. Wahrlich, Gott verteidigt, die gläubig sind; ja, Gott liebt keinen ungläubigen Verräter. 40. Erlaubt ist es ihnen, jene zu bekämpfen, weil sie ungerecht behandelt wurden. Wahrlich, Gott ist ihrer Hilfe mächtig. 41. Die ohne Recht aus ihren Wohnstätten vertrieben wurden, nur weil sie gesagt: Unser Herr ist Gott. Und wenn Gott nicht die Menschen die einen durch die andren gehindert hätte, zerstört wären ganz gewiß Klöster und Kirchen, Synagogen und Moscheen, in denen so häufig genannt wird der Name Gottes. Ganz gewiß hilft Gott dem, der ihm hilft, denn wahrlich, Gott ist stark und gewaltig. 42. Die das Gebet verrichten, nachdem wir ihnen eine Stätte auf Erden gegeben, den Armenbeitrag entrichten, Fug gebieten und das Schlechte verwehren. Und Gottes ist der Enderfolg der Dinge. 43. Schelten sie dich lügenhaft, so schalten bereits vor ihnen das Volk Noahs, die Aditen, die Thamuditen, das Volk Abrahams, das Volk Lots und die Leute von Midjan (ihre Propheten) lügenhaft. Und Moses auch wurde lügenhaft gescholten. Aufschub gab ich den Ungläubigen, dann aber faßte ich sie; und wie war der Tausch! 44. Wie manche Stadt zerstörten wir, die frevelhaft war, verwüstet bis auf ihre Grundlagen, der Brunnen verfallen, die Burg ragend. 45. Reisen sie nicht im Land umher? Haben sie keine Herzen, damit zu begreifen, keine Ohren, damit zu hören? Traun, nicht blind sind die Augen, blind aber sind die Herzen in der Brust. 46. Sie werden dich zur Beschleunigung der Strafe auffordern. Gott wird seine Androhung nicht ausbleiben lassen. Wahrlich, ein Tag bei deinem Herrn ist gleich tausend Jahren, deren ihr zählet. 47. Wie mancher Stadt gab ich Aufschub, die frevelhaft war, dann aber faßte ich sie; und zu mir ist die Zuflucht. 48. Sprich: O ihr Leute, ich bin euch ein öffentlicher Warner nur. 49. Die gläubig sind und gute Werke üben, ihnen ist Vergebung und ehrenvolle Versorgung. 50. Die aber unsre Verse zu entkräften streben, diese sind Genossen des Feuerpfuhls. 51. Und keinen Gesandten vor dir sandten wir und keinen Propheten, dem, wenn er betete, Satan nicht in sein Gebet etwas[10] gestreut hätte. Doch Gott entfernt, was Satan einstreut. Dann bekräftigt Gott seine Zeichen, und Gott ist allwissend und allweise. 52. Damit er das mache, was Satan einstreut, zur Versuchung denen, in deren Herzen Krankheit wohnt, die verstockten Herzens sind. Wahrlich, die Frevler sind in einer weiten Spaltung. 53. Und damit wissen, denen die Kenntnis geworden, daß es die Wahrheit von deinem Herrn ist, und daran glauben, und ihre Herzen unterwürfig seien. Wahrlich, Gott ist der Leiter derer, die gläubig sind, auf den rechten Weg.

54. *Die aber ungläubig sind, werden mit ihrem Zweifel daran nicht aufhören, bis die Stunde über sie plötzlich hereinbricht, oder die Pein des unheilvollen Tags über sie kommt.* 55. *Gottes ist die Herrschaft an jenem Tag, und richten wird er unter ihnen. Die gläubig waren und gute Werke geübt, (kommen) in die Lustgärten.* 56. *Die aber ungläubig waren und unsre Verse lügenhaft nannten, diese da, ihnen ist schändende Pein.* 57. *Und die ausgewandert sind für den Pfad Gottes, dann getötet worden sind oder gestorben, wird Gott gewißlich mit einer herrlichen Versorgung versorgen. Wahrlich, Gott ist der beste Versorger.* 58. *Er wird sie in einen Eingang führen, ihnen wohlgefällig. Wahrlich, Gott ist allwissend und sanftmütig.* 59. *So. Und wer ebenso straft, wie er gestraft worden ist, dann aber dieserhalb verfolgt wird, dem wird Gott gewißlich helfen. Wahrlich, Gott ist verzeihend und vergebungsreich.* 60. *Dies, weil Gott die Nacht in den Tag führt und den Tag in die Nacht, und weil Gott allhörend ist und allschauend.* 61. *Dies, weil Gott die Wahrheit ist, und weil Nichtigkeit ist, was sie außer ihm anrufen, und weil Gott der Höchste ist und der Erhabenste.* 62. *Siehst du nicht, wie Gott Wasser vom Himmel niedersendet, und morgens die Erde grün ist? Wahrlich, Gott ist allgütig und allkundig.* 63. *Sein ist, was in den Himmeln ist und was auf Erden. Wahrlich, Gott ist der Unbedürftige, der Preisenswürdige.* 64. *Siehst*

du nicht, daß Gott durch seinen Befehl euch dienstbar gemacht, was auf Erden, das Schiff auch, das das Meer durchquert? Er hält den Himmel zurück, daß er nicht auf die Erde stürze, es sei denn mit seinem Willen. Wahrlich, Gott ist gegen die Menschen gütig und barmherzig. 65. Er ist es, der euch belebt hat, dereinst läßt er euch sterben, dereinst belebt er euch wieder. Wahrlich, der Mensch ist undankbar. 66. Jedem Volk gaben wir einen Kult, dem sie obliegen, doch laß sie darüber mit dir nicht streiten, und rufe sie nur zu deinem Herrn, denn wahrlich, du bist in der richtigen Leitung. 67. Bekämpfen sie dich, so sprich: Gott weiß besser, was ihr tut. 68. Gott wird unter euch am Tag der Auferstehung entscheiden über das, worüber ihr streitet. 69. Weißt du nicht, daß Gott kennt, was in den Himmeln ist und was auf Erden? Wahrlich, dies steht im Buch, wahrlich, dies ist für Gott ein Leichtes. 70. Sie verehren außer Gott, wozu ihnen keine Ermächtigung gegeben und wovon ihnen keine Kenntnis ist. Und den Frevlern ist kein Beistand. 71. Und wenn ihnen unsre deutlichen Verse vorgelesen werden, kannst du auf den Gesichtern derer, die ungläubig sind, die Verachtung wahrnehmen; fast stürzen sie sich über die, die ihnen unsre Verse vorlesen. Sprich: Soll ich euch Schlimmeres vorlesen als dies? Das Fegefeuer, das Gott für die bestimmt hat, die ungläubig sind. Wie schlimm ist die Hinfahrt! 72. O ihr Menschen, geprägt ist ein Gleich-

nis, höret darauf. Wahrlich, die ihr außer Gott anrufet, sie schaffen nicht eine Fliege, und wenn sie (alle) sich dazu versammelten. Und raubt ihnen die Fliege etwas, sie entreißen es ihr nicht. Schwach ist der Bittende, ebenso der Gebetene. 73. Sie maßen Gott nicht nach seiner wahren Größe; wahrlich, Gott ist stark und allgewaltig. 74. Gott wählt aus den Engeln Gesandte und aus den Menschen auch. Wahrlich, Gott ist allhörend und allschauend. 75. Er weiß, was vor ihnen ist und was nach ihnen, und zu Gott zurückgebracht werden die Dinge. 76. O ihr, die ihr glaubt, beuget euch und fallet nieder und betet euren Herrn an; und übet das Gute, auf daß ihr Glück habet. 77. Und streitet für Gott seinen gerechten Streit. Er hat euch auserwählt und euch keinerlei Beengung auferlegt in der Religion, im Bekenntnis eures Vaters Abraham. Er nannte euch ergebene Gottbekenner. 78. Zuvor und durch dieses, auf daß der Gesandte Bezeuger sei gegen euch, und ihr Bezeuger seid gegen die Menschen. So verrichtet das Gebet, entrichtet den Armenbeitrag und haltet fest an Gott. Er ist euer Beschützer; wie schön ist er als Beschützer, wie schön als Helfer.

23. SURA VON DEN GLÄUBIGEN
MEKKANISCH, AUS 118 VERSEN BESTEHEND

Im Namen Gottes, des Allerbarmers, des Allbarmherzigen.

1. Ja, glücklich sind die Gläubigen. 2. Die demütig sind bei ihrem Gebet. 3. Die sich fernhalten von loser Rede. 4. Die für den Almosenbeitrag tätig sind. 5. Die ihre Keuschheit bewahren. 6. Bis auf ihre Frauen und (Sklavinnen), über die ihre Rechte verfügt, denn wegen dieser sind sie außer Tadel. 7. Wer aber andre außer diesen gelüstet, — diese sind Übertreter. 8. Die ihre Treue und ihre Verträge halten. 9. Und die auf ihr Gebet achten. 10. Diese sind die Erben. 11. Die das Paradies erben, in dem sie ewig weilen. 12. Den Menschen schufen wir zuerst aus Lehmsaft. 13. Dann machten wir ihn einen Samentropfen in einer sicheren Stätte. 14. Dann formten wir den Samentropfen zu einer Blutmasse und aus der Blutmasse machten wir einen Fleischklumpen, aus dem Fleischklumpen machten wir nun Knochen und die Knochen bekleideten wir mit Fleisch. Sodann ließen wir daraus ein andres Geschöpf[1] entstehen. Gepriesen sei Gott, der herrlichste Schöpfer. 15. Nachher werdet ihr ganz gewiß Tote sein. 16. Dann werdet ihr am Tag der Auferstehung auferweckt werden. 17. Ueber euch schufen wir die sieben Himmel, und

nicht lässig waren wir bei der Schöpfung. 18. Und vom Himmel senden wir Wasser hernieder nach vorausbestimmtem Maß und lassen es in der Erde ruhen; doch vermögen wir auch, es ihr zu entziehen. 19. Durch dieses lassen wir euch Gärten hervorsprießen mit Palmen und Trauben, in denen ihr viele genießbare Früchte habet, von denen ihr esset. 20. Und den Busch, der aus dem Berg Sinaj hervorwächst[2]*, der das Öl hervorbringt und Tunke zur Mahlzeit. 21. Wahrlich, am Hausvieh auch habt ihr eine Ermahnung, indem wir euch trinken lassen von dem, was in ihrem Leib. Ihr habt von ihnen vielerlei Nutzen und von ihnen esset ihr. 22. Von ihnen, wie auf einem Schiff, werdet ihr getragen. 23. Bereits sandten wir Noah zu seinem Volk, und er sprach: O mein Volk, verehret Gott, ihr habt außer ihm keinen Gott. Wollt ihr ihn nicht fürchten? 24. Da sprachen die Ratsherren seines Volks, die ungläubig waren: Dieser ist nichts andres als ein Fleischwesen euresgleichen und will sich über euch nur hervortun. Wollte es Gott, ganz gewiß würde er Engel gesandt haben, und nie hörten wir solches von unsren ältesten Vorfahren. 25. Er ist nichts als ein von einem Geist besessener Mensch; achtet auf ihn eine Zeit lang. 26. Er sprach: O Herr, hilf mir gegen ihre Beschuldigung der Lügenhaftigkeit. 27. Und wir gaben ihm ein: Mache dir vor unsren Augen eine Arche nach unsrer Eingebung, und wenn unser Befehl ergeht, da sprüht der Ofen.*

28. *Bringe in diese ein Pärchen von jeder Art und deine Angehörigen, den ausgenommen³, über den der Spruch bereits ergangen. Und sprich mir nicht von denen, die gefrevelt, wahrlich, sie sind Ertrunkene. 29. Und wenn du in die Arche einsteigest, du und die mit dir sind, so sprich: Preis Gott, der uns errettet hat vom Volk der Frevler. 30. Und sprich: O Herr, gewähre mir eine gesegnete Unterkunft, denn du bist der beste Unterbringer. 31. Wahrlich, hierin sind gewißlich Zeichen, wie wir prüfen. 32. Darauf ließen wir nach ihnen ein andres Menschengeschlecht entstehen. 33. Und wir sandten ihnen einen Gesandten aus ihrer Mitte: Verehret Gott, ihr habt außer ihm keinen Gott. Wollt ihr ihn nicht fürchten? 34. Da sprachen die Ratsherren seines Volks, die ungläubig waren und das Eintreffen des Jenseits leugneten, die wir im Leben hienieden mit Glücksgütern versehen hatten: Dieser ist nichts andres als ein Fleischwesen euresgleichen, er ißt von dem, was auch ihr esset. 35. Und trinkt von dem, was auch ihr trinket. 36. Und wenn ihr einem Fleischwesen euresgleichen gehorcht, ihr seid dann die Verlustigen. 37. Droht er euch, daß ihr, nachdem ihr gestorben seid und Staub geworden und Knochen, wieder hervorgehen werdet? 38. Fort, fort mit dem, was euch gedroht wird. 39. Es gibt nur unser Leben hienieden; wir sterben und wir leben, auferweckt werden wir nicht. 40. Er ist ein Mann nur, der über Gott Lüge erdichtet, wir sind seine Gläubigen*

nicht. 41. Er sprach: O Herr, hilf mir gegen ihre Entschuldigung der Lügenhaftigkeit. 42. (Gott) sprach: Noch eine geringe Zeit, und sie sind Bereuende. 43. Da faßte sie der Schlag, und wir machten sie zu Schaum. Hinweg mit dem Volk der Frevler. 44. Darauf ließen wir nach ihnen ein andres Menschengeschlecht entstehen. 45. Kein Volk kann sein Ziel beschleunigen, auch nicht zurückhalten. 46. Dann sandten wir unsre Gesandten einzeln. Sooft aber zu einem Volk sein Gesandter kam, schalten sie ihn lügenhaft. Wir ließen das eine dem andren folgen und machten sie zur Sage. Hinweg mit dem Volk, das nicht glaubt. 47. Darauf sandten wir Moses und seinen Bruder Ahron mit unsren Zeichen und deutlichen Beweisen. 48. Zu Pharao und seinen Ratsherren; sie aber widersetzten sich, denn sie waren hochmütige Leute. 49. Sie sprachen: Sollten wir zwei Fleischwesen unsresgleichen glauben, deren Volk unsre Sklaven sind? 50. Sie schalten sie lügenhaft, und sie waren von den Untergehenden. 51. Und Moses gaben wir die Schrift, auf daß sie gerechtleitet seien. 52. Und wir machten den Sohn Marias und seine Mutter zum Wunderzeichen und gaben ihnen einen Hügel zum Aufenthalt, da Sicherheit und Quellwasser. 53. O ihr Gesandten, genießet des Guten und übt Gutes, denn ich bin wissend dessen, was ihr tut. 54. Wahrlich, diese eure Religion ist die einzige Religion; ich bin euer Herr, so fürchtet mich. 55. Aber sie trennten sich in ihrer

(*Religions*)*sache voneinander, und jede Sekte freute sich mit dem, was ihr war.* 56. *So laß sie in ihrer Verwirrung eine Zeit lang.* 57. *Glauben sie denn, daß Besitz und Kinder, die wir ihnen gemehrt,* 58. *Schnell, zu ihrem Besten sei? Nein, sie verstehen es nicht.* 59. *Wahrlich, die ehrfurchtsvoll ihren Herrn fürchten.* 60. *Die an die Zeichen ihres Herrn glauben.* 61. *Die ihrem Herrn nichts beigesellen.* 62. *Die* (*Almosen*) *geben, was sie geben können, und deren Herzen angsterfüllt sind, weil sie zu ihrem Herrn zurückkehren.* 63. *Diese eilen zum Guten und drängen sich dazu.* 64. *Wir belasten niemand über sein Vermögen. Bei uns ist ein Buch, das die Wahrheit redet; und sie sollen nicht benachteiligt werden.* 65. *Ja, ihre Herzen sind hierin in Verwirrung, und nicht demgemäß sind ihre Werke. Sie handeln so,* 66. *Bis wir ihre Begüterten von der Strafe erfassen lassen, und sie dann um Hilfe flehen.* 67. *Flehet heute nicht um Hilfe, denn euch wird von uns nicht geholfen werden.* 68. *Längst sind euch meine Verse vorgelesen worden, ihr kehrtet um in eure Fußstapfen.* 69. *Hochmütig, nächtlich Wirres redend.* 70. *Wollen sie nicht über das Wort nachdenken, das ihnen gekommen, das ihren ältesten Vorfahren nicht gekommen war?* 71. *Oder kennen sie ihren Gesandten nicht, daß sie seiner verleugnend sind?* 72. *Oder sagen sie, er sei von einem Geist besessen? Nein, er kam ihnen mit der Wahrheit, ihre meisten aber sind der Wahrheit abhold.* 73. *Rich-*

tete sich die Wahrheit nach ihren Lüsten, zugrunde gingen dann ganz gewiß Himmel und Erde und was in ihnen. Ja, wir gaben ihnen ihre Ermahnung, doch sie wenden sich von ihrer Ermahnung ab. 74. Verlangst du etwa einen Lohn von ihnen? Der Lohn deines Herrn ist besser, und er ist der beste Versorger. 75. Du rufst sie ja zum rechten Weg herbei. 76. Aber wahrlich, die an das Jenseits nicht glauben, abweichend sind sie vom rechten Weg. 77. Hätten wir uns ihrer erbarmt und von ihnen genommen, was sie an Unglück traf, sie würden in ihrer Widerspenstigkeit verblendet doch verharrt haben. 78. Ja, wir straften sie mit der Pein, doch sie demütigten sich nicht vor ihrem Herrn, sie unterwarfen sich ihm nicht. 79. Bis wir ihnen das Tor zur schweren Strafe öffneten, und sie waren darin die Verzweifelnden. 80. Er ist es, der euch das Gehör geschaffen und das Gesicht und das empfindende Herz; wie wenig, was ihr ihm danket. 81. Er ist es, der euch auf Erden geschaffen, und zu ihm werdet ihr versammelt werden. 82. Er ist es, der belebt und tötet, sein ist der Wechsel von Tag und Nacht. Begreift ihr dies nicht? 83. Nein, sie reden dasselbe, was die früheren redeten. 84. Sie sagten: Sollten wir denn, nachdem wir gestorben und Staub geworden und Knochen, wieder auferweckt werden? 85. Bereits zuvor ist uns dies angedroht worden, uns und unsren Vätern, aber das sind nur altväterliche Fabeln. 86. Sprich: Wessen ist die Erde und was darauf, wenn ihr es wisset?

87. *Sie werden sagen: Gottes. Sprich: Wollt ihr nicht seiner eingedenk sein?* 88. *Sprich: Wer ist Herr der sieben Himmel und des herrlichen Throns?* 89. *Sie werden sagen: Gott. Sprich: Wollt ihr ihn nicht fürchten?* 90. *Sprich: Wer ist es, in dessen Hand ist die Herrschaft aller Dinge, der beschützt und nicht beschützt wird, wenn ihr es wisset?* 91. *Sie werden sagen: Gott. Sprich: Wie seid ihr verblendet*[4]*!* 92. *Ja, wir brachten ihnen die Wahrheit, sie aber sind Lügner.* 93. *Gott hat keinen Sohn gezeugt, noch ist neben ihm irgend ein Gott. Jeder Gott würde dann nehmen, was er geschaffen, und der eine sich über den andren erheben. Preis Gott ob dem, was sie reden!* 94. *Er ist Wisser des Verborgenen und des Offenbaren, erhaben ob dem, was sie ihm zugesellen.* 95. *Sprich: O Herr, willst du mich sehen lassen, was ihnen angedroht ist?* 96. *O Herr, so setze mich nicht zum Volk der Frevler.* 97. *Wahrlich, mächtig sind wir, dich sehen zu lassen, was wir ihnen angedroht.* 98. *Wehre du das Böse ab mit dem, was besser ist. Wir wissen wohl, was sie reden.* 99. *Und sprich: O Herr, zu dir flüchte ich vor Einflüsterungen der Satane.* 100. *Und zu dir flüchte ich, o Herr, daß sie mir nicht nahekommen.* 101. *Erst wenn der Tod an ihrer einen herantritt, spricht er: O Herr, laß mich zurückkehren.* 102. *Auf daß ich Gutes übe, das ich unterlassen habe. Vergebens sind die Worte, deren Sprecher er ist. Und hinter ihnen eine Zwischenzeit*[5] *bis*

zum Tag, an dem sie auferweckt werden. 103. Wenn in die Posaune geblasen wird, dann ist keine Verwandtschaft zwischen ihnen, sie werden einander nicht bitten. 104. Dessen Wage schwer ist, — diese sind die Glückhabenden. 105. Und dessen Wage leicht ist, — diese sind es, die sich selber zugrunde richteten; ewig in der Hölle. 106. Rösten wird das Feuer ihre Gesichter, und sie zähnefletschend darin. 107. Wurden euch meine Verse nicht vorgelesen, und habt ihr sie nicht lügenhaft genannt? 108. Sie erwidern: Herr unser, gesiegt hat unser Unglück über uns, wir waren ein irrendes Volk. 109. Herr unser, führe uns aus dieser; sind wir rückfällig, wahrlich, wir sind dann Frevler. 110. Er spricht: Hinab in diese und redet mir nicht. 111. Wahrlich, es gab einen Teil meiner Diener, die sprachen: Herr unser, wir glauben; so vergib uns und erbarme dich unser, denn du bist der beste Erbarmer. 112. Ihr aber habt sie spöttisch aufgenommen, bis sie euch meine Ermahnung vergessen ließen, und ihr lachtet über sie. 113. Heute belohnte ich sie, weil sie geduldig ausgeharrt. Sie sind die Glückseligen. 114. Er spricht: Wie lange weiltet ihr auf Erden an Jahreszahl? 115. Sie erwidern: Wir weilten einen Tag[6] oder den Teil eines Tags; frage doch die Rechner. 116. Er spricht: Ihr habt nur eine kurze Zeit geweilt, wenn ihr es wissen wollt. 117. Glaubtet ihr, wir hätten euch nur zum Scherz erschaffen, und ihr würdet zu uns nicht zurückgebracht werden? Hoch *erhaben ist Gott, der König, die Wahrheit! Es gibt keinen Gott außer ihm, dem Herrn des erhabenen Throns. Und wer neben Gott einen andren Gott anruft, für den er keinen festen Beweis hat, seine Rechenschaft vor seinem Herrn nur. Wahrlich, er wird den Ungläubigen kein Glück gewähren. 118. Und sprich: O Herr, verzeihe und sei barmherzig, denn du bist der beste Erbarmer.*

24. SURA VOM LICHT
MEDINISCH, AUS 64 VERSEN BESTEHEND

Im Namen Gottes, des Allerbarmers, des Allbarmherzigen.

1. Sura, die wir geoffenbart und verordnet, und deutliche Zeichen offenbarten wir darin, auf daß ihr eingedenk seid. 2. Die Hure und der Hurer, jedem von ihnen verabreicht hundert Streiche; kein Mitleid über sie erfasse euch im Dienst Gottes, wenn ihr an Gott glaubt und an den Jüngsten Tag. Und es sollen einige Gläubige ihrer Strafe beiwohnen. 3. Ein Hurer soll nur eine Hure heiraten oder eine Götzendienerin; auch die Hure soll nur ein Hurer heiraten oder ein Götzendiener. Verboten ist dies den Gläubigen. 4. Und die züchtige Frauen verleumden und keine vier Zeugen beibringen, ihnen verabreicht achtzig Streiche, und nimmer nehmet von ihnen Zeugnis an[1]. Diese sind Missetäter. 5. Die ausgenommen, die nachher bereuen und sich bessern; denn wahrlich, Gott ist allverzeihend und allbarmherzig. 6. Und wenn manche ihre Frauen beschuldigen und keine andren Zeugen als sich selbst haben, so sei das Zeugnis des einen vier Bezeugungen bei Gott², daß er die Wahrheit redet. 7. Und eine fünfte, daß der Fluch Gottes auf ihm sei, wenn er Lügner ist. 8. Von ihr aber wendet es die Strafe ab, wenn sie vier Bezeugungen bei Gott ablegt, daß er Lügner ist. 9. Und eine fünfte, daß der Zorn Gottes auf ihr sei, wenn er die Wahrheit redet. 10. Und wenn nicht die Gnade Gottes über euch und seine Barmherzigkeit, — und daß Gott allvergebend ist und allbarmherzig. 11. Wahrlich, die mit der Lüge kamen, die Schar³ unter euch, betrachtet sie nicht als Übel für euch. Nein, dies ist zu eurem Besten. Jedem Mann von ihnen, was er von der Sünde begangen, und wer von ihnen sie am schwersten beging, dem sei schwere Strafe. 12. Als ihr es hörtet, die gläubigen Männer und Frauen sollten bei sich das Beste denken und sagen: Dies ist eine offenbare Lüge. 13. Brachten sie darüber vier Zeugen? Und wenn sie keine Zeugen bringen, so sind sie vor Gott Lügner. 14. Und wenn nicht die Gnade Gottes über euch und seine Barmherzigkeit hienieden und im Jenseits, euch hätte ganz gewiß ob dem, was ihr ausgestreut, schwere Strafe getroffen, da ihr mit euren Zungen aussprecht und mit euren Mündern redet, wovon ihr keine Kenntnis habt, und weil ihr für gering haltet, was bei Gott wichtig ist. 15. Als ihr es hörtet, ihr solltet sagen: Uns kommt es nicht zu, darüber zu reden. Bewahre, dies ist eine arge Verleumdung. 16. Gott ermahnt euch, daß ihr solches nie wiederholt, wenn ihr Gläubige seid. 17. Gott verdeutlicht euch die Zeichen, und Gott ist allwissend und allweise. 18. Wahrlich, die es wünschen, daß Schändliches über die verbreitet werde, die gläubig sind, ihnen ist qualvolle Strafe. 19. Hienieden und jenseits. Und Gott weiß, ihr aber wißt nichts. 20. Und wenn nicht die Gnade Gottes über euch und seine Barmherzigkeit, — und daß Gott gütig ist und allbarmherzig. 21. O ihr, die ihr glaubt, folget nicht den Schritten Satans, denn wer den Schritten Satans folgt, dem befiehlt er Schändlichkeit und Böses. Und wenn nicht die Gnade Gottes über euch und seine Barmherzigkeit, nie wäre einer von euch rein. Aber Gott reinigt, wen er will, und Gott ist allhörend und allwissend. 22. Und die Besitzenden unter euch und die Reichen sollen nicht schwören, nichts zu geben den Anverwandten, den Armen und den für den Pfad Gottes Ausgewanderten; aber verzeihen sollen sie' und vergeben. Wünscht ihr denn nicht, daß Gott euch verzeihe? Und Gott ist allverzeihend und allbarmherzig. 23. Wahrlich, die züchtige Frauen, die unbedacht sind, verleumden, sind verflucht hienieden und jenseits; schwere Pein ist ihnen. 24. An jenem Tag werden ihre Zungen gegen sie zeugen und ihre Hände und ihre Füße ob dem, was sie getan.

25. *Dann wird Gott ihnen ihre Vergeltung zuteilen in Wahrheit; sie werden erfahren, daß Gott die lautere Wahrheit ist. 26. Die schlechten Frauen für die schlechten Männer und die schlechten Männer für die schlechten Frauen, die guten Frauen für die guten Männer und die guten Männer für die guten Frauen. Diese sind frei von dem, was ihnen nachgesagt wird, ihnen ist Verzeihung und ehrenvolle Versorgung. 27. O ihr, die ihr glaubt, tretet nicht in andre Wohnungen als eure, bis ihr um Erlaubnis gefragt und ihre Bewohner gegrüßt. Dies ist für euch besser, daß ihr eingedenk seid. 28. Und wenn ihr darin niemand findet, tretet nicht hinein, bis es euch erlaubt wird. Und wenn euch gesagt wird: Zurück, so kehret um. Dies ist schicklicher für euch. Und Gott ist kundig dessen, was ihr tut. 29. Doch ist es von euch kein Vergehen, wenn ihr in unbewohnte Häuser tretet, in denen ihr Nutzung habt. Und Gott weiß, was ihr kundtut und was ihr verschweiget. 30. Sage den gläubigen Männern, sie möchten ihre Blicke niederschlagen und ihre Keuschheit bewahren. Dies ist schicklicher für sie. Wahrlich, Gott ist kundig dessen, was sie tun. 31. Sage auch den gläubigen Frauen, sie möchten ihre Blicke niederschlagen, ihre Keuschheit bewahren und ihre Reize nicht enthüllen, bis auf das, was sichtbar ist. Sie möchten ihre Schleier um ihren Busen schlagen und ihre Reize vor niemand entblößen als vor ihren Männern, ihren Vätern, den Vätern ihrer Männer,*

ihren Söhnen, den Söhnen ihrer Männer, ihren Brüdern, den Söhnen ihrer Brüder, den Söhnen ihrer Schwestern, ihren Mägden, ihren (Sklaven), über die ihre Hände verfügen, und ihrem Gefolge, soweit es Männer ohne Bedürfnis[5] sind, oder Kindern, die Frauenblöße nicht gewahren. Auch sollen sie nicht ihre Beine werfen, daß man merke, was verborgen ist von ihren Reizen. Bekehret euch zu Gott allesamt, o ihr Gläubigen, auf daß ihr Glück habet. 32. Verheiratet die Ledigen unter euch, sowie die Rechtschaffenen von euren Dienern und Mägden; wenn sie arm sind, wird Gott sie reich machen von seiner Gnadenfülle. Und Gott ist allumfassend und allwissend. 33. Es sollen keusch bleiben, die keine (Mittel) finden zur Verheiratung, bis Gott sie reich macht von seiner Gnadenfülle. Und wenn welche von denen, über die eure Rechte verfügt, einen Freibrief wünschen, schreibt ihnen einen solchen, wenn ihr von ihnen Gutes wisset, und gebet ihnen vom Besitz Gottes, den er euch gegeben. Zwinget eure Dienerinnen nicht zur Unzucht, wenn sie züchtig bleiben wollen, um Gut des Lebens hienieden zu erlangen. Wer sie zwingt, wahrlich, Gott ist ihnen nach ihrem Zwang allverzeihend und allbarmherzig. 34. Wir offenbaren euch nun deutliche Verse und Beispiele gleich denen, die sich vor euch ereignet; eine Ermahnung für die Gottesfürchtigen. 35. Gott ist das Licht der Himmel und der Erde. Sein Licht gleicht einer in einem Glas befindlichen Leuchte in einer Nische; das Glas ist wie ein leuchtender Stern. Es wird von einem gesegneten Baum gespeist, einem Oelbaum, der kein östlicher ist und kein westlicher, dessen Oel fast leuchtet, auch wenn das Feuer es nicht berührt. Licht über Licht. Gott leitet zu seinem Licht, wen er will. Gott prägt den Menschen Gleichnisse, und Gott ist aller Dinge wissend. 36. In den Häusern, die Gott zu errichten erlaubt, in denen seines Namens gedacht wird, darinnen preist man ihn morgens und abends. 37. Männer, die nicht Handelschaft und nicht Einkauf zurückhält von der Erinnerung an Gott, der Verrichtung des Gebets und der Entrichtung des Armenbeitrags; sie fürchten den Tag, an dem Herzen und Augen sich wenden werden. 38. Daß ihnen Gott bestens belohne, was sie getan, und ihnen von seiner Gnadenfülle zufüge. Und Gott versorgt, wen er will, ohne zu rechnen. 39. Die aber ungläubig sind, ihre Werke gleichen einem Wasserschein in der Ebene, den der Durstende für Wasser hält, bis er herankommt und nichts findet. Doch er findet Gott bei sich, der ihm seine Rechnung begleicht; denn Gott ist schnell des Berechnens. 40. Oder der Finsternis in der Meerestiefe; Woge über Woge deckt sie, ein Gewölk darüber, Finsternisse eine über der andren. Wenn man seine Hand ausstreckt, man sieht sie kaum. Und wem Gott nicht Licht schafft, der hat kein Licht. 41. Siehst du nicht, daß Gott preist, wer in den Himmeln ist und wer auf Erden, und die Vögel auch reihenweise; jedes kennt sein Gebet und seine Lobpreisung. Und Gott ist wissend dessen, was sie tun. 42. Und Gottes ist die Herrschaft über Himmel und Erde, und zu Gott ist die Einkehr. 43. Siehst du nicht, wie Gott das Gewölk einhertreibt, es dann zusammenfügt und darauf zu Schichten macht? Und siehst du den Regen aus ihrer Mitte vordringen? Er sendet vom Himmel Berge nieder, in denen Hagel, und trifft damit, wen er will, und wendet ihn ab, von wem er will. Seines Blitzes Glanz, fast raubt er das Gesicht. 44. Gott wendet Nacht und Tag; wahrlich, hierin ist eine Ermahnung für Leute von Gesicht. Und Gott schuf alle Geschöpfe aus Wasser; unter ihnen manches, das auf seinem Bauch geht, unter ihnen manches, das auf zwei Füßen geht, und unter ihnen manches, das auf vieren geht. Gott schafft, was er will, denn wahrlich, Gott ist über alle Dinge mächtig. 45. Wir offenbarten nun deutliche Verse. Und Gott rechtleitet, wen er will, auf den geraden Weg. 46. Sie sagen: Wir glauben an Gott und an den Gesandten und gehorchen. Dann aber wendet sich nach diesem ein Teil von ihnen ab. Diese sind keine Gläubigen. 47. Und werden sie zu Gott gerufen und seinem Gesandten, daß er zwischen ihnen entscheide, ein Teil von ihnen ist dann entgegentretend. 48. Hätten sie die Wahrheit, kommen würden sie zu ihm gehorsam. 49. Ist Krankheit in ihren Herzen? Oder zweifeln sie? Oder fürchten sie, Gott werde gegen sie ungerecht *sein und sein Gesandter? Nein, sie sind die Frevler. 50. Die Rede der Gläubigen aber, wenn sie zu Gott gerufen werden und seinem Gesandten, daß er zwischen ihnen entscheide, ist nur, daß sie sagen: Wir hören und gehorchen. Sie sind die Glückhabenden. 51. Und wer Gott gehorcht und seinem Gesandten, und Gott scheut und ihn fürchtet, — diese sind die Glückseligen. 52. Sie schwören bei Gott ihre feierlichsten Eide, befiehlst du ihnen, sie wollen ausziehen*[6]*. Sprich: Schwöret nicht. Gehorsam ist geziemend. Wahrlich, Gott ist kundig dessen, was ihr tut. 53. Sprich: Gehorchet Gott, gehorchet dem Gesandten. Und wenden sie sich ab, auf ihm, nur was ihm auferlegt ist, auf euch, was euch auferlegt ist. Gehorcht ihr ihm, ihr seid gerechtleitet; dem Gesandten aber liegt nichts weiter ob, als die deutliche Warnung. 54. Verheißen hat Gott denen, die unter euch gläubig sind und gute Werke üben, er werde sie zu Nachfolgern auf Erden machen, wie er jene vor ihnen zu Nachfolgern gemacht, ihnen ihre Religion befestigen, die er ihnen lieb sein ließ, und sie nach ihrer Furcht in Sicherseiende verwandeln. Mich nur sollen sie verehren und mir nichts beigesellen. Wer aber hinterher ungläubig ist, — diese sind Missetäter. 55. Verrichtet das Gebet, entrichtet den Armenbeitrag und gehorchet dem Gesandten, auf daß ihr Erbarmen findet. 56. Glaube nicht, die ungläubig sind, können hemmend auf Erden sein. Ihr Aufenthalt ist das Fegefeuer, wie* *schlimm ist die Hinfahrt!* 57. O ihr, die ihr glaubt, die (Sklaven), über die eure Rechte verfügt, und die unter euch, die Mannbarkeit noch nicht erreicht, sollen euch dreimal (täglich) um Erlaubnis[7] fragen: vor dem Morgengebet, zur Zeit, wenn ihr mittags die Kleider ablegt, und nach dem Abendgebet, drei Entblößungen für euch. Doch ist es von euch kein Vergehen, auch von ihnen nicht, wenn sie nach diesen Zeiten euch nacheinander umgeben. So verdeutlicht euch Gott die Verse, und Gott ist allwissend und allweise. 58. Und wenn eure Kinder Mannbarkeit erreicht haben, so sollen sie um Erlaubnis fragen, wie auch die vor ihnen um Erlaubnis fragten. So verdeutlicht euch Gott seine Verse, und Gott ist allwissend und allweise. 59. Und die Alten unter den Weibern, die auf eine Heirat nicht mehr rechnen, von ihnen ist es kein Vergehen, wenn sie ihre Kleider ablegen, ohne ihre Reize zu zeigen; unterlassen sie es aber, um so besser für sie. Und Gott ist allhörend und allwissend. 60. Keine Sünde ist es für den Blinden, keine Sünde ist es für den Lahmen, keine Sünde ist es für den Kranken, auch nicht für euch selber, wenn ihr (mit ihnen) esset[8] in euren Häusern, oder in den Häusern eurer Väter, oder in den Häusern eurer Mütter, oder in den Häusern eurer Brüder, oder in den Häusern eurer Schwestern, oder in den Häusern eurer Onkel väterlicherseits, oder in den Häusern eurer Tanten väterlicherseits, oder in den Häusern eurer Onkel mütterlicherseits, *oder in den Häusern eurer Tanten mütterlicherseits, oder in einem, dessen Schlüssel ihr besitzt, oder in einem eures Freundes. Es ist von euch kein Vergehen, ob ihr gemeinsam esset oder einzeln. 61. Wenn ihr ein Haus betretet, so grüßet einander mit einem gesegneten und schönen Lebensgruß[9] von seiten Gottes. So verdeutlicht euch Gott die Verse, auf daß ihr begreifet. 62. Nur die sind Gläubige, die an Gott glauben und seinen Gesandten, und wenn sie in einer Angelegenheit mit ihm versammelt sind, nicht fortgehen, bis sie um Urlaub gebeten. Wahrlich, die dich um Urlaub bitten, diese sind es, die an Gott glauben und seinen Gesandten. Und wenn sie dich um Urlaub gebeten wegen irgend eines Geschäftes, so beurlaube, wen von ihnen du willst. Und bitte für sie Gott um Verzeihung[10]; denn wahrlich, Gott ist allverzeihend und allbarmherzig. 63. Betrachtet nicht den unter euch (erlassenen) Ruf des Gesandten wie den Ruf des einen von euch an den andren. Gott kennt die unter euch, die sich ausflüchtig entziehen. So mögen die Acht haben, die seinem Befehl zuwiderhandeln, daß sie nicht eine Prüfung treffe oder eine qualvolle Strafe. 64. Ist nicht wahrlich Gottes, was in den Himmeln ist und was auf Erden? Er weiß, wie ihr euch zu ihm verhaltet. Und am Tag, an dem sie zu ihm zurückgebracht werden, wird er ihnen verkünden, was sie getan. Und Gott ist aller Dinge wissend.*

25. SURA VON DER ERLÖSUNG[1]

MEKKANISCH, AUS 77 VERSEN BESTEHEND

Im Namen Gottes, des Allerbarmers, des Allbarmherzigen,

1. Gelobt sei er, der seinem Diener die Erlösung geoffenbart, daß sie Ermahnerin sei den Weltbewohnern. 2. Dessen die Herrschaft ist über Himmel und Erde, der keinen Sohn gezeugt, der keinen Genossen hat in der Herrschaft, der jedes Ding geschaffen und nach seiner Bestimmung geordnet. 3. Und doch nahmen sie Götter an außer ihm, die nichts erschaffen, aber selber erschaffen sind. 4. Die für sich selber nicht Schaden noch Nutzen vermögen, die über den Tod nichts vermögen noch über das Leben noch über die Auferstehung. 5. Die ungläubig sind, sagen: Dies ist Lüge nur, die er ersonnen, wobei ihm fremde Leute geholfen[2]. Sie kommen mit Frevel und Falsch. 6. Sie sagen: Altväterliche Fabeln, die er niederschreiben ließ; es wird ihm morgens und abends vorgelesen. 7. Sprich: Geoffenbart hat es, der das Geheimnis in den Himmeln kennt und auf Erden. Wahrlich, er ist allverzeihend und allbarmherzig. 8. Sie sagen: Was ist dies für ein Gesandter? Er ißt Speisen und geht in den Gassen umher. Wenn ihm nicht ein Engel herabgesandt wird, der mit ihm Warner wäre. 9. Oder ihm nicht ein Schatz herabgeworfen oder ein

Garten wird, von dem er äße. Und die Frevler sagen: Ihr folgt nur einem behexten Menschen. 10. Schau, wie sie über dich die Vergleichnisse prägen! So irren sie und vermögen keinen Weg (zu finden). 11. Gelobt sei er, der, wenn er will, dir Beßres als dies schafft, Gärten, darunterhin Ströme fließen, auch Paläste schafft er dir. 12. Ja, sie leugneten auch die Stunde. Der die Stunde leugnet, dem haben wir Höllenfeuer bereitet. 13. Wenn es sie von weiter Ferne sieht, sie hören aus diesem Wüten und Schluchzen. 14. Und wenn sie gebunden in einen engen Raum geworfen werden, so rufen sie da um Untergang. 15. Ruft heute nicht um einen Untergang, ruft um viele Untergänge! 16. Sprich: Ist dies besser oder der ewige Garten, der den Gottesfürchtigen verheißen ist, der ihnen zur Belohnung ist und Einkehr? 17. Darin haben sie, was sie wünschen, ewiglich. Die Verheißung obliegt deinem Herrn, sie wird gefordert. 18. An jenem Tag wird er sie versammeln; und was sie außer Gott verehrt haben, und sprechen: Habt ihr da meine Diener verführt oder sind sie selber vom Weg abgeirrt? 19. Diese erwidern: Preis dir! Es gebührt sich nicht für uns, Beschützer außer dir anzunehmen. Du aber hast sie reich versorgt und ihre Väter, bis sie die Ermahnung vergessen und ein verdorbenes Volk geworden. 20. Nun haben sie euch Lügen gestraft inbetreff dessen, was ihr gesagt; sie können nichts abwenden noch Hilfe (gewähren). 21. Und wer von euch frevelt, den lassen wir schwere Pein kosten. 22. Vor dir auch sandten wir Abgesandte nur, die Speisen aßen und in den Gassen umhergingen. Und wir machten die einen unter euch zur Prüfung für die andren, ob ihr geduldig ausharret. Und dein Herr ist schauend.

23. Und es sprechen diejenigen, die auf eine Begegnung mit uns nicht hoffen: Wenn nicht die Engel uns herabgesandt werden oder wir unsren Herrn sehen. Ja, hoffärtig sind sie in ihren Seelen und großen Trotz trotzen sie. 24. Am Tag, an dem sie die Engel sehen, dann gibt es keine Heilverkündung für die Sünder, und sie werden sprechen: Daß es doch fern bleibe! 25. Und wir treten zu dem, was sie an Werken geübt, und machen es zu verwehtem Staub. 26. Die Genossen des Paradieses werden dann einen beßren Weilort haben und eine schönre Ruhestätte. 27. An jenem Tag wird sich der Himmel spalten samt den Wolken, und die Engel werden in einer Sendung herabgesandt werden. 28. Die Herrschaft ist dann in Wahrheit des Allerbarmers, und schwer ist der Tag für die Ungläubigen. 29. An jenem Tag wird der Frevler sich die Hände beißen und sprechen: Oh, hätte ich doch mit dem Gesandten einen Weg genommen! 30. Oh, wehe mir, hätte ich doch jenen nicht zum Freund genommen! 31. Ja, er verführte mich von der Ermahnung, nachdem sie mir gekommen war, und Satan ist dem Menschen treulos. 32. Und der

Gesandte spricht: O Herr, siehe, mein Volk hält diesen Koran für Blöde. 33. So gaben wir jedem Propheten einen Feind aus den Sündern. Doch dein Herr genügt als Leiter und Helfer. 34. Die ungläubig sind, sagen: Wenn ihm der Koran nicht als einheitliches Ganzes herabgesandt wird. So³, um dadurch dein Herz zu stärken, und wir wiederholten ihn deutlich⁴. 35. Sie werden dir mit keinem Gleichnis kommen, zu dem wir dir nicht die richtige Lösung gäben und die schönste Erklärung. 36. Die auf ihren Gesichtern zur Hölle geschart werden, diese sind in schlechter Lage, weit ab vom Pfad. 37. Bereits verliehen wir Moses die Schrift und gaben ihm seinen Bruder Ahron zum Gehilfen. 38. Und wir sprachen: Gehet beide zum Volk, das unsre Zeichen lügenhaft nannte. Und wir zerstörten es in Zerstörung. 39. Auch das Volk Noahs, als sie den Gesandten lügenhaft schalten, ertränkten wir sie und machten sie zum (Warnungs)zeichen für die Menschen. Und qualvolle Strafen bereiteten wir für die Gottlosen. 40. Die Aditen auch, die Thamuditen, die Leute von Ras⁵ und viele Menschengeschlechter zwischen ihnen. 41. Ihnen allen prägten wir Gleichnisse, sie alle vernichteten wir in Vernichtung. 42. Bereits kamen sie zu jener Stadt, die mit bösem Regen überregnet⁶ ward; sahen sie sie nicht? Ja, auch jene fürchteten nicht die Auferstehung. 43. Wenn sie dich sehen, sie nehmen dich nur zum Spott: ist dieser es, den Gott als Ge-

sandten geschickt? 44. *Fast machte er uns von unsren Göttern abwendig, verharrten wir nicht geduldig bei ihnen. Einst werden sie es wissen, wenn sie sehen die Strafe dessen, der verirrter war vom Pfad.* 45. *Siehst du den, der sein Gelüste zu seinem Gott nimmt? Willst du ihm Anwalt sein?* 46. *Oder meinst du wohl, daß ihre meisten hören werden oder begreifen? Sie sind wie das Vieh nur, ja, noch verirrter sind sie vom Pfad.* 47. *Siehst du nicht auf deinen Herrn, wie er den Schatten dehnt? Wollte er es, er machte ihn ruhend. Dann setzten wir über ihn die Sonne zur Führerin.* 48. *Darauf zogen wir ihn zu uns mit leichtem Zug.* 49. *Er ist es, der euch zur Decke gemacht die Nacht und den Schlaf zur Ruhe, und den Tag machte er zur Auferweckung.* 50. *Und er ist es, der die Winde sendet als Heilbotschaft vor seiner Barmherzigkeit, reines Wasser senden wir vom Himmel hernieder.* 51. *Um damit zu beleben das tote Gefilde, und es trinken zu lassen, was wir erschufen, Vieh und viele Menschen auch.* 52. *Und so verteilten wir es unter ihnen, auf daß sie eingedenk seien. Doch die meisten der Menschen weigern sich, nur Undank.* 53. *Wollten wir es, wir sendeten jeder Stadt einen Warner.* 54. *Und du gehorche nicht den Ungläubigen, eifre damit gegen sie mit starkem Eifer.* 55. *Und er ist es, der die beiden Meere mischt, dieses wohlschmeckend süß, jenes brennend salzig. Zwischen beiden machte er eine Scheidewand, einen dichten Wall.* 56. *Und er ist es, der aus Wasser schuf den Menschen und ihm Verwandtschaft gab und Verschwägerung. Und allmächtig ist dein Herr. 57. Und sie verehren außer Gott, was ihnen nicht nützt noch schadet. Und der Ungläubige ist gegen seinen Herrn Helfer. 58. Dich aber sandten wir als Verkünder nur und Ermahner. 59. Sprich: Ich verlange von euch dafür keinen andren Lohn, als daß, wer da will, den Weg zu seinem Herrn nehme. 60. Und du vertrau auf den Lebendigen, der nicht stirbt, und preise sein Lob. Er genügt als Kundiger der Vergehen seiner Diener. Der in sechs Tagen die Himmel schuf und die Erde, und was zwischen ihnen, und sich dann auf seinen Thron setzte. Der Allerbarmer. Frage nach ihm die Kundigen. 61. Und wenn zu ihnen gesagt wird: Fallet nieder vor dem Allerbarmer, sagen sie: wer ist der Allerbarmer*[1]*? Sollen wir niederfallen vor dem, den du uns (anbeten) heißest? Es mehrt nur ihre Wahrheitsflucht. 62. Gelobt sei er, der die Tierkreisbilder in den Himmel gesetzt und daran eine Leuchte geschaffen und den strahlenden Mond. 63. Er ist es, der Nacht und Tag geschaffen, einander folgend, für den, der eingedenk sein will oder dankbar. 64. Und die Diener des Allerbarmers, die demütig auf Erden wandeln, und wenn die Toren mit ihnen streiten, nur sagen: Friede. 65. Und die nachts zu ihrem Herrn beten niederfallend und stehend. 66. Und sprechen: Herr unser, wende von uns die Pein der Hölle, denn wahrlich, ihre Pein* *ist dauernd. Schlimm ist sie als Weilort und Aufenthalt.* 67. *Und die, wenn sie spenden, nicht verschwenden und nicht geizen, sondern dazwischen die Mitte halten.* 68. *Und die neben Gott keinen andren Gott anrufen, die keine Seele töten, was Gott verboten, es sei denn aus Gerechtigkeit, und nicht huren. Wer dies tut, den trifft Strafe.* 69. *Verdoppelt wird ihm die Strafe am Tag der Auferstehung, ewig ist er darin und verachtet.* 70. *Ausgenommen, wer sich bekehrt und gläubig ist und gutes Werk übt. Diesen wird Gott ihr Böses in Gutes verwandeln, denn Gott ist allverzeihend und allbarmherzig.* 71. *Und wer sich bekehrt und Gutes übt, wahrlich, er wendet sich in Bekehrung zu Gott.* 72. *Und die nicht Falsches zeugen, und wenn sie an loser Rede vorübergehen, dieser schicklich ausweichen.* 73. *Und die, wenn sie der Zeichen ihres Herrn ermahnt werden, darüber nicht taub niederfallen und blind.* 74. *Und die da sprechen: Herr unser, gib uns an unsren Frauen Augenweide und an unsren Nachkommen, und mach uns zum Vorbild für die Gottesfürchtigen.* 75. *Diese sollen belohnt werden mit der Himmelsburg*[8], *dieweil sie geduldig waren, und begegnen werden sie da Gruß und Frieden.* 76. *Ewig weilen sie darinnen; herrlich ist sie als Weilort und Aufenthalt.* 77. *Sprich: Mein Herr kümmert sich nicht um euch, wenn nicht eure Anrufung. Ihr habt nun geleugnet, dereinst aber wird es eine anhaftende Strafe sein.*

26. SURA VON DEN DICHTERN

MEKKANISCH, AUS 228 VERSEN BESTEHEND

Im Namen Gottes, des Allerbarmers, des Allbarmherzigen.

1. TSM. Dies sind die Verse des deutlichen Buches. 2. Du grämst dich vielleicht darüber, daß sie nicht Gläubige sind. 3. Wollten wir es, wir könnten ihnen ein Zeichen vom Himmel niedersenden, dem sich ihre Nacken demütig beugen würden. 4. Nie kommt ihnen eine neue Ermahnung vom Allerbarmer, der sie nicht abwendig wären. 5. Lügenhaft schalten wir sie. Einst aber kommt ihnen eine Kunde von dem, was sie verspottet. 6. Sehen sie nicht die Erde an, wieviel wir auf ihr sprossen ließen von allen edlen Arten? 7. In diesem wahrlich ist ein Zeichen, doch sind die meisten ihrer keine Gläubigen. 8. Und wahrlich, dein Herr ist der Allgewaltige, der Allbarmherzige. 9. Und als dein Herr Moses berief: Geh zum Volk der Frevler. 10. Zum Volk Pharaos, ob sie nicht Gott fürchten wollen. 11. Da sprach er: O Herr, ich fürchte, sie würden mich lügenhaft schelten. 12. Und daß beengt ist meine Brust und nicht gelöst meine Zunge. Sende daher zu Ahron. 13. Auch haben sie an mir eine Schuld[1] (zu sühnen), und ich fürchte, sie würden mich töten. 14. Er sprach: Keineswegs. Geht nun beide mit meinen Zeichen; wir sind mit euch und hörend. 15. So geht

zu Pharao und sprechet: *Wir sind Gesandte vom Herrn der Weltbewohner. 16. Entlasse mit uns die Kinder Israels. 17.* Dieser sprach: *Erzogen wir dich nicht bei uns als Kind? Bei uns weiltest du Jahre deines Lebensalters. 18. Und du begingest deine Tat*[1], *die du begangen. Du bist der Undankbaren einer. 19.* Er erwiderte: *Ich habe es dann getan, und war der Irrenden einer. 20. Und ich floh von euch, weil ich euch fürchtete. Nun gab mir mein Herr Weisheit und machte mich der Abgesandten einen. 21. Das ist die Huld, die du mir erwiesen, daß du die Kinder Israels knechtest. 22.* Pharao sprach: *Und wer ist der Herr der Weltbewohner? 23.* Er erwiderte: *Der Herr der Himmel und der Erde und des, was zwischen ihnen; wenn ihr doch Vertrauende wäret! 24.* Da sprach er zu denen um ihn: *Hörtet ihr es nicht? 25.* Jener sprach: *Euer Herr und der Herr eurer Vorfahren. 26.* Er erwiderte: *Wahrlich, euer Gesandter, der zu euch gesandt ist, ist von einem Geist besessen. 27.* Jener sprach: *Der Herr des Ostens und des Westens und des, was zwischen ihnen; wenn ihr es doch begreifen wolltet! 28.* Er erwiderte: *Wenn du einen Gott nimmst außer mir*[2], *ganz gewiß mach ich dich der Gefangnen einen. 29.* Jener sprach: *Wenn ich dir aber etwas Offenbares bringe? 30.* Er erwiderte: *So bring es, wenn du der Wahrhaftigen bist einer. 31. Da warf er seinen Stab hin, und er ward eine deutliche Schlange. 32. Dann zog er seine Hand hervor, und sie erschien den Zuschauern weiß. 33. Da sprach er zu den Ratsherren um ihn: Wahrlich, dieser ist ein kundiger Zauberer. 34. Er wünscht euch mit seiner Zauberei aus eurem Land zu vertreiben; was wollt ihr nun befehlen? 35. Sie erwiderten: Halte ihn zurück und seinen Bruder, und entsende Versammler in die Städte. 36. Sie sollen zu dir jeden kundigen Zauberer bringen. 37. Da versammelten sich die Zauberer zur anberaumten Tagesfrist. 38. Und den Leuten ward gesagt: Wollt ihr nicht der Versammelten sein? 39. Auf daß wir den Zauberern folgen, wenn sie die Sieger bleiben. 40. Als nun die Zauberer kamen, sprachen sie zu Pharao. Wird uns auch eine Belohnung, wenn wir die Sieger bleiben? 41. Er erwiderte: Ja, ihr sollt dann von den Nächsten sein. 42. Da sprach Moses zu ihnen: Werft hin, was ihr hinwerfen wollt. 43. Da warfen sie ihre Stricke hin, und ihre Stäbe und sprachen: Bei der Herrlichkeit Pharaos, ganz gewiß bleiben wir die Sieger. 44. Alsdann warf Moses seinen Stab hin, und dieser verschlang, was sie vorgetäuscht hatten. 45. Da fielen die Zauberer anbetend nieder. 46. Sie sprachen: Wir glauben an den Herrn der Weltbewohner. 47. Den Herrn Moses und Ahrons. 48. Ihr glaubt ihm, bevor ich es euch erlaube? Er ist sicherlich euer Meister, der euch die Zauberei gelehrt. Ihr sollt es erfahren. 49. Ich werde euch Hände und Füße wechselseitig abschlagen und euch kreuzigen allesamt. 50. Sie sprachen:* Kein Leid, wir sind zu unsrem Herrn zurückkehrend. 51. Wir möchten, daß unser Herr uns unsre Sünden verzeihe, denn wir sind die ersten Gläubigen. 52. Und wir gaben Moses ein: Ziehe nachts fort mit meinen Dienern; ihr werdet verfolgt werden. 53. Pharao aber sandte Versammler in die Städte: 54. Wahrlich, diese sind nur ein kleiner Haufe. 55. Sie sind über uns wütend. 56. Doch wir sind eine gerüstete Schar. 57. So trieben wir sie von Gärten und Quellen. 58. Von Schätzen und prächtigem Aufenthalt. 59. So war es, und wir ließen es die Kinder Israels erben. 60. Und jene verfolgten sie beim Sonnenaufgang. 61. Als nun die beiden Scharen einander sahen, sprachen die Gefährten Moses: Wir werden sicherlich eingeholt. 62. Er sprach: Keineswegs. Wahrlich, mein Herr ist mit mir, er wird mich führen. 63. Und wir gaben Moses ein: Schlage mit deinem Stab das Meer. Da spaltete es sich, und jeder Teil war wie ein gewaltiger Berg. 64. Dann ließen wir die andren herankommen. 65. Und wir retteten Moses und die mit ihm waren allesamt. 66. Alsdann ertränkten wir die andren. 67. In diesem wahrlich ist ein Zeichen, doch sind die meisten ihrer keine Gläubigen. 68. Und wahrlich, dein Herr ist der Allgewaltige, der Allbarmherzige. 69. Lies ihnen auch die Kunde Abrahams vor. 70. Wie er zu seinem Vater sprach und zu seinem Volk: Was verehrt ihr? 71. Sie erwiderten: Wir verehren Bildwerke und sind ihnen *dauernd ergeben.* 72. *Er sprach: Hören sie euch, wenn ihr rufet?* 73. *Oder nützen sie euch oder schaden?* 74. *Sie erwiderten: Nein, aber wir fanden unsre Väter ebenso tun.* 75. *Er sprach: Habt ihr auch gesehen, was ihr verehret?* 76. *Ihr und eure Vorfahren?* 77. *Sie sind mir Feinde, nur nicht der Herr der Weltbewohner.* 78. *Der mich geschaffen und mich rechtleitet.* 79. *Und der mich speist und mich tränkt.* 80. *Und wenn ich krank bin, er heilt mich.* 81. *Der mich sterben lassen wird und wieder beleben.* 82. *Von dem ich wünsche, daß er mir am Tag des Gerichts meine Sünde verzeihe.* 83. *O Herr, gib mir Weisheit und füge mich zu den Rechtschaffenen.* 84. *Und schaffe mir eine Zunge der Wahrheit bei den Späteren*[3]. 85. *Und füge mich zu den Erben des Wonnegartens.* 86. *Und verzeihe meinem Vater, denn er ist der Verirrten einer.* 87. *Und laß mich nicht beschämt sein am Tag, an dem auferweckt wird.* 88. *Am Tag, an dem Besitz nicht nutzen wird noch Kinder.* 89. *Nur, wer zu Gott mit aufrichtigem Herzen kommt.* 90. *Und herangebracht wird der Garten den Gottesfürchtigen.* 91. *Und vorgeführt wird den Irrenden der Feuerpfuhl.* 92. *Und gesprochen wird zu ihnen: Wo ist nun, was ihr verehrtet?* 93. *Außer Gott. Werden sie euch helfen oder sich verteidigen?* 94. *Dreingestürzt werden sie kopfüber, sie und ihre Verirrten.* 95. *Und des Iblis Truppen allesamt.* 96. *Sie sprechen darinnen und streiten:* 97. *Bei Gott, wir waren in offenbarer Irrung. 98. Als wir euch dem Herrn der Weltbewohner gleichstellten. 99. Verführt haben uns die Sünder nur. 100. Uns ist nun kein Fürsprecher. 101. Und kein aufrichtiger Freund. 102. Gäbe es für uns eine Wiederkehr, wir würden der Gläubigen sein. 103. In diesem wahrlich ist ein Zeichen, doch sind die meisten ihrer keine Gläubigen. 104. Und wahrlich, dein Herr ist der Allgewaltige, der Allbarmherzige. 105. Das Volk Noahs auch schalt die Abgesandten lügenhaft. 106. Als ihr Bruder Noah zu ihnen sprach: Wollt ihr nicht Gott fürchten? 107. Wahrlich, ich bin euch ein treuer Gesandter. 108. So fürchtet Gott und gehorchet mir. 109. Und ich verlange von euch dafür keinerlei Belohnung, denn meine Belohnung ist nur auf den Herrn der Weltbewohner. 110. So fürchtet Gott und gehorchet mir. 111. Sie sprachen: Sollen wir dir glauben, wo dir doch nur die Niedrigsten folgen? 112. Er sprach: Ich habe keine Kenntnis von dem, was sie tun. 113. Ihre Rechenschaft ist bei meinem Herrn nur; wenn ihr es doch verstehen wolltet! 114. Aber ich verstoße nicht die Gläubigen. 115. Ich bin ein öffentlicher Warner nur. 116. Sie sprachen: Hörest du nicht auf, o Noah, du bist ganz gewiß der Gesteinigten einer. 117. Er sprach: O Herr, siehe, mein Volk schilt mich lügenhaft. 118. So entscheide zwischen mir und ihnen in Entscheidung, und rette mich und die mit mir sind an Gläubigen. 119. Und wir retteten ihn und die mit ihm* waren in der Arche, der gefüllten. 120. Dann ertränkten wir darauf die Übrigen. 121. In diesem wahrlich ist ein Zeichen, doch sind die meisten ihrer keine Gläubigen. 122. Und wahrlich, dein Herr ist der Allgewaltige, der Allbarmherzige. 123. Die Aditen auch schalten die Abgesandten lügenhaft. 124. Als ihr Bruder Hud zu ihnen sprach: Wollt ihr nicht Gott fürchten? 125. Wahrlich, ich bin euch ein treuer Gesandter. 126. So fürchtet Gott und gehorchet mir. 127. Und ich verlange von euch dafür keinerlei Belohnung, denn meine Belohnung ist nur auf den Herrn der Weltbewohner. 128. Errichtet ihr auf jeder Anhöhe ein Mal zum Spielen? 129. Und unternehmet Kunstbauten[4], auf daß ihr ewig seiet? 130. Und wenn ihr stürmt, wollt ihr gewalttätig stürmen? 131. Fürchtet doch Gott und gehorchet mir. 132. Und fürchtet den, der euch versah mit dem, was ihr wisset. 133. Er versah euch mit Hausvieh und Kindern. 134. Mit Gärten und Quellen. 135. Wahrlich, ich fürchte für euch die Strafe des großen Tags. 136. Sie sprachen: Gleich ist es uns, ob du uns ermahnest oder nicht bist der Ermahnenden einer. 137. Das sind nur alte Geschichten. 138. Wir werden nie Bestrafte sein. 139. So schalten sie ihn lügenhaft; wir aber vernichteten sie. In diesem wahrlich ist ein Zeichen, doch sind die meisten ihrer keine Gläubigen. 140. Wahrlich, dein Herr ist der Allgewaltige, der Allbarmherzige. 141. Die Thamuditen auch schalten die Abgesandten lügenhaft. 142. Als ihr Bruder Salich zu ihnen sprach: Wollt ihr nicht Gott fürchten? 143. Wahrlich, ich bin euch ein treuer Gesandter. 144. So fürchtet Gott und gehorchet mir. 145. Und ich verlange von euch dafür keinerlei Belohnung, denn meine Belohnung ist nur auf den Herrn der Weltbewohner. 146. Bleibt ihr bei dem, wobei ihr hier sicher seid? 147. In Gärten und an Quellen. 148. Bei Saaten und Palmen, deren Blüte zart. 149. Und vermessen aus den Bergen Häuser bauet. 150. So fürchtet Gott und gehorchet mir. 151. Und gehorchet nicht der Forderung der Übeltäter. 152. Die Unheil auf Erden stiften und kein Gutes tun. 153. Sie sprachen: Du bist nur der Behexten einer. 154. Du bist ein Fleischwesen nur unsresgleichen; bring ein Zeichen, wenn du bist der Wahrhaftigen einer. 155. Er sprach: Diese Kamelin[5]. Sie hat Trank und ihr habt Trank für bestimmte Tage. 156. Berührt sie nicht in Bösem, Strafe würde euch am großen Tag erfassen. 157. Sie aber lähmten sie; doch morgens waren sie reuig. 158. Und die Strafe erfaßte sie. In diesem wahrlich ist ein Zeichen, doch sind die meisten ihrer keine Gläubigen. 159. Und wahrlich, dein Herr ist der Allgewaltige, der Allbarmherzige. 160. Das Volk Lots auch schalt die Abgesandten lügenhaft. 161. Als ihr Bruder Lot zu ihnen sprach: Wollt ihr nicht Gott fürchten? 162. Wahrlich, ich bin euch ein treuer Gesandter. 163. So fürchtet Gott und gehorchet mir. 164. Und *ich verlange von euch dafür keinerlei Belohnung, denn meine Belohnung ist auf den Herrn der Weltbewohner nur. 165. Ihr wollt zu männlichen Geschöpfen gehen? 166. Und lasset eure Weiber, die euer Herr für euch geschaffen? Ja, ihr seid ein ausschreitendes Volk. 167. Sie sprachen: Wenn du nicht aufhörst, o Lot, ganz gewiß bist du der Verjagten einer. 168. Er sprach: Ich bin Verabscheuer eures Tuns. 169. O Herr, rette mich und meine Angehörigen vor dem, was sie tun. 170. Und wir retteten ihn und seine Angehörigen allesamt. 171. Ausgenommen ein altes Weib unter den Zurückbleibenden. 172. Alsdann vertilgten wir die andren. 173. Wir ließen einen Regen über sie niederregnen, und wie schlimm war der Regen der Gewarnten! 174. In diesem wahrlich ist ein Zeichen, doch sind die meisten ihrer keine Gläubigen. 175. Und wahrlich, dein Herr ist der Allgewaltige, der Allbarmherzige. 176. Die Genossen des Gebüsches*[6] *auch schalten die Abgesandten lügenhaft. 177. Als Schoaib zu ihnen sprach: Wollt ihr nicht Gott fürchten? 178. Wahrlich, ich bin euch ein treuer Gesandter. 179. So fürchtet Gott und gehorchet mir. 180. Und ich verlange von euch dafür keinerlei Belohnung, denn meine Belohnung ist nur auf den Herrn der Weltbewohner. 181. Gebt volles Maß und seid nicht von den Verkürzenden. 182. Und wäget mit richtiger Wage. 183. Und schmälert den Menschen nicht ihr Eigentum; und handelt nicht übel, unheilstiftend auf Erden. 184. Und fürchtet Gott, der euch geschaffen und die Schöpfung von früher her. 185. Sie sprachen: Du bist nur der Behexten einer. 186. Du bist ein Fleischwesen nur unsresgleichen, und wir halten dich für einen der Lügner. 187. Laß über uns ein Stück vom Himmel fallen, wenn du der Wahrhaftigen bist einer. 188. Er sprach: Mein Herr weiß am besten, was ihr tuet. 189. So schalten sie ihn lügenhaft. Da erfaßte sie die Strafe des Wolkentags[7]; wahrlich, es war die Strafe eines großen Tags. 190. In diesem wahrlich ist ein Zeichen, doch die meisten ihrer sind keine Gläubigen. 191. Und wahrlich, dein Herr ist der Allgewaltige, der Allbarmherzige. 192. Und dieses ist eine Offenbarung vom Herrn der Weltbewohner. 193. Damit niedergestiegen der treue Geist. 194. In dein Herz, auf daß du seiest der Warner einer. 195. In deutlicher arabischer Sprache. 196. Und (erwähnt) ist es auch in den Schriften der Alten. 197. Ist ihnen dies nicht ein Zeichen, daß die Kundigen der Kinder Israels es wissen? 198. Und hätten wir es auch einem der Fremden geoffenbart. 199. Und hätte er es ihnen vorgelesen, sie wären doch keine Gläubige dessen. 200. So taten wir es in die Herzen der Sünder. 201. Daß sie daran nicht glauben, bis sie die qualvolle Strafe sehen. 202. Sie kommt ihnen plötzlich, ohne daß sie es merken. 203. Sie sprechen: Wird uns gefristet? 204. Wollen sie unsre Strafe beschleunigen? 205. Schau her, wenn wir sie jahre-*

lang genießen lassen. 206. *Und ihnen dann kommt, was ihnen angedroht worden.* 207. *Was nützt ihnen dann, was sie genossen?* 208. *Und wir zerstörten keine Stadt, die nicht einen Warner hatte.* 209. *Zur Ermahnung. Und wir waren nicht ungerecht.* 210. *Auch sind nicht die Satane damit herniedergekommen.* 211. *Nicht gebührt es sich für sie, noch vermögen sie es.* 212. *Denn entfernt sind sie vom Hören.* 213. *Rufe neben Gott keinen andren Gott an, du würdest dann sein der Gestraften einer.* 214. *Und warne deine Verwandten, die nächsten.* 215. *Und neige deinen Arm dem, der dir folgt von den Gläubigen.* 216. *Und wenn sie dir trotzen, sprich: Wahrlich, ich bin frei von dem, was ihr tut.* 217. *Und vertraue auf den Allgewaltigen, den Allbarmherzigen.* 218. *Der dich sieht, wenn du aufstehst.* 219. *Und bei deiner Wendung mit den Anbetenden.* 220. *Wahrlich, er ist der Allhörende, der Allwissende.* 221. *Soll ich euch verkünden, zu wem die Satane niedersteigen?* 222. *Sie steigen nieder zu jedem sündhaften Lügner.* 223. *Sie treffen das Gehör*[8]*; Lügner aber sind ihre meisten.* 224. *Und die Dichter auch, ihnen folgen die Verirrten*[9]. 225. *Siehst du nicht, wie sie in jedem Tal umherschwärmen?* 226. *Und wie sie reden, was sie nicht tun.* 227. *Die ausgenommen, die gläubig sind, gute Werke üben und häufig Gottes gedenken.* 228. *Und die sich verteidigen*[10], *wenn ihnen Unrecht geschehen. Erfahren aber werden dereinst, die gefrevelt, in welche Rückkehr sie zurückgebracht werden.*

27. SURA VON DER AMEISE
MEKKANISCH, AUS 95 VERSEN BESTEHEND

Im Namen Gottes, des Allerbarmers, des Allbarmherzigen.

1. *TS. Dies sind die Verse des Korans, des deutlichen Buches. 2. Rechtleitung und Heilverkündung für die Gläubigen. 3. Die das Gebet verrichten, den Armenbeitrag entrichten und auf das Jenseits vertrauen. 4. Wahrlich, die an das Jenseits nicht glauben, ihnen ließen wir ihre Werke wohlgefällig sein, aber sie sind verblendet. 5. Diese sind es, denen schlimme Pein ist; im Jenseits sind sie der Verlustigen. 6. Dir aber ist der Koran verliehen worden von seiten des Allweisen, des Allwissenden. 7. Einst sprach Moses zu seinen Angehörigen: Ich sehe ein Feuer; ich will euch Kunde bringen von diesem oder einen Feuerbrand holen, auf daß ihr euch wärmen könnet. 8. Als er nun herankam, ward gerufen: Gesegnet sei, wer im Feuer ist und um dasselbe, und Preis Gott dem Herrn der Weltbewohner. 9. O Moses, fürwahr, ich bin Gott, der Allgewaltige, der Allweise. 10. Wirf deinen Stab hin. Und als er ihn sich regen sah, als ob er eine Schlange wäre, zog er sich den Rücken wendend zurück und kehrte nicht um. O Moses, fürchte nichts; wahrlich, die Abgesandten sollen sich vor mir nicht fürchten. 11. Auch wer gefrevelt, dann aber das Böse in Gutes verwandelt, — traun, ich bin all-*

verzeihend und allbarmherzig. 12. Stecke nun deine Hand in deinen Busen, weiß wird sie hervorkommen, ohne Übel[1]. Von den neun Wunderzeichen für Pharao und sein Volk; wahrlich, sie sind ein ruchloses Volk. 13. Und als ihnen unsre sichtbaren Wunderzeichen kamen, sprachen sie: Dies ist offenbare Zauberei. 14. Und sie leugneten sie, wenn auch ihre Seelen überzeugt waren, aus Frevelei und Hochmut. Doch schau, wie war der Enderfolg der Unheilstifter. 15. Und David auch und Salomo gaben wir Weisheit, und sie sprachen: Preis Gott, der uns vorgezogen vielen seiner gläubigen Diener. 16. Und Salomo beerbte David und sprach: O ihr Menschen, der Vögel Sprache ist uns gelehrt worden, und alles uns gegeben. Wahrlich, das ist eine offenbare Gnade. 17. Und geschart wurden zu Salomo seine Truppen, aus Geistern, Menschen und Vögeln; sie alle geschlossen. 18. Bis sie zum Tal der Ameisen kamen, da sprach eine Ameise: O ihr Ameisen, tretet in eure Häuser, auf daß Salomo und seine Truppen euch nicht zertreten und es nicht merken. 19. Und er lächelte heiter über ihre Rede und sprach: O Herr, rege mich an, für deine Huld zu danken, mit der du mich gegnadet und meine Eltern, und Gutes zu tun, was dir gefällig; und führe mich in deiner Barmherzigkeit zu deinen rechtschaffenen Dienern. 20. Und als er die Vögel musterte, sprach er: Was ist mir, ich sehe den Wiedehopf nicht, er ist wohl abwesend? 21. Strafen will ich ihn ganz gewiß mit schwerer Strafe, oder ich schlachte ihn, oder er komme mir mit einer klaren Entschuldigung. 22. Dieser aber zögerte nicht lange und sprach: Ich habe etwas erkundet, was du nicht erkundet; ich komme zu dir aus Saba mit sicherer Kunde. 23. Siehe, ich fand da ein Weib über sie herrschen, sie ist mit allen Dingen versehen und hat einen herrlichen Thron. 24. Ich fand sie und ihr Volk die Sonne anbeten außer Gott. Satan ließ ihnen ihre Werke wohlgefällig sein und verdrängte sie vom Pfad; sie sind nicht gerechtleitet. 25. Daß sie nicht Gott anbeten, der das Verborgene in den Himmeln hervorbringt und auf Erden, und der weiß, was ihr verberget und was ihr kundtut. 26. Gott, es gibt keinen Gott außer ihm, ist der Herr des herrlichen Throns. 27. Er sprach: Wir wollen sehen, ob du die Wahrheit geredet oder der Lügner bist einer. 28. Geh mit diesem meinem Brief und wirf ihn ihnen zu, dann wende dich von ihnen und beobachte, was sie erwidern. 29. Sie sprach: O ihr Ratsherren, mir ist ein ehrenvoller Brief zugekommen. 30. Er ist von Salomo, und ist im Namen Gottes, des Allerbarmers, des Allbarmherzigen. 31. Erhebt euch nicht wider mich, kommt zu mir ergeben. 32. Sie sprach: O ihr Ratsherren, ratet mir in meiner Angelegenheit; ich beschließe keine Sache, solange ihr nicht zugegen seid. 33. Sie sprachen: Wir sind Leute von Kraft und Leute von starker Macht, doch der Befehl ist dein; sieh nun zu, was du be-

fiehlst. 34. Sie sprach: Wahrlich, dringen Könige in eine Stadt ein, sie verwüsten sie und machen die Mächtigen ihrer Bewohner unterwürfig; so würden auch sie tun. 35. Ich will ihnen nun Abgesandte mit Geschenken senden und warten, womit die Abgesandten zurückkehren. 36. Und als sie zu Salomo kamen, sprach er: Wollt ihr mich an Besitz bereichern? Was Gott mir gegeben, ist besser, als was er euch gegeben. Nein, freut ihr euch mit euren Geschenken. 37. Kehret zu ihnen zurück. Wir werden zu ihnen mit Truppen kommen, denen sie nicht widerstehen können, und sie schmählich aus (ihrem Land) jagen; sie sind gering. 38. Er sprach: O ihr Ratsherren, wer von euch holt mir ihren Thron, bevor sie zu mir als Ergebene kommen? 39. Da sprach ein Iphrite[2] von den Geistern: Ich hole ihn dir, ehe du von deinem Platz aufstehst; ich bin dazu stark und zuverlässig. 40. Da sprach einer, der Schriftkenntnis hatte: Ich hole ihn dir, ehe du deinen Blick gewendet. Und als er ihn vor sich stehen sah, sprach er: Das ist von der Gnade meines Herrn, womit er mich prüfen will, ob ich dankbar bin oder undankbar. Und wer dankbar ist, ist nur für sich selber dankbar, wer aber undankbar ist, — wahrlich, mein Herr ist reich genug und freigebig. 41. Er sprach: Macht ihr ihren Thron unkenntlich; wir wollen sehen, ob sie gerechtleitet ist oder von denen, die nicht gerechtleitet sind. 42. Als sie nun kam, ward zu ihr gesagt: Ist dein

Thron wie dieser? Sie erwiderte: *Es ist so, als wäre er es. Uns³ ist die Kenntnis vor ihr verliehen worden, und wir sind Gottergebene.* 43. Und was sie außer Gott verehrte, verführte sie, denn sie war aus einem Volk von Ungläubigen. 44. Ihr ward dann gesagt: *Tritt in den Saal ein.* Und als sie ihn sah, hielt sie ihn für ein tiefes Gewässer und entblößte ihre Schenkel. Da sprach er: *Es ist ein Saal, mit Glas getäfelt.* 45. Sie sprach: *O Herr, ich habe meine Seele befrevelt, nun bin ich mit Salomo Gott ergeben, dem Herrn der Weltbewohner.* 46. Bereits sandten wir zu den Thamuditen ihren Bruder Salich: *Verehret Gott nur.* Dann zerfielen sie in zwei einander bekämpfende Parteien. 47. Er sprach: *O mein Volk, weshalb wollt ihr lieber das Böse als das Gute beschleunigt haben? Wenn ihr doch Gott um Verzeihung anflehen wolltet, auf daß ihr Erbarmen findet.* 48. Sie sprachen: *Wir sehen ein böses Vorzeichen an dir und an denen, die mit dir.* Er sprach: *Euer Vorzeichen ist von Gott. Ja, ihr seid Leute, die ihr geprüft werden sollt.* 49. Und in der Stadt waren neun Leute, die Unheil auf Erden stiften und nichts Gutes taten. 50. Diese sprachen und beschworen einander bei Gott: *Wir wollen ihn und seine Angehörigen nachts überfallen und dann zu seinem Rächer sagen: Wir waren nicht anwesend beim Untergang seiner Angehörigen; wir sind ganz gewiß Wahrhaftige.* 51. So listeten sie eine List, aber auch wir listeten eine List, und sie ahnten es *nicht. 52. Schau nun, wie war der Enderfolg ihrer List. Wir vertilgten sie und ihr Volk allesamt. 53. Und so waren ihre Häuser verwüstet, dieweil sie gefrevelt. Wahrlich, hierin ist ein Zeichen für Leute, die verstehen. 54. Und wir retteten jene, die gläubig waren und gottesfürchtig. 55. Und Lot sprach dann zu seinem Volk: Wollt ihr Schändlichkeit begehen, während ihr es selber einsehet? 56. Wollt ihr wahrlich in Begierde zu Männern gehen, außer den Weibern? Ja, ihr seid Leute, die ihr töricht seid.*

57. Die Antwort seines Volks aber war nichts andres, als daß sie sagten: Jaget die Familie Lots aus eurer Stadt, denn sie sind Leute, die sich rein halten. 58. Und wir retteten ihn und seine Angehörigen, sein Weib ausgenommen; wir bestimmten, daß sie der Zurückbleibenden sei. 59. Wir ließen einen Regen über sie niederregnen, und wie schlimm war der Regen der Gewarnten! 60. Sprich: Preis Gott, und Friede über seine Diener, die er auserkoren. Ist Gott besser, oder was sie ihm beigesellen? 61. Wer schuf Himmel und Erde, sendet euch vom Himmel Wasser hernieder? Damit lassen wir Gärten von Schönheit hervorsprossen; ihr könntet ihre Bäume nicht hervorwachsen lassen. Gibt es einen Gott neben Gott? Nein, sie sind ein ungerechtes Volk. 62. Wer machte die Erde dauerhaft, führte Flüsse durch ihre Mitte, errichtete auf ihr Berge und setzte einen Wall zwischen beide Gewässer[4]*? Gibt es einen Gott neben*

Gott? Nein, die meisten ihrer erkennen es nicht. 63. Wer erhört den Bedrängten, wenn er ihn anruft, und entfernt das Uebel, und wer macht euch zu Herrschern auf Erden? Gibt es einen Gott neben Gott? Nur wenige, die ihr eingedenk seid. 64. Wer rechtleitet euch durch die Finsternisse des Festlands und des Meers, wer sendet die Winde als Heilbotschaft vor seiner Barmherzigkeit? Gibt es einen Gott neben Gott? Hocherhaben ist Gott ob dem, was sie ihm beigesellen. 65. Wer bringt das Geschöpf hervor und läßt es dann zurückkehren? Wer versorgt euch vom Himmel aus und von der Erde? Gibt es einen Gott neben Gott? Sprich: Bringt euren Beweis herbei, wenn ihr wahrhaftig seid. 66. Sprich: Niemand in den Himmeln und auf Erden kennt außer Gott das Geheimnis; und sie wissen nicht, 67. Wann sie auferweckt werden. 68. Ja, sie erfassen ihr Wissen vom Jenseits, doch sind sie darüber im Zweifel. Ja, sie sind hierin blind. 69. Die ungläubig sind, sagen: Sollten wir, nachdem wir Staub geworden, auch unsre Väter, wieder auferstehen? 70. Bereits ist uns dies verheißen worden, uns und unsren Vätern zuvor; dies sind nur alte Fabeln. 71. Sprich: Reiset durch das Land und schauet, wie war der Enderfolg der Sünder. 72. Betrübe dich nicht über sie und sei nicht im Gram ob dem, was sie listen. 73. Sie sprechen: Wann endlich diese Verheißung, wenn ihr wahrhaftig seid? 74. Sprich: Nahe ist vielleicht ein Teil von dem, *das ihr zu beschleunigen verlanget.* 75. *Und wahrlich, dein Herr ist gnadenreich gegen die Menschen, doch die meisten ihrer sind nicht dankbar.* 76. *Und wahrlich, dein Herr kennt, was ihre Brust verhüllt und was sie kundtun.* 77. *Kein Geheimnis im Himmel und auf Erden, das nicht im deutlichen Buch wäre.* 78. *Wahrlich, dieser Koran berichtet den Kindern Israels das meiste, worüber sie streiten.* 79. *Er ist wahrlich Rechtleitung und Barmherzigkeit für die Gläubigen.* 80. *Wahrlich, dein Herr entscheidet unter ihnen in seiner Weisheit; er ist der Allgewaltige, der Allwissende.* 81. *Und vertraue auf Gott, denn du bist in der offenbaren Wahrheit.* 82. *Hörend machst du die Toten nicht, und nie wirst du die des Anrufs Tauben hörend machen; den Rücken wendend kehren sie um.* 83. *Die Verblendeten auch wirst du von ihrem Irrtum nicht leiten. Die nur machst du hörend, die an unsre Verse glauben und ergebene Gottbekenner sind.* 84. *Und wenn der Ausspruch über sie niederfällt, lassen wir ihnen ein Tier aus der Erde*[5] *steigen, das zu ihnen sprechen wird: Die Menschen vertrauten nicht unsren Versen.* 85. *An jenem Tag versammeln wir von allen Völkern eine Schar derer, die unsre Verse lügenhaft nannten. Sie werden zusammengehalten werden.* 86. *Bis sie (vor Gericht) kommen. Er spricht dann: Ihr habt meine Verse lügenhaft genannt, ohne ihre Kenntnis zu erfassen; was habt ihr getan?* 87. *Und der Ausspruch fällt über sie* nieder, dieweil sie gefrevelt, und sie werden nichts zu sagen haben. 88. Sehen sie nicht, wie wir die Nacht geschaffen, damit sie in ihr ruhen, und den Tag zur Erhellung? Wahrlich, hierin sind Zeichen für Leute, die glauben. 89. An jenem Tag wird in die Posaune geblasen, und erzittern wird, wer in den Himmeln ist und wer auf Erden, der ausgenommen, den Gott (schützen) will, und zu ihm kommen alle unterwürfig. 90. Und sehen wirst du die Berge, die du für dicht hältst, sie ziehen den Zug der Wolke. Das Werk Gottes, der jedes Ding gefügt. Wahrlich, er ist kundig dessen, was ihr tut. 91. Wer mit Gutem kommt, ihm ist Bessres als seines. Und vor Verzagtheit sind sie dann sicher. 92. Wer aber mit Bösem kommt, — gestürzt sind ihre Gesichter ins Fegefeuer. Soll euch anders vergolten werden, als ihr getan? 93. Befohlen ist mir nur, den Herrn dieser Flur[6] zu verehren, die er geheiligt, und sein ist alles. Und befohlen ist mir, zu sein der Gottbekenner einer. 94. Und vorzulesen den Koran. Wer sich rechtleiten läßt, er ist nur für sich selber gerechtleitet, wer aber irregeht, — sprich: Ich bin nur der Warner einer. 95. Und sprich: Preis Gott! Er wird euch seine Zeichen sehen lassen, und ihr werdet sie erkennen. Und euer Herr ist nicht übersehend dessen, was ihr tut.

28. SURA VON DER ERZÄHLUNG
MEKKANISCH, AUS 88 VERSEN BESTEHEND

Im Namen Gottes, des Allerbarmers, des Allbarmherzigen.

1. TSM. Dies sind die Verse des deutlichen Buches. 2. Wir wollen dir von der Kunde Moses und Pharaos vortragen, nach der Wahrheit, für Leute, die glauben. 3. Siehe, Pharao war stolz im Land und teilte seine Bewohner in Parteien. Einen Teil von ihnen unterdrückte er, indem er ihre Söhne schlachtete und ihre Töchter leben ließ. Wahrlich, er war der Unheilstifter einer. 4. Wir aber wollten gnaden, die im Land unterdrückt wurden, und machten sie zu Vorbildern und setzten sie zu Erben ein. 5. Und gaben ihnen eine Stätte auf Erden. Pharao aber und Haman[1] und ihren Truppen zeigten wir, was sie befürchteten. 6. Und wir gaben der Mutter Moses ein: Säuge ihn, und fürchtest du für ihn, so wirf ihn in den Fluß. Doch fürchte dich nicht und sei nicht betrübt, denn wir geben ihn dir zurück und machen ihn zu einem der Abgesandten. 7. Und die Angehörigen Pharaos lasen ihn auf, daß er ihnen Feind werde und Kummer. Wahrlich, Pharao und Haman und ihre Truppen waren Sünder. 8. Und die Frau Pharaos sprach: Augenweide (ist er) mir und dir, töte ihn nicht. Möglich, daß er uns nützt, oder wir nehmen ihn zum Sohn. Und sie ahnten nichts. 9. *Und leer war morgens das Herz der Mutter Moses, fast hätte sie es verraten, hätten wir nicht ihr Herz gestärkt, daß sie der Gläubigen sei eine.* 10. *Und sie sprach zu seiner Schwester: Folge ihm. Da beobachtete sie ihn von der Seite aus, und jene merkten es nicht.* 11. *Und wir verboten ihm vorerst die Mutterbrust, da sprach jene: Soll ich euch zu Leuten eines Hauses führen, die ihn für euch nähren? Sie werden ihm treue Wärter sein.* 12. *So gaben wir ihn seiner Mutter zurück, damit ihr Auge sich erfrische und sie nicht betrübt sei; und auf daß sie wisse, daß die Verheißung Gottes Wahrheit ist. Doch die meisten ihrer wissen es nicht.* 13. *Und als er seine Vollkraft erreichte und entwickelt war, gaben wir ihm Weisheit und Wissen, denn so belohnen wir die Liebfrommen.* 14. *Da ging er einst in die Stadt um eine Zeit, in der er von den Bewohnern unbeobachtet war, und fand da zwei Männer kämpfen, einer von seiner Partei und einer von seinen Feinden, und sein Parteigenosse bat ihn um Beistand gegen seinen Feind. Da schlug ihn Moses mit der Faust und tötete ihn. Dann aber sprach er: Das ist ein Werk Satans; wahrlich, er ist ein offenbarer Feind und Verführer.* 15. *Er sprach: O Herr, ich habe meine Seele befrevelt, verzeihe mir! Und er verzieh ihm, denn er ist der Allverzeihende, der Allbarmherzige.* 16. *Er sprach: O Herr, weil du mir gnädig warest, will ich nie mehr Helfer sein den Sündern.* 17. *Und sich ängst-*

lich umschauend ging er morgens in der Stadt umher; und siehe, der ihn gestern um Beistand angerufen hatte, rief ihn wieder um Hilfe an. Da sprach Moses zu ihm: Wahrlich, du bist ein offenbarer Bösewicht. 18. Als er aber den, der beider Feind war, anpacken wollte, sprach dieser: O Moses, willst du mich erschlagen, wie du gestern einen Menschen erschlugest? Du willst nur Gewalttäter im Land sein, und willst nicht sein der Heilstifter einer. 19. Da kam aus dem Ende der Stadt ein Mann herangelaufen und sprach: O Moses, traun, die Ratsherren beraten über dich, dich zu töten. Fliehe nun, ich bin dir wahrlich ein treuer Berater. 20. Da floh er aus dieser, sich ängstlich umschauend und sprach: O Herr, rette mich vor dem Volk der Frevler. 21. Und als er sich nach Midjan wandte, sprach er: Vielleicht, daß mein Herr mich auf den rechten Weg leitet. 22. Und als er zum Wasser von Midjan kam, fand er da eine Schar von Leuten (ihr Vieh) tränken. 23. Und außer ihnen fand er zwei Frauen, die sich fern hielten. Da sprach er: Was ist euer Vorhaben? Sie erwiderten: Wir tränken (unser Vieh) nicht eher, als bis die Hirten (ihr Vieh) forttreiben. Und unser Vater ist ein hoher Greis. 24. Da tränkte er ihnen, dann zog er sich in den Schatten zurück und sprach: O Herr, ich bin nun des Guten, das du mir niedersendest, bedürftig. 25. Da kam die eine von ihnen zu ihm schamhaft heran und sprach: Siehe, mein Vater ruft dich, um dir den Lohn dafür zu geben, daß du uns (das Vieh) getränkt. Und als er zu ihm kam und ihm seine Geschichte erzählte, sprach er: Fürchte dich nicht, du bist dem frevelhaften Volk entkommen. 26. Darauf sprach die eine von ihnen: O Vater, miete ihn; wahrlich, der beste, den du mietest, ist der kräftige und zuverlässige. 27. Er sprach: Ich will dir eine dieser meiner beiden Töchter[2] zur Frau geben, unter der Bedingung, daß du dich mir acht Jahre vermietest, und wenn du zehn vollmachen willst, so liegt es an dir. Ich will dich nicht beschweren, und du wirst mich finden, so Gott will, der Redlichen einen. 28. Jener sprach: So sei es zwischen mir und dir; welche der beiden Fristen ich beendige, von mir sei es keine Uebertretung. Und Gott sei Anwalt dessen, was wir verabredet. 29. Und als Moses die Frist beendet hatte und mit seinen Angehörigen reiste, erblickte er an der Seite des Bergs ein Feuer. Da sprach er zu seinen Angehörigen: Bleibt zurück. Ich sehe ein Feuer, vielleicht bringe ich euch Kunde von diesem oder einen Feuerbrand, auf daß ihr euch wärmen könnet. 30. Als er nun herankam, ward gerufen aus dem rechten Talrand des gesegneten Bodens, aus einem Baum: O Moses, fürwahr, ich bin Gott, der Herr der Weltbewohner. 31. Dann: Wirf deinen Stab hin. Und als er ihn sich regen sah, als wäre er eine Schlange, zog er sich den Rücken wendend zurück und kehrte nicht um. O Moses, wende dich her und fürchte nicht, denn du bist der Beschützten einer. 32. Stecke deine Hand in deinen Busen, weiß wird sie hervorkommen ohne Uebel. Ziehe nun deinen Arm an dich ohne³ Furcht. Dieses beides sind Beweise deines Herrn für Pharao und seine Ratsherren; wahrlich, sie sind ein ruchloses Volk. 33. Dieser sprach: O Herr, ich habe ihrer einen erschlagen, ich fürchte nun, sie töten mich. 34. Und mein Bruder Ahron ist beredterer Zunge als ich, so sende ihn mit mir als Beistand; er soll mich beglaubigen, denn ich fürchte, sie schelten mich lügenhaft. 35. Er sprach: Wir wollen durch deinen Bruder deinen Arm stärken und euch beiden Macht geben, daß sie bei unsren Zeichen gegen euch nichts ausrichten werden; ihr bleibet Sieger, und wer euch folgt. 36. Als nun Moses zu ihnen mit unsren deutlichen Zeichen kam, sprachen sie: Das ist nichts als ersonnene Zauberei; nie hörten wir solches von unsren Vorfahren. 37. Moses sprach: Mein Herr weiß am besten, wer mit der Rechtleitung von ihm kommt und wem der Enderfolg der Wohnstätte ist. Wahrlich, die Frevler werden kein Glück haben. 38. Und Pharao sprach: O ihr Ratsherren, ich kannte für euch keinen andren Gott außer mir. Brenne mir, o Haman, Ton und errichte mir einen Turm, auf daß ich zum Gott Moses steige. Wahrlich, ich halte ihn für der Lügner einen. 39. Und er war hochmütig auf Erden, er und seine Truppen, ohne Recht, und sie wähnten, sie würden zu uns nicht zurückkehren. 40. Da faßten wir ihn und seine Truppen und warfen sie ins Meer. Schau nun, wie war der Enderfolg der Frevler. 41. Und wir machten sie zu Vorbildern, die ins Fegefeuer rufen; und am Tag der Auferstehung wird ihnen nicht geholfen werden. 42. Wir lassen ihnen in dieser (Welt) einen Fluch folgen, und am Tag der Auferstehung sind sie von den Verabscheuten. 43. Dann gaben wir Moses die Schrift, nachdem wir die früheren Menschengeschlechter vernichtet hatten. Sichtigkeit für die Menschen, Rechtleitung und Barmherzigkeit, auf daß sie eingedenk seien. 44. Du warst nicht auf der Westseite[1], als wir Moses den Befehl erteilten, und du warst nicht der Zeugen einer. 45. Doch ließen wir manche Menschengeschlechter entstehen, und ihr Lebensalter zog sich lange hin. Du weiltest auch nicht bei den Leuten von Midjan, um ihnen unsre Verse vorzulesen; aber wir sandten Abgesandte. 46. Und du warst auch nicht an der Stelle des Bergs, als wir riefen. Aber eine Barmherzigkeit deines Herrn, daß du ein Volk warnst, dem vor dir kein Warner kam, auf daß sie eingedenk seien. 47. Und damit sie nicht, wenn ein Unglück sie trifft ob dem, was ihre Hände vorgewirkt, sagen: Herr unser, hättest du uns Gesandte geschickt, wir würden deinen Versen gefolgt sein und wären von den Gläubigen. 48. Und als ihnen von uns die Wahrheit kam, sprachen sie: wenn ihm nicht gegeben wird dasselbe, was einst Moses empfing. Aber leugnen sie denn nicht, was früher Moses ge-

geben worden ist? Sie sagen: Zwei Zauberwerke[5], *einander unterstützend. Und sie sagen: Traun, wir leugnen alles.* 49. *Sprich: So bringt doch eine Schrift von Gott, die besser rechtleitet als diese beiden, und ich folge ihr, wenn ihr wahrhaftig seid.* 50. *Und hören sie nicht auf dich, so wisse, daß sie ihren Lüsten nur folgen. Und wer ist als der irrender, der seiner Lust folgt ohne Rechtleitung von Gott? Wahrlich, Gott rechtleitet nicht das Volk der Frevler.* 51. *Nun ließen wir zu ihnen das Wort gelangen, auf daß sie eingedenk seien.* 52. *Denen wir die Schrift zuvor gegeben, sie glauben daran.* 53. *Und wenn es ihnen vorgelesen wird, sprechen sie: Wir glauben daran, denn es ist die Wahrheit von unsrem Herrn; wahrlich, wir waren zuvor schon ergebene Gottbekenner.* 54. *Diese, sie erhalten ihren Lohn zweimal, dieweil sie geduldig waren, das Böse durch Gutes zurückweisen und von dem, womit wir sie versorgt, Almosen spenden.* 55. *Und wenn sie lose Rede hören, wenden sie sich davon ab und sprechen: Uns unsre Werke und euch eure Werke. Friede mit euch; wir verlangen nicht den Toren.* 56. *Du rechtleitest nicht, wen du wünschest, aber Gott rechtleitet, wen er will, und er kennt am besten, die sich rechtleiten lassen.* 57. *Sie sprachen: Folgen wir der Rechtleitung mit dir, so werden wir dahingerafft aus unsrem Land. Aber festigten wir ihnen denn nicht eine sichere Freistätte*[6], *nach der von uns aus Früchte aller Art zum Unterhalt gebracht werden? Doch die meisten ihrer wissen es nicht.* 58. *Wie manche Stadt zerstörten wir, die übermütig war ihrer Lebensfülle und nur wenig wurden ihre Wohnungen nach ihnen bewohnt; wir sind die Erben.* 59. *Noch nie zerstörte dein Herr die Städte, als bis er einen Gesandten in ihre Mutterstadt gesandt, der ihnen unsre Verse vorlas, und noch nie zerstörten wir eine Stadt, deren Bewohner nicht Frevler waren.* 60. *Und was euch an Dingen gegeben ward, es ist Genuß des Lebens hienieden und Schmuck dessen; besser aber ist, was bei Gott, dauernder auch. Begreift ihr nicht?* 61. *Ist denn, dem wir schöne Verheißung zugesichert, die er auch wird finden, gleich dem, den wir genießen lassen Genuß des Lebens hienieden, dann aber am Tag der Auferstehung sein wird der Vorgeführten einer?* 62. *An jenem Tag wird er sie rufen und sprechen: Wo sind nun die mir beigesellten Götzen, die ihr wähntet?* 63. *Ueber die der Spruch sich bewährt hat, sprachen: Herr unser, diese sind es, die wir irregeführt; wir führten sie irre, wie wir selber irregingen. Nun wenden wir uns von ihnen ab, zu dir. Nicht uns verehrten sie*[7]. 64. *Und gesprochen wird: Rufet nun eure Götzen an! Sie rufen sie an, doch diese erhören sie nicht. Und wenn sie dann die Pein sehen: oh, hätten sie sich doch rechtleiten lassen!* 65. *An jenem Tag wird er sie rufen und sprechen: Was habt ihr den Abgesandten geantwortet?* 66. *Ausbleiben wird ihnen dann die Auskunft, und sie werden einander auch nicht be-*

fragen. 67. Wer aber bereut und gläubig ist und Gutes tut, vielleicht, daß er der Glückhabenden ist einer. 68. Dein Herr erschafft, was er will, und wählt, was ihnen ist das Beste. Preis Gott! Erhaben ist er ob dem, was sie ihm beigesellen. 69. Und dein Herr weiß, was ihre Brust verhüllt und was sie kundtun. 70. Er ist der Gott, es gibt keinen Gott außer ihm. Ihm Lobpreis in diesem Leben und im Jenseits, sein ist der Richtspruch und zu ihm werdet ihr zurückgebracht werden. 71. Sprich: Schauet her, wenn Gott euch die Nacht endlos machen würde bis zum Tag der Auferstehung, welcher Gott außer Gott würde euch Lichtglanz bringen? Hört ihr nicht? 72. Sprich: Schauet her, wenn Gott euch den Tag endlos machen würde bis zum Tag der Auferstehung, welcher Gott außer Gott würde euch Nacht bringen, daß ihr in ihr ruhet? Seht ihr nicht? 73. In seiner Barmherzigkeit schuf er euch die Nacht und den Tag, daß ihr in jener ruhet und (an diesem) seine Gnadenfülle erstrebet, und auf daß ihr dankbar seiet. 74. An jenem Tag wird er sie rufen und sprechen: Wo sind nun die mir beigesellten Götzen, die ihr wähntet? 75. Und wir holen aus jedem Volk einen Zeugen und sprechen: Bringet eure Beweise herbei. Da werden sie erkennen, daß die Wahrheit Gottes ist, und schwinden wird von ihnen, was sie sich ersonnen. 76. Wahrlich, Karun[8] war vom Volk Moses und erhob sich über sie, denn wir hatten ihm der Schätze so viel verliehen, daß schon deren

Schlüssel eine Schar starker Leute niederdrückten. Dann sprach sein Volk zu ihm: Sei nicht übermütig, traun, Gott liebt nicht die Uebermütigen. 77. Erstrebe mit dem, was dir Gott gegeben, die Wohnung des Jenseits. Vergiß deinen Teil hienieden nicht, aber tu auch Gutes, wie Gott dir Gutes erwiesen. Und begehre nicht Unheil auf Erden, denn wahrlich, Gott liebt nicht die Unheilstifter. 78. Er sprach: All dies kam mir durch mein eignes Wissen nur. Wußte er denn nicht, daß Gott vor ihm schon Menschengeschlechter vernichtet hat, die stärker waren als er an Kraft und mehr hatten an Fülle? Und nicht gefragt werden die Schuldigen nach ihren Sünden. 79. Und als er in seinem Schmuck vor seinem Volk einherging, da sprachen, die das Leben hienieden begehrten: Oh, hätten wir es doch ebenso, wie es Karun hat; wahrlich, er ist Herr eines großen Glückes. 80. Und die Wissen besaßen, sprachen: Weh euch! Die Belohnung Gottes ist besser für den, der gläubig ist und Gutes tut, und nur die Geduldigen werden sie empfangen. 81. Und sinken ließen wir mit ihm die Erde samt seiner Wohnung; ihm war keine Schar, die ihm helfen könnte, außer Gott, er war nicht von den Verteidigten. 82. Und morgens sprachen jene, die gestern seine Stelle wünschten: Weh dir; Gott weitet die Versorgung, wem von seinen Dienern er will, und mißt sie auch (kärglich) zu. Wäre uns Gott nicht gnädig, sinken ließe er sie mit uns auch. Weh ihm, kein Glück haben die Ungläubigen. 83. *Jene Wohnung im Jenseits schufen wir denen, die nicht Erhöhung auf Erden begehren und nicht Unheil. Und der Endserfolg ist den Gottesfürchtigen.* 84. *Wer mit Gutem kommt, ihm ist Bessres als seines, und wer mit Bösem kommt, — die Böses getan, ihnen wird nur dagelohnt, was sie begangen.* 85. *Wahrlich, der dir den Koran eingegeben, bringt dich ganz gewiß zur Stätte der Rückkehr*[9] *wieder. Sprich: Mein Herr weiß am besten, wer da kommt mit der Rechtleitung und wer da ist in offenbarer Irre.* 86. *Du selber hofftest nicht, daß dir das Buch zuteil wird, es war Barmherzigkeit deines Herrn nur; so sei nicht Helfer den Ungläubigen.* 87. *Nie sollen sie dich von den Versen Gottes verdrängen, nachdem sie dir geoffenbart worden. Rufe zu deinem Herrn, und sei nicht der Götzendiener einer.* 88. *Und rufe mit Gott keinen andren Gott an, es gibt keinen Gott außer ihm. Vergänglich sind die Dinge alle, sein Gesicht ausgenommen. Sein ist der Richtspruch und zu ihm werdet ihr zurückgebracht.*

29. SURA VON DER SPINNE
MEKKANISCH, AUS 69 VERSEN BESTEHEND

Im Namen Gottes, des Allerbarmers, des Allbarmherzigen.

1. ALM. Meinen die Menschen, es genüge für sie, daß sie „wir glauben" sagen, und nicht geprüft worden sind? 2. Geprüft haben wir auch die vor ihnen; Gott kennt genau, die wahrhaftig sind, und er kennt genau die Lügner. 3. Oder meinen, die Böses tun, sie würden uns zuvorkommen? Wie übel ist, was sie urteilen! 4. Wer auf die Begegnung mit Gott hofft, — wahrlich, die Frist Gottes kommt sicher; und er ist der Allhörende, der Allwissende. 5. Und wer (für Gott) kämpft, der kämpft für seine Seele nur. Wahrlich, Gott ist unbedürftig der Weltbewohner. 6. Denen aber, die gläubig sind und gute Werke üben, vergeben wir ganz gewiß ihre Missetaten und belohnen sie herrlich für das, was sie getan. 7. Wir verpflichteten dem Menschen Liebes gegen seine Eltern. Bekämpfen sie dich aber, daß du mir etwas beigesellest, von dem dir keine Kenntnis, gehorche ihnen nicht. Zu mir ist eure Rückkehr, und ich werde euch verkünden, was ihr getan? 8. Die gläubig sind und gute Werke üben, einführen werden wir sie zu den Rechtschaffenen. 9. Unter den Menschen mancher spricht: Ich glaube an Gott. Wird er aber um Gott bedrängt, er setzt dann die Anfeindung der Menschen der Strafe Gottes gleich.

Wenn aber Hilfe von deinem Herrn kommt, so sprechen sie: Wahrlich, wir halten es mit euch. Weiß denn Gott nicht, was in den Busen der Weltbewohner? 10. Gott kennt, die gläubig sind, und er kennt auch die Heuchler. 11. Und die ungläubig sind, sprechen zu denen, die glauben: Folget unsrem Weg, wir tragen eure Sünden. Aber sie werden nichts von ihren Sünden tragen, denn sie sind Lügner. 12. Sie werden ihre Last tragen und mit ihrer Last auch (andrer) Last; und am Tag der Auferstehung werden sie befragt dessen, was sie ersonnen. 13. Einst sandten wir Noah zu seinem Volk, und er weilte unter ihnen tausend Jahre weniger fünfzig. Da faßte sie die Sintflut, denn sie waren Frevler. 14. Ihn aber retteten wir samt den Schiffsgenossen und machten ihn zum Wunderzeichen für die Weltbewohner. 15. Dann sprach Abraham auch zu seinem Volk: Verehret Gott und fürchtet ihn. Dies zu eurem Besten, wenn ihr es doch wüßtet! 16. Götzen nur verehret ihr außer Gott und schaffet Lüge. Wahrlich, die ihr außer Gott verehret, vermögen euch keinen Unterhalt zu gewähren. Suchet Unterhalt bei Gott, verehret ihn und seid ihm dankbar; zu ihm werdet ihr zurückgebracht. 17. Und wenn ihr (mich) lügenhaft scheltet, lügenhaft schalten Völker vor euch schon; dem Gesandten aber liegt nur ob die öffentliche Warnung. 18. Sehen sie denn nicht, wie Gott das Wesen erschafft und es dann wiederkehren läßt? Wahrlich, dies ist für Gott ein

Leichtes. 19. *Sprich: Reiset im Land umher und schauet, wie er die Schöpfung hervorgebracht und wie Gott dann andre Entstehung entstehen läßt. Wahrlich, Gott ist über alle Dinge mächtig.* 20. *Er straft, wen er will, er ist barmherzig, wem er will, und zu ihm werdet ihr geführt werden.* 21. *Ihr seid nicht hemmend auf Erden und nicht im Himmel; und euch ist kein Beistand außer Gott und kein Helfer.* 22. *Die aber die Verse Gottes verleugnen und seine Begegnung, diese werden an meiner Barmherzigkeit verzweifeln; diese da, ihnen ist qualvolle Strafe.* 23. *Aber nichts andres war die Antwort seines Volks, als daß sie sagten: Tötet ihn oder verbrennet ihn! Da rettete ihn Gott aus dem Feuer. In diesem wahrlich sind Zeichen für Leute, die glauben.* 24. *Und er sprach: Götzen nur nahmet ihr an außer Gott. Liebe unter euch im Leben hienieden, dann aber, am Tag der Auferstehung, wird einer den andren verleugnen, einer den andren verfluchen. Euer Aufenthalt ist das Fegefeuer, euch ist der Helfer keiner.* 25. *Ihm nun glaubte Lot*[1] *und sprach: Traun, ich bin Auswandrer zu meinem Herrn, denn wahrlich, er ist der Allgewaltige, der Allweise.* 26. *Und wir schenkten ihm Isaak und Jakob, und seinen Nachkommen verliehen wir die Prophetie und die Schrift. Auch gaben wir ihm seinen Lohn hienieden, und im Jenseits ist er der Rechtschaffenen einer.* 27. *Und Lot sprach dann zu seinem Volk: Wahrlich, ihr begeht eine Schänd-*

lichkeit, worin euch noch keiner der Weltbewohner zuvorgekommen. 28. Gebt ibr nicht zu Männern und schneidet euch den Weg ab, und begeht ihr nicht in euren Versammlungen Verwerfliches? Aber nichts andres war die Antwort seines Volks, als daß sie sagten: Komm uns doch mit der Strafe Gottes, wenn du bist der Wahrhaftigen einer. 29. Er sprach: O Herr, hilf mir gegen das Volk der Unheilstifter. 30. Und als unsre Gesandten mit der Heilbotschaft zu Abraham kamen, sprachen sie: Ja, wir vernichten die Einwohner dieser Stadt, denn wahrlich, ihre Einwohner sind Frevler. 31. Er sprach: Sehet, Lot ist darinnen. Sie erwiderten: Wir wissen wobl, wer darinnen; wir retten ihn und seine Angehörigen, sein Weib ausgenommen, sie ist der Zurückbleibenden eine. 32. Und als unsre Gesandten zu Lot kamen, war ihm ihretwegen wehe, und er war um sie schwach an Macht. Sie sprachen: Fürchte dich nicht und sei nicht betrübt; wir retten dich und deine Angehörigen, dein Weib ausgenommen, sie sei der Zurückbleibenden eine. 33. Siehe, wir sind über die Bewohner dieser Stadt niedergesandt, ein Strafgericht vom Himmel, weil sie ruchlos sind. 34. Und deutliche Zeichen ließen wir von ihr zurück für Leute, die begreifen. 35. Und zu den Midjaniten ibr Bruder Schoaib, der sprach: O mein Volk, verehret Gott, erwartet den Jüngsten Tag, und handelt nicht übel, unheilstiftend auf Erden. 36. Sie schalten ihn lügenhaft. Da erfaßte sie die Erschütterung, und morgens lagen sie in ihren Wohnungen brüstlings hingestreckt. 37. Die Aditen auch und die Thamuditen², wie euch verdeutlichen (die Trümmer) ihrer Wohnungen. Satan machte ihnen ihre Werke wohlgefällig und verdrängte sie vom Pfad; und sie waren doch einsichtig! 38. Auch Karun, Pharao und Haman. Moses kam zu ihnen mit deutlichen Beweisen, sie aber waren hochmütig auf Erden und entgingen nicht (der Strafe). 39. Jeden erfaßten wir in seiner Sünde: über manchen ihrer sandten wir einen Steinregen, manchen ihrer erfaßte der Schlag, mit manchen ihrer versenkten wir die Erde, und manchen ihrer ertränkten wir. Gott war nicht ungerecht gegen sie, aber sie selber waren ungerecht gegen sich. 40. Das Gleichnis derer, die Beschützer außer Gott annehmen, als wenn eine Spinne sich ein Haus macht. Wahrlich, das schwächste der Häuser ist ganz gewiß das Haus der Spinne. Wollten sie es doch verstehen! 41. Wahrlich, Gott kennt die Wesen, die sie außer ihm anrufen; er ist der Allgewaltige, der Allweise. 42. Diese Gleichnisse prägen wir den Menschen, aber nur die Kundigen begreifen sie. 43. Gott schuf Himmel und Erde in Wahrheit. Traun, hierin sind Zeichen für die Gläubigen. 44. Lies vor, was dir von der Schrift geoffenbart ist, und verrichte das Gebet. Wahrlich, das Gebet wehrt Schändliches ab und Verwerfliches, und noch mehr ist das Gedächtnis Gottes. Und Gott weiß, was ihr tut.

45. Bestreitet die Schriftleute nur mit dem, was geziemend, die ausgenommen, die unter ihnen freveln, und saget: Wir glauben an das, was uns geoffenbart ist und euch geoffenbart ist. Unser Gott und euer Gott ist einer, wir sind ihm ergebene Bekenner. 46. So offenbaren wir dir das Buch, und denen wir einst die Schrift verliehen, die glauben daran; und von diesen auch glaubt daran mancher, und die Ungläubigen nur verleugnen unsre Verse. 47. Du konntest zuvor ein Buch nicht lesen, keines mit deiner Rechten schreiben; die Gegner könnten sonst zweifeln. 48. Ja, er ist ein deutlicher Beweis in der Brust derer, denen Kenntnis geworden, und nur die Frevler verleugnen unsre Verse. 49. Sie sagen: Wenn ihm nicht ein Wunderzeichen von seinem Herrn herniedergesandt wird. Sprich: Nur bei Gott sind die Wunderzeichen, ich bin ein öffentlicher Warner nur. 50. Genügt es ihnen nicht, daß wir dir das Buch geoffenbart, das ihnen vorgelesen wird? Wahrlich, hierin ist Barmherzigkeit und Ermahnung für Leute, die glauben. 51. Sprich: Gott genügt als Zeuge zwischen mir und euch. 52. Er weiß, was in den Himmeln ist und was auf Erden. Die aber an das Eitle glauben und Gott verleugnen, diese sind die Verlustigen. 53. Sie verlangen, von dir, die Strafe zu beschleunigen. Wäre die Frist nicht festgesetzt, ganz gewiß würde die Strafe sie erreicht haben; aber plötzlich wird sie ihnen kommen, wenn sie es nicht ahnen. 54. Sie verlangen von dir, die

Strafe zu beschleunigen. Wahrlich, die Hölle ist Umfasserin der Ungläubigen. 55. *An jenem Tag überkommt sie die Strafe von oben her und von unter ihren Füßen; und man spricht: Kostet nun, was ihr getan!* 56. *O ihr meine Diener, die ihr gläubig seid, geräumig ist meine Erde wahrlich, so dienet nur mir.* 57. *Den Tod kostend ist jede Seele, dann werdet ihr zu uns zurückgebracht.* 58. *Die gläubig sind und gute Werke üben, zur Stätte geben wir ihnen im Garten ein Hochgemach, darunterhin Ströme fließen, ewig weilen sie darinnen. Wie schön ist der Lohn der Wirkenden!* 59. *Die geduldig sind und auf ihren Herrn vertrauen.* 60. *Wie manches Tier erwirbt seinen Unterhalt nicht, doch Gott versorgt es, auch euch. Er ist der Allhörende, der Allwissende.* 61. *Fragst du sie: wer schuf Himmel und Erde, machte dienstbar Sonne und Mond? sie erwidern sicherlich: Gott. Wie können sie nun lügen?!* 62. *Gott weitet die Versorgung wem von seinen Dienern er will, und mißt sie auch (kärglich) zu. Wahrlich, Gott ist aller Dinge wissend.* 63. *Und fragst du sie: wer sendet vom Himmel Wasser hernieder und belebt damit die Erde nach ihrem Tod? sie antworten sicherlich: Gott. Sprich: Preis Gott! Ja, die meisten ihrer begreifen nicht.* 64. *Nichts ist dieses Leben hienieden als Getändel und Spiel, aber die Wohnung im Jenseits ist wahrlich das Leben. Wollten sie es doch verstehen!* 65. *Wenn sie ein Schiff besteigen, rufen sie Gott an, ihm die Religion reinhaltend, doch rettete er sie ans Land, dann gesellen sie ihm Götzen bei. 66. Undankbar für das, was wir ihnen gegeben, womit sie sich ergötzen. Dereinst werden sie es wissen! 67. Sehen sie nicht, daß wir ihnen eine sichere Freistätte geschaffen, während rings um sie die Menschen geplündert werden? Wollen sie an das Eitle glauben und die Huld Gottes verleugnen? 68. Wer ist frevelhafter, als wer über Gott Lüge ersinnt oder die Wahrheit lügenhaft nennt, nachdem sie ihm geworden? Ist nicht in der Hölle Aufenthalt für die Ungläubigen? 69. Die aber für uns streiten, führen wir unsre Pfade. Und wahrlich, Gott ist mit den Liebfrommen.*

30. SURA VON DEN RÖMERN
MEKKANISCH, AUS 60 VERSEN BESTEHEND

Im Namen Gottes, des Allerbarmers, des Allbarmherzigen.

1. ALM. Besiegt sind die Römer[1]. 2. Im nächsten Land, aber nach ihrer Besiegung werden sie siegen. 3. In einigen[2] Jahren. Gottes ist die Bestimmung vorher und nachher. Dann freuen sich die Gläubigen 4. Der Hilfe Gottes. Er hilft, wem er will, und er ist der Allgewaltige, der Allbarmherzige. 5. Die Verheißung Gottes, und Gott läßt seine Verheißung nicht unerfüllt. Doch die meisten der Menschen verstehen es nicht. 6. Sie kennen das Äußerliche des Lebens hienieden, das Jenseits aber sind sie vernachlässigend. 7. *Denken sie denn in ihrem Innern nicht nach, daß Gott Himmel und Erde, und was zwischen ihnen, nur in Wahrheit geschaffen, und für eine vorbestimmte Frist? Und wahrlich, viele Menschen sind der Begegnung mit ihrem Herrn ungläubig.* 8. *Wollen sie nicht um die Erde reisen und schauen, wie war der Enderfolg derer vor ihnen, die stärker waren als sie an Kraft und die Erde aufwühlten und sie länger bewohnten als diese sie bewohnen? Zu ihnen kamen ihre Gesandten mit deutlichen Wundern. Und Gott war nicht ungerecht gegen sie, aber sie selber waren ungerecht gegen sich.* 9. *Böse war dann der Enderfolg derer, die Böses getan, weil sie die Zeichen Gottes lügenhaft genannt und über sie gespottet.* 10. *Gott erschafft das Wesen und läßt es wiederkehren, dann werdet ihr zu ihm zurückgebracht.* 11. *Am Tag, an dem die Stunde herankommt, verzweifeln die Sünder.* 12. *Keine Fürsprecher werden ihnen von ihren Götzen sein, sie werden ihre Götzen verleugnen.* 13. *Am Tag, an dem die Stunde herankommt, sie trennen sich dann voneinander.* 14. *Was die betrifft, die gläubig waren und gute Werke geübt, sie werden sich in Lustgefilden wonnen.* 15. *Und was die betrifft, die ungläubig waren und unsre Verse geleugnet und die Begegnung im Jenseits, diese werden zur Strafe vorgeführt.* 16. *Preis Gott zur Zeit des Abends und zur Zeit des Morgens.* 17. *Ihm Lobpreis in den Himmeln und auf Erden, abends und zur Mittags-*

zeit. 18. *Er läßt Lebendes aus Totem entstehen, bringt Totes aus Lebendem hervor und belebt die Erde nach ihrem Tod. So werdet auch ihr wieder hervorgehen. 19. Von seinen Wunderzeichen: aus Staub schuf er euch, als Fleischwesen habt ihr euch verbreitet. 20. Von seinen Wunderzeichen: aus euch selbst schuf er euch Weiber, daß ihr ihnen beiwohnet, und setzte zwischen euch Liebe und Trautheit. In diesem wahrlich sind Zeichen für Leute, die nachdenken. 21. Von seinen Wunderzeichen: die Schöpfung der Himmel und der Erde, die Verschiedenheit eurer Sprachen und Farben. In diesem wahrlich sind Zeichen für die Weltbewohner. 22. Von seinen Wunderzeichen: euer Schlafen bei Nacht und bei Tag und euer Streben nach seiner Gnadenfülle. In diesem wahrlich sind Zeichen für Leute, die hören. 23. Von seinen Wunderzeichen: daß er euch sehen läßt den Blitz, Furcht und Hoffnung[3], und euch vom Himmel Wasser niedersendet, womit er die Erde nach ihrem Tod belebt. In diesem wahrlich sind Zeichen für Leute, die begreifen. 24. Von seinen Wunderzeichen: Himmel und Erde stehen fest auf sein Geheiß, und wenn er euch einst aus der Erde ruft, ihr steigt dann hervor. 25. Sein ist, was in den Himmeln und was auf Erden, alles ist ihm gehorchend. 26. Er ist es, der das Wesen erschafft und es wiederkehren läßt, leicht ist dies für ihn. Ihm gebührt das höchste Gleichnis in den Himmeln und auf Erden, er ist der Allgewaltige, der Allweise.*

27. *Er prägte euch ein Gleichnis von euch selber: habt ihr an (den Sklaven), über die eure Rechte verfügt, Teilnehmer an dem, womit wir euch versorgt? Seid ihr hierin einander gleich, daß ihr sie fürchtet, wie ihr einander fürchtet? So wenden wir die Verse mannigfach für Leute, die begreifen. 28. Ja, die freveln, folgen ihren Lüsten ohne Einsicht. Wer rechtleitet, den Gott irreleitet? Kein Helfer ist ihnen. 29. Richte dein Antlitz rechtgläubig zur Religion, der Schöpfung Gottes, für die er die Menschen geschaffen. Kein Wandel ist an der Bildung Gottes, sie ist die wahre Religion. Doch die meisten der Menschen wissen nichts. 30. Zu ihm gewendet fürchtet ihn; verrichtet das Gebet und gehöret nicht zu den Götzendienern. 31. Von denen, die ihre Religion gespalten und Sektierer geworden, freut sich jede Schar mit dem, was bei ihr. 32. Berührt die Menschen ein Unglück, sie rufen ihren Herrn an, zu ihm gewendet, dann aber, wenn er sie seine Barmherzigkeit kosten ließ, dann gesellt ein Teil ihrer ihrem Herrn Götzen bei. 33. Undankbar für das, was wir ihnen gegeben. Genießet nur, dereinst werdet ihr es wissen. 34. Gaben wir ihnen je Ermächtigung, die beweisend wäre für das, was sie ihm beigesellen? 35. Lassen wir die Menschen Barmherzigkeit kosten, sie sind darüber vergnügt, doch trifft sie ein Uebel ob dem, was ihre Hände vorgewirkt, sie verzweifeln dann. 36. Sehen sie nicht, daß Gott die Versorgung weitet, wem er will, und*

sie auch (kärglich) mißt? In diesem wahrlich sind Zeichen für Leute, die glauben. 37. Gib dem Verwandten das ihm Zukommende und dem Armen und dem Wandrer. Besser ist dies denen, die nach dem Antlitz Gottes verlangen; diese sind die Glückhabenden. 38. Was ihr auf Wucher gebet, das Vermögen der Menschen zu mehren, das wird bei Gott nicht gemehrt. Was ihr aber an Almosen gebet, weil ihr das Antlitz Gottes begehret, — diese sind die Verdoppelnden. 39. Gott ist es, der euch erschaffen, und euch unterhält, der euch sterben lassen und dereinst wieder beleben wird. Gibt es unter euren Götzen einen, der etwas von diesem vollbringt? Preis ihm! Erhaben ist er ob dem, was sie ihm beigesellen. 40. Verderben zieht über Land und Meer ob dem, was die Hände der Menschen gewirkt, um sie kosten zu lassen einen Teil dessen, was sie getan; vielleicht, daß sie umkehren. 41. Sprich: Reiset im Land umher und schauet, wie war der Enderfolg derer zuvor, von denen die meisten Götzendiener waren. 42. Richte dein Antlitz zur wahren Religion, bevor der Tag kommt, an dem es keine Abwehr gibt vor Gott. Dann werden sie getrennt. 43. Wer ungläubig war, über den sein Unglaube, und wer Gutes getan, — sie bereiteten ein Lager sich selber. 44. Daß er belohne, die gläubig waren und gute Werke geübt, von seiner Gnadenfülle. Wahrlich, er liebt nicht die Ungläubigen. 45. Von seinen Wunderzeichen: er entsendet die Winde als Heil-

verkünder, daß er euch seine Barmherzigkeit kosten läßt, daß auf sein Geheiß das Schiff dahinfährt, und daß ihr von seiner Gnadenfülle erstrebet; vielleicht, daß ihr dankbar seid. 46. Vor dir schon sandten wir Gesandte zu ihren Völkern, und sie kamen zu ihnen mit deutlichen Wundern. Wir rächten uns an denen, die gefrevelt, und Pflicht war uns die Hilfe der Gläubigen. 47. Gott ist es, der die Winde sendet, daß sie das Gewölk aufwühlen, und er verbreitet es am Himmel, wie er will, und macht es Stücke. Du siehst dann den Regen aus seiner Mitte vordringen, und wenn er damit trifft, den er von seinen Dienern will, sie frohlocken dann. 48. Zuvor aber, bevor er über sie niederkam, waren sie verzagt. 49. Schau hin auf die Spuren der Barmherzigkeit Gottes, wie er die Erde belebt nach ihrem Tod; wahrlich, so auch belebt er die Toten. Und er ist über alle Dinge mächtig. 50. Senden wir aber einen (verheerenden) Wind und sehen sie (ihr Korn) gelb, nach diesem sind sie ungläubig. 51. Hörend machst du die Toten nicht, und nie wirst du die des Anrufs Tauben hörend machen, den Rücken wendend kehren sie um. 52. Die Verblendeten auch wirst du von ihrem Irrtum nicht leiten. Die nur machst du hörend, die unsre Verse glauben und ergebene Gottbekenner sind. 53. Gott ist es, der euch in Schwäche schuf, nach der Schwäche machte er dann Stärke, und nach der Stärke Schwäche und Grauhaar. Er schafft, was er will, und er ist der Allwissende, der Allmächtige.

54. *Am Tag, an dem die Stunde herankommt, schwören die Sünder.* 55. *Daß sie nicht länger als eine Stunde geweilt*[a]. *So logen sie.* 56. *Denen aber Kenntnis verliehen worden ist und Glauben, sprechen: Ihr habt, wie es im Buch Gottes steht, bis zum Tag der Auferweckung geweilt, und dies ist der Tag der Auferweckung. Doch ihr wißt es nicht.* 57. *Dann wird denen, die gefrevelt, ihre Entschuldigung nichts nützen und zur Gnadenbitte werden sie nicht aufgefordert.* 58. *Wir haben nun den Menschen in diesem Koran der Gleichnisse mancherlei geprägt; wenn du ihnen aber mit einem Vers kommst, sprechen jene, die ungläubig sind: Schwätzer nur seid ihr.* 59. *So versiegelt Gott die Herzen derer, die nicht wissen wollen.* 60. *Und du verharre geduldig, traun, die Verheißung Gottes ist Wahrheit. Und nicht sollen dich leichtsinnig machen, die nicht vertrauen.*

31. SURA VON LOKMAN
MEKKANISCH, AUS 34 VERSEN BESTEHEND

Im Namen Gottes, des Allerbarmers, des Allbarmherzigen.

1. *ALM. Dies sind die Verse des weisen Buches.* 2. *Rechtleitung und Barmherzigkeit für die Liebfrommen.* 3. *Die das Gebet verrichten, den Armenbeitrag entrichten und auf das Jenseits vertrauen.* 4. *Diese sind in der Rechtleitung ihres Herrn, diese sind die Glückhabenden.* 5. *Von den Menschen man-*

cher erkauft eine ergötzliche Kunde, um ohne Kenntnis vom Pfad Gottes abzuleiten und ihn zum Spott zu machen; — diese da, ihnen ist schändende Pein. 6. Wenn ihm unsre Verse vorgelesen werden, wendet er sich hochmütig ab, als hörte er sie nicht, als wäre Schwerhörigkeit in seinen Ohren. So verkünde ihm qualvolle Strafe. 7. Wahrlich, die gläubig sind und gute Werke üben, ihnen sind Wonnegärten. 8. Ewig weilen sie darinnen. Die Verheißung Gottes ist Wahrheit; er ist der Allgewaltige, der Allweise. 9. Er schuf die Himmel ohne Stützen, die ihr sehen könntet, setzte auf die Erde Berge, damit sie nicht mit euch wanke, und zerstreute auf dieser Tiere allerlei. Und wir senden vom Himmel Wasser hernieder, wodurch wir sprießen lassen von allen edlen Arten. 10. Dies ist die Schöpfung Gottes; laß mich nun sehen, was jene außer ihm geschaffen. Ja, die Frevler sind in offenbarer Irrung. 11. Einst verliehen wir Lokman Weisheit: sei Gott dankbar. Wer dankbar ist, er ist nur für seine Seele dankbar, und wer undankbar ist, — wahrlich, Gott ist unbedürftig und hochgepriesen. 12. Dann sprach Lokman zu seinem Sohn und ermahnte ihn: O mein Söhnchen, geselle Gott keine Wesen bei, wahrlich die Abgötterei ist gewaltige Sünde. 13. Wir haben den Menschen gegen seine Eltern verpflichtet; es trug ihn seine Mutter mit Mühsal über Mühsal und seine Entwöhnung (erfolgte erst) in zwei Jahren: Sei dankbar mir, deinen Eltern auch; zu mir ist die Zuflucht.

14. Bekämpfen sie dich aber, daß du mir etwas beigesellest, von dem dir keine Kenntnis, gehorche ihnen nicht. Geselle dich ihnen gebührlich im Leben hienieden, und folge dem Pfad dessen, der sich wendet zu mir. Zu mir ist eure Rückkehr dereinst, und ich werde euch verkünden, was ihr getan. 15. O mein Söhnchen, hat es auch nur das Gewicht eines Senfkorns, ist es auch in einem Felsen, in den Himmeln oder in der Erde (verborgen), Gott bringt es hervor. Wahrlich, Gott ist allgütig und allkundig. 16. O mein Söhnchen, verrichte das Gebet, gebiete Billigkeit und verhindre Schlechtigkeit. Und ertrage geduldig, was dich auch trifft, denn wahrlich, dies geschieht durch das Verhältnis der Dinge. 17. Rümpfe deine Wange nicht gegen die Menschen und wandle nicht übermütig auf Erden. Wahrlich, Gott liebt keinen eingebildeten Prahler. 18. Richte deinen Gang und dämpfe deine Stimme; wahrlich, die widerlichste der Stimmen ist die Stimme des Esels. 19. Seht ihr nicht, daß Gott euch dienstbar gemacht, was in den Himmeln ist und was auf Erden, und euch reichlich seine Wohltaten gespendet, äußerlich und innerlich? Und doch streitet mancher von den Menschen über Gott ohne Kenntnis, ohne Rechtleitung und ohne erleuchtende Schrift. 20. Und wenn zu ihnen gesagt wird: folget dem, was Gott geoffenbart, erwidern sie: nein, wir folgen dem, wobei wir unsre Väter gefunden. Was aber, wenn Satan sie hierdurch zur Strafe des Höllenfeuers ruft? 21. Wer sein Antlitz Gott hingibt und liebfromm ist, hält an einer festen Handhabe. Und zu Gott ist der Enderfolg der Dinge. 22. Ist jemand ungläubig, so betrübe dich sein Unglaube nicht. Zu uns ist ihre Rückkehr; und wir werden ihnen verkünden, was sie getan. Wahrlich, Gott ist kundig des Inhalts der Busen. 23. Wir lassen sie ein wenig genießen, dann aber drängen wir sie zu schwerer Strafe. 24. Fragst du sie, wer die Himmel schuf und die Erde, sie erwidern sicherlich: Gott. Sprich: Preis Gott! Nein, die meisten ihrer wissen nichts. 25. Gottes ist, was in den Himmeln und was auf Erden; wahrlich, Gott ist der Unbedürftige, der Hochgepriesene. 26. Und wenn alle Bäume auf Erden Schreibrohre wären, das Meer sie mit Tinte versorgte, und sieben Meere dazu, die Worte Gottes würden nie erschöpft sein. Wahrlich, Gott ist allgewaltig und allweise. 27. Eure Erschaffung und eure Auferweckung gleicht nur der einer einzigen Seele. Wahrlich, Gott ist allhörend und allschauend. 28. Siehst du nicht, daß Gott die Nacht in den Tag führt und den Tag in die Nacht und dienstbar gemacht Sonne und Mond? Jedes strebt zu einem bestimmten Ziel. Und was ihr tut, Gott ist dessen kundig. 29. Dies, weil Gott die Wahrheit ist, und Eitles, was sie außer ihm anrufen. Und Gott ist der Erhabene, der Allmächtige. 30. Siehst du nicht, wie durch die Gnade Gottes das Schiff das Meer durchquert, damit er euch sehen lasse seine Wunderzeichen? Wahrlich, in diesem sind Zeichen für jeden dankbar Geduldigen. 31. Bedecken sie Wogen wie die Hüllen, sie rufen Gott an, ihm die Religion rein haltend, doch rettete er sie ans Land, manche von ihnen sind schwankend. Aber unsre Zeichen verleugnet nur jeder undankbare Betrüger. 32. O ihr Menschen, fürchtet euren Herrn und scheut den Tag, an dem nicht einstehen wird ein Vater für seinen Sohn, und kein Kind etwas ausrichten wird für seinen Vater. 33. Traun, die Verheißung Gottes ist Wahrheit; es trüge euch nicht das Leben hienieden, und um Gott trüge euch nicht der Betrüger. 34. Wahrlich, bei Gott nur ist Kenntnis der Stunde. Er nur sendet den Regen hernieder, und er weiß, was im Mutterschoß. Keine Seele weiß, was sie morgen begehen wird, keine Seele weiß, in welchem Land sie sterben wird. Wahrlich, Gott ist allwissend und allkundig.

32. SURA VON DER ANBETUNG
MEKKANISCH, AUS 30 VERSEN BESTEHEND

Im Namen Gottes, des Allerbarmers, des Allbarmherzigen.

1. ALM. Offenbarung des Buches, an dem kein Zweifel ist, vom Herrn der Weltbewohner. 2. Oder sagen sie, er habe es erdichtet? Nein, es ist die Wahrheit von deinem Herrn, daß du warnest ein Volk, zu dem vor dir kein Warner kam, auf daß sie sich rechtleiten lassen. 3. Gott ist es, der in sechs Tagen Himmel und Erde schuf, und was zwischen ihnen, und sich dann auf seinen Thron setzte. Keinen Beschützer habt ihr außer ihm und keinen Fürsprecher. Wollt ihr nicht eingedenk sein? 4. Er leitet den Befehl vom Himmel zur Erde, dann steigt alles zu ihm empor am Tag, dessen Länge tausend Jahre mißt, deren ihr zählet. 5. Er ist auch Wisser des Verborgenen und des Sichtbaren, der Allgewaltige, der Allbarmherzige. 6. Der schön gemacht alle Dinge, die er geschaffen, der die Schöpfung des Menschen aus Ton hervorgebracht. 7. Dann machte er seine Nachkommen aus einem Saft verächtlichen Wassers. 8. Dann bildete er ihn und hauchte ihm von seinem Geist ein. Und er machte euch Gehör, Gesicht und Herz. Nur wenige, die ihr ihm dankbar seid. 9. Und sie sagen: Sollten wir denn, wenn wir in der Erde verborgen liegen, neue Schöpfung werden? 10. Ja, ungläubig sind sie der Begegnung mit ihrem Herrn. 11. Sprich: Hinnehmen wird euch der Todesengel, der über euch gesetzt ist, dann werdet ihr zu eurem Herrn zurückgebracht. 12. Sähest du doch, wie die Sünder gebückten Hauptes vor ihrem Herrn stehen: Herr unser, wir schauten und hörten; so laß uns umkehren, wir wollen Gutes tun, nun sind wir Überzeugte. 13. Wollten wir es, ganz gewiß würden wir jeder Seele ihre Rechtleitung gegeben haben, doch wahr werden soll mein Wort: Füllen werde ich die Hölle mit Geistern und Menschen allesamt. 14. Kostet nun, dieweil ihr vergessen habt das Eintreffen dieses eures Tags. Auch wir vergaßen euch. Kostet die Pein der Ewigkeit für das, was ihr getan. 15. Die nur glauben an unsre Verse, die anbetend niederfallen, wenn sie deren ermahnt werden, und das Lob ihres Herrn preisen und nicht hochmütig sind. 16. Trennen sich ihre Hüften von den Lagerstätten, rufen sie ihren Herrn an in Furcht und Sehnsucht, und von dem, womit wir sie versorgt, geben sie Almosen. 17. Keine Seele weiß, was ihnen verborgen ist an Augenweide, Belohnung für das, was sie gewirkt. 18. Sollte denn, wer gläubig war, dem gleichen, der gottlos war? Sie gleichen einander nicht. 19. Was die betrifft, die gläubig waren und gute Werke geübt, ihnen sind Gärten zum Aufenthalt, eine Gaststätte für das, was sie gewirkt. 20. Und was die betrifft, die gottlos waren, ihr Aufenthalt ist das Fegefeuer. Sooft sie daraus entfliehen wollen, sie werden darin zurückgebracht. Und gesagt wird zu ihnen: Kostet die Pein des Fegefeuers, die ihr geleugnet. 21. Und kosten lassen wir sie von der Pein hienieden vor der großen Pein; vielleicht, daß sie umkehren. 22. Und wer ist als der frevelhafter, der an die Verse seines Herrn ermahnt wird und sich von ihnen abwendet? Traun, Rächer sind wir an den Sündern. 23. Wir gaben einst Moses die Schrift, — sei nicht im Zweifel über ihre Erteilung, — und machten sie zur Rechtleitung für die Kinder Israels. 24. Und wir erweckten unter ihnen Führer, die sie nach unsrem Befehl rechtleiten sollten; denn sie waren geduldig und vertrauten auf unsre Zeichen. 25. Wahrlich, dein Herr wird am Tag der Auferstehung unter ihnen entscheiden, worüber sie gestritten. 26. Dient es ihnen nicht zur Leitung, wieviel wir vernichtet haben der Menschengeschlechter vor ihnen, in deren Wohnstätten sie nun wandeln? Wahrlich, in diesem sind Zeichen. Hören sie nicht? 27. Und sehen sie denn nicht, wie wir das Wasser treiben auf die dürre Erde und dadurch Saat hervorbringen, von der ihr Vieh ißt und sie selber auch? Schauen sie nicht? 28. Und sie sprechen: Wann (kommt) diese Eröffnung, wenn ihr wahrhaftig seid? 29. Sprich: Am Tag der Eröffnung wird denen, die ungläubig waren, ihr Glauben nicht nützen; ihnen wird nicht gefristet werden. 30. So wende dich von ihnen ab und warte, auch sie sind Wartende.

33. SURA VON DEN VER-BÜNDETEN

MEDINISCH, AUS 73 VERSEN BESTEHEND

Im Namen Gottes, des Allerbarmers, des Allbarmherzigen.

1. O Prophet, fürchte Gott und gehorche nicht den Ungläubigen und Heuchlern. Wahrlich, Gott ist allwissend und allweise. 2. Und folge dem, was dir von deinem Herrn eingegeben wird. Wahrlich, Gott ist kundig dessen, was ihr tut. 3. *Und vertraue auf Gott, denn Gott genügt als Vertrauensfreund.* 4. *Keinem Mann schuf Gott zwei Herzen in seinem Innern: er machte eure Weiber, zu denen ihr „Mutterrücken"*[1] *gesagt, nicht zu euren wirklichen Müttern, und er machte eure Adoptivsöhne nicht zu euren wirklichen Söhnen. Es sind Worte aus eurem Mund, Gott aber spricht die Wahrheit, und er rechtleitet auf den Pfad.* 5. *Nennet sie nach ihren wirklichen Vätern, dies ist gerechter vor Gott, wenn ihr aber ihre Väter nicht kennt, so laßt sie eure Brüder in der Religion sein und eure Genossen. Es wird euch nicht als Sünde angerechnet, was ihr hierin gefehlt, aber das, was eure Herzen absichtlich tun. Und Gott ist allverzeihend und allbarmherzig.* 6. *Näher ist der Prophet den Gläubigen als sie selbst. Mütter sind ihnen seine Frauen. Und näher sind die Blutsverwandten einander, gemäß dem Buch Gottes, als die (übrigen) Gläubigen und Ausgewanderten*[2]*, wenn ihr überhaupt nach Billigkeit handelt gegen eure Verwandten. So ist es im Buch niedergeschrieben.* 7. *Dann schlossen wir ein Bündnis mit den Propheten, mit dir, mit Noah, Abraham, Moses und Jesus, dem Sohn Marias, und wir schlossen mit ihnen ein festes Bündnis.* 8. *Um die Wahrhaftigen nach ihrer Wahrhaftigkeit zu befragen; für die Ungläubigen aber bereitete er qualvolle Strafe.* 9. *O ihr, die ihr glaubt, gedenket der Huld Gottes über euch, als Scharen gegen euch kamen*[3]*; wie wir gegen* *sie einen Wind entsandten und (Engel)scharen, die ihr nicht sahet. Und Gott ist schauend dessen, was ihr tut. 10. Sie kamen gegen euch von oben her und von unten⁴, dann senkten sich die Augen und die Herzen erreichten die Kehle, und ihr meintet von Gott manche Meinung. 11. Geprüft wurden dort die Gläubigen, erschüttert wurden sie in gewaltiger Erschütterung. 12. Dann sprachen die Heuchler und die, in deren Herzen Krankheit: Nichts andres hat Gott uns verheißen und sein Gesandter, als Täuschung. 13. Dann sprach eine Schar von ihnen: O Bewohner von Jathrib⁵, kein Stand ist euch, kehret um! Und um Urlaub bat ein Teil von ihnen den Propheten, indem sie sprachen: Wahrlich, unsre Häuser sind entblößt. Diese waren aber nicht entblößt, fliehen nur wollten sie. 14. Und wäre auf sie von den Seiten her eingedrungen, und wären sie zum Aufstand aufgefordert worden, ganz gewiß wären sie dazu bereit, sie würden nur wenig gezögert haben⁶. 15. Und vorher hatten sie mit Gott ein Bündnis geschlossen, sie würden nicht den Rücken wendend umkehren; und das Bündnis Gottes wird gefordert. 16. Sprich: Nimmer nützt euch die Flucht, wenn ihr dem Tod entflieht oder der Erschlagung. Ihr genießt doch nur kurze Zeit. 17. Sprich: Wer ist es, der euch vor Gott schützen kann, wenn er euch Böses zufügen oder Barmherzigkeit erweisen will? Und sie werden außer Gott für sich keinen Beschützer finden und keinen Helfer.*

18. Gott kennt die Hindrer unter euch, die zu ihren Brüdern sprechen: Hierher zu uns! Und nur wenige, die in den Kampf gehen. 19. Die geizig sind gegen euch. Kommt die Furcht, so siehst du sie nach dir schauen, und ihre Augen rollen, wie wenn einer vom Tod gehüllt wird, doch ist die Furcht geschwunden, verletzen sie euch mit scharfen Zungen, habsüchtig nach dem Guten. Diese glauben nicht, darum machte Gott ihre Werke zunichte, und dies ist Gott ein Leichtes. 20. Sie glaubten, die Verbündeten würden nicht fortgehen[7]*. Und wenn die Verbündeten kommen, wünschen sie lieber bei den Wüstenarabern zu sein und dort um Nachrichten über euch zu fragen. Und wären sie auch unter euch, nur wenige würden kämpfen. 21. Ihr habt nun im Gesandten Gottes ein schönes Vorbild dessen, der auf Gott hofft und auf den Jüngsten Tag und häufig Gottes gedenkt. 22. Und als die Gläubigen die Verbündeten sahen, sprachen sie: Das ist, was Gott uns angekündigt und sein Gesandter; Gott und sein Gesandter haben wahr geredet. Dies vermehrte nun ihren Glauben und ihre Gottergebung. 23. Männer sind unter den Gläubigen, die halten, worüber sie mit Gott Bündnis geschlossen; ihrer mancher hat sein Gelübde*[8] *eingelöst, manch andrer wartet darauf; sie ändern nicht in Änderung. 24. Auf daß Gott den Wahrhaftigen ihre Wahrhaftigkeit lohne und die Heuchler strafe, wenn er will, oder sich ihnen zuwende. Wahrlich, Gott ist allverzeihend und allbarmherzig. 25. Und* *die* *ungläubig sind, stieß Gott in ihrem Grimm zurück, sie erlangen nichts Gutes, denn Gott genügt den Gläubigen im Kampf. Und Gott ist stark und gewaltig.* 26. *Und er brachte die von den Schriftleuten, die jenen beistehen*[9] *wollten, von ihren Burgen herab und warf Schrecken in ihre Herzen, daß ihr einen Teil erschluget und einen Teil gefangen nahmet.* 27. *Und er ließ euch ihr Land erben und ihre Wohnstätten und ihre Habe, ein Land, das ihr nie (zuvor) betratet. Und Gott ist über alle Dinge mächtig.* 28. *O Prophet, sprich zu deinen Frauen: Wenn ihr das Leben hienieden begehrt und seine Pracht, so kommt her, ich will euch versorgen und entlasse euch in ehrenvoller Entlassung.* 29. *Wenn ihr aber Gott begehrt und seinen Gesandten und die Wohnung des Jenseits, wahrlich, Gott hat für die Liebfrommen unter euch herrlichen Lohn bereitet.* 30. *O Weiber des Propheten, wer von euch offenbare Schändlichkeit begeht, verdoppelt wird ihnen die Strafe zwiefach. Und dies ist Gott ein Leichtes.*

31. *Doch wer von euch Gott gehorcht und seinem Gesandten und Gutes tut, der geben wir ihren Lohn zwiefach, und ehrenvolle Versorgung haben wir ihr bereitet.* 32. *O Weiber des Propheten, ihr seid nicht wie eine von den (andren) Weibern. Seid ihr gottesfürchtig, so seid nicht einschmeichelnd beim Sprechen, daß lüstern werden könnte, in dessen Herzen Krankheit; redet in geziemender Rede.* 33. *Verbleibet in euren Gemächern und prunket nicht im Prunk der*

früheren Heidenzeit. Verrichtet das Gebet, entrichtet den Armenbeitrag und gehorchet Gott und seinem Gesandten. Gott will von euch nur die Sünden nehmen, ihr Angehörige des Hauses, und euch reinigen in Reinheit. 34. Und gedenket dessen, was in euren Gemächern vorgelesen wird von den Versen Gottes und der Wahrheit. Traun, Gott ist allgütig und allkundig. 35. Wahrlich, gottergebene Männer und gottergebene Frauen, gläubige Männer und gläubige Frauen, gehorchende Männer und gehorchende Frauen, wahrhaftige Männer und wahrhaftige Frauen, geduldige Männer und geduldige Frauen, demütige Männer und demütige Frauen, almosengebende Männer und almosengebende Frauen, fastende Männer und fastende Frauen, ihre Keuschheit bewahrende Männer und bewahrende Frauen, Gottes häufig gedenkende Männer und gedenkende Frauen, ihnen hat Gott Vergebung bereitet und herrlichen Lohn. 36. Es ziemt nicht, daß ein gläubiger Mann und eine gläubige Frau, wenn Gott und sein Prophet eine Sache beschlossen, eigne Wahl in der Sache haben. Und wer Gott trotzt und seinem Gesandten, der irrt in offenbarer Irrung. 37. Dann sagtest du zu dem, dem Gott gnädig war und auch du gnädig[10] warest: Behalte dein Weib und fürchte Gott. Du verbargest in deiner Seele, was Gott kundtun wollte, und fürchtetest die Menschen, wo du doch richtiger Gott nur fürchten solltest. Als dann Said ihrethalben Beschluß faßte[11], vereinigten wir euch, damit nicht für die Gläubigen die Frauen ihrer Adoptivsöhne zum Vergehen seien, wenn diese ihrethalben Beschluß gefaßt. Und der Befehl Gottes ist vollbracht. 38. Keine Sünde haftet dem Propheten an inbetreff dessen, was ihm Gott bestimmt hat als Brauch Gottes gegen jene, die vor ihm waren. Und der Befehl Gottes ist eine unabänderliche Bestimmung. 39. Die die Botschaft Gottes verkünden und ihn fürchten, und niemand fürchten außer Gott. Und Gott genügt als Rechner. 40. Mohammed ist nicht Vater irgend eines Mannes von euch, er ist vielmehr ein Gesandter Gottes und Siegel der Propheten. Und Gott ist aller Dinge wissend. 41. O ihr, die ihr glaubt, gedenket Gottes in häufiger Erinnerung und preiset ihn morgens und abends. 42. Er ist es, der euch segnet und seine Engel, auf daß er euch aus der Finsternis führe zum Licht, denn er ist den Gläubigen barmherzig. 43. Ihr Gruß am Tag, an dem sie mit ihm zusammentreffen, lautet „Friede!", und ehrenvollen Lohn hat er ihnen bereitet. 44. O Prophet, wir sandten dich als Zeugen, Heilverkünder und Warner. 45. Als Rufer zu Gott, mit seinem Willen, und als leuchtendes Licht. 46. Verkünde Heil den Gläubigen, daß ihnen von Gott große Gnade wird. 47. Gehorche nicht den Ungläubigen und den Heuchlern und übersieh ihre Belästigung. Vertraue auf Gott, denn Gott genügt als Vertrauensfreund. 48. O ihr, die ihr glaubt, wenn ihr gläubige Frauen geheiratet und euch darauf von ihnen scheidet, bevor ihr sie berührt habt, so ist euch keine Frist vorgeschrieben, die ihr einhalten müßtet[12]. *Versorget sie aber und entlasset sie in ehrenvoller Entlassung. 49. O Prophet, wir erlaubten dir deine Frauen, denen du ihre Morgengabe gegeben (Sklavinnen), über die deine Rechte verfügt, die Gott dir unterstellt, die Töchter deines Onkels väterlicherseits, die Töchter deiner Tante väterlicherseits, die Töchter deines Onkels mütterlicherseits und die Töchter deiner Tante mütterlicherseits, die mit dir ausgewandert, und gläubige Frauen sonst, wenn sie sich dem Propheten hingegeben und der Prophet sie heiraten will; nur dir allein und nicht andren Gläubigen. 50. Wohl wissen wir, was wir ihnen angeordnet inbetreff ihrer Frauen und ihrer (Sklavinnen), über die ihre Rechte verfügt; doch ist es von dir kein Vergehen. Und Gott ist vergebungsreich und allbarmherzig. 51. Du darfst von ihnen zurücksetzen, die du willst, und zu dir nehmen, die du willst, auch nach der du verlangst von denen, die du verstoßen. Dies ist kein Vergehen von dir. Besser aber ist es, daß ihre Augen frisch und sie unbetrübt und zufrieden seien mit dem, was du jeder von ihnen gibst. Und Gott weiß, was in euren Herzen, denn Gott ist allwissend und sanftmütig. 52. Keine andren Weiber hinterher sind dir erlaubt, auch nicht deine mit andren Weibern zu vertauschen, und sollte dir ihre Schönheit noch so gefallen, ausgenommen deine (Sklavinnen), über die deine Rechte ver-*

fügt. Und Gott ist alle Dinge beobachtend. 53. *O ihr, die ihr glaubt, tretet nicht in die Gemächer des Propheten, es sei denn, er lade euch zum Essen, ohne die Zeit*[13] *abzuwarten. Werdet ihr gerufen, tretet ein, und habt ihr gegessen, zerstreut euch und suchet keine vertraulichen Unterhaltungen, denn wahrlich, dies belästigt den Propheten, und peinlich ist es ihm vor euch*[14]. *Gott aber schämt sich nicht der Wahrheit. Und wenn ihr von seinen Frauen ein Gerät verlangt, so verlanget es hinter einem Vorhang. Dies ist reinlicher für eure Herzen und für ihre Herzen. Euch kommt es nicht zu, den Gesandten Gottes zu belästigen oder nach ihm seine Frauen je zu heiraten. Traun, dies wäre arg vor Gott.* 54. *Ob ihr etwas zeigt oder es verheimlicht, wahrlich, Gott ist aller Dinge wissend.* 55. *Kein Vergehen ist es von ihnen, wenn sie mit ihren Vätern, Söhnen, Brüdern, Söhnen ihrer Brüder, Söhnen ihrer Schwestern, Zofen oder (Sklavinnen), über die ihre Rechte verfügt, (unverschleiert verkehren). Und fürchtet Gott, Frauen, denn wahrlich, Gott ist aller Dinge Zeuge.* 56. *Wahrlich, Gott und seine Engel segnen den Propheten. O ihr, die ihr glaubt, segnet ihr ihn auch und grüßet ehrerbietig.* 57. *Wahrlich, die Gott belästigen und seinen Propheten, Gott verfluchte sie hienieden und jenseits, schändende Strafe bereitete er ihnen.* - 58. *Die gläubige Männer belästigen und gläubige Frauen, ohne daß diese es verdient, laden Verleumdung auf sich und offenbare Sünde.* 59. *O*

Prophet, sprich zu deinen Frauen, zu deinen Töchtern und zu den Weibern der Gläubigen, sie sollen sich ihre Übergewänder umwerfen. Dies veranlaßt eher, daß sie erkannt und nicht belästigt werden. Und Gott ist allverzeihend und allbarmherzig. 60. Ja, wenn die Heuchler und die, in deren Herzen Krankheit, und die Lärmmacher in Medina nicht aufhören, so reizen wir dich auf sie, dann sollen sie dir darin nur kurze Zeit benachbart sein. 61. Verfluchte, wo sie auch angetroffen werden, erfaßt werden sie und in Tötung erschlagen. 62. Ein Verfahren Gottes gegen jene schon, die vor ihnen waren, und im Verfahren Gottes findest du keine Wandlung. 63. Die Menschen befragen dich über die Stunde. Sprich: Bei Gott nur ist ihre Kenntnis, und er gibt sie dir nicht kund; vielleicht, daß die Stunde nahe ist. 64. Wahrlich, Gott verfluchte die Ungläubigen und bereitete ihnen Höllenfeuer. 65. Ewig weilen sie darin und stets, keinen Beistand finden sie und keinen Helfer. 66. An jenem Tag, wo sich ihre Gesichter im Feuer wenden, sprechen sie: Oh, hätten wir doch Gott gehorcht, hätten wir gehorcht dem Gesandten! 67. Und sie sprechen: Herr unser, wir gehorchten unsren Fürsten und unsren Großen, sie haben uns irregeleitet des Wegs. 68. Herr unser, gib ihnen Zwiefaches von der Strafe, fluche ihnen einen schweren Fluch. 69. O ihr, die ihr glaubt, seid nicht wie jene, die Moses beleidigten; Gott reinigte ihn von dem, was sie geredet[15]*, und bei Gott* war er angesehen. 70. O ihr, die ihr glaubt, fürchtet Gott und redet geziemende Worte. 71. Er wird eure Werke gedeihen lassen und euch eure Sünden vergeben. Und wer Gott gehorcht und seinem Gesandten, der ist mit großer Seligkeit beglückt. 72. Siehe, wir boten den Glauben den Himmeln an und der Erde und den Bergen; doch sie weigerten sich, ihn zu tragen, und fürchteten sich vor ihm. Da nahm ihn der Mensch auf, aber er war frevelhaft und töricht. 73. Daß Gott strafe die Heuchler und die Heuchlerinnen, die Götzendiener und die Götzendienerinnen. Und zuwenden wird Gott sich den Gläubigen und den Gläubiginnen, denn Gott ist allverzeihend und allbarmherzig.

34. SURA VON SABA
MEKKANISCH, AUS 54 VERSEN BESTEHEND

Im Namen Gottes, des Allerbarmers, des Allbarmherzigen.

1. Preis Gott, dessen ist, was in den Himmeln und was auf Erden; sein ist der Lobpreis im Jenseits, er ist der Allweise, der Allkundige. 2. Er weiß, was in die Erde dringt und was aus ihr kommt, was vom Himmel wird gesandt und was zu ihm steigt; er ist der Allbarmherzige, der Vergebungsreiche. 3. Die ungläubig sind, sagen: Uns kommt die Stunde nicht. Sprich: Ja, bei meinem Herrn, sie kommt euch gewißlich. Er ist Wisser des Verborgenen;

nicht entrückt ist ihm das Gewicht eines Stäubchens in den Himmeln und auf Erden, und nichts Geringeres und nichts Größeres als dies, das nicht im deutlichen Buch wäre. 4. Daß er belohne, die gläubig waren und gute Werke geübt; diesen ist Vergebung und ehrenvolle Versorgung. 5. Die aber unsre Verse zu entkräften streben, diesen ist Pein der qualvollen Strafe. 6. Denen die Erkenntnis gegeben, sie sehen, was dir von deinem Herrn geoffenbart worden, sei die Wahrheit, rechtleite zum Weg des Allmächtigen, des Hochgepriesenen. 7. Die ungläubig sind, sagen: Sollen wir euch einen Mann zeigen, der euch verkündet, ihr würdet, nachdem ihr zersplittert seid in alle Splitter, neue Schöpfung werden? 8. Er erdichtet über Gott Lüge, oder ein böser Geist ist in ihm. Ja, die an das Jenseits nicht glauben, sind in der Strafe, in weiter Irrung. 9. Sehen sie nicht, was vor ihnen ist und was nach ihnen am Himmel und auf Erden? Wollten wir es, sinken ließen wir mit ihnen die Erde oder ein Stück des Himmels über sie stürzen. Wahrlich, hierin sind Zeichen für jeden Gott sich zuwendenden Diener. 10. David verliehen wir einst Auszeichnung von uns aus: O ihr Berge, singet mit ihm das Lob Gottes, ihr Vögel auch. Wir machten ihm das Eisen weich: Fertige Kriegsgewänder und Panzerringe füge. Und wirket Gutes, denn wahrlich, ich bin schauend dessen, was ihr tut. 11. Und Salomo (gaben wir) den Wind, morgens einen Monat und abends einen Monat, und fließen

ließen wir ihm eine Quelle von Erz; auch von den Geistner manche, die vor ihm arbeiteten, mit dem Willen seines Herrn. Und wer von ihnen von unsrem Befehl abweicht, kosten lassen wir ihn die Pein des Höllenfeuers. 12. Sie machten für ihn, was er begehrte: Hallen und Bildsäulen, Schüsseln wie die Teiche und feststehende Kessel¹: Wirket, Leute Davids, dankbar. Aber nur wenige meiner Diener sind die Dankbaren. 13. Und als wir über ihn den Tod beschlossen hatten, da zeigte ihnen nur ein Erdwürmchen seinen Tod, indem es seinen Stab² zernagte. Und als er niederstürzte, gewahrten die Geister, hätten sie das Geheimnis gekannt, sie würden bei der schmachvollen (Straf)arbeit nicht verweilt haben. 14. Auch Saba hatte in seinen Wohnstätten ein Zeichen, zwei Gärten, zur Rechten und zur Linken: Esset von der Versorgung eures Herrn und danket ihm. Ein gutes Land und ein gnadenreicher Herr. 15. Aber sie wandten sich ab; da sandten wir über sie einen Sturz der Flut und verwandelten ihre beiden Gärten in zwei Gärten mit bitterer Frucht, Tamarisken und Lotos ein wenig. 16. So vergalten wir es ihnen, dieweil sie ungläubig waren. Und wem anders vergelten wir es als dem Ungläubigen? 17. Und wir errichteten zwischen ihnen und den Städten, die wir gesegnet, manche andre bekannte Städte und ermöglichten dahin die Reise: Reiset in den Nächten und an den Tagen sicher umher. 18. Sie sprachen: Herr unser, weite (den Raum) zwischen unsren

*Reisen*³. *So befrevelten sie ihre Seelen. Wir machten sie daher zur Sage und zersplitterten sie in alle Splitter. Wahrlich, in diesem sind Zeichen für jeden dankbar Geduldigen. 19. Und Recht hatte über sie Iblis*⁴ *in seiner Meinung, denn sie folgten ihm, bis auf eine kleine Schar von Gläubigen. 20. Doch hatte er über sie keine andre Macht, nur als daß wir (zu unterscheiden) wissen den, der an das Jenseits glaubt, von dem, der darüber im Zweifel ist. Und dein Herr ist über alle Dinge Beobachter. 21. Sprich: Rufet doch jene an, die ihr euch ausgedacht außer Gott, sie vermögen nicht das Gewicht eines Stäubchens in den Himmeln oder auf Erden. An beiden haben sie keinen Anteil, und von ihnen keiner ist ihm Helfer. 22. Und keine Fürsprache nützt bei ihm, dessen ausgenommen, dem er es hat erlaubt, bis die Angst aus ihren Herzen gewichen, und sie fragen: Was sagte da euer Herr? Sie antworten: Die Wahrheit. Und er ist der Erhabene, der Allmächtige. 23. Sprich: Wer versorgt euch von den Himmeln und von der Erde? Sprich: Gott. Wir nun oder ihr seid in der Rechtleitung oder in offenbarer Irrung. 24. Sprich: Ihr werdet nicht gefragt um das, was wir gesündigt, und wir werden nicht gefragt um das, was ihr getan. 25. Sprich: Zusammenbringen wird unser Herr uns, dann zwischen uns in Wahrheit richten. Und er ist der Richter, der Allwissende. 26. Sprich: Zeiget mir jene, die ihr ihm als Genossen angehängt. Aber nein, er nur ist Gott,* der Allgewaltige, der Allweise. 27. Und dich sandten wir zu den Menschen sämtlich als Heilverkünder nur und Warner. Doch die meisten der Menschen wissen nichts. 28. Und sie sagen: Wann endlich diese Verheißung, wenn ihr wahrhaftig seid? 29. Sprich: Euch ist ein Tag anberaumt, den ihr nicht um eine Stunde zurückhalten werdet und nicht beschleunigen. 30. Die ungläubig sind, sagen: Nie glauben wir an diesen Koran, auch nicht an das, was vor ihm (geoffenbart wurde). Sähest du doch, wenn die Frevler vor ihren Herrn gestellt werden, wie sie miteinander Worte wechseln. Die niedrig waren, sagen zu denen, die hochmütig waren: Wenn nicht ihr, ganz gewiß wären wir Gläubige. 31. Dann sagen, die hochmütig waren, zu denen, die niedrig waren: Haben wir euch von der Rechtleitung verdrängt, nachdem sie euch gekommen? Nein, ihr wart Sünder. 32. Und es sagen, die niedrig waren, zu denen, die hochmütig waren: Nein, (eure) List bei Nacht und bei Tag, indem ihr uns hießet, Gott verleugnen und ihm Bildwerke (zur Seite) setzen. Sie bekunden die Reue, wenn sie die Strafe gesehen. Und denen, die ungläubig waren, legen wir Nackenfesseln um den Hals. Sollte ihnen andres vergolten werden, als was sie getan? 33. Und noch nie sandten wir einen Warner in eine Stadt, ohne daß gesagt hätten ihre Begüterten: Wir sind Ungläubige dessen, womit ihr seid gesandt. 34. Und sie sagen: Reicher sind wir an Gütern und an Kindern, wir werden *keine Gestrafte sein.* 35. *Sprich: Wahrlich, mein Herr weitet die Versorgung, wem er will, und mißt sie auch (kärglich) zu; doch die meisten der Menschen wissen nichts.* 36. *Euer Vermögen ist es nicht, auch nicht eure Kinder, die euch Nähe verschaffen bei uns; nur wer gläubig war und Gutes getan, ihnen ist zwiefacher Lohn ob dem, was sie getan; in ihren Hochgemächern sind sie geborgen.* 37. *Die aber, die unsre Verse zu entkräften streben, diese werden zur Strafe vorgeführt.* 38. *Sprich: Wahrlich, mein Herr weitet die Versorgung, wem er will von seinen Dienern, und mißt sie ihm auch (kärglich) zu. Und was ihr auch an Almosen hingebet, er gibt es euch wieder. Und er ist der beste Versorger.* 39. *An jenem Tag versammelt er sie allesamt, dann spricht er zu den Engeln: Haben diese euch verehrt?* 40. *Sie erwidern: Preis dir! Du bist unser Schützer, nicht sie. Nein, sie verehrten die Geister, die meisten ihrer glaubten an sie.* 41. *An eben jenem Tag vermag nicht einer Nutzen für den andren noch Schaden, und wir sprechen zu denen, die gefrevelt: Kostet nun die Pein des Fegefeuers, die ihr geleugnet.* 42. *Und wenn ihnen unsre deutlichen Verse vorgelesen werden, sagen sie: Dieser ist ein Mann nur, der euch abbringen will von dem, was eure Väter verehrt. Und sie sagen: Dies ist nichts als eine ersonnene Lüge. Und die ungläubig sind, sagen von der Wahrheit, nachdem sie ihnen gekommen: Dies ist nichts als offenbare Zauberei.* 43. *Wir hatten ihnen keine Schriften gegeben, in denen sie hätten forschen können, und keine Warner sandten wir ihnen vor dir. 44. Geleugnet haben auch die vor ihnen, und diese erlangten nicht ein Zehntel von dem, was wir jenen gegeben. Sie nannten meine Gesandten lügenhaft, und wie war der Tausch! 45. Sprich: Des einen nur mahne ich euch: daß ihr vor Gott zu zweien tretet oder einzeln. Sodann bedenket, daß kein böser Geist in eurem Genossen⁵ wohnt, daß er euch nur Warner ist vor schwerer Strafe. 46. Sprich: Ich verlange von euch keinen Lohn, er ist euer. Mein Lohn ist auf Gott nur, und er ist aller Dinge Zeuge. 47. Sprich: Wahrlich, mein Herr zielt mit der Wahrheit, er ist Kenner der Geheimnisse. 48. Sprich: Gekommen ist die Wahrheit, nicht ersteht das Eitle und nicht kommt es wieder. 49. Sprich: Irr ich, ich irre nur für meine Seele, und bin ich gerechtleitet, ich bin es nur durch das, was mein Herr mir eingegeben; wahrlich, er ist allhörend und nahe. 50. Und sähest du doch, wie sie zittern und kein Entkommen (finden), wie sie erfaßt werden aus nahem Ort. 51. Und sie sprechen: Wir glauben daran. Aber wie sollten sie dazu gelangen aus fernem Ort? 52. Und vorher schon leugneten sie es und schmähten das Geheimnis aus fernem Ort. 53. Und eine Scheidewand zwischen ihnen und dem, was sie begehren. 54. Wie geschehen mit ihren Parteigenossen zuvor, denn sie waren in argem Zweifel.*

35. SURA VON DEN ENGELN
MEKKANISCH, AUS 45 VERSEN BESTEHEND

Im Namen Gottes, des Allerbarmers, des Allbarmherzigen.

1. *Preis Gott, dem Schöpfer der Himmel und der Erde, der zu Boten macht die Engel mit je zwei, drei oder vier Flügeln[1]. Er fügt zur Schöpfung, was er will, denn wahrlich, Gott ist über alle Dinge mächtig.* 2. *Was Gott dem Menschen aus Barmherzigkeit auftut, niemand hält es zurück, und was er zurückhält, niemand gewährt es außer ihm. Er ist der Allgewaltige, der Allweise.* 3. *O ihr Menschen, gedenket der Huld Gottes über euch. Gibt es einen Schöpfer außer Gott, der euch vom Himmel versorgt und von der Erde? Es gibt keinen Gott außer ihm; wie könnt ihr euch abwenden?* 4. *Und schelten sie dich lügenhaft, so wurden lügenhaft gescholten die Gesandten vor dir schon. Und zu Gott zurückgebracht werden die Dinge.* 5. *O ihr Menschen, traun, die Verheißung Gottes ist Wahrheit; es trüge euch nicht das Leben hienieden, und um Gott trüge euch nicht der Betrüger.* 6. *Wahrlich, ein Feind ist Satan euch, so nehmet ihn als Feind. Er ruft seinen Anhang herbei, nur damit sie Genossen des Höllenfeuers werden.* 7. *Die ungläubig sind, ihnen ist schwere Strafe.* 8. *Die aber gläubig sind und gute Werke üben, ihnen ist Verzeihung und großer Lohn.* 9. *Und wem wohlgefällig ist das*

Böse seines Tuns und er es für gut ansieht[2], — *wahrlich, Gott läßt irren, wen er will, und rechtleitet, wen er will. Darum schwinde deine Seele nicht ihrethalben in Weh dahin, denn wahrlich, Gott ist wissend dessen, was sie tun. 10. Und Gott ist es, der die Winde sendet, daß sie das Gewölk aufwühlen; wir treiben es über das erstorbene Gelände und beleben damit die Erde nach ihrem Tod. So die Auferstehung. 11. Wer Herrlichkeit begehrt, Gottes ist die Herrlichkeit ganz. Zu ihm steigt das gute Wort, und er erhebt das fromme Werk. Und die das Böse listen, ihnen ist schwere Pein, vereitelt wird ihre List. 12. Und Gott schuf euch aus Staub, dann aus einem Samentropfen, dann machte er euch zu Paaren. Nicht schwanger ist ein Weib und nicht gebiert es, als nur mit seinem Wissen. Und nicht betagt wird ein Hochbetagter, nicht verringert wird seine Lebensdauer, steht es nicht im Buch. Wahrlich, dies ist Gott ein Leichtes. 13. Und einander nicht gleich sind die beiden Meere, dieses wohlschmeckend süß, angenehm zu trinken, jenes brennend salzig; doch aus beiden eßt ihr frisches Fleisch, holt Schmuck hervor, den ihr anleget*[3]. *Und du siehst darauf das Schiff durchqueren, nach seinem Überfluß strebend; daß ihr doch dankbar seiet. 14. Er führt die Nacht in den Tag und den Tag in die Nacht, und die Sonne machte er dienstbar und den Mond; jedes strebt zu einem bestimmten Ziel. Das ist Gott euer Herr; sein ist die Herrschaft, die ihr aber außer ihm anruft, vermögen nicht eine Dattelfaser. 15. Ruft ihr sie an, sie hören nicht euren Ruf, und hörten sie ihn auch, sie würden euch nicht erhören. Und am Tag der Auferstehung verleugnen sie eure Zugesellung. Und dir sagt es nur der Kundige. 16. O ihr Menschen, die Dürftigen seid ihr gegen Gott, Gott aber ist der Reiche, der Hochgepriesene. 17. Wenn er nur will, er läßt euch verschwinden und bringt eine neue Schöpfung hervor. 18. Und dies ist für Gott nichts Großes. 19. Keine belastete (Seele) wird mit der Last einer andren belastet. Und ruft eine schwerbeladene um (Abnahme) ihrer Last, nichts wird ihr abgenommen, und wäre es auch ein Blutsverwandter. Du aber ermahne die nur, die ihren Herrn fürchten im Verborgenen und das Gebet verrichten. Und wer sich der Sündenreinheit bestrebt, der reinigt sich für seine Seele nur. Und zu Gott ist die Einkehr. 20. Nicht gleichen einander Blinder und Sehender, auch nicht Finsternis und Licht, noch Schatten und Glutwind. 21. Und einander gleichen auch nicht die Lebenden und die Toten. Wahrlich, Gott macht hörend, wen er will, du aber machst die nicht hörend, die in den Gräbern; du bist nichts als ein Warner. 22. Wir sandten dich in Wahrheit als Heilverkünder und Warner. Und kein Volk, bei dem nicht früher schon war ein Warner. 23. Und schelten sie dich lügenhaft, so schalten die vor ihnen schon ihre Gesandten lügenhaft, die ihnen mit deutlichen Beweisen kamen, mit Schriften und mit dem erleuchtenden Buch. 24. Dann faßte ich sie, die ungläubig waren; und wie war der Tausch! 25. Siehst du nicht, daß Gott vom Himmel Wasser niedersendet, womit wir Früchte mannigfacher Farben hervorbringen? Von den Bergen auch sind Streifen weiß und rot, von mannigfachen Farben, und rabenhaft schwarz. Und auch Mensch und Tier und Vieh, verschieden sind sie an Farbe. So, und doch fürchten Gott nur seiner Diener Weisen. Wahrlich, Gott ist allgewaltig und vergebungsreich. 26. Wahrlich, die das Buch Gottes lesen, das Gebet verrichten und von dem, womit wir sie versorgt, Almosen spenden, heimlich und öffentlich, die hoffen auf einen Handel, der nie schwindet, 27. Daß er ihnen wird ihren Lohn vergelten, auch von seiner Gnadenfülle hinzufügen; wahrlich, er ist vergebungsreich und erkenntlich. 28. Und was wir dir vom Buch geoffenbart, ist die Wahrheit, das bestätigend, was ihm voranging. Wahrlich, Gott ist seiner Diener kundiger Beobachter. 29. Dann vererbten wir das Buch denen, die wir von unsren Dienern auserwählt. Von ihnen mancher hat seine Seele befrevelt, von ihnen mancher hält die Mitte, und von ihnen mancher ist eilend im Guten, mit dem Willen Gottes. Dies ist die große Gnade. 30. Die Gärten Edens, in die sie kommen, geschmückt werden sie da mit goldnen Armspangen und Perlen, ihr Gewand ist Seide. 31. Und sie sprechen: Preis Gott, der den Kummer von uns genommen; wahrlich, unser Herr ist vergebungsreich und erkenntlich. 32. Der uns in seiner Gnadenfülle in eine Wohnung dauernden Aufenthalts gebracht, in der uns nicht berührt Ermüdung, in der uns nicht berührt Ermattung. 33. Die aber ungläubig sind, ihnen ist das Feuer der Hölle; nicht entschieden wird über sie, daß sie sterben, und nichts erleichtert wird ihnen von ihrer Pein. So lohnen wir jedem Ungläubigen. 34. Darin werden sie laut rufen: Herr unser, laß uns hinaus, wir wollen Gutes tun, anders als wir getan. — Gaben wir euch nicht Lebensdauer, daß gewarnt werde, wer sich warnen ließ? Und zu euch kam der Warner. 35. So kostet nun; und den Frevlern ist kein Helfer. 36. Wahrlich, Gott ist Wisser des Verborgenen der Himmel und der Erde, er ist kundig des Inhalts der Busen. 37. Er ist es, der euch zu Stellvertretern auf Erden eingesetzt. Wer ungläubig ist, auf ihn sein Unglaube. Den Ungläubigen mehrt ihr Unglaube Schimpf nur bei ihrem Herrn, den Ungläubigen mehrt ihr Unglaube Verderben nur. 38. Sprich: Schauet her auf eure Götzen, die ihr anrufet außer Gott; laßt mich sehen, was sie da von der Erde erschufen, oder haben sie Beteiligung an den Himmeln, oder gaben wir ihnen eine Schrift, aus der sie klaren Beweis hätten? Nein, Trug nur verheißen die Frevler einander. 39. Wahrlich, Gott hält die Himmel fest und die Erde, daß sie nicht wanken, und wankten sie, niemand hielt sie außer ihm. Fürwahr, er ist sanftmütig und vergebungs-*

reich. 40. Sie schworen bei Gott ihre feierlichsten Eide, sollte ihnen ein Warner kommen, sie wollen sich eher rechtleiten lassen, als irgend ein andres Volk. Und als ihnen kam ein Warner, dies mehrte nur ihre Wahrheitsflucht. 41. Hochmut auf Erden und böse List. Doch umfängt die böse List ihren Urheber nur. Erwarten sie denn andres, als das Verfahren an den Früheren? Und im Verfahren Gottes findest du keine Wandlung. 42. Und im Verfahren Gottes findest du keine Änderung. 43. Reisen sie nicht im Land umher und schauen, wie war der Enderfolg derer vor ihnen, die stärker waren als sie an Kraft? Und nicht hindert Gott in den Himmeln etwas und auf Erden, denn er ist allwissend und allmächtig. 44. Und strafte Gott die Menschen, wie sie verdient, nicht übrig ließe er auf (der Erde) Rücken ein Geschöpf. Doch er wartet ihnen auf bestimmte Frist. 45. Und kommt ihre Frist, wahrlich, Gott ist schauend auf seine Diener.

36. SURA J. S.

MEKKANISCH, AUS 83 VERSEN BESTEHEND

Im Namen Gottes, des Allerbarmers, des Allbarmherzigen.

1. JS. Beim weisen Koran! 2. Du bist der Abgesandten einer. 3. Zum rechten Weg. 4. (Mit der) Offenbarung des Allgewaltigen, Allbarmherzigen. 5. Daß du warnest ein Volk, dessen Väter nicht gewarnt worden und sorglos waren. 6. *Bewährt hat sich der Spruch schon an den meisten von ihnen, doch sie glauben nicht.* 7. *Halsfesseln legten wir ihnen um den Hals, sie reichen ihnen bis ans Kinn, hochgereckten Kopfes (stehen) sie da.* 8. *Vor ihnen legten wir eine Schranke, hinter ihnen eine Schranke, wir behüllten sie und sie sehen nichts.* 9. *Gleich ist es für sie, ob du sie warnst oder du sie nicht warnst; sie glauben nicht.* 10. *Warnen wirst du den nur, der der Ermahnung folgt und den Allerbarmer fürchtet im Verborgenen. Verkünde ihm Vergebung und ehrenhaften Lohn.* 11. *Wahrlich, wir beleben die Toten und schreiben, was sie vorgewirkt, und (ihrer Werke) Spuren; und jede Sache bringen wir in ein deutliches Verzeichnis.* 12. *Und präge ihnen ein Gleichnis von den Genossen jener Stadt, als zu ihnen kamen die Abgesandten*[1]. 13. *Als wir zwei zu ihnen sandten, schalten sie sie lügenhaft; da verstärkten wir sie durch einen dritten. Und sie sprachen: Wir sind Abgesandte an euch.* 14. *Jene sprachen: Fleischwesen nur seid ihr unsresgleichen; nichts offenbarte der Allerbarmer, ihr lügt nur.* 15. *Sie erwiderten: Unser Herr weiß, wir sind an euch Abgesandte.* 16. *Und uns liegt nur die öffentliche Warnung ob.* 17. *Jene sprachen: Wir sehen an euch ein böses Vorzeichen; hört ihr nicht auf, wir steinigen euch ganz gewiß, und schwere Strafe trifft euch von uns.* 18. *Sie erwiderten: Euer böses Vorzeichen ist an euch; ließet ihr euch doch ermahnen! Aber nein, ihr seid übeltätige Leute.*

19. Da kam aus dem Ende der Stadt ein Mann herangelaufen und sprach: O Leute, folget den Abgesandten! 20. Folget denen, die keinen Lohn von euch verlangen, sie sind gerechtleitet. 21. Und weshalb auch sollte ich den nicht verehren, der mich geschaffen, zu dem ihr zurückgebracht werdet? 22. Sollte ich andre Götter außer ihm nehmen? Wenn der Allerbarmer mir Unglück zufügen will, nichts nützt mir ihre Fürsprache, sie befreien mich nicht. 23. Wahrlich, ich wäre dann in offenbarer Irrung. 24. Ich glaube, traun, an euren Herrn, so höret mich. 25. Gesprochen ward dann² (zu ihm): Tritt ein in das Paradies! Er sprach: Oh, wenn mein Volk doch wüßte, 26. Daß mein Herr mir verziehen und mich zu den Hochgeehrten gesetzt.

27. Wir sandten hernach gegen sein Volk kein Heer vom Himmel, wir sandten nichts. 28. Nur ein einziger Krach war es, dann waren sie tot. 29. O Unheil über diese Menschen! Kein Gesandter kommt zu ihnen, den sie nicht verhöhnen. 30. Sahen sie nicht, wie viele wir vernichtet vor ihnen der Menschengeschlechter? 31. Daß sie zu ihnen nicht zurückkehren. 32. Und sie alle, die Gesamtheit ganz, werden uns vorgeführt. 33. Und ein Zeichen sei ihnen die tote Erde, wir belebten sie und brachten aus ihr Korn hervor, von dem sie essen. 34. Und Gärten legten wir auf ihr an mit Palmen und Trauben und entströmen ließen wir ihr Quellen. 35. Daß sie ihre Frucht genießen, was erarbeitet ihr Hände. Wollen sie nicht dankbar sein? 36. Preis ihm, der die Arten alle schuf, die wachsen läßt die Erde, und (die Menschen) selber, und was sie nicht kennen. 37. Und ein Zeichen sei ihnen die Nacht; wir entziehen ihr das Tageslicht, und siehe, sie sind im Finstern. 38. Die Sonne auch strebt nach ihrem Weilort; das ist die Anordnung des Allgewaltigen, Allwissenden. 39. Und dem Mond auch wiesen wir Einkehrorte an, bis er wie ein alter Palmenstiel[3] wiederkehrt. 40. Nicht gebührt es der Sonne, daß sie einhole den Mond, auch nicht voreilen darf die Nacht dem Tag; am Himmelskreis wandle jedes. 41. Und ein Zeichen sei es ihnen, daß wir ihr Geschlecht[4] im gefüllten Schiff getragen. 42. Und wir schufen ihnen gleiches, worauf sie fahren. 43. Wenn wir wollen, wir lassen sie ertrinken, und kein Helfer ist ihnen, sie werden nicht errettet. 44. Außer durch Barmherzigkeit von uns aus, und Nießung für eine Zeitlang. 45. Und wenn zu ihnen gesagt wird: Fürchtet, was vor euch und was hinter euch, auf daß ihr Erbarmen findet[5]. 46. Und du bringst ihnen kein Zeichen von den Zeichen ihres Herrn, ohne daß sie sich davon abwenden. 47. Und wenn zu ihnen gesagt wird: gebt Almosen von dem, womit Gott euch versorgt, sprechen jene, die ungläubig sind, zu denen, die gläubig sind: Sollen wir einen speisen, den Gott speisen könnte, wenn er wollte? Ihr seid in offenbarer Irrung. 48. Und sie sprechen: Wann endlich diese Verheißung, wenn ihr wahrhaftig seid? 49. *Nur einen Krach werden sie erwarten; er wird sie erfassen, während sie noch streiten.* 50. *Keine Verfügung werden sie zu treffen vermögen, zu ihren Angehörigen werden sie nicht zurückkehren.* 51. *Und in die Posaune wird geblasen, und siehe, aus ihren Gräbern eilen sie zu ihrem Herrn.* 52. *Sie sprechen: Oh, weh uns, wer erweckte uns von unsrem Lager? Das ist, was der Allerbarmer verheißen, und wahr geredet haben die Abgesandten.* 53. *Nur ein einziger Krach ist es, dann sind sie uns vorgeführt allesamt.* 54. *An jenem Tag wird keine Seele irgendwie übervorteilt, und euch wird vergolten, nur was ihr getan.* 55. *Wahrlich, die Genossen des Paradieses sind an jenem Tag in freudiger Beschäftigung.* 56. *Sie und ihre Frauen, im Schatten auf Ruhebetten hingelagert.* 57. *Ihnen sind dort Früchte, sie haben, was sie wünschen.* 58. *„Friede", das Wort des allbarmherzigen Herrn.* 59. *Ausgeschieden seid heute, ihr Sünder.* 60. *Habe ich euch nicht befohlen, o Söhne Adams, daß ihr nicht Satan verehret? Er ist euch ein offenbarer Feind.* 61. *Und daß ihr nur mich verehret; das ist der rechte Weg.* 62. *Bereits hat er eine große Menge von euch verführt; wollt ihr es nicht begreifen?* 63. *Dies ist die Hölle, die euch verheißen ward.* 64. *Bratet an diesem Tag darinnen, dieweil ihr ungläubig waret.* 65. *An diesem Tag versiegeln wir ihnen die Münder; reden sollen zu uns ihre Hände, Zeugnis ablegen ihre Füße, von dem, was sie begangen.*

66. *Wollten wir es, zerstören könnten wir ihre Augen; wenn sie dann des Wegs eilten, wie würden sie dann sehen?* 67. *Und wollten wir es, in Untergeschöpfe verwandelten wir sie auf ihrer Stelle, sie könnten nicht vorwärts, auch nicht zurück.* 68. *Und wem wir Lebenslänge gewähren, dem krümmen wir den Körper auch. Begreifen sie es nicht?* 69. *Ihn⁶ lehrten wir das Dichten nicht, es würde ihm nicht ziemen; es ist eine Ermahnung nur, eine deutliche Lesung.* 70. *Auf daß er warne die Lebenden. Und bewähren wird sich der Spruch über die Ungläubigen.* 71. *Sehen sie nicht, daß wir unter dem, was unsre Hände vollbracht, ihnen Vieh schufen, über das sie Machthaber sind?* 72. *Und wir unterwarfen es ihnen, davon manches ist ihnen Reittier und manches essen sie.* 73. *Und Nutzung haben sie davon und Tränkung. Wollen sie nicht dankbar sein?* 74. *Und doch nehmen sie Götter an außer Gott, daß sie ihnen beistehen.* 75. *Aber sie vermögen ihre Hilfe nicht, sie sind ihnen eine Schar (selber) vorgeführt⁷.* 76. *So betrübe dich ihre Rede nicht, denn wir wissen wahrlich, was sie verbergen und was sie kundtun.* 77. *Sieht der Mensch nicht, daß wir ihn aus einem Samentropfen schufen? Und doch ist er nun ein offener Streiter.* 78. *Er macht uns Gleichnisse und vergißt seine Erschaffung. Er spricht: Wer belebt die Gebeine, wenn sie modern?* 79. *Sprich: Beleben wird sie wieder, wer sie erstmals hervorgebracht; und er ist aller Schöpfung kundig.* 80. *Der euch*

*Feuer schafft aus dem grünen Baum, aus ihm entzündet ihr es dann*⁸. 81. *Und wer die Himmel geschaffen und die Erde, sollte er nicht imstande sein, ihresgleichen zu schaffen?! Ja, er ist der Schöpfer, der Allwissende.* 82. *Sein Befehl ist, wenn er etwas will, daß er dazu nur spricht: werde! und es wird.* 83. *Preis ihm, in dessen Hand die Herrschaft ist aller Dinge, und zu ihm werdet ihr zurückgebracht.*

37. SURA VON DEN REIHENBILDENDEN
MEKKANISCH, AUS 182 VERSEN BESTEHEND

Im Namen Gottes, des Allerbarmers, des Allbarmherzigen.

1. *Bei den sich in Reihe Reihenden*[1]. 2. *Und den scheuchend Verscheuchenden*[2]. 3. *Und den Ermahnung Vorlesenden.* 4. *Wahrlich, euer Gott ist einzig.* 5. *Er ist Herr der Himmel und der Erde und des, was zwischen beiden, und der Herr des Ostens*[3]. 6. *Wir schmückten den untersten Himmel mit dem Schmuck der Gestirne.* 7. *Und Behütung vor jedem widerspenstigen Satan.* 8. *Daß sie nicht belauschen den hohen Rat; getroffen von jeder Seite.* 9. *Verstoßen. Und dauernde Pein ist ihnen.* 10. *Bis auf einen, der Aufgefangenes erhascht, den aber verfolgt ein durchbohrender Feuerstrahl.* 11. *Frage sie, ob sie stärker sind an Gestaltung oder (andre*[4]*), die wir geschaffen; wir schufen sie aus festem Ton.* 12. *Ja,*

du staunest, sie aber spotten. 13. Und wenn sie ermahnt werden, lassen sie sich nicht ermahnen. 14. Und wenn sie ein Zeichen sehen, machen sie es zum Spott. 15. Und sie sagen: Das ist nichts als offenbare Zauberei. 16. Sollten wir, nachdem wir gestorben und Staub geworden und Knochen, wieder auferweckt werden? 17. Und auch unsre Vorfahren? 18. Sprich: Ja, und ihr seid wertlos. 19. Nur ein einziger Schrei, dann sehen sie es. 20. Und sie sprechen: Oh, weh uns, es ist der Tag des Weltgerichts. 21. Dieser ist der Tag der Scheidung, den ihr geleugnet. 22. Versammelt jene, die gefrevelt, und ihre Genossen und die auch, die sie verehrt 23. Außer Gott, und führt sie zum Weg des Feuerpfuhls. 24. Stellt sie vor, denn sie werden (zur Rechenschaft) gefordert. 25. Was ist euch, daß ihr einander nicht helfet? 26. Ja, an jenem Tag sind sie Gott unterworfen. 27. Da wendet sich einer an den andren, und einander befragen sie. 28. Es sprechen (die einen): Ihr kamt uns mit Gewalt[5]. 29. Es sprechen (die andren): Nein, ihr selber wart keine Gläubigen, und wir hatten keine Macht über euch; nein, ihr wart ein widerspenstig Volk. 30. So bewährte sich über uns der Spruch unsres Herrn, nun kosten wir (die Strafe). 31. Wir führten euch irre und waren Irrende. 32. So sind sie an jenem Tag in der Pein gemeinsam. 33. Wahrlich, so verfahren wir mit den Sündern. 34. Sagt man zu ihnen: es gibt keinen Gott außer Gott, so sind sie hoch-

mütig. 35. Und sagen: Sollten wir unsre Götter verlassen wegen des besessenen Dichters? 36. Nein, er kommt mit der Wahrheit und bestätigt die (früheren) Abgesandten. 37. Ihr aber werdet ganz gewiß die qualvolle Strafe kosten. 38. Und gelohnt wird euch das nur, was ihr getan. 39. Bis auf die Diener Gottes, die aufrichtigen. 40. Diese da, ihnen ist eine vorherbestimmte Versorgung. 41. Früchte; und sie sind hochgeehrt. 42. In Wonnegärten. 43. Auf Ruhekissen, einander gegenüber. 44. Kreisen wird unter ihnen ein Becher Quellwasser. 45. Klar, eine Erquickung für die Trinkenden. 46. Darinnen keine Trunkenheit, wovon sie sich nicht berauschen. 47. Und bei ihnen (Frauen) züchtigen Blickes, deren Augen wie die verdeckten Eier. 48. Es wendet sich einer an den andren, und einander befragen sie. 49. Da spricht ein Sprecher von ihnen: Ich hatte einen Genossen. 50. Er fragte (mich): Bist du der Vertrauenden einer? 51. Sollten wir, nachdem wir gestorben und Staub geworden und Knochen, gerichtet werden? 52. Er spricht: Wollt ihr hinabblicken? 53. Dann blickt er hinab und sieht ihn mitten im Feuerpfuhl. 54. Er spricht: Bei Gott, beinahe hättest du mich vernichtet. 55. Und wenn nicht die Gnade meines Herrn, ganz gewiß wäre ich der Eingelieferten einer. 56. Sind wir denn tot 57. Außer unsrem ersten Sterben? Wir sind nicht von den Gestraften. 58. Wahrlich, dies ist eine große Glückseligkeit. 59. Für desgleichen mögen sich die Mühenden mühen.

60. *Ist dies eine bessere Stätte oder die des Höllenbaums⁶? 61. Wir schufen ihn zur Prüfung für die Frevler. 62. Er ist ein Baum, aus der Tiefe des Feuerpfuhls emporgestiegen. 63. Dessen Früchte, als wären sie Satansköpfe. 64. Ja, von diesen werden sie essen, mit diesen sollen sie die Bäuche füllen. 65. Dann ihnen dazu ein Trank von siedendem Wasser. 66. Dann erfolgt ihre Rückkehr zum Feuerpfuhl. 67. Sie fanden ihre Väter als Irrende vor. 68. Und in ihre Fußspuren eilen sie. 69. Vor ihnen bereits irrten der Früheren meisten. 70. Und unter ihnen schon sandten wir Warner. 71. Schau, wie war der Enderfolg der Gewarnten! 72. Ausgenommen die aufrichtigen Diener Gottes. 73. Einst rief Noah uns an, und gnädig war der Erhörende. 74. Und wir retteten ihn und seine Angehörigen aus der großen Not. 75. Und seine Nachkommen auch, sie ließen wir übrig bleiben. 76. Und wir hinterließen über ihn den Spätern: 77. Friede über Noah unter den Weltbewohnern! 78. Wahrlich, so belohnen wir die Liebfrommen. 79. Ja, er war unsrer gläubigen Diener einer. 80. Dann ließen wir die übrigen ertrinken. 81. Und wahrlich, von seiner Partei war Abraham auch. 82. Als er zu seinem Herrn kam mit aufrichtigem Herzen. 83. Als er zu seinem Vater sprach und zu seinem Volk: Was verehrt ihr da? 84. Wollt ihr lügenhafte Götter außer Gott? 85. Und was ist eure Meinung vom Herrn der Weltbewohner? 86. Da richtete er einen Blick auf die*

Sterne. 87. *Und sprach: Ich bin krank*[7]. 88. *Da wandten sie sich von ihm ab.* 89. *Er nun ging heimlich zu ihren Göttern und sprach: Eßt ihr nicht?* 90. *Was ist euch, daß ihr nicht redet?* 91. *Und er machte sich über sie her und zerschlug sie mit seiner Rechten.* 92. *Da wandten sie sich eilig zu ihm.* 93. *Er sprach: Wollt ihr verehren, die ihr geschnitzt?* 94. *Und Gott schuf euch, und was ihr machet.* 95. *Sie sprachen: Errichtet für ihn einen Scheiterhaufen und werft ihn in den Feuerherd.* 96. *Und sie planten gegen ihn einen Anschlag, wir aber machten sie zu Schanden.* 97. *Und er sprach: Ich gehe zu meinem Herrn, er wird mich rechtleiten.* 98. *O Herr, gib mir einen rechtschaffenen (Sohn).* 99. *Da verkündeten wir ihm einen lieben Knaben.* 100. *Und als er mit ihm den Lauf*[8] *erreichte,* 101. *Sprach er: O mein Söhnchen, ich sah im Traum, daß ich dich opfern soll; schau nun, was du denkest.* 102. *Er sprach: O mein Vater, tu, was dir geboten ist; mich wirst du, so Gott will, geduldig finden.* 103. *Und als sie sich ergeben hatten, streckte er ihn auf die Schläfe.* 104. *Da riefen wir: O Abraham!* 105. *Du hast nun das Traumgesicht erfüllt. Ja, so belohnen wir die Liebfrommen.* 106. *Wahrlich, dies war eine offenbare Prüfung.* 107. *Wir lösten ihn aus durch ein großes Opfer.* 108. *Und wir hinterließen über ihn den Spätern:* 109. *Friede über Abraham!* 110. *So belohnen wir die Liebfrommen.* 111. *Ja, er war unsrer gläubigen Diener einer.*

112. Und wir verkündeten ihm Isaak; ein Prophet, der Rechtschaffenen einer. 113. Und wir segneten ihn und Isaak; von ihren Nachkommen aber ist liebfromm der eine, und gegen seine Seele offenbar frevelhaft der andre. 114. Und gnädig waren wir einst auch gegen Moses und Ahron. 115. Und wir retteten sie und ihr Volk aus großer Not. 116. Wir halfen ihnen, und so waren sie die Sieger. 117. Und ihnen beiden gaben wir die deutliche Schrift. 118. Und wir führten sie den rechten Weg. 119. Und wir hinterließen über beide den Spätern: 120. Friede über Moses und Ahron! 121. Wahrlich, so belohnen wir die Liebfrommen. 122. Ja, sie waren beide von unsren gläubigen Dienern. 123. Und wahrlich, Elias auch war der Abgesandten einer. 124. Als er zu seinem Volk sprach: Wollt ihr nicht gottesfürchtig sein? 125. Wollt ihr Baal anrufen und verlassen den herrlichen Schöpfer? 126. Gott ist euer Herr und der Herr eurer Vorfahren. 127. Und sie schalten ihn lügenhaft; aber wahrlich, sie werden vorgeführt. 128. Ausgenommen der aufrichtige Diener Gottes. 129. Und wir hinterließen über ihn den Spätern: 130. Friede über Elias. 131. Wahrlich, so belohnen wir die Liebfrommen. 132. Ja, er war unsrer gläubigen Diener einer. 133. Und wahrlich, Lot auch war der Abgesandten einer. 134. Wir retteten ihn dann und seine Angehörigen allesamt. 135. Ausgenommen ein altes Weib unter den Zurückbleibenden. 136. Alsdann vertilgten wir die andren. 137. Und allmorgens geht ihr an ihnen[9] *vorüber. 138. Und nachts auch. Wollt ihr nicht begreifen? 139. Und wahrlich, Jonas auch war der Abgesandten einer. 140. Als er floh zum überfüllten Schiff. 141. Man warf das Los aus, und er war von den Verdammten. 142. Da verschlang ihn der Fisch, denn er war tadelnswert. 143. Und wäre er nicht von den Lobpreisenden, 144. In seinem Bauch würde er gewißlich verblieben sein bis zum Tag, an dem auferweckt wird. 145. Da warfen wir ihn in die Öde, und er war krank. 146. Und wir ließen über ihn eine Kürbisstaude wachsen. 147. Dann sandten wir ihn an Hunderttausend oder mehr. 148. Da wurden sie gläubig, und wir ließen sie genießen eine Zeit lang. 149. Frage sie doch, ob dein Herr die Töchter*[10] *hat und sie die Söhne. 150. Ob wir die Engel als Weibchen schufen und sie Zeugen sind? 151. Sagen sie nicht in ihrer Lügenhaftigkeit: 152. Gott hat (Kinder) gezeugt? Ja, sie sind Lügner. 153. Zog er die Töchter den Söhnen vor? 154. Was ist euch, wie wollt ihr entscheiden? 155. Wollt ihr euch nicht ermahnen lassen? 156. Oder habt ihr einen deutlichen Beweis? 157. So bringt doch eure Schriften herbei, wenn ihr wahrhaftig seid. 158. Da setzten sie eine Verwandtschaft zwischen ihn und die Geister, und doch wissen die Geister, daß sie vorgeführt werden. 159. Preis Gott ob dem, was sie reden. 160. Ausgenommen die aufrichtigen Diener Gottes. 161. Ihr aber und die ihr verehret,* 162. *Werdet keiner andren Verführer sein,* 163. *Als dessen, der (bestimmt ist) im Feuerpfuhl zu braten.* 164. *Niemand unter uns, der nicht einen bestimmten Platz hätte.* 165. *Wahrlich, wir sind die uns Reihenden.* 166. *Ja, wir sind die Lobpreisenden.* 167. *Und wenn sie sagen:* 168. *Wäre uns Ermahnung gleich den Früheren,* 169. *Auch wir wären aufrichtige Diener Gottes.* 170. *So verleugnen sie ihn doch. Dereinst aber werden sie es wissen.* 171. *Einst schon gelangte unser Wort zu unsren Dienern, den Abgesandten.* 172. *Auf daß es ihnen gegen jene zum Beistand sei.* 173. *Und auf daß unsre Schar Sieger bleibe.* 174. *So wende dich ab von ihnen eine Zeit lang.* 175. *Und schaue auf sie; dereinst werden sie es einsehen.* 176. *Wollen sie unsre Strafe beschleunigen?* 177. *Aber steigt sie in ihren Vorhof herab, böse ist dann der Morgen für die Gewarnten!* 178. *So wende dich ab von ihnen eine Zeit lang.* 179. *Und schaue; dereinst werden sie es einsehen.* 180. *Preis deinem Herrn, dem Herrn der Herrlichkeit; (erhaben) ob dem, was sie reden.* 181. *Und Friede über die Abgesandten.* 182. *Und Preis Gott dem Herrn der Weltbewohner.*

38. SURA Z.
MEKKANISCH, AUS 88 VERSEN BESTEHEND

Im Namen Gottes, des Allerbarmers, des Allbarmherzigen.

1. Z. Beim Koran, dem Fasser der Ermahnung: ja, die ungläubig sind, sind in Hochmut und Spaltung. 2. Wie viele der Menschengeschlechter vertilgten wir vor ihnen; sie riefen, und es war keine Zeit mehr zur Zuflucht. 3. Sie staunen, daß ihnen ein Warner kam aus ihrer Mitte, und es sprechen, die ungläubig sind: Dieser ist ein Zauberer, ein Lügner. 4. Macht er aus den Göttern einen einzigen Gott? Wahrlich, das ist eine Sache gar wundersam. 5. Und ab wandten sich die Ratsherren unter ihnen: Kommt und harret aus bei euren Göttern; traun, das ist eine verabredete Sache. 6. Nicht hörten wir Derartiges in der letzten Religion; dies ist nichts als Erdichtung. 7. Sollte ihm die Ermahnung eher offenbart worden sein als uns? Ja, sie sind im Zweifel über meine Ermahnung, ja, noch haben sie meine Strafe nicht gekostet. 8. Oder sind bei ihnen die Schätze der Barmherzigkeit deines Herrn, des Allgewaltigen, des Gebers? 9. Oder ist ihrer die Herrschaft über Himmel und Erde und was zwischen beiden? So mögen sie zu den (Himmels)bahnen steigen. 10. Eine Schar dort, in die Flucht geschlagen, von Verbündeten. 11. Es leugneten vor ihnen schon das Volk Noahs und die Aditen und Pharao, der

*Herr der Pfähle*¹. 12. *Und die Thamuditen und das Volk Lots und die Genossen des Gebüsches*²*; diese waren Verbündete. 13. Von diesen keiner, der nicht lügenhaft schalt die Gesandten, und (an ihnen) bewährte sich meine Strafe. 14. Und auch diese haben einen einzigen Krach nur zu erwarten; kein Aufschub ist ihnen. 15. Und sie sagen: Herr unser, beschleunige uns unser Urteil noch vor dem Tag der Abrechnung. 16. Verharre geduldig bei dem, was sie sagen. Und gedenke unsres Dieners David, des Kräftigen, er war bußfertig. 17. Dienstbar machten wir ihnen die Berge, daß sie mit ihm lobpreisen am Abend und bei Tagesanbruch. 18. Und die Vögel auch zusammengeschart, alle ihm zugewandt. 19. Und wir stärkten seine Herrschaft und verliehen ihm Weisheit und Gewandtheit der Rede. 20. Kam dir die Kunde von den Gegnern, wie sie hinanklommen zum Palast*³*? 21. Als sie zu David eintraten, erschrak er vor ihnen, sie aber sprachen: Fürchte nichts; wir sind zwei Gegner, einer von uns frevelte am andern. Richte nun zwischen uns nach Recht; sei nicht ungerecht und führe uns auf den geraden Weg. 22. Wahrlich, dieser mein Bruder hat neunundneunzig Schafe, ich aber nur ein einziges Schaf. Da sprach er: Gib es mir zur Pflege. Und er überwand mich in der Rede. 23. Er sprach: Er hat unrecht, dein Schaf zu seinen Schafen zu verlangen. Aber wahrlich, viele miteinander Verkehrende freveln aneinander, ausgenommen die gläu-*

big sind und gute Werke üben; doch nur wenige sind es. Da merkte David, daß wir ihn nur prüften, und flehte seinen Herrn um Verzeihung an, fiel gebeugt nieder und war reuig. 24. Und wir verziehen ihm dieses[4]*; wahrlich, ihm ist Nähe bei uns und herrliche Rückkehr. 25. O David, wir machten dich zum Stellvertreter auf Erden, so richte denn unter den Menschen nach Recht, und folge nicht der Lust, die dich abirren macht vom Pfad Gottes. Wahrlich, die vom Pfad Gottes abirren, ihnen ist schwere Pein, dieweil sie den Tag der Rechenschaft vergaßen. 26. Und nicht unnötig schufen wir Himmel und Erde und was zwischen ihnen. So meinen die nur, die ungläubig sind. Wehe denen, die ungläubig sind, vor dem Fegefeuer. 27. Sollten wir, die gläubig sind und gute Werke üben, gleichsetzen den Unheilstiftern auf Erden? Oder sollten wir die Gottesfürchtigen gleichstellen den Übeltätern? 28. Ein Buch sandten wir dir, ein gesegnetes, auf daß sie betrachten seine Verse, daß eingedenk seien die Einsichtsvollen. 29. Und dem David gaben wir Salomo; ein trefflicher Diener, er war bußfertig. 30. Als ihm vorgeführt wurden am Abend die edlen Rennpferde. 31. Da sprach er: Lieber war mir (irdisch) Gut als die Erinnerung meines Herrn, bis sich verborgen hat (die Sonne) hinter den Schleier. 32. Bringt sie mir her. Und er begann mit dem Niederhauen auf Schenkel und Hals. 33. Auch prüften wir Salomo und setzten auf seinen Thron eine Gestalt*[5]*; dann* *war er reuig. 34. Und sprach: O Herr, verzeihe mir und gib mir ein Reich, wie es keinem nach mir zukommen soll. Wahrlich, du bist der Spender. 35. Und wir machten ihm einen Wind dienstbar, der auf seinen Befehl sanft wehte, wohin er ihn wollte. 36. Und die Satane alle, als Bauer und Taucher. 37. Und andre auch, in Ketten gefesselt. 38. Das ist unsre Gabe; spende nun oder karge, keine Rechenschaft. 39. Und wahrlich, ihm ist Nähe bei uns und herrliche Rückkehr. 40. Gedenke auch unsres Dieners Ijob, wie er seinen Herrn anrief: Ja, mich traf Satan mit Unglück und Pein! 41. Stampfe mit deinem Fuß. Da ist Kühlung und Trank. 42. Und wir gaben ihm seine Familie (zurück) und noch einmal so viel dazu, Barmherzigkeit von uns und Ermahnung für die Einsichtsvollen. 43. Nimm nun ein Rutenbündel in deine Hand und schlage damit[6], auf daß du nicht eidbrüchig seiest. Wahrlich, wir fanden ihn geduldig. 44. Ein trefflicher Diener, er war bußfertig. 45. Und gedenke auch unsrer Diener Abraham, Isaak und Jakob, Männer von Stärke und Einsicht. 46. Wir reinigten sie in Reinigung durch Ermahnung an die (ewige) Wohnung. 47. Sie sind bei uns von den auserwählten Guten. 48. Und gedenke auch Ismaels, Elisas und des Verpflegers[7]; sie alle gehörten zu den Guten. 49. Dies zur Ermahnung. Und wahrlich, den Gottesfürchtigen ist eine herrliche Rückkehr. 50. Die Gärten Edens, die Pforten ihnen geöffnet. 51. In diesen lagernd fordern sie Früchte mancherlei und Trank. 52. Und bei ihnen (Frauen) züchtigen Blickes, des Alters gleiche. 53. Dies, was euch verheißen wird für den Tag der Rechenschaft. 54. Wahrlich, das ist unsre Versorgung, an der kein Versiegen. 55. Dies, doch den Widerspenstigen üble Rückkehr. 56. Die Hölle, in der sie braten; wie schlimm ist das Lager! 57. Dies, und kosten sollen sie es, siedendes Wasser und Jauche. 58. Und andres gleicher Art paarweise. 59. Diese Schar, mit euch wird sie hinabgestürzt: Kein Willkommen ist ihnen! Sie braten nur im Fegefeuer. 60. Sie sprechen: Ja, euch selber, kein Willkommen euch! Ihr habt es uns vorbereitet. Und wie böse ist die Stätte. 61. Sie sprachen: Herr unser, wer uns dies hat vorbereitet, mehre ihm die Pein im Fegefeuer zwiefach. 62. Und sie sprechen: Was ist uns, daß wir die Männer nicht sehen, die wir zu den Bösen zählten? 63. Die wir zum Spott nahmen; oder verfehlen sie (unsre) Augen? 64. Traun, dies ist wahrhaftig der Redestreit der Bewohner des Fegefeuers. 65. Sprich: Ich bin ein Warner nur, und es gibt keinen Gott außer dem einzigen Gott, dem Allbezwinger. 66. Er ist Herr der Himmel und der Erde und des, was zwischen beiden, der Allgewaltige, der Vergebungsreiche. 67. Sprich: Dies ist eine gewaltige Kunde. 68. Ihr wendet euch davon ab. 69. Mir ist keine Kenntnis über die Engelschar, wenn sie miteinander streiten. 70. Mir ist nichts weiter geoffenbart, als* daß ich sei öffentlicher Warner. 71. Dann sprach dein Herr zu seinen Engeln: Ich will einen Menschen erschaffen aus Erde. 72. Und wenn ich ihn gebildet und ihm von meinem Geist eingehaucht, fallet vor ihm anbetend nieder. 73. Und die Engel alle beteten ihn an allesamt. 74. Ausgenommen Iblis, er war hochmütig und der Ungläubigen einer. 75. Da sprach er: O Iblis, was hindert dich, den anzubeten, den ich mit meiner Hand geschaffen? 76. Bist du zu hochmütig oder der Erhabenen einer? 77. Jener erwiderte: Ich bin besser als er; mich hast du aus Feuer geschaffen, ihn aber hast du aus Erde geschaffen. 78. Er sprach: Hinaus von hier, sei gesteinigt[8]. 79. Und wahrlich, mein Fluch auf dir bis zum Tag des Gerichts. 80. Jener bat: O Herr, friste mir bis zum Tag, an dem auferweckt wird. 81. Er sprach: Siehe, du sollst derer sein, denen gefristet wird. 82. Bis zum Tag des bestimmten Zeitpunktes. 83. Jener sprach: Bei deiner Herrlichkeit, ich verführe sie nun allesamt. 84. Ausgenommen deine aufrichtigen Diener unter ihnen. 85. Er sprach: Bei der Wahrheit, ich rede die Wahrheit: füllen will ich die Hölle mit dir und denen von ihnen, die dir folgen, allesamt. 86. Sprich: Ich verlange von euch dafür keinen Lohn, ich bin auch nicht der Anmaßenden einer. 87. Es ist eine Ermahnung nur für die Weltbewohner. 88. Und erkennen werdet ihr gewißlich seine Kunde nach einer Zeit.

39. SURA VON DEN SCHAREN[1]

MEKKANISCH, AUS 75 VERSEN BESTEHEND

Im Namen Gottes, des Allerbarmers, des Allbarmherzigen.

1. Offenbarung des Buches von Gott, dem Allgewaltigen, dem Allweisen. 2. Wahrlich, wir offenbarten dir das Buch in Wahrheit, so verehre Gott, ihm die Religion rein haltend. 3. Ist nicht Gottes die reine Religion? 4. Und die Schützer außer ihm angenommen (und sagen:) wir verehren sie nur darum, damit sie uns in die Nähe Gottes bringen, — wahrlich, Gott wird unter ihnen entscheiden, worüber sie streiten. 5. Wahrlich, Gott rechtleitet den nicht, der ungläubiger Lügner ist. 6. Wollte Gott einen Sohn annehmen, ganz gewiß würde er ihn von dem, was er geschaffen, gewählt haben, wie ihm beliebt. Preis ihm, er ist der einzige Gott, der Allbezwinger. 7. Er schuf Himmel und Erde in Wahrheit, er rollt die Nacht auf den Tag und den Tag rollt er auf die Nacht, und dienstbar machte er Sonne und Mond; alles strebt zu einem bestimmten Ziel. Ist er nicht der Allgewaltige, der Vergebungsreiche? 8. Er schuf euch aus einem einzigen Lebewesen, aus dem er sein Weib machte. Und acht Gepaarte[2] sandte er euch hernieder vom Hausvieh. Er bildet euch im Leib eurer Mütter, Erschaffung nach Erschaffung[3], in dreifacher Finsternis[4]. Das ist Gott, euer Herr.

Sein ist die Herrschaft, es gibt keinen Gott außer ihm. Wie laßt ihr euch abwenden? 9. Seid ihr undankbar, — wahrlich, Gott ist euer unbedürftig, doch nicht gefällt ihm die Undankbarkeit an seinen Dienern; und seid ihr dankbar, es gefällt ihm an euch. Und keine belastete (Seele) soll die Last einer andren tragen. Eure Rückkehr erfolgt zu eurem Herrn einst, und er wird euch verkünden, was ihr getan. 10. Denn er kennt den Inhalt der Busen. 11. Berührt den Menschen ein Unglück, er ruft seinen Herrn an, reuig zu ihm zurückkehrend, doch begünstigt er ihn dann mit seiner Gnade, er vergißt, daß er zuvor angerufen, und gesellt Gott Götzen bei, um von seinem Pfad zu verführen. Sprich: Genieße in deinem Unglauben ein wenig, du bist der Genossen des Fegefeuers einer. 12. Der aber demütig verharrt in den Stunden der Nacht, kniefällig und stehend, um das Jenseits besorgt ist und die Barmherzigkeit seines Herrn erhofft? Sprich: Gleichen einander die erkennen und die nicht erkennen? Nur die Einsichtsvollen lassen sich ermahnen. 13. Sprich: O ihr, meine Diener, die ihr gläubig seid, fürchtet euren Herrn; die Gutes in diesem (Leben) tun, denen Gutes, und die Erde Gottes ist weit. Den Geduldigen wird ihr Lohn voll nur gewährt werden, ohne zu rechnen. 14. Sprich: Mir ist befohlen, daß ich Gott verehre, ihm die Religion reinhaltend, und befohlen ist mir, daß ich der erste sei der ergebenen Gottbekenner. 15. Sprich: Ich fürchte, wenn ich meinem Herrn widerspenstig bin, die Strafe des großen Tags. 16. Sprich: Gott verehre ich, ihm die Religion rein haltend. 17. Verehrt ihr, was ihr wollt außer ihm. Sprich: Wahrlich, Verlorene sind diejenigen, die sich selbst verlustig machen und ihre Angehörigen am Tag der Auferstehung. Ist dies nicht ein offenbares Verderben? 18. Ihnen sind Decken aus Feuer über ihnen und (ebensolche) Decken unter ihnen. Dies, weil Gott damit seine Diener erschrecken will. So fürchtet mich, o meine Diener! 19. Die aber Tagut[5] fernbleiben, ihn zu verehren, und sich reuig Gott zuwenden, ihnen ist Heilverkündung. So verkünde Heil meinen Dienern, die auf mein Wort hören und sein Gutes befolgen. Diese sind es, die Gott rechtleitet, diese sind die Einsichtsvollen. 20. Über den der Spruch der Strafe sich bewährt hat, — kannst du ihn aus dem Fegefeuer befreien? 21. Die aber ihren Herrn fürchten, ihnen sind Hochgemächer übereinandergebaut, darunterhin Ströme fließen. Eine Verheißung Gottes, und Gott bricht nicht seine Verheißung. 22. Siehst du nicht, wie Gott Wasser vom Himmel niedersendet, es als Quellen in die Erde dringen läßt, dann dadurch Saat mannigfacher Farbe hervorbringt, worauf er sie welken läßt, daß du sie gelb siehst, und sie endlich zu Malm macht? Hierin wahrlich ist Ermahnung für die Einsichtsvollen. 23. Und wem Gott seinen Busen für die Gottergebenheit geweitet, daß er im Licht seines Herrn ist[6]? Aber wehe denen, deren Herz verstockt ist vor der Ermahnung Gottes. Diese sind in offenbarer Irrung. 24. Gott offenbarte die schönste Kunde, ein Buch mit ähnlichen, sich wiederholenden (Versen). Vor ihm erschauert die Haut derer, die ihren Herrn fürchten, dann aber erweichen sich ihnen Haut und Herzen bei der Erinnerung Gottes. Das ist die Rechtleitung Gottes, womit er rechtleitet, wen er will; wen aber Gott irregehen läßt, dem ist kein Leiter. 25. Wer kann sein Gesicht schützen vor dem Übel der Strafe am Tag der Auferstehung, wenn gesagt wird zu den Frevlern: Kostet, was ihr verdient? 26. Geleugnet haben bereits, die vor ihnen waren, da kam ihnen die Strafe, woher sie nicht ahnten. 27. Schande ließ Gott sie kosten im Leben hienieden, aber größer noch ist die Strafe im Jenseits. Wollten sie es doch verstehen! 28. Wir haben nun in diesem Koran mannigfache Gleichnisse geprägt, auf daß sie eingedenk seien. 29. Einen arabischen Koran, keine Krümme fassend, auf daß sie gottesfürchtig seien. 30. Gott prägte ein Gleichnis von einem Mann, der unverträgliche Gesellen hat, und einem Mann, der einem Mann nur ergeben ist[1], gleichen sie einander? Preis Gott! Nein, die meisten ihrer wissen nichts. 31. Du wirst sterben und auch sie werden sterben. 32. Dann werdet ihr am Tag der Auferstehung vor eurem Herrn streiten.

33. Und wer ist als der frevelhafter, der über Gott lügt und lügenhaft nennt die Wahrhaftigkeit, wenn sie ihm kommt? Ist nicht in der Hölle Aufenthalt für die Ungläubigen? 34. Der aber mit der Wahrhaftigkeit kommt und sie bestätigt, — diese sind die Gottesfürchtigen. 35. Ihnen ist bei ihrem Herrn, was sie wünschen; das ist der Lohn der Liebfrommen. 36. Daß Gott ihnen entsühne das Schlimmste, das sie getan, und ihnen ihren Lohn gebe für das Beste, das sie gewirkt. 37. Ist Gott nicht Schützer seines Dieners? Und sie schrecken dich mit denen außer ihm. Und wen Gott irregehen läßt, dem ist kein Leiter. 38. Wen aber Gott rechtleitet, dem ist kein Verführer. Ist Gott nicht allgewaltig und rachhaftig? 39. Fragst du sie, wer Himmel und Erde erschuf, sie sagen ganz gewiß: Gott. Sprich: Meint ihr denn, die ihr außer Gott anruft, können, wenn Gott mir ein Unglück zudenkt, sein Unglück abwenden? Oder sie können, wenn er mir Barmherzigkeit zudenkt, seine Barmherzigkeit zurückhalten? Sprich: Gott ist mein Genüge, auf ihn vertrauen die Vertrauenden. 40. Sprich: O mein Volk, handelt ihr nach eurem Gutdünken, auch ich bin handelnd; später werdet ihr wissen. 41. Wen die Strafe treffen wird, die ihn mit Schmach bedeckt, bei wem weilen wird dauernde Pein. 42. Siehe, wir offenbarten dir das Buch für die Menschen in Wahrheit. Wer sich rechtleiten läßt, es ist für seine Seele, und wer irregeht, er irrt nur dieser (zum Schaden); du aber bist nicht Vogt über sie. 43. Gott nimmt die Seelen hin, zur Zeit ihres Sterbens; und die nicht sterben, während ihres Schlafens. Er hält die zurück, über die er den Tod verhängt, und sendet die andren wieder bis zu einer bestimmten Frist. In diesem wahrlich sind Zeichen für Leute, die nachsinnen. 44. Wollen sie außer Gott Fürsprecher annehmen? Sprich: Auch wenn sie nichts vermögen und nichts begreifen? 45. Sprich: Deines Herrn ist die Fürsprache insgesamt. Sein ist die Herrschaft über Himmel und Erde; dereinst werdet ihr zu ihm zurückgebracht. 46. Wird der einzige Gott genannt, zusammen schrumpfen die Herzen derer, die an das Jenseits nicht glauben, doch werden jene außer ihm erwähnt, sie frohlocken. 47. Sprich: O Gott, Schöpfer der Himmel und der Erde, Wisser des Verborgenen und des Sichtbaren, entscheide du zwischen deinen Dienern, worüber sie streiten. 48. Und wäre denen, die gefrevelt, alles, was auf Erden, und noch einmal so viel dazu, gern würden sie sich damit loskaufen von dem Übel der Strafe am Tag der Auferstehung; aber da erscheint ihnen von Gott, woran sie nicht gedacht. 49. Es erscheint ihnen das Böse, das sie begangen, und es umfängt sie, worüber sie gespottet. 50. Berührt den Menschen ein Unglück, er ruft uns an, dann aber, wenn wir ihn mit unsrer Gnade begünstigen, spricht er: Durch mein Wissen nur kam es mir. Nein, eine Prüfung ist es; doch die meisten ihrer wissen nichts. 51. Schon die vor ihnen sprachen so, und nicht nützte ihnen, was sie erwarben. 52. Es traf sie das Böse, das sie gewirkt, und auch die von diesen freveln, wird das Böse treffen, das sie wirken, sie werden nicht verhindernd sein. 53. *Wissen sie nicht, daß Gott den Unterhalt weitet, wem er will, und auch kargt? Hierin wahrlich sind Zeichen für Leute, die glauben.* 54. *Sprich: O meine Diener, die ihr gegen eure Seelen gefehlt, verzweifelt nicht an der Barmherzigkeit Gottes. Wahrlich, Gott vergibt die Sünden alle, denn er ist der Allverzeihende, der Allbarmherzige.* 55. *Wendet euch eurem Herrn zu und seid ihm ganz ergeben, bevor euch die Strafe kommt; dann wird euch nicht geholfen.* 56. *Folget dem Schönen, das euch von eurem Herrn herabgesandt worden, bevor euch die Strafe kommt plötzlich und ihr es nicht ahnt.* 57. *Daß die Seele spricht: O weh mir über das, was ich vernachlässigt habe gegen Gott, und daß ich der Spottenden war eine.* 58. *Oder sie spricht: Hätte Gott mich gerechtleitet, ganz gewiß wäre ich von den Gottesfürchtigen.* 59. *Oder sie spricht, wenn sie die Strafe sieht: Wäre doch Wiederkehr mir, ich würde sein von den Liebfrommen.* 60. *Nein, dir kamen bereits meine Zeichen, und lügenhaft nanntest du sie; du warst hochmütig, du warst von den Ungläubigen.* 61. *Und am Tag der Auferstehung wirst du die sehen, die über Gott logen, ihr Gesicht ist schwarz. Ist nicht in der Hölle Aufenthalt für die Hochmütigen?* 62. *Und retten wird Gott, die gottesfürchtig waren, in ihren Sicherheitsort; nicht berühren wird sie das Unheil, sie werden nicht betrübt sein.* 63. *Gott ist aller Dinge Bildner und er ist über alles Vogt; sein sind der Himmel Schlüssel und der Erde. Die aber an die Zeichen Gottes nicht glauben, diese sind die Verlustigen. 64. Sprich: Heißt ihr mich jemand außer Gott verehren, ihr Toren? 65. Und bereits ward dir geoffenbart und denen vor dir, dientest du Götzen, nichtig würde dein Werk sein, du würdest der Verlustigen sein einer. 66. Nein, Gott verehre, und sei der Dankbaren einer. 67. Sie schätzten Gott nicht nach seiner richtigen Größe. Die ganze Erde ist ihm eine Handvoll nur am Tag der Auferstehung, und die Himmel in seiner Rechten gefaltet. Preis ihm, erhaben ist er ob dem, was sie ihm beigesellen. 68. Geblasen wird in die Posaune, und ohnmächtig stürzt, wer in den Himmeln ist und wer auf Erden, ausgenommen, den Gott wünscht. Dann wird wiederum geblasen, und sie stehen und warten. 69. Die Erde erstrahlt im Licht ihres Herrn, und vorgelegt wird das Buch; es treten die Propheten heran und die Bezeuger, und gerichtet wird zwischen ihnen nach Recht; sie sollen nicht benachteiligt werden. 70. Und jeder Seele wird voll vergolten, was sie gewirkt, denn er weiß am besten, was sie getan. 71. Und getrieben werden, die ungläubig waren, zur Hölle scharenweise, und bis sie ankommen, öffnen sich ihre Pforten, und ihre Wächter sprechen zu ihnen: Kamen nicht zu euch Gesandte aus eurer Mitte, euch die Verse Gottes vorzulesen und euch zu warnen vor dem Eintreffen dieses eures Tags? Sie erwidern:*

Ja! Und so bewährte sich der Spruch der Strafe über die Ungläubigen. 72. *Gesprochen wird: Tretet ein in die Pforten der Hölle, ewig darinnen. Wie böse ist der Aufenthalt der Hochmütigen!* 73. *Aber geführt werden, die ihren Herrn gefürchtet, zum Paradies scharenweise, und bis sie ankommen, öffnen sich ihre Pforten, und ihre Wächter sprechen zu ihnen: Friede über euch, ihr wart gut! Tretet nun ein auf ewig.* 74. *Und sie sprechen: Preis Gott, der uns seine Verheißung gehalten und uns erben ließ die Erde; wir bewohnen das Paradies, wo wir wollen. Wie schön ist der Lohn der Wirkenden!* 75. *Und sehen wirst du die Engel, um den Thron ihres Herrn kreisend, wie sie das Lob ihres Herrn preisen. Und zwischen ihnen wird nach Gerechtigkeit gerichtet, und gesprochen wird: Preis Gott, dem Herrn der Weltbewohner.*

40. SURA VOM GLÄUBIGEN [1]
MEKKANISCH, AUS 85 VERSEN BESTEHEND

Im Namen Gottes, des Allerbarmers, des Allbarmherzigen.

1. *HM. Offenbarung des Buches von Gott, dem Allgewaltigen, dem Allwissenden.* 2. *Er ist Vergeber der Sünden und Empfänger der Reue, auch streng in der Bestrafung.* 3. *Er ist Besitzer der Allmacht; es gibt keinen Gott außer ihm, zu ihm ist die Einkehr.* 4. *Niemand anders streitet gegen*

die Verse Gottes, als jene nur, die ungläubig sind; täuschen möge dich nicht ihr Glückwechsel im Land. 5. Geleugnet hat vor ihnen schon das Volk Noahs und die Verbündeten nach ihnen. Jedes Volk strebt gegen seinen Gesandten, ihn zu fassen, und streitet mit Eitlem, damit die Wahrheit zu stürzen. Aber ich faßte sie, und wie war die Strafe! 6. Und so bewährte sich der Spruch deines Herrn über jene, die ungläubig waren, daß sie Genossen sind des Fegefeuers. 7. Die den Thron tragen, die ihn umringen, preisen das Lob ihres Herrn und glauben an ihn. Sie flehen um Verzeihung für die, so gläubig sind: Herr unser, du umfassest alle Dinge in Barmherzigkeit und Weisheit. So vergib doch denen, die sich bekehren und deinem Pfad folgen, und bewahre sie vor der Strafe des Feuerpfuhls. 8. Herr unser, führe sie ein in die Gärten Edens, die du ihnen verheißen, und wer fromm war von ihren Vätern, ihren Frauen und ihren Nachkommen, denn du bist der Allgewaltige, der Allweise. 9. Und bewahre sie vor dem Bösen, denn wen du an jenem Tag vor dem Bösen bewahrest, dessen hast du dich bereits erbarmt. Und das ist ein herrliches Glück. 10. Wahrlich, denen, die ungläubig sind, wird zugerufen: Der Haß Gottes ist größer als euer Haß gegeneinander; ihr wurdet zum Glauben aufgefordert, aber ihr bliebet ungläubig. 11. Sie sprechen: Herr unser, sterben ließest du uns zweimal[2] und belebt hast du uns zweimal. Wir bekennen unsre Sünden. Ist denn *kein Ausgang vom Pfad? 12. Dies euch, weil ihr ungläubig waret, als euch der einzige Gott verkündet wurde, wenn ihm aber Götzen beigesellt werden, daran glaubet. Der Entscheid ist Gottes nur, des Erhabenen, des Großen. 13. Er ist es, der euch sehen läßt seine Zeichen und euch Versorgung niedersendet vom Himmel; ermahnen aber läßt sich der nur, der sich ihm zuwendet. 14. So rufet Gott an, ihm die Religion rein haltend, und sollte es auch zuwider sein den Ungläubigen. 15. Auf Stufen erhaben, Inhaber des Throns, der den Geist seines Geheißes über den ergießt, den er von seinen Dienern wünscht, auf daß er warne vor dem Tag der Begegnung. 16. Vor ihrem Tag des Vortretens, an dem nichts von ihnen Gott verborgen bleibt. Wessen die Herrschaft an jenem Tag? Gottes, des Einzigen, des Allbezwingers. 17. An jenem Tag wird jeder Seele vergolten, was sie verdient, keine Ungerechtigkeit gibt es dann. Wahrlich, Gott ist schnell des Berechnens. 18. Warne sie nun vor dem Tag des Jüngsten Gerichts, an dem die Herzen an der Kehle sitzen würgend. 19. Kein Freund den Frevlern, kein Fürsprecher wird angehört. 20. Er kennt die Untreue der Augen, was die Busen verbergen. 21. Und Gott richtet nach Wahrheit, die sie aber außer ihm anrufen, richten keinesfalls. Wahrlich, Gott ist der Allhörende, der Allschauende. 22. Reisen sie nicht im Land umher und schauen, wie war der Enderfolg derer vor ihnen, die stärker waren als sie an Kraft und Hinterlassenschaft auf Erden? Gott faßte sie ob ihrer Sünden, und ihnen war vor Gott kein Schirmer. 23. Dies, weil ihre Gesandten zu ihnen mit deutlichen Wundern kamen, sie aber ungläubig waren. Da faßte sie Gott, denn wahrlich, er ist stark und streng in der Bestrafung. 24. Einst sandten wir Moses mit unsren Zeichen und offenbarer Macht. 25. Zu Pharao und Haman³ und Karun⁴; sie aber sagten: Ein Zauberer, ein Lügner. 26. Und als er zu ihnen kam mit der Wahrheit von uns aus, sprachen sie: Tötet die Söhne derer, die mit ihm glauben, und ihre Weiber lasset leben. Aber nichts andres war der Ungläubigen Anschlag als Irrung. 27. Und Pharao sprach: Lasset mich, ich will Moses töten, und mag er seinen Herrn anrufen. Ich fürchte, er ändert eure Religion oder er läßt Unheil im Land erscheinen. 28. Moses sprach: Ich nehme Zuflucht zu meinem Herrn und eurem Herrn vor jedem Hoffärtigen, der nicht glaubt an den Tag der Abrechnung. 29. Da sprach ein gläubiger Mann von den Leuten Pharaos, der aber seinen Glauben verheimlichte: Wollt ihr den Mann töten, weil er gesagt: mein Herr ist Gott? Er ist zu euch mit deutlichen Wundern von eurem Herrn gekommen; ist er Lügner, so wird seine Lüge über ihn kommen, und ist er wahrhaftig, so wird euch ein Teil dessen treffen, was er euch angedroht. Traun, Gott rechtleitet nicht, wer Übeltäter ist und Lügner. 30. O mein Volk, euer ist heute die unbeschränkte Herr-*

schaft im Land, wer aber hilft uns vor einem Unheil Gottes, wenn es uns kommt? Pharao erwiderte: Ich weise euch darauf nur, was ich (für gut) sehe, und leite euch nur auf den Pfad der Richtigkeit. 31. Da sprach jener, der gläubig war: O mein Volk, ich fürchte für euch das gleiche, wie der Tag der Verbündeten. 32. Das gleiche Geschick wie des Volks Noahs, der Aditen und der Thamuditen. 33. Und derer nach ihnen, denn Gott mag keine Ungerechtigkeit gegen seine Diener. 34. Und o mein Volk, ich fürchte für euch den Tag des gegenseitigen Zurufs[5]. 35. Den Tag, an dem ihr rückwärts umkehren werdet; kein Schützer ist euch dann außer Gott. Und wen Gott irregehen läßt, dem ist kein Leiter. 36. Früher schon kam Joseph zu euch mit deutlichen Wundern, ihr aber hörtet nicht auf im Zweifel zu sein über das, womit er zu euch kam, bis er starb, und ihr sagtet: Gott wird nach ihm keinen Gesandten mehr entsenden. So läßt Gott irregehen, wer Übeltäter ist und Zweifler. 37. Die aber über die Zeichen Gottes streiten ohne Grund, ihnen ist großer Haß bei Gott und denen, die gläubig sind. So versiegelt Gott das Herz eines jeden Hochmütigen und Gewalttäters. 38. Und Pharao sprach: O Haman, baue mir einen Turm, auf daß ich zu den Bahnen gelange. 39. Zu den Bahnen der Himmel, daß ich mich erhebe zum Gott Moses; wahrlich, ich halte ihn für einen Lügner. 40. So war Pharao wohlgefällig das Böse seines Tuns, und er wich ab vom Pfad; aber nichts war *der Anschlag Pharaos als Verderben. 41. Da sprach jener, der gläubig war: O mein Volk, folget mir, ich führe euch den Weg der Richtigkeit. 42. O mein Volk, dies Leben hienieden ist ein vergänglicher Genuß nur, aber das Jenseits wahrlich ist Aufenthalt von Dauer. 43. Wer Böses getan, dem wird nur entsprechend vergolten, wer aber Gutes getan, ob Mann oder Weib, und gläubig ist, — diese kommen in das Paradies, in dem sie versorgt werden ohne Einschränkung. 44. Und o mein Volk, was mich betrifft, ich rufe euch zur Errettung, ihr aber ruft mich zum Fegefeuer. 45. Ihr ruft mich, Gott zu verleugnen und ihm beizugesellen, wovon mir keine Kenntnis, ich aber rufe euch zum Allgewaltigen und Vergebungsreichen. 46. Kein Zweifel, daß zu dem ihr mich ruft, keine Anrufung zukommt hienieden, auch im Jenseits nicht, daß unsre Zuflucht zu Gott nur ist und daß die Übeltäter Genossen sind des Fegefeuers. 47. Einst werdet ihr denken an das, was ich euch sage. Ich aber stelle meine Angelegenheit Gott anheim; wahrlich, Gott ist schauend auf seine Diener. 48. Und Gott schützte ihn vor der Bosheit, die sie sannen; die Leute Pharaos aber umfing das Übel der Strafe. 49. Dem Fegefeuer werden sie ausgesetzt morgens und abends, und am Tag, an dem die Stunde da ist: Tretet ein, Leute Pharaos, in die schwerste Pein. 50. Dann streiten sie miteinander im Fegefeuer, und die Schwachen sagen zu denen, die hochmütig waren: Ja, wir waren euer Gefolge, ob ihr von uns abwehret einen Teil des Fegefeuers? 51. Die hochmütig waren, erwidern: Ja, wir alle sind darinnen; wahrlich, nun richtete Gott zwischen den Dienern. 52. Und die im Fegefeuer sind, sprechen zu den Wächtern der Hölle: Rufet euren Herrn an, daß er uns einen Tag nur die Strafe erleichtre. 53. Diese entgegnen: Kamen eure Gesandten nicht zu euch mit deutlichen Wundern? Jene erwidern: Ja. Sie sprechen: Rufet ihr an. Doch die Anrufung der Ungläubigen ist Irrung nur. 54. Ganz gewiß werden wir unsren Gesandten und denen, die gläubig sind, im Leben hienieden helfen und am Tag, an dem die Zeugen auftreten werden. 55. Nicht nützen werden an jenem Tag den Frevlern ihre Entschuldigungen; ihrer ist der Fluch, ihnen ist das Schlimmste des Aufenthalts. 56. Bereits gaben wir Moses die Rechtleitung und vererbten den Kindern Israels die Schrift, Rechtleitung und Ermahnung für die Einsichtsvollen. 57. So verharre geduldig, traun, die Verheißung Gottes ist Wahrheit; bitte um Vergebung deiner Sünden und preise das Lob deines Herrn am Abend und am Morgen. 58. Wahrlich, die über die Zeichen Gottes streiten ohne Grund, nur Hoffart ist in ihren Busen; aber nichts erreichen sie. Und du nimm Zuflucht zu Gott, denn wahrlich, er ist der Allhörende, der Allschauende. 59. Größer ist gewißlich die Schöpfung der Himmel und der Erde als die Schöpfung des Menschen, doch die meisten* der Menschen wissen nichts. 60. Nicht gleichen Blinder und Sehender einander, auch nicht die gläubig sind und gute Werke üben dem Übeltäter; nur wenige, die ihr euch ermahnen lasset. 61. Wahrlich, die Stunde kommt ganz gewiß, kein Zweifel daran, doch die meisten der Menschen glauben nicht. 62. Euer Herr spricht: Rufet mich an, ich erhöre euch. Wahrlich, die sich von meiner Verehrung hochmütig (abwenden), erniedrigt werden sie in die Hölle treten. 63. Gott ist es, der euch die Nacht gemacht, daß ihr in ihr ruhet, und den Tag zum Sehen. Wahrlich, Gott ist gnadenreich gegen die Menschen, doch die meisten der Menschen sind nicht dankbar. 64. Das ist Gott, euer Herr, der Bildner aller Dinge; es gibt keinen Gott außer ihm, wie könnt ihr euch abwenden! 65. So wenden sich ab die nur, die die Zeichen Gottes verleugnen. 66. Gott ist es, der euch die Erde geschaffen zur Stätte und als Zelt den Himmel, euch gestaltet hat und eure Gestalt schön geformt, und euch mit Gutem versorgt. Das ist Gott, euer Herr. Gelobt sei Gott, der Herr der Weltbewohner. 67. Er ist der Lebendige, es gibt keinen Gott außer ihm; so rufet ihn an, ihm die Religion rein haltend. Preis Gott, dem Herrn der Weltbewohner. 68. Sprich: Mir ist es verwehrt, die zu verehren, die ihr anruft außer Gott, nachdem mir die deutlichen Wunder von meinem Herrn geworden, und befohlen ist mir, ganz ergeben zu sein dem Herrn der Weltbewohner. 69. Er ist es, der *euch aus Staub geschaffen, dann aus einem Samentropfen, dann aus einem Blutklumpen; dann ließ er euch als Kindchen hervorkommen, auf daß ihr später eure Vollkraft erreichet, dann Greise werdet, — mancher von euch stirbt vorher — und das bestimmte Lebensziel erreichet. Wolltet ihr doch begreifen! 70. Er ist es, der belebt und tötet, und hat er etwas beschlossen, so spricht er nur: es werde, und es wird. 71. Siehst du nicht auf jene, die über die Verse Gottes streiten, wie sie sich abwenden lassen? 72. Die das Buch lügenhaft schelten und das, womit wir unsre Gesandten gesendet; später werden sie es wissen. 73. Wenn die Nackenfesseln auf ihren Nacken sind und die Ketten, mit denen sie in die Glut gezogen werden, wenn sie dann im Fegefeuer brennen, 74. Dann wird zu ihnen gesprochen: Wo sind die nun, die ihr (außer) Gott beigesellt habt? Sie erwidern: Geschwunden sind sie von uns; ja, ein Nichts nur riefen wir zuvor an. So läßt Gott irregehen die Ungläubigen. 75. Dies, weil ihr euch auf Erden vergnügt habt ohne Recht und weil ihr übermütig waret. 76. Tretet ein in die Pforten der Hölle, ewig darinnen. Wie böse ist der Aufenthalt der Hochmütigen! 77. Verharre geduldig, traun, die Verheißung Gottes ist Wahrheit. Ob wir dich sehen lassen einen Teil dessen, was wir ihnen androhen, oder wir dich (vorher) hinscheiden lassen; zu uns werden sie zurückgebracht. 78. Wir sandten vor dir schon Gesandte, von deren manchem wir dir bereits erzählten und manchem wir dir nichts erzählten, aber nicht steht es dem Gesandten zu, ein Zeichen zu bringen, wenn nicht mit dem Willen Gottes. Ergeht der Befehl Gottes, dann wird nach Wahrheit entschieden, und verlustig sind dort die Nichtigen. 79. Gott ist es, der euch die Haustiere geschaffen, daß ihr deren manche reitet und manche esset. 80. Und ihr habt Nutzung an ihnen, ihr erreicht durch sie den Wunsch eures Herzens und ihr werdet von ihnen (wie) von einem Schiff getragen. 81. Er zeigt euch seine Zeichen: welches der Zeichen Gottes wollt ihr verleugnen? 82. Reisen sie nicht im Land umher und schauen, wie war der Enderfolg derer vor ihnen, die zahlreicher waren als sie und stärker an Kraft und Hinterlassenschaft auf Erden? Nichts nützte ihnen, was sie vollbracht. 83. Wenn ihre Gesandten zu ihnen mit deutlichen Wundern kamen, freuten sie sich mit dem, was bei ihnen war an Wissen; und es umfing sie das, worüber sie gespottet. 84. Und als sie unsre Strafe sahen, sprachen sie: Wir glauben an Gott allein und verleugnen das, was wir ihm beigesellt. 85. Aber nicht nützte ihnen ihr Glauben, nachdem sie unsre Strafe gesehen. Ein Verfahren Gottes, wie bereits an seinen Dienern vollzogen, und verlustig sind dort die Ungläubigen.*

41. SURA VON DEN DAR= GELEGTEN

MEKKANISCH, AUS 54 VERSEN BESTEHEND

Im Namen Gottes, des Allerbarmers, des Allbarmherzigen.

1. HM. *Eine Offenbarung vom Allerbarmer, dem Allbarmherzigen.* 2. *Ein Buch, dessen Verse dargelegt sind, ein arabischer Koran für Leute, die verstehen.* 3. *Heilverkündung und Warnung; doch die meisten ihrer wenden sich ab, sie hören nicht.* 4. *Und sie sagen: Unsre Herzen sind in Hüllen vor dem, wozu du uns rufst; in unsren Ohren Taubheit, und zwischen uns und dir ein Vorhang; handle du nur, auch wir sind Handelnde.* 5. *Sprich: Ich bin ein Fleischwesen nur euresgleichen. Mir ist geoffenbart, daß euer Gott nur ein einziger Gott ist; wendet euch aufrichtig zu ihm und bittet ihn um Verzeihung. Und wehe den Götzendienern!* 6. *Die den Armenbeitrag nicht entrichten und inbetreff des Jenseits ungläubig sind.* 7. *Wahrlich, die gläubig sind und gute Werke üben, ihnen ist eine Belohnung ungekürzt.* 8. *Sprich: Wollt ihr den leugnen, der die Erde schuf in zwei Tagen, und ihm Bildwerke machen? Er nur ist der Herr der Weltbewohner.* 9. *Und er machte auf ihr überragende Bergfesten, segnete (alles) auf ihr und ordnete auf ihr ihre Nahrung in vier Tagen, gleichmäßig für die Verlangenden.* 10. *Dann wandte er sich zum Himmel,*

der Rauch war, und sprach zu ihm und zur Erde: Kommt her, willig oder widerwillig. Sie sprachen: Wir kommen als Willige. 11. Da teilte er ihn in sieben Himmel in zwei Tagen, und jedem Himmel wies er seine Aufgabe, den untersten Himmel aber schmückten wir mit Leuchten, wohlbewacht. Dies die Ordnung des Allgewaltigen, des Allwissenden. 12. Wenden sie sich ab, so sprich: Ich warne euch vor einem Gekrach gleich dem Gekrach der Aditen und der Thamuditen. 13. Als ihre Gesandten zu ihnen kamen, von vorn und von hinten: Wollt ihr nicht verehren Gott nur? Sie sprachen: Wollte es unser Herr, ganz gewiß würde er uns Engel gesandt haben; wir sind daher Ungläubige dessen, womit ihr gesandt worden seid. 14. Was die Aditen betrifft, so waren sie hochmütig auf Erden ohne Recht und sprachen: Wer ist stärker als wir an Kraft? Sehen sie denn nicht, daß Gott, der sie schuf, stärker ist als sie an Kraft? Und sie verleugneten unsre Zeichen. 15. Da sandten wir über sie einen Sturmwind an unheilvollen Tagen, um sie kosten zu lassen die schmachvolle Strafe schon im Leben hienieden; schmachvoller aber ist die Strafe im Jenseits, und ihnen wird nicht geholfen werden. 16. Und was die Thamuditen betrifft, so rechtleiteten wir sie, sie aber zogen die Blindheit der Rechtleitung vor. Da faßte sie das Gekrach der erniedrigenden Strafe, ob dem, was sie begangen. 17. Und wir retteten, die gläubig waren und gottesfürchtig. 18. Versammelt werden an jenem Tag die

Feinde Gottes zum Fegefeuer, sie werden getrieben. 19. Bis sie da ankommen; da zeugen gegen sie ihr Gehör und ihr Gesicht und ihre Haut über das, was sie getan. 20. Und sie sprechen zu ihrer Haut: Was zeugt ihr gegen uns? Sie erwidern: Uns läßt Gott reden, der jedem Ding Rede verleiht. Er schuf euch erstmals, und zu ihm seid ihr zurückgebracht. 21. Und ihr konntet euch nicht verschleiern, daß nicht zeugen gegen euch euer Gehör und euer Gesicht und eure Haut. Aber ihr wähntet, Gott wüßte vieles nicht von dem, was ihr getan. 22. Aber dies euer Wähnen, das ihr über euren Herrn wähntet, vernichtete euch, und nun seid ihr der Verlustigen. 23. Wenn sie auch geduldig sind, das Fegefeuer ist ihnen Aufenthalt, und wenn sie auch um Gunst bitten, sie sind doch nicht der Begünsteten. 24. Wir bestimmten für sie Verbündete, die ihnen wohlgefällig machten, was vor ihnen und was nach ihnen. Und es bewährte sich an ihnen der Spruch über die Völker von Geistern und Menschen, die vor ihnen waren, denn sie waren Verlustige. 25. Und die ungläubig sind, sprechen: Höret nicht auf diesen Koran, redet dazwischen, auf daß ihr ihn übertäubet. 26. So wollen wir kosten lassen, die ungläubig sind, schwere Pein. 27. Und ihnen das Schlimmste lohnen, das sie getan. 28. Dies ist der Entgelt der Feinde Gottes: das Fegefeuer, darinnen ihnen Wohnung der Ewigkeit; ein Entgelt, dieweil sie unsre Zeichen geleugnet. 29. Und die ungläubig sind (werden) sprechen: Herr unser, zeige uns jene von den Geistern und den Menschen, die uns verführt; wir wollen sie unter unsre Füße tun, damit sie der Verächtlichen seien. 30. Wahrlich, die da sagen: unser Herr ist Gott, und aufrichtig sind, zu ihnen steigen die Engel nieder: Fürchtet euch nicht und seid nicht betrübt; freuet euch des Paradieses, das euch verheißen ist. 31. Wir sind eure Schutzfreunde hienieden und im Jenseits; euch ist da, was eure Seelen begehren, euch ist da, was ihr verlanget. 32. Eine Gastgabe des Vergebungsreichen, Barmherzigen. 33. Wessen Rede ist schöner als dessen, der zu Gott ruft, Gutes übt und spricht: Ich bin der Gottergebenen einer. 34. Nicht gleichen einander das Gute und das Böse, du aber wehre dich mit dem, was am besten ist. Dann ist dir, zwischen dem und dir Feindschaft ist, wie ein naher Freund. 35. Dazu aber gelangen jene nur, die geduldig sind, dazu gelangt der Hochbeglückte nur. 36. Und wenn dich von Satan Zwietracht reizt, so nimm deine Zuflucht zu Gott, denn wahrlich, er ist der Allhörende, der Allwissende. 37. Von seinen Zeichen sind Nacht und Tag, Sonne und Mond. Betet nicht die Sonne an, auch den Mond nicht; Gott nur betet an, der sie schuf, wollt ihr ihm dienen. 38. Wenn sie aber dazu sind zu stolz, so preisen ihn jene, die bei deinem Herrn, bei Tag und bei Nacht, und sie ermüden nicht. 39. Und von seinen Zeichen: öde siehst du die Erde, doch senden wir über sie das

Wasser nieder, sie regt sich und schwillt an. Wahrlich, der sie belebt, belebt gewißlich die Toten auch, denn er ist über alle Dinge mächtig. 40. Wahrlich, die unsren Zeichen ausweichen, nicht verborgen sind sie uns. Ist, wer ins Fegefeuer geworfen wird, besser daran, oder wer gesichert kommt am Tag der Auferstehung? Tut, was ihr wollt, traun, er ist schauend dessen, was ihr tut. 41. Fürwahr, die an die Ermahnung nicht glauben, nachdem sie ihnen gekommen, — und wahrlich, es ist ein herrliches Buch. 42. Nicht kommt ihm Eitles von vorne und von hinten, eine Offenbarung vom Allweisen und Hochgepriesenen. 43. Nichts andres wird dir gesagt als das, was gesagt worden ist schon den Gesandten vor dir. Wahrlich, dein Herr ist Eigner der Verzeihung, aber auch Eigner qualvoller Bestrafung. 44. Hätten wir einen fremdsprachlichen Koran abgefaßt, gewißlich würden sie gesagt haben: Wenn seine Verse nicht deutlich dargelegt sind. Fremdsprachlich und arabisch?! Sprich: Er ist denen, die glauben, Rechtleitung und Heilung, denen aber, die nicht glauben, Taubheit für ihre Ohren und Blindheit ist er ihnen. Diese werden aus ferner Stelle angerufen. 45. Bereits gaben wir Moses die Schrift, und sie stritten über sie; und wäre nicht zuvor ein Entscheid von deinem Herrn ergangen, bereits wäre es unter ihnen entschieden. Aber sie sind darüber im Zweifel, unsicher. 46. Wer Gutes tut, es ist für seine Seele, und wer Böses tut, es gilt dieser. Und dein Herr ist nicht ungerecht gegen seine Diener.

47. Ihm ist vorbehalten die Kenntnis der Stunde. Keine Frucht bricht aus ihrer Knospe, keine Frau trägt oder gebiert, wenn nicht mit seinem Wissen. Und an jenem Tag wird er ihnen zurufen: Wo sind nun die mir Beigesellten? Sie sprechen: Wir versichern dir, kein Bezeuger ist unter uns. 48. Entschwunden ist ihnen, was sie angerufen zuvor, und sie glauben nun, daß ihnen kein Entkommen ist. 49. Nicht ermüdet der Mensch, Gutes zu verlangen, doch berührt ihn das Unheil, er ist verzweifelt, hoffnungslos. 50. Und wenn wir ihn kosten lassen unsre Barmherzigkeit, nachdem er das Leid gefühlt, spricht er: Das ist mein; ich glaube nicht, daß die Stunde bevorsteht. Und werde ich auch zu meinem Herrn zurückgebracht, wahrlich, mir ist bei ihm das Schönste. Doch verkünden werden wir denen, die ungläubig waren, was sie getan, und kosten lassen wir sie gewißlich von der schwersten Strafe. 51. Und wenn wir den Menschen gnaden, wendet er sich ab und weicht seitwärts, wenn aber ein Übel ihn berührt, ist er im Beten eifrig. 52. Sprich: Schauet her, wenn er doch von Gott ist und ihr an ihn nicht glaubt, wer ist denn als der irrende, der in weiter Spaltung ist? 53. Dereinst lassen wir sie unsre Zeichen sehen an der Erde Enden, an ihnen selber auch, bis ihnen klar wird, daß es die Wahrheit ist. Und genügt es nicht an deinem Herrn, daß er über alle Dinge Zeuge ist? 54. Sind sie nicht im Zweifel über die Begegnung mit ihrem Herrn? Ist er wahrlich nicht alle Dinge umfassend?

42. SURA VON DER BERATUNG

MEKKANISCH, AUS 53 VERSEN BESTEHEND

Im Namen Gottes, des Allerbarmers, des Allbarmherzigen.

1. HM. ASK. So offenbart dir und denen vor dir Gott, der Allgewaltige, der Allweise. 2. Sein ist, was in den Himmeln und was auf Erden, er ist der Erhabene, der Herrliche. 3. Fast bersten die Himmel von oben her. Und die Engel preisen das Lob ihres Herrn und bitten um Verzeihung für die auf Erden. Ist Gott wahrlich nicht der Vergebungsreiche, der Allbarmherzige? 4. Die aber Schutzfreunde genommen außer ihm, Gott ist über sie Wächter; du aber bist nicht Vogt über sie. 5. Und so offenbarten wir dir einen arabischen Koran, daß du die Mutterstadt[1] warnest und die ihrer Umgebung; daß du sie warnest vor dem Tag der Versammlung, an dem kein Zweifel ist; ein Teil in das Paradies und ein Teil in die Hölle. 6. Und wollte es Gott, sicherlich würde er sie zu einer einzigen Religionsgemeinschaft gemacht haben; doch er führt in seine Barmherzigkeit, wen er will, den Frevlern aber ist nicht Freund und nicht Helfer. 7. Nahmen sie nicht Schutzfreunde an außer ihm? Aber Gott nur ist der Schutzfreund; er belebt die Toten und er ist über alle Dinge mächtig. 8. Und jedes, worüber ihr streitet, seine Entscheidung ist bei Gott nur. Das ist Gott, mein Herr; auf ihn vertraue ich und zu

ihm wende ich mich. 9. Der Schöpfer der Himmel und der Erde, er machte euch Frauen aus euch selber, und Weibchen auch vom Hausvieh, wodurch er euch vermehrt. Nichts gibt es seinesgleichen, er ist der Allhörende, der Allsehende. 10. Sein sind die Schlüssel der Himmel und der Erde, er weitet die Versorgung, wem er will, und mißt sie auch (kärglich) zu, denn er ist aller Dinge wissend. 11. Er bestimmte euch von der Religion, was er einst Noah anbefohlen; die wir dir geoffenbart und zu der wir Abraham verpflichteten und Moses und Jesus: Beobachtet die Religion und spaltet euch nicht darin. Schwer ist den Götzendienern 12. Das, wozu du sie rufst. Gott wählt zu sich, wen er will, und leitet zu sich, wer sich ihm zuwendet. 13. Sie aber spalteten sich, erst nachdem ihnen die Erkenntnis gekommen, aus Streitsucht untereinander. Und wäre nicht zuvor ein Entscheid von deinem Herrn ergangen auf eine bestimmte Frist, bereits wäre es unter ihnen entschieden. Und wahrlich, die nach ihnen die Schrift erbten, sind darüber im Zweifel, unsicher. 14. Zu diesem rufe herbei und halte dich recht, wie dir befohlen; folge nicht ihren Lüsten, sondern sprich: Ich glaube an das, was Gott von Schriften gesandt, und mir ist befohlen, unter euch gerecht zu sein. Gott ist unser Herr und euer Herr; uns unsre Werke und euch eure Werke. Kein Streit zwischen uns und euch; zusammenbringen wird Gott uns, und zu ihm ist die Einkehr. 15. Und die über

Gott streiten, nachdem ihm² Antwort geworden, ihr Streit ist hinfällig bei ihrem Herrn; Zorn über sie, schwere Pein ist ihnen. 16. Gott ist es, der das Buch herabgesandt in Wahrheit und die Wage; und was lehrt dich, ob nicht die Stunde nahe ist? 17. Beschleunigt wünschen sie jene, die an sie nicht glauben, die aber an sie glauben, fürchtend sind sie vor ihr und wissen, sie sei Wahrheit. Sind wahrlich nicht jene, die über die Stunde streiten, in weiter Irrung? 18. Gott ist gütig gegen seine Diener; er versorgt, wen er will, und er ist der Starke, der Allgewaltige. 19. Wer des Jenseits Acker wünscht, wir mehren ihm seines Ackers, und wer den Acker hienieden wünscht, wir gewähren ihm von diesem, doch kein Anteil ist ihm im Jenseits. 20. Sind ihnen Götzen, die ihnen eine Religion bestimmen, die Gott nicht erlaubt? Und wenn nicht der Entscheid der Trennung, bereits wäre es unter ihnen entschieden. Und wahrlich, die Frevler, ihnen ist qualvolle Strafe. 21. Sehen wirst du die Frevler erschrecken vor dem, was sie begangen, es fällt auf sie nieder. Und die gläubig sind und gute Werke üben, in Gefilden des Paradieses, ihnen ist bei ihrem Herrn, was sie wünschen. Dies ist eine große Gnade. 22. Das ist, was Gott verkündet seinen Dienern, die gläubig sind und gute Werke üben. Sprich: Ich verlange von euch dafür keinen Lohn als nur die Liebe zur Verwandtschaft. Und wer Guttat wirkt, dem mehren wir dafür Gutes. Wahrlich, Gott ist vergebungsreich und dankbar.

23. Sagen sie, er habe über Gott Lüge erdichtet? Wenn Gott will, er versiegelt dein Herz. Verwischen wird Gott das Eitle und bewähren die Wahrheit seiner Worte. Wahrlich, er ist kundig des Inhalts der Busen. 24. Er ist es, der die Buße annimmt von seinen Dienern und ihnen die Missetaten verzeiht; und er weiß, was ihr tut. 25. Er erhört, die gläubig sind und gute Werke üben, und mehrt ihnen von seiner Gnadenfülle; den Ungläubigen aber, ihnen ist schwere Strafe. 26. Und würde Gott seinen Dienern den Unterhalt weiten, sicherlich würden sie ausschreiten auf Erden; doch nach Maß sendet er ihnen nieder, was er will, denn wahrlich, er ist seiner Diener kundig und schauend. 27. Er ist es, der den Regen niedersendet, nachdem sie verzweifelten, und seine Barmherzigkeit ausbreitet; er ist der Wohltäter, der Hochgepriesene. 28. Und von seinen Zeichen: die Schöpfung der Himmel und der Erde und was er in ihnen an Lebewesen ausgestreut; und er ist mächtig ihrer Zusammenbringung, wenn er will. 29. Und was euch auch an Unglück trifft, es ist ob dem, was eure Hände begangen, und vieles noch verzeiht er. 30. Ihr werdet nicht hindernd sein auf Erden, und euch ist außer Gott nicht Schützer und nicht Helfer. 31. Und von seinen Zeichen: die rennenden (Schiffe) auf dem Meer, wie die Berge; wenn er will, ruhen läßt er den Wind, und still liegen sie auf seiner Fläche. Wahrlich, hierin sind gewißlich Zeichen für jeden dankbar

*Geduldigen. 32. Oder er läßt sie untergehen ob dem, was sie begangen, und vieles noch verzeiht er. 33. Und er kennt, die über unsre Verse streiten; ihnen ist kein Entkommen. 34. Was euch auch an Dingen gegeben wird, es ist ein Nießbrauch nur des Lebens hienieden, besser aber ist, was bei Gott, und dauernder für die, die gläubig sind und auf ihren Herrn vertrauen. 35. Die schwere Sünde meiden und Schändlichkeiten, und verzeihen, wenn sie erzürnt sind. 36. Die ihrem Herrn gehorchen und das Gebet verrichten, die ihre Angelegenheiten untereinander durch Beratung (ordnen) und Almosen geben von dem, womit wir sie versorgt. 37. Die sich verteidigen, wenn sie Streit trifft. 38. Und Vergeltung des Bösen ist Böses desgleichen; doch wer verzeiht und friedlich ist, dessen Lohn ist auf Gott. Wahrlich, er liebt die Frevler nicht. 39. Wer aber nach einem ihm zugefügten Unrecht sich verteidigt, — gegen diese ist keine Ursache. 40. Ursache ist gegen die nur, die sich gegen die Menschen vergehen und auf Erden freveln ohne Recht; diese da, ihnen qualvolle Strafe. 41. Wer aber geduldig ist und vergibt, wahrlich, dies geschieht durch Ratschluß der Dinge*³. *42. Und wen Gott irregehen läßt, ihm ist hinterher kein Schutzfreund. Und sehen wirst du die Frevler, 43. Wenn sie die Strafe gesehen, sprechen sie: Ist denn keine Rückkehr vom Pfad? 44. Du wirst sie sehen, wenn sie (der Hölle) zugeführt werden, durch die Schmach gedemütigt, verborgenen Blickes schauend.*

Und die gläubig sind, sprechen: Wahrlich, die Verlustigen sind jene, die sich selber vernichtet und ihre Angehörigen am Tag der Auferstehung. Sollten wahrlich die Frevler nicht in die dauernde Pein? 45. Keine Schutzfreunde sind ihnen, die ihnen helfen, außer Gott. Und wen Gott irregehen läßt, dem ist kein Pfad. 46. Gehorchet eurem Herrn, bevor der Tag kommt, an dem keine Rückkehr ist von Gott. Ihr habt keine Zuflucht dann, keine Leugnung (nützt) euch. 47. Wenden sie sich aber ab, so sandten wir dich nicht zum Wächter über sie; nichts als die Warnung liegt dir ob. Und wahrlich, lassen wir den Menschen unsre Barmherzigkeit kosten, er ist darüber vergnügt, doch trifft sie Unheil ob dem, was ihre Hände vorgewirkt, siehe, der Mensch ist undankbar. 48. Gottes ist die Herrschaft über die Himmel und die Erde. Er bildet, was ihm beliebt; er gibt Mädchen, wem er will, er gibt Knaben, wem er will. 49. Oder beides auch, Knaben und Mädchen, und er macht unfruchtbar, wen er will, denn wahrlich, er ist allwissend und allmächtig. 50. Und nicht geschieht es einem Fleischwesen, daß Gott es anredet, außer durch Offenbarung oder hinter einem Vorhang. 51. Oder er sendet einen Gesandten, der ihm mit seiner Willigung offenbart, was er will; denn wahrlich, er ist erhaben und allweise. 52. Und so offenbarten wir auch dir durch einen Geist von unsrer Angelegenheit. Du wußtest nicht, was Schrift ist und was Glaube. Und doch machten wir ihn zum Licht, mit dem wir rechtleiten, wen wir unsrer Diener wollen; du aber sollst sie auf den geraden Weg leiten. 53. *Auf den Weg Gottes, dessen ist, was in den Himmeln und was auf Erden. Kommen nicht die Dinge alle zu Gott?*

43. SURA VOM GOLDPRUNK
MEKKANISCH, AUS 89 VERSEN BESTEHEND

Im Namen Gottes, des Allerbarmers, des Allbarmherzigen.

1. *HM. Beim deutlichen Buch.* 2. *Siehe, wir machten es zu einem arabischen Koran, auf daß ihr es verstehet.* 3. *Und wahrlich, es ist bei uns in der Urschrift, ja, erhaben und weise.* 4. *Sollten wir euch die Mahnung ganz vorenthalten, weil ihr ein sündhaft Volk seid?* 5. *Und wie viele Propheten sandten wir zu den Früheren.* 6. *Aber noch nie kam zu ihnen ein Prophet, den sie nicht verspottet hätten.* 7. *So vernichteten wir sie, die stärker waren als diese an Gewalt, und worüber ist das Beispiel der Früheren.* 8. *Fragst du sie, wer die Himmel erschaffen und die Erde, sie sagen sicherlich: Erschaffen hat sie der Allgewaltige, der Allwissende.* 9. *Der euch die Erde geschaffen als Lager und euch auf dieser Straßen gemacht, auf daß ihr euch rechtleiten lasset.* 10. *Und der euch Wasser vom Himmel niedersendet nach Maß, mit dem wir das tote Gefilde*

auferwecken. So werdet auch ihr hervorgebracht werden. 11. Und der die Arten alle gebildet und euch Schiffe gemacht und Haustiere, die euch tragen. 12. Daß ihr sitzet auf deren Rücken, sodann der Huld eures Herrn gedenket, wenn ihr auf ihnen sitzet, und sprechet: Preis ihm, der uns dies dienstbar gemacht! Wir wären nimmer deren Meister. 13. Und wahrlich, zu unsrem Herrn kehren wir zurück. 14. Und doch geben sie ihm von seinen Dienern Töchter[1]*. Wahrlich, der Mensch ist offenbar undankbar. 15. Sollte er von dem, was er schafft, Töchter nehmen und euch mit Söhnen bevorzugen? 16. Wird ihrer einem verkündet, was sie Gleiches dem Allerbarmer andichten*[2]*, schwarz beschattet ist sein Gesicht, er ist grollend. 17. Eine, die in Putz aufwächst und im Streit ist ohne Grund? 18. Und zu Weibern machten sie die Engel, die die Diener sind des Allerbarmers. Waren sie bei ihrer Schöpfung anwesend? Ihr Zeugnis wird aufgeschrieben und sie sollen befragt werden. 19. Und sie sagen: Wollte es der Allerbarmer, wir würden sie nicht verehrt haben. Ihnen ist hierin keine Kenntnis, sie lügen nur. 20. Gaben wir ihnen ein Buch zuvor, an dem sie festhalten? 21. Nein. Sie sagen: Wir fanden unsre Väter bei einer Religion, und auf ihren Spuren lassen wir uns leiten. 22. Und so sandten wir vor dir keinen Warner in eine Stadt, ohne daß ihre Begüterten sagten: Wir fanden unsre Väter bei einer Religion, und wir folgen ihren Spuren.*

23. Sprich: Und wenn ich aber zu euch komme mit bessrer Rechtleitung als die, wobei ihr eure Väter gefunden? Sie sprachen: Wir sind Ungläubige dessen, womit ihr gesandt seid. 24. Da rächten wir uns an ihnen, und schau, wie war der Enderfolg der Leugner! 25. Und einst sprach Abraham zu seinem Vater und zu seinem Volk: Traun, ich bin frei von dem, was ihr verehret. 26. Außer jenem, der mich erschaffen; er wird mich rechtleiten. 27. Und er machte diese Rede zum Bleibenden für seine Nachfolge, auf daß sie umkehren. 28. Ja, ich habe diese genießen lassen und ihre Väter, bis ihnen die Wahrheit kam und ein deutlicher Gesandter. 29. Und als ihnen die Wahrheit kam, sprachen sie: Dies ist Zauberwerk; wir sind Ungläubige dessen. 30. Und sie sagen: Wäre dieser Koran geoffenbart worden einem vornehmen Mann aus den beiden Städten³. 31. Wollen sie die Barmherzigkeit deines Herrn verteilen? Wir verteilten unter ihnen ihren Unterhalt im Leben hienieden und erhoben die einen über die andren um Stufen, daß die einen die andren zum Spott halten. Besser aber ist die Barmherzigkeit deines Herrn als das, was sie häufen. 32. Und wenn nicht vermieden werden sollte, daß die Menschen eine einzige Gemeinde bilden, ganz gewiß machten wir jedem, der den Allerbarmer verleugnet, silberne Dächer auf die Häuser, auch Treppen, darauf zu steigen. 33. Und zu ihren Häusern Tore, auch Kissen, darauf sie lehnen. 34. Und Goldprunk.

Und all dies ist Nießbrauch des Lebens hienieden, das Jenseits aber ist bei deinem Herrn für die Gottesfürchtigen. 35. Und wer sich von der Ermahnung des Allerbarmers abwendet, dem bestimmten wir einen Satan, der sein Verbündeter ist. 36. Diese verdrängen sie vom Pfad, doch glauben sie, sie seien gerechtleitet. 37. Bis er zu uns kommt und (zu diesen) spricht: Oh, wäre doch zwischen mir und dir eine Entfernung zweier Sonnenaufgänge! Wie schlimm ist der Verbündete! 38. Aber nicht hilft es euch an jenem Tag, die ihr gefrevelt, daß ihr Gesellschafter seid in der Pein. 39. Und kannst du denn die Tauben hörend machen, und rechtleiten die Blinden oder den, der in offenbarer Irrung? 40. Und wenn wir dich auch hinwegnehmen, aber wahrlich, wir rächen uns an ihnen. 41. Oder wir lassen dich sehen, was wir ihnen angedroht, denn wahrlich, wir sind ihrer mächtig. 42. So halte fest an dem, was dir geoffenbart ist, denn du bist auf dem geraden Weg. 43. Und eine Ermahnung ist es für dich, und für dein Volk, dereinst werdet ihr befragt werden. 44. Frage doch, die wir vor dir gesandt von unsren Gesandten, ob wir Götter bestimmt außer dem Allerbarmer, die verehrt werden sollten? 45. Einst sandten wir Moses mit unsren Zeichen zu Pharao und seinen Ratsherren, und er sprach: Ich bin ein Gesandter des Herrn der Weltbewohner. 46. Und als er zu ihnen mit unsren Zeichen kam, lachten sie darüber. 47. Und wir ließen sie nur Zeichen sehen, das eine größer als das andre. Aber wir faßten sie mit der Strafe, ob sie vielleicht umkehren. 48. Und sie sprachen: O du Zauberkundiger, rufe für uns deinen Herrn an, dieweil er mit dir ein Bündnis geschlossen, denn wir wollen gerechtleitet sein. 49. Als wir aber von ihnen die Strafe nahmen, da waren sie wortbrüchig. 50. Und Pharao rief unter seinem Volk und sprach: O mein Volk, ist nicht mein die Herrschaft über Ägypten und diese Ströme, die unter mir fließen? Seht ihr es nicht? 51. Bin ich nicht besser als dieser, der ein Verächtlicher ist? 52. Und kaum verständlich[4]. 53. Wären ihm goldne Armspangen angelegt[5] worden oder die Engel in seiner Gemeinschaft gekommen. 54. So verleitete er sein Volk zum Leichtsinn, und sie gehorchten ihm, denn sie waren ein ruchloses Volk. 55. Als sie uns aber erzürnten, rächten wir uns an ihnen und ertränkten sie allesamt. 56. Und wir machten sie zum Vorgang und zum Beispiel für die Spätern. 57. Als der Sohn Marias als Beispiel gestellt[6] wurde, da schrie dein Volk darüber auf. 58. Und sie sprachen: Sind unsre Götter besser oder er? Sie stellten ihn dir nur aus Streitsucht auf; ja, sie sind ein streitsüchtiges Volk. 59. Ein Diener nur ist er, den wir gegnadet und zum Beispiel gemacht für die Kinder Israels. 60. Wollten wir es, wir machten aus euch Engel, die euch auf Erden nachfolgen. 61. Und er ist euch gewißlich Kenntnis für die Stunde. So zweifelt nicht an ihr und folget *mir; das ist der rechte Weg.* 62. *Und nicht verdränge euch Satan, denn wahrlich, er ist euch offenbarer Feind.* 63. *Und als Jesus mit den deutlichen Beweisen kam, sprach er: Ich komme euch nun mit der Weisheit, um euch zu verdeutlichen einen Teil von dem, worüber ihr streitet; so fürchtet Gott und gehorchet mir.* 64. *Wahrlich, Gott ist mein Herr und euer Herr; so verehret ihn, das ist der rechte Weg.* 65. *Doch stritten die Sekten untereinander. Aber wehe denen, die gefrevelt, ob der Strafe des qualvollen Tags.* 66. *Erwarten sie denn andres als die Stunde, daß sie ihnen komme plötzlich, ohne daß sie es ahnen?* 67. *Die Freunde sind an jenem Tag einander feind, ausgenommen die Gottesfürchtigen.* 68. *O meine Diener, keine Furcht über euch an diesem Tag, ihr sollt nicht betrübt sein.* 69. *Die ihr geglaubt an unsre Verse und ergebene Gottbekenner waret.* 70. *Tretet ein in das Paradies, ihr und eure Frauen sollt glücklich sein.* 71. *Man umkreist sie mit Schüsseln aus Gold und Bechern, darinnen, was die Seelen begehren und die Augen ergötzt; und ihr weilt da ewig.* 72. *Und dies ist das Paradies, das ihr erben werdet, für das, was ihr getan.* 73. *Darinnen sind euch Früchte gar viele, von denen ihr esset.* 74. *Wahrlich, die Sünder sind in der Pein der Hölle ewig.* 75. *Nicht verringert wird sie ihnen, hoffnungslos sind sie darin.* 76. *Und wir waren nicht ungerecht gegen sie, aber sie selber waren die Ungerechten.* 77. *Und sie rufen: O Malik*[7]*, möchte* *dein Herr es uns doch beenden! Er spricht: Ihr seid Verbleibende!* 78. *Wir brachten euch nun die Wahrheit, doch die meisten eurer sind der Wahrheit abgeneigt.* 79. *Haben sie etwas gewirkt? Nun, wahrlich, auch wir wirken.* 80. *Oder glauben sie, wir hören ihre Heimlichkeit nicht und ihre Geheimreden? Ja, und unsre Gesandten bei ihnen schreiben sie nieder.* 81. *Sprich: Hätte der Allerbarmer einen Sohn, ich wäre der erste der Anbetenden.* 82. *Preis dem Herrn der Himmel und der Erde, dem Herrn des Throns, ob dem, was sie reden.* 83. *So laß sie tören und tändeln, bis sie zusammentreffen mit dem Tag, der ihnen angedroht.* 84. *Er ist es, der Gott ist im Himmel und Gott ist auf Erden, er ist der Allweise, der Allwissende.* 85. *Gepriesen sei er, dessen die Herrschaft der Himmel ist und der Erde und des, was zwischen beiden. Bei ihm ist die Kenntnis der Stunde, und zu ihm werdet ihr zurückgebracht.* 86. *Und die sie außer ihm anrufen, vermögen keine Fürsprache, allein nur, wer die Wahrheit bezeugt, und sie wissen es.* 87. *Fragst du sie, wer sie geschaffen, sicherlich sagen sie: Gott. Wie können sie sich abwenden?* 88. *Und seine Rede: O mein Herr, wahrlich, diese sind Leute, die nicht glauben.* 89. *So wende dich von ihnen und sprich: Friede! Dereinst werden sie es erkennen.*

44. SURA VOM RAUCH
MEKKANISCH, AUS 59 VERSEN BESTEHEND

Im Namen Gottes, des Allerbarmers, des Allbarmherzigen.

1. HM. Beim deutlichen Buch. 2. Siehe, wir sandten es nieder in der gesegneten Nacht[1]; wir waren Warnende. 3. In dieser werden alle Dinge entschieden in Weisheit. 4. Nach einem Befehl von uns. Ja, wir sind Entsendende. 5. Barmherzigkeit von deinem Herrn, denn wahrlich, er ist der Allhörende, der Allwissende. 6. Der Herr der Himmel und der Erde und des, was zwischen beiden. Wenn ihr doch Überzeugte wäret! 7. Es gibt keinen Gott außer ihm; er belebt und tötet, er ist euer Herr und der Herr eurer Vorfahren. 8. Ja, im Zweifel tändeln sie. 9. Aber erwarte den Tag, an dem der Himmel in Rauch aufgeht sichtbar. 10. Der die Menschen bedeckt. Das ist eine qualvolle Strafe. 11. Herr unser, nimm von uns die Strafe, wir sind gläubig! 12. Was soll ihnen die Ermahnung, wo ihnen bereits ein offenbarer Gesandter gekommen? 13. Sie aber wandten sich ab von ihm und sprachen: Ein Belehrter, ein Besessener. 14. Wir nehmen die Strafe ein wenig ab, und siehe, ihr seid Rückfällige. 15. Am Tag, an dem wir den großen Angriff angreifen, da sind wir Rächende. 16. Vor ihnen schon prüften wir das Volk Pharaos, und ein edler Gesandter kam ihnen. 17. Gebt mir die Diener Gottes heraus, wahrlich, ich bin euch ein treuer Gesandter. 18. Und erhebet euch nicht wider Gott, denn ich komme zu euch mit offenbarer Gewalt. 19. Und ich nehme Zuflucht zu meinem Herrn und eurem Herrn, daß ihr mich nicht steiniget. 20. Und wenn ihr mir nicht glaubet, so haltet euch fern von mir. 21. Und er rief zu seinem Herrn: Diese sind ein sündhaft Volk. 22. So fliehe mit meinen Dienern nachts, denn ihr werdet verfolgt werden. 23. Und lasse das Meer geteilt zurück, denn sie sind ein Heer von Ertränkten. 24. Wie vieles ließen sie zurück an Gärten und Quellen. 25. Und Saatfelder und herrlichen Aufenthalt. 26. Und Annehmlichkeit, deren sie sich erfreuten. 27. Dies nun, und erben ließen wir es ein andres Volk. 28. So weinten über sie nicht Himmel und Erde, und nicht gefristet wurde ihnen. 29. Und so retteten wir die Kinder Israels von der schmachvollen Strafe. 30. Von Pharao, denn er war hochmütig unter den Frevlern. 31. Und so erwählten wir sie in Kenntnis vor den Weltbewohnern. 32. Und gaben ihnen von den Zeichen, worin eine offenbare Prüfung. 33. Fürwahr, diese sagen: 34. Es gibt nur unsren ersten Tod, wir werden keine Auferweckten. 35. So bringet doch unsre Vorfahren herbei, wenn ihr wahrhaftig seid. 36. Sind sie besser oder das Volk des Tobba[2]? 37. Und die vor ihnen vernichteten wir, denn sie waren Sünder. 38. Und nicht zum Spaß schufen wir Himmel und Erde, und was zwischen beiden. 39. Wir schufen sie in

Wahrheit nur, doch die meisten ihrer wissen nichts. 40. Wahrlich, der Tag der Trennung ist der Zeitpunkt für sie allesamt. 41. Der Tag, an dem nichts nützen wird Freund dem Freund, ihnen wird nicht geholfen werden. 42. Außer dem, dessen Gott sich erbarmt, denn wahrlich, er ist der Allgewaltige, der Allbarmherzige. 43. Wahrlich, der Höllenbaum[3]. 44. Er ist die Speise des Sünders. 45. Wie Gußerz brodelt es in den Bäuchen. 46. Wie das Brodeln siedenden Wassers. 47. Ergreift ihn und zerrt ihn in die Mitte des Feuerpfuhls. 48. Dann gießet über sein Haupt von der Qual des siedenden Wassers. 49. Koste nun, denn du bist der Gewaltige und Angesehne[4]. 50. Wahrlich, das ist, woran ihr gezweifelt. 51. Fürwahr, die Gottesfürchtigen (weilen) in einem sicheren Aufenthalt. 52. In Gärten und an Quellen. 53. Gekleidet in Seide und Brokat, einander gegenüber. 54. Also, und wir vermählen sie mit Schwarzäugigen. 55. Sie verlangen da Früchte allerlei, gesichert. 56. Den Tod kosten sie nicht darinnen, abgesehen vom ersten Tod, und er bewahrt sie vor der Qual des Feuerpfuhls. 57. Eine Gnade deines Herrn; das ist das höchste Glück. 58. Und leicht machten wir ihn deiner Zunge[5], auf daß sie sich ermahnen lassen. 59. So warte nur, denn auch sie sind Wartende.

45. SURA VON DEN KNIENDEN
MEKKANISCH, AUS 36 VERSEN BESTEHEND

Im Namen Gottes, des Allerbarmers, des Allbarmherzigen.

1. HM. Offenbarung des Buches von Gott, dem Allgewaltigen, dem Allweisen. 2. Wahrlich, in den Himmeln und auf Erden sind Zeichen für die Gläubigen. 3. Und in eurer Schöpfung auch und in dem, was er an Lebewesen ausgestreut, sind Zeichen für Leute, die vertrauen. 4. Auch der Wechsel von Nacht und Tag, und was Gott vom Himmel niedersendet an Versorgung und damit die Erde belebt nach ihrem Tod, sowie der Wandel der Winde sind Zeichen für Leute, die begreifen. 5. Dies sind die Verse Gottes, die wir dir vorlesen in Wahrheit: An welche Überlieferung wollen sie glauben nach Gott und seinen Zeichen? 6. Wehe jedem sündhaften Lügner. 7. Der die Verse Gottes hört, die ihm vorgelesen werden, dann aber hochmütig in Hartnäckigkeit verharrt, als hätte er sie nicht gehört: So verkünde ihm qualvolle Strafe. 8. Und wenn er etwas von unsren Versen erfährt, macht er es zum Gespött. Diese da, ihnen ist schändende Strafe. 9. Hinter ihnen her die Hölle, und nichts nützen wird ihnen, was sie erworben, noch was sie außer Gott angenommen als Schutzfreunde; schwere Pein ist ihnen. 10. Dies ist eine Rechtleitung, denen aber, die an die Zeichen ihres Herrn nicht glauben, ist die Pein qualvoller Strafe. 11. Gott ist es, der euch dienstbar gemacht das Meer, daß auf seinen Befehl das Schiff in diesem dahinfahre, auf daß ihr von seiner Gnadenfülle erstrebet, und auf daß ihr vielleicht dankbar seid. 12. Und dienstbar machte er auch, was in den Himmeln ist und was auf Erden, alles von ihm. Hierin wahrlich sind Zeichen für Leute, die nachsinnen. 13. Sprich zu denen, die glauben, sie mögen denen vergeben, die auf die Tage Gottes nicht hoffen, daß er die Menschen belohnt, wie sie verdienen. 14. Wer Gutes getan für seine Seele, und wer Böses getan, es gilt dieser. Einst werdet ihr zu eurem Herrn zurückgebracht. 15. Den Kindern Israels gaben wir die Schrift einst und Weisheit und Prophetie, und wir versorgten sie mit Gutem und bevorzugten sie allen Weltbewohnern. 16. Und wir gaben ihnen deutliche Kenntnis der Sache[1], sie aber wurden uneinig, erst nachdem ihnen die Erkenntnis geworden, aus Streitsucht untereinander. Wahrlich, dein Herr wird am Tag der Auferstehung unter ihnen entscheiden, worüber sie streiten. 17. Dann setzten wir dich über das Gesetz der Sache[1]; so folge ihm und folge nicht den Lüsten derer, die nichts wissen. 18. Denn sie nützen dir nichts wider Gott. Und wahrlich, die Frevler sind Schutzfreunde einander, Gott aber ist Schutzfreund der Gottesfürchtigen. 19. Dies ist Einsicht für die Menschen, Rechtleitung und Barmherzigkeit für Leute, die vertrauen. 20. Mei-

nen jene, die das Böse vollbringen, wir würden sie behandeln gleich denen, die glaubig sind und gute Werke üben, gleichmäßig in ihrem Leben und in ihrem Tod? Wie schlecht, was sie urteilen. 21. Und Gott schuf Himmel und Erde in Wahrheit, damit belohnt werde jede Seele, wie sie verdient, und sie sollen nicht benachteiligt werden. 22. Schau her, wer seine Lust zu seiner Gottheit genommen, den Gott in Kenntnis irregehen läßt, dem er Gehör versiegelt und Herz, und dem er eine Decke über die Augen gelegt, wer sollte ihn rechtleiten nach Gott? Wollt ihr euch nicht ermahnen lassen? 23. Und sie sagen: Es gibt unser Leben hienieden nur; wir sterben und wir leben, und nichts als die Zeit vernichtet uns. Doch ist ihnen keine Kenntnis hiervon, sie wähnen es nur. 24. Und wenn ihnen unsre deutlichen Verse vorgelesen werden, so ist ihr Beweisgrund nichts andres, als daß sie sagen: Bringt doch unsre Vorfahren herbei, wenn ihr wahrhaftig seid. 25. Sprich: Gott läßt euch leben, dann läßt er euch sterben, und dereinst sammelt er euch zum Tag der Auferstehung, an dem kein Zweifel. Doch die meisten der Menschen wissen nichts. 26. Und Gottes ist die Herrschaft über Himmel und Erde und am Tag, an dem die Stunde eintrifft; verlustig sind dann die Nichtigen. 27. Und sehen wirst du jedes Volk kniend; jedes Volk wird zu seinem Buch gerufen: Heute soll euch gelohnt werden, was ihr getan. 28. Dieses unser Buch wird über euch die Wahrheit reden, denn wahrlich, wir schrieben auf, was ihr getan. 29. Was nun die betrifft, die gläubig waren und gute Werke geübt, so wird ihr Herr sie in seine Barmherzigkeit einführen. Dies ist eine offenbare Glückseligkeit. 30. Und was die betrifft, die ungläubig waren: Ist es etwa nicht so, daß euch meine Zeichen vorgelesen wurden und ihr hochmütig wart und ein sündhaft Volk? 31. Und wenn gesagt wird: traun, die Verheißung Gottes ist Wahrheit, und an der Stunde kein Zweifel, sprecht ihr: Wir wissen nicht, was die Stunde ist, und halten sie für einen Wahn, wir sind keine Überzeugten. 32. Und es erscheint ihnen das Böse, das sie getan, und es umfängt sie, worüber sie gespottet. 33. Und gesagt wird: Heute vergessen wir euch, wie ihr vergessen habt das Eintreffen dieses eures Tags. Euer Aufenthalt ist das Fegefeuer, und der Helfer sind euch keine. 34. Dies euch, weil ihr die Verse Gottes zum Gespött gemacht, und euch getäuscht hat das Leben hienieden. An jenem Tag werden sie aus diesem nicht herauskommen, sie sollen nicht begünstigt werden. 35. Und Gott sei Preis, dem Herrn der Himmel, dem Herrn der Erde, dem Herrn der Weltbewohner. 36. Sein ist die Herrlichkeit in den Himmeln und auf Erden, er ist der Allgewaltige, der Allweise.

46. SURA VON EL=ACHKAF[1]

MEKKANISCH, AUS 35 VERSEN BESTEHEND

Im Namen Gottes, des Allerbarmers, des Allbarmherzigen.

1. *HM. Offenbarung des Buches von Gott, dem Allgewaltigen, dem Allweisen.* 2. *Wir schufen die Himmel, die Erde und was zwischen beiden in Wahrheit nur und auf bestimmte Zeit. Die aber ungläubig sind, wenden sich ab von dem, dessen sie gewarnt sind.* 3. *Sprich: Schauet her, die ihr außer Gott anruft, — laßt mich sehen, was sie von der Erde geschaffen, oder haben sie Anteil an den Himmeln? Bringt mir ein Buch vor diesem (geoffenbart) oder eine Spur von Kenntnis, wenn ihr wahrhaftig seid.* 4. *Und wer ist irrender als der, der außer Gott anruft, die ihn nicht erhören am Tag der Auferstehung, die ihrer Anrufung unbeachtend sind?* 5. *Und wenn die Menschen versammelt werden, sind jene ihnen Feinde, sie sind Verleugner ihres Dienstes.* 6. *Und wenn ihnen unsre deutlichen Verse vorgelesen werden, sprechen jene, die die Wahrheit leugnen, seitdem sie ihnen kam: Dies ist offenbares Zauberwerk.* 7. *Oder sagen sie, er habe es erdichtet? Sprich: Habe ich es erdichtet, so vermöget für mich nichts von Gott. Er ist kundiger dessen, worüber ihr euch ergeht, er genügt als Zeuge zwischen mir und euch; er ist der Vergebungsreiche, der Allbarmherzige.* 8. *Sprich: Ich bin nicht neu*[2]

unter den Gesandten, auch weiß ich nicht, was mit mir geschieht und was mit euch. Ich folge dem nur, was mir geoffenbart ist, und bin nichts als ein öffentlicher Warner. 9. Sprich: Schauet her, wenn es von Gott ist und ihr daran nicht glaubt, wenn ein Zeuge von den Kindern Israels das gleiche bezeugt und daran glaubt, und ihr dennoch hoffärtig seid? Wahrlich, Gott rechtleitet nicht das Volk der Frevler. 10. Und die leugnen, sprechen zu denen, die glauben: Wäre es was Gutes, sie würden uns darin³ nicht zuvorgekommen sein. Und weil sie sich dadurch nicht rechtleiten lassen, werden sie sagen: Dies ist alte Lüge. 11. Und schon vor diesem war das Buch Moses Richtung und Barmherzigkeit, und dieses Buch ist Bestätigung in arabischer Sprache, zu warnen, die freveln, und zur Heilverkündung für die Liebfrommen. 12. Wahrlich, die da sagen: unser Herr ist Gott, und aufrichtig sind, keine Furcht über sie, sie sollen nicht betrübt sein. 13. Diese sind Genossen des Paradieses, ewig darinnen, ein Entgelt für das, was sie getan. 14. Wir verpflichteten dem Menschen Liebes gegen seine Eltern; seine Mutter trug ihn mit Schmerzen und mit Schmerzen gebar sie ihn; seine Tragung und seine Entwöhnung dreißig Monde⁴. Bis er seine Vollkraft erreicht, er erreicht sie mit vierzig Jahren, und dann spricht: O Herr, sporne mich an, für deine Gnade zu danken, die du mir erwiesen und meinen Eltern, und Gutes zu üben, das dir wohlgefällt, und beglücke mich in meinen Nachkommen, denn zu dir bekehrte ich mich und bin von den ergebenen Gottbekennern. 15. Diese sind es, von denen wir annehmen das Beste, das sie getan, und deren Böses wir übergehen. Unter den Genossen des Paradieses, nach der Verheißung der Wahrhaftigkeit, die ihnen verheißen ist. 16. Und der zu seinen Eltern sagt: Pfui euch, wie wollt ihr mir verheißen, daß ich wieder hervorgehen werde, wo doch dahingeschwunden sind die Menschengeschlechter vor mir? Und die beiden bitten Gott um Hilfe: Wehe dir, glaube doch, denn traun, die Verheißung Gottes ist Wahrheit. Er aber spricht: Das sind nichts als alte Fabeln. 17. Diese sind es, über die sich bewährt hat der Spruch schon über Völker von den Geistern und den Menschen, die vor ihnen waren, denn sie sind Verlustige. 18. Und allen bestimmte Grade, nach dem, was sie getan, daß er ihnen voll vergelte ihre Taten; und sie sollen nicht benachteiligt werden. 19. An jenem Tag werden jene, die ungläubig waren, dem Fegefeuer zugeführt werden: Ihr habt euer Gutes im Leben hienieden hingenommen und da genossen; heute aber werdet ihr belohnt mit der Strafe der Schmach, dieweil ihr hoffärtig wart auf Erden ohne Recht, und weil ihr ruchlos waret. 20. Gedenke des Bruders der Aditen[5], der sein Volk warnte in El-Achkaf, und Warner waren vor ihm schon und nach ihm. Wollt ihr nicht Gott nur verehren? Ja, ich fürchte für euch die Strafe des großen Tags. 21. *Sie sprachen: Kommst du zu uns, um uns abwendig zu machen von unsren Göttern? Bring uns, was du uns androhst, wenn du der Wahrhaftigen bist einer.* 22. *Er sprach: Bei Gott allein ist die Kenntnis; ich verkünde euch nur, womit ich gesandt bin. Doch ich sehe, ihr seid ein unwissend Volk.* 23. *Als sie nun eine gerade über ihre Täler sich ausbreitende (Wolke) sahen, sprachen sie: Das ist eine sich ausbreitende (Wolke), die uns beregnet. —· Nein, das ist, was ihr beschleunigen wolltet, ein Sturm, darin qualvolle Strafe.* 24. *Er zerstört alles auf Befehl seines Herrn. Und morgens war nichts zu sehen als ihre Wohnungen. So belohnen wir das sündhafte Volk.* 25. *Wir hatten sie eingerichtet, wie wir euch eingerichtet, und hatten ihnen Gehör gegeben und Gesicht und Verstand; aber in nichts nützte ihnen ihr Gehör und nicht ihr Gesicht und nicht ihr Verstand, als sie die Zeichen Gottes leugneten; es umfing sie, worüber sie gespottet.* 26. *Wir zerstörten bereits die Städte um euch, und hatten ihnen die Zeichen vervielfacht, auf daß sie umkehren.* 27. *Sollten ihnen doch die geholfen haben, die sie außer Gott annahmen als Opfer und Götter. Nein, sie entschwanden ihnen, es war ihre Lüge und was sie sich ersonnen hatten.* 28. *Dann wandten wir zu dir eine Schar von den Geistern, daß sie den Koran anhören. Als sie ihm nahten, sprachen sie: seid still, und als es zu Ende war, kehrten sie zu ihrem Volk zurück als Warner.* 29. *Sie sprachen:*

O unser Volk, wir hörten ein Buch, nach Moses geoffenbart, das bestätigend, was schon vorhanden, es rechtleitet zur Wahrheit und zum geraden Weg. 30. O unser Volk, gehorchet dem Rufer Gottes und glaubet an ihn; er vergibt euch eure Sünden und schützt euch vor qualvoller Strafe. 31. Wer aber dem Rufer Gottes nicht gehorcht, nicht Hindrer wird er auf Erden sein und keinen Schutzfreund hat er außer ihm. Diese sind in offenbarer Irrung. 32. Sehen sie denn nicht, daß Gott, der die Himmel schuf und die Erde und nicht müde ward durch ihre Erschaffung, auch mächtig ist, die Toten zu beleben? Ja, denn er ist über alle Dinge mächtig. 33. An jenem Tag werden die, so ungläubig waren, dem Fegefeuer zugeführt. Ist dies nicht in Wahrheit? Sie sprechen: Ja, bei unsrem Herrn. Er spricht: So kostet nun die Pein, dieweil ihr ungläubig waret. 34. So verharre geduldig, wie auch die Standhaften von den Gesandten ausgeharrt, und beschleunige ihnen nicht (die Strafe). Sein wird es ihnen am Tag, an dem sie sehen, was ihnen angedroht worden. 35. Als hätten sie geweilt eine Stunde nur eines Tags. Zur Ankündigung. Wer anders sollte vertilgt werden als das ruchlose Volk?

47. SURA VON MOHAMMED
GOTT SEGNE IHN UND GEBE IHM HEIL
MEDINISCH, AUS 40 VERSEN BESTEHEND

Im Namen Gottes, des Allerbarmers, des Allbarmherzigen.

1. Die ungläubig sind und vom Pfad Gottes verdrängen, deren Werke macht er zunichte. 2. Die aber gläubig sind, gute Werke üben und an das glauben, was Mohammed geoffenbart worden, und es ist die Wahrheit von ihrem Herrn, ihnen vergibt er ihre Missetaten und bessert ihren Sinn. 3. Dies, weil jene, die ungläubig sind, dem Eitlen folgen, die aber gläubig sind, der Wahrheit ihres Herrn folgen. So prägt Gott den Menschen ihre Gleichnisse. 4. Und wenn ihr denen begegnet, die ungläubig sind, — ein Schlag auf den Nacken, bis ihr sie niedergemacht habt; dann ziehet fest die Fesseln. 5. Dann Gnade oder Loskauf, bis der Krieg seine Lasten abgelegt. So. Wollte es Gott, er könnte sich selber an ihnen rächen; doch prüfen will er euch den einen durch den andren. Und die für den Pfad Gottes getötet worden sind, ihre Werke läßt er nicht schwinden. 6. Rechtleiten wird er sie und ihren Sinn bessern. 7. Und sie einführen in das Paradies, das er ihnen angekündigt. 8. O ihr, die ihr glaubt, wenn ihr Gott helft, hilft er euch und festigt eure Füße. 9. Die aber ungläubig sind, Untergang ihnen, schwinden läßt er ihre Werke. 10. Dies, **weil sie**

verschmähten, was Gott geoffenbart, nichtig machte er ihre Werke. 11. Reisen sie nicht im Land umher und schauen, wie war der Enderfolg derer vor ihnen? Gott vernichtete sie, und Gleiches den Ungläubigen. 12. Dies, weil Gott Beschützer derer ist, die gläubig sind, und weil den Ungläubigen kein Beschützer ist. 13. Wahrlich, Gott wird die einführen, die gläubig sind und gute Werke üben, in Gärten, darunterhin Ströme fließen. Die aber ungläubig sind, die schwelgen und genießen, wie das Vieh genießt, ihr Aufenthalt ist das Fegefeuer. 14. Und wie manche Stadt, die stärker war an Macht als deine Stadt, die dich vertrieben, zerstörten wir, und kein Helfer war ihnen. 15. Sollte denn, wem klarer Beweis von seinem Herrn ist, dem gleichen, dem das Böse seines Tuns wohlgefällig ist, denen, die ihren Lüsten folgen? 16. Das Bild des Paradieses, das den Gottesfürchtigen verheißen ist: darin Ströme Wasser, unverderblich, Ströme Milch, deren Geschmack unveränderlich, und Ströme Wein, wohlschmeckend für die Trinkenden. 17. Und Ströme Honig, geläutert. Ihnen sind da Früchte allerlei, auch Vergebung von ihrem Herrn. Sollten sie einem gleichen, der ewig im Fegefeuer weilt, mit siedendem Wasser getränkt, daß seine Eingeweide bersten? 18. Von ihnen manche hören dir zu, wenn sie aber von dir gegangen, sprechen sie zu denen, denen die Kenntnis geworden: Was hat er da soeben gesagt? Diese sind es, denen Gott das Herz hat versiegelt, die ihren Lüsten folgen. 19. Die sich aber rechtleiten lassen, denen mehrt er die Rechtleitung und verleiht ihnen Gottesfurcht. 20. Erwarten sie denn andres als die Stunde, die ihnen kommen wird plötzlich? Bereits sind ihre Anzeichen da, und was soll ihnen die Warnung, wenn sie ihnen gekommen? 21. So wisse, daß es keinen Gott gibt außer Gott. Und bitte um Verzeihung deiner Sünden, auch für die Gläubigen und die Gläubiginnen. Und Gott kennt euer Wirken und euren Aufenthalt. 22. Und es sprechen, die da glauben: Wäre doch eine Sura¹ geoffenbart worden. Wenn aber eine Sura geoffenbart wird unwiderruflich, worin des Kampfes gedacht wird, so siehst du jene, in deren Herzen Krankheit, dich anschauen mit dem Blick eines vom Tod Betroffenen. Geziemender wäre für sie Gehorsam und gebührliche Rede. 23. Und ist der Befehl entschieden, — wollten sie doch Gott aufrichtig sein, dies wäre ihnen sicherlich besser. 24. Wollt ihr vielleicht, wenn ihr den Rücken wendet, Unheil stiften auf Erden und eurer Verwandtschaft (Bande) zerschneiden? 25. Diese sind es, die Gott verflucht hat und getäubt und ihre Augen geblendet. 26. Denken sie nicht nach über den Koran? Oder sind Schlösser vor ihren Herzen? 27. Wahrlich, die den Rücken kehren, nachdem ihnen die Rechtleitung verdeutlicht worden, berückte Satan. Und Frist gab er ihnen. 28. Dies, weil sie sprechen zu denen, die verschmähen, was Gott geoffenbart: Wir wollen euch in einem Teil der Sache gehorchen: Gott aber kennt ihre Heimlichkeiten. 29. Was dann, wenn die Engel sie hinraffen, und sie auf ihre Gesichter schlagen und auf ihre Rücken? 30. Dies, weil sie dem gefolgt, was Gott erbittert, und das verschmäht, was ihm Wohlgefallen ist; und zunichte machte er ihre Werke. 31. Wähnen jene, in deren Herzen Krankheit, Gott werde ihre Bosheit nicht hervortreten lassen? 32. Und wollten wir es, wir zeigten sie dir, so daß du sie erkennen könntest an ihren Merkmalen. Aber erkennen wirst du sie auch am Mißklang der Rede. Und Gott kennt eure Werke. 33. Und prüfen werden wir euch, bis wir die Kämpfer unter euch kennen und die Geduldigen, und prüfen werden wir die Nachrichten über euch. 34. Wahrlich, die ungläubig sind, die vom Pfad Gottes verdrängen und dem Gesandten entgegentreten, nachdem ihnen die Rechtleitung verdeutlicht worden, werden Gott in nichts schaden, und zunichte machen wird er ihre Werke. 35. O ihr, die ihr glaubt, gehorchet Gott und gehorchet dem Gesandten, und vereitelt nicht eure Werke. 36. Wahrlich, die ungläubig sind und vom Pfad Gottes verdrängen und dann ungläubig sterben, nie wird Gott ihnen verzeihen. 37. Ihr sollt nicht schwach sein und nach Frieden rufen, da ihr doch die Oberhand habt und Gott mit euch ist; und nie wird er euch um eure Werke betrügen. 38. Das Leben hienieden ist Spiel nur und Getändel. Wenn ihr aber gläubig seid und gottesfürchtig, gibt er euch euren Lohn. Und er verlangt von euch nicht euer Gut. 39. Verlanget er es von euch und drängte er euch, ihr würdet geizen, und hervortreten würde eure Bosheit. 40. He, ihr da, ihr seid berufen, für den Pfad Gottes zu spenden, und mancher von euch geizt. Doch wer geizt, er geizt seiner Seele nur; Gott aber ist der Unbedürftige, ihr seid die Dürftigen. Und wendet ihr den Rücken, so setzt er ein andres Volk an eure Stelle, das dann nicht euresgleichen ist.

48. SURA VOM SIEG[1]
MEDINISCH, AUS 29 VERSEN BESTEHEND

Im Namen Gottes, des Allerbarmers, des Allbarmherzigen.

1. Wahrlich, wir eröffneten dir einen offenbaren Sieg. 2. Daß Gott dir verzeihe, was dir vorangeht von deiner Schuld und was dir folgt, und an dir vollende seine Gnade und dich leite auf den geraden Weg. 3. Und daß Gott dir beistehe mit mächtigem Beistand. 4. Er ist es, der die Gottesruhe in die Herzen der Gläubigen sendet, auf daß sie an Glauben zunehmen neben ihrem Glauben. Und Gottes sind die Heerscharen der Himmel und der Erde, und Gott ist allwissend und allweise. 5. Daß er einführe die Gläubigen und die Gläubiginnen in Gärten, darunterhin Ströme fließen, in denen sie ewig weilen, und ihre Missetaten verzeihe. Und dies ist bei Gott eine große Glückseligkeit. 6. Und daß er bestrafe die Heuchler und die Heuchlerinnen, die Götzendiener und die Götzendienerinnen, die schlimme Meinung über Gott meinen. Über sie des Unglücks Wandel; Gott zürnt über sie und verflucht sie und bereitet ihnen die Hölle; und böse die Einkehr! 7. Gottes sind die Heerscharen des Himmels und der Erde, und Gott ist allgewaltig und allweise. 8. Siehe, wir sandten dich als Zeugen und Heilverkünder und Warner. 9. Auf daß ihr an Gott glaubet und an seinen Gesandten, ihm beistehet und ihn verehret, und ihn preiset morgens und abends. 10. Wahrlich, die dir Treue schwören, Gott nur schwören sie Treue, und Gottes Hand über ihren Händen. Wer eidbrüchig ist, eidbrüchig ist er seiner Seele nur; wer aber hält, wozu er sich Gott verpflichtet, dem gibt er dereinst großen Lohn. 11. Die Zurückgebliebenen von den Arabern[2] *werden zu dir sagen: Uns hinderten unsre Herden und unsre Familie; so bitte für uns um Verzeihung. Sie sprechen mit ihrer Zunge, was nicht in ihrem Herzen. Sprich: Wer vermag für euch etwas von Gott, wenn er euch Schaden zudenkt oder Nutzen? Ja, Gott ist kundig dessen, was ihr tut. 12. Ja, ihr meintet, nimmer würden der Gesandte und die Gläubigen zu ihren Familien zurückkehren. Dies gefiel euch in euren Herzen; aber ihr meintet eine schlimme Meinung und wart ein verderbtes Volk. 13. Wer aber an Gott nicht glaubt und an seinen Gesandten, wahrlich, bereitet haben wir den Ungläubigen Höllenbrand. 14.*

Gottes ist die Herrschaft über Himmel und Erde; er verzeiht, wem er will, und straft, wen er will. Und Gott ist vergebungsreich und allbarmherzig. 15. Die Zurückbleibenden werden sagen, wenn ihr zur Beute auszieht, sie zu erlangen: Laßt uns euch folgen. Sie wollen den Spruch Gottes ändern³. Sprich: Ihr folgt uns nicht; so sprach Gott zuvor. Dann werden sie sagen: Nein, ihr mißgönnt uns. Nein, sie verstehen nur wenig. 16. Sprich zu den Zurückgebliebenen von den Arabern: Ihr werdet gerufen werden gegen ein Volk von gewaltiger Macht, daß ihr sie bekämpfet oder sie sich unterwerfen. Gehorcht ihr, so gibt euch Gott schönen Lohn, wendet ihr euch aber ab, wie ihr euch zuvor abgewandt, so straft er euch mit qualvoller Strafe. 17. Von den Blinden kein Vergehen, von den Lahmen kein Vergehen, von den Kranken kein Vergehen. Und wer Gott gehorcht und seinem Gesandten, den führt er in Gärten, darunterhin Ströme fließen; und wer sich abwendet, den straft er mit qualvoller Strafe. 18. Gott hat es von den Gläubigen wohlgefällig aufgenommen, als sie dir Treue schwuren unter dem Baum. Er wußte, was in ihren Herzen, und sandte über sie die Gottesruhe und belohnte sie mit nahem Sieg. 19. Und viel Beute, die sie erlangten. Und Gott ist allgewaltig und allweise. 20. Gott verhieß euch viel Beute, die ihr erlangen sollt, und beschleunigte euch dies und hielt die Hände der Menschen von euch zurück, auf daß dies ein Zeichen sei für die Gläubigen und er euch leite auf den rechten Weg. 21. Und andre, über die ihr keine Gewalt habt, die umfaßt Gott bereits; und Gott ist über alle Dinge mächtig. 22. Und bekämpften euch jene, die ungläubig sind, ganz gewiß wendeten sie euch den Rücken; dann finden sie keinen Schutzfreund und keinen Helfer. 23. Ein Verfahren Gottes, bereits zuvor ergangen, und nie findest du am Verfahren Gottes eine Wandlung. 24. Und er ist es, der ihre Hände zurückhielt von euch und eure Hände von ihnen im Tal von Mekka, nachdem er euch über sie siegen ließ; und Gott ist schauend dessen, was ihr tut. 25. Sie sind es, die ungläubig sind und euch von der heiligen Anbetungsstätte verdrängten, als bereit stand das Opfer, zur Opferstätte zu gelangen. Und wäre es nicht wegen der gläubigen Männer und gläubigen Frauen, die ihr nicht kanntet und niedergetreten haben würdet, und euch ihrethalben Sünde getroffen haben würde ohne Wissen[4]. *Daß Gott einführe in sein Erbarmen, wen er will. Wären sie gesondert, ganz gewiß hätten wir gestraft, die unter ihnen ungläubig waren, mit qualvoller Strafe. 26. Während er in die Herzen derer, die ungläubig sind, Trotz gesetzt, Trotz des Heidentums, sandte Gott Gottesruhe nieder über seinen Gesandten und über die Gläubigen und ließ sie festhalten das Wort der Gottesfurcht, dessen sie geeigneter waren und würdig. Und Gott ist aller Dinge wissend. 27. Bereits erfüllte Gott seinem Gesandten das Traumgesicht in*

Wahrheit: Eintreten werdet ihr in die heilige Anbetungsstätte, so Gott will, sicher, geschorenen Hauptes und gemessenen[5] *Schrittes, ohne zu fürchten. Er weiß, was ihr nicht wisset, und außer diesem bestimmte er einen nahen Sieg. 28. Er ist es, der seinen Gesandten mit der Rechtleitung sandte und wahrer Religion, sie hervortreten zu lassen über die Religionen alle. Und Gott genügt als Bezeuger. 29. Mohammed ist der Gesandte Gottes, und die mit ihm, streng sind sie gegen die Ungläubigen und barmherzig untereinander. Verbeugt siehst du sie und kniefällig, Gnade von Gott erstrebend und Wohlgefallen. Das Gepräge ihrer Gesichter aus Spuren von Kniefälligkeit. Dies ihr Gleichnis in der Thora und ihr Gleichnis im Evangelium: Wie die Saat ihren Halm hervorbringt und ihn gedeihen läßt, daß (die Ähre) anschwillt und auf ihrem Schaft sitzt, den Säer entzückend. Daß sich an ihnen ärgern die Ungläubigen. Verheißen hat Gott denen von ihnen, die gläubig sind und gute Werke üben, Verzeihung und großen Lohn.*

49. SURA VON DEN GEMÄCHERN
MEDINISCH, AUS 18 VERSEN BESTEHEND

Im Namen Gottes, des Allerbarmers, des Allbarmherzigen.

1. O ihr, die ihr glaubt, greift Gott nicht vor und seinem Gesandten, und fürchtet Gott, denn wahrlich,

Gott ist allhörend und allwissend. 2. O ihr, die ihr glaubt, erhebt nicht eure Stimmen über die Stimme des Propheten, und seid nicht laut bei der Rede mit ihm, wie ihr laut seid untereinander, auf daß nicht eure Werke nichtig werden, ohne daß ihr es merket. 3. Wahrlich, die ihre Stimme dämpfen vor dem Gesandten Gottes, diese sind es, deren Herzen Gott zur Gottesfurcht geprüft; ihnen ist Verzeihung und großer Lohn. 4. Wahrlich, die dich aus den hinteren Gemächern hervorrufen, die meisten ihrer verstehen es nicht. 5. Wenn sie doch geduldig warteten, bis du zu ihnen herauskämest, besser wäre es sicherlich für sie; und Gott ist vergebungsreich und allbarmherzig. 6. O ihr, die ihr glaubt, wenn zu euch ein Ruchloser kommt mit einer Kunde, so vergewissert euch, auf daß ihr nicht in Unwissenheit Leuten (Böses) zufüget, und morgens über das, was ihr getan, reuig seid. 7. Und wisset, daß der Gesandte Gottes unter euch ist; wollte er euch in vielen Dingen gehorchen, ihr würdet euch schuldig machen. Gott aber machte euch den Glauben lieb und schmückte ihn in euren Herzen, und zuwider machte er euch Unglauben, Bosheit und Auflehnung. Diese sind die Rechtwandelnden. 8. Eine Gnade Gottes und eine Huldgabe, und Gott ist allwissend und allweise. 9. Und wenn zwei Parteien von den Gläubigen miteinander streiten, so stiftet Frieden zwischen ihnen. Wenn aber eine von beiden gegen die andre gefrevelt, so bekämpfet die, die gefrevelt, *bis sie sich fügt dem Befehl Gottes, und wenn sie sich gefügt, so stiftet Frieden zwischen ihnen nach Recht. Und übet Gerechtigkeit, denn wahrlich, Gott liebt die Gerechtigkeit Übenden. 10. Ja, die Gläubigen sind Brüder, so stiftet Frieden unter euren Brüdern; und fürchtet Gott, auf daß ihr Erbarmen findet. 11. O ihr, die ihr glaubt, nicht spotten sollen Leute über Leute, vielleicht sind diese besser als jene, und nicht Weiber über Weiber, vielleicht sind diese besser als jene. Verleumdet euch nicht (gegenseitig) und beschimpft euch nicht durch Spottnamen. Ein böser Name ist Gottlosigkeit, nachdem man des Glaubens war. Und wer nicht bereut, — diese sind die Frevler. 12. O ihr, die ihr glaubt, haltet euch sehr fern vom Argwohn, denn wahrlich, mancher Argwohn ist Sünde. Spioniert nicht und klatscht nicht einer über den andren. Liebt denn jemand von euch, seines toten Bruders Fleisch zu essen? Es würde euch widerlich sein. Und fürchtet Gott, denn wahrlich, Gott ist vergebend und barmherzig. 13. O ihr Menschen, wir schufen euch aus Mann und Weib und machten euch zu Völkern und Stämmen, daß ihr (einander) kennet. Wahrlich, euer Angesehenster bei Gott ist euer Gottesfürchtigster. Fürwahr, Gott ist allwissend und allkundig. 14. Die Araber sagen: Wir glauben. Sprich: Ihr glaubt nicht; saget nur: wir bekennen uns. Nicht eingedrungen ist der Glaube in eure Herzen. Wenn ihr aber Gott gehorcht und seinem Gesandten, er* wird euch nichts verringern von euren Werken. Wahrlich, Gott ist vergebungsreich und barmherzig. *15.* Die nur sind Gläubige, die an Gott glauben und seinen Gesandten und dann nicht zweifeln, die mit ihrem Vermögen und ihrer Person für den Pfad Gottes gestritten. Diese sind die Wahrhaftigen. *16. Sprich:* Wollt ihr Gott belehren mit eurer Religion? Gott aber kennt, was in den Himmeln ist und was auf Erden, und Gott ist aller Dinge wissend. *17.* Sie halten dir als Wohltat vor, daß sie sich zu Gott bekannten. Sprich: Haltet mir eure Bekennung nicht als Wohltat vor; nein, Gott erwies euch eine Wohltat, indem er euch zum Glauben gerechtleitet, wenn ihr wahrhaftig seid. *18.* Wahrlich, Gott kennt das Geheimnis der Himmel und der Erde, und Gott ist schauend dessen, was ihr tut.

50. SURA K.
MEKKANISCH, AUS 45 VERSEN BESTEHEND

Im Namen Gottes, des Allerbarmers, des Allbarmherzigen.

1. K. Beim herrlichen Koran. *2.* Ja, sie staunen, daß ihnen ein Warner kam aus ihrer Mitte, und die Ungläubigen sagen, das ist eine wunderliche Sache. *3.* Nachdem wir gestorben und Staub geworden[1]!? Dies ist eine weite Rückkehr. *4.* Wir wissen bereits, wie viele von ihnen verzehrt hat die Erde, und ein bewahrendes Buch bei uns. *5.* Ja, *sie nennen lügenhaft die Wahrheit, da sie ihnen gekommen, und sie sind in einer verwirrten Lage. 6. Schauen sie nicht zum Himmel über ihnen, wie wir ihn gebaut und geschmückt, kein Riß an ihm? 7. Und die Erde spannten wir und setzten auf sie Bergesfesten, und hervorsprießen ließen wir auf dieser von jeder schönen Art. 8. Veranschaulichung und Ermahnung für jeden gottergebenen Diener. 9. Und vom Himmel senden wir gesegnetes Wasser nieder, damit wir Gärten hervorsprießen lassen und Herbstkorn. 10. Und die schlanke Palme, deren Frucht geschichtet. 11. Versorgung für die Menschen. Und damit beleben wir das tote Gefilde. So die Auferstehung. 12. Vor ihnen schon leugneten das Volk Noahs, die Leute von Ras[2] und die Thamuditen. 13. Und die Aditen, Pharao, die Brüder Lots, die Genossen des Gebüsches[3] und das Volk des Tobba[4]. Sie alle schalten die Gesandten lügenhaft, und in Erfüllung ging die Androhung. 14. Ermüdeten wir durch die erste Schöpfung? Nein! Und doch sind sie in Verwirrung in betreff einer neuen Schöpfung. 15. Und wir erschufen den Menschen und wissen, was ihm seine Seele zuflüstert, denn näher sind wir ihm als die Halsader. 16. Dann begegnen die Begegnenden[5] einander, zur Rechten und zur Linken sitzend. 17. Kein Wort bringt er hervor, ohne daß neben ihm ein Beobachter ist bereit. 18. Und es kommt die Trunkenheit des Todes in Wahrheit; das ist es, vor dem du entweichen wolltest. 19. Und geblasen wird in die Posaune: Das ist der Tag der Androhung.* 20. *Und jede Seele kommt, mit ihr ein Treiber und ein Bezeuger.* 21. *In Sorglosigkeit warst du darüber; nun nehmen wir dir die Decke ab, und scharf ist heute dein Auge.* 22. *Und sein Gefährte spricht: Das ist, was bei mir bereit.* 23. *Werft in die Hölle jeden widerspenstigen Ungläubigen.* 24. *Hindrer des Guten, zweifelnden Übeltäter.* 25. *Der andre Götter setzt neben Gott. So werft ihn in die schwere Pein!* 26. *Sein Gefährte spricht: Herr unser, ich verführte ihn nicht, aber er selber war in weiter Irrung.* 27. *Er spricht: Rechtet nicht vor mir, bereits habe ich euch die Androhung vorausgesandt.* 28. *Nicht geändert wird bei mir das Wort, und nicht ungerecht bin ich gegen die Diener.* 29. *An jenem Tag sprechen wir zur Hölle: Bist du voll? Und sie spricht: Sind es noch mehr?* 30. *Und genähert wird das Paradies den Gottesfürchtigen, nicht fern.* 31. *Dies, was euch verheißen ist, jedem beobachtenden zu Gott Gewandten.* 32. *Wer den Allerbarmer fürchtet im geheimen und mit gottergebenem Herzen kommt.* 33. *Tretet darin ein in Frieden, dies ist der Tag der Ewigkeit.* 34. *Ihnen darin, was sie wünschen, und bei uns noch mehr.* 35. *Wie viele der Menschengeschlechter vernichteten wir vor ihnen, die stärker waren als diese an Gewalt. Durchwandert die Landschaft, ob es ein Entkommen gibt.* 36. *Wahrlich, hierin ist eine Mahnung für den, der ein Herz hat, oder das Gehör darbietet und zu-*

gegen ist. 37. *Die Himmel schufen wir und die Erde und was zwischen beiden in sechs Tagen, und nicht berührte uns Ermattung.* 38. *Bleibe geduldig bei dem, was sie sprechen, und preise das Lob deines Herrn vor Aufgang der Sonne und vor ihrem Untergang.* 39. *Und in der Nacht; preise ihn, und (verrichte auch) den Zusatz der Anbetung*[6]. 40. *Und horche auf den Tag, an dem rufen wird der Rufer aus einem nahen Ort.* 41. *Den Tag, an dem sie den Schrei hören in Wahrheit. Das ist der Tag der Auferstehung.* 42. *Wahrlich, wir beleben und wir töten, zu uns ist die Einkehr.* 43. *An jenem Tag spaltet sich die Erde mit ihnen schnell. Diese Versammlung, leicht ist sie für uns.* 44. *Wir wissen wohl, was sie sagen, du aber bist nicht ihr Zwinger.* 45. *Ermahne durch den Koran den, der meine Androhung fürchtet.*

51. SURA VON DEN AUS= STREUENDEN
MEKKANISCH, AUS 60 VERSEN BESTEHEND

Im Namen Gottes, des Allerbarmers, des Allbarmherzigen.

1. *Bei den (Samen) ausstreuenden (Winden).* 2. *Und bei den tragenden (Wolken).* 3. *Und bei den leicht Dahinfahrenden*[1]. 4. *Und bei den die Geschäfte verteilenden (Engeln):* 5. *Was euch angedroht, es ist wahrhaftig.* 6. *Und wahrlich, das Weltgericht*[2] *trifft*

sicher ein. 7. *Und beim Himmel, in dem die Bahnen:* 8. *Ihr seid in der Rede verschieden.* 9. *Getäuscht wird davon, wer getäuscht ist.* 10. *Tod den Lügnern.* 11. *Die in Torheit schlendern.* 12. *Sie fragen: Wann ist der Tag des Weltgerichts?* 13. *An diesem Tag werden sie im Fegefeuer gestraft.* 14. *Kostet nun eure Strafe; das ist, was ihr beschleunigt haben wolltet!* 15. *Wahrlich, die Gottesfürchtigen in Gärten an Quellen.* 16. *Empfangend, was ihr Herr ihnen gab, weil sie liebfromm waren zuvor.* 17. *Wenig nur von der Nacht, was sie schliefen.* 18. *Und am Morgengrauen um Verzeihung baten.* 19. *Und von ihrem Vermögen das Zukommende dem Bittenden und dem verschämten Armen.* 20. *Und auf Erden sind Zeichen für die Vertrauenden.* 21. *Und in euch selber; seht ihr nicht?* 22. *Und im Himmel eure Versorgung, und was euch verheißen.* 23. *Beim Herrn des Himmels und der Erde, es ist die Wahrheit, wie ihr (beteuernd) redet.* 24. *Kam dir nicht die Kunde von den Gästen des ehrwürdigen Abraham?* 25. *Als sie bei ihm eintraten, sprachen sie: Friede. Er erwiderte: Friede. Fremde Leute.* 26. *Da ging er zu seinen Hausleuten und holte ein fettes Kalb.* 27. *Und setzte es ihnen vor. Er sprach: Wollt ihr nicht essen?* 28. *Und er empfand Furcht*[3] *vor ihnen. Da sprachen sie: Fürchte dich nicht. Und sie verkündeten ihm einen weisen Knaben.* 29. *Da kam seine Frau mit einem Geschrei heran, schlug (die Hände) vor das Gesicht und sprach:*

Ein altes Weib, unfruchtbar! 30. *Sie erwiderten: Also sprach dein Herr, und wahrlich, er ist der Allweise, der Allwissende.*

31. *Und er sprach: Was ist euer Geschäft, ihr Abgesandten?* 32. *Sie erwiderten: Wir sind gesandt zum sündhaften Volk.* 33. *Daß wir über sie Steine aus Ton niedersenden.* 34. *Bei deinem Herrn gezeichnet für die Ruchlosen.* 35. *Wir brachten von dort fort, wer zu den Gläubigen gehörte.* 36. *Doch fanden wir da nur ein Haus von ergebenen Gottbekennern.* 37. *Und wir ließen da ein Zeichen zurück für die, so die qualvolle Strafe fürchten.* 38. *Auch Moses, als wir ihn zu Pharao sandten mit offenbaren Beweisen.* 39. *Dieser aber wandte sich ab mit seinen Großen und sprach: Zauberer oder Besessener.* 40. *Da faßten wir ihn und seine Schar und warfen sie ins Meer, denn er war schuldig.* 41. *Und die Aditen auch, als wir über sie sandten den verzehrenden Wind.* 42. *Der nichts zurückließ, worüber er kam, er machte es zu Moder.* 43. *Und die Thamuditen auch, als ihnen gesagt wurde: Genießet eine Zeit lang.* 44. *Sie trotzten dem Befehl ihres Herrn, da erfaßte sie das Donnergekrach, und sie schauten hin.* 45. *Sie vermochten keinen Halt mehr, und ihnen ward nicht geholfen.* 46. *Und auch das Volk Noahs zuvor, denn es war ein ruchloses Volk.* 47. *Und den Himmel bauten wir mit den Händen, und wahrlich, wir dehnten ihn.* 48. *Und die Erde breiteten wir aus, und wie schön machten wir die Hinbreitung!* 49.

Und von allen Dingen schufen wir zwei Arten; daß ihr doch eingedenk seiet. 50. So flieht zu Gott, wahrlich, ich bin euch von ihm öffentlicher Warner. 51. Und setzet neben Gott keine andren Götter, wahrlich, ich bin euch von ihm öffentlicher Warner. 52. So kam auch kein Gesandter zu denen vor ihnen, ohne daß sie gesagt hätten: Zauberer oder Besessener. 53. Schrieben sie es einander vor? Ja, sie sind ein widerspenstiges Volk. 54. So wende dich ab von ihnen, du sollst nicht getadelt sein. 55. Doch ermahne, denn wahrlich, die Ermahnung nützt den Gläubigen. 56. Und die Geister erschuf ich und die Menschen auch, nur daß sie mich verehren. 57. Ich wünsche von ihnen keine Versorgung, ich verlange nicht, daß sie mich speisen. 58. Wahrlich, Gott ist der Versorger, der sichere Machthaber. 59. Und wahrlich, denen, die gefrevelt,` das Los ihrer Genossen, und sie werden es nicht beschleunigt wünschen. 60. Und wehe denen, die ungläubig sind, vor ihrem Tag, der ihnen angedroht ist.

52. SURA VOM BERG
MEKKANISCH, AUS 49 VERSEN BESTEHEND

Im Namen Gottes, des Allerbarmers, des Allbarmherzigen.

1. Beim Berg[1]. 2. Und beim Buch, das geschrieben. 3. Auf ausgebreitetem Pergament. 4. Und beim besuchten Haus[2]. 5. Und beim hohen (Himmels)dach.

6. Und beim tiefen Meer. 7. Wahrlich, die Strafe deines Herrn trifft sicher ein. 8. Sie hat keinen Abwender. 9. Am Tag, an dem schwanken wird der Himmel schwankend. 10. Und sich bewegen werden die Berge bewegend. 11. Wehe dann den Lügenzeihenden. 12. Die in törichter Rede tändeln. 13. Am Tag, wo sie gestoßen werden in das Feuer der Hölle. 14. Dies ist das Feuer, das ihr geleugnet. 15. Ist dies Zauberwerk, oder seht ihr nicht? 16. Bratet nun darin, und seid geduldig oder nicht, gleich ist es für euch; vergolten wird euch das nur, was ihr getan. 17. Wahrlich, die Gottesfürchtigen in Gärten und Wonne. 18. Sich ergötzend an dem, was ihr Herr ihnen gegeben. Und ihr Herr bewahrte sie vor der Pein des Feuerpfuhls. 19. Esset und trinket wohlbekömmlich, ob dem, was ihr getan. 20. Gelehnt auf gereihten Ruhekissen, nnd wir vermählen sie mit Schwarzäugigen. 21. Und die gläubig sind, denen ihre Nachkommen im Glauben folgen, vereinen wollen wir mit ihnen ihre Nachkommen, und wir mindern ihnen nichts von ihren Werken. Jeder Mann ist für das, was er begangen, verpfändet. 22. Und wir versorgten sie mit Früchten und Fleisch, was sie begehren. 23. Becher reichen sie da einander; darinnen keine lose Rede und keine Sünde. 24. Und es umgeben sie Jünglinge, wie Perlen in der Muschel. 25. Und sie wenden sich aneinander fragend. 26. Und sprechen: Zagend waren wir zuvor unter unsren Angehörigen. 27. Gott aber gnadete

uns und bewahrte uns vor der Pein der Glut. 28. Wir riefen ihn an zuvor, und wahrlich, er ist der Wohltäter, der Allbarmherzige. 29. Du aber ermahne. Und du bist durch die Huld deines Herrn nicht Wahrsager und Besessener. 30. Oder sagen sie: Ein Dichter, wir wollen abwarten den Unfall der Zeit? 31. Sprich: Wartet nur, ich bin mit euch der Wartenden einer. 32. Fordern ihre Träume[3] sie dazu auf, oder sind sie ein widerspenstig Volk? 33. Oder sagen sie: Er hat es erdichtet? Nein, sie glauben nicht. 34. Mögen sie doch mit einer Kunde kommen gleich dieser, wenn sie wahrhaftig sind. 35. Sind sie aus einem Nichts erschaffen, oder sind sie selber die Schöpfer? 36. Oder schufen sie Himmel und Erde? Nein, sie glauben nicht. 37. Sind bei ihnen deines Herrn Schätze, oder sind sie die Machthaber? 38. Oder haben sie eine Leiter, darauf sie (zum Himmel steigen und) horchen? So komme ihr Horcher mit deutlichem Beweis. 39. Oder hat er die Töchter[4] und ihr die Söhne? 40. Oder verlangst du von ihnen einen Lohn, daß sie würden mit drückender Schuld beladen? 41. Oder ist bei ihnen das Geheimnis, daß sie es schreiben? 42. Oder erstreben sie eine List? Die ungläubig, sind die Überlisteten. 43. Oder haben sie einen Gott außer Gott? Erhaben ist Gott ob dem, was sie ihm beigesellen. 44. Und sähen sie ein Stück des Himmels herabstürzen, sie sagten dann: Eine dichte Wolke. 45. So laß sie, bis sie zusammentreffen mit ihrem

Tag, an dem sie ohnmächtig niederstürzen. 46. Der Tag, an dem ihnen in nichts nützen wird ihre List und ihnen nicht wird geholfen werden. 47. Und wahrlich, denen, die gefrevelt, Strafe außerdem. Doch die meisten ihrer wissen nichts. 48. Und du harre geduldig auf die Entscheidung deines Herrn, denn du bist unter unsren Augen. Und preise das Lob deines Herrn, wenn du aufstehst. 49. Und in der Nacht preise ihn, und hinter den Sternen.

53. SURA VOM STERN
MEKKANISCH, AUS 62 VERSEN BESTEHEND

Im Namen Gottes, des Allerbarmers, des Allbarmherzigen.

1. Beim Stern, der flimmert: 2. Euer Genosse irrt nicht und wirrt nicht. 3. Und spricht nicht aus Begierde. 4. Es ist eine Offenbarung nur, die geoffenbart ist. 5. Ihn lehrte ein Starker an Macht[1]. 6. Eigner von Kraft, er erschien. 7. Und war am höchsten Horizont. 8. Dann näherte er sich und kam heran. 9. Er war zwei Bogenschüsse entfernt oder näher. 10. Und er offenbarte seinem Diener, was er offenbarte. 11. Was er sah, das Herz erlog es nicht. 12. Wollt ihr ihm abstreiten, was er gesehen? 13. Und bereits sah er ihn bei einem andren Herabsteigen. 14. Beim Lotosbaum, am Endziel[2]. 15. Daneben der Aufenthaltsgarten. 16. Da bedeckte den Lotosbaum, was ihn bedeckte. 17. Es irrte (sein)

Blick nicht und schweifte nicht ab. 18. Nun sah er von den Zeichen seines Herrn das große. 19. Was meint ihr von Lat und Uzza? 20. Und von Manat, der dritten der andren (Gottheiten)? 21. Habt ihr die Knaben und er die Mädchen³? 22. Dies wäre ungerechte Verteilung. 23. Namen nur sind es, die ihr ihnen gegeben, ihr und eure Väter. Gott sandte hierzu keine Ermächtigung, sie folgen einem Wahn nur, und was die Seelen begehren. Und doch kam ihnen bereits von ihrem Herrn die Rechtleitung. 24. Ist dem Menschen, was er wünscht? 25. Und Gottes ist das andre (Leben) und das erste. 26. Und wie viele Engel sind im Himmel, aber nichts nützt ihre Fürsprache. 27. Es sei denn, nachdem Gott es erlaubt, den er wünscht, den er liebt. 28. Wahrlich, die an das Jenseits nicht glauben, geben den Engeln weibliche Benennungen. 29. Und sie haben davon keine Kenntnis, sie folgen einem Wahn nur, aber wahrlich, der Wahn hat nichts von der Wahrheit. 30. So verlasse den, der sich abwendet von unsrer Ermahnung und nur das Leben hienieden wünscht. 31. Das ist ihr Erlang von der Kenntnis. Wahrlich, dein Herr weiß wohl, wer von seinem Pfad abirrt, und er weiß auch, wer sich rechtleiten läßt. 32. Und Gottes ist, was in den Himmeln ist und was auf Erden, daß er denen, die bös handelten, lohne, was sie getan; und die gut handelten, mit Gutem belohne. 33. Die schwere Sünden meiden und Schändlichkeiten, bis auf Versehen, — wahrlich, dein Herr ist um-

fassend in der Verzeihung. Er kannte euch, als er euch aus der Erde hervorgebracht, als ihr noch Keime wart in eurer Mütter Leibern. So machet euch nicht rein, er weiß besser, wer gottesfürchtig ist. 34. Siehst du den, der sich abwendet? 35. Und nur wenig (Almosen) gibt und geizt? 36. Ist bei ihm die Kenntnis des Verborgenen und sieht er es? 37. Oder ist ihm nicht verkündet, was in den Schriften Moses? 38. Und über Abraham, der (seine Pflicht) treu erfüllte? 39. Daß keine belastete (Seele) die Last einer andren trägt? 40. Und daß dem Menschen nichts ist, als was er erstrebt? 41. Und daß sein Streben dereinst vorgezeigt wird? 42. Dann wird ihm volle Vergeltung gegolten. 43. Und daß zu deinem Herrn das Endziel ist. 44. Und daß er lachen macht und weinen? 45. Und daß er tötet und belebt? 46. Und daß er die Geschlechter schafft, Mann und Weib? 47. Aus einem Samentropfen, da er ausgespritzt ward. 48. Und daß bei ihm noch ist die zweite Schaffung? 49. Und daß er Genüge gibt und bereichert? 50. Und daß er des Sirius[4] Herr ist? 51. Und daß er vernichtet hat die früheren Aditen? 52. Und die Thamuditen, und nichts übrig ließ? 53. Und das Volk Noahs zuvor, denn sie waren frevelhaft und widerspenstig. 54. Und die Umgestürzten[5] überfiel er. 55. Und es bedeckte sie, was bedeckte 56. Welche der Wohltaten deines Herrn bezweifelst du? 57. Dieser Ermahner ist von den früheren Ermahnern einer. 58. Es eilt herbei das eilende (Weltgericht), dem kein Enthüller ist außer Gott. 59. Wundert ihr euch über diese Kunde? 60. Und ihr lacht und weinet nicht? 61. Und Müßiggänger seid ihr! 62. Fallet nieder vor Gott und verehret ihn.

54. SURA VOM MOND
MEKKANISCH, AUS 55 VERSEN BESTEHEND

Im Namen Gottes, des Allerbarmers, des Allbarmherzigen.

1. Es naht die Stunde, gespaltet ist der Mond. 2. Und wenn sie ein Zeichen sehen, wenden sie sich ab und sagen: Starkes Zauberwerk. 3. Und sie schelten es lügenhaft und folgen ihren Lüsten. Doch jedes Ding hat festen Stand. 4. Nun kamen ihnen Kunden, worinnen (des Unglaubens) Verscheuchung. 5. Hinlängliche Weisheit, aber nicht nützen mehr die Warnungen. 6. So wende dich ab von ihnen; an jenem Tag ruft der Rufer zu schlimmer Sache. 7. Unterwürfigen Blickes steigen sie aus den Gräbern, wie die sich ausbreitenden Heuschrecken. 8. Starrblickend eilen die Ungläubigen zum Rufer und sprechen: Das ist ein schrecklicher Tag. 9. Der Lüge zieh vor ihnen schon das Volk Noahs; sie schalten unsren Diener lügenhaft und sprachen: Besessener. Und er wurde verjagt. 10. Und er rief seinen Herrn an: Ich bin überwältigt, so verteidige mich. 11. Da öffneten wir die Pforten des Himmels mit sich ergießendem Wasser. 12. Und die Erde ließen wir Quellen sprudeln, daß die Wasser sich begegneten, nach dem festen Ratschluß. 13. Und wir trugen ihn auf einem Gefüge aus Brettern und Nägeln. 14. Es fuhr dahin unter unsren Augen; ein Entgelt für den, der geleugnet ward. 15. Und wir ließen es als Zeichen zurück; aber ist jemand ermahnt? 16. Doch wie war meine Strafe und Drohung! 17. Und leicht machten wir den Koran zur Ermahnung, aber ist jemand ermahnt? 18. Die Aditen ziehen der Lüge; aber wie war meine Strafe und Drohung! 19. Wahrlich, wir sandten über sie einen gewaltigen Sturmwind an einem furchtbaren, unheilvollen Tag. 20. Der die Menschen niederwarf, so daß sie entwurzelten Palmenstämmen glichen. 21. Und wie war meine Strafe und Drohung! 22. Und leicht machten wir den Koran zur Ermahnung, aber ist jemand ermahnt? 23. Die Thamuditen schalten lügenhaft die Warner. 24. Indem sie sprachen: Ein einziges Fleischwesen aus unsrer Mitte, sollten wir ihm folgen? Wir würden dann in Irrung sein und Wahnsinn. 25. Sollte ihm die Ermahnung vor uns geworden sein? Nein, er ist ein frecher Lügner. 26. Morgen sollen sie wissen, wer der freche Lügner ist. 27. Wir senden ihnen die Kamelin[1] für sie zur Prüfung; du aber beobachte sie und sei geduldig. 28. Und verkünde ihnen, daß das Wasser unter ihnen zur Verteilung komme, jeder Trunk zugeteilt. 29. Da riefen sie ihren Genossen, und er nahm (sein

Schwert) und lähmte sie. 30. Aber wie war meine Strafe und Drohung! 31. Wahrlich, wir sandten über sie einen einzigen Schlag, und sie waren wie die Stoppeln einer Hürde. 32. Und leicht machten wir den Koran zur Ermahnung, aber ist jemand ermahnt? 33. Das Volk Lots schalt lügenhaft die Warner. 34. Da sandten wir über sie einen Steinregen, ausgenommen die Familie Lots, wir retteten sie beim Morgengrauen. 35. Eine Gnade von uns; so belohnen wir den, der dankbar ist. 36. Und er hatte sie vor unsrer Strafgewalt gewarnt, doch sie bezweifelten die Warnung. 37. Und sie verlangten von ihm seine Gäste. Da zerstörten wir ihre Augen: So kostet nun meine Strafe und Drohung! 38. Und morgens traf sie eine dauernde Pein. 39. So kostet nun meine Strafe und Drohung! 40. Und leicht machten wir den Koran zur Ermahnung, aber ist jemand ermahnt? 41. Und auch den Leuten Pharaos kamen die Warnungen. 42. Aber lügenhaft nannten sie unsre Zeichen alle, und wir straften sie eine Strafe gewaltig und mächtig. 43. Sind eure Ungläubigen besser als diese? Oder ist euch Straflosigkeit (zugesichert) in den Schriften? 44. Oder sagen sie: Wir sind eine Gemeinschaft obsiegend? 45. In die Flucht geschlagen werden soll die Schar, den Rücken wenden. 46. Ja, die Stunde ist ihre Verheißung, und die Stunde ist schrecklich und sehr bitter. 47. Wahrlich, die Sünder sind in Irrung und Wahnsinn. 48. An jenem Tag werden sie auf ihren

Gesichtern ins Fegefeuer geschleift: Kostet nun die Berührung der Hölle! 49. *Wahrlich, jedes Ding schufen wir nach Vorbestimmung.* 50. *Und unser Befehl ist nichts als ein einzelnes (Wort), wie ein Blink mit dem Auge.* 51. *Und bereits vernichteten wir eure Parteigenossen; aber ist jemand ermahnt?* 52. *Und jedes, was sie tun, ist in den Büchern.* 53. *Und alles Kleine und Große ist niedergeschrieben.* 54. *Wahrlich, die Gottesfürchtigen in Gärten an Strömen.* 55. *Im Sitz der Wahrhaftigkeit beim allmächtigen König.*

55. SURA VOM ALLERBARMER
MEKKANISCH, AUS 78 VERSEN BESTEHEND

Im Namen Gottes, des Allerbarmers, des Allbarmherzigen.

1. Der Allerbarmer lehrte den Koran. 2. Er schuf den Menschen. 3. Er lehrte ihn die klare (Sprache). 4. Sonne und Mond nach Berechnung. 5. Stern und Baum beten an. 6. Den Himmel erhob er und stellte auf die Wage. 7. Daß ihr euch bei der Wage nicht vergehet. 8. Handhabt das Gewicht in Gerechtigkeit und kürzet nicht die Wage. 9. Und die Erde bereitete er für die Geschöpfe. 10. Auf dieser Früchte und Palmen knospenreich. 11. Und Korn an Halmen und duftende Kräuter. 12. Welche der Wohltaten eures Herrn wollt ihr verleugnen? 13. Aus trocknem Lehm bildete er den Menschen, wie ein

Tongefäß. 14. Und aus rauchlosem Feuer schuf er die Geister. 15. Welche der Wohltaten eures Herrn wollt ihr verleugnen? 16. Der Herr der beiden Osten[1]. *17. Und der Herr der beiden Westen. 18. Welche der Wohltaten eures Herrn wollt ihr verleugnen? 19. Frei laufen läßt er die beiden Meere, daß sie einander begegnen. 20. Zwischen ihnen eine Scheidewand, die sie nicht überschreiten. 21. Welche der Wohltaten eures Herrn wollt ihr verleugnen? 22. Perlen werden aus ihnen hervorgeholt und Korallen. 23. Welche der Wohltaten eures Herrn wollt ihr verleugnen? 24. Sein sind die dahinfahrenden (Schiffe), im Meer emporragend wie die Berge. 25. Welche der Wohltaten eures Herrn wollt ihr verleugnen? 26. Alles, was auf (Erden), ist vergehend. 27. Bleibend ist das Gesicht deines Herrn, das der Herrlichkeit und Erhabenheit. 28. Welche der Wohltaten eures Herrn wollt ihr verleugnen? 29. Ihn fleht an, wer in den Himmeln ist und auf Erden; jeden Tag ist er bei einem Beginnen. 30. Welche der Wohltaten eures Herrn wollt ihr verleugnen? 31. Wir werden uns euch vornehmen, ihr Menschen und Geister*[2]. *32. Welche der Wohltaten eures Herrn wollt ihr verleugnen? 33. O Gesellschaft von Geistern und Menschen, wenn ihr vermöget, aus den Grenzen der Himmel und der Erde zu entschlüpfen, so entschlüpfet; ihr werdet ohne Ermächtigung nicht entschlüpfen. 34. Welche der Wohltaten eures Herrn wollt ihr verleugnen? 35. Niedergesandt werden über euch Feuerflammen und Qualm; ihr werdet euch nicht erwehren.* 36. *Welche der Wohltaten eures Herrn wollt ihr verleugnen?* 37. *Wenn der Himmel sich spaltet und wie eine Rose wird, wie rotes Leder.* 38. *Welche der Wohltaten eures Herrn wollt ihr verleugnen?* 39. *An jenem Tag wird kein Mensch nach seiner Schuld erst gefragt und kein Geist.* 40. *Welche der Wohltaten eures Herrn wollt ihr verleugnen?* 41. *Erkannt werden die Sünder an ihren Merkmalen, erfaßt bei den Stirnhaaren und an den Füßen.* 42. *Welche der Wohltaten eures Herrn wollt ihr verleugnen?* 43. *Das ist die Hölle, die die Sünder leugnen.* 44. *Umhergehen werden sie zwischen ihr und siedendem Wasser.* 45. *Welche der Wohltaten eures Herrn wollt ihr verleugnen?* 46. *Wer aber die Gegenwart seines Herrn fürchtet, dem sind zwei Gärten.* 47. *Welche der Wohltaten eures Herrn wollt ihr verleugnen?* 48. *Versehen mit Schattenbäumen.* 49. *Welche der Wohltaten eures Herrn wollt ihr verleugnen?* 50. *Darinnen zwei Quellen rieseln.* 51. *Welche der Wohltaten eures Herrn wollt ihr verleugnen?* 52. *Darinnen zweierlei Arten von jeder Frucht.* 53. *Welche der Wohltaten eures Herrn wollt ihr verleugnen?* 54. *Hingestreckt auf Polstern, deren Einlage aus Brokat, das Pflücken der Gärten nahe.* 55. *Welche der Wohltaten eures Herrn wollt ihr verleugnen?* 56. *Darinnen (Jungfrauen) keuschen Blickes, die kein Mensch vor ihnen berührt und kein Geist.* 57. *Welche der Wohltaten eures Herrn wollt*

ihr verleugnen? 58. *Wie die Rubinen und Korallen.*
59. *Welche der Wohltaten eures Herrn wollt ihr verleugnen?* 60. *Sollte der Entgelt für das Schöne andres sein als Schönes?* 61. *Welche der Wohltaten eures Herrn wollt ihr verleugnen?* 62. *Und zwei Gärten außer jenen.* 63. *Welche der Wohltaten eures Herrn wollt ihr verleugnen?* 64. *Dunkelgrüne.* 65. *Welche der Wohltaten eures Herrn wollt ihr verleugnen?* 66. *Darinnen zwei Quellen reichlich fließend.* 67. *Welche der Wohltaten eures Herrn wollt ihr verleugnen?* 68. *Darinnen Früchte und Palmen und Granaten.* 69. *Welche der Wohltaten eures Herrn wollt ihr verleugnen?* 70. *Darinnen (Jungfrauen) gute und schöne.* 71. *Welche der Wohltaten eures Herrn wollt ihr verleugnen?* 72. *Schwarzäugige, in Zelten eingeschlossen.* 73. *Welche der Wohltaten eures Herrn wollt ihr verleugnen?* 74. *Die kein Mensch vor ihnen berührt hat und kein Geist.* 75. *Welche der Wohltaten eures Herrn wollt ihr verleugnen?* 76. *Hingestreckt auf grünen Kissen und schönen Teppichen.* 77. *Welche der Wohltaten eures Herrn wollt ihr verleugnen?* 78. *Gelobt sei der Name deines Herrn, dem Herrlichkeit und Erhabenheit.*

56. SURA VOM EIN-TREFFENDEN

MEKKANISCH, AUS 96 VERSEN BESTEHEND

Im Namen Gottes, des Allerbarmers, des Allbarmherzigen.

1. Wenn eintrifft das Eintreffende[1]. 2. Dessen Eintreffen nicht lügnerisch ist. 3. Erniedernd und erhöhend. 4. Wenn erschüttert wird die Erde in Schütterung. 5. Und zertrümmert werden die Berge in Trümmerung. 6. Daß sie eine Staubwolke werden, sich ausbreitend. 7. Und ihr drei Klassen werdet. 8. Die Genossen der Rechten. Was ist mit den Genossen der Rechten[2]? 9. Und die Genossen der Linken. Was ist mit den Genossen der Linken? 10. Und die Vorangehenden, sie sind die Vorangehenden. 11. Diese sind die Nahestehenden. 12. In Wonnegärten. 13. Eine Schar von den Früheren. 14. Und wenige von den Späteren. 15. Auf gewirkten Polstern. 16. Gelehnt, einander gegenüber. 17. Es umkreisen sie Jünglinge, unsterbliche. 18. Mit Pokalen und Krügen und Bechern des Flüssigen. 19. Davon sie nicht Kopfschmerz haben noch trunken sind. 20. Und Früchten, von denen sie wählen. 21. Und Fleisch vom Geflügel, von dem sie begehren. 22. Und schwarzäugige (Jungfrauen), wie Perlen in der Muschel. 23. Ein Entgelt für das, was sie getan. 24. Sie hören da keine lose Rede und nichts Sündhaftes. 25. Nur das Wort: Friede, Friede,

26. Und die Genossen der Rechten. Was ist mit den Genossen der Rechten? 27. Unter dornenfreien Lotosbäumen. 28. Und blütenreichen Akazien. 29. Und gedehntem Schatten. 30. Bei rieselndem Wasser. 31. Und vielen Früchten. 32. Nicht zugezählt und nicht behindert. 33. Auf hohen Polstern. 34. Wir schufen sie³ in Erschaffung. 35. Und machten sie jungfräulich. 36. Liebreich und gleichaltrig. 37. Den Genossen der Rechten. 38. Eine Schar von den Früheren. 39. Und eine Schar von den Späteren. 40. Und die Genossen der Linken. Was ist mit den Genossen der Linken? 41. In Gluthitze und siedendem Wasser. 42. Und Schatten von schwarzem Rauch. 43. Nicht kühlend und nicht angenehm. 44. Sie waren zuvor mit Glück versehen. 45. Und hartnäckig verharrten sie in großer Gottlosigkeit. 46. Und sie sagten: 47. Sollten wir, nachdem wir gestorben und Staub geworden und Knochen, Auferweckte sein? 48. Und auch unsre früheren Väter? 49. Sprich: Wahrlich, die Früheren und die Späteren. 50. Versammelt werden sie zur Frist des bestimmten Tags. 51. Dann sollt ihr, ihr Irrende und Lügenzeiher 52. Vom Höllenbaum essen. 53. Und die Bäuche davon füllen. 54. Und darauf trinken vom siedenden Wasser. 55. Trinken wie das durstrasende Kamel. 56. Das ist ihre Gastgabe am Tag des Weltgerichts. 57. Wir haben euch geschaffen; wenn ihr doch vertrauen wolltet! 58. Schauet her, was ist (der Same), den ihr ausspritzet? 59. Habt

ihr ihn geschaffen oder sind wir die Schöpfer? 60. *Wir bestimmen unter euch den Tod, und wir sind nicht, denen man zuvorkommt.* 61. *Daß wir euresgleichen an eure Stelle setzen und euch entstehen lassen (in einer Gestalt), die ihr nicht kennet.* 62. *Ihr kennt ja bereits die erste Erschaffung; wolltet ihr doch bedenken!* 63. *Schauet her, was ist (der Acker), den ihr bestellet?* 64. *Laßt ihr ihn wachsen oder sind wir die Wachsenlassenden?* 65. *Wollten wir es, ganz gewiß machten wir ihn zu Malm, und ihr würdet euch dauernd wundern:* 66. *Wir sind verschuldet, ja, wir sind um den Ertrag gekommen.* 67. *Schauet her, das Wasser, das ihr trinket,* 68. *Sendet ihr es aus der Wolke nieder oder sind wir die Niedersendenden?* 69. *Wollten wir es, ganz gewiß machten wir es bitter. Wolltet ihr doch dankbar sein!* 70. *Schauet her, das Feuer, das ihr zündet,* 71. *Habt ihr den Baum dazu hervorgebracht oder sind wir die Hervorbringenden?* 72. *Wir schufen ihn, zur Ermahnung und zum Nießbrauch für die Wüstenbewohner.* 73. *So preise den Namen deines Herrn, den großen.* 74. *Ich schwöre nicht*[4] *beim Fall der Sterne.* 75. *Und dieser Schwur ist, wie ihr wißt, ein schwerer.* 76. *Dieser Koran ist hochwürdig.* 77. *Im verhüllten*[5] *Buch.* 78. *Es berühren ihn nur die Reinen.* 79. *Offenbarung vom Herrn der Weltbewohner.* 80. *Und diese Kunde wollt ihr verspotten?* 81. *Verschafft ihr euch euren Unterhalt, daß ihr leugnet?* 82. *Daß ihr doch, wenn (die Seele dem Sterbenden) zur Kehle steigt, 83. Dann sehen würdet. 84. Wir sind ihm näher als ihr; doch ihr sehet nicht. 85. Daß ihr doch, wenn ihr unbelohnt bleibt, 86. Zurückbringen könntet (die Seele), wenn ihr wahrhaftig seid. 87. Ist er von den Nahestehenden, 88. Dann Behagen ihm und (Gottes)duft und Wonnegarten. 89. Und ist er von den Genossen der Rechten, 90. Friede dir von den Genossen der Rechten. 91. Und ist er von den Lügenzeihenden, 92. Den Irrenden, 93. So ist die Gastgabe vom siedenden Wasser. 94. Und Brand des Feuerpfuhls. 95. Traun, dies ist die Wahrheit, die sichere. 96. Und preise den Namen deines Herrn, den großen.*

57. SURA VOM EISEN
MEDINISCH, WIE MANCHE SAGEN, MEKKANISCH, AUS 29 VERSEN BESTEHEND

Im Namen Gottes, des Allerbarmers, des Allbarmherzigen.

1. Gott preist, was in den Himmeln ist und was auf Erden, und er ist der Allgewaltige, der Allweise. 2. Sein ist die Herrschaft über Himmel und Erde, er belebt und er tötet, und er ist über alle Dinge mächtig. 3. Er ist der erste und der letzte, der sichtbare und der verborgene, und er ist aller Dinge wissend. 4. Er ist es, der die Himmel schuf und die Erde in sechs Tagen und sich dann auf den Thron setzte. Er weiß, was in die Erde dringt und was aus ihr hervorgeht, was vom Himmel herniederkommt und was zu ihm emporsteigt. Er ist mit euch, wo ihr auch seid, und Gott ist schauend dessen, was ihr tut. 5. Sein ist die Herrschaft über Himmel und Erde, und zu Gott zurückgebracht werden die Dinge. 6. Er führt die Nacht in den Tag und den Tag führt er in die Nacht, und er ist kundig des Inhalts der Busen. 7. Glaubet an Gott und seinen Gesandten, und gebt Almosen von dem, worüber er euch zu Vertretern gemacht. Und die von euch gläubig sind und Almosen geben, ihnen ist großer Lohn. 8. Und was ist euch, daß ihr an Gott nicht glaubt, wo doch der Gesandte euch ruft, daß ihr an euren Herrn glaubet, und er bereits mit euch einen Bund geschlossen, wenn ihr Gläubige seid? 9. Er ist es, der seinem Diener deutliche Zeichen niedersendet, daß er euch aus der Finsternis führe zum Licht; und wahrlich, Gott ist gegen euch gütig und barmherzig. 10. Und was ist euch, daß ihr nicht für den Pfad Gottes spendet, wo doch Gottes ist die Erbschaft der Himmel und der Erde? Nicht gleich ist unter euch, wer vor dem Sieg[1] gespendet und gekämpft; diese sind eine Stufe höher als jene, die erst nachher spenden und kämpfen. Allen aber verhieß Gott das Schöne, und Gott ist kundig dessen, was ihr tut. 11. Wer ist es, der Gott ein gut verzinstes Darlehn leiht, das er ihm verdoppelt, und ihm ehrenvoller Lohn wird? 12. An jenem Tag wirst du die Gläubigen sehen und die Gläubiginnen, wie ihr Licht ihnen voraneilt, und auch an ihrer Rechten. Frohe Botschaft euch heute: Gärten, darunterhin Ströme fließen, ewig darinnen; dies ist eine große Glückseligkeit. 13. An jenem Tag sprechen die Heuchler und die Heuchlerinnen zu denen, die gläubig sind: Wartet auf uns, wir wollen anzünden an eurem Licht. Es wird gesprochen: Kehret zurück und suchet Licht. Und errichtet wird zwischen ihnen eine Mauer, in der eine Pforte; in ihrem Innern die Barmherzigkeit und außerhalb gegenüber die Strafe. Sie rufen jenen zu: Waren wir nicht mit euch? Jene sprechen: Ja, aber ihr selber führtet euch in Versuchung, ihr lauertet und zweifeltet. Es trogen euch die Begierden, bis der Befehl Gottes erging, und um Gott trog euch der Betrüger. 14. Doch heute wird von euch kein Lösegeld angenommen und nicht von denen, die ungläubig waren. Euer Aufenthalt ist das Fegefeuer; es ist euer Hort. Und wie schlimm ist die Einkehr! 15. Ist es nicht Zeit für die, so gläubig sind, daß sich ihre Herzen demütigen der Ermahnung Gottes und dem, was er von der Wahrheit geoffenbart, und daß sie nicht seien wie jene, die die Schrift zuvor empfingen? Lang war ihr Lebensziel, und verstockt wurden ihre Herzen; und viele von ihnen sind Missetäter. 16. Wisset, daß Gott die Erde belebt nach ihrem Tod. Wir haben euch bereits die Zeichen verdeutlicht, auf daß ihr begreifet. 17. Wahrlich, die Almosen-

spender und Almosenspenderinnen, die Gott ein gut verzinstes Darlehn leihen, verdoppelt wird es ihnen und ehrenvoller Lohn ist ihrer. 18. Und die an Gott glauben und seinen Gesandten, diese sind die Wahrhaftigen und die Bezeuger bei ihrem Herrn. Ihnen ihr Lohn und ihr Licht. Die aber ungläubig sind und unsre Verse lügenhaft nennen, diese sind Genossen des Feuerpfuhls. 19. Wisset, daß das Leben hienieden Spiel nur ist und Getändel, Prunk und Ruhmsucht unter euch. Und das Verlangen nach Mehrung an Besitz und Kindern, wie das bewässerte Feld, dessen Gewächs den Landmann erfreut; darauf aber welkt es und du siehst es gelb, dann wird es Malm. Und im Jenseits ist schwere Pein. 20. Und auch Verzeihung Gottes und Wohlgefallen. Und nichts ist das Leben hienieden als Genuß des Truges. 21. Strebet nach Vergebung von eurem Herrn und zum Paradies, dessen Breite wie die Breite des Himmels ist und der Erde, bereitet denen, die an Gott glauben und seinen Gesandten. Das ist eine Gnade Gottes, die er gewährt, wem er will; und Gott ist Eigner der großen Gnade. 22. Kein Unfall traf die Erde, auch euch nicht, der nicht im Buch stand, bevor wir ihn werden ließen. Wahrlich, dies ist für Gott ein leichtes. 23. Auf daß ihr nicht betrübt seiet um das, was euch entgeht, und nicht übermütig ob dem, was euch kommt. Und Gott liebt keinen eingebildeten Prahler. 24. Die geizen und die Menschen zum Geiz auffordern. Und wer sich abwendet, — wahrlich, Gott ist der Reiche, der Hochgepriesene. 25. Wir sandten bereits unsre Gesandten mit deutlichen Beweisen, und mit ihnen sandten wir die Schrift und die Wage nieder, auf daß die Menschen in Gerechtigkeit dastehen. Auch sandten wir das Eisen nieder, darin gewaltiges Unheil für die Menschen und Nutzen auch, und damit Gott erkenne, wer ihm beisteht und seinem Gesandten im Verborgnen. Wahrlich, Gott ist stark und gewaltig. 26. Einst entsandten wir Noah und Abraham, und setzten unter ihre Nachkommen die Prophetie und die Schrift; unter ihnen manche gerechtleitet, doch viele ihrer sind Missetäter. 27. Dann ließen wir unsre Gesandten folgen auf ihre Spuren; wir ließen Jesus folgen, den Sohn Marias, und gaben ihm das Evangelium; und in die Herzen derer, die ihm folgten, legten wir Güte und Barmherzigkeit. Und das Mönchtum, das sie geschaffen, schrieben wir ihnen nicht vor, nur aus Verlangen nach dem Wohlgefallen Gottes; doch beobachteten sie es nicht in richtiger Beobachtung. Und denen von ihnen, die gläubig waren, gaben wir ihren Lohn, doch viele ihrer sind Missetäter. 28. O ihr, die ihr glaubt, fürchtet Gott und glaubet an seinen Gesandten; er gibt euch Doppeltes von seiner Barmherzigkeit, er setzt euch ein Licht, in dem ihr wandelt, und verzeiht euch. Und Gott ist allverzeihend und allbarmherzig. 29. Damit doch die Schriftleute erkennen, daß sie nichts über die Gnade

Gottes vermögen, und daß die Gnade in der Hand Gottes ist, die er gibt, wem er will. Und Gott ist Eigner der großen Gnade.

58. SURA VON DER STREITENDEN
MEDINISCH, AUS 22 VERSEN BESTEHEND

Im Namen Gottes, des Allerbarmers, des Allbarmherzigen.

1. *Gott hörte bereits die Rede jener, die mit dir wegen ihres Mannes stritt und sich vor Gott beklagte*[1]. *Und Gott hörte euer Gespräch, denn wahrlich, Gott ist allhörend und allschauend.* 2. *Die von euch zu ihren Frauen „Mutterrücken" sagen*[2], *— sie sind nicht ihre Mütter; ihre Mütter sind jene nur, die sie geboren. Sie sprechen nur ein verwerfliches Wort und Falschheit.* 3. *Und wahrlich, Gott ist allvergebend und allverzeihend.* 4. *Und die zu ihren Frauen „Mutterrücken" sagen, dann aber zurücknehmen, was sie gesagt, (ihnen sei auferlegt) die Befreiung eines Sklaven, bevor sie einander berühren. Dies ist, wessen ihr ermahnt werdet, und Gott ist kundig dessen, was ihr tut.* 5. *Wem dies aber nicht möglich ist, dem (sei auferlegt) ein Fasten von zwei Monaten hintereinander, bevor sie einander berühren; und wer dies nicht vermag, dem (sei auferlegt) die Speisung von sechzig Armen. Dies, auf daß ihr an Gott glaubet und seinen*

Gesandten. *Das sind die Bestimmungen Gottes; und den Ungläubigen qualvolle Strafe.* 6. *Wahrlich, die sich Gott widersetzen und seinem Gesandten, niedergestreckt werden sie, wie niedergestreckt sind die vor ihnen. Wir sandten bereits deutliche Zeichen, und den Ungläubigen schändende Strafe.* 7. *An jenem Tag wird sie Gott auferwecken allesamt, und ihnen verkünden, was sie getan. Gott zählte es, während sie es vergaßen. Und Gott ist über alle Dinge Bezeuger.* 8. *Siehst du nicht, daß Gott weiß, was in den Himmeln ist und was auf Erden? Es gibt kein Geheimgespräch unter dreien, bei dem er nicht vierter wäre, und keines unter fünfen, bei dem er nicht sechster wäre; und nicht weniger und nicht mehr, ohne bei ihnen zu sein, wo sie auch sind. Dann wird er ihnen verkünden, was sie getan, am Tag der Auferstehung; wahrlich, Gott ist aller Dinge wissend.* 9. *Siehst du jene nicht, denen das Geheimgespräch verboten ward, dann aber zurückkehrten zu dem, was ihnen ward verboten? Und sie unterhielten sich heimlich in Sündhaftigkeit, Feindschaft und Widerspenstigkeit gegen den Gesandten. Und wenn sie zu dir kommen, grüßen sie dich, womit dich Gott nicht grüßt*[3]. *Sie sprechen bei sich: Will uns Gott vielleicht strafen für das, was wir gesagt? Ihr Genüge ist die Hölle, in der sie braten; wie schlimm ist die Einkehr!* 10. *O ihr, die ihr glaubt, wenn ihr euch heimlich unterhaltet, so unterhaltet euch nicht in Sündhaftigkeit, Feindschaft und*

Widerspenstigkeit gegen den Propheten. Unterhaltet euch in Frömmigkeit und Gottesfurcht; und fürchtet Gott, zu dem ihr versammelt werdet. 11. Die heimlichen Gespräche sind von Satan nur, um zu betrüben, die gläubig sind; doch kann er ihnen kein Leid zufügen, es sei denn mit dem Willen Gottes. Und auf Gott vertrauen sollen die Gläubigen. 12. O ihr, die ihr glaubt, wenn euch gesagt wird, daß ihr Platz machet in der Sitzung, so machet Platz, und einst Platz machen wird euch Gott. Und wenn euch gesagt wird, daß ihr euch erhebet, so erhebet euch, und erhöhen wird Gott um Stufen jene von euch, die gläubig sind und die Erkenntnis haben. Und Gott ist kundig dessen, was ihr tut. 13. O ihr, die ihr glaubt, wenn ihr reden wollt mit dem Gesandten, so schicket eurer Unterredung ein Almosen voraus; dies ist besser für euch und reiner. Wenn ihr dies aber nicht vermöget, so ist Gott wahrlich vergebungsreich und allbarmherzig. 14. Habt ihr Bedenken, eurer Unterredung vorauszuschicken ein Almosen? Wenn ihr es nicht tut, und Gott sich euch zuwendet, so verrichtet das Gebet und entrichtet den Armenbeitrag. Und gehorchet Gott und seinem Gesandten, denn Gott ist kundig dessen, was ihr tut. 15. Sahst du auf jene nicht, die zu Freunden nahmen ein Volk, über das Gott zürnt[4]? Sie gehören nicht zu euch und gehören nicht zu ihnen; sie schwören auf die Lüge, und sie wissen es. 16. Gott bereitete ihnen schwere Pein, denn wahrlich, böse ist, was sie tun. 17. Sie machen ihre Eide zur Hülle und verdrängen vom Pfad Gottes; schändende Pein ist ihnen. 18. Nicht ihr Vermögen und nicht ihre Kinder werden sie vor Gott schützen irgendwie; diese sind Genossen des Fegefeuers, darinnen sie ewig weilen. 19. An jenem Tag wird Gott sie auferwecken allesamt, und schwören werden sie ihm, wie sie euch schwören, und meinen, es (nütze) ihnen etwas. Sind sie nicht wahrlich die Lügner? 20. Satan überwältigte sie und machte sie die Ermahnung Gottes vergessen. Diese sind die Schar Satans. Die Schar Satans, sind sie nicht wahrlich die Verlustigen? 21. Wahrlich, die Gott zuwiderhandeln und seinem Gesandten, diese sind unter den Erniedrigten. Gott hat geschrieben: Siegen werde ich und meine Gesandten. Wahrlich, Gott ist stark und gewaltig. 22. Kein Volk, das an Gott glaubt und an den Jüngsten Tag, wirst du einen lieben finden, der Gott zuwiderhandelt und seinem Gesandten, und wären es auch ihre Väter oder ihre Söhne, ihre Brüder oder ihre Verwandten. Diese sind es, in deren Herzen Gott den Glauben geschrieben und die er mit einem Geist von ihm aus gestärkt. Und einführen wird er sie in Gärten, darunterhin Ströme fließen, in denen sie ewig weilen. Gott hat Wohlgefallen an ihnen und sie haben Wohlgefallen an ihm. Diese sind die Schar Gottes. Die Schar Gottes, sind sie nicht wahrlich die Glückhabenden?

59. SURA VON DER VER-BANNUNG
MEDINISCH, AUS 24 VERSEN BESTEHEND

Im Namen Gottes, des Allerbarmers, des Allbarmherzigen.

1. Gott preist, was in den Himmeln und was auf Erden, und er ist der Allgewaltige, der Allweise. 2. Er ist es, der vertrieben hat jene, die von den Schriftleuten ungläubig waren, aus ihren Wohnstätten bei der ersten Verbannung[1]. Ihr dachtet nicht, daß sie auswandern würden, und sie selber dachten, ihre Burgen würden sie vor Gott schützen; aber Gott kam ihnen, von wo sie es nicht dachten, und warf Schrecken in ihre Herzen, daß sie ihre Häuser zerstörten mit ihren Händen, auch durch die Hände der Gläubigen. So nehmet euch ein Beispiel, o ihr, die ihr Augen habt. 3. Und hätte Gott nicht über sie die Auswanderung geschrieben, ganz gewiß würde er sie hienieden bestraft haben, und im Jenseits ist ihnen die Strafe des Fegefeuers. 4. Dies, weil sie Gott trotzten und seinem Gesandten, und wer Gott trotzt — wahrlich, Gott ist gewaltig in der Bestrafung. 5. Was ihr niedergehauen habt von der Palme oder stehen lassen habt auf der Wurzel, es geschah mit dem Willen Gottes; und um in Schande zu stürzen die Missetäter. 6. Und was Gott seinem Gesandten von ihnen (an Beute) zukommen ließ, so habt ihr hierfür keine Reiterei auf-

geboten und keine Kamelschar. Aber Gott nur gibt seinem Gesandten Gewalt über wen er will; und Gott ist über alle Dinge mächtig. 7. *Was Gott seinem Gesandten zukommen ließ (an Beute) von den Bewohnern der Städte, gehört Gott und dem Gesandten, dessen Anverwandten, den Waisen, den Armen und den Wanderern, auf daß es nicht kreise zwischen den Reichen unter euch. Und was der Gesandte euch gibt, das nehmet, und was er euch verwehrt, davon enthaltet euch. Und fürchtet Gott, denn wahrlich, Gott ist gewaltig in der Bestrafung.* 8. *Den Dürftigen, den Ausgewanderten, die vertrieben sind von ihren Wohnstätten und ihren Gütern, die nach der Gnade Gottes und Wohlgefallen streben und Gott beistehen und seinem Gesandten. Diese sind die Wahrhaftigen.* 9. *Und die von früher her ihre Häuser bewohnen und den Glauben (angenommen)*[2]*, lieben jene, die zu ihnen ausgewandert; sie finden in ihren Busen kein Verlangen nach dem, was (jene) erhielten, und bevorzugen sie sich selber, wenn auch unter ihnen Dürftigkeit ist. Und wer sich wahrt vor der Habsucht seiner Seele, — diese sind die Glückhabenden.* 10. *Und die nach ihnen gekommen, sprechen: Herr unser, vergib uns und unsren Brüdern, die uns vorangegangen im Glauben, und lege in unsre Herzen keinen Groll gegen die, so glauben*[3]. *Herr unser, du bist gütig und barmherzig.* 11. *Sahst du auf jene nicht, die heuchelten, wie sie sprachen zu ihren Brüdern, zu denen, die* *ungläubig sind von den Schriftleuten: Werdet ihr vertrieben, so wandern wir mit euch aus; nie gehorchen wir jemand gegen euch, und werdet ihr angegriffen, wir stehen euch bei. Gott aber ist Zeuge, daß sie Lügner sind. 12. Werden sie vertrieben, sie wandern nicht mit ihnen aus, und werden sie angegriffen, sie stehen ihnen nicht bei; aber auch wenn sie ihnen beistehen, ganz gewiß wenden sie den Rücken, und ihnen wird nicht geholfen. 13. Ihr seid stärker, Furcht in ihren Busen von Gott; dies, weil sie Leute sind, die nicht verstehen. 14. Sie bekämpfen euch nicht als geschlossenes Heer, sondern aus befestigten Städten oder hinter Wällen. Ihr Mut unter sich ist stark; du hältst sie für ein geschlossenes Heer, doch sind ihre Herzen geteilt. Dies, weil sie Leute sind, die nicht begreifen. 15. Gleich denen, die kurz vor ihnen*[4] *kosteten das Unheil ihrer Handlung; und qualvolle Strafe ist ihnen. 16. Gleich Satan, der zum Menschen sprach: sei ungläubig, und als dieser ungläubig ward, sprach er: Schuldlos bin ich an dir, ich fürchte den Herrn der Weltbewohner. 17. Und ihrer beiden Ende war, daß sie im Fegefeuer sind, ewig darinnen. Das ist der Entgelt der Frevler. 18. O ihr, die ihr glaubt, fürchtet Gott, und jede Seele schaue, was sie für morgen vorausgeschickt. Und fürchtet Gott, denn wahrlich, Gott ist kundig dessen, was ihr tut. 19. Seid wie jene nicht, die Gott vergaßen, und er machte sie sich selber vergessen. Diese sind die Missetäter. 20. Nicht gleich sind die*

Genossen des Fegefeuers und die Genossen des Paradieses. Die Genossen des Paradieses sind die Glückseligen. 21. Hätten wir diesen Koran auf einem Berg geoffenbart, du sähest ihn demütig gespalten aus Furcht vor Gott. Und diese Gleichnisse prägen wir den Menschen, auf daß sie nachdenken. 22. Er ist Gott, außer dem es keinen Gott gibt als er; er ist Wisser des Verborgnen und des Sichtbaren; er, der Allerbarmer, der Allbarmherzige. 23. Er ist Gott, außer dem es keinen Gott gibt als er, der König, der Heilige, der Friedliche, der Treue, der Behüter, der Gewaltige, der Starke, der Hochgepriesene. Preis Gott ob dem, was sie ihm beigesellen. 24. Er ist Gott, der Bildner, der Schöpfer, der Gestalter; sein sind die schönsten Namen. Ihn preist, was in den Himmeln ist und was auf Erden, und er ist der Allgewaltige, der Allweise.

60. SURA VON DER GEPRÜFTEN
MEDINISCH, AUS 13 VERSEN BESTEHEND

Im Namen Gottes, des Allerbarmers, des Allbarmherzigen.

1. O ihr, die ihr glaubt, nehmet nicht meinen Feind und euren Feind zu Freunden, ihnen mit Liebe zu begegnen. Sie glauben das nicht, was euch gekommen ist von der Wahrheit, und vertrieben den Gesandten und euch auch, weil ihr an Gott glaubt, euren Herrn.

Wenn ihr ausgezogen seid zum Kampf für meinen Pfad, mein Wohlgefallen erstrebend, hegt ihr heimlich Liebe zu ihnen; ich aber weiß, was ihr verberget und was ihr kundtut. Und wer von euch dies tut, bereits ist er abgeirrt vom geraden Weg. 2. Wenn sie euch fassen können, sind sie euch Feinde, und strecken gegen euch ihre Hände aus und ihre Zungen in Bösem, und sie wünschen, daß ihr ungläubig würdet. 3. Nicht nützen wird euch eure Blutsverwandtschaft und nicht eure Kinder am Tag der Auferstehung, der trennen wird zwischen euch. Und Gott ist schauend dessen, was ihr tut. 4. Ihr habt bereits ein schönes Vorbild an Abraham und denen, die mit ihm waren; sie sprachen zu ihrem Volk: Wir sind frei von euch und von dem, was ihr anbetet außer Gott. Wir verleugnen euch, und offen sei zwischen uns und euch Feindschaft und Haß für immer, bis ihr an Gott allein glaubt. Nur sprach Abraham zu seinem Vater: Ich werde für dich um Verzeihung bitten, doch vermag ich für dich nichts von Gott. Herr unser, auf dich vertrauen wir, zu dir wenden wir uns, und zu dir ist die Einkehr. 5. Herr unser, mach uns nicht zur Versuchung[1] für jene, die ungläubig sind, und vergib uns, Herr unser, denn du bist der Allgewaltige, der Allweise. 6. In ihnen ist euch bereits ein schönes Vorbild für den, der auf Gott hofft und den Jüngsten Tag. Und wer sich abwendet, — wahrlich, Gott ist der Reiche, der Hochgepriesene. 7. Vielleicht, daß Gott zwischen euch und denen, die ihr von ihnen befeindet, Liebe schafft, denn Gott ist allmächtig; und Gott ist vergebungsreich und allbarmherzig. 8. Gott hält euch nicht zurück von denen, die euch nicht bekämpfen wegen der Religion und euch nicht vertrieben aus euren Wohnstätten, sie gütig zu behandeln und gegen sie gerecht zu sein. Wahrlich, Gott liebt die Gerechten. 9. Gott hält euch zurück von denen nur, die euch bekämpfen wegen eurer Religion, euch vertrieben aus euren Wohnstätten oder beigetragen zu eurer Vertreibung, mit ihnen Freundschaft zu halten. Wer mit ihnen Freundschaft hält, — diese sind die Frevler. 10. O ihr, die ihr glaubt, wenn Gläubiginnen, ausgewanderte, zu euch kommen, so prüfet sie. Gott kennt gar wohl ihren Glauben. Und habt ihr sie als Gläubige erkannt, so schicket sie nicht zurück zu den Ungläubigen. Sie sind nicht erlaubt jenen, noch sind jene erlaubt ihnen. Doch gebt jenen zurück, was sie aufgewendet. Und kein Vergehen ist es von euch, sie zu heiraten, wenn ihr ihnen ihre Morgengabe gebt; aber haltet die Ungläubigen nicht in Schutz zurück. Fordert zurück, was ihr aufgewandt; und auch jene mögen zurückfordern, was sie aufgewandt. Das ist die Entscheidung Gottes, die er zwischen euch entschieden. Und Gott ist allwissend und allweise. 11. Und wenn von euren Frauen manche zu den Ungläubigen entkommen, und ihr dann Beute macht, so gebt denen, deren Frauen entlaufen[2] sind, soviel sie aufgewandt. Und fürchtet Gott, an den ihr glaubet. 12. O Prophet, wenn die Gläubiginnen zu dir kommen und dir schwören, Gott nichts beizugesellen, nicht zu stehlen, nicht zu huren, ihre Kinder nicht zu töten, keine Verleumdung vorzubringen, die sie zwischen ihren Händen und Füßen³ ersinnen, und dir nicht ungehorsam zu sein in Gebührlichem, so nimm ihren Schwur an und bitte für sie Gott um Vergebung. Wahrlich, Gott ist vergebungsreich und barmherzig. 13. O ihr, die ihr glaubt, nehmet nicht zu Freunden ein Volk, über das Gott zürnt; sie verzweifeln am Jenseits, wie die Ungläubigen verzweifelten an den Genossen der Gräber⁴.

61. SURA VON DER SCHLACHTLINIE
MEDINISCH, AUS 14 VERSEN BESTEHEND

Im Namen Gottes, des Allerbarmers, des Allbarmherzigen.

1. Gott preist, was in den Himmeln ist und was auf Erden, und er ist der Allgewaltige, der Allweise. 2. O ihr, die ihr glaubt, warum sagt ihr, was ihr nicht tut? 3. Schwer ist die Schimpflichkeit bei Gott, wenn ihr sagt, was ihr nicht tut. 4. Wahrlich, Gott liebt, die für seinen Pfad kämpfen in einer Schlachtlinie, als wären sie ein festgefügter Bau. 5. Und einst sprach Moses zu seinem Volk: O mein Volk, warum schmäht ihr mich, wo ihr doch wisset, daß ich ein Gesandter Gottes bin an euch? Als sie aber abgewichen, ließ Gott ihre Herzen abweichen. Und Gott rechtleitet nicht das Volk der Missetäter. 6. Und einst sprach Jesus, der Sohn Marias: O Kinder Israels, ich bin ein Gesandter Gottes an euch, Bestätiger dessen, was schon vor mir war von der Thora, und Verkünder eines Gesandten, der nach mir kommen wird, dessen Name Achmed[1]. *Als er ihnen aber mit deutlichen Wundern kam, sprachen sie: Das ist offenbare Zauberei. 7. Und wer ist als der frevelhafter, der über Gott Lüge erdichtet, wenn er gerufen wird zur Gottbekenntnis? Und Gott rechtleitet nicht das Volk der Frevler. 8. Sie wollen das Licht Gottes ausblasen mit ihren Mündern, doch Gott vervollständigt sein Licht, und sollte es zuwider sein den Ungläubigen. 9. Er ist es, der seinen Gesandten mit der Rechtleitung gesandt und mit der wahren Religion, sie überwinden zu lassen die Religionen alle, und sollte es zuwider sein den Götzendienern. 10. O ihr, die ihr glaubt, soll ich euch einen Handel zeigen, der euch rettet vor qualvoller Strafe? 11. Glaubet an Gott und seinen Gesandten und streitet für den Pfad Gottes mit eurem Vermögen und eurer Person. Dies ist zu eurem Besten, wenn ihr es doch wüßtet. 12. Er wird euch vergeben eure Sünden und euch führen in Gärten, darunterhin Ströme fließen, und in angenehme Wohnungen in den Gärten Edens. Dies ist die höchste Glückseligkeit. 13. Und noch andres, das ihr wünscht: Hilfe von*

Gott und nahen Sieg. Und verkünde Heil den Gläubigen. 14. O ihr, die ihr glaubt, seid Helfer Gottes, wie Jesus, der Sohn Marias, zu den Jüngern sprach: Wer sind meine Helfer für Gott? Die Jünger sprachen: Wir sind Helfer Gottes. So glaubte ein Teil der Kinder Israels, und ungläubig war ein Teil. Da stärkten wir jene, die gläubig waren, gegen ihre Feinde, und morgens waren sie die Überwinder.

62. SURA VOM FREITAG [1]
MEDINISCH, AUS 11 VERSEN BESTEHEND

Im Namen Gottes, des Allerbarmers, des Allbarmherzigen.

1. Gott preist, was in den Himmeln ist und was auf Erden, den König, den Heiligen, den Allgewaltigen, den Allweisen. 2. Er ist es, der erweckt hat unter den Unwissenden[2] einen Gesandten aus ihrer Mitte, daß er ihnen vorlese seine Verse und sie reinige und sie lehre die Schrift und die Weisheit, denn sie waren zuvor in offenbarer Irrung. 3. Und andre von ihnen haben sie noch nicht erlangt, doch er ist der Allgewaltige, der Allweise. 4. Dies ist die Gnade Gottes, die er gewährt, wem er will, und Gott ist Eigner der großen Gnade. 5. Das Gleichnis derer, die mit der Thora beladen wurden und sie dann nicht tragen wollen, ist das Gleichnis eines Esels, der Bücher trägt. Wie schlimm ist das Gleichnis der Leute, die die Verse Gottes lügenhaft genannt! Und

Gott rechtleitet nicht das Volk der Frevler. 6. Sprich: O ihr, die ihr Juden seid, meint ihr die Nächsten Gottes zu sein vor den andren Menschen, so wünscht doch den Tod, wenn ihr wahrhaftig seid. 7. Doch nimmer wünschen sie ihn, ob dem, was ihre Hände vorgewirkt, und Gott ist Kenner der Frevler. 8. Sprich: Wahrlich, der Tod, den ihr flieht, wird euch begegnen; dann werdet ihr zurückgebracht zum Wisser des Verborgnen und des Sichtbaren, und er wird euch verkünden, was ihr getan. 9. O ihr, die ihr glaubt, wenn am Freitag gerufen wird zum Gebet, so eilet zum Gedächtnis Gottes und lasset den Handel. Dies ist zu eurem Besten, wenn ihr es doch wüßtet. 10. Und ist das Gebet beendet, so zerstreuet euch im Land und strebet nach der Gnadenfülle Gottes; aber denket häufig an Gott, auf daß ihr Glück habet. 11. Doch wenn sie ein Geschäft sehen oder Spiel, strömen sie dahin und lassen dich stehen. Sprich: Was bei Gott, besser ist es als Spiel und Handel. Und Gott ist der beste Versorger.

63. SURA VON DEN HEUCHLERN
MEDINISCH, AUS 11 VERSEN BESTEHEND

Im Namen Gottes, des Allerbarmers, des Allbarmherzigen.

1. Wenn zu dir kommen die Heuchler, sagen sie: Wir bezeugen, du bist der Gesandte Gottes. Und

Gott weiß wahrlich, daß du sein Gesandter bist, und Gott bezeugt, daß die Heuchler gewißlich Lügner sind. 2. Sie machen ihre Eide zur Hülle und verdrängen vom Pfad Gottes. Wahrlich, schlimm ist, was sie tun! 3. Dies, weil sie gläubig waren, dann aber ungläubig geworden. Versiegelt sind ihre Herzen, und sie verstehen nicht. 4. Siehst du sie, du bewunderst ihre Körper, und reden sie, du hörst auf ihre Rede. Sie sind wie gestützte Balken, und meinen, jeder Schrei gelte ihnen[1]. *Sie sind die Feinde, so hüte dich vor ihnen. Bekämpfe sie Gott, wie sind sie abgewichen! 5. Und sagt man zu ihnen: kommt her, um Verzeihung bitten will für euch der Gesandte Gottes, — sie schütteln ihre Köpfe, und du siehst sie sich abkehren und sich stolz gebärden. 6. Gleich ist es für sie, ob du für sie um Verzeihung bittest oder für sie nicht um Verzeihung bittest, Gott verzeiht ihnen doch nicht. Wahrlich, Gott rechtleitet nicht das Volk der Missetäter. 7. Sie sind es, die sagen: Spendet für die nicht, die beim Gesandten Gottes, bis sie sich zerstreut. Gottes aber sind die Schätze der Himmel und der Erde; doch die Heuchler verstehen es nicht. 8. Sie sagen: Sind wir erst nach der Stadt*[2] *zurückgekehrt, die Vornehmen sollen aus dieser vertreiben die Gemeinen. Gottes aber ist die Macht und seines Gesandten und der Gläubigen; doch die Heuchler wissen es nicht. 9. O ihr, die ihr glaubt, nicht euer Vermögen soll euch zurückhalten und nicht eure Kinder von der*

Erinnerung Gottes. Wer solches tut, — diese sind die Verlustigen. 10. Und spendet von dem, womit wir euch versorgt haben, bevor der Tod an eurer einen herantritt, und er dann spricht: O Herr, wenn du mir noch bis zu einem nahen Ziel fristen wolltest, daß ich Almosen gebe und der Frommen werde einer! 11. Gott aber fristet keiner Seele, wenn ihr Ziel gekommen; und Gott ist kundig dessen, was ihr tut.

64. SURA VON DER ÜBER= VORTEILUNG
MEKKANISCH, AUS 18 VERSEN BESTEHEND

Im Namen Gottes, des Allerbarmers, des Allbarmherzigen.

1. Gott preist, was in den Himmeln ist und was auf Erden. Sein ist die Herrschaft, sein ist der Lobpreis, und er ist über alle Dinge mächtig. 2. Er ist es, der euch erschaffen. Unter euch mancher ist Ungläubiger und unter euch mancher ist Gläubiger; und Gott ist schauend dessen, was ihr tut. 3. Er schuf Himmel und Erde in Wahrheit, er gestaltete euch und machte schön eure Gestalt, und zu ihm ist die Einkehr. 4. Er weiß, was in den Himmeln ist und was auf Erden, er weiß, was ihr verheimlicht und was ihr kundtut, und Gott ist kundig des Inhalts der Busen. 5. Kam euch nicht die Kunde derer, die ungläubig waren zuvor und kosteten das Unheil ihrer Handlung? Und qualvolle Strafe ist ihnen.

6. Dies, weil ihre Gesandten zu ihnen kamen mit deutlichen Wundern, und sie zu ihnen sprachen: Soll uns rechtleiten ein Fleischwesen? Sie waren ungläubig und wandten sich ab. Aber Gott ist unbedürftig, und Gott ist reich und hochgepriesen. 7. Die ungläubig sind, meinen, sie würden nicht auferweckt werden. Sprich: Ja, bei meinem Herrn, ihr werdet ganz gewiß auferweckt, dann wird euch verkündet, was ihr getan. Und das ist für Gott ein leichtes. 8. So glaubet an Gott und seinen Gesandten und das Licht, das wir niedergesandt. Und Gott ist kundig dessen, was ihr tut. 9. An jenem Tag wird er euch versammeln, für den Tag der Versammlung, das ist der Tag der gegenseitigen Übervorteilung[1]. Und wer an Gott glaubt und Gutes tut, dem wird er seine Missetaten vergeben und ihn einführen in Gärten, darunterhin Ströme fließen, in denen er ewig weilt und stets. Dies ist die höchste Glückseligkeit. 10. Die aber ungläubig waren und lügenhaft schalten unsre Verse, diese sind Genossen des Fegefeuers, darin sie ewig weilen. Wie schlimm ist die Einkehr! 11. Es trifft kein Unfall ein, als mit dem Willen Gottes. Und wer an Gott glaubt, dessen Herz rechtleitet er. Und Gott ist aller Dinge wissend. 12. Gehorchet Gott und gehorchet dem Gesandten; und wendet ihr euch ab, — unsrem Gesandten obliegt die öffentliche Warnung nur. 13. Gott, es gibt keinen Gott außer ihm; und auf Gott vertrauen sollen die Gläubigen. 14. O ihr,

die ihr glaubt, wahrlich, an euren Frauen und an euren Kindern habt ihr Feinde², so hütet euch vor ihnen. Doch wenn ihr nachsichtig seid und vergebt und verzeiht, — wahrlich, Gott ist vergebungsreich und barmherzig. 15. Eure Reichtümer und eure Kinder, sie sind eine Versuchung nur; und Gott, bei ihm ist großer Lohn. 16. So fürchtet Gott, was ihr nur vermöget, und höret und gehorchet; und spendet zum Besten eurer Seelen. Und wer sich wahrt vor der Habsucht seiner Seele, — diese sind die Glückhabenden. 17. Wenn ihr Gott ein schönes Darlehn leiht, er verdoppelt es euch und verzeiht euch; und Gott ist dankbar und sanftmütig. 18. Er ist Wisser des Verborgnen und des Sichtbaren, der Allgewaltige, der Allweise.

65. SURA VON DER EHE-SCHEIDUNG
MEDINISCH, AUS 12 VERSEN BESTEHEND

Im Namen Gottes, des Allerbarmers, des Allbarmherzigen.

1. O Prophet, wenn ihr Frauen scheidet, so scheidet sie zu ihrer Frist¹, und setzet die Frist fest; und fürchtet Gott, euren Herrn. Vertreibet sie nicht aus ihren Häusern, und sie sollen nicht fortgehen, außer sie haben eine offenbare Schändlichkeit begangen. Dies sind die Satzungen Gottes; und wer die Satzungen Gottes übertritt, befrevelt hat er seine Seele.

Du weißt nicht, später läßt Gott vielleicht die Angelegenheit anders ausgehen. 2. Und wenn ihre Frist verstrichen, so behaltet sie nach Fug oder trennt euch von ihnen nach Fug; und lasset rechtfertige Leute von euch Zeugen sein, und bestätigt das Zeugnis vor Gott. Mit diesem werde ermahnt, wer an Gott glaubt und den Jüngsten Tag; und wer Gott fürchtet, dem gibt er Ausgang und versorgt ihn, woher er nicht denkt. 3. Und wer auf Gott vertraut, dem ist er Genüge. Wahrlich, Gott ist Erreicher seiner Sache, und jedem Ding gab Gott eine Bestimmung. 4. Und denen von euren Frauen, die an der Menstruation verzweifeln, wartet, wenn ihr zweifelt, drei Monate, auch denen, die noch nicht menstruiert. Und den Schwangeren gebet Frist, bis sie sich ihrer Schwangerschaft entledigt. Und wer Gott fürchtet, dem gibt er seiner Sache Erleichterung. 5. Dies ist der Befehl Gottes, den er euch herabgesandt; und wer Gott fürchtet, dem vergibt er seine Missetaten und vergrößert ihm den Lohn. 6. Lasset sie[2] wohnen, wo auch ihr wohnt, von eurem Besitz, und bedränget sie nicht, auf sie zu drücken. Wenn sie schwanger sind, wendet für sie auf, bis sie sich ihrer Schwangerschaft entledigt, und wenn sie für euch säugen, gebt ihnen ihren Lohn; einiget euch untereinander nach Billigkeit, und werdet ihr nicht einig, so soll eine andre (Frau das Kind) säugen. 7. Der Vermögende wende auf nach seinem Vermögen, und wem sein Unterhalt zugemessen ist, wende auf von dem, was Gott ihm gegeben. Gott legt einem nur so viel auf, als er ihm gegeben, und einst wird Gott ihm Leichtigkeit zuteilen nach der Schwierigkeit. 8. Und wie manche Stadt widersetzte sich dem Befehl ihres Herrn und seiner Gesandten; wir aber rechneten mit ihr eine schwere Abrechnung und straften sie mit unerhörter Strafe. 9. So kostete sie das Unheil ihrer Handlung, und das Ende ihrer Handlung war Untergang. 10. Gott bereitete für sie schwere Strafe. So fürchtet Gott, o Leute von Verstand. 11. Die gläubig sind, Gott sandte euch nun Ermahnung nieder, einen Gesandten, der euch die deutlichen Verse Gottes vorliest, auf daß er die, so gläubig sind und gute Werke üben, aus den Finsternissen führe ans Licht. Und wer an Gott glaubt und Gutes übt, den führt er in Gärten, darunterhin Ströme fließen, in denen er ewig weilt und stets. Gott verschönte ihm die Versorgung. 12. Gott ist es, der die sieben Himmel erschaffen und Erden ebensoviele; zwischen ihnen steigt sein Befehl nieder, damit ihr wisset, daß Gott aller Dinge mächtig ist, und daß Gott alle Dinge umfaßt in Kenntnis.

66. SURA VON DER VERSAGUNG

MEDINISCH, AUS 12 VERSEN BESTEHEND

Im Namen Gottes, des Allerbarmers, des Allbarmherzigen.

1. O Prophet, weshalb versagst du dir, was Gott dir erlaubt, indem du erstrebest das Wohlgefallen deiner Weiber[1]? Und Gott ist vergebungsreich und allbarmherzig. 2. Gott erlaubte euch bereits die Lösung eurer Eide; Gott ist euer Beschützer, und er ist der Allwissende, der Allweise. 3. Einst vertraute der Prophet einer seiner Frauen eine Begebenheit, und als sie diese ausplauderte, und Gott es ihm enthüllte, da tat er ihr einen Teil davon kund und verschwieg einen Teil. Als er es ihr vorhielt, sprach sie: Wer zeigte es dir an? Er erwiderte: Es zeigte mir an der Allwissende, der Allkundige. 4. Wenn ihr[2] euch Gott zuwendet, so haben eure Herzen sich geneigt, wenn ihr euch aber gegen ihn verbindet, so ist wahrlich Gott sein Schutzfreund, und Gabriel und die Frommen unter den Gläubigen und die Engel sind ihm nach diesem Helfer. 5. Vielleicht gibt sein Herr ihm, wenn er sich von euch scheidet, Weiber besser als ihr, gottergebene, gläubige, demütige, reuige, gottverehrende und fromme, geehlichte und jungfräuliche. 6. O ihr, die ihr glaubt, schützet euch selbst und eure Angehörigen vor dem Fegefeuer, dessen Brennstoff Menschen sind

und Steine, darüber Engel streng und gewaltig; sie sind Gott nicht ungehorsam in dem, was er ihnen befiehlt, sie vollbringen, was ihnen geheißen. 7. O ihr, die ihr ungläubig seid, nicht entschuldigen werdet ihr euch an jenem Tag; gelohnt wird euch das nur, was ihr getan. 8. O ihr, die ihr glaubt, wendet euch zu Gott in aufrichtiger Reue, vielleicht vergibt euch euer Herr eure Missetaten und führt euch in Gärten, darunterhin Ströme fließen. An jenem Tag wird Gott dem Propheten keine Schande antun, und denen, die mit ihm geglaubt. Ihr Licht wandelt vor ihnen und an ihrer Rechten, und sie sprechen: Herr unser, vervollkommne unser Licht und vergib uns, denn wahrlich, du bist aller Dinge mächtig. 9. O Prophet, bekämpfe die Ungläubigen und die Heuchler und sei streng gegen sie. Ihr Aufenthalt ist die Hölle, und wie schlimm ist die Einkehr! 10. Gott prägte ein Gleichnis für die, so ungläubig sind, das Weib Noahs und das Weib Lots; sie gehörten beide zwei frommen unsrer Diener, und sie trogen sie. So nützte ihnen nichts vor Gott, und gesprochen ward: Tretet ein in das Fegefeuer mit den Eintretenden! 11. Und Gott prägte ein Gleichnis für die, so gläubig sind, das Weib Pharaos, die einst sprach: O Herr, baue mir ein Haus bei dir im Paradies und befreie mich von Pharao und seinem Tun, befreie mich vom Volk der Frevler. 12. Und Maria, die Tochter Amrams, die ihre Jungfräulichkeit bewahrte, der wir von unsrem

Geist einhauchten; sie vertraute auf die Worte ihres Herrn und seine Schriften und war von den Demütigen.

67. SURA VON DER HERRSCHAFT
MEKKANISCH, AUS 30 VERSEN BESTEHEND

Im Namen Gottes, des Allerbarmers, des Allbarmherzigen.

1. Gelobt sei, in dessen Hand die Herrschaft ist, und er ist über alle Dinge mächtig. 2. Der den Tod schuf und das Leben, daß er euch prüfe, wer von euch am besten ist an Werk, und er ist der Allgewaltige, der Allverzeihende. 3. Der sieben Himmel schuf übereinander geschichtet. Kein Mißverhältnis siehst du in der Schöpfung des Allerbarmers; wende den Blick, siehst du einen Riß? 4. Dann wende den Blick zweimal, und müde kehrt der Blick zu dir zurück, er ist matt. 5. Wir schmückten den untersten Himmel mit Leuchten und machten sie zur Steinigung[1] der Satane, und diesen bereiteten wir die Strafe des Höllenfeuers. 6. Und denen, die ihren Herrn verleugnen, ist Strafe der Hölle; und wie schlimm ist die Einkehr! 7. Wenn sie hineingeworfen werden, hören sie sie prasseln, und sie sprüht. 8. Fast birst sie vor Grimm. Sooft hineingeworfen wird eine Schar, fragen sie ihre Wächter: Kam euch kein Warner? 9. Sie sprechen: Ja, uns kam ein Warner, doch wir schalten (ihn) lügenhaft und sprachen: Gott hat nichts geoffenbart, ihr seid in großer Irrung nur. 10. Und sie sprechen: Hätten wir doch gehört oder begriffen, wir wären nicht unter den Genossen des Höllenfeuers. 11. So bekannten sie ihre Schuld, aber fern für die Genossen des Höllenfeuers. 12. Wahrlich, die ihren Herrn fürchten im geheimen, ihnen Verzeihung und großer Lohn. 13. Verheimlicht eure Rede oder laßt sie verlauten, wahrlich, er ist Wisser des Inhalts der Busen. 14. Sollte es nicht wissen, wer es erschaffen? Und er ist der Allgütige, der Allkundige. 15. Er ist es, der euch die Erde gemacht unterwürfig; so durchwandert ihre Gegenden und esset von seiner Versorgung; und zu ihm ist die Auferweckung. 16. Seid ihr sicher vor dem im Himmel, daß er mit euch nicht sinken läßt die Erde? Siehe, sie schwankt! 17. Oder seid ihr vor dem im Himmel sicher, daß er über euch nicht sendet einen Steinregen? Dann wißt ihr, wie es ist mit der Warnung. 18. Geleugnet haben die vor ihnen schon, und wie war mein Tausch! 19. Schauen sie nicht auf die Vögel über ihnen, reihenweise flügelschlagend? Niemand hält sie, als der Allerbarmer; wahrlich, er ist aller Dinge schauend. 20. Wer ist es, der euch wie ein Heer beisteht, außer dem Allerbarmer? Die Ungläubigen aber sind in Täuschung nur. 21. Wer ist es, der euch versorgen könnte, wollte er seine Versorgung zurückhalten? Ja, sie beharren in Trotz und Wahrheitsflucht. 22. Ist, wer mit zur Erde gebeugtem Gesicht geht, besser gerechtleitet, oder wer aufrecht geht auf dem geraden Weg? 23. Sprich: Er ist es, der euch entstehen ließ und euch Gehör gab und Gesicht und Herz; nur wenige, die ihr dankbar seid. 24. Sprich: Er ist es, der euch auf Erden geschaffen, und zu ihm werdet ihr versammelt werden. 25. Sie sagen: Wann diese Verheißung, wenn ihr wahrhaftig seid? 26. Sprich: Nur bei Gott ist das Wissen, und ich bin ein öffentlicher Warner nur. 27. Wenn sie sie sehen nahe, schlimm werden die Gesichter derer, die ungläubig sind, und gesprochen wird: Das ist, was ihr angerufen. 28. Sprich: Schauet her, ob Gott mich vernichtet, und wer mit mir, oder mir barmherzig ist, wer aber schützt die Ungläubigen vor qualvoller Strafe? 29. Sprich: Er ist der Allerbarmer, an ihn glauben wir und auf ihn vertrauen wir. Einst werdet ihr wissen, wer ist in offenbarer Irrung. 30. Sprich: Schauet her, wenn morgens euer Wasser versiegt, wer gibt euch Quellwasser?

68. SURA VOM GRIFFEL
MEKKANISCH, AUS 52 VERSEN BESTEHEND

Im Namen Gottes, des Allerbarmers, des Allbarmherzigen.

1. N. Beim Griffel, und was sie schreiben: 2. Du bist durch deines Herrn Huld kein Besessener. 3. Und wahrlich, dir ist Lohn unverkürzt. 4. Und du

bist von erhabener Eigenschaft. 5. Einst wirst du sehen, und auch sie werden sehen, 6. Wer von euch ist der Verrückte. 7. Wahrlich, dein Herr weiß wohl, wer abirrt von seinem Pfad, und er kennt auch die Gerechtleiteten. 8. Und gehorche nicht den Lügenzeihern. 9. Sie wünschen, daß du entgegenkommst, dann wollen auch sie entgegenkommen. 10. Aber gehorche nicht jedem verächtlichen Schwörer. 11. In Lästerung schleichenden Verleumder. 12. Hindrer des Guten, sündhaften Frevler. 13. Gewalttäter, Hurenkind außerdem. 14. Wenn er auch Vermögen besitzt und Kinder. 15. Wenn ihm unsre Verse vorgelesen werden, spricht er: altväterliche Fabeln. 16. Brandmarken wollen wir ihm die Nase[1]. 17. Wahrlich, wir prüfen sie, wie wir einst prüften die Genossen des Gartens, als sie schworen, ihn abzuernten morgens[2]. 18. Und sie machten keine Ausnahme. 19. Da umgab ihn ein Zerstörungszug deines Herrn, während sie schliefen. 20. Und morgens war er wie abgeerntet. 21. Und sie riefen einander zu am Morgen: 22. Gehet früh zu eurem Acker, wenn ihr ernten wollt. 23. Da gingen sie hin, einander zuflüsternd: 24. Nicht betreten soll ihn euch heute ein Armer. 25. Und so gingen sie morgens in der Absicht zuversichtlich. 26. Als sie ihn aber sahen, sprachen sie: Wahrlich, wir irren sicherlich. 27. Ja, wir sind um (die Ernte) gekommen. 28. Da sprach ihr Mittelster: Sagte ich euch nicht: wenn ihr doch Gott preisen wolltet!

29. Da sprachen sie: Preis unsrem Herrn, ja, wir waren Frevler. 30. Und sie wandten sich gegeneinander beschuldigend. 31. Sie sprachen: O wehe uns, wir waren widerspenstig. 32. Vielleicht, daß unser Herr uns einen bessren gibt als diesen; wir wollen zu unsrem Herrn bitten. 33. Dies ist die Strafe, und größer ist gewißlich die Strafe im Jenseits; wenn sie es doch wissen wollten! 34. Wahrlich, den Frommen sind bei ihrem Herrn Wonnegärten. 35. Sollten wir die ergebenen Gottbekenner gleichstellen den Sündern? 36. Was ist euch, wie urteilt ihr? 37. Oder habt ihr ein Buch, darin ihr forschet? 38. Ja, habt ihr darin, was ihr wünschet? 39. Oder habt ihr bindende Gelöbnisse von uns für den Tag der Auferstehung, daß ihr so urteilt? 40. Frage sie, wer ihnen dafür verantwortlich ist. 41. Oder sind es ihnen die Götzen, so mögen sie ihre Götzen herbeibringen, wenn sie wahrhaftig sind. 42. An jenem Tag entblößt man den Schenkel[3]; sie werden zur Anbetung gerufen, doch vermögen sie es nicht. 43. Niedergeschlagen ihre Blicke, Schande bedeckt sie, denn einst rief man sie zur Anbetung, da sie wohlbehalten waren. 44. So laß mich und den auch, der diese Kunde schilt lügenhaft; wir werden sie stufenweise strafen, woher sie es nicht ahnen. 45. Ich friste ihnen, aber wahrlich, mein Anschlag ist fest. 46. Oder verlangst du Lohn von ihnen, daß sie von der Schuld bedrückt würden? 47. Oder ist bei ihnen das Verborgne, und sie schreiben es nieder?

48. *Du aber harre geduldig auf den Entscheid deines Herrn und sei nicht wie der Fischbewohner*[4]*, der anrief, erst als er bedrängt war.* 49. *Hätte ihn nicht erfaßt die Huld deines Herrn, er wäre gewißlich geschleudert worden in die Öde beschimpft.* 50. *Sein Herr aber erwählte ihn und setzte ihn zu den Rechtschaffenen.* 51. *Und die ungläubig sind, beinahe bringen sie dich zu Fall mit ihren Blicken, wenn sie die Ermahnung hören, und sie sprechen: Ja, er ist ganz gewiß besessen.* 52. *Und es ist nichts als Ermahnung für die Weltbewohner.*

69. SURA VOM UNVERMEID= LICHEN

MEKKANISCH, AUS 52 VERSEN BESTEHEND

Im Namen Gottes, des Allerbarmers, des Allbarmherzigen.

1. *Das Unvermeidliche*[1]. 2. *Was ist das Unvermeidliche?* 3. *Und was lehrt dich inbetreff des Unvermeidlichen?* 4. *Lügenhaft hießen die Thamuditen und die Aditen den Klopfenden*[2]. 5. *Was die Thamuditen betrifft, so wurden sie vernichtet durch ein Gedonner.* 6. *Und was die Aditen betrifft, so wurden sie vernichtet durch einen gewaltigen Sturmwind.* 7. *Er ließ ihn sieben Nächte und acht Tage über sie verheerend wüten. Und sehen solltest du da das Volk niedergestreckt, als wären sie hohle Palmenstümpfe.* 8. *Sahst du von ihnen einen Zurück-*

bleibenden? 9. Und Pharao auch und wer vor ihm und die umgestürzten (Städte) kamen mit Sündhaftigkeit. 10. Sie waren widerspenstig dem Gesandten ihres Herrn, da erfaßte sie steigende Strafe. 11. Wahrlich, als das Wasser überflutete, trugen wir euch in der schwimmenden (Arche). 12. Daß wir sie euch zur Ermahnung machen, und das verwahrende Ohr sie verwahre. 13. Dann wird in die Posaune geblasen, ein einziger Posaunenstoß. 14. Und erschüttern wird die Erde samt den Bergen und zu Staub werden mit einem Schlag. 15. An diesem Tag trifft ein das Eintreffende. 16. Und es birst der Himmel, zerrissen ist er dann. 17. Und die Engel an der Seite, und über sich tragen dann den Thron deines Herrn deren acht. 18. Dann werdet ihr vorgeführt, und nichts Verborgnes von euch bleibt verborgen. 19. Wem sein Buch in die Rechte gegeben wird, spricht: Nehmet doch mein Buch und leset. 20. Traun, ich glaube, ich begegne meiner Abrechnung. 21. Er ist in einer Lebenslage wohlgefällig. 22. In einem Garten erhaben. 23. Dessen Früchte nahe: 24. Esset und trinket wohlbekömmlich, ob dem, was ihr vorausgeschickt an vergangenen Tagen. 25. Und wem sein Buch in die Linke gegeben wird, spricht: O hätte ich doch mein Buch nie erhalten! 26. Und nicht gewußt von meiner Abrechnung! 27. Oh, wäre der Beender doch! 28. Nicht nützt mir mein Besitz. 29. Dahin ist meine Macht. — 30. Ergreifet ihn und fesselt ihn. 31.

Dann lasset ihn im Feuerpfuhl braten. 32. Dann in eine Kette, deren Länge siebzig Ellen, und schleppt ihn. 33. Denn er glaubte nicht an den gewaltigen Gott. 34. Und trieb nicht an zur Speisung der Armen. 35. An jenem Tag ist ihm da kein Freund. 36. Und keine Nahrung, nur aus Jauche. 37. Niemand genießt sie als die Sünder. 38. Ich schwöre nicht[3] *bei dem, was ihr sehet. 39. Und was ihr nicht sehet: 40. Daß dies die Rede ist eines ehrwürdigen Gesandten. 41. Und nicht die Rede eines Dichters, — nur wenige, die ihr glaubet. 42. Und nicht die Rede eines Wahrsagers, — nur wenige, die ihr euch ermahnen lasset. 43. Eine Offenbarung vom Herrn der Weltbewohner. 44. Und hätte er über uns ersonnen nur einen Teil der Reden. 45. Gefaßt hätten wir ihn gewißlich bei der Rechten. 46. Dann ihm durchschnitten die Herzader. 47. Und niemand unter euch von ihm zurückgehalten. 48. Und wahrlich, er ist Ermahnung für die Gottesfürchtigen. 49. Und wir wissen wahrlich, daß Lügenzeiher sind unter euch. 50. Und daß er Weh ist über die Ungläubigen. 51. Und Bewährung der Gewißheit. 52. So preise den Namen deines Herrn, den erhabenen.*

70. SURA VON DER HIMMELS-LEITER
MEKKANISCH, AUS 44 VERSEN BESTEHEND

Im Namen Gottes, des Allerbarmers, des Allbarmherzigen.

1. Es fragt ein Fragender über die eintreffende Strafe. 2. Über die Ungläubigen, der kein Abwehrer ist. 3. Von Gott, dem Eigner der (Himmels)leiter. 4. Auf der zu ihm steigen die Engel und der Geist an einem Tag, dessen Dauer fünfzigtausend Jahre. 5. Und du verharre in Geduld geziemend. 6. Sie sehen ihn fern. 7. Und wir sehen ihn nahe. 8. An jenem Tag ist der Himmel wie Gußerz. 9. Und die Berge sind wie farbige Wollflocken. 10. Und ein Freund redet nicht an den Freund. 11. Sie sehen einander an. Der Sünder wünscht, könnte er sich doch loskaufen von der Strafe dieses Tags durch seine Kinder. 12. Seine Ehegenossin und seine Brüder. 13. Seine Verwandtschaft, die ihn aufnahm. 14. Und sonst auf Erden jemand, der ihn dann rettet. 15. Keineswegs! Ja, die Flammende. 16. Zerrend am Kopfhaar. 17. Ruft den, der den Rücken wendend sich abgekehrt. 18. Und gehäuft und gegeizt. 19. Wahrlich, der Mensch ist habsüchtig geschaffen. 20. Berührt ihn das Unheil, er ist geduldlos. 21. Berührt ihn das Gute, er ist geizend. 22. Ausgenommen die Betenden. 23. Die bei ihrem Gebet Verharrenden. 24. Und die von ihren Gütern (ver-

abfolgen) einen bestimmten Anteil 25. *Den Bittenden und verschämten Armen.* 26. *Und die fest glauben an den Tag des Gerichts.* 27. *Und die die Strafe ihres Herrn Fürchtenden.* 28. *Wahrlich, vor der Strafe seines Herrn ist niemand gesichert.* 29. *Und die ihre Keuschheit Bewahrenden.* 30. *Bis auf ihre Frauen und (Sklavinnen,) über die ihre Rechte verfügt, derentwegen sie vorwurfsfrei sind.* 31. *Die aber über diese hinaus begehren, diese sind Übertreter.* 32. *Und die Vertrauen halten und Vertrag.* 33. *Und die fest bleiben bei ihrem Zeugnis.* 34. *Und die getreulich achten auf ihr Gebet.* 35. *Diese sind in Gärten hochgeehrt.* 36. *Was ist denen, die ungläubig sind, daß sie gegen dich starrend eilen?* 37. *Von rechts und von links in getrennten Scharen.* 38. *Begehrt jedermann von ihnen in den Wonnegarten zu treten?* 39. *Keineswegs; wir schufen sie, wovon sie wissen.* 40. *Ich schwöre nicht*[3] *beim Herrn des Ostens und des Westens: Wir sind imstande,* 41. *Beßre als sie an ihre Stelle zu setzen; wir sind nicht behindert.* 42. *So laß sie tören und tändeln, bis sie zusammentreffen mit ihrem Tag, der ihnen angedroht.* 43. *An jenem Tag steigen sie aus den Gräbern schnell, als wollten sie zur Fahne laufen.* 44. *Niedergeschlagen ihre Blicke, Schande bedeckt sie. Das ist der Tag, der ihnen angedroht worden.*

71. SURA VON NOAH
MEKKANISCH, AUS 29 VERSEN BESTEHEND

Im Namen Gottes, des Allerbarmers, des Allbarmherzigen.

1. Wahrlich, wir sandten Noah zu seinem Volk: Warne dein Volk, bevor ihnen qualvolle Strafe kommt. 2. Er sprach: O mein Volk, ich bin euch ein öffentlicher Warner. 3. Daß ihr Gott verehret und ihn fürchtet und mir gehorchet. 4. Er wird euch von euren Sünden vergeben und euch fristen bis zu einer bestimmten Zeit. Wahrlich, wenn die Frist Gottes heranreicht, er schiebt sie nicht auf; wolltet ihr es doch verstehen! 5. Er sprach: O Herr, ich warnte mein Volk nachts und tags; doch mein Rufen mehrte ihre Flucht nur. 6. Und wahrlich, sooft ich sie rief, damit du ihnen verzeihest, steckten sie ihre Finger in die Ohren und hüllten sich in ihre Kleider und waren hartnäckig und widersetzten sich in Hochmut. 7. Dann rief ich sie öffentlich. 8. Dann tat ich ihnen kund, und heimlich (redete) ich zu ihnen in Verheimlichung. 9. Und ich sprach: Bittet euren Herrn um Vergebung, denn wahrlich, er ist vergebungsreich. 10. Er wird über euch den Himmel Regen niedersenden lassen. 11. Und euch stärken an Besitz und Kindern, und euch Gärten schaffen und Flüsse errichten. 12. Was ist euch, daß ihr nicht hoffet auf Gottes Gnade? 13. Hat er euch doch geschaffen in jedem Zustand. 14. Seht ihr nicht,

*wie Gott sieben Himmel geschaffen übereinander?
15. Und in sie den Mond gesetzt als Licht und die
Sonne als Leuchte. 16. Gott ließ euch aus der Erde
wachsen als Pflanzung. 17. Dann wird er euch in
diese wiederkehren lassen und darauf in Auferstehung
hervorbringen. 18. Und Gott machte euch die Erde
zum Teppich. 19. Auf daß ihr auf dieser breite
Straßen ziehet. 20. Noah sprach: O Herr, sie
widerstreben mir und folgen dem, dessen Besitz und
Kinder ihm nur Verderben mehren. 21. Da listeten
sie eine schwere List. 22. Und sie sprachen: Verlasset eure Götter nicht; verlasset nicht Vad¹ und
nicht Sowaa. 23. Und nicht Jaguth noch Jaúk noch
Nasr. — 24. Und bereits haben sie viele verführt,
und du wirst den Frevlern Irrung nur mehren. 25.
Ob ihrer Sünden wurden sie ertränkt und in das
Fegefeuer geführt. 26. Und sie finden für sich außer
Gott keine Helfer. 27. Und Noah sprach: O Herr,
laß auf Erden von den Ungläubigen keinen. 28. Ja,
wenn du sie läßt, sie verführen deine Diener und
zeugen ungläubige Frevler nur. 29. O Herr, vergib
mir und meinen Eltern und denen, die mein Haus
gläubig betreten, sowie den Gläubigen und Gläubiginnen; und mehre den Frevlern Vernichtung nur.*

72. SURA VON DEN GEISTERN
MEKKANISCH, AUS 28 VERSEN BESTEHEND

Im Namen Gottes, des Allerbarmers, des Allbarmherzigen.

1. Sprich: Es ward mir geoffenbart, eine Schar von den Geistern habe zugehört und gesprochen: Wahrlich, wir hörten einen Koran wundersam. 2. Er leitet zum Rechtwandel; so glauben wir an ihn, und nie gesellen wir unsrem Herrn jemand bei. 3. Und hocherhaben ist die Herrlichkeit unsres Herrn; er nahm keine Ehegenossin und keinen Sohn. 4. Und doch sprach ein Tor unter uns über Gott arge Lüge. 5. Und wir meinten, nicht Mensch und nicht Geist spricht Lüge über Gott. 6. Und unter den Menschen waren Männer, die Zuflucht nahmen zu Männern von den Geistern; doch sie mehrten ihre Bosheit nur. 7. Und sie meinten, wie auch ihr meintet, Gott werde niemand auferwecken. 8. Und wir betasteten den Himmel, fanden ihn aber voll gewaltiger Wächter und Feuerflammen. 9. Und wir saßen dort auf manchem Sitz, um zu lauschen; doch wer jetzt noch lauscht, findet eine lauernde Feuerflamme auf sich (gerichtet). 10. Und wir wissen nicht, ob Übles zugedacht ist denen auf Erden oder ihr Herr ihnen Rechtwandel zugedacht. 11. Und von uns manche sind rechtschaffen; manche aber sind es nicht; wir sind verschiedener Wege. 12. Und wir meinen, daß wir Gott nicht schwächen werden auf Erden, und

wir schwächen ihn nicht durch Flucht. 13. Und als wir die Rechtleitung hörten, glaubten wir daran. Und wer an seinen Herrn glaubt, fürchte nicht Schmälerung und nicht Unrecht. 14. Und von uns manche sind ergebene Gottbekenner, manche aber sind Ungerechte. Doch die gottergeben sind, diese wählten Rechtwandel. 15. Und was die Ungerechten betrifft, so sind sie der Hölle Brennholz. 16. Und wandeln sie den rechten Weg, ganz gewiß tränken wir sie mit Wasser reichlich. 17. Um sie damit zu prüfen. Wer sich dann abwendet von der Ermahnung seines Herrn, qualvolle Pein verfolgt ihn. 18. Und die Anbetungsstätten sind für Gott nur, so rufet niemand an mit Gott. 19. Und als der Diener Gottes aufstand, um ihn anzurufen, fast hätte die Menge[1] ihn niedergetreten. 20. Sprich: Meinen Herrn nur rufe ich an, ich geselle ihm niemand bei. 21. Sprich: Ich vermag für euch nicht Übel und nicht Rechtwandel. 22. Sprich: Ja, mich schützt niemand vor Gott. 23. Und nirgends als bei ihm finde ich Zuflucht. 24. Warnung nur von Gott und seine Botschaft. Und wer Gott widerstrebt und seinem Gesandten, wahrlich, sein ist das Feuer der Hölle, ewig darinnen und stets. 25. Bis sie sehen, was ihnen angedroht worden, und sie wissen, wer schwächer war an Helfern und geringer an Zahl. 26. Sprich: Ich weiß nicht, ob nahe ist, was euch angedroht worden, oder mein Herr, dem eine Frist gesetzt. Er nur ist Wisser des Verborgnen, und nicht enthüllt er sein

Geheimnis irgend einem. 27. Außer, wer ihm wohlgefällt von den Gesandten; und wahrlich, eine Wache läßt er gehen vor ihm und hinter ihm. 28. Damit man erkenne, daß sie die Botschaft ihres Herrn verkünden. Er umfaßt, was bei ihnen, und zählt jedes Dinges Zahl.

73. SURA VOM VERHÜLLTEN
MEKKANISCH, AUS 20 VERSEN BESTEHEND

Im Namen Gottes, des Allerbarmers, des Allbarmherzigen.

1. O du Verhüllter[1]! 2. Stehe auf in der Nacht, bis auf ein geringes. 3. In ihrer Hälfte, oder verringere sie ein wenig. 4. Oder füge etwas hinzu, und wiederhole den Koran deutlich[2]. 5. Ja, wir wollen dir ein gewichtiges Wort auferlegen. 6. Wahrlich, der Nachtbeginn ist des Tuns besser und geeignet zur Unterredung. 7. Denn fürwahr, am Tag hast du Beschäftigung gar gedehnt. 8. Und gedenke des Namens deines Herrn, und weihe dich ihm in Weihe. 9. Der Herr des Ostens und des Westens, es gibt keinen Gott außer ihm; ihn nimm zum Vertrauensfreund. 10. Verharre geduldig bei dem, was sie sprechen, und scheide von ihnen in gemessener Scheidung. 11. Laß mich, und die Leugner, die Leute des Genusses, friste ihnen ein wenig. 12. Wahrlich, bei uns sind Fesseln und Höllenfeuer. 13. Und würgende Speise und qualvolle Strafe. 14.

An jenem Tag erschüttert die Erde und die Berge auch, die Berge sind aufgeschüttete Sandhaufen. 15. Wahrlich, wir sandten euch einen Gesandten zum Zeugen über euch, wie wir sandten zu Pharao einst einen Gesandten. 16. Doch Pharao trotzte dem Gesandten, da faßten wir ihn mit schwerer Strafe. 17. Wie wollt ihr euch schützen, wenn ihr ungläubig seid, vor dem Tag, der Kinder macht zu Grauhaarigen? 18. Gespaltet ist der Himmel an diesem, und vollbracht ist seine Verheißung. 19. Wahrlich, dies ist eine Ermahnung, und wer nun will, nehme den Weg zu seinem Herrn. 20. Wahrlich, dein Herr weiß, daß du auf bist, beinahe zwei Drittel der Nacht oder die Hälfte oder ein Drittel, sowie ein Teil derer, die mit dir. Und Gott mißt den Tag und die Nacht und weiß, daß ihr es nicht berechnen könnet, und wendet sich euch zu; so leset vom Koran, als euch leicht fällt. Er weiß auch, daß Kranke unter euch sein werden, andre auch, die das Land durchziehen, nach der Gnadenfülle Gottes strebend, und andre auch, die kämpfen für den Pfad Gottes. So leset von ihm, als euch leicht fällt, verrichtet das Gebet, entrichtet den Armenbeitrag und leihet Gott ein schönes Darlehn. Und was ihr an Gutem euren Seelen vorausschickt, ihr findet es bei Gott. Dies ist besser und zum größren Lohn. Und bittet Gott um Vergebung, denn wahrlich, Gott ist vergebungsreich und allbarmherzig.

74. SURA VOM BEDECKTEN
MEKKANISCH, AUS 55 VERSEN BESTEHEND

*Im Namen Gottes, des Allerbarmers, des
Allbarmherzigen.*

1. O du Bedeckter[1]. 2. Stehe auf und warne. 3. Und deinen Herrn verherrliche. 4. Und deine Gewänder reinige. 5. Und dem Greuel[2] bleibe fern. 6. Und sei nicht so freigebig, mehr erwartend. 7. Und auf deinen Herrn harre geduldig. 8. Und wenn gestoßen wird in die Posaune, 9. Es ist dann ein Tag drückend. 10. Für die Ungläubigen nicht leicht. 11. Laß mich, und den ich gebildet einzig. 12. Und ihm Reichtum geschaffen unermeßlich. 13. Und Kinder (des Glückes) Zeugen. 14. Und ihm bequem habe bequemlich. 15. Und dennoch verlangt, daß ich ihm mehre. 16. Keineswegs, denn widerspenstig ist er unsren Versen. 17. Aufbürden will ich ihm den Höllenberg. 18. Weil er (Böses) ersonnen und entworfen. 19. Tod ihm, wie hat er entworfen! 20. Dann (nochmals) Tod ihm, wie hat er entworfen! 21. Dann schaut er. 22. Dann ist er mürrisch und blickt finster. 23. Dann kehrt er den Rücken und ist hoffärtig. 24. Und spricht: Dies ist nichts als Zauberwerk, ausgesucht. 25. Dies ist nichts als eines Fleischwesens Rede. 26. Braten lasse ich ihn in der Hölle. 27. Was lehrt dich, was die Hölle ist? 28. Sie läßt nichts übrig, nichts zurück. 29. Versengend das Fleisch. 30. Über sie sind neunzehn (Wächter

gesetzt). 31. Und zu Wächtern des Fegefeuers bestimmten wir Engel nur, und setzten ihre Anzahl fest zur Prüfung nur für die, so ungläubig sind, damit überzeugt seien, die die Schrift empfingen, und die, so gläubig sind, zunehmen an Glauben. 32. Und die, so die Schrift empfingen, und die Gläubigen zweifeln nicht. 33. Und jene, in deren Herzen Krankheit, und die Ungläubigen sagen: Was will Gott mit diesem Gleichnis? 34. So läßt Gott irregehen, wen er will, und rechtleitet, wen er will. Und die Heerscharen deines Herrn kennt keiner außer ihm. Und dies ist Ermahnung nur für die Menschen. 35. Keineswegs. Und beim Mond. 36. Und bei der Nacht, wenn sie schwindet. 37. Und beim Morgen, wenn er anbricht: 38. Wahrlich, (die Hölle) ist etwas des Schrecklichen. 39. Warnung für die Menschen. 40. Für den von euch, der vorwärts will oder zurückbleibt. 41. Jede Seele ist verpfändet für das, was sie begangen, ausgenommen die Genossen der Rechten. 42. In Gärten; sie fragen die Sünder: 43. Was brachte euch in die Hölle? 44. Sie sprechen: Wir waren nicht der Betenden. 45. Und wir speisten nicht den Armen. 46. Und wir schwatzten mit den Schwätzern. 47. Und wir nannten lügenhaft den Tag des Gerichts. 48. Bis uns kam das Gewisse. 49. So nützt ihnen nicht der Fürsprecher Fürsprache. 50. Was ist ihnen, daß sie von der Ermahnung sich abwenden? 51. Wie scheue Esel fliehen vor einem Löwen. 52. Ja, jedermann von ihnen wünscht, daß ihm zukommen offne Schriften. 53. Keineswegs. Ja, sie fürchten das Jenseits nicht. 54. Keineswegs. Wahrlich, es ist eine Ermahnung, und wer da will, sie mahnt ihn. 55. Doch ermahnt sind sie nur, wenn Gott es will. Er ist der Herr der Ehrfurcht und der Herr der Verzeihung.

75. SURA VON DER AUF= ERSTEHUNG
MEKKANISCH, AUS 40 VERSEN BESTEHEND

Im Namen Gottes, des Allerbarmers, des Allbarmherzigen.

1. Ich schwöre nicht[1] beim Tag der Auferstehung. 2. Und ich schwöre nicht bei der sich anklagenden Seele: 3. Denkt der Mensch, wir sammeln nicht seine Gebeine? 4. Ja, imstande sind wir zusammenzufügen seine Fingerspitzen. 5. Ja, der Mensch will die Zeit vor ihm geuden. 6. Er fragt: Wann nun der Tag der Auferstehung? 7. Wenn das Auge blitzgeblendet, 8. Der Mond versenkt, 9. Und Sonne und Mond zusammenkommen, 10. Dann spricht der Mensch: Wo ist der Zufluchtsort? 11. Keineswegs, es gibt keine Zuflucht. 12. Vor deinem Herrn ist dann der Stand. 13. Verkündet wird dem Menschen dann, was er zuerst und zuletzt getan. 14. Ja, gegen sich selber ist der Mensch Beweis, 15. Und wenn er auch Entschuldigungen vorbringt. 16. Bewege nicht deine Zunge, um damit[2] zu eilen.

17. Wahrlich, uns liegt seine Zusammentragung ob und seine Lesung. 18. Und wenn wir ihn vorlesen, folge seiner Verlesung. 19. Dann liegt uns wahrlich ob seine Erklärung. 20. Keineswegs. Nein, ihr liebt das Dahineilende. 21. Und lasset das Jenseits. 22. Gesichter sind dann glänzend. 23. Auf ihren Herrn schauend. 24. Gesichter sind dann finster. 25. Sie denken, ihnen geschehe Unglück. 26. Keineswegs. Wenn (die Seele) gelangt zur Kehle. 27. Und gefragt wird: Wer ist der Zauberer[3]? 28. Und er denkt, dies sei nun die Scheidung. 29. Und Schenkel an Schenkel sich bindet. 30. Zu deinem Herrn ist dann die Treibung. 31. Denn er vertraute nicht und betete nicht. 32. Aber er leugnete und wandte sich ab. 33. Dann ging er zu seinen Angehörigen, stolz schreitend. 34. Wehe dir, wehe! 35. Dann (nochmals:) wehe dir, wehe! 36. Denkt denn der Mensch, er sei sich selber überlassen? 37. War er nicht ein Samentropfen verspritzt? 38. Dann ward er eine Blutmasse, die (Gott) bildete und formte. 39. Und er machte daraus ein Paar, den Mann und das Weib. 40. Er sollte nicht imstande sein, die Toten zu beleben?!

76. SURA VOM MENSCHEN
MEKKANISCH, AUS 31 VERSEN BESTEHEND

Im Namen Gottes, des Allerbarmers, des Allbarmherzigen.

1. Ging nicht hin über den Menschen eine geraume Zeit, in der er etwas war, woran man nicht denkt? 2. Wahrlich, wir schufen den Menschen aus einem Mischtropfen, um ihn zu prüfen, und machten ihn hörend und sehend. 3. Ja, wir rechtleiteten ihn auf dem Pfad, mag er nun dankbar sein oder undankbar. 4. Fürwahr, Ketten bereiteten wir den Undankbaren und Nackenfesseln und Höllenfeuer. 5. Wahrlich, die Frommen werden aus einem Pokal trinken, dessen Mischung aus Kampher[1]. 6. Aus einem Quell, an dem trinken die Diener Gottes, den sie sprudeln lassen in Sprudelung. 7. Sie erfüllen ihr Gelübde und fürchten den Tag, dessen Unheil sich ausbreitet. 8. Und aus Liebe zu ihm Speise verabreichen den Armen, Waisen und Gefangenen: 9. Wir speisen euch um das Wohlgefallen Gottes nur, wir wollen von euch nicht Entgelt und nicht Dank. 10. Wir fürchten von unsrem Herrn einen Tag, mürrisch und traurig. 11. Gott aber wahrt sie vor dem Unheil dieses Tages und verleiht ihnen Glanz und Freude. 12. Und belohnt sie, weil sie geduldig ausgeharrt, mit Garten und Seide. 13. Darinnen hingelagert auf Ruhebetten, wo sie Sonnenglut nicht sehen und nicht Eiskälte. 14. Und nahe über ihnen (der

Bäume) Schatten, und niedrig hängen deren Früchte nieder. 15. Und man umkreist sie mit Gefäßen aus Silber und Bechern wie Flaschen. 16. Flaschen aus Silber, deren Maß sie messen. 17. Und da reicht man ihnen zum Trinken einen Pokal, dessen Mischung aus Ingwer. 18. Aus einem Quell dort, Salsabil genannt. 19. Und ewige Jünglinge werden um sie kreisen; wenn du sie siehst, du hältst sie für Perlen, hingestreut. 20. Und wo du hinsiehst, du siehst Wonne und ein großes Reich. 21. Über ihnen Gewänder aus grüner Seide und Brokat, geschmückt mit Armspangen aus Silber; und ihr Herr tränkt sie reinen Trank. 22. Wahrlich, dies ist euer Entgelt, und eure Bemühung ist bedankt. 23. Siehe, wir offenbarten dir den Koran in Offenbarung. 24. So harre geduldig auf den Richtspruch deines Herrn, und folge keinem Sünder von ihnen oder Ungläubigen. 25. Und gedenke des Namens deines Herrn morgens und abends. 26. Und in der Nacht auch falle nieder vor ihm, und preise ihn die lange Nacht. 27. Wahrlich, diese lieben das Dahineilende und lassen hinter sich den schweren Tag. 28. Wir schufen sie und stärkten ihr Gefüge; und wenn wir wollten, tauschend setzten wir an ihre Stelle ihresgleichen. 29. Wahrlich, dies ist eine Ermahnung, und wer nun will, nehme den Weg zu seinem Herrn. 30. Und ihr werdet es nicht wollen, wenn Gott nicht will. Wahrlich, Gott ist allwissend und allweise. 31. Er führt, wen er will, in seine Barmherzigkeit, und den Frevlern bereitete er qualvolle Strafe.

77. SURA VON DEN AUS-GESANDTEN
MEKKANISCH, AUS 50 VERSEN BESTEHEND

Im Namen Gottes, des Allerbarmers, des Allbarmherzigen.

1. *Bei den Ausgesandten nacheinander*[1]. *2. Den wehend Dahinwehenden. 3. Den in Ausbreitung Ausbreitenden. 4. Den in Scheidung Scheidenden. 5. Den Ermahnung Überbringenden. 6. Entschuldigung oder Drohung: 7. Was euch angedroht, es ist gewißlich eintreffend. 8. Wenn erloschen sind die Sterne. 9. Wenn gespalten ist der Himmel. 10. Wenn zertrümmert sind die Berge. 11. Wenn bestimmt ist den Gesandten die Zeit, 12. Auf welchen Tag es festgesetzt ist. 13. Auf den Tag der Trennung. 14. Was lehrt dich, was der Tag der Trennung ist? 15. Wehe dann den Leugnern! 16. Vernichteten wir nicht die Früheren? 17. Nun lassen wir sie folgen, die Späteren. 18. So verfahren wir mit den Sündern. 19. Wehe dann den Leugnern! 20. Schufen wir euch nicht aus verächtlichem Wasser? 21. Wir brachten es in eine sichere Stätte. 22. Bis zu einer bewußten Frist. 23. Wir vermochten es; Preis den Vermögenden*[2]*! 24. Wehe dann den Leugnern! 25. Machten wir nicht zur Aufnahme die Erde 26. Für Lebende und Tote? 27. Und wir schufen auf dieser hohe Berge und tränkten euch mit süßem Wasser. 28. Wehe dann den Leugnern! 29. Gehet nun zu*

dem, was ihr lügenhaft geheißen. 30. Gehet zum Schatten der drei Säulen³. 31. Nicht beschattend noch schützt er vor der Flamme. 32. Ja, sie sprüht Funken wie die Türme. 33. Wie die gelben Kamele. 34. Wehe dann den Leugnern! 35. Es ist ein Tag, an dem sie nicht reden. 36. Und nicht gehört werden, wenn sie sich entschuldigen. 37. Wehe dann den Leugnern! 38. Es ist der Tag der Trennung, wir sammeln euch und die Früheren. 39. Habt ihr eine List, so listet nur! 40. Wehe dann den Leugnern! 41. Wahrlich, die Gottesfürchtigen in Schatten, an Quellen. 42. Und Früchte, deren sie begehren: 43. Esset und trinket wohl bekömmlich, ob dem, was ihr getan. 44. Wahrlich, so belohnen wir die Liebfrommen. 45. Wehe dann den Leugnern! 46. Esset und genießet ein wenig, ja, ihr seid Sünder. 47. Wehe dann den Leugnern! 48. Und wenn zu ihnen gesagt wird: beuget euch, sie beugen sich nicht 49. Wehe dann den Leugnern! 50. An welche neue Kunde nach dieser wollen sie glauben?

78. SURA VON DER BOTSCHAFT
MEKKANISCH, AUS 41 VERSEN BESTEHEND

Im Namen Gottes, des Allerbarmers, des Allbarmherzigen.

1. Worüber befragen sie dich? 2. Über die gewaltige Botschaft. 3. Worüber sie uneinig sind.

4. *Keineswegs, dereinst werden sie es wissen.* 5. *Dann (nochmals) keineswegs, dereinst werden sie es wissen.* 6. *Machten wir die Erde nicht zum Lager?* 7. *Und die Berge zu Pflöcken?* 8. *Wir bildeten euch als Gatten.* 9. *Und machten euch den Schlaf zur Ruhe.* 10. *Und schufen die Nacht zur Hüllung.* 11. *Und bestimmten den Tag für den Unterhalt.* 12. *Und bauten über euch sieben feste (Himmel).* 13. *Und befestigten eine hellbrennende Leuchte.* 14. *Und sandten von den Regenwolken reichlich fließendes Wasser nieder.* 15. *Damit wir hervorbringen Korn und Pflanzen.* 16. *Und dichte Gärten.* 17. *Wahrlich, der Tag der Trennung ist befristet.* 18. *Der Tag, an dem geblasen wird in die Posaune und ihr herankommt in Scharen.* 19. *Und sich öffnet der Himmel und Tore entstehen.* 20. *Und die Berge wandern und Wasserschein werden.* 21. *Wahrlich, die Hölle ist eine Wacht.* 22. *Wohnsitz für die Widerspenstigen.* 23. *Darin verweilend lange Dauer.* 24. *Sie kosten darinnen keine Erfrischung noch Trank.* 25. *Siedendes Wasser nur und Jauche.* 26. *Ein angemeßner Lohn.* 27. *Denn sie erwarteten nicht die Rechenschaft.* 28. *Und ziehen der Lügenhaftigkeit unsre Verse.* 29. *All die Dinge aber zählten wir zu Buch.* 30. *So kostet nun, und mehren werden wir euch Strafe nur!* 31. *Wahrlich, den Gottesfürchtigen ein Hort.* 32. *Ein umzäunter Garten mit Weinreben.* 33. *Und (Jungfrauen) mit schwellenden Brüsten, des Alters gleiche.* 34. *Und*

ein Pokal wohlgefüllt. 35. Da hören sie nicht lose Rede und nicht Lüge. 36. Ein Entgelt von deinem Herrn, eine befriedigende Gabe. 37. Vom Herrn der Himmel und der Erde und des, was zwischen beiden, dem Allerbarmer; doch vermögen sie bei ihm keine Ansprache. 38. Am Tag, an dem dastehen der Geist und die Engel reihenweise, dürfen sie nicht reden, außer dem es erlaubt hat der Allerbarmer; und er spricht das Rechte. 39. Dieser Tag ist die Wahrheit, und wer nun will, nehme zu seinem Herrn Rückkehr. 40. Wahrlich, wir warnen euch vor einer nahen Strafe. 41. An jenem Tag erblickt der Mann, was seine Hand vorausgeschickt, und der Ungläubige spricht: Oh, wäre ich doch Staub!

79. SURA VON DEN ENT-REISSENDEN
MEKKANISCH, AUS 46 VERSEN BESTEHEND

Im Namen Gottes, des Allerbarmers, des Allbarmherzigen.

1. *Bei den plötzlich Entreißenden*[1]. *2. Bei den sanft Hervorziehenden. 3. Bei den schwebend Dahinschwebenden*[2]. *4. Bei den vorangehend Vorangehenden. 5. Bei den die Geschäfte Ordnenden: 6. An jenem Tag erschüttert die Erschütterin. 7. Ihr folgt die Folgerin. 8. Zitternd sind dann die Herzen. 9. Die Augen gesenkt. 10. Sie sprechen: Werden wir in unsre frühere Gestalt gebracht, 11. Nachdem wir*

modernde Knochen geworden? 12. Sie sagen: Dies wäre eine unselige Wiederkehr. 13. Aber ein einziger Schrei nur, 14. Und sie sind auf der Erdfläche. 15. Kam dir nicht die Kunde von Moses? 16. Einst rief ihm sein Herr zu im heiligen Tal Tova: 17. Geh zu Pharao, denn er ist widerspenstig. 18. Und sprich: Willst du dich nicht reinigen, 19. Daß ich dich zu deinem Herrn leite, und du ihn fürchtest? 20. Und er zeigte ihm das größte Wunderzeichen. 21. Er aber nannte es lügenhaft und war widerspenstig. 22. Dann wandte er sich schnell ab. 23. Und versammelte und rief. 24. Und sprach: Ich bin euer höchster Herr. 25. Und Gott faßte ihn mit schwerer Strafe im Jenseits und im Diesseits. 26. Wahrlich, hierin ist eine Ermahnung für den, der (Gott) fürchtet. 27. Seid ihr schwerer der Erschaffung oder der Himmel, den er gebaut? 28. Er hob seine Decke und richtete ihn. 29. Er verfinstert seine Nacht und bringt seine Tageshelle hervor. 30. Und die Erde breitete er hinterher. 31. Er brachte aus ihr Wasser hervor und Weideplätze. 32. Und festigte ihre Berge. 33. Euch zur Nießung und eurem Vieh. 34. Und wenn das gewaltige Überwältigende kommt, 35. An diesem Tag erinnert sich der Mensch des, wonach er gestrebt. 36. Und sichtbar wird der Feuerpfuhl jedem, der hinsieht. 37. Was den betrifft, der getrotzt 38. Und das Leben hienieden vorgezogen, 39. Wahrlich, der Feuerpfuhl ist sein Aufenthalt. 40. Und was den betrifft, der den Standort seines Herrn gefürchtet und seiner Seele die Begierde gewehrt, 41. *Wahrlich, das Paradies ist sein Aufenthalt.* 42. *Sie werden dich inbetreff der Stunde fragen, wann ihre Festsetzung?* 43. *Welche Nachricht hast du darüber?* 44. *Zu deinem Herrn ihr Endziel.* 45. *Du aber bist Warnender nur, der sie fürchtet.* 46. *Am Tag, an dem sie sie sehen, ist es ihnen, als hätten sie einen Abend nur geweilt oder einen Morgen.*

80. SURA: ER WAR MÜRRISCH
MEKKANISCH, AUS 42 VERSEN BESTEHEND

Im Namen Gottes, des Allerbarmers, des Allbarmherzigen.

1. Er war mürrisch und wandte sich ab¹. 2. Als der Blinde zu ihm kam. 3. Was weißt du, ob er sich nicht reinigen wollte? 4. Oder sich ermahnen lassen, und die Ermahnung ihm nützen würde? 5. Wer reich ist, 6. Dem bist du ehrerbietig. 7. Und kümmerst dich nicht, ob er sündenrein ist. 8. Und wer zu dir kommt angelegen 9. Und (Gott) fürchtet, 10. Den läßt du unbeachtet. 11. Keineswegs, (der Koran) ist eine Ermahnung. 12. Und wer nun will, denkt an ihn. 13. Auf ehrwürdigen Blättern. 14. Erhabenen und lautern. 15. Von den Händen edler und frommer Schreiber. 16. Tod dem Menschen, was machte ihn ungläubig! 17. Woraus schuf er ihn? 18. Aus einem Tropfen. 19. Er schuf ihn und bildete ihn. 20. Dann leichtete er ihm den Weg. 21. Dann ließ er ihn sterben und begraben. 22. Dann erweckt er ihn, wenn er will, wieder auf. 23. Keineswegs. Er erfüllte nicht, was er ihm gebot. 24. So schaue doch der Mensch auf seine Nahrung. 25. Wir gießen das Wasser in Gießung. 26 Dann spalten wir die Erde in Spaltung. 27. Und emporwachsen lassen wir auf ihr Korn. 28. Und Traube und Klee. 29. Und Ölbaum und Palme. 30. Und Gärten dichtbewachsen. 31. Und Obst und Gras. 32. Euch zur Nießung und eurem Vieh. 33. Und wenn der Krach kommt, 34. Flieht der Mann vor seinem Bruder. 35. Und seiner Mutter und seinem Vater. 36. Und seiner Ehegenossin und seinen Kindern. 37. Jeder von ihnen hat dann Befaß für sich genügend. 38. Gesichter sind dann leuchtend. 39. Heiter und freudig 40. Und Gesichter sind dann, auf denen Staub. 41. Mit Schwärze überzogen. 42. Das sind die frevelhaften Ungläubigen.

81. SURA VON DER FALTUNG
MEKKANISCH, AUS 29 VERSEN BESTEHEND

Im Namen Gottes, des Allerbarmers, des Allbarmherzigen.

1. Wenn sich faltet die Sonne. 2. Wenn zerstieben die Sterne. 3. Wenn wandern die Berge. 4. Wenn vernachlässigt werden die Zuchtkamele[1]. 5. Wenn

*sich sammeln die wilden Tiere. 6. Wenn versengen
die Meere. 7. Wenn verbunden werden die Seelen.
8. Wenn gefragt wird die lebendig Begrabene²,
9. Um welche Sünde sie getötet wurde. 10. Wenn
aufgeschlagen sind die Bücher. 11. Wenn abgetragen
ist der Himmel. 12. Wenn loh brennt der Feuerpfuhl. 13. Wenn herangebracht ist das Paradies.
14. Da weiß die Seele, was sie hergebracht. 15. Ich
schwöre nicht³ bei den Planeten. 16. Den wandeln-
den, sich verbergenden. 17. Und der Nacht, wenn
sie schleicht. 18. Und der Morgenröte, wenn sie
aufleuchtet: 19. Es ist das Wort eines ehrwürdigen
Gesandten. 20. Eigner von Macht, beim Eigner
des Throns wohlbestallt. 21. Dem man gehorcht, der
zuverlässig ist. 22. Daß euer Genosse nicht Besessener ist. 23. Er sah ihn⁴ bereits am klaren
Horizont. 24. Und er ist mit dem Geheimnis nicht
mißgönnend. 25. Es ist nicht das Wort des gesteinigten Satans. 26. Wohin wollt ihr gehen? 27.
Dies ist Ermahnung nur für die Weltbewohner.
28. Für den von euch, der rechtwandeln will. 29.
Aber ihr wollt es nicht, wenn Gott nicht will, der
Herr der Weltbewohner.*

82. SURA VON DER ZER-SPALTUNG
MEKKANISCH, AUS 19 VERSEN BESTEHEND

Im Namen Gottes, des Allerbarmers, des Allbarmherzigen.

1. Wenn sich spaltet der Himmel. 2. Wenn zerstreut sind die Sterne. 3. Wenn überflutet sind die Meere. 4. Wenn aufgerissen sind die Gräber. 5. Da weiß die Seele, was sie vorausgeschickt und was sie versäumt. 6. O du Mensch, was hat dich gegen deinen erhabenen Herrn betört? 7. Der dich gebildet und gestaltet und gerichtet. 8. Und dich nach dem Bild, das ihm gefiel, gefügt. 9. Keineswegs. Ja, lügenhaft nennt ihr das Weltgericht. 10. Und wahrlich, über euch sind Wächter. 11. Ehrwürdige, schreibende. 12. Die wissen, was ihr tut. 13. Wahrlich, die Frommen in der Wonne (Stätte). 14. Und wahrlich, die Frevler im Feuerpfuhl. 15. In dem sie braten am Tag des Gerichts. 16. In dem sie keine Abwesenden sein werden. 17. Was lehrt dich, was der Tag des Gerichts ist? 18. Dann (wiederum) was lehrt dich, was der Tag des Gerichts ist? 19. An diesem Tag vermag keine Seele etwas für eine Seele, und Gottes ist dann der Befehl.

83. SURA VON DEN MASSKÜRZENDEN
MEKKANISCH, AUS 36 VERSEN BESTEHEND

Im Namen Gottes, des Allerbarmers, des Allbarmherzigen.

1. Wehe den Maßkürzenden! 2. Die, wenn sie sich von Leuten zumessen lassen, volles Maß verlangen. 3. Es ihnen aber kürzen, wenn sie ihnen messen oder wiegen. 4. Denken diese nicht daran, daß sie auferweckt werden 5. Zum großen Tag? 6. Dem Tag, an dem die Menschen stehen werden vor dem Herrn der Weltbewohner. 7. Keineswegs. Wahrlich, das Buch der Frevler ist in Sigjin[1]. 8. Was lehrt dich, was Sigjin ist? 9. Ein geschriebenes Buch. 10. Wehe dann den Leugnern! 11. Die lügenhaft nennen den Tag des Gerichts. 12. Aber lügenhaft nennt ihn jeder sündhafte Übertreter nur. 13. Werden ihm unsre Verse vorgelesen, er spricht: altväterliche Fabeln. 14. Keineswegs. Ja, überwältigt hat ihre Herzen, was sie begangen. 15. Keineswegs. Sie werden dann von ihrem Herrn ausgeschlossen. 16. Dann braten sie im Feuerpfuhl. 17. Dann wird zu ihnen gesagt: Das ist, was ihr lügenhaft genannt. 18. Keineswegs. Wahrlich, das Buch der Frommen ist in Illijun[2]. 19. Was lehrt dich, was Illijun ist? 20. Ein geschriebenes Buch. 21. Darüber zeugen die Nahestehenden. 22. Wahrlich, die Frommen in der Wonne (Stätte). 23. Auf Polstern um sich schauend. 24.

*Du merkst auf ihren Gesichtern der Wonne Glanz.
25. Getränkt mit reinem Wein, versiegelt. 26. Dessen
Siegelung aus Moschus. Danach mögen streben die
Strebenden. 27. Und seine Mischung aus Tesnim*[3]*.
28. Einem Quell, aus dem trinken die Nahestehenden. 29. Wahrlich, die Sündigen lachen derer, die
gläubig sind. 30. Und blinzeln einander zu, wenn
sie an ihnen vorübergehen. 31. Und wenn sie zu
ihren Angehörigen zurückkehren, kehren sie höhnend
zurück. 32. Und wenn sie sie sehen, sagen sie:
Wahrlich, diese sind Irrende. 33. Und sie sind nicht
als Wächter über sie gesandt. 34. An jenem Tag
aber lachen die, so gläubig sind, der Ungläubigen.
35. Auf Polstern um sich schauend: 36. Sollte den
Ungläubigen nicht vergolten werden, was sie getan?*

84. SURA VON DER SPALTUNG
MEKKANISCH, AUS 25 VERSEN BESTEHEND

*Im Namen Gottes, des Allerbarmers, des
Allbarmherzigen.*

*1. Wenn sich spaltet der Himmel. 2. Und seinem
Herrn gehorcht pflichtgezwungen. 3. Wenn sich
dehnt die Erde. 4. Und auswirft, was in ihr, und
sich leert*[1]*. 5. Und ihrem Herrn gehorcht pflichtgezwungen. 6. O du Mensch, strebend strebst du
zu deinem Herrn, und du findest ihn. 7. Was nun
den betrifft, der sein Buch in seiner Rechten hält.*[2]
8. Ihm wird gerechnet eine leichte Rechenschaft,

9. *Und frohgemut kehrt er zu seinen Angehörigen zurück.* 10. *Und was den betrifft, der sein Buch hinter seinem Rücken hält,* 11. *Er wird Untergang herbeirufen.* 12. *Und braten wird er im Höllenfeuer.* 13. *Denn frohgemut war er unter seinen Angehörigen.* 14. *Er meinte, er werde nicht zurückkehren.* 15. *Ja, sein Herr war traun dessen schauend.* 16. *Ich schwöre nicht beim Abendrot.* 17. *Und bei der Nacht und was sie zusammenbringt.* 18. *Und beim Mond, wenn er voll wird:* 19. *Ihr kommt von Zustand zu Zustand.* 20. *Was ist ihnen, daß sie nicht glauben?* 21. *Und wenn ihnen vorgelesen wird der Koran, sie fallen nicht nieder.* 22. *Ja, die ungläubig sind, nennen ihn lügenhaft.* 23. *Gott aber weiß, was sie verbergen.* 24. *So verkünde ihnen qualvolle Strafe.* 25. *Doch die gläubig sind und gute Werke üben, ihnen ist Lohn unverkürzt.*

85. SURA VON DEN STERNBURGEN

MEKKANISCH, AUS 22 VERSEN BESTEHEND

Im Namen Gottes, des Allerbarmers, des Allbarmherzigen.

1. *Beim Himmel mit den Sternburgen.* 2. *Beim Tag, dem angedrohten.* 3. *Beim Zeugen und dem Bezeugten:* 4. *Getötet wurden die Genossen der Grube[1].* 5. *Das Feuer hatte Brennstoff.* 6. *Sie umgaben es sitzend.* 7. *Und waren Zeugen dessen, was*

man mit den Gläubigen tat. 8. Sie rächten sich an ihnen deshalb nur, weil sie an Gott glaubten, den Allgewaltigen, den Hochgepriesenen. 9. Dessen die Herrschaft ist über Himmel und Erde. Und Gott ist über alle Dinge Bezeuger. 10. Wahrlich, die die Gläubigen verfolgen und die Gläubiginnen und es nicht später bereuen, ihnen ist die Strafe der Hölle, ihnen ist die Qual des Feuerbrandes. 11. Wahrlich, die gläubig sind und gute Werke üben, ihnen sind Gärten, darunterhin Ströme fließen; dies ist eine große Glückseligkeit. 12. Wahrlich, die Gewalt deines Herrn ist stark. 13. Wahrlich, er erschafft und läßt wiederkehren. 14. Und er ist der Vergebungsreiche, der Liebreiche. 15. Der Inhaber des Throns, der Ruhmreiche. 16. Bewirker dessen, was er wünscht. 17. Kam dir nicht die Kunde von den Heeren 18. Pharaos und der Thamuditen? 19. Ja, die ungläubig sind, sind in der Lügenzeihung. 20. Gott aber ist hinter ihnen umfassend. 21. Ja, es ist ein ruhmreicher Koran. 22. Auf aufbewahrter Tafel.

86. SURA VOM NACHT-WANDLER

MEKKANISCH, AUS 17 VERSEN BESTEHEND

Im Namen Gottes, des Allerbarmers, des Allbarmherzigen.

1. Beim Himmel und dem Nachtwandler. 2. Was lehrt dich, was der Nachtwandler ist? 3. Der (licht)-

durchdringende Stern. 4. Jede Seele hat einen Wächter über sich. 5. So schaue der Mensch, woraus er geschaffen. 6. Er ist geschaffen aus einem ausströmenden Wasser. 7. Das hervorkommt zwischen Rückgrat und Brustbein. 8. Wahrlich, er ist mächtig, ihn wiederkehren zu lassen. 9. Am Tag, an dem enthüllt werden die Geheimnisse. 10. Und keine Kraft hat er dann und keinen Helfer. 11. Und beim Himmel, dem die Wiederkehr eigen. 12. Und bei der Erde, der die Spaltung: 13. (Der Koran) ist eine Rede (zur) Unterscheidung. 14. Und nicht zum Scherz. 15. Ja, sie listen eine List. 16. Aber auch ich liste eine List. 17. Lasse den Ungläubigen Zeit und sehe ihnen ein wenig nach.

87. SURA VOM HÖCHSTEN
MEKKANISCH, AUS 19 VERSEN BESTEHEND

Im Namen Gottes, des Allerbarmers, des Allbarmherzigen.

1. Preise den Namen deines Herrn, des Höchsten. 2. Der schafft und bildet. 3. Der bestimmt und rechtleitet. 4. Der die Weide hervorbringt. 5. Und sie zu schwarzen Stoppeln macht. 6. Wir werden dich lesen lassen, daß du nichts vergißt. 7. Es sei denn, Gott wünsche es. Denn wahrlich, er kennt das Offenbare und was verborgen. 8. Und wir wollen dir erleichtern zum Heil. 9. So ermahne, wem die Ermahnung frommt. 10. Ermahnen wird sich lassen, wer (Gott) fürchtet. 11. Und fern halten wird sich der Elende. 12. Der braten wird im gewaltigen Fegefeuer. 13. Nicht sterben wird er dann in diesem und nicht leben. 14. Glücklich der, der sich läutert. 15. Und des Namens seines Herrn gedenkt und betet. 16. Ja, ihr bevorzugt das Leben hienieden. 17. Besser aber ist das Jenseits und dauernder. 18. Wahrlich, dies (steht) in den alten Schriften. 19. In den Schriften Abrahams und Moses.

88. SURA VOM GERICHTSTAG
MEKKANISCH, ˗ ˉIS 26 VERSEN BESTEHEND

Im Namen Got: 's, des Allerbarmers, des Allbarmherzigen.

1. Kam dir die Kunde vom Gerichtstag¹? 2. Gesichter sind dann demütig. 3. Sich abarbeitend und abmühend. 4. In glühendem Feuer gebraten. 5. Aus siedendem Quell getränkt. 6. Keine andre Speise als Höllenstrauch. 7. Der nicht fett macht und nicht schützt vor Hunger. 8. Und Gesichter sind dann strahlend. 9. Ihres Erfolgs befriedigt. 10. Im erhabenen Garten. 11. Darinnen sie nicht hören Gemeines. 12. Darinnen ein rieselnder Quell. 13. Darinnen hohe Ruhekissen. 14. Und Becher vorgesetzt. 15. Und Kissen wohlgereiht. 16. Und Teppiche ausgebreitet. 17. Schauen sie nicht auf das Kamel, wie ist es geschaffen? 18. Und zum Himmel, wie ist er hoch. 19. Und zu den Bergen, wie sind sie hingesetzt. 20. Und zur Erde, wie ist sie hingebreitet. 21. So ermahne, denn du bist Ermahner. 22. Du bist nicht Machthaber über sie. 23. Doch wer sich abwendet und ungläubig ist. 24. Den straft Gott mit schwerster Strafe. 25. Traun, zu uns ist ihre Rückkehr. 26. Dann ist wahrlich uns ihre Rechenschaft.

89. SURA VOM TAGES= ANBRUCH
MEKKANISCH, AUS 30 VERSEN BESTEHEND

Im Namen Gottes, des Allerbarmers, des Allbarmherzigen.

1. Beim Tagesanbruch und den zehn (heiligen) Nächten. 2. Und beim Doppelten und Einzelnen[1]. 3. Und bei der Nacht, wenn sie vorüberzieht: 4. Ist hierin nicht ein Schwur für den Verständigen? 5. Siehst du nicht, wie dein Herr mit den Aditen verfuhr? 6. In Iram[2], das den Turm besaß. 7. Desgleichen noch nie im Land geschaffen ward. 8. Und mit den Thamuditen, die die Felsen höhlten im Tal? 9. Und mit Pharao, dem Herrn der Pfähle[3]? 10. Die trotzig waren im Land. 11. Und darin mehrten das Verderben. 12. Da schwang dein Herr über sie die Peitsche der Strafe. 13. Wahrlich, dein Herr ist auf der Wacht. 14. Und was den Menschen betrifft: wenn dein Herr ihn prüft und ihn auszeichnet und gnadet, 15. So spricht er: Mein Herr hat mich

ausgezeichnet. 16. Wenn er ihn aber prüft und ihm seinen Unterhalt (kärglich) zumißt, 17. So spricht er: Mein Herr hat mich erniedrigt. 18. Keineswegs. Ihr achtet die Waisen nicht. 19. Und treibt einander nicht an zur Speisung der Armen. 20. Und verzehrt das Erbe ganz und gar. 21. Und liebt den Reichtum mit großer Liebe. 22. Keineswegs. Wenn die Erde in Staub zerfällt. 23. Und dein Herr und die Engel in Reihen kommen. 24. Und wenn an diesem Tag herangebracht wird die Hölle, dann ermahnt sich der Mensch; aber was soll ihm nun die Ermahnung? 25. Er spricht: Oh, hätte ich doch meinem Leben etwas vorausgeschickt! Dann straft niemand (als Gott) seine Strafe. 26. Und fesselt niemand seine Fessel. 27. O du beruhigte Seele! 28. Kehre zurück zu deinem Herrn zufrieden und befriedigt. 29. Tritt ein zu meinen Dienern. 30. Tritt ein in mein Paradies.

90. SURA VON DER ORTSCHAFT

MEKKANISCH, AUS 20 VERSEN BESTEHEND

Im Namen Gottes, des Allerbarmers, des Allbarmherzigen.

1. Ich schwöre nicht bei dieser Ortschaft. 2. Und du wohnst in dieser Ortschaft. 3. Und beim Erzeuger und was er erzeugt: 4. Wir schufen den Menschen in Kummer. 5. Meint er, niemand über-

wältige ihn? 6. Er spricht: Ich habe viel Besitz verschwendet. 7. Meint er, niemand sehe ihn? 8. Gaben wir ihm nicht Augen 9. Und Zunge und Lippen? 10. Und wir führten ihn beide Wandelwege. 11. Und er erklimmt die Klippe nicht. 12. Was lehrt dich, was die Klippe ist? 13. Lösung des Gefangnen. 14. Speisung am Tag der Hungersnot. 15. Des anverwandten Waisen. 16. Oder im Staub liegenden Armen. 17. Dann ist er derer, die gläubig sind und einander ermahnen zur Geduld und einander ermahnen zur Barmherzigkeit. 18. Diese sind die Genossen der Rechten. 19. Die aber nicht glauben an unsre Verse, sie sind die Genossen der Linken. 20. Über sie das wölbende Feuer.

91. SURA VON DER SONNE
MEKKANISCH, AUS 16 VERSEN BESTEHEND

Im Namen Gottes, des Allerbarmers, des Allbarmherzigen.

1. Bei der Sonne und ihrem Schein. 2. Und beim Mond, wenn er ihr folgt. 3. Und beim Tag, wenn er sie enthüllt. 4. Und bei der Nacht, wenn sie sie bedeckt. 5. Und beim Himmel und der ihn gebaut. 6. Und bei der Erde und der sie gebreitet. 7. Und bei der Seele und der sie gebildet. 8. Und ihr Bosheit und Gottesfurcht eingegeben: 9. Glücklich der, der sie läutert. 10. Hoffnungslos der, der sie verdirbt. 11. Die Thamuditen leugneten in ihrem

Frevel. 12. Als herankam ihr Bösewicht[1]. *13. Da sprach der Gesandte Gottes zu ihnen: (Das ist) die Kamelin Gottes und ihr Trank. 14. Aber sie nannten ihn lügenhaft und lähmten sie. 15*[2]. *Da vertilgte sie ihr Herr ob ihrer Schuld und glich es ihnen aus. 16. Und er fürchtet nicht ihre Folge.*

92. SURA VON DER NACHT
MEKKANISCH, AUS 21 VERSEN BESTEHEND

Im Namen Gottes, des Allerbarmers, des Allbarmherzigen.

1. *Bei der Nacht, wenn sie bedeckt.* 2. *Beim Tag, wenn er enthüllt.* 3. *Bei dem, der Männliches und Weibliches geschaffen:* 4. *Wahrlich, euer Streben ist verschieden.* 5. *Wer nun (Almosen) gibt und gottesfürchtig ist.* 6. *Und fest glaubt an das Schöne.* 7. *Dem erleichtern wir zum Heil.* 8. *Wer aber geizig ist und habgierig.* 9. *Und das Schöne leugnet.* 10. *Dem erleichtern wir zum Elend.* 11. *Und nicht nützt ihm sein Vermögen, wenn er gestürzt wird.* 12. *Wahrlich, uns ist die Rechtleitung.* 13. *Und wahrlich, unser ist das Jenseits und das Diesseits.* 14. *So warne ich euch vor dem lodernden Fegefeuer.* 15. *In dem da bratet der Bösewicht nur.* 16. *Der geleugnet und sich abgewandt.* 17. *Und fern bleibt ihm der Gottesfürchtige.* 18. *Der sein Vermögen hingibt, um sich zu läutern.* 19. *Und niemand eine Wohltat erweist, um sie sich vergelten*

zu lassen. 20. Sondern aus Verlangen nur nach dem Antlitz seines Herrn, des Höchsten. 21. Und zufrieden sein wird er dereinst.

93. SURA VOM HELLEN TAG
MEKKANISCH, AUS 11 VERSEN BESTEHEND

Im Namen Gottes, des Allerbarmers, des Allbarmherzigen.

1. Beim hellen Tag. 2. Bei der Nacht, wenn sie finster ist: 3. Nicht verlassen hat dich dein Herr und nicht gehaßt. 4. Und besser ist für dich das Jenseits als das Diesseits. 5. Und geben wird dir dein Herr ganz gewiß, daß du zufrieden sein wirst. 6. Fand er dich nicht als Waise und nahm dich auf? 7. Und er fand dich irrend und rechtleitete dich. 8. Und er fand dich arm und reicherte dich. 9. Daher den Waisen unterdrücke nicht. 10. Und den Bittenden weise nicht ab. 11. Und deines Herrn Huld erzähle.

94. SURA: ERSCHLOSSEN WIR NICHT?
MEKKANISCH, AUS 8 VERSEN BESTEHEND

Im Namen Gottes, des Allerbarmers, des Allbarmherzigen.

1. Erschlossen wir dir nicht deine Brust? 2. Und wir nahmen dir ab deine Last. 3. Die deinen Rücken

gedrückt. 4. Und wir erhoben deinen Ruf. 5. Wahrlich, mit dem Unglück das Glück. 6. Ja, mit dem Unglück das Glück. 7. Und wenn du fertig bist, sei emsig. 8. Und zu deinem Herrn stehe.

95. SURA VON DER FEIGE
MEKKANISCH, AUS 8 VERSEN BESTEHEND

Im Namen Gottes, des Allerbarmers, des Allbarmherzigen.

1. Bei Feige und Ölbaum. 2. Beim Berg Sinai. 3. Bei dieser sichern Ortschaft: 4. Wir schufen den Menschen in schönstem Ebenmaß. 5. Dann ließen wir ihn sinken zum niedrigsten Niedrigen. 6. Die ausgenommen, die gläubig sind und gute Werke üben; ihnen ein Lohn unverkürzt. 7. Was macht dich nun das Weltgericht leugnen? 8. Ist Gott nicht der weiseste Richter?

96. SURA VOM BLUT-GERINNE
MEKKANISCH, AUS 19 VERSEN BESTEHEND

Im Namen Gottes, des Allerbarmers, des Allbarmherzigen.

1. Lies[1], im Namen deines Herrn, der schuf. 2. Er schuf den Menschen aus einem Blutgerinne. 3. Lies, bei deinem Herrn, dem Hochgeehrten. 4. Der den Griffel (führen) gelehrt. 5. Er lehrte den Menschen, was er nicht kannte. 6. Keineswegs. Wahrlich, der

Mensch wird widerspenstig. 7. Wenn er sich reich sieht. 8. Wahrlich, zu deinem Herrn ist die Rückkehr. 9. Siehst du auf den, der hindert, 10. Den Diener, wenn er betet? 11. Siehst du, ob er ist in der Rechtleitung? 12. Oder auffordert zur Gottesfurcht? 13. Siehst du, wie er leugnet und sich abwendet? 14. Weiß er nicht, daß Gott es sieht? 15. Keineswegs. Wenn er nicht abläßt, wir fassen ihn gewißlich bei den Stirnlocken. 16. Bei den lügenhaften, sündhaften Stirnlocken. 17. Mag er seine Schar herbeirufen. 18. Wir werden die Höllenwache rufen. 19. Keineswegs. Folge ihm nicht; bete (Gott an und ihm) nahe dich.

97. SURA VON [DER NACHT] DER BESTIMMUNG
MEKKANISCH, AUS 5 VERSEN BESTEHEND

Im Namen Gottes, des Allerbarmers, des Allbarmherzigen.

1. Wahrlich, wir offenbarten ihn in der Nacht der Bestimmung[1]. 2. Was lehrt dich, was die Nacht der Bestimmung ist? 3. Die Nacht der Bestimmung ist besser als tausend Monde. 4. In ihr steigen die Engel nieder und der Geist, mit Verlaub ihres Herrn für alle Dinge. 5. Heil ist sie, bis zum Anbruch der Morgenröte.

98. SURA VOM KLAREN BEWEIS
MEKKANISCH, AUS 8 VERSEN BESTEHEND

Im Namen Gottes, des Allerbarmers, des Allbarmherzigen.

1. Die ungläubig sind von den Schriftleuten und die Götzendiener waren nicht eher schwankend, als bis ihnen kam der klare Beweis. 2. Ein Gesandter von Gott, der vorliest die geläuterten Schriften, worinnen fromme Vorschriften. 3. Und die die Schrift empfingen, spalteten sich erst dann, nachdem ihnen der klare Beweis geworden. 4. Und nichts andres ist ihnen befohlen, als daß sie Gott verehren, ihm rechtgläubig die Religion rein haltend, das Gebet verrichten und den Armenbeitrag entrichten. Und dies ist die wahrhafte Religion. 5. Wahrlich, die ungläubig sind von den Schriftleuten und die Götzendiener (kommen) ins Fegefeuer, ewig darinnen. Diese, sie sind der Geschöpfe Übel. 6. Wahrlich, die gläubig sind und gute Werke üben, diese, sie sind der Geschöpfe Bestes. 7. Ihr Entgelt bei ihrem Herrn, die Gärten Edens, darunterhin Ströme fließen, ewig darinnen und stets. 8. Wohlgefallen hat Gott an ihnen und Wohlgefallen haben sie an ihm. Dies für den, der seinen Herrn fürchtet.

99. SURA VOM ERDBEBEN
MEKKANISCH, WIE MANCHE SAGEN, MEDINISCH, AUS 8 VERSEN BESTEHEND

Im Namen Gottes, des Allerbarmers, des Allbarmherzigen.

1. Wenn die Erde bebt ihr Beben. 2. Und die Erde auswirft ihre Last. 3. Und der Mensch spricht: Was ist ihr? 4. An jenem Tag erzählt sie ihre Kunden. 5. Die dein Herr ihr geoffenbart. 6. Dann kommen die Menschen zerstreut herbei, um ihre Werke zu schauen. 7. Wer nun das Gewicht eines Stäubchens Gutes getan, wird es sehen. 8. Und wer das Gewicht eines Stäubchens Böses getan, wird es sehen.

100. SURA VON DEN RENNENDEN ROSSEN
MEKKANISCH, WIE MANCHE SAGEN, MEDINISCH, AUS 11 VERSEN BESTEHEND

Im Namen Gottes, des Allerbarmers, des Allbarmherzigen.

1. Bei den schnaubend rennenden Rossen. 2. Mit (den Hufen) funkenschlagend. 3. Bei den morgens Einstürmenden. 4. Und dabei Staubwolken aufwirbeln. 5. Und in der Schar Mitte dringen: 6. Wahrlich, der Mensch ist gegen seinen Herrn undankbar. 7. Und er selber ist darüber Bezeuger. 8. Und ergeben ist er ganz der Liebe (irdischen)

Gutes. 9. Weiß er denn nicht, daß, wenn bloßgelegt, was in den Gräbern, 10. Und hervorgebracht, was in den Busen, 11. Ihr Herr dann wahrlich ihrer kundig ist?

101. SURA VOM KLOPFENDEN
MEKKANISCH, AUS 8 VERSEN BESTEHEND
Im Namen Gottes, des Allerbarmers, des Allbarmherzigen.

1. Der Klopfende. Was ist der Klopfende? 2. Und was lehrt dich, was der Klopfende ist? 3. An diesem Tag sind die Menschen wie die zerstreuten Motten. 4. Und die Berge wie gezupfte Wolle. 5. Was nun den betrifft, dessen Wage schwer ist, er ist in befriedigter Lebenslage. 6. Und was den betrifft, dessen Wage leicht ist, sein Daheim ist der Abgrund. 7. Und was lehrt dich, was dies ist? 8. Glühendes Feuer.

102. SURA VON DER MEHRSUCHT
MEKKANISCH, AUS 8 VERSEN BESTEHEND
Im Namen Gottes, des Allerbarmers, des Allbarmherzigen.

1. Es vergnügt euch die Mehrsucht. 2. Bis ihr die Begräbnisplätze aufsuchet. 3. Keineswegs, später werdet ihr es wissen. 4. Dann (wiederum:) keineswegs, später werdet ihr es wissen. 5. Keineswegs, wenn ihr doch kennen würdet der Gewißheit Kenntnis! 6. *Sehen werdet ihr ganz gewiß den Feuerpfuhl.* 7. *Dann seht ihr ihn mit sichrem Auge.* 8. *Dann, an jenem Tag, werdet ihr befragt um die Vergnügungen.*

103. SURA VOM NACHMITTAG
MEKKANISCH, AUS 3 VERSEN BESTEHEND

Im Namen Gottes, des Allerbarmers, des Allbarmherzigen.

1. *Beim Nachmittag:* 2. *Wahrlich, der Mensch (geht) ins Verderben.* 3. *Nur die nicht, die gläubig sind, gute Werke üben und einander ermahnen zur Wahrheit, einander ermahnen zur Geduld.*

104. SURA VOM VERLEUMDER
MEKKANISCH, AUS 9 VERSEN BESTEHEND

Im Namen Gottes, des Allerbarmers, des Allbarmherzigen.

1. *Wehe jedem lästernden Verleumder.* 2. *Der Besitz häuft und wahrt.* 3. *Er denkt, sein Besitz mache ihn unsterblich.* 4. *Keineswegs, geschleudert wird er in das Verzehrende.* 5. *Was lehrt dich, was das Verzehrende ist?* 6. *Das Feuer Gottes angezündet.* 7. *Es schlägt über die Herzen.* 8. *Über sie wölbend.* 9. *In ragenden Säulen.*

105. SURA VOM ELEFANTEN
MEKKANISCH, AUS 5 VERSEN BESTEHEND

Im Namen Gottes, des Allerbarmers, des Allbarmherzigen.

1. Sahst du nicht, was dein Herr tat an den Besitzern des Elefanten[1]? 2. Vereitelte er nicht ihren Anschlag? 3. Er sandte über sie Vögelschwärme. 4. Die über sie warfen Steine der Hölle. 5. Und er machte sie gleich abgefressnen Halmen.

106. SURA VON DEN KORAISCHITEN
MEKKANISCH, AUS 4 VERSEN BESTEHEND

Im Namen Gottes, des Allerbarmers, des Allbarmherzigen.

1. An die Vereinigung der Koraischiten. 2. An ihre Vereinigung zur Handelsreise im Winter und im Sommer: 3. Mögen sie doch verehren den Herrn dieses Hauses, der sie gegen Hunger gespeist. 4. Und vor Furcht gesichert.

107. SURA VON DER UNTERSTÜTZUNG
MEKKANISCH, WIE MANCHE SAGEN, MEDINISCH, AUS 7 VERSEN BESTEHEND

Im Namen Gottes, des Allerbarmers, des Allbarmherzigen.

1. Sahst du den, der das Weltgericht lügenhaft nennt? 2. Er ist es, der verstößt den Waisen. 3. Und treibt nicht an zur Speisung des Armen. 4. Wehe den Betenden, 5. Die nachlässig sind bei ihrem Gebet. 6. Die nur gesehen sein wollen. 7. Und verweigern die Unterstützung[1].

108. SURA VON DER FÜLLE
MEKKANISCH, AUS 3 VERSEN BESTEHEND

Im Namen Gottes, des Allerbarmers, des Allbarmherzigen.

1. Siehe, wir gaben dir die (Gnaden)fülle[1]. 2. So bete nun zu deinem Herrn und opfre ihm. 3. Wahrlich, der dich haßt, er ist der Kinderlose[2].

109. SURA VON DEN UNGLÄUBIGEN

MEKKANISCH, AUS 6 VERSEN BESTEHEND

Im Namen Gottes, des Allerbarmers, des Allbarmherzigen.

1. Sprich: O ihr Ungläubigen! 2. Ich verehre nicht, was ihr verehret. 3. Und ihr seid nicht Verehrer dessen, was ich verehre. 4. Ich bin nicht Verehrer dessen, was ihr verehrtet. 5. Und ihr seid nicht Verehrer dessen, was ich verehre. 6. Euch eure Religion und mir meine Religion.

110. SURA VON DER HILFE

MEKKANISCH, WIE MANCHE SAGEN, MEDINISCH, AUS 3 VERSEN BESTEHEND

Im Namen Gottes, des Allerbarmers, des Allbarmherzigen.

1. Wenn die Hilfe Gottes kommt und der Sieg. 2. Und du die Menschen in die Religion Gottes eintreten siehst in Scharen. 3. So preise das Lob deines Herrn und bitte ihn um Verzeihung, denn wahrlich, er ist vergebend.

111. SURA: UNTER GINGEN

MEKKANISCH, AUS 5 VERSEN BESTEHEND

Im Namen Gottes, des Allerbarmers, des Allbarmherzigen.

1. Unter gingen die Hände des Abu-Lahab[1], unter ging er. 2. Nicht nützte ihm sein Vermögen und

was er erworben. *3.* Braten wird er dereinst im Feuer, dem Eigner der Flamme. *4.* Und sein Weib ist des Holzes Trägerin. *5.* Um ihren Hals ein Strick aus Palmenbast.

112. SURA VOM REINEN GLAUBEN
MEKKANISCH, WIE MANCHE SAGEN, MEDINISCH, AUS 4 VERSEN BESTEHEND

Im Namen Gottes, des Allerbarmers, des Allbarmherzigen.

1. Sprich: Er ist der einzige Gott. *2.* Der unwandelbare Gott. *3.* Er zeugt nicht und ward nicht gezeugt. *4.* Und niemand ist ihm gleich.

113. SURA VON DER MORGENRÖTE
MEKKANISCH, WIE MANCHE SAGEN, MEDINISCH, AUS 5 VERSEN BESTEHEND

Im Namen Gottes, des Allerbarmers, des Allbarmherzigen.

1. Sprich: Ich nehme Zuflucht zum Herrn der Morgenröte. *2.* Vor dem Übel, das er geschaffen. *3.* Und vor dem Übel des Monds, wenn er sich verfinstert. *4.* Und vor dem Übel der (zaubernden) Knotenbläserinnen. *5.* Und vor dem Übel des Neiders, wenn er neidet.

114. SURA VON DEN MENSCHEN
MEKKANISCH, WIE MANCHE SAGEN, MEDINISCH, AUS 6 VERSEN BESTEHEND

Im Namen Gottes, des Allerbarmers, des Allbarmherzigen.

1. Sprich: Ich nehme Zuflucht zum Herrn der Menschen. 2. Zum König der Menschen. 3. Zum Gott der Menschen. 4. Vor dem Übel des entfliehenden Einflüsterers. 5. Der in die Brust des Menschen flüstert. 6. Vor Geistern und Menschen.

ANMERKUNGEN

1. SURA

1. Sura, eigentlich Erhabenheit (von سار *anspringen), ungefähr Caput, Capitulum. — 2. Die Angabe, wo die Suren geoffenbart sind, beruht auf einer Überlieferung, die der Kritik nicht standhält, zumal die einzelnen Suren aus mekkanischen und medinischen Stücken zusammengesetzt sind. Im allgemeinen dürften wohl die poetischen Stücke aus der mekkanischen Zeit herrühren, in der Mohammed nur als Prophet wirkte, die gesetzgeberischen hingegen aus der medinischen Zeit, in der er sich einerseits erschöpft hatte, und anderseits mehr als Herrscher und Gesetzgeber hervortrat. — 3.* الْعَالَمِين *nicht* الْعَالَمُون*, die übliche Übersetzung „der Welten" ist somit unrichtig. — 4. Dieser Vers wird von andren übersetzt: nicht derer, denen du zürnst, nicht den der Irrenden. Hat nur einen polemischen Hintergrund, da unter den ersteren die Juden und unter den letzteren die Christen verstanden werden; sprachlich jedoch ganz unzulässig.*

2. SURA

1. So genannt wegen der in dieser (V. 63 ff.) enthaltenen Beschreibung der roten Kuh (Num. 19,1 ff.), die aber mit dem Sühnekalb (Dt. 21,1 ff.) identifiziert wird. — 2. Diese Buchstaben, die bei manchen Suren variieren, sollen Anfangsbuchstaben einer Einleitungsformel sein und vom Schreiber Mohammeds herrühren. — 3. Im Text: Geheimnis, was nicht beweisbar ist. — 4. Oder Teufel, Widersacher; nach den Erklärern die jüdischen und christlichen Geistlichen. — 5. So zu ergänzen nach Gen. 2,20. — 6. Entspricht dem christlichen Lucifer; wohl aus διαβολος *korrumpiert. — 7.* آيَة *eigentlich Zeichen, fast überall in der Bedeutung Koranvers. — 8. Beim Verrichten des Gebets. — 9. Nach den*

Lexikographen Entscheidung (von فرق *scheiden, trennen), sinngemäßer nach Geiger* פּוּרְקָן, *aus dem Jüdisch-Aramäischen entehnt; Bezeichnung des Korans. — 10. Wohl die Sünder; vgl. Ex. 32,27. — 11. Über die jüdische Sage, Gott habe den Berg Sinai über die Juden erhoben und sie gezwungen, das Gesetz anzunehmen, vgl. Talmud Babyl. Sabbath fol. 88a. — 12. Vgl. Sura 7 V. 163 ff. — 13. Mohammed stammte aus dem einfachen Volk, was ihm seine Gegner vorhielten. — 14. Vielleicht: der Glaube an das goldene Kalb setzte sich in ihrem Herzen fest, oder Anspielung auf Ex. 32,20. — 15. Der Koran wurde Mohammed durch den Erzengel Gabriel mitgeteilt. — 16.* بَيْنَ يَدَيْهِ *eine Wendung, die dem deutschen* vorhanden *genau entspricht. — 17. Über den Kampf Salomos mit dem Dämonenkönig Asmodai weiß auch die jüdische Sage viel zu berichten; vgl. Talmud Babyl. Gittin fol. 68a. — 18. Ausführliches hierüber im Buch Henoch Kap. 6. — 19. Die erste Wendung pflegten die Juden aus Spottlust zu verdrehen; vgl. Sura 4 V. 48 und die bezügliche Anmerkung. — 20. Die Juden. — 21. Die Christen. — 22. Rechtfertigung der im Koran oft vorkommenden Widersprüche. — 23. Die Kaaba zu Mekka. — 24. Die Pilger umkreisen die Kaaba siebenmal, bevor sie diese betreten. — 25. Wörtliche Übersetzung des arabischen Moslim; abstrakt Islam, das Bekenntnis dieser Lehre Mohammeds. —*

26. Das im Text gebrauchte صِبْغَة *kann auch Taufe heißen, wohl die Aufnahme in den Islam. — 27. Als Mohammed noch in Mekka weilte, bestimmte er, wohl um die Juden für sich zu gewinnen, beim Gebet das Gesicht gegen den Tempel zu Jerusalem zu wenden, später änderte er die Gebetrichtung (Kibla) gegen die Kaaba zu Mekka. — 28. Zwischen Juden und Christen. — 29. Wohl Mohammed, der sich darüber beklagte, die Juden hätten die auf ihn deutenden Stellen in der Schrift gefälscht oder entfernt. — 30. Zwei Berge bei Mekka, auf denen Götzenbilder aus heidnischer Zeit sich befanden. Die Pilger ließen es sich nicht nehmen, diese zu besuchen, weshalb*

Mohammed es ihnen erlaubte. — 31. Was auf den Namen eines Götzen geschlachtet worden ist. — 32. So richtig nach dem folgenden Vers (entsprechend Ex. 21,30); unrichtig die anderslautenden Übersetzungen. — 33. Der 9. Monat des mohammedanischen Kalenderjahres. — 34. Aus Aberglauben betraten die von der Wallfahrt Zurückkehrenden ihre Wohnungen nicht durch die Vordertür, sondern durch eine Hinterpforte. — 35. Der Monat Moharam, der 1. des mohammedanischen Kalenderjahres, in dem sonst der Krieg verboten ist. — 36. Ein heiliger Berg in der Nähe Mekkas. — 37. Nach den Erklärern ein gewisser Akhnas ibn Schoraik, der Mohammed Freundschaft heuchelte, vor dem er aber durch göttliche Offenbarung gewarnt wurde. — 38. Arabisch I s l a m ; vgl. Anm. 25. — 39. D. h. ihr Vermögen zu eurem schlägt. — 40. Wenn sie sich wieder verheiraten. — 41. Das Gebet um die Mittagszeit; وسْطَى kann auch heißen das g e w ö h n l i c h e. — 42. Dies bezieht sich nach den Auslegern auf die Belebung der Totengebeine durch Ezechiel (Ez. Kap. 37), über die bei den Arabern, sowie bei den Juden verschiedene Sagen bekannt sind; vgl. Talmud Babyl. Synhedrin fol. 92b. — 43. Identisch mit S a u l der Bibel; diese abweichende Form ist nach R ü c k e r t eine Folge des Reims auf Galut (Goljath), der aber erst weiter genannt wird. Richtiger ist wohl die Ableitung Baidhavis von طَالَ lang fein, wegen seiner außergewöhnlichen Körperlänge. — 44. Es sind dies alles Einwände der Gegner Mohammeds, der arm und unwissend war, wie er auch im ganzen Koran seine Erlebnisse mit denen biblischer Personen zu identifizieren sucht. — 45. Hier liegt eine Verquickung mit einem Erlebnis des Richters Gideon vor; vgl. Jud. 7,4 ff. — 46. Idol der heidnischen Mekkaner; auch im Späthebräischen wird טָעוּת (aus טעה irren) für G ö t z e n gebraucht (Talmud Hieros. Synhedrin fol. 28d); vielleicht Hebraismus. — 47. Nach den Auslegern Nimrod; auch in der jüdischen Sage ist darüber vieles bekannt. — 48. Nach den Erklärern Esra; vgl. Neh. 2,11 ff. — 49. Die durch ihre Beteiligung an den Kämpfen für die Religion einen bürgerlichen Beruf auszuüben verhindert sind.

3. SURA

1. Arabisch I m r a n. Maria (arab. M i r j a m) wird mit M i r j a m, der Tochter Amrams, Vaters Moses' und Ahrons, verwechselt; an andrer Stelle (Sura 19 V. 29) mit „Schwester Ahrons" angeredet. — 2. Die kleine Schar Mohammeds mit der 2fach, nach andren 3fach starken Schar der Mekkaner; das Treffen (bei Bedr) endete mit einem entscheidenden Sieg der ersteren. — 3. Vgl. Sura 2 Anm. 25. —

4. Die die Schrift nicht kennen; أُمِّيّ *etymologisch L a i e, Gegensatz von G e l e h r t e r. Im Späthebräischen bezeichnet* אומות *speziell die weltlichen Völker als Gegensatz zu J u d e n, daher nach G e i g e r Hebraismus in der Bedeutung H e i d e n. — 5. Für den Tempeldienst nicht geeignet. — 6. Etwa v e r f l u c h t e n oder v e r j a g t e n. Der Sage nach soll Abraham den Satan mit Steinen fortgejagt haben. — 7. Vgl. Sura 2 Anm. 8. — 8. Trachteten Jesus nach dem Leben. — 9. Auch Jesus hatte keinen V a t e r. — 10. Vgl. Anm. 4. — 11.* رَبَّانِيّ *wohl Hebraismus (*רַבִּי, רַבָּן*); ganz unzulässig ist die direkte Ableitung von* رَبّ*, wo nach Rückert H e r r e n d i e n e r übersetzt. — 12.* يَظَر *IV aufschieben, demnach: es wird ihnen nicht gefristet.* يَنْصَرُون *und* يَنْظَرُون *werden abwechselnd gebraucht; beim mündlichen Vortrag ist eine Verwechselung sehr wahrscheinlich. — 13. Wohl der Erzvater (Jakob), wahrscheinlich mit Bezug auf Gen. 32,33. — 14. Mekka; so soll die ältere Aussprache gelautet haben. — 15. Bezieht sich auf die Schlacht bei Ohod, in der Mohammed unterlag. — 16. Vgl. Sura 3 Anm. 2. — 17. Mohammed beteiligte sich nicht persönlich bei der Schlacht, sondern betete dann. — 18. Die genannte Schlacht verlief anfangs für Mohammed günstig, und erst später, als seine Anordnungen nicht befolgt wurden, erlitt er eine Niederlage. — 19. Sie verließen das Schlachtfeld, um Beute zu machen. — 20. Mohammed wurde vorgeworfen, Beutestücke unterschlagen zu haben. — 21. Juden und Christen.*

4. SURA

1. Hier fehlt offenbar der Nachsatz. — *2.* Soll wohl heißen: wenn vier Zeugen es bekunden. — *3.* Die Unzucht unter Männern. *4.* Darunter wird der unerlaubte Wucher verstanden. — *5.* Der engen Freundschaft; der Überlebende ist sogar an der Erbschaft beteiligt. — *6.* Die Juden, die über Mohammed spotteten, sprachen das von ihm oft gebrauchte Wort أَطَعْنَا (ataana, wir gehorchen) kakophonisch عَصَيْنَا (assaina, wir sind ungehorsam); das Wort رَاعِنَا (raina, blick uns an) sprachen sie so, als wäre es vom Hebräischen רע (ra, schlecht) abzuleiten, weshalb er das synonyme أَيْظرنَا empfahl. — *7.* Vgl. Sura 7 V. 163 ff. — *8.* Name eines Götzen; über Tagut siehe Sura 2 Anm. 46. — *9.* Worunter die Kastration zu verstehen ist; beides bei den Arabern gebräuchlich. — *10.* In Wirklichkeit war es nicht Christus, den sie kreuzigten; wohl nach der Lehre der Doketen oder der Monophysiten.

5. SURA

1. Mit der das Opfertier geschmückt wurde. — *2.* Vgl. Sura 2 Anm. 31. — *3.* Diese ist wohl die letzte Offenbarung des Propheten. *4.* Derartiges befindet sich nicht in der Schrift, wohl aber im Talmud; vgl. Talmud Babyl. Synhedrin fol. 37a. — *5.* Die rechte Hand und der linke Fuß oder umgekehrt. — *6.* Wörtl. Zeit der Torheit; Bezeichnung der vormohammedanischen Zeit. — *7.* Götzenbilder und Orakelzeichen. — *8.* Auf einer Pilgerfahrt, während welcher die Jagd verboten ist, soll einmal das Wild haufenweise herangekommen sein; Mohammed erblickte darin eine Versuchung Gottes. — *9.* Wörtl. Würfel; Benennung des würfelförmigen heiligen Tempels zu Mekka. — *10.* Vgl. Sura 2 Anm. 35. — *11.* Namen von Haustieren, die von den Arabern gekennzeichnet und den Götzen geweiht wurden. — *12.* Vgl. Sura 3 V. 43.

6. SURA

1. *Soll wohl heißen: ihr unterscheidet euch nicht von den Tieren.* — 2. *Sc. der Auferstehung; im Koran häufig gebrauchter Ausdruck für das Jüngste Gericht.* — 3. *In der Bibel Terach (Gen. 11,24 ff.); auch bei Eusebius* Αθαρ. — 4. *Die Stadt Mekka.* — 5. *Den Islam; vgl. Sura 2 Anm. 25.* — 6. *Als Opfer darbringen; vielleicht aber das Töten der Mädchen, das auch weiter V. 152 und an andren Stellen gerügt wird.* — 7. *Die Gott geweiht sind und als Lasttiere nicht verwendet werden dürfen.* — 8. *Sondern die der Götzen; vielleicht die nicht geschlachtet werden dürfen.* — 9. *Steuer und Armenbeitrag.* — 10. *Juden und Christen.*

7. SURA

1. *Zwischen Hölle und Paradies, von dem diese Sura spricht.* — 2. *Im Paradies, wo diese Unterredung stattfand.* — 3. *Anständige Kleidung; gegen die Sitte, die Kaaba notdürftig gekleidet zu besuchen.* — 4. *Auf der Wallfahrt ist jede Kasteiung zu unterlassen.* — 5. *Die Todesengel.* — 6. *Das Volk, durch das es zum Götzendienst verleitet worden ist.* — 7. *Identisch mit dem biblischen E b e r (Gen. 10,24), dem Stammvater der Hebräer. Da der Name Hebräer zur Zeit Mohammeds unbekannt und nur der Name J u d e gebräuchlich war, so wurde auch ihrem Stammvater der Name H u d (gekürzt von* يَهُودِى *) beigelegt.* — 8. *Die riesenhaften Aditen sollen eine Körpergröße von 100 Ellen gehabt haben.* — 9. *Altarabischer Stamm, der schon zur Zeit Mohammeds nur in der Sage lebte; sein Gebiet war das sog. El-Chidjr (Arabia Petraea), worüber weiter Sura 15.* — 10. *Über seine Identität herrscht Ungewißheit; nach einigen der biblische P e l e g (Gen. 11,16), nach anderen S c h e l a c h (Gen. 11,12).* 11. *Als Wunderzeichen ließ Salich auf Verlangen der Thamuditen eine Kamelin aus einem Felsen entstehen.* — 12. *Identisch mit dem biblischen J e t h r o, dem Schwiegervater Moses'.* — 13. *Nach der Bibel (Ex. 4,6) infolge eines Aussatzes; Mohammed dagegen hält Moses für einen Neger von schwarzer Hautfarbe.* — 14. *Im Text*

adjektivisch: laienhaft, ungelehrt (vgl. Sura 3 Anm. 4); Mohammed war des Lesens und Schreibens unkundig. — 15. *Bezieht sich nach den Erklärern auf einen jüdischen Stamm in China, der an Mohammed glaubte.* — 16. *Nach den Erklärern B i l e a m.* — 17. *Vgl. Sura 6 Anm. 2.* — 18. *Die Satane.* — 19. *Den Koran.*

8. SURA

1. *Aus der Schlacht bei Bedr. Die Kriegsteilnehmer beanspruchten sie für sich allein, worüber ein Streit mit den Zurückbleibenden entstand.* — 2. *Sie weigerten sich, zum Kampf gegen die Mekkaner auszuziehen.* — 3. *Die Anhänger Mohammeds überfielen eine Karawane der Koraischiten (vgl. V. 43), die nur von 40 Reitern begleitet war; gegen die etwa 1000 Mann starke Hilfstruppe wollten sie sich nicht heranwagen, zumal bei dieser keine Beute zu machen war.* — 4. *Die Truppen Mohammeds lagen in einer sandigen Gegend und litten an Wassermangel.* — 5. *Mohammed soll eine Handvoll Sand gegen den Feind geschleudert und ihn dadurch in die Flucht gejagt haben.* — 6. *Entweder war dies die Art ihres Gottesdienstes, oder wollten sie die Gläubigen stören.* — 7. *Bezieht sich wohl auf die von Mekka ausgesandte Hilfstruppe zum Schutz der Angegriffenen.* — 8. *Objekt fehlt; zu verstehen ist wohl der Bundesvertrag, der ihm vor die Füße zu werfen ist.* — 9. *Das Lösegeld oder den Erlös für den Verkauf der Gefangenen als Sklaven.*

9. SURA

1. *Frist, die Mohammed den Mekkanern nach der Eroberung von Mekka gab; vielleicht mit Bezug auf die vier heiligen Monate (weiter V. 5), in welchen der Krieg zu vermeiden ist.* — 2. *Eigentlich P f l e g e. Dieser Vers ist gegen die Gegner Mohammeds in Mekka gerichtet (besonders gegen seinen Oheim El-Abbas), die sich bei ihrer Gefangennahme auf ihre guten Werke beriefen, sie hätten fleißig die Kaaba besucht und die Pilger mit Wasser versorgt.* — 3. *Tal bei Mekka, wo im 8. Jahr der Flucht der 3. Kriegszug Mohammeds erfolgte. Obgleich sein Heer das seiner Gegner an*

Zahl 3fach überstieg, wurde es anfangs geschlagen und ergriff die Flucht. Erst seine Aufmunterung (angeblich warf er einen Haufen voll Sand gegen den Feind) half diesem zum Sieg. — 4. Durch den Abbruch der Handelsbeziehungen. — 5. Bei den Juden gänzlich unbekannt; Ezra steht als Hersteller des Gesetzes in hohem Ansehen. 6. Auch während der heiligen Monate. — 7. Des heiligen Monats; wohl wegen des zu langen Friedens. Die folgende Polemik scheint aber gegen die Juden gerichtet zu sein, die zum Ausgleich des Sonnenjahrs mit dem Mondjahr alle drei Jahre einen Interkalationsmonat haben. — 8. Abu-Bekr war der einzige, der Mohammed auf seiner Flucht aus Mekka begleitete. — 9. Der Sieg oder der Tod im Kampf für die Religion Gottes. — 10. Gleich V. 38, Kampfrede des Propheten an die zum Krieg nicht geneigten Stämme gelegentlich des Feldzugs gegen die Griechen (unter Heraklius) während der heißesten Tage des 9. Jahrs der Flucht. — 11. Um in den Krieg mitziehen zu können. — 12. Stehender Ausdruck für die ersten Anhänger Mohammeds, die mit ihm ihre Vaterstadt Mekka verließen. — 13. Ebensolcher für die Einwohner von Medina, die ihm und seinen Anhängern Aufnahme und Schutz gewährten. — 14. Wörtlich Stadt, vollständig „Stadt des Propheten", vor der Einwanderung Mohammeds Jathrib. — 15. Bezieht sich auf die Benu-Amir, die unter der Leitung eines christlichen Mönchs eine Gegenmoschee errichteten. — 16. Vgl. Sura 2 Anm. 8. — 17. Die anfangs den Anm. 10 erwähnten Feldzug nicht mitmachen wollten, später aber sich reuig Mohammed unterwarfen.

10. SURA

1. Mohammed trat in seinem 40. Lebensjahr als Prophet auf, wohl durch göttliche Eingebung. — 2. Ihre Stäbe; vgl. Sura 7 V. 104ff. 3. Die Einwohner von Ninve; vgl. Jon. Kap. 3.

11. SURA

1. Vgl. Sura 7 Anm. 7. — 2. Mohammed den Koran. — 3. Nach den Erklärern, der Engel Gabriel oder der Koran. — 4. Die ange-

sehenen Mekkaner forderten Mohammed auf, die armen Gläubigen zu verjagen. — 5. Die Sintflut; auch nach jüdischer Sage war das Wasser kochend; vgl. Talmud Babyl. Synhedrin fol. 108b. — 6. Wohl ein vierter Sohn Noahs; nach den Erklärern Kanaan, der aber nach der Bibel ein Enkelsohn Noahs war. — 7. Identisch mit dem biblischen A r a r a t, jetzt A g r i d a g h oder M a s s i s. — 8. So ist dieser Vers sinngemäß und nach Gen. 18,12 zu konstruieren. — 9. Die Stadt Mekka. „Fern" kann hier räumlich und sittlich verstanden werden. — 10. Ebenfalls räumlich und sittlich.

12. SURA

1. Nach den Erklärern soll ihm, als er ihr zu Willen sein wollte, das Gesicht seines Vaters erschienen sein; ebenso Talmud Babyl. Sota fol. 36b. — 2. Beim Schneiden der Früchte oder Speisen, da sie dabei nur auf Joseph schauten. — 3. Joseph, der König oder Potiphar. Nach manchen Erklärern ist dieser Vers ein Ausspruch Josephs, nachdem er von ihrem Geständnis erfuhr. — 4. Er hafte mit seiner Person und werde als Sklave zurückgehalten. — 5. Nach ägyptischem Gesetz wurde der Dieb nur mit einer Geld- und einer körperlichen Strafe belegt; Gott aber fügte, daß die Brüder selber sich für die in ihrem Land auf den Diebstahl gesetzte Strafe entschieden. — 6. Er erblindete; vgl. weiter V. 93.

13. SURA

1. Wohl Verwahrung gegen den Vorwurf, der Mohammed wegen seiner vielen Frauen gemacht wurde.

14. SURA

1. Vgl. Sura 7 V. 57 ff. — 2. Hagar soll sich nach ihrer Vertreibung (vgl. Gen. 21,10 ff.) mit ihrem Sohn Ismael in der Umgegend von Mekka, in der Nähe der Kaaba, niedergelassen haben.

15. SURA

1. Eigentlich die *Steinstadt* oder *Felsenstadt;* Hauptstadt der Sura 7 V. 71 und öfters genannten Thamuditen in Nordwestarabien. 2. Vgl. Sura 3 Anm. 6. — 3. Arabisch *Samum*, eigentlich: *Giftwind, Glutwind.* — 4. Identisch mit den weiter Sura 22 V. 43 genannten „Leuten von Midjan"; an andren Stellen werden sie schlechthin Midjaniten genannt. — 5. Nach den Erklärern die aus sieben Versen bestehende Einleitungssura des Korans, die von den Gläubigen als Gebet oft hergesagt wird. — 6. Wohl solche, die nur einzelne Teile des Korans anerkennen.

16. SURA

1. Vgl. Sura 2 Anm. 46. — 2. Gesucht ist die auf Apologie beruhende Übersetzung *Weils (Einleitung in den Koran S. 103): andre aber haben es wegen ihres Unglaubens verdient, im Irrtum zu bleiben.* — 3. Wörtlich *Leute von Erinnerung*, worunter die Juden zu verstehen sind, die sonst überall *Schriftleute* heißen. — 4. Wohl die weiblichen Götzen. Nach andrer Erklärung hielten die Araber die Engel für Töchter Gottes. — 5. Nämlich Söhne, während die Geburt einer Tochter, wie im folgenden Vers geschildert, den Arabern als großes Unglück galt. — 6. Die Erklärer bringen hier die Erzählung von einem Weib, die der der Penelope gleicht. — 7. Vgl. Sura 3 Anm. 6. Mohammed soll einmal beim Vorlesen einer Koranstelle (Sura 53 V. 19 ff.) eine Gotteslästerung entfahren sein. — 8. Schon seine Zeitgenossen beschuldigten Mohammed, er habe seine Offenbarungen von einem Juden; die Erklärer nennen einen gelehrten Rabbinen namens Abdallah ibn Salam, mit dem er Umgang pflog. — 9. Vgl. Sura 2 Anm. 31. — 10. Vgl. Sura 6 V. 147. — 11. Da dies sich auf die *Person* Abrahams bezieht (nicht wie Gen. 12,2 auf die Nachkommen), so ist die Bezeichnung sonderbar. Die Übersetzer geben das Wort أُمَّة mit *Mann* wieder, jedoch ganz ungebräuchlich. Sura 2 V. 118 wird Abraham als إِمَام (Vorbild,

religiöser Vorstand) bezeichnet; eine Verwechselung ist nicht unwahrscheinlich. — 12. Der Freitag war seit Urbeginn als Ruhetag bestimmt, und nur auf Verlangen der Juden verlegte ihn Moses auf den Sonnabend.

17. SURA

1. Von der Kaaba zu Mekka nach dem Tempel zu Jerusalem. Wohl eine Traumvision, an deren Wirklichkeit Mohammed selber glaubte. — 2. In Übermut verfallen. Über die zwei Verbrechen der Juden sind die Erklärer verschiedener Ansicht; wahrscheinlich ist hier die zweimalige Zerstörung des jüdischen Reichs gemeint, die nur eine Folge ihrer Verbrechen sein konnte. — 3. D. h. sein Geschick; aus dem Vogelflug wurde das Geschick des Menschen gedeutet. — 4. Über den Mörder; vgl. Sura 2 V. 173 ff. — 5. Die Blutrache darf nur an dem Mörder selber geübt werden. — 6. Vgl. Sura 7 V. 71 und Sura 11 V. 67. — 7. Das zu Anfang dieser Sura beschriebene Traumgesicht, über das die Gegner Mohammeds nur spotteten. — 8. Von dessen Früchten die Frevler im Fegefeuer essen werden. Vgl. Sura 37 V. 60 und Sura 44 V. 43. — 9. Teile desselben als Gebetstücke, das Morgengebet. — 10. Vgl. Sura 34 V. 9. — 11. An die in dieser Sura beschriebene Nachtreise, auf der Mohammed in den Himmel emporgehoben wurde.

18. SURA

1. Die Siebenschläfer zu Ephesus. — 2. Über dieses Wort wissen auch die Erklärer nichts Gewisses; es soll der Name des Berges, in dem die Höhle sich befand, oder des die Siebenschläfer bewachenden Hundes sein. — 3. D. h. betäubten sie, versenkten sie in einen Schlaf. — 4. ما. *ist hier Negation, somit wäre* تَعْبُدُون *zu erwarten.*

5. Des Süßwassers und des Salzwassers, wo Meer und Ströme entspringen. — 6. Den sie zur Zehrung mitnahmen; vgl. Sura 5 V. 97. 7. Nach den Erklärern ein Heiliger zur Zeit Abrahams namens Alexander, nach andren Alexander der Große, der auf alten Münzen gehörnt dargestellt wird. Die Hörner sind vielleicht nur Haarbüschel nach ägyptischer Art; vgl. Winkelmann, Alte Denkmäler der Kunst, 2. Aufl. Bd. 1 S. 73. — 8. Kann auch heißen: ebenso, d. h. wie beim Untergang der Sonne; hier wiederholte sich das V. 85—87 Berichtete. — 9. Zwei wilde Stämme, wohl identisch mit Gog und Magog in der jüdischen Sage, die auf Ez. 38,2 zurückzuführen ist. — 10. Zum Wägen ihrer Taten.

19. SURA

1. Vgl. Sura 3 Anm. 1. — 2. Oder Sprecher, vgl. Ex. 4,15. — 3. Identisch mit dem biblischen H e n o c h, den Gott lebend zu sich genommen (vgl. Gen. 5,24); so genannt wegen seiner eifrigen Schriftforschung (درس forschen, studieren). — 4. Den Koran in arabischer Sprache geoffenbart.

20. SURA

1. So benannt wegen der Signatur am Beginn dieser Sura. — 2. D. h. der Koran schreibt keine Kasteiungen vor; oder auch: durch die Verfolgungen der Ungläubigen. — 3. Den brennenden Busch; Ex. 3,2 ff. — 4. Vgl. Sura 7 Anm. 13. — 5. Vgl. Sura 5 Anm. 5. — 6. Wohl identisch mit S a m m a e l, der nach der jüdischen Sage die Anfertigung des goldnen Kalbs (Ex. Kap. 32) vollbrachte. Nach andrer Erklärung S a m a r i t a n e r, und nach andrer hingegen ein aus dem hebräischen שָׁמַר *hüten gebildetes Nomen agentis, d e r H ü t e r, worunter Ahron zu verstehen ist, in dessen Obhut Moses das Volk für die Dauer seiner Abwesenheit zurückließ. — 7. Da er Verfluchter war; nach den Auslegern ward er aussätzig.*

21. SURA

1. Mohammed den Koran. — 2. Die Juden; vgl. Sura 16 Anm. 3. — 3. Auf Himmeln und Erden. — 4. Die verschiedenen Gottheiten würden durch ihre gegenseitigen Bekämpfungen und entgegenge-

setzten Wirkungen das Weltall zerstört haben. — 5. Wohl *Jesus und Maria;* nach andren Erklärern wurden von den Arabern die Engel für Kinder Gottes gehalten. — 6. *Das Gesetz;* vgl. Sura 2 Anm. 9. — 7. Vgl. Sura 19 Anm. 3. — 8. Oder *A n t e i l m a n n;* über seine Person herrscht Unklarheit; nach der gewöhnlichen Annahme Elias, nach andren aber Josua, Zacharias oder Obadia. — 9. *Jonas,* der vom Fisch verschlungen ward. — 10. Vgl. Sura 18 Anm. 9. — 11. Vgl. Ps. 37, 9, 11, 22, 29.

22. SURA

1. Vgl. Sura 6 Anm. 2. — 2. Wörtlich *S p i t z e , R a n d;* die Redewendung gilt von einem Krieger am äußersten Rand des Schlachtfelds, der je nach dem Stand der Schlacht entweder seinen Platz behält oder flieht. — 3. *Dem Propheten.* — 4. D. h. er mag sich aufhängen und obendrein vom Himmel zur Erde abstürzen. — 5. *Der Kaaba zu Mekka;* vgl. Sura 2 V. 119 ff. — 6. Vgl. Sura 2 Anm. 24. 7. Vgl. Sura 5 V. 1, Sura 6 V. 146 und Sura 16 V. 116. — 8. *An den Opfertieren.* — 9. *Nach der Schlachtung.* — 10. Vgl. Sura 16 Anm. 7.

23. SURA

1. *Den eigentlichen Menschen,* aus Körper und Seele. — 2. *Wohl der Olivenbaum;* so auch die Erklärer. — 3. *Ein ungeratener Sohn Noahs;* vgl. Sura 11 V. 43 ff. — 4. Wörtl. *bezaubert.* — 5. Oder *S c h e i d e w a n d;* zwischen dieser und jener Welt. — 6. So kurz erscheint ihnen das irdische Leben.

24. SURA

1. *Aischa,* die Lieblingsfrau des Propheten, Tochter Abu-Bekrs, wurde des Ehebruchs bezichtigt, worauf ihm diese Sura geoffenbart wurde; vgl. W e i l, Einleitung S. 35 ff. — 2. D. h. er schwöre vier Eide unter Anrufung Gottes. — 3. Bezieht sich auf die Ankläger Aischas; angeredet sind Mohammed und seine Anhänger — 4. Abu-

Bekr wollte seinem Neffen, der zu den Verleumdern seiner Tochter gehörte, seinen Beistand entziehen. — 5. *Kastraten und Greise.* — 6. *Zum Kampf gegen die Ungläubigen.* — 7. *Wenn sie das Gemach ihres Herrn betreten wollen. An den drei weiter genannten Zeiten, beim Aufstehen, bei der Mittagsruhe und beim Schlafengehen, könnte der Sklave seinen Herrn entkleidet antreffen.* — 8. *Das Essen in fremden Häusern oder zusammen mit Kranken oder Bresthaften galt bei den alten Arabern als verunreinigend.* — 9. *Der Gruß lautet: Gott lasse dich leben.* — 10. *Weil sie wegen persönlicher Angelegenheiten den Propheten verlassen haben.*

25. SURA

1. *Benennung des Korans; vgl. Sura 2 Anm. 9.* — 2. *Mohammed wurde nachgesagt, die Juden hätten ihm bei der Abfassung des Korans geholfen; vgl. Sura 16 Anm. 8.* — 3. *Der Koran wurde deshalb in einzelnen Suren (während eines Zeitraumes von mehr als zwei Dezennien) geoffenbart.* — 4. *So, etwas frei, bei Dieterici. Das im Text gebrauchte Wort bezeichnet besonders die feierliche melodische Vortragsweise des Korans.* — 5. *Nach den Erklärern Name eines Brunnens bei Midjan.* — 6. *Die Stadt Sodom; die Rede bezieht sich, wie überall, auf die Mekkaner.* — 7. *Sie wußten nicht, daß Mohammed diese Benennung als Eigennamen Gottes gebrauchte.* 8. *Das im Text gebrauchte Wort ist Benennung des siebenten Himmels und bezeichnet den höchsten Platz im Paradies.*

26. SURA

1. *Die Tötung des Ägypters; vgl. Ex. 2,12.* — 2. *Auch in der rabbinischen Literatur wird berichtet, daß die ägyptischen Könige sich göttlich verehren ließen; vgl. M i d r a s c h T a n c h u m a zu Ex. 9,13.* 3. *Soll wohl heißen: die Späteren mögen erkennen, daß ich die Wahrheit gesprochen; vgl. Sura 19 V. 51.* — 4. *Bezieht sich auf den Turmbau zu Babel; vgl. Gen. 11,4.* — 5. *Vgl. Sura 7 Anm. 11.* — 6. *Die oft unter andrer Benennung genannten Midjaniten; vgl.*

Sura 15 Anm. 4. — 7. *Nach der Überlieferung wurden sie durch eine Feuerwolke vernichtet.* — 8. *D. h. sie erzählen, was sie in den himmlischen Regionen gehört.* — 9. *Die Mekkaner und die Pilger hörten lieber die Gesänge der Dichter als die Vorträge Mohammeds; außerdem wurden über ihn auch Spottgedichte vorgetragen.* — 10. *Mit ihren Dichtungen für die Religion und den Propheten eintreten.*

27. SURA

1. Vgl. Sura 7 Anm. 13. — 2. *Dämon, Name einer bösartigen Klasse der Geister.* — 3. *Dürften wohl die Worte Salomos sein.* — 4. *Dem Süßwasser und dem Salzwasser.* — 5. *Vgl. Dan. Kap. 7 und Offenb. Joh. Kap. 13.* — 6. *Des Gebiets, auf dem die Kaaba errichtet ist.*

28. SURA

1. Der aus dem Buch Esther bekannte Judenfeind, den Mohammed für einen Ratgeber Pharaos hält. — 2. *Offenbar liegt hier eine Verwechselung vor mit der Erzählung von Jakob und Laban.* — 3. *So sinngemäß; im Text von, aus Furcht.* — 4. *Des Bergs Sinai.* — 5. *Die Offenbarung Moses' und die Offenbarung Mohammeds.* — 6. *Das Gebiet von Mekka, wo während der heiligen Monate die Märkte abgehalten wurden.* — 7. *Sie verehrten die Götzen, die wohl die Sprechenden sind, nicht aus Verehrung für diese, sondern aus Gottlosigkeit.* — 8. *Identisch mit dem biblischen* K o r a c h, *Num. Kap. 16.* — 9. *Nach Mekka; wohl gelegentlich der Flucht nach Medina geoffenbart. Darunter kann aber ebensogut das Jenseits verstanden werden.*

29. SURA

1. Wohl Anspielung auf Abu-Bekr, der sich Mohammed auf seiner Flucht aus Mekka anschloß. — 2. *Vgl. Sura 7 V. 63 ff.*

30. SURA

1. Die Byzantiner, die 615 von den Persern geschlagen wurden; übereinstimmend mit der Prophezeiung Mohammeds siegten ein Dezennium später die ersteren unter Kaiser Heraklius über die letzteren. — 2. Das arabische بِضْع bezeichnet eine Anzahl bis 10, wonach die Prophezeiung genau eintraf. — 3. Auf den darauffolgenden Regen. — 4. Im Grab oder in dieser Welt; vgl. Sura 23 Anm. 6.

31. SURA

1. Bekannter arabischer Weiser und Fabeldichter, dessen Sprüche in dieser Sura zitiert werden.

33. SURA

1. Das im Text gebrauchte Wort bezeichnet die Scheidung von einer Frau durch die Formel „du bist mir wie der Rücken meiner Mutter"; in diesem Fall trat sie nach der früheren Sitte für den Mann und seine Verwandten in das Verhältnis einer wirklichen Mutter. — 2. Aus ihrer Heimat, indem sie dem Propheten folgten. — 3. Bezieht sich auf die Belagerung von Medina im 5. Jahre der Flucht (627 n. Chr.) durch die Koraischiten und andre Stämme. Die Belagerer wurden von einem verheerenden Sturm heimgesucht und zogen sich unverrichteter Sache zurück. — 4. Von Anhöhen und von Niederungen. — 5. Vormohammedanischer Name der Stadt Medina. — 6. Kann auch heißen: sie würden darin (in der Stadt) nur wenig geweilt haben. — 7. Die Belagerung (vgl. Anm. 3) aufgeben. — 8. Im Kampf für die Religion Gottes in den Tod zu gehen. 9. Den Verbündeten schlossen sich auch einige jüdische Stämme an. — 10. Mohammed heiratete die Frau seines Adoptivsohns und früheren Sklaven Said ibn Harith, nachdem dieser sich von ihr scheiden ließ, worüber er getadelt wurde, wie er hier berichtet, auf Geheiß Gottes, gegen seinen eigenen Willen. — 11. Sich von ihr scheiden ließ. — 12. Als Bedenkzeit, wie dies bei einer bereits be-

schlafenen Frau der Fall ist; vgl. Sura 2 V. 226 ff. — 13. Vielleicht اِناء Gefäß, wonach zu übersetzen: ohne seinen Hausrat zu besichtigen. — 14. Dies zu sagen. — 15. Bezieht sich wohl auf Num. 12,1 oder ib. 16,1 ff.

34. SURA

1. Vgl. 1. Reg. Kap. 7. — 2. Als Salomo merkte, der Tempel würde bei seinen Lebzeiten nicht vollendet werden, ließ er sich bei seinem Tod auf seinen Thron setzen, so daß seine Leiche auf den Stab gestützt aufrecht sitzen blieb. Erst als ein Wurm den Stab zernagt hatte und seine Leiche zur Erde stürzte, merkten die weiter arbeitenden Geister, daß er längst tot war. — 3. Damit die Reisenden bei ihnen mehr Anschaffungen zu machen haben. — 4. Daß er die Menschen verführen wird; vgl. Sura 7 V. 15 ff. und Sura 38 V. 83. — 5. Wie von den Gegnern Mohammeds immer behauptet wurde.

35. SURA

1. Soll wohl heißen F l ü g e l p a a r e; vgl. Jes. 6,2. — 2. Diesem Satz geht das Fragepräfix voran, demnach fehlt der Nachsatz. — 3. Fische zum Essen, Perlen und Korallen als Schmuck.

36. SURA

1. Nach den Auslegern wird hier von der Entsendung der Apostel nach Antiochien gesprochen. — 2. Nachdem die Leute der Stadt ihn gesteinigt hatten. — 3. Gekrümmt und zusammengeschrumpft; so erscheint auch die schmale Sichel des abnehmenden Monds. — 4. Wörtl. N a c h k o m m e n; gemeint ist Noah in der Arche. — 5. Hier ist der Nachsatz des folgenden Verses zu ergänzen. — 6. Mohammed, dem vorgeworfen wurde, der Koran sei nur eine Dichtung. — 7. Vor Gott, zur Verantwortung. جُنْدٌ Soldat, Krieger, jedoch aram. גּוּנְדָּא Heer, Schar. — 8. Durch das Reiben zweier Hölzer aneinander, wie im Orient gebräuchlich.

37. SURA

1. Die Engel, die sich vor Gott in Reihen aufstellen. — 2. Die Engel, die die bösen Geister verscheuchen. — 3. Im Text in der Mehrzahl, die östlichen, sc. Gegenden, Länder. — 4. Die Engel; die Frage ist an die ungläubigen Mekkaner zu richten. — 5. D. h. ihr habt uns zum Götzendienst gezwungen. — 6. Vgl. Sura 17 V. 62 und die bezügl. Anmerkung. — 7. Dies wollte er wohl aus den Sternen gelesen haben; er wandte diese List an, um ihrem Götzendienst fernbleiben zu können. — 8. Wohl einen bestimmten Platz; nach andren: Umschreibung für das Alter der Reife. — 9. An den Trümmern ihrer zerstörten Städte. — 10. Vgl. Sura 16 Anm. 4.

38. SURA

1. Nach einigen: der Delinquenten an Pfähle binden ließ; nach andren: der sich in seiner Herrschaft sicher fühlte. — 1. Vgl. Sura 26 Anm. 6. — 3. Vgl. 2. Sam. 12,1 ff. Die da mitgeteilte Parabel hält Mohammed für ein wirkliches Ereignis. — 4. Seinen Frevel gegen Urias, 2. Sam. Kap. 11. — 5. Nach einer Sage wurde Salomo eine Zeitlang in die weite Welt verschlagen und wanderte als Bettler umher; während dieser Zeit saß ein Geist auf seinem Thron, ohne daß das Volk es merkte. Vgl. Talmud Babyl. Gittin fol. 68b. — 6. Deine Frau; Ijob soll geschworen haben, seine Frau wegen ihrer gotteslästerlichen Rede (Ijob 2,9) zu züchtigen. — 7. Vgl. Sura 21 Anm. 8. — 8. Vgl. Sura 3 Anm. 6.

39. SURA

1. Der Frommen und Frevler, von denen am Schluß der Sura gesprochen wird. — 2. Vgl. Sura 6 V. 144, 145. — 3. In allmählicher Entwickelung. — 4. Bauch, Gebärmutter und Eihaut umschließen den Fötus. — 5. Vgl. Sura 2 Anm. 46. — 6. Wie öfters, zu ergänzen: sollte mit den folgenden zu vergleichen sein. — 7. Die Anhänger Mohammeds sind nur ihm allein ergeben. Die Polemik richtet sich sowohl gegen die Vielgötterei, als auch gegen die Christen, deren Schisma oft gegeißelt wird.

40. SURA

1. Nach dem *V. 29* erwähnten Gläubigen von den Leuten Pharaos. — *2.* Der Zustand vor der Geburt gilt wohl als Tod. — *3.* Vgl. Sura 28 Anm. 1. — *4.* Vgl. Sura 28 Anm. 8. — *5.* D. h. des Jüngsten Gerichts, an dem die Frevler einander Vorwürfe machen; vgl. weiter *V. 50, 51* und oben Sura 14 *V. 24, 25.*

41. SURA

1. Im *V. 2* wird von den **dargelegten** Versen des Korans gesprochen.

42. SURA

1. Die Stadt Mekka. — *2.* Mohammed von Gott. — *3.* So wörtlich; d. h. das einem zugefügte Leid ist ein Verhängnis Gottes, und man ertrage es geduldig.

43. SURA

1. Wörtl. Teile; gemeint sind die Engel, die bei den Arabern als Töchter Gottes galten. — *2.* Nämlich die Geburt eines Mädchens; vgl. Sura 16 *V. 60 ff.* — *3.* Mekka und Taif. — *4.* Wegen seines Zungenfehlers; vgl. Sura 26 *V. 12.* — *5.* Als Abzeichen der Würdenträger. — *6.* Der ebenfalls göttlich verehrt wird, obgleich er nur Mensch war, während sie wenigstens Engel verehren. — *7.* Eigentl. **Besitzer, Inhaber;** Benennung des über die Hölle gesetzten Engels.

44. SURA

1. Es ist dies die Nacht vom 23. zum 24. Ramadan, die „heilige Nacht der Bestimmung", in der das Schicksal des Menschen für das ganze Jahr bestimmt wird; in dieser ist der Koran geoffenbart worden; vgl. Sura 97. — *2.* Titel oder Benennung der Könige des alten Südarabiens. — *3.* Vgl. Sura 17 Anm. 8. — *4.* Bezieht sich auf einen mächtigen Gegner Mohammeds.— *5.* Vgl. Sura 19 Anm. 4.

45. SURA

1. Über die religiösen Angelegenheiten.

46. SURA

1. Wörtl. die **Sandhaufen**; Name einer Provinz in Südarabien, ehemaliger Wohnort der oft erwähnten Aditen. — 2. D. h. ich lehre nur das, was schon andre Propheten vor mir. — 3. In der Annahme des Islams; die Anhänger Mohammeds gehörten zum einfachen Volk. — 4. Die Zeit von der Schwängerung bis zur Entwöhnung währt ca. 30 Monate, da die Säugung 2 Jahre dauert; vgl. Sura 2 V. 233. — 5. Des Propheten Hud, der unter den Aditen lehrte; vgl. Sura 7 V. 63 ff. und Sura 11 V. 52 ff.

47. SURA

1. Eine Aufforderung zum Krieg gegen die Ungläubigen.

48. SURA

1. Wörtl. Eröffnung, Siegeseröffnung, Eroberung; darunter wird die Eroberung von Mekka verstanden. — 2. Die nicht mit Mohammed gegen die Ungläubigen kämpfen wollten. — 3. Mohammed versprach einst seinen Kriegern, daß beim nächsten Beutezug die neuhinzukommenden Krieger unbeteiligt bleiben sollen. — 4. Die Mekkaner verwehrten Mohammed den Besuch der Kaaba, und nur um die in der Stadt befindlichen Gläubigen vor Schaden zu bewahren, unterließ er die gewaltsame Eroberung. — 3. Das im Text gebrauchte Verbum قَصَّ bedeutet kürzen, sinngemäß: kurzen Schrittes, gemessen. Nach andrer Übersetzung: mit kurzgeschnittenem Haar.

50. SURA

1. Zu ergänzen: sollten wir wieder auferstehen. — 2. Vgl. Sura 25 Anm. 5. — 3. Vgl. Sura 15 Anm. 4. — 4. Vgl. Sura 44 Anm. 2. — 5. Wohl die Engel, die die Werke des Menschen niederschreiben.

Nach jüdischer Sage wird der Mensch von zwei Engeln, einem guten und einem bösen, begleitet; vgl. Talmud Babyl. Sabbath fol. 119b. — 6. Die nicht obligatorischen Verbeugungen nach dem vorgeschriebenen Gebet.

51. SURA

1. Wohl irgend ein Elementarwesen oder die Engel. — 2. دِين *(sonst Brauch, Religion) in der Bedeutung G e r i c h t , W e l t g e r i c h t ist wohl Hebraismus;* يَوْمُ ٱلدِّين *ist das im Hebräischen bekannte* יוֹם הַדִּין *— 3. Sie kamen ihm unheimlich vor, da sie die Speisen nicht berührten; vgl. Sura 11 V. 73.*

52. SURA

1. Wohl der Berg Sinai. — 2. Die Kaaba zu Mekka. — 3. Die im Text gebrauchte Pluralbildung hat viell. den Singular حُلْم *E i n s i c h t , V e r s t a n d . — 4. Vgl. Sura 16 Anm. 4.*

53. SURA

1. Die folgende Beschreibung bezieht sich auf den Engel Gabriel, der Mohammed den Koran überbrachte. — 2. Eigentl. wo man nicht mehr weiter kann; wohl eine bekannte Stelle in der Nähe von Mekka. Nach den Erklärern, eine Stelle im siebenten Himmel, an der kein Wesen vorbei kann. — 3. Vgl. Sura 16 Anm. 4. — 4. Der wohl von den Arabern als Glücksspender verehrt wurde. — 5. Die beiden Städte S o d o m und A m o r a.

54. SURA

1. Vgl. Sura 7 Anm. 11.

55. SURA

1. Des Sonnenaufgangs im Sommer und im Winter. — 2. So sinngemäß nach den Auslegern; wörtlich: ihr zwei Gewichte.

56. SURA

1. Der Jüngste Tag, die Auferstehung. — 2. Rechts und Links in der Bedeutung Glück und Unglück; sinngemäß: wie gücklich sind die Genossen der rechten Seite. — 3. Die oben erwähnten Jungfrauen. — 4. D. h. es ist so sicher, daß ich nicht zu schwören brauchte. 5. Die Urschrift ist verhüllt, sie befindet sich bei Gott; vgl. Sura 13 V. 39.

57. SURA

1. Die Eroberung Mekkas, vgl. Sura 48 Anm. 1.

58. SURA

1. Mohammed wurde von einer Frau angerufen, ihre durch eine ungenügende Formel erfolgte Scheidung zu anullieren, was er anfangs verweigerte. — 2. Sich von ihnen durch diese Formel scheiden lassen; vgl. Sura 33 Anm. 1. — 3. Sie kakophonierten die Grußformel, indem sie das in dieser vorkommende Wort Salam (Friede) wie Sam (Tod) aussprachen. — 4. Wohl die jüdischen Stämme, mit denen die Gegner Mohammeds sich verbündeten.

59. SURA

1. Bezieht sich auf die Vertreibung des jüdischen Stamms Benu-Nadir aus dem Gebiet von Medina im 4. Jahr der Flucht (625). — 2. Die früheren Einwohner von Medina, die ungehindert den Glauben angenommen. Im Koran werden diese schlechthin „Helfer" und die aus Mekka folgenden Anhänger „Ausgewanderte" genannt. — 3. Wegen ihrer Bevorzugung. — 4. Vor den Benu-Nadir waren die Juden von Kainuka geplündert und vertrieben worden.

60. SURA

1. So wörtlich; d. h. die Feinde auf uns reizen, oder aber: in Versuchung führen durch die Feinde. — 2. Denen die Morgengabe nicht ersetzt worden ist. — 3. In ihren Herzen. Nach manchen Erklärern: ihren Männern keine außerehelichen Kinder unterschieben zu wollen. — 4. Die an die Auferstehung der Toten nicht glauben.

61. SURA

1. Etymologisch identisch mit Mohammed; beide Namen von der Wurzel حَمِدَ *loben,* preisen, *gebildet.*

62. SURA

1. Wörtl. Versammlung, Versammlungstag; der Ruhetag der Mohammedaner, an dem das Volk sich zum Gebet versammelt. — 2. Den heidnischen Arabern, als Gegensatz zu Juden und Christen; vgl. Sura 3 Anm. 4.

63. SURA

1. D. h. äußerlich kräftig und doch feige; wohl bestimmte Personen im Auge habend. — 2. Arabisch Medina, hier Eigenname.

64. SURA

1. Zwischen den Insassen des Paradieses und den Insassen der Hölle. — 2. Da man durch sie leicht Gott vernachlässigen kann.

65. SURA

1. Die für die Scheidung festgesetzt ist; vgl. Sura 2 V. 226 ff. — 2. Die Frauen, während der Scheidung.

66. SURA

1. Die Erklärer erzählen hier von einem Streit Mohammeds mit seinen Weibern wegen seines Verkehrs mit einer Dienerin im Bett einer seiner Frauen. — 2. Die Anrede ist an Aischa und Hafza, die beiden Frauen Mohammeds, gerichtet, die in den erwähnten Streit verwickelt waren.

67. SURA

1. Vgl. Sura 3 Anm. 6.

68. SURA

1. Die Erklärer erzählen von einem Gegner Mohammeds, dem in einer Schlacht die Nase aufgeschlitzt wurde. — 2. Ein Gartenbesitzer soll die Ernte oder die Nachlese seines Gartens für die Armen verschenkt haben, die geizigen Söhne aber verabredeten den Armen zuvorzukommen und ihn am frühen Morgen abzuernten; als sie ihn betraten, war er gänzlich zerstört. — 3. D. h. die Kleider schürzen, um eifrig an die Arbeit heranzugehen, viell. aber die Sünder entkleiden und sie der Strafe ausliefern. — 4. Der Prophet Jonas.

69. SURA

1. Das Jüngste Gericht und die Auferstehung. — 2. Benennung des Jüngsten Gerichts. — 3. Vgl. Sura 56 Anm. 4.

71. SURA

1. Namen arabischer Gottheiten aus der Heidenzeit.

72. SURA

1. Der anwesenden Geister.

73. SURA

1. Bei der Offenbarung dieser Sura verhüllte Mohammed sein Gesicht aus Ehrfurcht vor der Erscheinung Gottes (oder des vortragenden Engels), daher diese Anrede. — 2. Vgl. Sura 25 Anm. 4.

74. SURA

1. Vgl. Sura 73 Anm. 1. Nach einer Überlieferung war Mohammed nach der ersten Offenbarung ganz erschüttert, und vom Fieber geschüttelt ließ er sich in Decken wickeln. — 2. Wohl der Götzendienst.

75. SURA

1. Vgl. Sura 56 Anm. 4. — 2. Mit dem Lesen des Koran. — 3. Der einen heilsamen Zaubertrank bereiten könnte.

76. SURA

1. Wohl Benennung einer Paradiesquelle wegen des Aussehens und des Aromas.

77. SURA

1. Bezieht sich auf die Engel, die umherschweben und die Befehle Gottes *verbreiten*, Wahres von Falschem *scheiden* usw. — 2. So sinngemäß: die Pluralform wohl wegen des Reims. — 3. Des in drei Säulen aus der Hölle aufsteigenden Rauchs.

79. SURA

1. Die Engel, die den Sündern die Seele gewaltsam entreißen, bzw. sie aus den Frommen sanft hervorziehen. — 2. Vgl. Sura 77 Anm. 1.

80. SURA

1. Ein armer Greis redete Mohammed an während seiner Unterhaltung mit einem vornehmen Mann; mürrisch wandte er sich von ihm ab und gab ihm keine Antwort.

81. SURA

1. Wörtl. die *Zehnfache*, d. h. die im 10. Monat trächtige Kamelin; die Vernachlässigung solcher Tiere ist ein Beweis besonderer Verwirrung. Nach einer andren Erklärung: wenn diese die *Milch* vernachlässigt, keine mehr gibt. — 2. Das Töten der weiblichen Kinder war bei den heidnischen Arabern verbreitet, wie oft im Koran gerügt; nach den Erklärern wurden hurende Töchter lebendig begraben. — 3. Vgl. Sura 56 Anm. 4. — 4. Den Engel Gabriel; vgl. Sura 53 Anm. 1.

83. SURA

1. Eigentlich Kerker, wohl bestimmter Ort in der Hölle; übertragen als Bezeichnung für das Buch selbst, ungefähr Sündenregister. — 2. Eigentlich Höhe, wohl bestimmter Ort im Paradies (viell. das hebr. עֶלְיוֹן); wie vorangehend mut. mut. — 3. Wohl Name einer Paradiesquelle.

84. SURA

1. Die Toten die Gräber verlassen. — 2. Vgl. Sura 69 V. 19 ff.

85. SURA

1. Bezieht sich wohl auf die drei Männer im Feuerofen, Dan. Kap. 3.

88. SURA

1. Wörtl. der Bedeckende, der Überkommende; so genannt wegen des plötzlichen Eintreffens.

89. SURA

1. Nach der gewöhnlichen Erklärung: beim Menschenpaar und dem einzigen Gott. — 2. Wohl das biblische Aram, wie auch bei andren Namen stets i an Stelle des hebr. a (Ibrahim, Imran) zu finden. — 3. Vgl. Sura 38 Anm. 1.

91. SURA

1. Der die Kamelin tötete; vgl. Sura 54 V. 29. — 2. In der Flügelschen Ausgabe, sowie in seiner Konkordanz, zählen die Verse 14 u. 15 als ein Vers, doch ist die Zahl der Verse auf 16 angegeben.

96. SURA

1. Der Engel Gabriel legte Mohammed die Offenbarung geschrieben vor und befahl ihm zu lesen, und obgleich er bis dahin des Lesens unkundig war, vermochte er dies.

97. SURA

1. Oder Nacht der Macht; vgl. Sura 44 Anm. 1.

105. SURA

1. Ein südarabischer König, dessen Heer mit Elefanten ausgerüstet war, unternahm einen Feldzug gegen Mekka. Der Sage nach soll sein Heer nicht nur von Seuche und Ungemach heimgesucht, sondern auch von einem Vogelschwarm mit glühenden Steinen beworfen worden sein.

107. SURA

1. Oder Almosen; so nach der üblichen Übersetzung (wohl von عَان *helfen); nach Geiger Hebraismus (מָעוֹן Wohnung) O b d a c h, U n t e r k u n f t.*

108. SURA

1. So wörtlich; gilt als Name eines Flusses im Paradise. —
2. Eigentlich der Abgestumpfte, der Verstümmelte; Mohammed hatte keine Söhne und wurde so von seinen Feinden genannt.

111. SURA

1. Oheim Mohammeds und sein erbittertster Feind.

VERZEICHNIS DER SUREN

1. Sura zur Eröffnung des Buches . . . . Seite 3
2. Sura von der Kuh . . . . " 4
3. Sura von der Familie Amrams . . . . " 49
4. Sura von den Weibern . . . . " 76
5. Sura vom Tisch . . . . " 104
6. Sura vom Hausvieh . . . . " 125
7. Sura vom Scheidewall . . . . " 148
8. Sura von der Beute . . . . " 174
9. Sura von der Buße . . . . " 183
10. Sura von Jonas . . . . " 203
11. Sura von Hud . . . . " 217
12. Sura von Joseph . . . . " 232
13. Sura vom Donner . . . . " 245
14. Sura von Abraham . . . . " 252
15. Sura von El-Chidjr . . . . " 258
16. Sura von den Bienen . . . . " 263
17. Sura von der Nachtreise . . . . " 277
18. Sura von der Höhle . . . . " 289
19. Sura von Maria . . . . " 301
20. Sura T. H. . . . . " 309
21. Sura von den Propheten . . . . " 320
22. Sura von der Wallfahrt . . . . " 329
23. Sura von den Gläubigen . . . . " 339
24. Sura vom Licht . . . . " 347
25. Sura von der Erlösung . . . . " 357
26. Sura von den Dichtern . . . . " 364
27. Sura von der Ameise . . . . " 375
28. Sura von der Erzählung . . . . " 384
29. Sura von der Spinne . . . . " 395
30. Sura von den Römern . . . . " 402
31. Sura von Lokman . . . . " 408

32. Sura von der Anbetung	Seite 412
33. Sura von den Verbündeten	„ 415
34. Sura von Saba	„ 425
35. Sura von den Engeln	„ 432
36. Sura J. S.	„ 437
37. Sura von den Reihenbildenden	„ 443
38. Sura Z.	„ 451
39. Sura von den Scharen	„ 457
40. Sura von den Gläubigen	„ 465
41. Sura von den Dargelegten	„ 475
42. Sura von der Beratung	„ 481
43. Sura vom Goldprunk	„ 487
44. Sura vom Rauch	„ 494
45. Sura von den Knienden	„ 497
46. Sura von El-Achkaf	„ 501
47. Sura von Mohammed	„ 506
48. Sura vom Sieg	„ 510
49. Sura von den Gemächern	„ 514
50. Sura K.	„ 517
51. Sura von den Ausstreuenden	„ 520
52. Sura vom Berg	„ 523
53. Sura vom Stern	„ 526
54. Sura vom Mond	„ 529
55. Sura vom Allerbarmer	„ 532
56. Sura vom Eintreffenden	„ 536
57. Sura vom Eisen	„ 539
58. Sura von der Streitenden	„ 544
59. Sura von der Verbannung	„ 548
60. Sura von der Geprüften	„ 551
61. Sura von der Schlachtlinie	„ 554
62. Sura vom Freitag	„ 556
63. Sura von den Heuchlern	„ 557
64. Sura von der Übervorteilung	„ 559
65. Sura von der Ehescheidung	„ 561
66. Sura von der Versagung	„ 564

67. Sura von der Herrschaft . . . . Seite	566
68. Sura vom Griffel . . . . „	568
69. Sura vom Unvermeidlichen . . . . „	571
70. Sura von der Himmelsleiter . . . . „	574
71. Sura von Noah . . . . „	576
72. Sura von den Geistern . . . . „	578
73. Sura vom Verhüllten . . . . „	580
74. Sura vom Bedeckten . . . . „	582
75. Sura von der Auferstehung . . . . „	584
76. Sura vom Menschen . . . . „	586
77. Sura von den Ausgesandten . . . . „	588
78. Sura von der Botschaft . . . . „	589
79. Sura von den Entreißenden . . . . „	591
80. Sura: er war mürrisch . . . . „	593
81. Sura von der Faltung . . . . „	594
82. Sura von der Zerspaltung . . . . „	596
83. Sura von den Maßkürzenden . . . . „	597
84. Sura von der Spaltung . . . . „	598
85. Sura von den Sternburgen . . . . „	599
86. Sura vom Nachtwandler . . . . „	600
87. Sura vom Höchsten . . . . „	601
88. Sura vom Gerichtstag . . . . „	602
89. Sura vom Tagesanbruch . . . . „	603
90. Sura von der Ortschaft . . . . „	604
91. Sura von der Sonne . . . . „	605
92. Sura von der Nacht . . . . „	606
93. Sura vom hellen Tag . . . . „	607
94. Sura: erschlossen wir nicht . . . . „	607
95. Sura von der Feige . . . . „	608
96. Sura vom Blutgerinne . . . . „	608
97. Sura von der Nacht der Bestimmung . . . . „	609
98. Sura vom klaren Beweis . . . . „	610
99. Sura vom Erdbeben . . . . „	611
100. Sura von den rennenden Rossen . . . . „	611
101. Sura vom Klopfenden . . . . „	612

102. Sura von der Mehrsucht	Seite	612
103. Sura vom Nachmittag	„	613
104. Sura vom Verleumder	„	613
105. Sura vom Elefanten	„	614
106. Sura von den Koraischiten	„	614
107. Sura von der Unterstützung	„	615
108. Sura von der Fülle	„	615
109. Sura von den Ungläubigen	„	616
110. Sura von der Hilfe	„	616
111. Sura: unter gingen	„	616
112. Sura vom reinen Glauben	„	617
113. Sura von der Morgenröte	„	617
114. Sura von den Menschen	„	618

Unveränderter Nachdruck

der Ausgabe vom

Verlag Julius Kittls Nachfolger

Gesamtherstellung: Clausen & Bosse, Leck

Printed in Germany

ISBN 3-86047-455-3